中國文化遺産研究院藏
古籍善本書目

中國文化遺産研究院 編

赫俊紅 主編

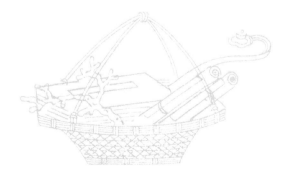

中華書局

圖書在版編目(CIP)數據

中國文化遺産研究院藏古籍善本書目/中國文化遺産研究院編；
赫俊紅主編. —北京：中華書局,2018.11
　ISBN 978-7-101-13406-3

　Ⅰ.中…　Ⅱ.①中…②赫…　Ⅲ.古籍–善本–圖書目録–中國
Ⅳ.Z838

中國版本圖書館 CIP 數據核字（2018）第 195148 號

書　　名　中國文化遺産研究院藏古籍善本書目
編　　者　中國文化遺産研究院
主　　編　赫俊紅
編　　著　赫俊紅　楊晏平
責任編輯　許旭虹
出版發行　中華書局
　　　　　（北京市豐臺區太平橋西里 38 號　100073）
　　　　　http://www.zhbc.com.cn
　　　　　E-mail：zhbc@ zhbc.com.cn
印　　刷　北京瑞古冠中印刷廠
版　　次　2018 年 11 月北京第 1 版
　　　　　2018 年 11 月北京第 1 次印刷
規　　格　開本/889×1194 毫米　1/16
　　　　　印張 22¾　插頁 16　字數 400 千字
國際書號　ISBN 978-7-101-13406-3
定　　價　180.00 元

5世紀東晉帛氏注《道行般若經》

為六師勝也二熲法者为仏経勝为違陌勝三熲僧者为仏僧是真福

田为外道是真福田四熲戒者为二百五十戒髕涅槃为為狗菜戒髕是真髕

也善男子若我弟子已下誡勅流通此経之時不應付下三種人也第

一従若我弟子已下託受持結集此明无戒第二従結集果託是魔眷

屬此明无定第三従若我弟子已下託盡非我弟子明无其慧此之之

不應流通此経也下明淨身者應流通也渡次善男子果明六念戒

以为梵行解云上来但説出家菩薩徧戒定惠知見仏性今念六塵者

通在家合論也哪以有者一为遠成有哪以得義非是无道二为重釋与

世聞異従偈後以来皆为戍此二義下託世王大致是同也又渡正者

为名菩行者龢知外道為狗菜戒为菩行因徧知者知菩行果此當

是其世聞中者是中道回徧知者知得菩提果此是岀

世中道因果也阿僧祇劫恭敬父母和上果明徧有相六度为十多因

又渡菩薩果明无相行又云前明徧行得十多果或謂雖徧目行

而得不由外化又渡果明非直自行乐徧外化也乐可上明恭敬父母師長

6世紀南北朝高僧曇鸞《大般涅槃經疏》

踵英賢紐地之宏圖胡經天之景運
先姚忠烈夫人太原王妃蹈禮居謙翹七譏
而垂裕依仁踐義撫四德以申規親訓溢於
丹闈芳徽映于彤管資忠奉國盡孝承家媛
範光於九區母儀冠於千古弟子早違
嚴蔭已經風樹之哀重奪
慈顏倍切寒泉之慕霜露之感隨日月而逾
深荼蓼之悲終天地而弥痛爰馮法鏡庶展
荒袊奉為
二親敬造妙法蓮華經三千部豪分露彩還
符甘露之門紙散花編遝叶貫花之典半字
沕字同開六度之日大枝小枝並奠三明之
果伏願
先慈傳輝慧炬託蔭禪雲百福莊嚴萬靈扶
護臨玉池而濯想踐金地以遊神永步祇園
長乘輪座傍周法界廣币真空俱登十善之
緣共叶一乘之道

7世紀唐高宗時宮廷寫經《武則天製〈妙法蓮華經序〉》

今時持偈三
　盡力乃至不能勤金剛坐
挽樹六種震動俠我眷屬顛倒墮落如樹枝根
當介之時釋子咸歸屬推求曜曼所度眾生盡力不□
方智人志苟有一毛不可諫或不可捕畏我今嫌女
所在其家若不福德□勾有多有枸勾力若□能
能動其五百之眾及諸眷屬志願勤詩諸等今者福德

一切諸法无生藏　　　　二无枸根无有物
我所宣說无障道　　　　一切諸法如一注
若見諸法无挂枸　　　　是人復得真實義
真知諸法眾生性　　　　即能度於生死辟
若有循行十二思　　　　得无上道如先佛

大方等大集經卷第六

大通二年三月八日□景為
法界眾生勤劫无變敬造
供養

南朝梁大通二年（528）《大方等大集經》

約10—11世紀《十姓回鶻王及其疆域記錄》（正面）

知億兆之願戴己歟不願戴己歟〔共治於物者則治名成矣於名成者則治名成矣於物則堯不覺在物上物不覺在堯下也〕問在右左右不知問外朝不知〔若有知者則犯其性自然則堯不覺在物上也若道有知者則道未至也〕堯乃微服游於康衢聞兒童謠曰立我蒸民莫匪爾極〔蒸象也夫能使萬物咸得其性極者不犯其性自然則物無不注當順天之道哉〕不識不知順帝之則〔蒸象也夫能使萬物咸得其性注當順天之道哉〕為此言童兒曰我聞之大夫大夫曰古詩也〔當今而言古詩也則今同於古詩也〕堯喜問曰誰教爾〔當今而言古詩也則今同於古詩也〕還宮召舜因禪以天下〔功未与舜舜不辭而受之會至闕天喜喜曰在己无〕

居泛然無係豈無係之所〔形物猶事理也事理自明非我之功也〕形物其著〔形物犹事理也事理自明非我之功也〕其應若響故應而不唱也〔故應而不唱也〕其動若水〔順物而動若水也〕其靜若鏡故應而不藏〔故應而不藏也〕其應若響故應若響而不唱也其道若物者也〔物自違〕道道不違物〔道亦得之〕道不違物而用視聽形智以求之弗當矣瞻之在前忽焉在後用之彌滿六虛廢之莫知其所〔道豈有前後多少亦非有〕亦非有心者所能得遠亦非無心者所能得近〔以有心而求道則遠於其求以無心而忘之則近於其求道則先後其心矣唯默而得之而性成之者得之〔自然无假者知而亡情能而不為〕真知真能也〔知極則同於無知真能則歸於不為〕也積塵也〔此則府宅雖无而非理也〕

列子沖虛至德真經卷第四

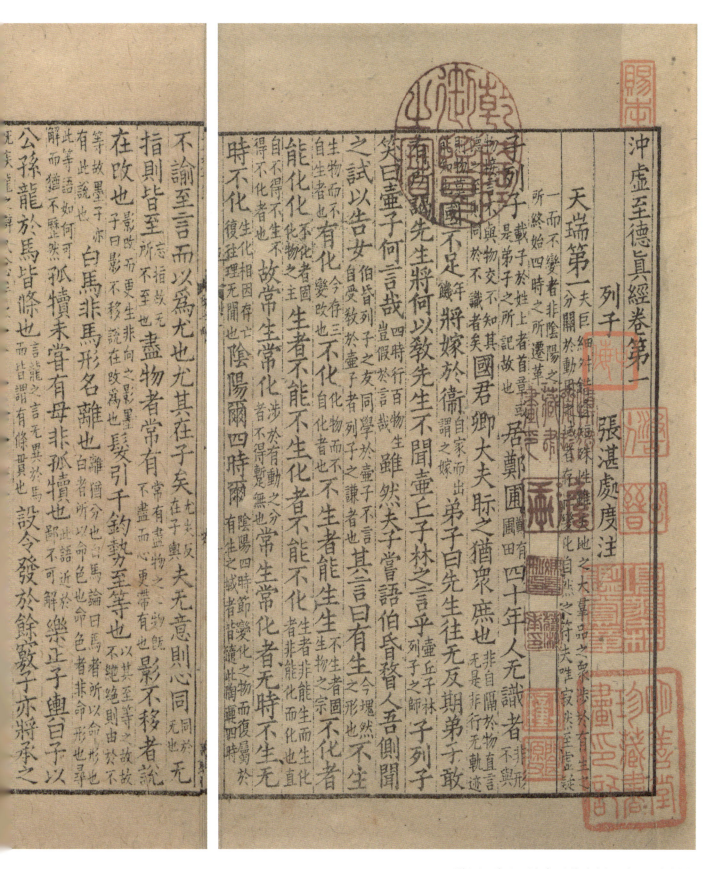

沖虛至德真經卷第一

列子

張湛處度注

天瑞第一

子列子居鄭圃四十年人无識者國君卿大夫眎之猶眾庶也

先生將何以教先生不聞壺丘子林之言乎子列子笑曰壺子何言哉雖然夫子嘗語伯昏瞀人吾側聞之試以告女其言曰有生不生有化不化不生者能生生不化者能化化生物者不生化物者不化故常生常化者无時不生无時不化能化化物者

不論至言而以爲尤也盡物者常有指則皆至在攺也白馬非馬形名離也髮引千鈞勢至等也孤犢未嘗有母公孫龍於馬皆條也設令發於餘竅敫子亦將承之

戰國 列子《沖虛至德真經》書影 宋刻本

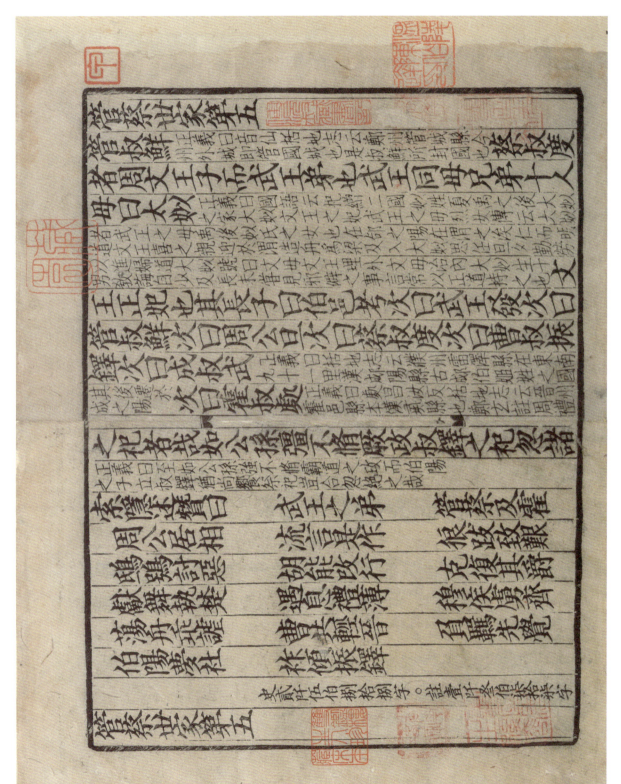

管叔鮮、蔡叔度者，周文王子而武王弟也。武王同母兄弟十人。母曰太姒，文王正妃也。其長子曰伯邑考，次曰武王發，次曰管叔鮮，次曰周公旦，次曰蔡叔度，次曰曹叔振鐸，次曰成叔武，次曰霍叔處，次曰康叔封，次曰冉季載。

冉季載最少。同母昆弟十人，唯發、旦賢，左右輔文王，故文王舍伯邑考而以發為太子。及文王崩而發立，是為武王。伯邑考既已前卒矣。

武王已克殷紂，平天下，封功臣昆弟。於是封叔鮮於管，封叔度於蔡：二人相紂子武庚祿父，治殷遺民。封叔旦於魯而相周，為周公。封叔振鐸於曹，封叔武於成，封叔處於霍。康叔封、冉季載皆少，未得封。

《史記》書影 宋刻本

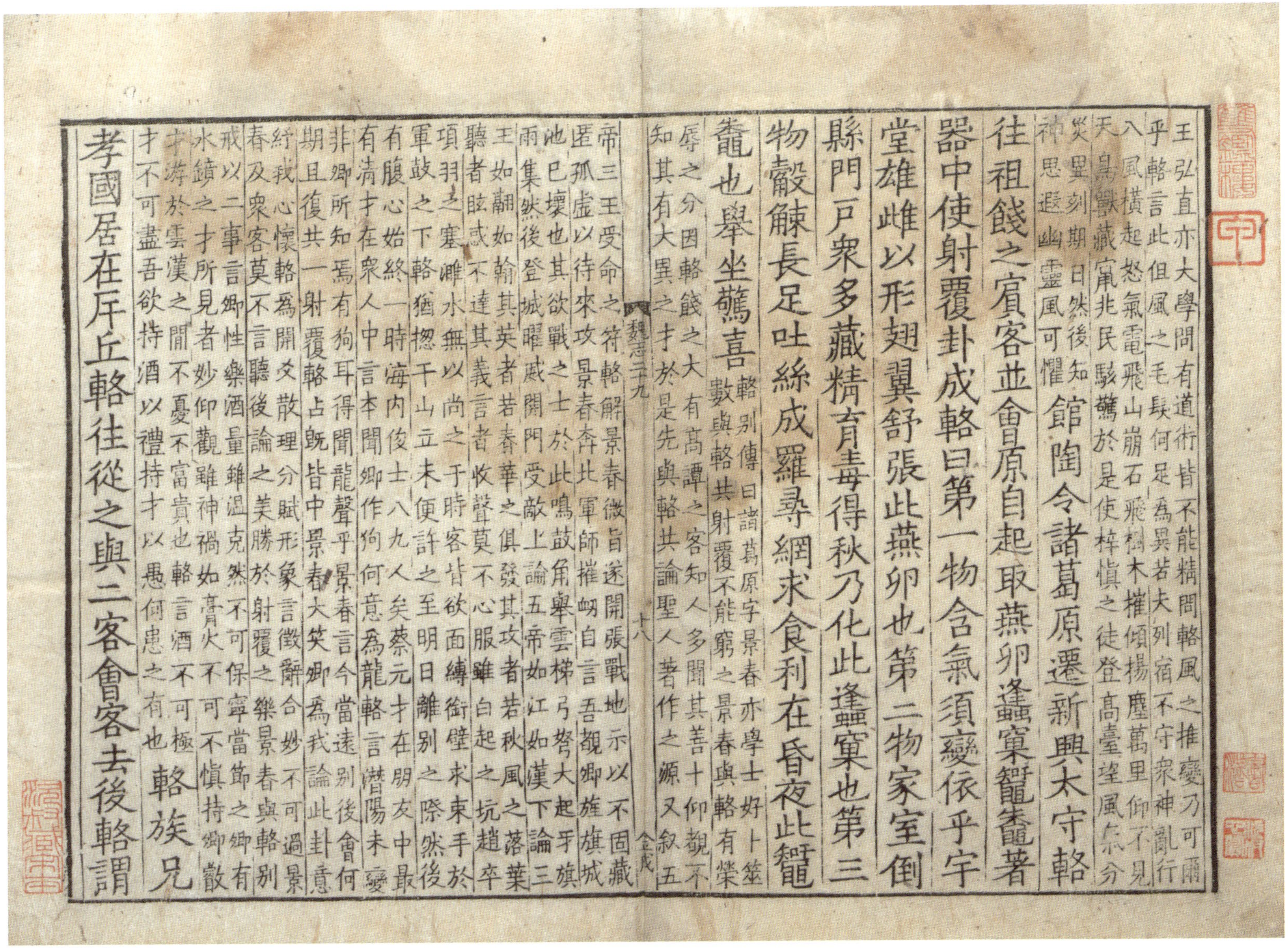
王弘直亦大學問有道術皆不能精問輅風之推變乃可爾乎輅言此但風之毛髮何足為異若夫列宿不守衆神亂行八風橫起怒氣電飛山崩石飛樹木摧傾揚塵萬里仰不見天鳥獸藏竄兆民駭驚於是使梓慎之徒登高臺望風氣分災異刻期日然後知神思遐幽靈風可懼館陶令諸葛原遷新興太守輅往祖餞之賓客並會原自起取燕卵蜂窠鼅鼄著器中使射覆卦成輅曰第一物含氣須變依乎宇堂雄雌以形翅翼舒張此燕卵也第二物家室倒縣門戶衆多藏精育毒得秋乃化此蜂窠也第三物觳觫長足吐絲成羅尋網求食利在昏夜此鼅鼄也舉坐驚喜輅別傳曰諸葛原字景春亦學士好卜筮數與輅共射覆不能窮之景春與輅有榮辱之分因輅餞之大有高譚之客知人多聞其善十仰覩不知其有大異之才於是先與輅共論聖人著作之源又叙五

魏志二十九　十八　全成

帝三王受命之符輅解景春微旨遂開張戰地示以不固藏匿孤虛以待來攻景春奔北軍師摧衂自言吾覩卿旌旗城池已壞也其欲戰之士於此鳴鼓角舉雲梯弓弩大起牙旗雨集然後登城曜威開門受敵上論五帝如江如漢下論三王如翩如翰其英者若春華之俱發其攻者若秋風之落葉聽者眩惑不達其義言者收聲莫不心服雖白起之坑趙卒項羽之塞濉水無以尚之于時客皆欲面縛銜璧求束手於軍鼓之下輅猶總干山立未便許之至明日離別之際然後有腹心始終一時海內俊士八九人矣蔡元才在朋友中最有清才在衆人中言本聞卿作狗何意為龍輅言潛陽未變非卿所知焉有狗耳得聞龍聲乎景春言今當遠別後會何期且復共一射覆輅占既皆中景春大笑卿為我論此卦意紓我心懷輅為開爻散理分賦形象言徵辭合妙不可過景春及衆客莫不言聽後論之美勝於射覆之樂景春與輅別戒以二事言卿性樂酒量雖溫克然不可保寧當節之卿有水鏡之才所見者妙仰觀雖神禍如膏火不可不慎持卿叡才游於雲漢之閒不憂不富貴也輅言酒不可極才不可盡吾欲持酒以禮持才以愚何患之有也輅族兄孝國居在斥丘輅往從之與二客會客去後輅謂

《三國志》書影　宋刻本

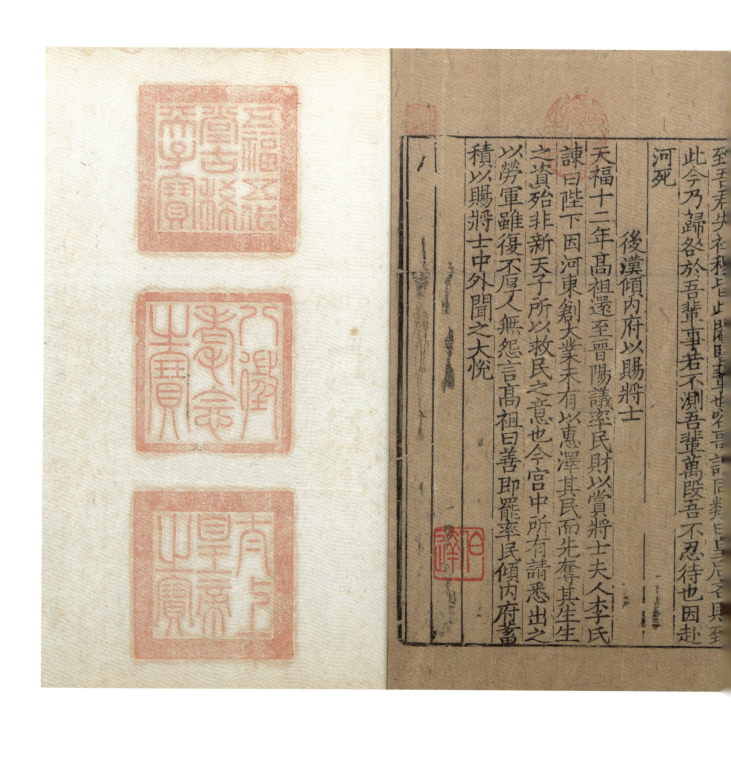

河死

後漢傾內府以賜將士

天福十二年高祖還至晉陽議率民財以賞將士夫人李氏
諫曰陛下因河東創大業未有以惠澤其民而先奪其生生
之資殆非新天子所以救民之意也今宮中所有請悉出之
以勞軍雖復不厚人無怨言高祖曰善即罷率民傾內府蓄
積以賜將士中外聞之大悅

至吾輩失社稷上止罷毘而吾言匕是二欣文具至
此今乃歸各於吾輩事若不測吾輩萬段吾不忍待也因赴

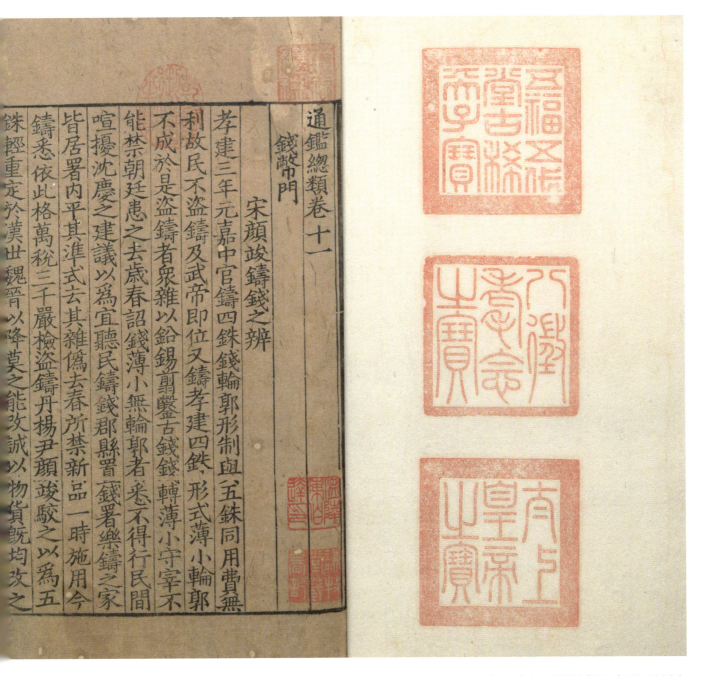

通鑑總類卷十一

錢幣門

宋顏竣鑄錢之辨

孝建三年元嘉中官鑄四銖錢輪郭形制與五銖同用費無

利故民不盜鑄及武帝即位又鑄孝建四銖形式薄小輪郭

不成於是盜鑄者眾雜以鉛錫剪鑿古錢錢轉薄小守宰不

能禁朝廷患之去歲春詔錢薄小無輪郭者悉不得行民間

喧擾沈慶之建議以為宜聽民鑄錢郡縣署〔錢署樂鑄之家

皆居署內平其準式去其雜偽去春所禁新品一時施用今

鑄悉依此格萬稅三千嚴檢盜鑄丹楊尹顏竣駁之以為五

銖輕重定於漢世魏晉以降莫之能改誠以物貨既均改之

宋 沈樞《通鑑總類》書影 元刻本

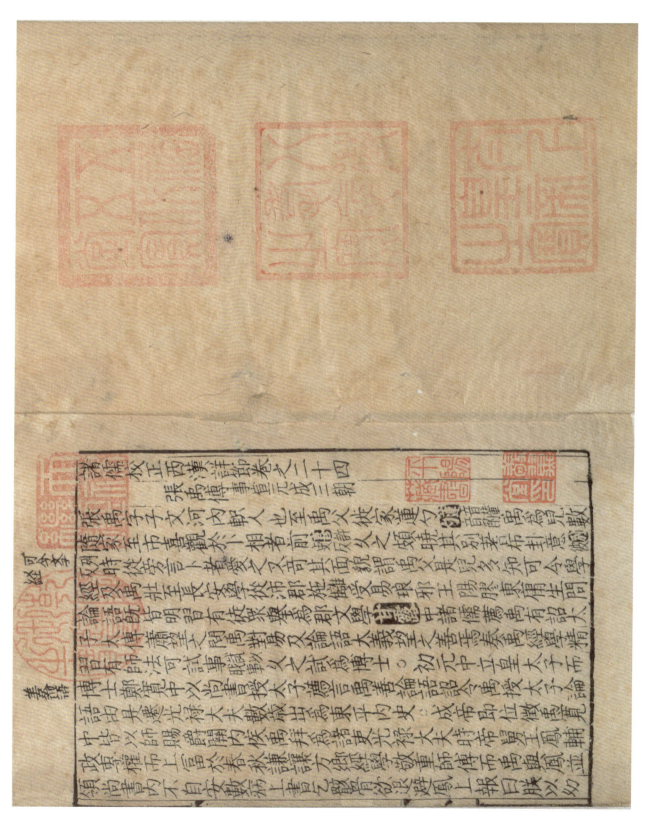

宋 呂祖謙《諸儒校正西漢詳節》書影 元刻本

棋經十三篇　論局篇第一

夫萬物之數，從一而起。局之路，三百六十有一。一者，生數之主，據其極而運四方。三百六十，以象周天之數。分而為四，以象四時。隅各九十路，以象其日。外周七十二路，以象其候。枰方而靜，棋圓而動。自古及今，弈者無同局。傳曰：日日新。故宜局者無數，數不盡則變化無窮。易曰：神無方而易無體。又曰：能說諸心，能研諸侯之慮。此之謂也。

（夾註：謂陰陽也。棋有三百六十……白黑……七十二……十九……）

棋訣　劉仲甫

一曰布置

……如兵之先據形勢之地……務相接應……寧輸數子勿失一先……近……遠……挑……

元 嚴德甫、晏天章輯《棋經十三篇》書影　元至正間刻本

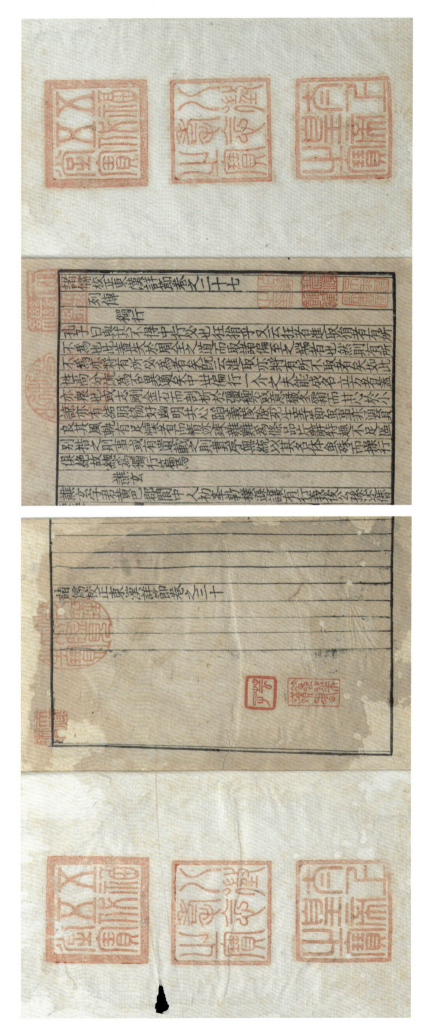

宋 吕祖谦《諸儒校正東漢詳節》書影 元刻本

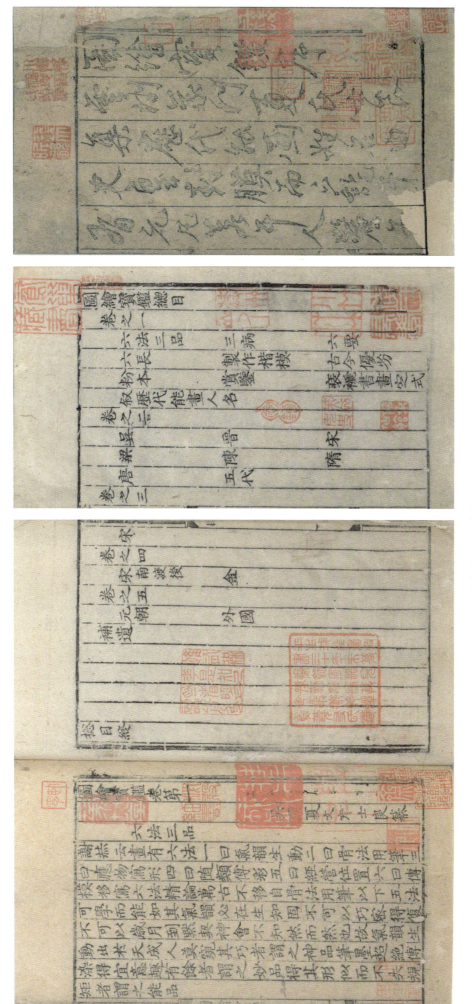

元 夏文彥《圖繪寶鑑》書影 元刻本

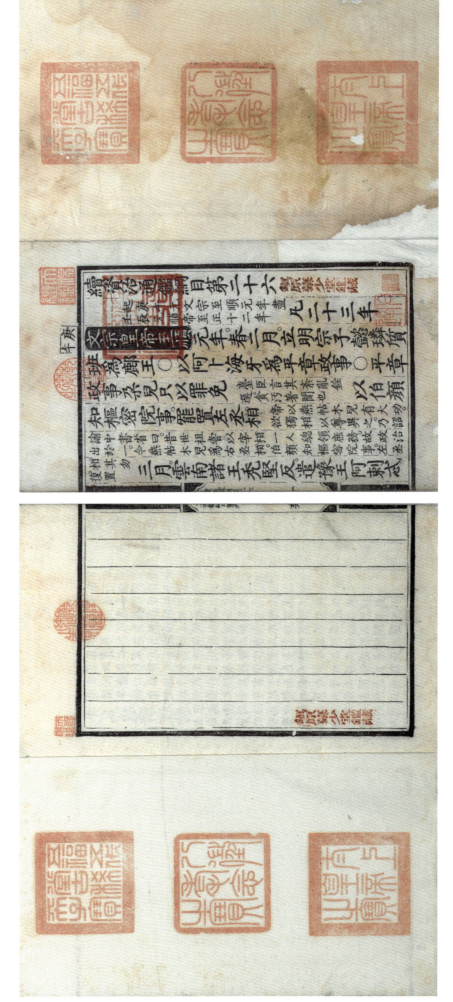

明 商輅《續資治通鑑綱目》書影 明成化九年（1473）內府刻本

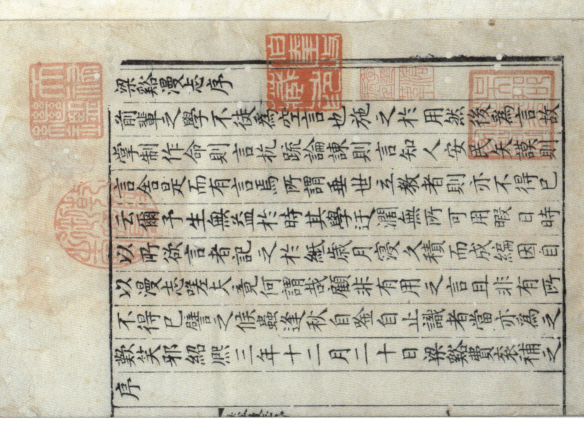

梁谿漫志序

前輩之學不徒以言語為也蓋於諫諍論疏言之則亦有不得已焉者矣制作命令言於時而有益於世立教垂世所謂者則亦不得已焉知人安民失則無所用心因自知其學之迂闊於時積日累月歲歲無所用之言且非有所識者當亦無之

余少時欲言志之言何所謂顧非有用之言且非有所識者當亦為之

以漫志名記之於紙墨歲月寖久成編雖非有用之言亦為之

乃以漫志名云爾所言者記其瑣瑣於紙墨何所謂當亦漫為之

其不得已也紹熙三年十二月二十日梁谿費袞補之

序

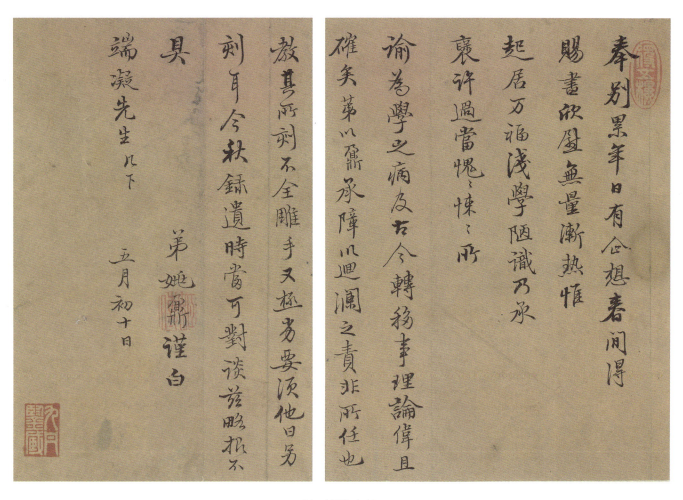

奉別累年日有企想春間得
賜書欣慰無量漸熱惟
起居万福淺學陋識乃承
襄許過當愧愧悚悚所
諭為學之病及古今轉務事理論偉且
確矣第以駑乘障以迴瀾之責非所任也

教甚所刻不全雕手又極為要須他日另
刻耳今秋錄遺時當可對談茲略拊不
具
弟姚鼐謹白
端凝先生几下　五月初十日

清　姚鼐書札

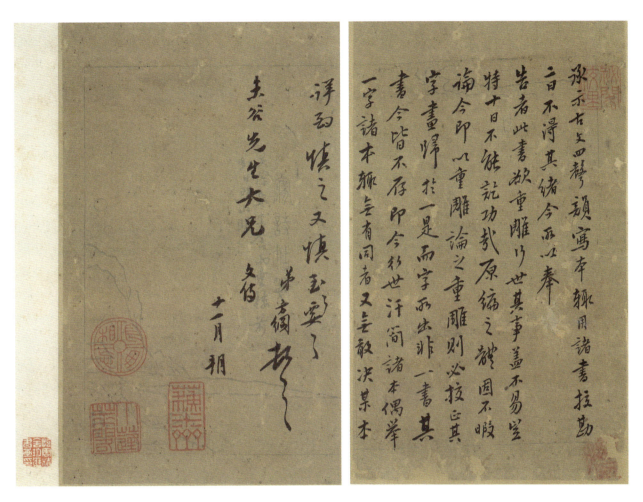

承示古文四聲韻寫本輙用諸書校勘
二百不得其緒今正以奉
告者此書欲重雕以世其事蓋不易望
特十日不能就功就原縮之體固不暇
論今即以重雕論之重雕則必校正其
字畫歸於一是而此字而出非一書其
書今皆不存即今妙世汗簡諸本偶舉
一字諸本輙妄有同者又豈敢決某本
詳勘慎之又慎玉要之
未谷先生大兄　久菅
十一月朔

清　翁方綱書札

釣樓開閣古圖書帳石蒼松韻有餘老去

鷄聲索心友鄉居未必勝城居

收書帖閑將移居鄉莊余每阻之

賞徧黃花醉一秋近來霜葉響風飞三冬

寒趣歸何處萬卷平齋海粟樓 芋園

隸韋競爽各峻嶒重莘園雲秀色增山館

怡顏冬味臣古梅花裏讀書鑑 唐蠹農兄

初棗編成已自怡兒孫一例解吟詩老夫

健善休勤念正好消寒斷韻時

李季嵋居釣
樓待石園勤

李仲雲兄弟

唐蠹農兄

兒孫近日頗
嬾於吟詠

垂老狂游自崛奇家人知健不傷離扁舟
冷雨空江夜弟姪兒孫入夢思
風報蒼黃到眼前馬頭猶在白雲邊舟人
解道湘中樂處處溪山好泊船
拜風魚敢逆風行定有狂飈半夜生水底
料應先得氣依然江面鏡光平
初霜天氣聽爬沙破硯揮餘墨有花凍上
雙螯兼十指詩心蟹味一時嘉

舟中雜詩

清 何紹基自書《舟中雜詩册》

秦始皇詔瓦量殘字 丁丑七月定

此墨書于器上剔後又拓者

光緒元年十一月廿九日壬戌有自鄒縣古城得千秋萬歲餘

未央七字秦瓦來者中有殘瓦一拆始皇詔字天二完

四殘一行當三字云當令甯陽地名曰城蓋浚此陽慇

此鹵南也觀者兼不詳歡得未嘗有而已文拓瓦黍未

詳余謂其瓦必始皇詔豈岱所居而李斯所作故剔詔

歐上此瓦自稅華業盛者書剔越美鋒穎猶新上追

鼓下祖果豪令此秦山琅邪二石吾儕中銅量

鐵權未量銅版諸詔字此皆未能多讓豈余大

集斯相書而斯相業靈阿護復求肯與兩平三

月十一日六十四歲海濱病史陳介祺書

筆法刀法分明此是即

秦斯墨蹟唐宋拓亦妙

未足語此

余嘗譯秦始皇詔新字殘瓦一疑為甯瓦令天得殘瓦四

其三器曰宅肤定器瓦量古瓦器皆計所容曰廳度量

此詔牌於瓦器非量而何字拓器頸二字一行當二十行四瓦

佰同而非一器頭圓故鑄二行四字銅卯陶成加卯于泥脱後

人以土金木业生气小鍊呈竭則不散故塘瓦此堅者字每

如新秦兼久字五十五李卯山斯書為柔豪此祖偟也里

少余李來大集秦金家於秦山琅邪二新書許秦后載字而不得

曰秦瓦當數百慰自不意令竟獲瓦詔字與后同不載秦詔

凶琅邪二新下器口三字一行當十四行末行一字天于四瓦佰

書于器上新者尤見筆法刀結石瓦形核此皆可得器凰圖

瓦其上市佰器口三字一行末於斯兼慇美復索嵗剔字詔

裡方懈末仲　光緒丁丑七月十六日巳海濱病史記

清 陳介祺《秦始皇詔瓦量殘字》

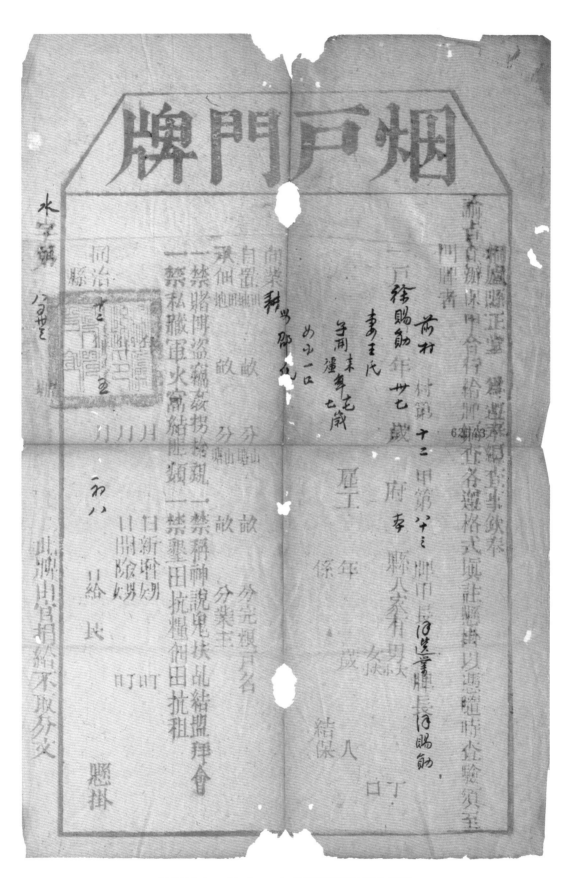

清同治十二年（1873）桐廬縣衙製烟戶門牌

籌邊令策莫若困時秦用蒙驁趙用李牧西夏以一隅而

拒遼金皆聚精兵勁卒以當一面深得乎可戰可守之方

者也至如漢武帝遣使通西域置酒泉郡而康居烏孫大

夏之屬絡繹來附唐太宗討平高昌置安西都護而新羅

大食諸國咸奉朝貢凡在蔥嶺以西雷霉以此無不據其

天險操縱自如然而行軍之要貴地利尤貴人和經武之

謨在將兵尤在將歷代以來如漢之奠漠南則衛青霍

去病之力唐之破突厥則李靖李勣之功元之收印度則

奏績於旭烈兀諸人明之靖倭氛則成功於戚繼光諸將

得人者昌不誠然歟究之拓地開疆幅幀日廣誠極一時

兵威之盛然不如唐李大亮之言曰中國有根本四夷如

枝葉欲懷遠者必先安近則尤得居中馭外之大權也已

國家興圖日擴圊有內外悉主悉臣安有不懷德畏威者哉

夫君心之敬肆其幾甚微而正一心以正朝廷正朝廷以

正百官正百官以正萬民則君德之純駁風俗之廢興稅

斂之厚薄於夷之動靜於此判焉人君可不儆乎臣伏願

皇上宥密單心始終惟一讀經則思帝王制治之意不徒以尋

章摘句為功讀史則觀歷代得失之由不徒以彈見洽聞

為務澄其源而流自潔握其本而末可賅主治既端舉凡

案地考古定賦裕民據險禦侮之道可措之易易也則我

國家億萬年有道之長基此矣臣末學新進固識忌諱干冒

宸嚴不勝戰慄隕越之至臣謹對

印卷官

禮部　禮部員外郎臣春林

禮部主事臣黃英棻

殿試舉人臣錢昌瑜年叁拾捌歲廣東廣州府三水縣人由附生應
光緒拾伍年鄉試中式由舉人應光緒拾陸年會試中式今應
殿試謹將三代腳色開具於後

應
一 三代
曾祖超臨　祖廣華　父茂光

臣對臣聞政無論創守必清其源治無論古今在端其本
將欲乂安海宇式篤丕基豈惟是粉飾治平侈長駕遠馭
之暑哉抑豈因就簡苟且以自安哉自古帝王乘乾出
震保泰持謙以建主極則圖披綠字焉以別地勢則恩覃
赤縣焉以舒財用澤洽蒼生焉以慎邊防則威宣紫塞
誠以經世宰物不外夫修德之要玫地之宜阜民之財
設國之險而其理皆古人已言之理其事皆前代已行之
事尊其所聞行其所知在加之意以求其實際而已欽惟
皇帝陛下暉麗日月言炳丹青本宵旰之勤勞求盛大之德業惟
良法美意不愆不忘固己綱舉目張得所止於至善矣迺
聖懷沖挹彌切咨詢舉學道治蹟足內防外諸大政進臣等於
廷而策之臣誠愚陋不足以承大對然竊思制科之設原欲
盛朝安民和眾固有生財之大道可使人飲食皆得其所者矣
制策又以從古極藏之朝不能不為邊防之慮有備無患此乃
安不忘危者也臣案虞廷致治猶振旅於三苗周道方興

清　錢昌瑜殿試策卷

鳳藻輝煌章身而錦繡增華耀首則肇纓溢彩逢

昌期於

周甲荷

恩命之

榮申

寵錫

九重感深五內惟有殫誠葵向振刀蒲零勉勵勤能靖

　共職業惕素絲而情殷祝額願書有豸

奎文拜

丹綍而

恩重舉頭長頌無疆

鴻算所有鼇感激榮幸下忱謹繕摺叩謝

天恩伏乞

皇太后聖鑒謹

　奏

知道了

光緒二十一年正月　　　卒　　日

奏為恭謝

天恩仰祈

聖鑒事竊臣前在署漕督任內接准部咨光緒二十年

十月初一日欽奉

慈禧端佑康頤昭豫莊誠壽恭欽獻崇熙皇太后六旬

慶辰

恩賞壽字一方小卷緞二疋帽緯一匣恭錄

諭旨行文欽遵前來並由派委隨班祝

嘏之江蘇武用道福盛敬謹代領恭齎到臣當即恭設

香案望

闕叩頭謝

恩祇領欽惟

慈禧端佑康頤昭豫莊誠壽恭欽獻崇熙皇太后

璇宮延祚

金鏡呈祥

文德覃敷

萬歲應驩呼之瑞

恩綸廣被百爾抒籠戴之忱臣糈節初權藩條復綰承

寵音之疊沛欣

壽宇之同登箕疇增一字之榮

頭品頂戴江蘇布政使臣鄧華熙跪

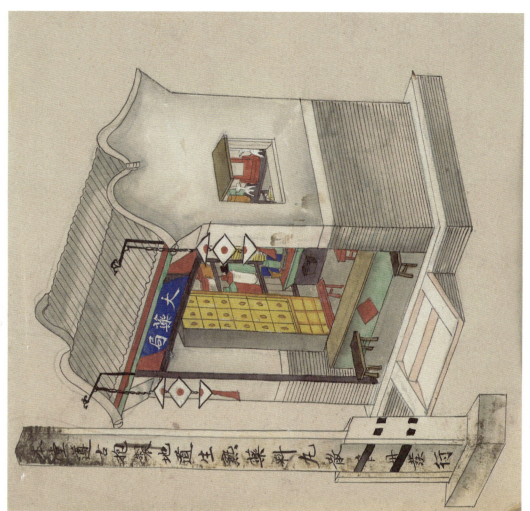

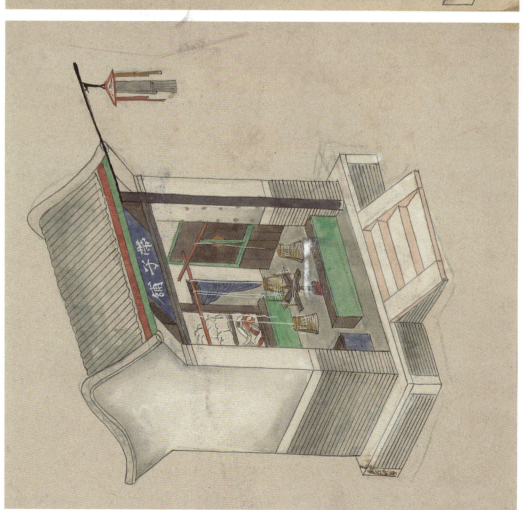

清 《商舖牌扁店幌圖錄》

目　錄

院藏古籍善本鈎沉

引　言

　　《中國文化遺產研究院藏古籍善本書目》是近年來繼院藏《地方志書目》（2008）和《清末民國書畫印本書目》（2012）刊佈後，我們整理推出的又一部著錄較詳備的珍貴古籍書目，也是我們保護與傳承中華優秀傳統文化的具體見證。相比較而言，前兩本書目所涉類別相對集中，一爲史部地理類之下的方志之屬，一爲子部藝術類之下的書畫之屬；而此善本書目雖總量僅一千七百九十種（一千九百四十九部，未包括方志古籍），但涉及經史子集四部和叢部之下的五十七個二級類目。我們從開始對每部古籍的編目整理和鑒別遴選，到後期的彙集編排以及多次的核對、修訂和完善，再到最後的整體編校和總結，不經意間竟費時八九年，以力求面世的善本書目儘量豐富的内容和較高的學術品質。

　　所謂"善本"，其實是一個在不同歷史階段含義内容不斷遞變的概念。最早當是指校勘嚴密、製作精美的書本。二十世紀七十年代末《全國古籍善本書總目》開始編纂時，專家們提出了衡量評定善本的三條原則即歷史文物性、學術資料性和藝術代表性，以及可供具體執行的九條標準。九條標準是：1.元代及元代以前刻印或抄寫的圖書；2.明代刻印、抄寫的圖書（版本模糊、流傳較多者不在内）；3.清代乾隆及乾隆年以前流傳較少的印本、抄本；4.太平天國及歷代農民革命政權所印行的圖書；5.辛亥革命前在學術研究上有獨到見解或有學派特點，或集衆說較有系統的稿本，以及流傳很少的刻本、抄本；6.辛亥革命前反映某一時期、某一領域或某一事件資料方面的稿本及較少見的刻本、抄本；7.辛亥革命前的有名人、學者批校、題跋或抄錄前人批校而有參考價值的印本、抄本；8.在印刷上能反映我國印刷技術發展，代表一定時期印刷水準的各種活字本、套印本，或有較精版畫的刻本；9.明代印譜、清代集古印譜、名家篆刻的鈴印本（有特色或有親筆題記的）。

　　近十多年來，隨着"中華古籍保護計劃"和全國古籍普查的開展，專家們對古籍優劣高下的區分評量則冠以行業標準甚至是國家標準。2014年12月發佈、

2015 年 7 月 1 日實施的國標《漢文古籍特藏藏品定級 第 1 部分：古籍》（GB/T 31076.1–2014）中，是這樣定義善本的：“具有歷史文物性、學術資料性和藝術代表性的古籍，可視爲善本。包括寫印年代較早、傳世較少，以及精校、精抄、精刻、精印的古籍”。而原來評量善本的九條標準在此國標中則被分別糅進了可區分爲一、二、三、四級古籍的“定級細則”中。我們在現實條件下，依循上述原則和標準對約十八萬冊院藏古籍先做了善本與普通本的區分，尚未評定等級。我們在善本遴選評量時還兼顧了圖籍作爲某歷史階段時空背景下該物質遺存所表徵的多元文化特質。

五至十一世紀的西域佛教寫經

十世紀雕版刊書漸興之前的文字記述，主要通過手書、手抄來留存。從目前傳世資料看，唐五代之前的手書墨蹟多爲寫經，其他文獻類的存卷寥若晨星。院藏五至十一世紀源於西域的文獻有二百餘殘件[1]，包括漢、回鶻、西夏三種文字，主要是有關佛教經典的抄寫或注疏，其中亦不乏頗具較高佛學文獻價值、書法藝術價值和文物價值的精品佳作，如五世紀東曾由帛氏作注的《道行般若經》，六世紀南北朝醫僧曇鸞所書《大般涅槃經疏》、佚名著《成實論疏》，唐顯慶二年（657）、顯慶五年（660）的《妙法蓮華經》寫本，以及唐高宗時的宮廷寫經《武則天製〈妙法蓮華經序〉》等。

從這些佛教文獻的書寫與傳佈來看，五至六世紀的帛氏注經、曇鸞注疏，體現了有較高造詣的僧侶對佛典的研習理解，且其注疏未收入以往歷代大藏經，無疑豐富了佛典大藏。而大量的發願抄經遺存，則有不同側重的修行功用：一種是佛徒具書以彰、啟迪疑徒，如院藏南朝梁大通二年（528）的比丘淨曇爲法界眾生無惑而抄《大方等大集經》。這點在國家圖書館藏唐貞觀廿二年（648）蘇士方傳寫的《大菩薩藏經卷第三》題記中有較明晰的表達：“夫物情斯惑，資於教悟，大聖貽則，實啟疑徒。而先匠譯辰，蔑爾無紀，爰使後學，積滯於懷。今故具書，以彰來信。願傳寫之儔，與余同志，庶幾彌劫，永無惑焉。貞觀廿二年八月一日菩薩戒弟子蘇士方發心願漸

---

[1] 此部分的圖文內容已整理出版，詳見《中國文化遺產研究院藏西域文獻遺珍》（中華書局，2011）。

轉寫諸經論等，奉為……"①另一種是信眾的祈福抄經與供奉，此類製經，唐代尤多見，祈福事項如遇重大事件、消病祛災、追念亡靈等，所製經卷多爲經生（職業抄經人）所抄，如院藏唐顯慶五年的《妙法蓮華經》。更有皇室動用官方力量的宮廷寫經，如唐代武則天在咸亨至儀鳳間爲追福亡母大規模寫製《金剛經》《妙法蓮華經》各三千卷，院藏有《武則天製〈妙法蓮華經序〉》，國圖藏有儀鳳元年（676）的《金剛般若波羅蜜經》②等。一部宮廷寫經的完成涉及多個流程的相關人員，如抄經者（書手、楷書手、群書手）爲官方機構人員，初校、再校、三校者有的也爲官方人員（秘書省書手），詳閱者有寺院的高僧等。可以說，院藏的流向西域地區的唐宮廷寫經體現了當時宮廷佛事文化曾有效地向西域一帶傳佈的社會現實。

從書法角度看，五至六世紀的院藏東晉南北朝寫經書體隸楷，行筆及收筆處既留有隸書的波挑特點，筆劃間組織的方正結體和取勢上又呈現出明顯的楷書特徵，反映了從漢隸向唐楷演變的趨勢。在魏晉南北朝墨蹟寥若晨星的今天，這些寫本豐富了我們對當時書寫樣式風格的認知。七世紀唐寫經的楷書體，從審美看，筆劃的軌跡更講求用筆上的姿態和變化，但不同的寫手多受制於同樣的規制，故呈現出較明顯相似的書體樣式，開盛唐寫經之風韻。而從《武則天製〈妙法蓮華經序〉》，則可窺見唐代"官書"的樣式風格，因爲寫手爲官方機構中的繕寫文員或曰書手、楷書手。啓功先生曾稱此寫經"字體精嚴，雅近歐書《皇甫誕》《溫大雅》諸碑，而血脈腴潤，故非石刻所能及。其識語，文詞巧麗，與書相稱，俱當時之選"③。院藏八世紀唐代及吐蕃統治新疆時期的寫經，在用紙、寫工等方面漸趨粗鄙，尤其是吐蕃統治新疆時期的寫經呈現出較明顯的地域特點。

值得提及的是，院藏西域文獻中有兩葉保存完整、每葉正背兩面書寫、約爲十至十一世紀的《十姓回鶻王及其疆域記錄》，它是目前僅見的回鶻文歷史文獻，其行文中夾寫漢字。該文獻對研究回鶻語文及回鶻歷史都具有重要價值，我們亦可從中管窺當時漢語言文化與其他民族文化間的相互影響和融合。

① 圖版見中國國家圖書館、中國國家古籍保護中心編《第一批國家珍貴古籍名錄圖錄》（國家圖書館出版社，2008）第 126 頁。
② 圖版見《第一批國家珍貴古籍名錄圖錄》第 130 頁。
③ 見啓功：《武則天造經》，《啓功叢稿》，中華書局，1981。

宋元版刻珍本與遞藏

宋代雕版印刷逐漸成爲文化記錄與傳播的主要手段和方式，但由於歷經千載的自然或人爲災禍，能存留至今的宋元刻本已屬鳳毛麟角，往往被歷代藏書家視爲至善至尊。

（一）宋刻本、宋刻元明遞修本

院藏有七種宋刻本：

1.《沖虛至德真經》，即《列子》:戰國列禦寇撰，東晉張湛注。原八卷，現存第八卷，一冊。版心記刻工，有明清及民國藏家項元汴、毛晉、胤祥、馮景、蔣湘南、汪士鐘、丁丙等印記。

2.《史記》:西漢司馬遷撰，南朝宋裴駰集解，唐司馬貞索隱，唐張守節正義。原一百三十卷，現存第三十五卷（管蔡世家第五）、第三十六卷（陳杞世家第六），二冊。有民國藏家傅增湘等印記。

3.《三國志》:西晉陳壽撰，南朝宋裴松之注。原六十五卷，現存第二十九卷的第十八至二十八葉、第三十卷的第一至七葉，一冊。版心下記刻工，爲覆刻北宋監本的南宋紹興間刻本。有藏書家曹元忠（1865—1923）於1921年題跋一則，有傅增湘、傅忠謨印記。

4.《書集傳》:宋蔡沈撰。原六卷，存第四卷的第四十四至五十葉、五十一半葉，一冊。版心記字數及刻工，有傅增湘、傅忠謨藏印。

5.《三蘇先生文粹》:宋蘇洵、蘇軾、蘇轍撰。原七十卷，存第三十卷，一冊。版心記字數及刻工。書末有1927年羅振常跋，有民國藏家陸樹聲（1882—1933）印記。

6.《蘇文忠公文集》:宋蘇軾撰。原卷數不詳，現存第三十六卷之第二十四至三十三葉，一冊。有收藏印"古業州魏氏收藏金石書畫記"。

7.《東萊呂太史別集》:宋呂祖謙撰。原十六卷，存第十五、十六卷，有抄配，一冊。版心記字數及刻工。

有四種宋刻元明遞修本：

1.《東萊呂太史文集》:宋呂祖謙撰。原十五卷，現存第十五卷，一冊。版心記刻工。

2.《文選》:南朝梁蕭統輯，唐李善等注。原六十卷，現存五十四葉，一冊。版心記字數、刻工，有孫壯藏書印。

3.《史記》：西漢司馬遷撰，南朝宋裴駰集解，唐司馬貞索隱，唐張守節正義。原一百三十卷，現存第三十八卷（宋微子世家第八）、第三十九卷（晉世家第九），一冊。版心記字數、刻工，有蔣廷錫鈐印"蔣揚孫讀書記"。

4.《臨川集》：宋王安石撰。原一百卷，現存第九十卷中的四葉、第九十一卷中的五葉，一冊。

此外，有宋刻元重修本一種：宋杜大珪輯《新刊名臣碑傳琬琰之集》，原上集二十七卷，中集五十五卷，下集二十五卷，現存上集第十四至二十七卷，有抄補。

上述七種宋刻本中有三種《史記》《三國志》《書集傳》經民國著名藏書家傅增湘（1872—1949）審定，雖僅存片段仍被其視若拱璧，留下"藏園""雙鑒樓""雙鑒樓珍藏印""沅叔審定宋本""江安傅氏藏園鑒定書籍之記"等諸多藏印。其他宋刻後經重修或遞修的版本亦歷經劫難殘缺嚴重，有賴於曾經的閱藏者的傳遞，我們今天尚能見其真面，亦可謂不幸中之萬幸，這一文脈薪火仍亟待今人的珍視和保護。《沖虛至德真經》存卷相對完整，經明清著名藏家如明代項元汴（1525—1590）、毛晉（1599—1659），清代馮景（1652—1715）、胤祥（1686—1730）和弘曉（1722—1778）父子、汪士鐘、蔣湘南、丁丙（1832—1899）等遞藏。這些宋刻本或宋刻元明遞修本於 2008 年入選第一批國家珍貴古籍名錄。

（二）元刻本

院藏元刻本有十三種：

1.《春秋》，現存卷十一之第二十三至五十五葉，一冊。

2.《三國志》，原六十五卷，殘存蜀志第十卷之第二、四、五、七、九至十一葉，一冊。版心記字數及刻工。

3.《箋注陶淵明集》，晉陶潛撰，宋湯漢等箋注。原十卷，現存第三卷，一冊。經傅增湘藏。

4.《資治通鑑》，宋司馬光撰，元胡三省音注。原二百九十四卷，現存第四十二、四十三卷，一冊。版心記字數及刻工。

5.又《資治通鑑》，殘存卷十一之十一幀散葉。版心記字數及刻工（與上版不同）。

6.《資治通鑑綱目》，宋朱熹撰。原五十九卷，現存第五十八、五十九卷，一冊。

7.《通鑑總類》，宋沈樞撰。原二十卷，現存第十一卷，一冊。經清宮收藏。

8.又《通鑑總類》，殘存第十卷之文章門至卷末，一冊。

9.《諸儒校正西漢詳節》，宋呂祖謙撰。原三十卷，現存第二十四、二十五卷，一冊。

經清宮收藏。

10.《諸儒校正東漢詳節》，宋呂祖謙撰。原三十卷，現存第二十七至三十卷，一冊。經清宮、傅惜華、傅芸子藏。

11.《纂圖分門類題注荀子》，戰國荀況撰，唐楊倞注。原二十卷，現存第十一至十七卷，二冊。經明代方鑾、方大治收藏。

12.《圖繪寶鑑》，元夏文彥撰。五卷，卷末補遺及續補有抄配，三冊。經明代葉盛（1420—1474）、袁褧（1495—1573），清代鄭簠（1622—1693）、朱彝尊（1629—1709）、錢大昕（1728—1804）、張燮、張蓉鏡等遞藏。

13.《棋經十三篇》，元嚴德甫、晏天章輯。一卷，附錄一卷，一冊。元至正間刻本。有朱、墨筆眉批圈點。

上述有三種《通鑑總類》《諸儒校正西漢詳節》《諸儒校正東漢詳節》，曾被清乾隆帝納入“天祿琳琅”善本圖籍中。清乾隆初年，高宗弘曆着手文化構建的重要內容之一是敕命臣僚對皇室的各類收藏包括書畫、古籍、古器物等進行鑒選、編目和專庫收藏。就古籍而言，乾隆九年（1744）高宗命內臣檢閱宮廷秘藏擇善本進呈御覽，放置於昭仁殿，賜名“天祿琳琅”，後昭仁殿成爲清宮收藏善本圖籍的專門書庫，“天祿琳琅”成爲清室典藏珍籍的代稱。乾隆四十年（1775），于敏忠等編《欽定天祿琳琅書目》十卷，有宋至明代的古籍善本四百二十多部。嘉慶二年（1797）乾清宮火災殃及東側的昭仁殿，天祿琳琅輯錄的古籍悉數被毀。作爲太上皇的乾隆帝下旨重修昭仁殿，並命曾任《四庫全書》副總裁的彭元瑞重新輯錄宮中所藏善本輯成《欽定天祿琳琅書目後編》，有宋金元明版善本六百六十餘部。其圖籍的鈐印規制爲每一冊書籍的首末葉分別加蓋“乾隆御覽之寶”印章，首末葉文字框外則分別加蓋“天祿繼鑒”和“天祿琳琅”印章，前後副葉上則是乾隆皇帝的“五福五代堂寶”或“五福五代堂古稀天子之寶”以及“八徵耄念之寶”和“太上皇帝之寶”印璽。

而保存較完整、元代至正間刻本《棋經十三篇》[①]及流傳有緒的《圖繪寶鑑》，可體現出當時圖籍的刊印風貌。另有三種《附釋音尚書注疏》《南史》《文獻通考》爲元刻後經明重修或抄配本[②]。

---

① 2008 年入選第一批國家珍貴古籍名錄。

② 元末刻明重修本：漢孔安國傳，唐陸德明音義，唐孔穎達疏《附釋音尚書注疏》，計二十冊，經黃均收藏。元刻明重修暨抄配本：唐李延壽《南史》八十卷，存第十一至七十四卷，第二十六至三十卷配抄本，計三十八冊。元刻明抄配本：元馬端臨纂《文獻通考》三百四十八卷，存刻本六十八卷，明抄配二百二十二卷，計九十七冊。

漸趨活躍的明代書業

據《院藏古籍善本書目》統計，明代圖籍從版本類型看，有刻本二百二十四種、抄本十二種、銅活字本二種。從內容看，廣及經史子集各部的多個類目，子部和集部的圖書品種占總量的七成。從刊行時段看，明代的嘉靖、萬曆年間書業較活躍，有的嗜書文人仕宦廣搜圖書並營建樓閣貯納，如明嘉靖二年（1523）進士豐坊（1492—1563）建書樓“萬卷樓”，其藏品著錄《豐氏萬卷樓藏目》①，院藏有該書的清抄本。再如嘉靖十一年（1532）進士范欽（1506—1585），與豐坊交善，遊宦各地留心搜訪時人著作及地方文獻，富藏明代的方志、政書和詩文集等，嘉靖四十年始建藏書樓“天一閣”，成爲後世藏書效仿追摹的典範。晚明清初各地尤其是江南地區刊行圖書與藏書之風日盛，比較著名的大藏家有項元汴（1525—1590）、錢謙益（1582—1664）、毛晉（1599—1659）、梁清標（1620—1691）、錢曾（1629—1701）等。院藏有錢謙益《絳雲樓書目》清抄本，明刻本《六臣注文選》六十卷曾經項元汴、梁清標遞藏。這從一個側面亦反映出當時的社會文化漸趨精熟，爲清代康乾盛世的文化建構奠定了堅實基礎。

院藏有五種明刻本被收入清乾隆內府“天祿琳琅”中，包括 1. 漢鄭玄注《儀禮》十七卷，現存第九至十一卷，一冊。2. 宋朱熹《資治通鑑綱目》五十九卷，明商輅《續資治通鑑綱目》二十七卷，前者存第八、九卷、第三十、三十一，後者存二十六、二十七卷，共三冊。3. 宋趙善璙《自警編》十一卷，存第一卷，一冊。4. 宋費袞《梁谿漫志》十卷，存第一至三卷，一冊。5. 明何楷《詩經世本古義》二十八卷，存第十八卷，一冊。其中《資治通鑑綱目》《續資治通鑑綱目》爲明成化九年（1473）的內府刻本，《梁谿漫志》《自警編》《儀禮》爲明嘉靖間的翻宋刻本。《梁谿漫志》入清內府前曾經明代趙宧光（1559—1625）、明末清初季振宜遞藏，《自警編》則經明末清初朱之赤庋藏。上述院藏天祿琳琅的各種存卷多可與其他單位所藏存卷相配補。

圖籍中的清代社會生活

清代圖籍是構成院藏善本的大宗，各類書目可勾勒出當時豐富而立體的社會生

---

① （清）陳焯校錄：《豐氏萬卷樓藏目》四卷，清抄本，四冊。

活圖景，其中不僅有傳統經學和史紀評傳等類的文獻性記述，更有反映典章制度、學術研究、日常交往、社會生活習俗等不同層面和具體細節的實物原件，比如清世祖順治帝的御筆票籤題奏，朝政君臣議事的鄧華熙奏摺、鹿傳霖奏摺，清代科舉最高級別考試的錢昌瑜殿試策卷，官方證照如戶部製“咸豐年戶部執照”、國子監製“咸豐年監照”，以及清內務府造辦處的各種工程做法，如咸豐二年的《祈穀壇皇乾殿添製裝飾工程做法清冊》、光緒間的圖繪本《儀鑾殿福昌殿後照樓海晏堂仿俄館洋式樓裝修立樣》，等等。

清代文人學士的詩文等著作手稿或未刊稿、通函書札等的院藏品類明顯增多，如清初大儒姜宸英的《姜西溟未刻文稿》，經范家相評校；書法家何紹基晚年自書《舟中雜詩冊》、吳熙載自書《吳攘之詩冊》；端方書畫收藏著錄《壬寅消夏錄》、佚名輯稿《裝餘偶記》；晚清金石學大家陳介祺的十多種著述手稿，如對西周重器毛公鼎、天亡簋的考釋，對秦量詔版鐵權和漢鐙的考釋，對潘祖蔭所藏邵鐘的研考，以及傳古精妙技藝的吉金全形拓[①]；王懿榮輯稿《諸家藏器目》，等等。院藏清代名人書札原件有 350 多通[②]，具書者有 130 多位，涵蓋了清代各時期的名儒仕宦，如曹溶、王澍、孔繼涑、盧文弨、王文治、姚鼐、翁方綱、伊秉綬、姚文田、王引之、陳用光、吳榮光、陳壽祺、程恩澤、陳慶鏞、何紹基、倭仁、張之萬、李鴻章、鹿傳霖等。他們多爲進士出身，曾供奉清廷或爲官地方，在詩文、書法等方面頗有造詣。而受書者中也不乏文仕名宦，如桂馥、鮑桂星、吳修、祁寯藻、胡仁頤、李棠階、武汝清、李承霖、曾國藩、徐用儀、張曾敭、黃誥等。往來互動的雙方或親朋，或同年之友，或共事同僚，内容涉及親友間的關愛體恤、子女教育以及同道間的禮尚往來、見聞互通、學術探討、時政評議等等。他們通過私密性的信札所傳遞出的親歷見聞和感悟，極大地豐富了我們對歷史瞬間時事人物的生動體認和感知。這些書札在形式上不僅所用箋紙賞心悅目，而且文辭典雅，講究禮規；加之行雲流水般的書寫看似信手拈來，實則圓熟精到，體現着文人士大夫自謙而敬人的個人修養和文化氣質。從藝術價值來看，具書者中不乏以工書善畫而名世者如王澍、王文治、何紹基、伊秉綬、張之萬等，其信札書寫較之刻意書寫而言，更具本真之性情。

院藏善本中可透射出清代社會生活縮影的圖籍，如清同治十二年（1873）桐廬縣衙頒給本縣人徐賜勳的“烟戶門牌”；清光緒朝法令告示，有光緒二十一年錦縣

---

① 參見《中國文化遺產研究院藏陳介祺吉金全形拓精選集》，文物出版社，2017。
② 參見《中國文化遺產研究院藏清代名人書札》，中華書局，2015。

徵糧貨稅告示、錦縣徵收地丁錢糧告示，光緒二十二年錦縣給發的路照（即過路關卡的通行證）。再如，裝訂成冊的《清代銀錢票》，內有同泰錢店和鎰豐銀號等的各式銀錢票，以及咸豐間大清寶鈔實物原件。還有反映清末北京市肆店各種商鋪樣式及行業標志的《商鋪牌匾店幌圖錄》《鋪幌子》，以及反映民間房屋買賣的合同等，如曾經鄭振鐸收藏的《明清民間契約》。

院藏善本的另一大特色是有關營造如宮殿陵寢等的工程做法、物料價值等考工類圖籍，如刻本《內廷工程做法》《欽定物料價值則例》《乘輿儀仗做法》，清內府寫本《圓明園內庭內工諸作現行則例》《清墓室則例》，抄本《建築工程做法》《石作做法》等等。這多得益於民國時朱啟鈐、梁思成等發起成立的"中國營造學社"成員們的收集整理和傳續。

中華文脈的傳遞和守護

古籍善本能歷經滄桑時變而存留至今，離不開一代代收藏家的搜集和惜護，他們往往在所藏書上鈐蓋累累印章以彰顯其遞藏和流傳，因此我們在整理過程中比較關注收藏印的辨識和著錄。院藏善本中依印鑒可考證出的遞藏者約三百餘人。

明代藏書家如前期的葉盛（1420—1474），建藏書堂"菉竹堂"，著《菉竹堂書目》六卷，院藏有葉盛藏並輯的寫本《葉氏菉竹堂碑目》六卷，該碑目有清代金石學家許瀚、吳式芬批校。院藏元刻本夏文彥《圖繪寶鑑》除曾經葉盛之手外，還經明代刻書兼藏書家袁褧（1495—1573）遞藏。晚明富藏書畫的項元汴名其藏書處"天籟閣"，遞藏過的院藏善本有宋刻《沖虛至德真經》、明嘉靖刻《六臣注文選》。明末清初江南地區文人仕宦們的撰著、刻書和藏書活動更趨活躍，如虞山的錢謙益（1582—1664），不僅著述頗豐，且藏書富冠東南，貯書的"絳雲樓"多宋刻孤本。院藏有清抄本《絳雲樓書目》，惜其書樓生前遭焚毀。而集編校、刻書和藏書於一身的虞山毛晉（1599—1659）更是致力於中華文脈傳續的一個縮影，富藏圖書八萬四千餘冊，多爲宋元刻本，建"汲古閣""目耕樓"以貯之。此外，毛晉還著有《隱湖題跋》，輯錄叢書、校刻圖書多種。院藏善本中有毛晉所輯叢書《津逮秘書》《十七史》《詩詞雜俎》《唐人選唐詩八種》等，宋刻《沖虛至德真經》、顧炎武的《金石文字記》等亦經其遞藏。

明末清初江浙地區較活躍和發達的書業活動爲清朝康乾之世的文化建構奠定了

良好且堅實的基礎，比較重要而影響深遠的文化事件有《康熙字典》和《四庫全書》的編纂。《康熙字典》是由張玉書、陳廷敬等三十余位學者奉清聖祖玄燁諭旨、歷時六年編撰的一部漢字大辭書，成書於康熙五十五年（1716），收錄四萬七千餘字。院藏有一部書名葉爲朱印的清內府刻本《康熙字典》。《欽定四庫全書》則是在清高宗主持下，由紀昀等數百位學者於乾隆三十八年（1773）開始、歷時十三年編成的大型叢書，是中華傳統文化最豐富和完備的集成之作，共收書三千四百多種，分經、史、子、集四部。在前期從各地徵採的一萬二千二百多種中，江蘇進書四千八百多種，浙江進書四千六百種。江浙地區當時的藏書家如"知不足齋"主人鮑廷博之子鮑士恭、"天一閣"始建者范欽的後人范懋柱等皆進獻不少。在院藏善本中有經鮑廷博遞藏的刻本《名山勝槩記》和抄本《汪氏珊瑚網法書題跋》，以及由鮑廷博知不足齋刊刻的《陶說》《二妙集》等。對於清皇室圖籍之精華，清高宗在乾隆九年（1744）便開始敕命大臣對善本進行遴選彙集，藏於乾清宮昭仁殿，題室名曰"天祿琳琅"。院藏"天祿琳瑯"續藏善本，上文已詳細述及。

儘管十九世紀的清代中晚期國運日衰，甚至二十世紀上半葉清末至民國間的時局一直動蕩不安，但著述者與藏書家較之前卻有增無減。據院藏善本統計，活躍於此時段的收藏家約一百四五十人，如四代藏書世家張燮及其孫張蓉鏡、袁芳瑛（1814—1859）、丁丙（1832—1899）、楊守敬（1839—1915）、繆荃孫（1844—1919）、葉德輝（1864—1927）、王禮培（1864—1943）、徐乃昌（1869—1943）、孫毓修（1871—1922）、陶湘（1871—1940）、張伯英（1871—1949）、傅增湘（1872—1949）、徐宗浩（1880—1957）、張珩（1915—1963），等等。諸多先賢們的守護與遞藏，彙集成了我們現在院藏古籍的面貌。

現院藏古籍的主要來源渠道，一是二十世紀五六十年代文物主管部門組織派員集中從書肆中收購。1952年12月20日由鄭振鐸、王冶秋等署名的《爲收購北京舊書肆所有各省方志致文化部的報告》寫道："當於本年七月間，開始指定妥慎之干部三人，在北京市各舊書肆，陸續展開收購工作。五個多月來，收得各省的通志、府志、縣志、山川、里鎮橋堤志等，凡五千零五十八部，共四萬六千四百三十八冊，共計付款一億二千八百四十三萬四千七百圓。平均每冊約爲人民幣三千圓。市面上的一般的方志，大體已全部收淨。惟有若干規模較大的書肆，如來熏閣、修綆堂、邃雅齋、富晉書社等，所存的方志，亦不下四萬餘冊，尚未著手收買。一因各書肆索價甚昂，一時不易就範；二因我局並無書庫或倉庫的設備，現收各書，均暫時堆放在自然博物館籌備處，實在無法再行容納更多的數量。故暫時停止此項收購工作，擬俟將這一批方志分配給北京圖書館及文物整理委員會後，騰出地位，再進行收買來熏閣等肆的方志。"①上文提及的"文物整理委員會"即"北京文物整理委員會"，是現在中國文化遺產研究院的前身。

第二個來源，是上世紀建國初各大藏書家或其後人向文物主管部門的捐贈，比如富藏書畫圖籍的古書畫鑒定家張珩（1915—1963）捐贈善本八十多種，齊燕銘捐獻印譜及封泥五十多種，清金石大家陳介祺後人陳元章、陳育丞捐獻簠齋著述手稿十多種，等等。

第三個來源是因各種機緣的圖書徵集，如1951年北京文物整理委員會接收中國營造學社（1930—1946）圖書五百九十種，其中古籍三百二十多種。②2005年12月中國文物研究所（現文研院前身）接收中央文獻研究室的古籍、碑帖、書畫七百六十多件，其中古籍善本二百五十多種③，這批珍本較大地豐富和提升了院藏古籍的品質。現在的中國文化遺產研究院，其前身隨着文物文化遺產事業的發展雖幾經機構併改和更名，但作爲國家文物局的直屬機構一直負責這些古籍的保存。

對古籍善本的遞藏和保存，一方面是歷代學者藏家竭力通過這樣的守護來留住和傳承中華文化的根脈，另一方面更亟待通過各種形式的整理和研究來彰顯和拓展中華文化的精神營養和魅力。對院藏古籍善本的詳細編目整理，原國家圖書館的楊晏平女士出力尤多，廣東中山圖書館的林銳先生亦曾參與部分善本的初編。對宋元善本的評鑒曾得到國家圖書館李致忠先生的指點。在善本書目的編校過程中，還得到高夕果、劉紹剛、赫希強等同仁的核訂之助。

我們近十多年的古籍整理工作成果，於往昔，權作是對承接中華文脈的先賢們的一種告慰；於日後，且視爲對珍貴文化遺產保護光大的一種傳續。

赫俊紅

2018年8月22日定稿

---

① 參見國家文物局編：《鄭振鐸文博文集》，文物出版社，1998，第198—199頁。
② 見院藏檔案《北京文物整理委員會代管中國營造學社圖書登錄簿》。
③ 作者本人經手藏品交接，見院藏移交目錄檔案。

編　例

一、本目主要著錄中國文化遺產研究院藏古籍善本書。院藏方志類古籍因已單獨刊行書目，故未再遴選善本收錄，此目僅補錄兩種。

二、本書目在總的編排順序上依次分經部、史部、子部、集部、叢部五部類。各部總類之書或同部類中之叢書，編入應屬之部類。

三、各部類之下，據所藏古籍又依次分如下具體類目，各類目再遵循不同原則編排：

經部分爲：總類，易類，書類，詩類，禮類（周禮、儀禮、禮記、三禮總義、通禮、雜禮書），樂類，春秋類，孝經類，四書類（彙編、論語、孟子、四書總義），羣經總義類，小學類（彙編、訓詁、字書、韻書）。經部各類，先爲白文經，次爲注疏本，後爲研究闡釋經義之作。基此，再按責任者時代先後排次。

史部分爲：紀傳類（彙編、通代、斷代），編年類（通代、斷代），紀事本末類（通代），雜史類，史抄類，史評類，詔令奏議類（奏議、其他），傳記類（總傳、別傳、日記、家傳、宗譜、姓氏、雜錄、貢舉），時令類，地理類（總志、方志、雜志、邊防、山水志〈山志、水志〉、專志〈古蹟、寺觀、宮殿、陵寢、書院、祠堂〉、游記、外紀、輿圖），職官類（官制、官箴），政書類（通制、典禮、邦計、軍政、邦交、考工、科舉、公牘/檔冊、其他），目錄類（彙編、公藏、家藏、其他），金石類（總類、金類、石類、玉類、陶類、錢幣、璽印）。史部之紀傳、編年、紀事本末、雜史及傳記等類，先按所記史事或人物之時代先後排序，若屬同時段的再按主要責任者年代、版本年代的先後編次；而傳記類的宗譜、姓氏及地理等類，則先按《大清一統志》所劃分之地區排序，若屬同地區的再按責任者年代、版本年代的先後編次。

子部分爲：總類，儒家類，兵家類，法家類，其他諸子類（總論、墨家、雜家），農家類，醫家類（醫經、本草、診法、方論、針灸、養生），天文算法類（天文、曆法、算書），術數類（相宅相墓、占卜、陰陽五行、雜術），藝術類（總類、書畫、篆刻、棋譜、雜技、其他），譜錄類（器物、食譜、花草樹木/鳥獸蟲魚），雜家類（雜學筆記、雜考、雜記、雜品、雜纂、善書），小說家類，類書類，釋家類，道家類。子部各類目基本先按所記人或事的時代先後，再按主要責任者的時代先後編次。

集部分爲：楚辭類，漢魏六朝別集類，唐五代別集類，宋別集類，金別集類，元別集類，明別集類，清別集類，總集類（叢編、通代、斷代、地方藝文、家集），詩文評類，小説類（筆記、短篇、長篇），詞類（叢編、總集、詞譜），曲類（雜劇、傳奇、彈詞、寶卷、曲選、曲譜）。集部各類基本按内容時代或主要責任者時代先後編次（先詩後文）。地方藝文先按地區，再按主要責任者時代先後編次。

叢部分爲：彙編叢書、家集叢書、自著叢書。

四、書目的著錄規則參照國標 GB/T 3792.7–2008《古籍著錄規則》。但爲閱讀之便略作變通。著錄内容分主體信息、附注信息、館藏信息。

主體信息包括題名與責任説明項、版本項、出版發行項、載體形態項、叢編項，各項以".――"爲間隔連續記述。

附注信息包括行款，與書名、版本、刻工等相關的補充性題記，以及書冊内容的具體要目即子目等項。各項分段記述。

館藏信息包括登錄號（即財産賬號）、索書號（即庫存位置）、冊函數、收藏印記、批校題跋、版字斷損、内容缺佚、書冊現破損狀況等項，各項連續記述。若有複本記錄則分段記述。

五、具體著錄形式如下：

順序號

　［主體信息］

　正題名［附屬信息］：卷數／第一責任説明；其他責任説明 .―― 版本説明 .―― 出版地：出版者，出版年 .―― 載體數量：其他形態細節；＋附件 .――（叢編正題名：卷數／責任説明）

　［附注信息］

　行款，指半葉的行字數、書口、邊框等情況。

　題記，指在書冊某部位與書名、版本、刻工等相關的補充性客觀記錄。

　子目，指叢書類或彙編性書冊内容的具體要目。

　［館藏信息］

　登錄號／索書號：冊函數，用紙色徵，非綫裝特徵；收藏印記；批校題跋；版字斷損；内容缺佚、破損狀況；曾修復情況等。

說明：

1."正題名"即書名，原則爲卷端題名，字形一般客觀照録。與書名密切相關的内容作爲附屬信息置於〔〕里。

2."責任說明"分第一責任者及著作方式、其他責任者及著作方式，中間用"；"間隔。著録時責任者原則採用其姓名，著作方式儘量照録原書中的標識。

3."出版者"、"出版年"中，若原書没有明確的斷定依據，係本書目編者據相關信息的推斷，則外加〔〕表示。

4.載體形態項中的"其他形態細節"，主要指書册中"圖"的有無，若有圖在册數後以"：圖"來表示。"附件"指隨附書册的其他載體。

5.屬叢書零種的古籍，在主體信息的叢編項以"（叢編正題名：卷數／責任說明）"來標明。

6.附注信息中"子目"的列目順序按書中的目録次序。爲方便觀覽，内容列目的阿拉伯數字序號係編者所加，並在列目後附注該子目内容所在書册的位置等。

7.館藏信息中對書中收藏印進行識録，並將所查證出的印主附注印文之後，僅供參考。

8.有個別書册的責任者或子目題名中原缺的字用"□"表示。

六、本書目在正文後附《書名索引》和《責任者索引》，以便閱者檢索利用。

經部

〔經部　總類〕

0001

摹刻宋板六經圖 ：六種，六卷 ／ （宋）楊甲撰 ；（宋）毛邦翰等補 ；（明）吳繼仕考校. -- 刻本. -- 新都吳繼仕，明萬曆間. -- 6 冊（1 函） ：圖

白口四周單邊

書名葉題：熙春樓藏板　摹刻宋板　六經圖

書名據書名葉題

子目：

1.大易象數鈎深圖：一卷（冊 1）

2.尚書軌範撮要圖：一卷（冊 2）

3.毛詩正變指南圖：一卷（冊 3）

4.周禮文物大全圖：一卷（冊 4）

5.禮記制度示掌圖：一卷（冊 5）

6.春秋筆削發微圖：一卷（冊 6）

登錄號 0001327／索書號 8020-022-003-011：6 冊（1 函），白紙本；紙張老化四周變黃，有水漬、污漬，書衣破損，裝訂裂散

0002

六經圖 ：六種，六卷 ／ （宋）楊甲撰 ；（宋）毛邦翰等補. -- 刻本. -- 明. -- 6 冊（1 函） ：圖

白口四周單邊

書名據序題

子目：

1.大易象數鈎深圖：一卷（冊 1）

2.尚書軌範撮要圖：一卷（冊 2）

3.毛詩正變指南圖：一卷（冊 3）

4.周禮文物大全圖：一卷（冊 4）

5.禮記制度示掌圖：一卷（冊 5）

6.春秋筆削發微圖：一卷（冊 6）

登錄號 0001074／索書號 8020-016-005-014：6 冊（1 函），黃紙本，黃色織錦書衣；有缺葉，蟲蛀損壞，

書衣破損，裝訂裂散；有修補

0003

六經圖考 ：六種，六卷 ／ （宋）楊甲撰 ；（宋）毛邦翰等補. -- 刻本. -- 禮耕堂，清. -- 12 冊（2 函） ：圖

行字不等白口四周單邊單魚尾

書名葉題：宋布衣楊先生撰 六經圖考 禮耕堂重訂

版心下記：禮耕堂

書名據書名葉及版心題

有清康熙六十一年（1722）潘寀鼎序

子目：

1.大易象數鈎深圖：一卷（冊 1-2）

2.尚書軌範撮要圖：一卷（冊 3-4）

3.毛詩正變指南圖：一卷（冊 5-6）

4.周禮文物大全圖：一卷（冊 7-8）

5.禮記制度示掌圖：一卷（冊 9-10）

6.春秋筆削發微圖：一卷（冊 11-12）

登錄號 1-02710／索書號 8018-134-006-005：12 冊（2 函），白紙本；鈐印：寶齋；紙張老化四周變黃，有水漬

登錄號 1011446／索書號 8011-014-004-005：12 冊，白紙本；鈐印：龍山蟄廬藏書之章、退一步想書屋；有斷版、字跡殘缺處，有污漬，邊角鼠嚙破損

0004

六經奧論 ：六卷，總文一卷 ／ （宋）鄭樵撰 · **公是先生七經小傳** ：三卷 ／ （宋）劉敞撰. -- 抄本. -- 清. -- 2 冊（1 函）

11 行 19 字

登錄號 0000585／索書號 8020-009-005-009：2 冊（1 函），黃紙本；紙張老化四周變黃

0005

六經圖 ：二十四卷 ／ （清）鄭之僑編輯. -- 刻本. -- 述堂，清乾隆九年（1744）. -- 12 冊（2 函）：圖

9 行字不等白口四周雙邊單魚尾

書名葉題：乾隆玖年鐫 後學潮陽鄭之僑東里編輯 六經圖 述堂藏板

版心下記：述堂

易、書、詩、春秋、禮記、周禮六經各四卷

登錄號 1-05060／索書號 8009-092-001-003：12 冊

（2 函），白紙本；蟲蛀損壞，書衣磨損

0006

五經四書經註 / （明）司禮監輯. -- 刻本. -- 明司禮監，明正統十二年（1447）. -- 22 冊（4 函）：圖

8 行 14 字小字雙行 18 字黑口四周雙邊雙魚尾

書名、輯者參照《禮記集説》首葉

木質函套題：闓立業堂藏書

子目：

1. 周易：十卷/（宋）程頤傳（冊 1-6）
2. 禮記集説：十六卷/（元）陳澔集説（冊 7-14）
3. 春秋胡傳：三十卷/（宋）胡安國傳（冊 15-22）

登錄號 0001105/索書號 8020-018-001-001：22 冊（4 函），白紙本；有斷版；存 3 種；紙張老化四周變黃，輕微蟲蛀損壞，有污漬，書衣偶見破損

0007

五經四書疏畧 / （清）張沐疏畧. -- 刻本. -- 上蔡張氏敦臨堂，清康熙間. -- 40 冊（4 函）

行字不等白口四周雙邊單魚尾

書名代擬

子目：

1. 書經疏畧：六卷（冊 1-6，書名葉題：康熙十六年鐫 上蔡張忠誠著 書經疏畧 敦臨堂藏板）
2. 禮記疏畧：四十七卷（冊 7-18，書名葉題：康熙十四年鐫 上蔡張忠誠著 禮記疏畧 敦臨堂藏板）
3. 春秋疏畧：五十卷（冊 19-34，書名葉題：康熙三十三年鐫 上蔡張忠誠著 春秋疏畧 敦臨堂藏板）
4. 四書疏畧
    （1）大學疏畧：一卷（冊 35）
    （2）中庸疏畧：一卷（冊 36）
    （3）論語疏畧：二十卷（冊 36-37）
    （4）孟子疏畧：七篇（冊 38-40）

登錄號 1-03450、1-05815、1-03456、1011252/索書號 8018-136-003-010：40 冊（4 函），白紙本；缺 2 種：《周易疏畧》4 卷、《詩經疏畧》8 卷，有斷版；紙張老化四周變黃

〔經部　易類〕

0008

易圖明辨 ：十卷 / （清）胡渭輯著. -- 刻本，重修. -- 清康熙四十五年（1706）德清胡渭耆學齋刻，清嘉慶元年（1796）重修. -- 3 冊：圖

11 行 22 字小字雙行同白口左右雙邊單魚尾

書名葉題：德清胡朏明著 易圖明辨 耆學齋藏板

登錄號 1010417/索書號 8011-004-005-010：3 冊，黃紙本；鈐印：浣月齋程氏藏書印[程鴻緒]；版面偶見空缺；有水漬，書衣邊角破損

0009

東坡先生易傳 ：九卷 / （宋）蘇軾撰. -- 刻本. -- 明萬曆三十九年（1611）. -- 1 冊. -- （兩蘇經解 / （明）顧直指輯）

10 行 21 字小字雙行同白口左右雙邊單魚尾

登錄號 0000771/索書號 8020-012-002-008：1 冊，黃紙本；鈐印：瑞軒、如松；存 4 卷：卷 1-4；有水漬，書衣破損

0010

周易本義 ：經二卷，傳十卷，易圖一卷，五贊一卷，筮儀一卷 / （宋）朱熹撰. -- 刻本. -- 曹寅揚州使院，清康熙五十年（1711）. -- 1 冊：圖

8 行 15 字小字雙行字不等白口左右雙邊單魚尾

版本年等據卷首曹寅序

登錄號 0000342/索書號 8020-007-001-007：1 冊，黃紙本；書衣磨損，有污漬

0011

梁山來知德先生易經集註 ：十六卷，啓蒙一卷，雜説一卷 / （明）來知德纂註；（清）崔犨重訂. -- 刻本. -- 清乾隆十一年（1746）. -- 8 冊：圖

9 行 20 字白口四周單邊單魚尾

書名葉題：乾隆十一年重鐫 梁山來瞿塘先生纂註 平山崔蓮生先生重訂 易經來註 三多齋藏版

版心題：易經集註

書根題：探、賾、索、隱、鉤、深、致、遠；易經來註

登錄號 1010652/索書號 8011-006-007-006：8 冊，

黃紙本；書葉空白處經裁切，書衣磨損、污漬，裝訂斷綫

　　登錄號 1-00818/索書號 8006-215-005-003：6 冊（1 函），黃紙本；卷 10-12 有佚名朱墨筆批校；存 7 卷：卷 10-16，斷版嚴重；有污漬，裝訂斷綫

0012

　　精輯易經惺講意. -- 抄本，藍絲欄. -- 五槐山房，明. -- 2 冊

　　上下兩欄 12 行，上欄小字雙行 13 字、下欄 25 字，白口四周單邊

　　書名葉題：易經惺講意

　　登錄號 0000669/索書號 8020-010-005-011：2 冊，黃紙本；存 5 卷：卷 3-7；紙張老化變脆，邊角破損，有水漬、污漬

0013

　　御纂周易折中：二十二卷，卷首一卷 / （清）李光地等纂. -- 刻本. -- 武英殿，清康熙五十四年（1715）. -- 10 冊

　　8 行 18 字小字雙行 22 字白口四周雙邊單魚尾，無直欄

　　登錄號 1-01651/索書號 8018-169-006-003：10 冊，白紙本；序末鈐印：體元主人、稽古右文之章［清康熙帝］；紙張老化有黃斑，邊角磨損

0014

　　易緯乾坤鑿度：二卷 / （漢）鄭玄注. -- 活字本，木活字. -- 武英殿，清乾隆間. -- 1 冊：圖. -- （武英殿聚珍版叢書·經部·易緯）

　　10 行 21 字小字雙行同白口四周雙邊單魚尾

　　有清乾隆三十八年（1773）序

　　登錄號 1-04861/索書號 8018-161-002-009：1 冊（合 1 函：冊 1），與《易緯乾鑿度》、《易緯稽覽圖》、《易緯辨終備》、《易緯通卦驗》、《易緯乾元序制記》、《易緯是類謀》、《易緯坤靈圖》合刻，黃紙本；紙張老化四周變黃，邊角破損

0015

　　易緯乾鑿度：二卷 / （漢）鄭玄注. -- 活字本，木活字. -- 武英殿，清乾隆間. -- 1 冊：圖. -- （武英殿聚珍版叢書·經部·易緯）

10 行 21 字小字雙行同白口四周雙邊單魚尾

有清乾隆三十八年（1773）序

　　登錄號 1-04861/索書號 8018-161-002-009：1 冊（合 1 函：冊 1），與《易緯乾坤鑿度》等合刻，黃紙本；紙張老化四周變黃，邊角破損

0016

　　易緯通卦驗：二卷 / （漢）鄭玄注. -- 活字本，木活字. -- 武英殿，清乾隆間. -- 1 冊：圖. -- （武英殿聚珍版叢書·經部·易緯）

　　10 行 21 字小字雙行同白口四周雙邊單魚尾

　　有清乾隆三十八年（1773）序

　　登錄號 1-04861/索書號 8018-161-002-009：1 冊（合 1 函：冊 3），與《易緯坤靈圖》等合刻，黃紙本；紙張老化四周變黃，邊角破損

0017

　　易緯坤靈圖：一卷 / （漢）鄭玄注. -- 活字本，木活字. -- 武英殿，清乾隆間. -- 1 冊：圖. -- （武英殿聚珍版叢書·經部·易緯）

　　10 行 21 字小字雙行同白口四周雙邊單魚尾

　　有清乾隆三十八年（1773）序

　　登錄號 1-04861/索書號 8018-161-002-009：1 冊（合 1 函：冊 3），與《易緯通卦驗》等合刻，黃紙本；紙張老化四周變黃，邊角破損

0018

　　易緯稽覽圖：二卷 / （漢）鄭玄注. -- 活字本，木活字. -- 武英殿，清乾隆間. -- 1 冊：圖. -- （武英殿聚珍版叢書·經部·易緯）

　　10 行 21 字小字雙行同白口四周雙邊單魚尾

　　有清乾隆三十八年（1773）序

　　登錄號 1-04861/索書號 8018-161-002-009：1 冊（合 1 函：冊 2），與《易緯乾坤鑿度》等合刻，黃紙本；紙張老化四周變黃，邊角破損

0019

　　易緯是類謀：一卷 / （漢）鄭玄注. -- 活字本，木活字. -- 武英殿，清乾隆間. -- 1 冊：圖. -- （武英殿聚珍版叢書·經部·易緯）

　　10 行 21 字小字雙行同白口四周雙邊單魚尾

　　有清乾隆三十八年（1773）序

登錄號 1-04861/索書號 8018-161-002-009：1 冊（合 1 函：冊 3），與《易緯坤靈圖》等合刻，黃紙本；紙張老化四周變黃，邊角破損

0020

易緯辨終備：一卷 / （漢）鄭玄注. -- 活字本，木活字. -- 武英殿，清乾隆間. -- 1 冊：圖. -- （武英殿聚珍版叢書·經部·易緯）

10 行 21 字小字雙行同白口四周雙邊單魚尾

有清乾隆三十八年（1773）序

登錄號 1-04861/索書號 8018-161-002-009：1 冊（合 1 函：冊 3），與《易緯坤靈圖》等合刻，黃紙本；紙張老化四周變黃，邊角破損

0021

易緯乾元序制記：一卷 / （漢）鄭玄注. -- 活字本，木活字. -- 武英殿，清乾隆間. -- 1 冊：圖. -- （武英殿聚珍版叢書·經部·易緯）

10 行 21 字小字雙行同白口四周雙邊單魚尾

有清乾隆三十八年（1773）序

登錄號 1-04861/索書號 8018-161-002-009：1 冊（合 1 函：冊 3），與《易緯坤靈圖》等合刻，黃紙本；紙張老化四周變黃，邊角破損

〔經部　書類〕

0022

尚書註疏：二十卷 / （漢）孔安國傳；（唐）陸德明音義；（唐）孔穎達疏. -- 刻本. -- 北京：國子監，明萬曆十五年（1587）. -- 10 冊（1 函）. -- （十三經注疏）

9 行 21 字白口左右雙邊單魚尾

卷端另題：皇明朝列大夫國子監祭酒臣李長春 奉訓大夫司經局洗馬管司業事臣盛訥等奉勅重校刊

版心上方鐫：萬曆十五年刊

登錄號 0000241/索書號 8020-006-001-001：10 冊（1 函），白紙本；紙張老化變脆變黃，邊角蟲蛀、破損，有水漬

0023

附釋音尚書註疏：二十卷 / （漢）孔安國傳；（唐）

陸德明音義；（唐）孔穎達疏. -- 刻本，重修. -- 元末刻，明重修. -- 20 冊（4 函）

套簽題：宋本附音釋尚書註疏

版心上記字數，下記刻工名：古月、德山、君錫、英玉、天錫、瑞卿、蔡壽甫、葉德遠、陳伯壽[元至正間刻工]等

10 行 17 字小字雙行 23 字白口左右雙邊雙魚尾，偶見細黑口三魚尾

登錄號 善 002/索書號 7018-sb-002：20 冊（4 函），黃紙本，金鑲玉裝訂，藍色絲質書衣；鈐印：黃鈞、次歐、小學齋[黃鈞]，古歙鮑氏覺園；有斷版；有水漬、污漬；有修補

0024

古文尚書：十卷，篇目表一卷，逸文二卷 / （漢）馬融，（漢）鄭玄注；（宋）王應麟撰集；（清）孫星衍補集並補訂逸文；（清）江聲撰集逸文. -- 刻本. -- 清. -- 4 冊（1 函）

10 行 22 字小字雙行同黑口左右雙邊單魚尾

有清乾隆六十年（1795）孫星衍序

卷末題：綿竹黃尚銘校字

登錄號 1-04124/索書號 8018-158-003-001：4 冊（1 函），黃紙本；鈐印：海豐吳氏藏書[吳重憙]；有水漬、污漬

0025

東坡先生書傳：二十卷 / （宋）蘇軾撰. -- 刻本. -- 明萬曆三十九年（1611）. -- 2 冊. -- （兩蘇經解 / （明）顧直指輯）

10 行 21 字小字雙行同白口左右雙邊單魚尾

登錄號 0000772/索書號 8020-012-002-009：2 冊，黃紙本；鈐印：瑞軒、如松；書衣磨損

0026

增修東萊書說：三十五卷 / （宋）呂祖謙撰；（宋）時瀾修定. -- 刻本. -- 明. -- 1 冊（1 函）

11 行 20 字白口左右雙邊單魚尾

版心記字數

登錄號 善 011/索書號 7018-sb-011：1 冊（1 函），黃紙本，金鑲玉裝訂；存 2 卷：卷 18-19；紙張老化有黃斑，有污漬

0027

　書集傳：六卷 / （宋）蔡沈撰. -- 刻本. -- 宋. -- 1 冊

　8 行 15 字綫黑口左右雙邊雙魚尾

　版心記字數及刻工姓或名：劉、玉

　登錄號 善 003/索書號 7018-sb-003：1 冊，黃紙本，蝴蝶裝；鈐印：藏園、雙鑑樓、雙鑑樓珍藏印、沅叔審定宋本、江安傅氏藏園鑑定書籍之記［傅增湘］，忠謨繼鑑、晉生心賞［傅忠謨］；存 7 葉半：卷 4 第 44-50 葉、51 半葉；有水漬

0028

　書集傳：六卷 / （宋）蔡沈撰. -- 刻本. -- 清. -- 2 冊（1 函）

　9 行 17 字小字雙行同白口左右雙邊無魚尾，邊框上方附音註

　書名葉題：校訂無訛 監本書經 京都文林堂藏板

　書名據序題

　登錄號 1011199/索書號 8011-012-001-002：2 冊（1 函），黃紙本；有斷版；邊角破損

0029

　書經：六卷 / （宋）蔡沈集註. -- 刻本. -- 清乾隆五十九年（1794）. -- 4 冊（1 函）

　上下兩欄 9 行，上欄小字雙行 3 字、下欄 17 字小字雙行同，白口左右雙邊單魚尾

　書名葉題：乾隆甲寅新鐫 監本書經 五柳居藏板

　書名據序題

　登錄號 1011168/索書號 8011-011-005-012：4 冊（1 函），黃紙本；有佚名朱筆標點、眉批；紙張老化，書葉破損，書衣散失，裝訂裂散

0030

　書經：六卷 / （宋）蔡沈集傳. -- 刻本. -- 清. -- 4 冊

　9 行 17 字小字雙行同白口四周單邊無魚尾

　登錄號 1-07503/索書號 8009-120-003-007：4 冊，黃紙本；鈐印：國子監印、國子監八學官書；有佚名朱筆標點；紙張老化四周變黃

0031

　尚書考異：六卷，附錄不分卷 / （清）閻若璩撰；

（清）朱彝尊校. -- 抄本. -- 清. -- 3 冊

　10 行 21 字

　書名葉題：旌德梅氏尚書考異

　登錄號 0000781/索書號 8020-012-004-005：3 冊，黃紙本，毛裝；破損，有污漬

0032

　欽定書經傳説彙纂：二十一卷，卷首二卷，書序一卷 / （清）王頊齡等彙纂. -- 刻本. -- 內府，清雍正八年（1730）. -- 16 冊（2 函）：圖

　8 或 16 行 18 或 22 字白口四周雙邊單魚尾

　書名葉題：欽定御纂書經

　登錄號 1010038/索書號 8011-001-004-012：16 冊（2 函），黃紙本

0033

　尚書後案：三十卷，後辨附一卷 / （清）王鳴盛撰. -- 刻本. -- 東吳王鳴盛禮堂，清乾隆四十五年（1780）. -- 8 冊

　14 行 30 字小字雙行 44 字綫黑口四周單邊單魚尾

　書名葉題：乾隆庚子秋鐫 東吳王氏學 尚書後案 尚書後辨附 禮堂藏版

　登錄號 1010197/索書號 8011-003-002-009：8 冊，黃紙本；裝訂斷綫

0034

　尚書讀本：四卷 / （清）徐立綱輯. -- 刻本. -- 循陔堂，清［乾隆五十四年］（1789）. -- 1 冊. -- （五經旁訓辨體：五種 / （清）徐立綱輯）

　上下兩欄，行大小字不等，白口四周單邊單魚尾

　書名葉題：旁訓辨體合訂 尚書讀本 循陔堂藏

　書名據書名葉題

　前有：尚書蔡傳篇目、讀書

　登錄號 1011427/索書號 8011-014-003-019：1 冊，黃紙本；紙張老化變黃變脆，邊角破損

0035

　日講書經解義：十三卷 / （清）庫勒納等纂. -- 刻本. -- 王起元，清康熙二十七年（1688）. -- 8 冊（1 函）

　9 行 18 字小字雙行同黑口四周雙邊雙魚尾

序題：御製日講書經解義

卷首有清康熙十九年（1680）刊刻頒行疏

　　登錄號 1-03498/索書號 8018-133-002-002：8 冊（1 函），黃紙本；朱筆圈點；紙張老化，有水漬，版心開口

0036

　　禹貢摘要：一卷 / （明）余六振撰；（明）余紹麟較訂. -- 刻本. -- 明崇禎十三年（1640）. -- 1 冊：圖

10 行 24 字白口四周單邊

序及版心題：禹貢要言

古歙黃虞卿書並刻

　　登錄號 0000551/索書號 8020-009-004-014：1 冊，黃紙本；鈐印：養雲山館、甄夏長壽、甄夏翰墨、從吾好齋［甄夏］；有殘缺字；有修補

0037

　　禹貢備遺：二卷，卷首一卷，禹貢增註或問一卷 / （明）胡瓚註；（清）胡宗緒增註. -- 刻本. -- 清乾隆四年（1739）. -- 1 冊：圖

9 行 22 字小字雙行同白口四周單邊單魚尾

版心下記：萬卷樓

　　登錄號 1-04581/索書號 8018-167-002-022：1 冊，黃紙本；破損，首尾殘缺，書衣散失

0038

　　禹貢錐指：二十卷，略例一卷，圖一卷 / （清）胡渭撰. -- 刻本. -- 漱六軒，清康熙四十四年（1705）. -- 12 冊（2 函）：圖

11 行 21 字小字雙行 31 字白口左右雙邊單魚尾

書名葉題：康熙乙酉孟夏 禹貢錐指 草莽臣胡渭恭進

版心下記：漱六軒

　　登錄號 1011303/索書號 8011-013-004-009：12 冊（2 函），黃紙本；鈐印：逸興遄飛；書名葉破損，蟲蛀損壞，裝訂斷綫

0039

　　禹貢指掌：一卷 / （清）關涵輯. -- 刻本. -- 清乾隆五十三年（1788）. -- 1 冊

9 行 23 字小字雙行同白口左右雙邊單魚尾，無直欄

書名葉題：乾隆戊申夏仲 禹貢指掌 板存濯秀書堂

　　登錄號 1-10643/索書號 8005-032-004-009：1 冊，黃紙本；磨損

0040

　　禹貢彙覽：四卷，總論一卷 / （清）夏之芳撰. -- 刻本. -- 清乾隆十二年（1747）. -- 4 冊（1 函）

9 行 20 字白口左右雙邊雙魚尾

書名葉題：高郵夏篛莊先生輯 禹貢彙覽 積翠軒藏板

　　登錄號 1012522/索書號 8011-020-003-002：4 冊（1 函），黃紙本；蟲蛀損壞，書衣散失

0041

　　禹貢會箋：十二卷，山水總目一卷，圖一卷 / （清）徐文靖箋；（清）趙弁訂. -- 刻本. -- 當塗徐文靖，清乾隆十八年（1753）. -- 2 冊（1 函）：圖. -- （徐位山六種 / （清）徐文靖撰）

9 行 20 字小字雙行同白口四周雙邊單魚尾

書名葉題：當塗徐位山手輯 禹貢會箋 志寧堂藏板

　　登錄號 1012525/索書號 8011-020-003-005：2 冊（1 函），黃紙本；蟲蛀損壞，裝訂斷綫

0042

　　洪範正論：五卷 / （清）胡渭撰. -- 刻本. -- 德清胡紹芬，清乾隆四年（1739）. -- 1 冊

11 行 21 字白口左右雙邊單魚尾

書名葉題：德清胡朏明著 洪範正論 耆學齋藏板

　　登錄號 1-10986/索書號 8005-032-004-010：1 冊，黃紙本，鈐印：浣月齋程氏藏書印［程鴻緒］；有水漬，書衣磨損，裝訂裂散

〔**經部 詩類**〕

0043

　　毛詩鄭箋：二十卷 / （春秋）卜商敘；（漢）毛萇傳；（漢）鄭玄箋；（明）屠本畯纂疏補協. -- 刻本. -- 明. -- 10 冊（1 函）

10 行 20 字小字雙行同白口左右雙邊單魚尾

版心下記：玄鑒堂

登錄號 1-10619/索書號 8005-027-005-003：10 冊（1 函），黃紙本；紙張老化變黃變脆，邊角磨損

0044

　毛詩註疏：二十卷 /（漢）毛亨傳；（漢）鄭玄箋；（唐）陸德明音義；（唐）孔穎達疏. -- 刻本. -- 古虞毛氏，明崇禎三年（1630）. -- 22 冊（2 函）. --（十三經註疏）

　9 行 21 字小字單行同白口左右雙邊無魚尾

　版本年等據卷末牌記

　登錄號 1-10623/索書號 8005-003-005-003：22 冊（2 函），黃紙本；鼠嚙等損壞，有污漬

0045

　監本詩經：八卷 /（宋）朱熹集傳. -- 刻本. -- 清. -- 4 冊（1 函）

　9 行 17 字小字雙行同，天頭音註小字雙行 2 字，白口左右雙邊無魚尾

　書名葉題：遵依洪武正韻 芥子園原本 監本詩經 點畫無訛 通州掄秀堂藏板

　書名據書名葉題

　卷首朱印朱熹序、詩篇目

　登錄號 1012384/索書號 8011-019-002-011：4 冊（1 函），黃紙本；邊角破損

0046

　詩集傳：二十卷 /（宋）朱熹集傳. -- 刻本. -- 明. -- 5 冊（1 函）

　8 行 14 字小字雙行 19 字黑口四周雙邊雙魚尾

　版心題：詩傳

　書名代擬

　登錄號 0000242/索書號 8020-006-001-002：5 冊（1 函），白紙本；有佚名墨筆眉批、校補；有斷版、字跡模糊處；缺葉，無書名葉、牌記、序跋；紙張老化變脆變黃，蟲蛀損壞，邊角破損，有水漬

0047

　詩經 /（明）鍾惺批點. -- 刻本，朱墨套印. -- 烏程凌氏，明. -- 3 冊

　8 行 18 字白口左右雙邊

　有凌濛初、凌杜若序並鈐印

登錄號 0000870/索書號 8020-014-002-019：3 冊，白紙本；鈐印：濛初之印、初成氏［凌濛初］，凌杜若印、若蘅［凌杜若］；有墨筆眉批、批校；邊角鼠嚙，有水漬

0048

　詩經説意：七卷，考證一卷，凡例一卷 /（明）何宗魯撰. -- 刻本，遞修. -- 明嘉靖三十四年（1555）何宗魯刻，明清遞修. -- 6 冊

　13 行 25 字白口四周單邊或雙邊單魚尾或雙魚尾

　卷七末題：嘉靖歲次乙卯年敬賢堂余梅軒梓行

　書末有嘉靖三十一年（1552）何宗魯《刻詩經説意引》

　登錄號 0000247/索書號 8020-006-002-001：6 冊，黃紙本；鈐印：日講起居注官王懿榮字正孺［王懿榮］，義州李氏珍藏；有斷版；有殘缺葉、水漬，裝訂裂散；有蟲蛀修補

0049

　詩經主意綱目：不分卷 /（明）魏仲雪硃訂. -- 刻本，朱墨藍三色套印. -- 吳郡周鳴岐啓新齋，明天啓五年（1625）. -- 1 冊：圖

　上下兩欄行字邊款不一白口

　書名葉題：魏仲雪先生硃訂 詩經主意綱目 吳郡周鳴岐繡梓

　凡例題：詩經綱目

　版心或題：硃訂詩經主意綱目

　書名據書名葉題

　登錄號 0001082/索書號 8020-016-005-022：1 冊，黃紙本；內容有殘缺，邊角破損

0050

　詩經世本古義：二十八卷 /（明）何楷撰. -- 刻本. -- 明崇禎十四年（1641）. -- 1 冊

　9 行 20 字小字雙行同白口四周單邊

　葉碼前加"昂"字

　登錄號 善 001/索書號 7018-sb-001：1 冊，黃紙本；鈐清內府印鑒：五福五代堂寶、八徵耄念之寶、太上皇帝之寶、乾隆御覽之寶、天祿繼鑑、天祿琳琅；有佚名朱筆圈點；存 1 卷：卷 18；書葉有裁切、粘貼，有蟲蛀損壞

0051

　　田間詩學：不分卷，序考一卷，總論一卷 / （清）錢澄之撰. -- 刻本. -- 貰廬堂, 清康熙間. -- 5 冊

　　10 行 23 字小字雙行同白口左右雙邊單魚尾

　　有清康熙二十八年（1689）序

　　登錄號 1010490/索書號 8011-005-003-017：5 冊, 黃紙本；紙張老化四周變黃, 邊角破損, 有水漬

0052

　　欽定詩經傳説彙纂：二十一卷, 卷首二卷, 詩序二卷 / （清）王鴻緒等纂. -- 刻本. -- 清雍正五年（1727）. -- 16 冊（2 函）：圖

　　8 行大小字單雙行不等白口四周雙邊單魚尾, 無直欄

　　登錄號 1-03766/索書號 8018-152-002-005：16 冊（2 函）, 白紙本；紙張老化有黃斑

〔經部 禮類 周禮〕

0053

　　周禮：不分卷. -- 抄本. -- 清. -- 1 冊

　　9 行 22 字小字雙行同, 無欄格

　　書名代擬

　　登錄號 善 005/索書號 7018-sb-005：1 冊, 黃紙本, 金鑲玉裝訂；有朱筆圈點；存：地官司徒（起自“鼓人掌教六鼓四金之音聲”）、春官宗伯（止於“韎師掌教韎樂祭祀則帥其屬而舞之大饗亦如之”）

0054

　　鬳齋考工記解：二卷 / （宋）林希逸撰 ；（清）成德校訂. -- 刻本. -- 長白成德通志堂, 清康熙十九年（1680）. -- 4 冊（1 函）：圖 . -- （通志堂經解 /（清）成德輯）

　　10 行 20 字白口左右雙邊單魚尾

　　版心題：考工記解 通志堂

　　版心下記刻工

　　登錄號 0000353/索書號 8020-007-002-002：4 冊（1 函）, 黃紙本；書衣邊角磨損

0055

　　考工記：二卷 / （明）郭正域批點. -- 刻本, 朱墨套印. -- 吳興閔齊伋, 明萬曆間. -- 2 冊

　　8 行 18 字小字雙行同白口左右雙邊

　　序題：批點考工記

　　書眉鑴評

　　以篇分卷

　　有郭正域序並鈐印

　　登錄號 善 004/索書號 7018-sb-004：2 冊（合 1 函：冊 2-3）, 與《檀弓》合刻, 白紙本, 金鑲玉裝訂；鈐印：郭正域印、史官, 似艮成印；紙張老化有黃斑, 有污漬、水漬；蟲蛀修補

0056

　　考工記篹註：二卷, 圖附一卷 / （明）程明哲校篹. -- 刻本. -- 明萬曆間. -- 2 冊：圖

　　8 行 20 字白口四周單邊無魚尾

　　登錄號 1-04747/索書號 8018-165-002-002：2 冊, 黃紙本；書衣破損

0057

　　考工記：一卷 / （清）戴震撰 ；（清）姚鼐批註. -- 抄本. -- 清. -- 1 冊

　　10 行 22 字

　　登錄號 0000571/索書號 8020-009-004-032：1 冊, 與《老子章義》《揚子法言》合抄, 黃紙本；鈐印：石雪藏書[徐宗浩], 傅增湘、藏園[傅增湘], 詩庭謹藏

0058

　　周禮文物大全圖：不分卷 / （明）□白石纂著. -- 刻本, 朱墨套印. -- 明. -- 1 冊（1 函）：圖

　　行大小字不等白口四周單邊

　　書名葉題：□白石先生纂著 禮記金丹 版築居藏板

　　登錄號 0001036/索書號 8020-016-004-008：1 冊（1 函）, 黃紙本；著者姓名首字缺損, 蟲蛀損壞, 首尾殘缺

〔經部 禮類 儀禮〕

0059

　　儀禮：十七卷 / （漢）鄭玄注. -- 刻本. -- 明. -- 1 冊

8 行 17 字小字雙行同白口四周雙邊單魚尾

登錄號 善 007/索書號 7018-sb-007：1 冊，白紙本，藍色絲質書衣；鈐清內府印：五福五代堂古稀天子寶、八徵耄念之寶、太上皇帝之寶、乾隆御覽之寶、天祿繼鑑、天祿琳琅；存 3 卷：卷 9-11；有黃斑、水漬、污漬，書衣破損；有蟲蛀修補

0060

儀禮彙説：十七卷 /（清）焦以恕撰；（清）林克銓輯錄. -- 刻本. -- 金山焦氏，清乾隆三十七年（1772）. -- 4 冊（1 函）

10 行 22 字白口左右雙邊單魚尾

書名葉題：金山焦越江以恕著 儀禮彙説 研雨齋藏板

登錄號 1-03065/索書號 8018-144-002-004：4 冊（1 函），黃紙本

0061

儀禮經傳通解：三十七卷，續二十九卷 /（宋）朱熹撰；（宋）黃幹續. -- 刻本. -- 崇德呂氏寶誥堂，清康熙間. -- 20 冊（2 函）

12 行 25 字小字雙行同白口左右雙邊單花魚尾

卷二十四至三十七卷端題：儀禮集傳集註

書名葉題：儀禮經傳通解 禦兒呂氏寶誥堂重刻白鹿洞原本

《續》目錄處題：喪祭二禮元本未有目錄 今集為一卷 庶易檢閲耳

登錄號 1-03068/索書號 8018-145-001-002：20 冊（2 函），黃紙本；紙張老化變黃變脆

登錄號 1-04646/索書號 8018-160-006-005：32 冊（4 函），黃紙本；紙張老化變黃變脆，破損，有水漬，裝訂裂散

0062

儀禮石經校勘記：四卷 /（清）阮元撰. -- 刻本. -- 七錄書閣，清乾隆六十年（1795）. -- 1 冊

5 行 10 字小字雙行 20 字白口四周雙邊單魚尾

書名葉題：儀禮石經校勘記 乾隆乙卯桂馥書

版心下記：七錄書閣

書名據書名葉題

登錄號 1-01003/索書號 8018-172-001-002：1 冊，白紙本；鈐印：牟氏家藏；紙張老化有黃斑，書葉破

損，有水漬，裝訂裂散

〔經部　禮類　禮記〕

0063

禮記：二十卷 /（漢）鄭玄注. -- 刻本. -- 明. -- 10 冊

8 行 17 字小字雙行同白口四周雙邊單白魚尾

版心下記刻工

登錄號 1-02182/索書號 8018-178-002-023：10 冊，黃紙本；存 10 卷：卷 11-20；有水漬，書衣破損，裝訂裂散

0064

附釋音禮記註疏：六十三卷 /（漢）鄭玄註；（唐）孔穎達疏；（唐）陸德明釋文. -- 刻本，影宋. -- 長白和珅，清乾隆六十年（1795）. -- 16 冊（2 函）

10 行 17 字小字雙行 23 字黑口左右雙邊雙魚尾

登錄號 1-03602/索書號 8018-143-004-010：16 冊（2 函），白紙本；鈐印：致齋和珅、大學士章、子子孫孫永寶之[和珅]；有水漬

0065

禮記：不分卷 /（宋）胡安國撰. -- 抄本，藍絲欄. -- 明. -- 1 冊

10 行 30 字白口四周單邊雙白魚尾

登錄號 善 006/索書號 7018-sb-006：1 冊，與《春秋胡傳》合抄，白紙本；有朱筆圈點；有殘缺字、油漬、墨漬、水漬；有蟲蛀修補

0066

禮記集説：一百六十卷，統説一卷，説表一卷，名氏一卷 /（宋）衛湜纂. -- 刻本. -- 長白成德通志堂，清康熙十六年（1677）. -- 32 冊（4 函）

13 行 23 字白口左右雙邊雙順魚尾

版心下記：通志堂，並記刻工

登錄號 1-04711/索書號 8018-159-003-001：32 冊（4 函），黃紙本；鈐印：賜本，太子少保臣李堂印，光山胡氏，培蔭軒，揚州陳恒和書林[陳恒和]；輕微蟲蛀損壞，裝訂斷綫

0067

禮記因題輯解：四卷. -- 抄本，綠絲欄. -- ﹝清﹞. -- 2 冊

上下兩欄 11 行，上欄空白或朱筆批校小字雙行 4 字、下欄 25 字小字雙行同，左右雙邊單魚尾

登錄號 善 008/索書號 7018-sb-008：2 冊，黃紙本，藍色絲質書衣；鈐印：廣平、敬修；有佚名朱、黃筆批校、圈點；卷內有空白葉，有污漬、水漬、黃斑

0068

檀弓：二卷 / （宋）謝枋得批點 ；（明）楊慎注. -- 刻本，朱墨套印. -- 吳興閔齊伋，明萬曆四十四年（1616）. -- 1 冊（合 1 函）

8 行 18 字小字雙行同白口左右雙邊

書眉鐫評

以篇分卷

有閔齊伋序並鈐印［齊伋、閔十二］

登錄號 善 004/索書號 7018-sb-004：1 冊（合 1 函：冊 1），與《考工記》合刻，白紙本，金鑲玉裝訂；鈐印：姒艮成印、兼山［姒艮成］；紙張老化有黃斑，有污漬、水漬；有蟲蛀修補

0069

夏小正攷注：一卷 / （清）畢沅撰. -- 刻本. -- 鎮洋畢沅，清乾隆四十八年（1783）. -- 1 冊. -- （經訓堂叢書/（清）畢沅輯）

11 行 22 字黑口四周單邊雙魚尾

書名葉題：乾隆癸卯開雕 夏小正攷注 經訓堂藏板

登錄號 0000626/索書號 8020-010-003-001：1 冊，與《樂遊聯唱集》合印，黃紙本；末葉殘缺

〔經部　禮類　三禮總義〕

0070

新定三禮圖：二十卷 / （宋）聶崇義集註 ；（清）成德校訂. -- 刻本. -- 長白成德，清康熙間. -- 2 冊（1 函）：圖

16 行大小字單雙行不等白口左右雙邊雙順魚尾

版心題：三禮圖

登錄號 1-02773/索書號 8018-144-001-001：2 冊（1 函），黃紙本；鈐印：曾經振甫收藏，壽椿堂王氏家藏、靖廷圖書［王靖廷］；存 9 卷：卷 1-9；紙張老化四周變黃變脆，邊角破損，有污漬

0071

新定三禮圖：二十卷 / （宋）聶崇義集註 ；（清）成德校訂. -- 刻本，重修. -- 清康熙間長白成德刻，清重修. -- 4 冊：圖

16 行大小字單雙行不等白口左右雙邊雙順魚尾

版心題：三禮圖

登錄號 1-10069/索書號 8005-017-007-024：4 冊（合訂 1 冊），黃紙本；鈐印：劉彥沖，顧芸臺印，顧曾壽印、遠香［顧曾壽］；有污漬

0072

朝廟宮室考：一卷 / （清）任啟運撰. -- 刻本，朱印. -- 荊溪任氏，清光緒間. -- 1 冊（1 函）：圖

12 行 22 字小字雙行同朱口左右雙邊雙魚尾

登錄號 1-03387/索書號 8018-144-001-003：1 冊（1 函），白紙本；紙張老化有黃斑

〔經部　禮類　通禮〕

0073

五禮通考：二百六十二卷，卷首四卷，總目二卷 / （清）秦蕙田輯 ；（清）方觀承訂. -- 刻本. -- 金匱秦蕙田味經窩，清乾隆二十六年（1721）. -- 80 冊（12 函）

13 行 21 字小字雙行 31 字白口左右雙邊單魚尾

附： 讀禮通考：一百二十卷/（清）徐乾學撰

登錄號 1-05189、1-00462/索書號 8009-112-001-001：80 冊（12 函），黃紙本；鈐印：南陵徐乃昌校勘經籍記、積學齋徐乃昌藏書、乃昌校讀、隨盦［徐乃昌］，鮑氏皿經堂藏書印；有輕微斷版及修版痕跡；紙張老化變脆四周變黃，缺書名葉，輕微蟲蛀損壞，書衣散失，裝訂斷綫

登錄號 1-06879/索書號 8009-122-003-002：120 冊（10 函），黃紙本；鈐印：孫海波；有斷版及修版痕跡；缺 2 卷：卷 261-262，缺所附《讀禮通考》120 卷；

蟲蛀損壞，書衣磨損嚴重，裝訂斷綫

0074

　　讀禮通考：一百二十卷 /（清）徐乾學撰. -- 刻本. -- 昆山徐樹穀，清康熙三十五年（1696）. -- 30 冊（4 函）

　　13 行 21 字小字雙行 31 字白口左右雙邊單魚尾

　　書名葉題：崑山徐健菴先生編輯 讀禮通考 冠山堂藏板

　　版心下記刻工

　　登錄號 1-04496/索書號 8018-164-004-001：30 冊（4 函），黃紙本；輕微蟲蛀損壞，書衣磨損，裝訂斷綫

〔經部 禮類 雜禮書〕

0075

　　司馬氏書儀：十卷 /（宋）司馬光撰 ；（清）汪郊校訂. -- 刻本. -- 歸安汪氏，清雍正二年（1724）. -- 2 冊（1 函）

　　11 行 19 字小字雙行 24 字綫黑口左右雙邊單魚尾

　　版本年據卷末

　　登錄號 1-03886/索書號 8018-152-001-005：2 冊（1 函），白紙本；鈐印：海曲馬氏，暫得於己，快然自足；紙張老化四周變黃

〔經部 樂類〕

0076

　　樂律表微：八卷 /（清）胡彥升撰. -- 刻本. -- 清乾隆二十八年（1763）. -- 6 冊（1 函）

　　10 行 24 字小字雙行同白口左右雙邊單魚尾

　　出版年據戚振鷺序

　　登錄號 1010640/索書號 8011-006-006-002：6 冊（1 函），黃紙本；鈐印：鎦家書庫；民國廿年劉復[劉半農]題寫套簽；有朱筆標點

0077

　　苑洛志樂：十三卷 /（明）韓邦奇撰 ；（明）楊繼盛纂訂. -- 刻本. -- 淮南吳元萊，清康熙二十二年（1683）. -- 8 冊 : 圖

　　10 行 20 字白口四周單邊單魚尾

　　書名葉題：楊忠愍公纂訂 苑洛志樂 淮南吳謙菴先生重梓

　　撰者據自序題

　　登錄號 1-06084/索書號 8009-094-003-009：8 冊，黃紙本；鈐印：江陰劉氏、劉復[劉半農]；邊角鼠嚙，有水漬，書衣破損

0078

　　律呂圖説：不分卷 /（清）張紫芝撰. -- 刻本. -- 清. -- 2 冊（1 函）: 圖

　　8 行 24 字小字雙行同白口四周單邊單魚尾

　　有清雍正五年（1727）著者序

　　登錄號 0000460/索書號 8020-008-004-018：2 冊（1 函），黃紙本；鈐印：江陰劉氏、劉復、劉復所藏[劉半農]

0079

　　律話：三卷 /（清）戴長庚著 ；（清）蔣文勳校. -- 刻本. -- 休寧戴氏，清道光十三年（1833）. -- 12 冊（2 函）: 圖

　　10 行 20 字白口左右雙邊單魚尾

　　書名葉題：道光癸巳仲秋栞 律話 吾愛書屋藏版

　　登錄號 0000423/索書號 8020-008-002-002：12 冊（2 函），黃紙本；鈐印：鎦家書庫、江陰劉氏[劉半農]；書葉殘缺；有修補

〔經部 春秋類〕

0080

　　春秋左傳注疏：六十卷 /（晉）杜預註 ；（唐）孔穎達疏 ；（唐）陸德明釋文. -- 刻本. -- 北京國子監，明萬曆十九至二十年（1591-1592）. -- 20 冊（2 函）

　　9 行 21 字小字雙行同白口左右雙邊單魚尾

　　出版年據版心上方題

　　卷端題：皇明朝列大夫國子監祭酒臣盛訥等奉勅重較刊 皇明朝列大夫國子監祭酒臣吳士元 承德郎司業

仍加俸一級臣黃錦等奉旨重修

　　登錄號 0000609/索書號 8020-010-001-004：20 冊（2 函），黃紙本；鈐印：彝尊書畫水記[朱彝尊]；有斷版；紙張老化變脆四周變黃，書衣磨損，裝訂裂散

0081

　　春秋左傳杜林合註：五十卷 / （晉）杜預，（宋）林堯叟註釋；（唐）陸德明音義. -- 刻本. -- 明. -- 8 冊：圖

　　9 行 20 字小字雙行同白口四周單邊單魚尾

　　卷首有：春秋列國指掌圖、王朝世次圖、帝王封國世系

　　登錄號 0000389/索書號 8020-007-004-005：8 冊，黃紙本；鈐印：雪艮主人；蟲蛀損壞，殘缺，有水漬

0082

　　春秋左氏傳事類始末：五卷，附錄一卷 / （宋）章沖撰 ；（清）成德校訂. -- 刻本. -- 長白成德通志堂，清康熙十九年（1680）. -- 2 冊. --（通志堂經解/（清）成德輯）

　　13 行 23 字白口左右雙邊雙順魚尾

　　版心題：春秋左傳事類

　　版心下記：通志堂，並記刻工

　　登錄號 1-04821/索書號 8018-165-005-003：2 冊，黃紙本；鈐印：湯瀠、紹南；有朱筆標點；書葉殘缺，有水漬，書衣破損；有蟲蛀修補

0083

　　左傳釋疑抄：二卷 / （明）陳子壯注釋 ；（清）王瀚校選. -- 抄本. -- 西江王瀚，清. -- 2 冊：圖

　　10 行 27 字

　　登錄號 0000464/索書號 8020-008-005-003：2 冊，黃紙本；鈐印：玉峰，舒崐之印，曾在舒厚山家、厚山，固始張氏所收；紙張老化四周變黃，有水漬

0084

　　春秋. -- 刻本. -- 元. -- 1 冊

　　11 行 21 字小字雙行同細黑口四周雙邊雙魚尾

　　版心題：春秋疏

　　書名據卷末題

　　登錄號 善 027/索書號 7018-sb-024：1 冊，黃紙本；鈐印：桐花書屋；殘存 1 卷：卷 11 之 23-55 葉，紙張老化變黃，破損

0085

　　公羊穀梁春秋合編附註疏纂：十二卷 / （漢）何休撰 ；（晉）范寗集解 ；（唐）楊士勛疏 ；（明）朱泰禎纂述. -- 刻本. -- 清乾隆五十八年（1793）. -- 6 冊（1 函）

　　9 行 18 字小字雙行同白口四周單边單魚尾

　　書名葉題：乾隆五十八年鐫 何義門先生註疏 重訂公羊穀梁合註 致和堂藏板

　　登錄號 1-11959/索書號 8005-001-006-009：6 冊（1 函），黃紙本；鈐印：萬山樓藏書；裝訂斷線

0086

　　潁濱先生春秋集解：十二卷 / （宋）蘇轍撰. -- 刻本. -- 明. -- 1 冊

　　10 行 21 字白口左右雙邊單魚尾

　　《潁濱先生春秋集解引》首葉版心下記：豫章李森寫 姜全刻

　　版心下記刻工

　　登錄號 1-05468/索書號 8009-117-002 025：1 冊，黃紙本；鈐印：瑞軒、如松；書衣磨損，裝訂斷綫

0087

　　春秋胡傳：一卷 / （宋）胡安國撰. -- 抄本，藍絲欄. -- 明. -- 1 冊

　　10 行 30 字白口四周單邊雙白魚尾

　　登錄號 善 006/索書號 7018-sb-006：1 冊，與《禮記》合抄，白紙本；朱筆圈點；有殘缺字，有油漬、墨漬、水漬；有蟲蛀修補

0088

　　春秋諸傳會通：二十四卷，綱領一卷 / （元）李廉輯 ；（清）成德校訂. -- 刻本. -- 長白成德通志堂，清康熙十九年（1680）. -- 7 冊（1 函）. --（通志堂經解/（清）成德輯）

　　11 行 20 字小字雙行 30 字白口左右雙邊單魚尾

　　版心下記：通志堂

　　登錄號 1-03453/索書號 8018-140-001-007：7 冊（1 函），黃紙本；紙張老化變黃變脆，邊角破損

0089

春秋衡庫：三十卷，附錄三卷，備錄一卷 / （明）馮夢龍輯. -- 刻本. -- 明天啓間. -- 8 冊

10 行 20 字小字雙行同白口四周單邊單白魚尾

有明天啓五年（1625）序

登錄號 0000478/索書號 8020-009-001-004：8 冊，黃紙本；鈐印：王裳之印、公達、王裳、公達氏、王宗屏印；有朱藍筆圈點；有蟲蛀、鼠嚙殘損，書衣散失，裝訂裂散

0090

春秋取義測：十二卷 / （清）法坤宏撰. -- 刻本. -- 清乾隆五十九年（1794）. -- 4 冊（1 函）

10 行 19 字小字雙行同白口左右雙邊單魚尾

書名葉題：乾隆甲寅年鐫 膠州法坤宏著 粵省西湖街六書齋刻 春秋取義測 受業門人胡繾蘭手書

版心下記：迂齋藏書

登錄號 0000410/索書號 8020-008-001-002：4 冊（1 函），黃紙本；紙張老化四周變黃

0091

日講春秋解義：六十四卷，總說一卷 / （清）李光地等纂. -- 刻本. -- 內府，清乾隆二年（1737）. -- 32 冊（2 函）

9 行 18 字小字雙行同黑口四周雙邊雙魚尾

登錄號 1-04843/索書號 8018-159-001-003：32 冊（2 函），黃紙本；鈐印：靜觀，在田居士，劉氏惟喆珍藏；紙張老化變黃變脆，邊角破損

0092

全本春秋體註：三十卷，卷首一卷 / （清）林雲銘原定 ；（清）湯慶蓀補輯. -- 刻本. -- 志德堂，清乾隆五十八年（1793）. -- 8 冊 ：圖

上下兩欄，行大小字不等，白口邊框不一單魚尾

書名葉題：乾隆癸丑年夏鐫 晉安林西仲高平湯修來先生原定補輯 全本春秋體註 左傳公穀合纂 志德堂梓行

卷首為：綱領、列國圖說、諸國興廢、提要

登錄號 1010887/索書號 8011-008-007-007：8 冊，黃紙本；紙張老化四周變黃，蟲蛀損壞，邊角磨損，裝訂斷綫

0093

春秋四傳杜林合參：不分卷 / （清）佚名撰. -- 抄本，烏絲欄. -- 清. -- 6 冊

11 行字不等綫黑口左右雙邊

書名據書簽題

登錄號 0001104/索書號 8020-017-005-001：6 冊，黃紙本；鈐印：儲傑，漢三

0094

春秋大事表：五十卷，附錄一卷，輿圖一卷 / （清）顧棟高輯. -- 刻本. -- 錫山顧氏萬卷樓，清乾隆十四年（1749）. -- 28 冊（3 函） ：圖

多為表格，白口四周單邊無魚尾

書名葉題：乾隆十三年新鐫 錫山顧復初輯 春秋大事表 萬卷樓藏板

《春秋輿圖》書名葉題：乾隆十四年新鐫 萬卷樓藏板

版心下記：萬卷樓

登錄號 1-04822/索書號 8018-161-004-006：28 冊（3 函），白紙本；磨損，裝訂斷綫

〔經部　孝經類〕

0095

孝經疏畧［古本］：一卷 / （清）張沐註. -- 刻本. -- 上蔡張氏敦臨堂，清康熙間. -- 1 冊

7 行 15 字小字雙行同白口四周雙邊雙魚尾

書名葉題：康熙十一年鐫 上蔡張仲誠著 孝經疏 敦臨堂藏板

有清康熙二十六年（1687）序

登錄號 1-00744/索書號 8006-223-003-019：1 冊

〔經部　四書類　彙編〕

0096

四書大全 / （宋）朱熹撰註 ；（清）陸隴其輯. -- 刻本. -- 吳縣席永恂、太倉王前席，清康熙三十七年（1698）. -- 20 冊（4 函）

8 行 23 字小字雙行同黑口左右雙邊雙魚尾

書名葉題：平湖陸稼書先生點定 四書大全 附錄語

類蒙引存疑淺說達説説約　嘉會堂藏版　寶翰樓梓行

　　本書或題：三魚堂四書大全

　　書名據書名葉及版心題

　　子目：

　　　　1.大學大全：二卷（冊1-2）

　　　　2.中庸大全：三卷（冊3-5）

　　　　3.論語集註大全：二十卷（冊6-13）

　　　　4.孟子集註大全：十四卷（冊14-20）

　　　　5.論語考異：一卷/（宋）王應麟撰（冊20）

　　　　6.孟子考異：一卷/（宋）王應麟撰（冊20）

　　登錄號 1012712/索書號 8011-022-007-001：20 冊

（4 函），黃紙本；紙張老化變脆四周變黃，輕微蟲蛀

損壞，有污漬，裝訂斷綫

0097

　　四書章句集注 /（宋）朱熹撰. -- 刻本. -- 內府，

清. -- 20 冊（4 函）

　　8 行 15 字白口左右雙邊雙魚尾

　　書名代擬

　　仿宋淳祐本刻

　　子目：

　　　　1.大學章句：一卷（冊1）

　　　　2.中庸章句：一卷（冊2）

　　　　3.論語章句：十卷（冊3-10）

　　　　4.孟子章句：十四卷（冊11-20）

　　登錄號 0000913/索書號 8020-015-001-001：20 冊

（4 函），白紙本，藍色絲質書衣；鈐印：樂天知命廬

主任，木齋珍藏，尚友山房；有抄配；紙張老化有黃

斑污漬；蟲蛀修補

0098

　　晉陽四書 /（宋）朱熹撰. -- 刻本. -- 光啟堂，清

康熙五十七年（1718）. -- 6 冊（1 函）

　　9 行 17 字白口四周單邊單魚尾

　　書名葉題：遵依洪武正韻較正點畫無訛 遵崇德堂圈

點 康熙五十七年夏鐫 光啟堂梓行，並鈐印：光啟堂

藏板

　　書名據書名葉題

　　子目：

　　　　1.大學章句：一卷（冊1）

　　　　2.中庸章句：一卷（冊1）

　　　　3.論語章句：十卷/（宋）朱熹集註（冊2-3）

　　　　4.孟子章句：七卷/（宋）朱熹集註（冊4-6）

　　登錄號 1-04547/索書號 8018-159-002-002：6 冊

（1 函），黃紙本；書簽鈐印：醫俗莫如書；有朱墨筆

批校、圈點；水洇，蟲蛀損壞

〔經部　四書類　論語〕

0099

　　鄉黨圖考：十卷 /（清）江永撰. -- 刻本. -- 聚

錦堂，清乾隆五十七年（1792）. -- 2 冊：圖

　　9 行 25 字小字雙行同白口左右雙邊單魚尾

　　書名葉題：乾隆壬子年新鐫 新安江慎修編 鄉黨圖

考 聚錦堂藏板

　　登錄號 1-02062/索書號 8018-190-003-014：2 冊，

黃紙本，巾箱本；有斷版，清晰度稍差；書衣邊角破

損

0100

　　鄉黨圖考：十卷 /（清）江永撰. -- 刻本. -- 金

閶書業堂，清乾隆五十八年（1793）. -- 2 冊（1 函）：

圖

　　9 行 25 字小字雙行同白口左右雙邊或四周單邊單魚

尾，邊框尺寸大小不一

　　書名葉題：乾隆癸丑年重鐫 新安江慎修編 鄉黨圖

考 金閶書業堂梓行

　　登錄號 1-03044/索書號 8018-136-001-010：2 冊

（1 函），黃紙本；紙張老化變黃

0101

　　鄉黨圖考：十卷 /（清）江永撰. -- 刻本. -- 學

源堂，清乾隆間. -- 6 冊：圖

　　9 行 25 字小字雙行同白口左右雙邊單魚尾

　　書名葉題：新安江慎修編 鄉黨圖考 學源堂梓行[鈐

朱印堂徽]

　　有清乾隆二十一年（1756）著者序

　　登錄號 1-03045/索書號 8018-130-005-012：6 冊，

黃紙本；紙張老化邊角破碎，書衣破損

0102

　　讀書紀畧：二卷 /（清）祝雲書撰 ；（清）徐觀

光等編次. -- 刻本. -- 瑞蔭堂, 清乾隆五十九年
（1794）. -- 1 冊

8 行 20 字白口左右雙邊單魚尾, 無直欄

書名葉題：乾隆甲寅年鐫 祝東皋讀書紀畧 瑞蔭堂
藏板

版心下記：瑞蔭堂

登錄號 1-10003/索書號 8018-169-002-019：1 冊,
黃紙本；紙張老化有黃斑, 有破損、水漬

〔經部　四書類　孟子〕

0103

孟子趙注：十四卷, 音義二卷 / （漢）趙岐注；
（宋）趙奭集音義. -- 刻本. -- 清乾隆間. -- 2 冊

11 行 21 字小字雙行同白口四周雙邊單魚尾

書名據版心題

版心下記：微波榭刻

登錄號 1-03883/索書號 8018-148-001-013：2 冊,
黃紙本；輕微蟲蛀

0104

七篇指略：七卷 / （清）王訓撰. -- 刻本. -- 金
陵繆氏, 清康熙十二年（1673）. -- 2 冊（1 函）

9 行 20 字小字單雙行同白口左右雙邊單魚尾, 無直
欄

書名葉題：王悔齋先生著 七篇指略 點畫俱依藍本
附字學考 金陵繆氏梓行

卷末附：孟子字學考

登錄號 1-03211/索書號 8018-144-002-007：2 冊
（1 函）, 黃紙本；鈐印：傳之其人；紙張老化四周變
黃

〔經部　四書類　四書總義〕

0105

天蓋樓四書語錄：四十六卷 / （清）呂留良撰；
（清）周在延編次. -- 刻本. -- 清康熙間. -- 10
冊（1 函）

9 行 23 字白口左右雙邊單白魚尾

版心題：四書語錄

登錄號 1-04860/索書號 8018-161-004-002：10 冊
（1 函）, 黃紙本；鈐印：文會堂揀選江浙蘇閩古今書
籍發兌, 雲昭氏, 裹谷, 梅邨珍藏, 何可一日無此君,
李鐵橋、李東琪印[李東琪]；卷首無書名葉及序, 紙
張老化變黃變脆, 卷端 "天蓋樓" 三字被墨筆塗鴉

0106

四書宮室圖考：一卷 / （清）杜炳撰. -- 刻本. --
清. -- 1 冊（1 函）：圖

10 行 22 字白口左右雙邊單魚尾

版心題：宮室圖考

登錄號 1-03532/索書號 8018-143-004-001：1 冊
（1 函）, 黃紙本

0107

三訂四書辨疑：二十二卷, 補五卷 / （清）張江
輯. -- 抄本. -- 清. -- 8 冊（1 函）

9 行 20 字

據冊內方功惠（1829-1897）收藏印推知本書應抄於
清光緒二十三年（1897）之前

登錄號 0000889/索書號 8020-014-004-010：8 冊
（1 函）, 黃紙本；鈐印：方功惠藏書印、巴陵方氏碧
琳琅館珍藏秘篇、方家書庫[方功惠]

0108

日講四書解義：二十六卷 / （清）喇沙里,（清）
陳廷敬等纂. -- 刻本. -- 內府, 清康熙十六年
（1677）. -- 16 冊（2 函）

9 行 18 字粗黑口四周雙邊雙魚尾

序題：御製日講四書解義

登錄號 1-03495/索書號 8018-133-005-004：16 冊
（2 函）, 黃紙本；有斷版；紙張老化變黃變脆, 書衣
破損

〔經部　羣經總義類〕

0109

鄭志：三卷 / （魏）鄭小同撰. -- 活字本, 木活
字. -- 武英殿, 清乾隆間. -- 3 冊（1 函）. -- （武

英殿聚珍板書·經部）

　9 行 21 字小字雙行同白口四周雙邊單魚尾

　　登錄號 0000755/索書號 8020-011-005-005：3 冊
（1 函），黃紙本，藍色布質書衣

0110

　石經考異 ：二卷 / （清）杭世駿撰. -- 刻本. --
清乾隆元年（1736）. -- 1 冊

　10 行 19 字白口四周雙邊單魚尾

　　登錄號 1-01005/索書號 8018-172-001-015：1 冊，
黃紙本；鈐印：孫星華藏書印、燭湖孫氏，臣廷璋印、
幼康、猷觀、汝玠長壽印信、志青[馮汝玠]；有民國
十九年（1930）馮汝玠墨筆題識；有輕微蟲蛀殘缺，
書衣磨損；有修補

0111

　石經考文提要 ：十三卷 / （清）彭元瑞撰. -- 刻
本. -- 德清許宗彥，清嘉慶四年（1799）. -- 1 冊

　9 行 10 字小字雙行 20 字白口左右雙邊單魚尾

　　登錄號 0000865/索書號 8020-014-002-014：1 冊，
白紙本；鈐印：用霖、竹是我師、聞香小舍、丨一子
實、洵若、延陵子、楊十一子實字季實一名子竹藝文
書畫圖章[楊實]、晉安吳種少阮氏藏、少阮、吳種、
惠迪吉、研經精舍；有清道光庚戌（1850）、咸豐八年
（1858）楊實題記並鈐印；蟲蛀損壞嚴重

0112

　經典釋文 ：三十卷，考證三十卷 / （唐）陸德明
撰 ；（清）盧文弨校並考證. -- 刻本. -- 余姚盧氏
抱經堂，清乾隆五十六年（1791）. -- 12 冊. -- （抱
經堂叢書/（清）盧文弨輯）

　11 行 22 字小字雙行同粗黑口四周單邊雙雙魚尾

　江寧劉文奎、劉文楷鐫字

　書名葉題：宋本參校 經典釋文 乾隆辛亥重雕 抱經
堂藏版

　　登錄號 1011656/索書號 8011-015-004-039：12 冊，
黃紙本；蟲蛀損壞，書衣破損

　　登錄號 1-02950/索書號 8018-133-003-008：16 冊
（2 函），黃紙本；字跡清晰度差，紙張老化變黃

　　登錄號 1-05453/索書號 8009-114-005-005：10 冊
（1 函），黃紙本；缺考證，書衣紙張破碎，裝訂斷綫

0113

　研硃集 / （明）張瑄訂. -- 刻本. -- 吳門殷君定，
明. -- 2 冊

　8 行 22 字小字雙行同白口四周單邊單白魚尾，無直
欄

　　登錄號 1-02875/索書號 8018-132-001-019：2 冊，
黃紙本；存 3 種：戴經（禮記）5 卷、壁經（尚書）3
卷、內、外編 4 卷；紙張老化四周變黃，蟲蛀損壞

0114

　經訓約編 ：不分卷 / （清）盛元珍輯. -- 刻本，重
印. -- 清乾隆四十二年（1777）刻，清乾隆五十七年
（1792）昆明周樽、臨洮吳鎮重印. -- 12 冊

　10 行 25 字，行間小字、旁注字數不等，白口四周雙
邊單魚尾

　書簽題：蘭山課業經訓約編

　書名據總目次及版心題

　出版年據序

　　登錄號 1-05464/索書號 8020-009-004-004：12 冊
（合 2 函：冊 1-12），與《皋蘭課業詩賦約編》、《蘭山
課業風騷補編》合印，黃紙本；內容不全，缺：春秋
經、左傳、公羊傳、穀梁傳、孝經、爾雅、四書集論、
性理

〔經部　小學類　彙編〕

0115

　曹棟亭五種 / （清）曹寅輯. -- 刻本. -- 揚州使
院，清康熙四十五年（1706）. -- 39 冊（5 函）

　8 行大小字單雙行不等綫黑口左右雙邊無魚尾

　書名葉或題：揚州詩局重刊

　各子目卷末牌記題：棟亭藏本 丙戌九月重刻于揚州
使院

　書名代擬

　子目：

　　1.大廣益會玉篇：三十卷/（宋）陳彭年等撰

　　2.宋重修廣韻：五卷，序目一卷/（宋）陳彭年等
　　　撰

　　3.集韻：十卷/（宋）丁度等撰

　　4.類篇：十五卷/（宋）司馬光等撰

登錄號 1-03304、1-02678、1-02924、1-06780/索
書號 8018-200-006-001：39 冊（5 函），黃紙本；鈐
印：巽齋所藏，潭月山房書印、延恩堂三世藏書［沈曾
植］；缺 1 種：附釋文互註禮部韻略五卷；蟲蛀損壞；
有修補

〔經部　小學類　訓詁〕

0116

五雅全書 /（明）郎奎金輯. -- 刻本. -- 武林堂
策檻，明末. -- 6 冊（1 函）

9 行 20 字小字雙行同白口四周單邊無魚尾

書名代擬

子目：

  1. 爾雅：二卷/（晉）郭璞註；（明）葉自本重訂
    （冊 1）

  2. 逸雅：八卷/（漢）劉熙撰；（明）石九鼎重訂
    （冊 2）

  3. 小爾雅：一卷/（漢）孔鮒撰；（漢）宋咸注釋；
    （明）朱師賓重訂（冊 2-3，冊 3 末第 1-8 葉重
    複裝訂）

  4. 廣雅：十卷/（魏）張揖纂集；（隋）曹憲音釋；
    （明）葉自本重訂（冊 3）

  5. 埤雅：二十卷/（宋）陸佃撰；（明）葉自本參
    閱（冊 4-6）

登錄號 1-02797/索書號 8018-136-005-005：6 冊
（1 函），黃紙本；紙張老化變黃變脆

0117

爾雅：二卷 /（晉）郭璞註；（明）葉自本糾譌；
（明）陳趙鵠重較. -- 刻本. -- 明末. -- 2 冊

9 行 20 字小字雙行同白口四周單邊無魚尾

子目：

  1. 爾雅：二卷/（晉）郭璞註；（明）葉自本重訂；
    （明）郎奎金糾譌

  2. 逸雅：八卷/（漢）劉熙撰；（明）石九鼎重訂

  3. 小爾雅：一卷/（漢）孔鮒撰；（漢）宋咸注釋；
    （明）朱師賓重訂；（明）郎璧金糾譌

  4. 廣雅：十卷/（魏）張揖纂集；（隋）曹憲音釋；
    （明）葉自本重訂；（明）郎奎金糾譌

  5. 埤雅：二十卷/（宋）陸佃撰；（明）葉自本參
    閱；（明）郎奎金糾譌

登錄號 1-02804/索書號 8018-133-003-006：2 冊
（合 1 函：冊 1-2），與《小爾雅》合刻，黃紙本；邊
角殘缺，有水漬

0118

爾雅：三卷 /（晉）郭璞注；（唐）陸德明音釋；
（清）孔繼汾，（清）張樞校. -- 刻本. -- 曲阜孔繼
汾，清乾隆二十九年（1764）. -- 1 冊

10 行 20 字小字雙行 30 字黑口左右雙邊單魚尾

書名葉題：爾雅音注

登錄號 1-02805/索書號 8018-130-006-006：1 冊，
黃紙本；鈐印：怡古堂常氏藏、沂梁舊曹門內怡古堂
常氏圖書印，秋厓珍藏；有朱筆圈點；邊角鼠嚙，有
水漬

0119

爾雅正義：二十卷，釋文三卷 /（清）邵晉涵撰；
（唐）陸德明釋文. -- 刻本. -- 餘姚邵氏面水層軒，
清乾隆五十三年（1788）. -- 8 冊（1 函）

9 行 21 字小字雙行同白口四周雙邊單魚尾

書名葉題：乾隆戊申年夏新鑴 餘姚邵氏家塾本 面
水層軒藏板

目錄末題：琉璃廠西門內金陵文炳齋劉德文鑴刻

登錄號 1-03820/索書號 8018-149-005-010：8 冊
（1 函），黃紙本；鈐印：霞浦吳氏收藏；紙張老化變
脆四周變黃，裝訂斷綫

0120

小爾雅：二卷 /（漢）孔鮒撰；（宋）宋咸注釋；
（明）葉自本糾譌；（明）陳趙鵠重較. -- 刻本. --
［明末］. -- 1 冊

9 行 20 字小字雙行同白口四周單邊無魚尾

登錄號 1-02804/索書號 8018-133-003-006：1 冊
（合 1 函：冊 2），與《爾雅》合刻，黃紙本；邊角殘
缺，有水漬

0121

輶軒使者絕代語釋別國方言箋疏：十三卷 /（清）
錢繹箋疏. -- 抄本. -- 清. -- 6 冊

9 行 21 字小字雙行同

登錄號 0000730/索書號 8020-011-004-009：6 冊，黃紙本；鈐印：叔鳳珍藏，鄒氏考藏，張氏秘笈；書末有佚名題記，邊角磨損

0122

釋名疏證[篆字本]：八卷，補遺一卷，續釋名一卷 / （漢）劉熙撰；（清）畢沅疏證. -- 刻本. -- 鎮洋畢氏，清乾隆五十五年（1790）. -- 2 冊. --（經訓堂叢書 / （清）畢沅輯）

11 行 22 字小字雙行同黑口四周單邊雙魚尾

書名葉題：乾隆五十五年刊 釋名疏證 經訓堂藏版

登錄號 1-03041/索書號 8018-132-001-005：2 冊，黃紙本；鈐印：泰和蕭敷政蒲邨氏珍藏書籍之章[蕭敷政]；輕微破損，有水漬

登錄號 1-01169/索書號 8018-173-004-002：2 冊，黃紙本；與正字本書名葉錯位裝訂，書衣磨損

0123

廣雅疏證：十卷 / （清）王念孫撰. -- 刻本. -- 清嘉慶間. -- 6 冊（1 函）

10 行 21 字小字雙行同白口左右雙邊單魚尾

有清嘉慶元年（1796）王念孫序

登錄號 1-06817/索書號 8018-128-003-012：6 冊（1 函），黃紙本；鈐印：脩盦，文蔚印信長壽

0124

埤雅：二十卷 / （宋）陸佃撰. -- 刻本. -- 顧栻，清. -- 4 冊

10 行 21 字白口四周雙邊雙順魚尾

版心下記字數

卷首有：重刊埤雅序/（清）張存性撰

登錄號 1-03374/索書號 8018-135-005-005：4 冊，黃紙本；鈐印：雷愷號筱公長樂無極、雷愷、雷愷藏書[雷愷]，雷恪、雷恪恭甫[雷恪]，雷悅長壽，臣德輝、葉德輝煥彬甫藏閱書[葉德輝]，定甫一字尌堂；有民國三年葉德輝、1955 年雷愷題識

登錄號 1-03376/索書號 8018-132-001-016：4 冊，黃紙本；鈐印：燦然，香蔭；無書名葉，卷 4 有抄補

登錄號 1-03375/索書號 8018-132-001-017：4 冊，黃紙本；無書名葉，邊角破損，裝訂斷綫

0125

駢雅訓纂：十六卷，卷首一卷，序目一卷，駢雅七卷 / （明）朱謀㙔撰；（清）魏茂林訓纂. -- 刻本. -- 有不為齋，清道光二十五年（1845）. -- 8 冊（1 函）

12 行 25 字白口四周雙邊單魚尾

書名葉題：駢雅七卷序目式卷訓纂十六卷 有不為齋藏板

書名據目錄等題

各卷末牌記題：道光式十五年正月開雕

登錄號 0000649/索書號 8020-010-004-007：8 冊（1 函），白紙本；鈐印：深澤王氏洗心精舍收藏[王筱泉]，笛生手輯；缺 4 卷：駢雅卷 7、訓纂卷 14-16；裝訂裂散

0126

通俗文：一卷，敘錄一卷 / （漢）服虔撰；（清）臧鏞堂輯並撰敘錄. -- 抄本. -- 清. -- 1 冊

10 行 21 字

據清嘉慶四年（1799）刻本抄

登錄號 0001079/索書號 8020-016-005-019：1 冊，與《急就章考異》合抄，黃紙本；鈐印：荃孫、雲輪閣[繆荃孫]；書衣破損

0127

周秦名字解故：二卷 / （清）王引之撰. -- 刻本. -- 清嘉慶間. -- 2 冊

10 行 20 字黑口左右雙邊雙魚尾

登錄號 0001034/索書號 8020-016-004-006：2 冊，黃紙本；鈐印：小綠天藏書、孫毓修印[孫毓修]；有朱筆批校；書衣散失

0128

通俗編：三十八卷 / （清）翟灝撰. -- 刻本. -- 仁和翟氏無不宜齋，清乾隆十六年（1751）. -- 10 冊（1 函）

12 行 22 字白口左右雙邊單魚尾

書名葉題：通俗編 無不宜齋雕本

登錄號 1-03186/索書號 8018-136-001-002：10 冊（1 函），黃紙本；鈐印：守雅堂藏書之印、萬卷購來手自校[邢澍]，古潭州袁臥雪廬收藏[袁芳瑛]

0129

何道州撰著稿：不分卷 / （清）何紹基撰. -- 稿本，朱絲欄，原件粘貼. -- 清. -- 1 冊

13 行字不等

書名據書籤題

登錄號 0001009/索書號 8020-016-003-001：1 冊，經折裝，木質護封；鈐印：致曲堂藏，溡陽居士

〔經部　小學類　字書〕

0130

急就篇：四卷 / （漢）史游撰；（唐）顏師古注；（宋）王應麟音釋. -- 抄本. -- 清光緒三年（1877）. -- 1 冊

8 行 19 字小字雙行同，無欄格

卷末附：急就章考異序並注/（清）孫星衍撰（8 行 27 字小字雙行同）

據上虞驛亭鳳君經氏津逮秘書汲古閣初印本影抄

登錄號 善 010/索書號 7018-sb-010：1 冊，黃紙本；鈐印：弢夫述古、弢夫〔翁斌孫〕，有關學問，韜翰，朱貞評點一過，朗然，系出南陽文季後 家居龍鳳兩山間；有翁斌孫朱筆批校，卷末有朱、墨筆跋二則；蟲蛀損壞，有油漬、水漬，書衣破損、裝訂斷綫

0131

急就章考異：一卷 / （漢）史游撰；（清）孫星衍校. -- 抄本. -- 清. -- 1 冊

10 行 21 字

據清嘉慶三年（1798）刻本抄

登錄號 0001079/索書號 8020-016-005-019：1 冊，與《通俗文》合抄，黃紙本；鈐印：荃孫、雲輪閣〔繆荃孫〕；書衣破損

0132

説文解字：十五卷 / （漢）許慎撰；（宋）徐鉉等校定. -- 刻本. -- 藤花榭，清嘉慶十二年（1807）. -- 2 冊

10 行大小字單雙行不等白口左右雙邊單魚尾

書名葉題：仿北宋小字本説文解字 嘉慶丁卯年開雕 藤花榭藏板

"慎"、"鉉"字避諱缺末筆

登錄號 1010342/索書號 8011-004-002-014：2 冊，白紙本；清管慶祺朱墨筆批校並跋；有水漬，版心開口，書衣污漬、破損

0133

説文古籀補：十四卷，補遺一卷，附錄一卷 / （清）吳大澂撰. -- 刻本. -- 清光緒七年（1881）. -- 2 冊（1 函）

8 行大小字單雙行不等白口四周單邊單魚尾

書籤題：吳愙齋説文古籀補

牌記題：光緒七年辛巳九月朔日開雕

序至清光緒十年（1884）

登錄號 0000643/索書號 8020-010-004-001：2 冊（1 函），白紙本；鈐印：許卓然印，修直珍藏、修直藏書，徐康、康瓠、南宮廄老徐康〔徐康〕

0134

大廣益會玉篇：三十卷 / （梁）顧野王撰；（唐）孫強增字；（宋）陳彭年等重修. -- 刻本. -- 吳郡張士俊澤存堂，清康熙四十三年（1704）. -- 3 冊. -- （澤存堂五種/（清）張士俊輯）

10 行字數不一白口左右雙邊單魚尾

版心下記刻工

登錄號 0000336/索書號 8020-007-001-001：3 冊，黃紙本；鈐印：華陽曾天宇藏書、華陽文廟前街承暉別墅舊生曾天宇和君印〔曾天宇〕，庶昌；蟲蛀損壞，邊角破損，有水漬；有修補

登錄號 1010533/索書號 8011-005-005-010：2 冊，白紙本；有抄補；邊角鼠嚙，有水漬，裝訂斷綫；有修補

0135

五經文字：三卷 / （唐）張參撰. -- 刻本. -- 祁門馬氏叢書樓，清乾隆間. -- 2 冊

5 行 9 字小字雙行字不等，上下單邊，無版心，無魚尾，無直欄

書名葉題：依石經原本 五經文字附九經字樣 叢書樓開雕

附：　新加九經字樣：一卷/（唐）唐玄度撰

登錄號 1-00055/索書號 8018-191-005-016：2 冊，白紙本；邊角破損，書衣散失

登錄號 1010009/索書號 8011-001-002-007：4 冊，

白紙本；鈐印：長州蔣氏十印齋藏書；清晰度稍差，有水漬、污漬

0136

汗簡：七卷 / （宋）郭忠恕撰． -- 刻本． -- 天都汪立名一隅草堂，清康熙四十二年（1703）． -- 2冊

8行大小字不等白口左右雙邊

登錄號 0000134/索書號 8020-003-003-005：2冊，白紙本；鈐印：結弍廬藏書印、復廬贅嫡滬上所得［朱學勤］，埽塵齋積書記、禮培私印［王禮培］，眾異藏书，馬玉堂觀；邊角蟲蛀等損壞，有水漬

0137

復古編：二卷，附錄一卷，校正一卷 / （宋）張有撰． -- 刻本． -- 京師：安邑葛鳴陽，清乾隆四十五至四十六年（1780-1781）． -- 2冊

5行大小字不一白口四周單邊

卷末鐫：乾隆四十五年庚子安邑葛氏借新安程氏舊鈔本雕板于京師瑠璃廠

登錄號 0000371/索書號 8020-007-003-005：2冊，與《曾樂軒稿》、《安陸集》合刻，白紙本；破損，書衣散失，裝訂裂散，有水漬，有修補

登錄號 1-03973/索書號 8018-156-002-008：2冊（合1函；冊1-2），白紙本；鈐印：郭氏珍藏書畫之印；紙張老化有黃斑，邊角磨損

0138

漢隸字源：五卷，碑目一卷，附字一卷 / （宋）婁機撰． -- 刻本． -- 虞山毛氏汲古閣，明末． -- 12冊（2函）

5行大小字不等白口左右雙邊

登錄號 0000691/索書號 8020-011-002-002：12冊（2函），白紙本；鈐印：文會德記圖書；紙張嚴重老化變脆變黃，邊角破損，有水漬，裝訂裂散

0139

隸辨：八卷 / （清）顧藹吉撰． -- 刻本． -- 秀水項氏玉淵堂，清康熙五十七年（1718）． -- 8冊（1函）

12行20字間有大字綫黑口四周單邊單魚尾

書名葉題：顧南原撰集 隸辨 項氏玉淵堂藏

登錄號 1-03372/索書號 8018-139-005-005：8冊（1函），黃紙本；鈐印：宋氏藏書、宋咸熙印［宋咸熙］，西堂藏書畫印，康飴，寓庸；有水漬

登錄號 1-03373/索書號 8018-139-005-006：8冊（1函），黃紙本；鈐印：李東琪印、李銕橋［李東琪］，梅邨珍藏，何可一日無此君，漢百軒；紙張老化四周變黃，版心開口，書衣磨損

0140

隸辨：八卷 / （清）顧藹吉撰． -- 刻本． -- 清． -- 8冊（1函）

12行20字間有大字綫黑口四周單邊單魚尾

有清乾隆八年（1743）黃晟重刻序

登錄號 1-03372/索書號 8018-139-005-006：8冊（1函），黃紙本；字跡清晰度差

0141

六書正譌：五卷 / （元）周伯琦編注 ；（明）胡正言訂篆． -- 刻本． -- 休寧胡正言十竹齋，明末． -- 4冊（1函）

5行6字小字雙行18字白口四周單邊單白魚尾

版心下記：十竹齋

登錄號 1-03752/索書號 8018-146-002-011：4冊（1函），黃紙本；書衣破損，裝訂裂散

0142

六書通：十卷 / （明）閔齊伋撰 ；（清）畢弘述篆訂． -- 刻本． -- 海鹽畢弘述基文堂，清乾隆間． -- 8冊（1函）

8行12字小字雙行24字白口四周雙邊無魚尾

卷數據版心記

有清康熙五十九年（1720）序

"弘"字避諱缺末筆

登錄號 1-04474/索書號 8018-164-001-009：8冊（1函），黃紙本；鈐印：雪峰收藏金石書畫；偶見殘缺，有污漬

0143

漢隸分韻：七卷． -- 刻本． -- 明． -- 6冊（1函）

大小字單雙行不等白口四周單邊

登錄號 0000713/索書號 8020-011-003-008：6冊（1函），黃紙本；鈐印：小蓬萊閣金石文字［翁方綱］；

紙張老化變黃，邊角磨損，有污漬、水漬

0144

字彙：十二卷，卷首一卷，末一卷，韻法直圖一卷，韻法橫圖一卷 / （明）梅膺祚撰. -- 刻本. -- 致和堂，清康熙二十七年（1688）. -- 14 冊：圖

行款不一單白魚尾

書名葉題：宣城梅誕生先生原本 重訂雲錦字彙 致和堂藏板

書名葉有致和堂重訂刊刻説明

登錄號 1-00163/索書號 8018-191-005-027：14 冊，黃紙本；字跡清晰度較差；紙張老化變黃變脆，有水漬，書衣磨損

0145

字彙：十二卷，卷首一卷，末一卷，韻法直圖一卷，韻法橫圖一卷 / （明）梅膺祚撰. -- 刻本. -- 貴文堂，清. -- 14 冊（2 函）：圖

行款不一

書名葉題：瓶窑字彙 貴文堂梓行

登錄號 0000817/索書號 8020-013-004-003：14 冊（2 函），黃紙本；有殘缺葉，有水漬、污漬

0146

康熙字典：十二集，檢字一卷，辨似一卷，等韻一卷，補遺一卷，備考一卷 / （清）張玉書，（清）陳廷敬，（清）凌紹雯等纂修 . -- 刻本. -- 内府，清康熙間. -- 40 冊（6 函）

8 行 12 字小字雙行 24 字白口四周雙邊單魚尾

有清康熙五十五年（1716）御製序

登錄號 1-03731/索書號 8018-155-004-001：40 冊（6 函），黃紙本，朱印書名葉；邊角破損，裝訂裂散

0147

隸法彙纂：十卷 / （清）項懷述編錄. -- 刻本. -- 古歙項氏，清乾隆間. -- 4 冊（1 函）

6 行大小字單雙行不等白口四周單邊

卷九題名：漢碑假借通用字攷

卷十題名：漢隸偏旁書法備攷

書名葉題：隸法彙纂 小酉山房藏板

有清乾隆四十五年（1780）自序

總目後記事至乾隆五十一年（1786），卷八末有補遺

登錄號 0000032/索書號 8020-001-001-032：4 冊（合訂 1 冊，1 函），白紙本；鈐印：石雪藏書、石雪[徐宗浩]；偶見缺葉

登錄號 1-03371/索書號 8018-143-001-001：4 冊（1 函），白紙本；有水漬

0148

六書分類：十二卷，卷首一卷 / （清）傅世垚撰. -- 刻本. -- 汝南傅氏，清康熙四十四年（1705）. -- 16 冊（2 函）

8 行大小字不等白口四周單邊單魚尾

書名葉正面題：篆文第弎種

書名葉背面題：帚菴祕書 六書分類 燕詒堂梓藏

版心下記：聽松閣

登錄號 1-02689/索書號 8018-140-004-005：16 冊（2 函），黃紙本；鈐印：飲雲樓，宿世謬詞客 前身應畫師，維月；紙張老化四周變黃，有水漬

0149

六書分類：十二卷，卷首一卷 / （清）傅世垚撰. -- 刻本. -- 汝南傅錫信，清嘉慶元年（1796）. -- 14 冊（2 函）

8 行大小字不等白口四周單邊單魚尾

書名葉題：紀大宗伯鑒定 六書分類 維隅堂藏板

版心下記：聽松閣

出版年據凡例末傅錫信嘉慶元年紀事

登錄號 1-10089/索書號 8007-051-007-001：14 冊（2 函），白紙本；鈐印：石雪藏書、徐宗浩印；首篇王序末缺葉

0150

篇海類編：二十卷，附錄一卷 / （明）宋濂詮次 ；（明）屠隆訂正 ；（明）張嘉和纂輯附錄. -- 刻本. -- 南城翁少麓，明萬曆間. -- 12 冊（1 函）

9 行 15 字小字雙行 30 字白口四周單邊單魚尾

書名葉題：屠赤水先生訂正 篇海類編 南城翁少麓梓行

登錄號 1-04420/索書號 8018-146-001-006：12 冊（1 函），黃紙本；鈐印：有奇書讀勝看花，南宮葆真堂陳氏珍藏書畫印，南宮風月；紙張老化變黃變脆，破損，版心開口，裝訂裂散，有水漬

〔經部　小學類　韻書〕

0151

廣韻：五卷 / （宋）陳彭年等撰. -- 刻本. -- 吳郡張士俊澤存堂，清康熙四十三年（1704）. -- 3 冊 . -- （澤存堂五種/（清）張士俊輯）

10 行字數不一白口左右雙邊單魚尾

書名葉題：張氏重刊　宋本廣韻　澤存堂藏板

本書卷一之前題：大宋重修廣韻

版心下記刻工

登錄號 0000337/索書號 8020-007-001-002：3 冊，黃紙本；鈐印：吳淶張氏，曾天宇讀過、曾天宇字和君號薛堂壹號敦煌四川華陽人〔曾天宇〕，西袁；蟲蛀損壞，有缺損葉、水漬；有修補

登錄號 1010765/索書號 8011-008-002-012：2 冊，白紙本；書末有清道光十四年（1834）鄧傳密題記；蟲蛀等損壞，有水漬

0152

附釋文互註禮部韻略：五卷. -- 刻本. -- 揚州使院，清康熙四十五年（1706）. -- 5 冊（1 函）

9 行 12 字小字雙行 24 字白口左右雙邊雙魚尾

書名葉題：禮部韻略附釋文互註　棟亭藏本　揚州詩局重刊

各卷末牌記題：棟亭藏本丙戌九月重刻于揚州使院

卷首有：今具校正條例、淳熙重修文書式

“玄”字避諱缺末筆

登錄號 1-03171/索書號 8018-145-005-004：5 冊（1 函），黃紙本；鈐印：延恩堂三世藏書、潭月山房書印〔沈曾植〕，縶隱，巽齋所藏，嘉禾姚埭沈氏金石圖史；卷 5 末缺葉；輕微蟲蛀有修補

0153

大明正德乙亥重刊改併五音集韻：十五卷 / （金）韓道昭撰. -- 刻本. -- 釋覺恒金台衍法寺，明正德十年（1515）. -- 1 冊

10 行大小字單雙行不等黑口四周雙邊雙魚尾

登錄號 0000703/索書號 8020-011-002-014：1 冊，黃紙本；殘存 3 卷：卷 10-12；破損嚴重，裝訂裂散，書衣散失；2012 年經修復保護

0154

經史正音切韻指南：一卷 / （元）劉鑑撰. -- 刻本. -- 釋本讚，明嘉靖四十三年（1564）. -- 1 冊：圖

行字不等黑白口不一四周雙邊單、雙或無魚尾

書名據序題

序末記：怡菴本讚捐貲重刊　瀛海若愚明贅校錄

登錄號 1-10587/索書號 8005-017-007-011：1 冊，黃紙本；有朱筆校字；破損，裝訂斷綫

0155

大雅詩韻：不分卷 / （明）佚名撰. -- 刻本. -- 明宣德三年（1428）. -- 2 冊（1 函）

8 行大小字不等黑口四周雙邊雙魚尾

登錄號 0001064/索書號 8020-016-005-007：2 冊（1 函），黃紙本；有斷版

0156

古今韻略：五卷，例言一卷 / （清）邵長蘅纂；（清）宋犖校. -- 刻本. -- 商丘宋犖，清康熙三十五年（1696）. -- 5 冊

9 行 14 字小字雙行 28 字黑口四周單邊單魚尾

書名葉題：宋漫堂先生閱定　毗陵邵子湘纂　古今韻略

登錄號 1-04110/索書號 8018-148-004-001：5 冊，白紙本；書名葉鈐印：選義按部考辭就辦、振藻堂藏版；版心處輕微鼠嚙，有水漬

0157

音韻輯要：二十一卷 / （清）王鵓纂. -- 刻本. -- 清乾隆四十九年（1784）. -- 4 冊

8 行 12 字小字雙行 24 字白口四周雙邊單魚尾

書名葉題：中州音韻輯要　崑山咸德堂藏板

書末記：侄汝楫濟川　男若儉樸如校字　崑山程郁文刻

登錄號 善 013/索書號 7018-sb-013：4 冊，黃紙本；鈐印：十五柏園書畫印；有墨筆批校；紙張老化變脆變黃；有修補

0158

韻府萃音：十二集 / （清）龍柏纂. -- 刻本，朱墨套印. -- 清嘉慶十五年（1810）. -- 24 冊（4 函）

8行16字小字雙行32字白口四周雙邊單魚尾

書名葉題：嘉慶庚午年鐫　長洲青霏子龍柏纂　韻府萃音　姑蘇醒愚閣藏版

序末題：粵東學院前心簡齋承刊

以干支編集

登錄號1-03794/索書號8018-158-004-007：24冊（4函），白紙本，巾箱本；鈐印：寧堂發兌，劉瑞軒藏，池陽劉慶雲藏書印；書葉殘缺

登錄號1-03793/索書號8018-156-006-004：12冊（1函），白紙本，巾箱本；紙張老化四周變黃，蟲蛀損壞，書衣破碎

史部

〔史部　紀傳類　彙編〕

0159

十七史商榷：一百卷／（清）王鳴盛撰. -- 刻本. -- 洞涇草堂，清乾隆五十二年（1787）. -- 12冊（4函）

10行20字白口四周雙邊無魚尾

書名葉題：乾隆丁未新鐫　東吳王氏述　十七史商榷　洞涇草堂藏版

登錄號1-07267/索書號8009-123-004-015：12冊（4函），黃紙本；鈐印：書業成記圖書，古杭邵章倬盦藏書記［邵章］

〔史部　紀傳類　通代〕

0160

史記：一百三十卷／（漢）司馬遷撰；（南朝宋）裴駰集解；（唐）司馬貞索隱；（唐）張守節正義. -- 刻本. -- 宋. -- 2冊

10行18字小字雙行23字綫黑口左右雙邊雙魚尾

版心上方或記字數

卷末註本卷字數

避諱字：慎、玄、徵、桓

登錄號善018、善019/索書號7018-sb-017：2冊，白紙本，金鑲玉裝訂；鈐印：傅沅叔藏書記、沅叔審定宋本、藏園、雙鑑樓主人珍藏宋本［傅增湘］，杏花春雨江南，魯國先生後裔，何憲德章，悅菴，許氏德華，橫塘後人；有佚名墨筆校注；存2卷：卷35（管蔡世家第五）、卷36（陳杞世家第六）；書葉殘缺

0161

史記：一百三十卷／（漢）司馬遷撰；（南朝宋）裴駰集解；（唐）司馬貞索隱；（唐）張守節正義. -- 刻本，遞修. -- 宋刻，宋元明遞修. -- 1冊（1函）

10行19字小字雙行字不等黑白口不一四周雙邊單或雙魚尾

版心上記字數，下記刻工：陳、胡、郁仁、蔣云甫、何、茅文龙、吳富

登錄號善020/索書號7018-sb-018：1冊（1函），白紙本；鈐印：蔣揚孫讀書記［蔣廷錫］、隴西，寅之印；字跡有模糊處；存2卷：卷38（宋微子世家第八）、卷39（晉世家第九）；書衣破損

0162

史記：一百三十卷／（漢）司馬遷撰；（南朝宋）裴駰集解；（唐）司馬貞索隱；（唐）張守節正義. -- 刻本. -- 明. -- 2冊

10行18字小字雙行23字白口四周雙邊單魚尾

卷末記本卷字數

登錄號善021、善022/索書號7018-sb-019：2冊，白紙本；鈐印：沈衍純印，粹之；有朱、黃筆圈點，卷110-116有佚名朱、墨、藍筆過錄楊慎、茅坤、王維楨等諸家眉批；存12卷：卷43-47、110-116，蟲蛀損壞，第2冊有墨漬、水漬，版心開口

0163

史記：一百三十卷，難字直音一卷／（漢）司馬遷撰；（南朝宋）裴駰集解；（唐）司馬貞索隱；（唐）張守節正義；（明）陳仁錫評. -- 刻本. -- 長洲夏瑋二乙堂，明崇禎間. -- 12冊（2函）：圖

10行20字小字雙行同白口左右雙邊單魚尾，卷前補刻《三皇本紀》為四周單邊

書名葉題：陳太史評閲史記

書名葉左欄刊刻二乙堂主人識語

有明崇禎元年（1628）序

登錄號 0001093/索書號 8020-017-002-005：12 冊（2 函），黃紙本；紙張老化變脆四周變黃，蟲蛀、鼠嚙等損壞，裝訂裂散

0164

史記評林：一百三十卷，卷首一卷 / （漢）司馬遷撰；（南朝宋）裴駰集解；（唐）司馬貞索隱；（唐）張守節正義；（明）凌稚隆輯校. -- 刻本. -- 烏程凌稚隆，明萬曆間. -- 32 冊（4 函）：圖

上下兩欄，上欄 25 行 7 字、下欄 10 行 19 字，白口左右雙邊單魚尾

版心下記寫版者、刻工

首冊內有：史記集解序、世系圖、地理圖、姓氏、引用書目、凡例、目錄、讀史總評、史記索隱序、補史記及序、史記正義序等（論例、諡法解、列國分野）

登錄號 0000875/索書號 8020-014-003-002：32 冊（4 函），白紙本，金鑲玉裝訂；卷七十二卷端誤題“七十一”

0165

史記評林：一百三十卷，卷首一卷 / （漢）司馬遷撰；（南朝宋）裴駰集解；（唐）司馬貞索隱；（唐）張守節正義；（明）凌稚隆輯校；（明）李光縉增補. -- 刻本，重修. -- 明建陽熊氏種德堂刻，明清重修. -- 14 冊（2 函）：圖

上下兩欄，上欄 25 行 7 字、下欄 10 行 19 字，白口四周單邊或左右雙邊單魚尾

書名葉題：原本重刊 歸安凌以棟先生輯 史記評林 劉素堂校梓

《史記正義序》後題：建陽後學雲濱熊體忠 獻芻劉朝箴全梓

首冊內有：史記集解序、世系圖、地理圖、姓氏、引用書目、凡例、目錄、讀史總評、史記索隱序、補史記及序、史記正義序等（論例、諡法解、列國分野），附增史記短長等

登錄號 1-07489/索書號 8018-128-005-006：14 冊（2 函），黃紙本；有斷版，字跡漫漶；蟲蛀損壞，邊角鼠嚙，有水漬，書衣污漬

0166

通志略：二十略，五十二卷 / （宋）鄭樵撰；（明）陳宗夔校. -- 刻本，重修. -- 明嘉靖二十九年（1550）通山陳宗夔刻，明清重修. -- 20 冊（4 函）

10 行 20 字小字雙行同半葉白口四周單邊

出版年據龔用卿刻書序（題五十一卷）

登錄號 0000822/索書號 8020-013-005-001：20 冊（4 函），白紙本

〔史部　紀傳類　斷代〕

0167

前漢書：一百卷 / （漢）班固撰；（唐）顏師古註. -- 刻本，遞修. -- 宋紹興間江南東路轉運司刻，宋元遞修. -- 1 冊

9 行 16 字小字雙行 20 字白口或綫黑口左右雙邊無魚尾或單、雙魚尾

南宋紹興間江南東路轉運司初刻，再補於臨安國子監，三補於元代西湖書院

版心下記刻工：卓受、陳從、金震、王琢、邵亨、錢宗、楊榮、王成、包政、胡昶、林俊、徐定

登錄號 善 023/索書號 7018-sb-020：1 冊（合 1 函：冊 1），與《後漢書》合刻，黃紙本，金鑲玉裝訂；殘存：《文帝紀》卷 4 之 5-26 葉；有修補

0168

前漢書：一百卷 / （漢）班固撰；（漢）班昭續；（唐）顏師古注. -- 刻本. -- 崇陽汪文盛等，明嘉靖間. -- 2 冊

12 行 22 字小字雙行 28 字白口左右雙邊

書名據版心題

登錄號 0000343/索書號 8020-007-001-008：2 冊，黃紙本，金鑲玉裝訂；鈐印：黃陂胡氏金石書畫收藏之印、黃陂胡朝宗改庵之印[胡朝宗]，文選郎印，觀物軒，原博，古太史氏，徐氏有真，武功伯印；扉葉有民國七年（1918）胡仁壽題識並鈐印：公介鑑賞；存 2 卷：卷 51、100，蟲蛀殘缺、損壞；有修補

0169

前漢書：一百二十卷 / （漢）班固撰；（漢）班

昭續 ；（唐）顏師古注. -- 刻本. -- 虞山毛氏汲古閣，明崇禎十五年（1642）. -- 16 冊

12 行 25 字小字雙行 37 字白口左右雙邊單魚尾

書名據目錄題

目錄或題一百卷

登錄號 0000437/索書號 8020-008-003-006：16 冊，黃紙本；鈐印：臥雲山館主人珍藏；有斷版、字跡模糊處；有墨漬，紙張老化四周變黃，邊角破損

0170

班馬異同 ：三十五卷 / （宋）倪思撰 ；（宋）劉辰翁評. -- 刻本. -- 明萬曆間. -- 8 冊（1 函）

9 行 20 字小字雙行同白口四周單邊單白魚尾

書名葉題：劉須溪評點班馬異同 小築藏板

登錄號 0000361/索書號 8020-007-002-010：8 冊（1 函），黃紙本；紙張老化四周變黃，書衣邊角破損

0171

後漢書 ：九十卷 / （南朝宋）范曄撰 ；（唐）李賢註. -- 刻本，遞修. -- 宋紹興間江南東路轉運司刻，宋元遞修. -- 1 冊

9 行 16 字小字雙行 20 字白口或綫黑口左右雙邊無魚尾或單、雙魚尾

版心下記刻工：王中、章英、吳佐、林康、李椿、胡慶十四、李秀、楊垓、林志遠、陳彥、王榮、李璋、周清、陳伸、王仲、郭惇

南宋紹興間江南東路轉運司初刻，再補於臨安國子監，三補於元代西湖書院

登錄號 善 023/索書號 7018-sb-020：1 冊（合 1 函：冊 2），與《前漢書》合刻，黃紙本，金鑲玉裝訂；殘存：列傳卷 42 之 23-29 葉、卷 43、卷 44 之 1-3 葉；有修補

0172

後漢書 ：九十卷，志三十卷 / （南朝宋）范曄撰 ；（唐）李賢注 / （晉）司馬彪撰志 ；（梁）劉昭注志. -- 刻本. -- 虞山毛氏汲古閣，明崇禎十六年（1643）. -- 12 冊. -- （十七史/（明）毛晉輯）

12 行 25 字小字雙行 37 字白口左右雙邊單魚尾

本書或題一百三十卷，乃將子卷計入

登錄號 0001087/索書號 8020-010-001-007：12 冊，黃紙本；鈐印：臥云山館主人珍藏，山甫；紙張老化

四周變黃，邊角破損，書衣散失

0173

後漢書 ：九十卷 / （南朝宋）范曄撰. -- 抄本. -- 清. -- 1 冊

10 行 25 字，無欄格

書名代擬

登錄號 善 024/索書號 7018-sb-021：1 冊，黃紙本，金鑲玉裝訂；存 23 卷：卷 20-22、24、26、29、31-47（即列傳卷 10-12、14、16、19、21-37）；有修補

0174

後漢書年表 ：十卷 / （宋）熊方撰. -- 抄本，烏絲欄. -- 古吳徐泗芹，清乾隆五十六年（1791）. -- 2 冊

表格，黑口四周雙邊無魚尾

登錄號 1-04594/索書號 8018-168-004-005：2 冊，黃紙本；鈐印：澹如珍藏；書衣磨損，裝訂斷綫

0175

三國志 ：六十五卷 / （晉）陳壽撰 ；（南朝宋）裴松之註. -- 刻本. -- 宋紹興間. -- 1 冊

10 行 19 字小字雙行 23 至 25 字白口左右雙邊單魚尾

版心下記刻工：金成、沈瑞、王彬、嚴志

覆刻北宋監本

版本據曹元忠跋

登錄號 善 026/索書號 7018-sb-023：1 冊，黃紙本，蝴蝶裝；鈐印：雙鑑樓、書潛、沅叔心賞、沅叔藏宋本、雙鑑樓珍藏印、傅沅叔藏書記[傅增湘]、佩德齋珍藏印[傅忠謨]，企驦軒；有 1921 年曹元忠跋一則；存：卷 29 之 18-28 葉、卷 30 之 1-7 葉；有污漬

0176

三國志 ：六十五卷 / （晉）陳壽撰 ；（南朝宋）裴松之註. -- 刻本. -- 元. -- 1 冊

10 行 22 字小字雙行同上黑口四周雙邊三魚尾

版心上記字數，下題刻工

登錄號 善 028/索書號 7018-sb-025：1 冊，白紙本，蝴蝶裝；墨色深淺不一；殘存 7 葉：蜀志卷 10 之 2、4、5、7、9-11 葉；污漬損壞，書衣破損；有修補

0177

三國志：六十五卷 / （晉）陳壽撰 ；（南朝宋）裴松之註. -- 刻本. -- 虞山毛氏汲古閣，明崇禎十七年（1644）. -- 12 冊（2 函）

12 行 24 字小字單雙行 37 字白口左右雙邊單魚尾

登錄號 0000610/索書號 8020-010-001-005：12 冊（2 函），黃紙本；有朱墨筆眉批；卷首雜記、考異係抄補；略有蟲蛀損壞

0178

晉書：一百三十卷，附音義三卷 / （唐）房玄齡等撰 ；（唐）何超音義. -- 刻本，遞修. -- 明南京國子監刻，明正德至萬曆間遞修. -- 26 冊（4 函）

10 行 21 字小字雙行同白口左右雙邊雙魚尾

版心下記刻工

登錄號 0001110/索書號 8020-018-004-001：26 冊（4 函），黃紙本；字跡漫漶，缺葉，殘損，水洇粘連，有污漬

0179

梁書：五十六卷 / （唐）姚思廉撰. -- 刻本，重修. -- 明萬曆三年（1575）南京國子監刻，清順治十五年（1658）重修. -- 6 冊（1 函）

10 行 21 字白口四周雙邊雙順魚尾

版心上方題刻版及修版年

登錄號 1-04071/索書號 8018-149-004-005：6 冊（1 函），黃紙本；紙張老化變黃變脆，蟲蛀、水漬損壞

0180

陳書：三十六卷 / （唐）姚思廉撰 ；（明）趙用賢校正. -- 刻本. -- 南京國子監，明萬曆十六年（1588）. -- 12 冊（1 函）

9 行 18 字黑口四周雙邊雙魚尾

登錄號 0000807/索書號 8020-013-002-007：12 冊（1 函），黃紙本；鈐印：杏花村裏人家藏書，繞雲廬藏書；有水漬、污漬，書衣破損

0181

魏書：一百十四卷 / （北齊）魏收撰. -- 刻本. -- 琴川毛氏汲古閣，明崇禎九年（1636）. -- 16 冊（2 函）

10 行 25 字白口左右雙邊單魚尾

登錄號 1-05580/索書號 8009-116-003-005：16 冊（2 函），黃紙本；邊角鼠嚙，書葉殘缺，有污漬，裝訂斷綫

0182

北齊書：五十卷 / （唐）李百藥撰. -- 刻本. -- 南京國子監，明萬曆十六至十七年（1588-1589）. -- 6 冊（1 函）

9 行 18 字白口四周雙邊雙魚尾

版心下記刻工

登錄號 0000847/索書號 8020-014-001-015：6 冊（1 函），黃紙本；有殘缺葉、水漬，有抄補

0183

南史：八十卷 / （唐）李延壽撰. -- 刻本，重修. -- 元刻，明重修. -- 38 冊（6 函）

10 行 22 字白口或黑口四周雙邊單、雙或三魚尾

登錄號 0001089/索書號 8020-017-002-001：38 冊（6 函），黃紙本；有斷版，字跡殘缺、漫漶；存 64 卷：卷 11-74（列傳 1-64），卷 26-30 配抄本；紙張老化，邊角破損，書衣磨損

0184

南史：八十卷 / （唐）李延壽撰. -- 刻本. -- 明萬曆十六至十九年（1588-1591）. -- 19 冊（3 函）

9 行 18 字綫黑口四周雙邊雙順魚尾

版心上方記刻版年

登錄號 1-05940/索書號 8009-109-005-004：19 冊（3 函），黃紙本；蟲蛀、鼠嚙損壞；有修補

0185

北史：一百卷 / （唐）李延壽撰. -- 刻本，重修. -- 明萬曆十六至二十一年（1588-1593）刻，清順治十六年（1659）重修. -- 30 冊（4 函）

9 行 18 字白口四周雙邊雙魚尾（間有單魚尾）

登錄號 0001090/索書號 8020-017-002-002：30 冊（4 函），黃紙本；有斷版，字跡模糊，缺葉；目錄有補抄散葉；首冊書衣破損、裝訂裂散

0186

隋書：八十五卷 / （唐）魏徵，（唐）長孫無忌等撰. -- 刻本. -- 北京國子監，明萬曆二十六年

（1598）. -- 40 冊. -- （二十一史）

10 行 21 字白口左右雙邊單魚尾

登錄號 0001097/索書號 8020-017-004-001：40 冊，白紙本；存 80 卷：卷 1-80；書葉殘損，有抄補，有水漬、污漬

0187

舊唐書：二百卷 / （五代）劉昫撰；（清）岑建功輯. -- 刻本. -- 甘泉岑建功懼盈齋，清道光二十三年（1843）. -- 50 冊（6 函）

12 行 25 字白口左右雙邊單魚尾

書名葉題：校勘記嗣出　舊唐書

出版年據序

登錄號 0001096/索書號 8020-017-003-002：50 冊（6 函），黃紙本；鼠嚙損壞，書衣破損，裝訂裂散，有水漬

0188

五代史記：七十四卷 / （宋）歐陽修撰；（宋）徐無黨注. -- 刻本. -- 汪文盛等，明嘉靖間. -- 8 冊（1 函）

12 行 22 字小字雙行 27 字白口四周單邊無魚尾

登錄號 1-06878/索書號 8018-126-006-005：8 冊（1 函），白紙本；鈐印：海原閣藏書，夢未生珍藏，陳希濂印、瀫水所藏［陳希濂］，承齋藏書，西堂藏書畫；有斷版；邊角損壞，有污漬，裝訂斷綫

0189

五代史：七十四卷 / （宋）歐陽修撰. -- 刻本，重修. -- 明刻，清康熙二十五年（1686）重修. -- 8 冊（1 函）

10 行 21 字小字雙行同白口左右雙邊單魚尾

序題：五代史記

重修年據版心題

偶見版心記：萬曆二十八年刊

登錄號 1-06886/索書號 8018-127-005-003：8 冊（1 函），黃紙本；首葉有"守之"墨筆題記，末葉有"少伯"朱筆題記、圈點，墨筆眉批；有斷版；水洇損壞，書葉殘缺，有污漬

0190

五代史吳越世家疑辯：一卷 / （明）馬蓋臣撰；

（清）錢敬業重訂. -- 刻本. -- 山陰錢氏，清乾隆六十年（1795）. -- 4 冊

9 行 20 字白口四周雙邊單魚尾

附：增訂吳越備史

登錄號 1-07091/索書號 8009-119-004-002：4 冊，黃紙本；蟲蛀損壞，書衣散失，裝訂裂散

0191

南唐書：十八卷 / （宋）陸游撰. -- 刻本. -- 虞山毛氏汲古閣，明崇禎間. -- 4 冊（1 函）

8 行 18 字白口左右雙邊無魚尾

版心下記：汲古閣

登錄號 1010029/索書號 8011-001-004-003：4 冊（1 函），黃紙本；裝訂斷綫

0192

南唐書：三十卷 / （宋）馬令編. -- 刻本. -- 襄平蔣國祥，清康熙間. -- 6 冊. -- （南唐書合刻/〈清〉蔣國祥，〈清〉蔣國祚輯）

10 行 19 字黑口四周單邊雙魚尾

附：南唐書音釋：一卷/（元）戚光撰

登錄號 1010187/索書號 8011-003-001-023：6 冊，黃紙本；存 18 卷：卷 1-18

0193

宋史：四百九十六卷，目錄三卷 / （元）脫脫等撰. -- 刻本，遞修. -- 明成化七至十六年（1471-1480）朱英刻，明嘉靖至萬曆間遞修. -- 120 冊（14 函）

10 行 20 字黑白口不一四周雙邊雙魚尾

版心記：嘉靖丙辰年　監生劉夢雷刊　嘉靖丁巳年　監生王品刊　萬曆三十五年　學正劉校

登錄號 0001103/索書號 8020-017-004-007：120 冊（14 函），黃紙本；字跡漫漶；有殘缺葉，蟲蛀損壞

0194

宋史：四百九十六卷，目錄三卷 / （元）脫脫等撰. -- 刻本. -- 明. -- 78 冊

10 行 20 字小字雙行同黑口四周雙邊雙魚尾

版心下記刻工

登錄號 0001106/索書號 8020-018-002-001：78 冊，黃紙本；存 203 卷：目錄卷上、中、下，卷 5-11、16-19、

24-26、38-44、48-49、51、54-55、59-61、70、85-87、94-101、109-131、150-158、164-171、174-175、178-179、183-188、192-197、207-211、217、219-220、226、230-233、240-241、244-246、254-256、263-264、276-286、294-295、301-306、328-336、342-343、349-351、355-356、360-361、366-367、370-372、391-399、406-412、415-416、425-429、431-433、443-445、450-452、458-460、476-478，有抄補（含散葉）；書衣破損、散失

0195

　　東都事略：一百三十卷 / （宋）王稱撰. -- 刻本，覆刻. -- 五峯閣，清. -- 12 冊

　　12 行 24 字綫黑口左右雙邊單魚尾

　　書名葉題：宋人原本 東都事畧 五峯閣藏板

　　目錄末記：眉山程舍人宅刊行已申上司不許覆板

　　本書據宋眉山程舍人宅刻本覆刻

　　王稱，又作王偁

　　登錄號 1012657/索書號 8011-022-001-002：12 冊，白紙本（紙色灰暗）；有破損葉

　　登錄號 1-06313/索書號 8009-114-006-003：16 冊（2 函），白紙本（紙色灰暗）；鈐印：三多齋，怡怡堂珍藏，有嬀之後；輕微蟲蛀損壞，水洇損壞，裝訂斷綫

0196

　　東都事略：一百三十卷 / （宋）王稱撰. -- 刻本. -- 清. -- 8 冊（1 函）

　　12 行 24 字綫黑口左右雙邊雙魚尾

　　目錄末記：眉山程舍人宅刊行已申上司不許覆板

　　本書依宋眉山程舍人宅刻本覆刻

　　王稱，又作王偁

　　登錄號 1-09432/索書號 8009-087-004-003：8 冊（1 函），黃紙本；略有破損

0197

　　元史藝文志：四卷 / （清）錢大昕編. -- 刻本. -- 吳縣黃丕烈士禮居，清嘉慶五年（1800）. -- 2 冊

　　10 行大小字單雙行不等白口左右單邊單魚尾

　　卷末記：門人吳縣顧蒔恭錄 後學吳縣黃丕烈校

　　登錄號 0000429/索書號 8020-008-002-008：2 冊，白紙本；卷末有墨筆過錄錢大昕題記；紙張老化有黃

斑，書衣破損，裝訂裂散

0198

　　元史地理志西北地附錄釋地：一卷 / （清）李文田撰. -- 稿本，朱格. -- 清末. -- 1 冊

　　15 行 32 字朱口四周單邊

　　登錄號 0000628/索書號 8020-010-003-003：1 冊，黃紙本，散葉鐵釘裝訂；鈐印：國楨私印［謝國楨］，漸學廬；有清光緒二十三年（1897）校記；破損

0199

　　皇明書：四十五卷 / （明）鄧元錫撰. -- 刻本. -- 明. -- 12 冊（2 函）

　　10 行 20 字小字雙行同白口左右雙邊單魚尾

　　登錄號 0000150/索書號 8020-003-004-009：12 冊（2 函），黃紙本；首尾不全，書葉殘缺，蟲蛀損壞，有水漬；有修補

0200

　　明史藁：三百十卷，目錄三卷 / （清）王鴻緒編撰. -- 刻本. -- 敬慎堂，清雍正間. -- 80 冊（8 函）

　　11 行 23 字白口左右雙邊單魚尾

　　版心題：橫雲山人集

　　含：本紀十九卷、志七十七卷、表九卷、列傳二百零五卷

　　又名《橫雲山人明史稿》，成書早於《明史》，清康熙十八年（1679）史館編纂明史，三十年（1691）完成初稿四百十六卷，三十三年（1694）王鴻緒任總裁，與張玉書、陳廷敬各任一類，王鴻緒承擔列傳，請萬斯同負責編寫、修訂，前後歷時八年，四十一年（1702）萬斯同卒，四十八年（1709）王鴻緒解任回籍，刪削編次成《明史列傳稿》二百五卷，五十三年（1714）進呈清廷，後又取誌表及本紀初稿，刪改河渠、食貨、藝文、地理等誌，六十一年（1722）冬在京刪改本紀，合訂紀、誌、表、傳成《明史稿》三百十卷，雍正元年(1723)進呈，刊印時均題"王鴻緒著"，卷首朱印康熙三十六年（1697）敕諭

　　登錄號 1-04876、0001088/索書號 8020-017-001-002：80 冊（8 函），黃紙本

　　登錄號 0001109/索書號 8020-018-003-002：100 冊（10 函），黃紙本；鈐印：深澤王氏洗心精舍所藏書畫［王筱泉］；紙張老化四周變黃，破損，裝訂裂散

〔史部　編年類　通代〕

0201

　　元經薛氏傳：十卷 / （隋）王通撰；（唐）薛收傳；（宋）阮逸註；（明）程榮校. -- 刻本. -- 新安程氏，明萬曆間. -- 4 冊（1 函）. -- （漢魏叢書 /〈明〉程榮輯）

　　9 行 20 字白口左右雙邊單魚尾

　　　登錄號 0000986/索書號 8020-016-001-004：4 冊（1 函），黃紙本；鈐印：少泉蔡氏珍藏；紙張老化變脆四周變黃，蟲蛀損壞，有水漬

0202

　　資治通鑑：二百九十四卷 / （宋）司馬光撰；（元）胡三省音註. -- 刻本. -- 元. -- 1 冊（1 函）

　　10 行 20 字小字雙行同黑口四周雙邊雙魚尾

　　版心上記字數，下記刻工：江仲寮、江君侯、張文甫、劉伯起、劉子仁、君祥、虞良卿、江成甫、江安民、江清甫、劉季和、江叔度

　　　登錄號 善 029/索書號 7018-sb-026：1 冊（1 函），黃紙本，蝴蝶裝；有斷版；存 2 卷：卷 42-43，有缺葉；有水漬；蟲蛀修補

0203

　　資治通鑑：二百九十四卷 / （宋）司馬光撰；（元）胡三省音註. -- 刻本. -- 元. -- 11 葉（散葉）

　　10 行 20 字小字雙行同細黑口四周雙邊雙魚尾

　　版心上記字數，下記刻工：付友实、江元和、劉子元、王智夫、方德元、君亮

　　　登錄號 善 030/索書號 7018-sb-027：11 葉（散葉），與《通鑑總類》合 1 函，黃紙本；殘存 1 卷：卷 11，破損

0204

　　少微通鑑節要：五十卷 / （宋）江贄撰. -- 刻本. -- 明. -- 18 冊（4 函）

　　上下兩欄 9 行，上欄小字雙行 3 字、下欄 15 字，粗黑口四周雙邊雙魚尾

　　　登錄號 1-12079/索書號 8005-021-005-001：18 冊（4 函），白紙本；鈐印：水竹居，望山樓藏書，潤生珍賞，皋萊張氏藏珍，廣運之寶[清宮]，果親王點定[胤

礼]；邊角鼠嚙缺損，有水漬，書衣散失、破損，裝訂斷綫

0205

　　通鑑集要：十卷 / （明）諸燮編輯. -- 刻本. -- 明. -- 8 冊：圖

　　上下兩欄 10 行，上欄小字雙行 5 字、下欄 24 字，白口四周單邊單白魚尾

　　　目錄題：合訂通鑑集要

　　　卷首有歷代帝王傳授之圖

　　　登錄號 0000390/索書號 8020-007-004-006：8 冊，黃紙本；破損，缺葉

0206

　　御批歷代通鑑輯覽：一百二十卷 / （清）傅恒等纂. -- 刻本，朱墨套印. -- 清. -- 1 冊（1 函）

　　14 行 25 字小字雙行同白口四周雙邊雙魚尾

　　　登錄號 善 034/索書號 7018-sb-031：1 冊（1 函），白紙本，包背裝，黃色織錦書衣；鈐印：養性殿寶；存 4 卷：卷 84-87；紙張老化變色，有水漬、污漬

0207

　　資治通鑑綱目：五十九卷 / （宋）朱熹撰. -- 刻本. -- 元. -- 1 冊

　　10 行 16 字小字雙行 22 字綫黑口左右雙邊雙魚尾

　　　登錄號 善 032/索書號 7018-sb-029：1 冊，黃紙本，蝴蝶裝；書衣墨筆題：宋板資治通鑑綱目；有佚名朱墨藍黃筆批校；有斷版；存 2 卷：卷 58-59；書葉殘缺；有修補

0208

　　資治通鑑綱目：五十九卷 / （宋）朱熹撰 · **續資治通鑑綱目**：二十七卷 / （明）商輅等撰. -- 刻本. -- 內府，明. -- 3 冊

　　8 行 18 字小字雙行 21 字粗黑口四周雙邊雙魚尾

　　　登錄號 善 033/索書號 7018-sb-030：3 冊，白紙本；鈐印：五福五代堂古稀天子寶、八徵耄念之寶、太上皇帝之寶、乾隆御覽之寶、天祿繼鑑、天祿琳琅、表章經史之寶[清宮]，延秋閣物，陳鼎慧印，鎮原慕少堂鑑藏[慕壽祺]；存 4 卷：卷 8-9、30-31，《續資治通鑑綱目》存 2 卷：26-27；蟲蛀損壞，有水漬

0209

御製資治通鑑綱目全書. -- 刻本. -- 商丘宋犖,
清康熙四十六年（1707）. -- 50 冊（8 函）

11 行 22 字小字雙行同黑口四周雙邊雙順魚尾

子目：

1. 御批資治通鑑綱目前編：十八卷,舉要三卷,
外紀卷首一卷／（宋）金履祥撰；（元）陳桱撰
外紀

2. 御批資治通鑑綱目：五十九卷,卷首一卷／（宋）
朱熹撰

3. 御批續資治通鑑綱目：二十七卷／（明）商輅等
撰

登錄號 1-03048／索書號 8018-139-004-001：50 冊
（8 函）,黃紙本

0210

資治通鑑綱目前編：二十五卷／（明）南軒撰；
（明）陳仁錫評閱. -- 刻本. -- 清嘉慶間. -- 12
冊（1 函）

7 行 18 字小字雙行同白口四周單邊單魚尾

書名葉題：朱子原本 陳明卿先生評定 通鑑綱目 敬
書堂藏板

登錄號 1-07252／索書號 8009-123-005-011：12 冊
（1 函）,黃紙本；書衣輕微磨損

0211

續資治通鑑：二百二十卷／（清）畢沅撰. -- 刻
本. -- 桐鄉馮集梧,清嘉慶六年（1801）. -- 72 冊
（12 函）

10 行 21 字小字雙行同白口四周雙邊單魚尾

書名葉題：續資治通鑑 德裕堂藏板

登錄號 1012710／索書號 8011-022-006-001：72 冊
（12 函）,白紙本；鈐印：吳川敬恕堂陳；書衣紙張老
化變脆

0212

續資治通鑑綱目：二十七卷,末一卷／（明）商
輅等撰 ；（明）陳仁錫評閱. -- 刻本. -- 清嘉慶間.
-- 31 冊（3 函）

7 行 18 字小字雙行同白口四周單邊單魚尾

書名葉題：朱子原本 陳明鄉先生評定 續編 敬書堂
藏板

版心題：通鑑綱目

登錄號 1-07069／索書號 8009-123-005-012：31 冊
（3 函）,黃紙本；偶見蟲蛀損壞,末冊書衣破損,裝
訂斷綫

0213

宋元通鑑：一百五十七卷／（明）薛應旂編集 ；
（明）陳仁錫評閱. -- 刻本. -- 長洲陳仁錫,明天
啓六年（1626）. -- 24 冊（4 函）

10 行 20 字小字雙行同白口四周單邊單魚尾

序首版心下記：古吳金麟書 陳天禎刊

登錄號 1-03100／索書號 8018-133-006-001：24 冊
（4 函）,黃紙本；存 146 卷：卷 1-146（卷 147-150
元順帝一至四,以他本《續資治通鑑》〈綫黑口左右雙
邊單魚尾〉卷 61-64 補）；有斷版；紙張老化變黃變脆,
版心開口,輕微蟲蛀

0214

甲子會紀：五卷／（明）薛應旂編集 ；（明）陳
仁錫評閱. -- 刻本. -- 明末. -- 6 冊（1 函）

8 行 18 字小字雙行同白口四周單邊單魚尾

以甲子紀年,上自黃帝八年,下至明嘉靖四十二年,
為七十二甲子

登錄號 0000354／索書號 8020-007-002-003：6 冊
（1 函）,黃紙本；目錄下墨筆題：蘇完瓜爾佳氏福俊
讀本；紙張老化四周變黃,有污漬,書衣破損

0215

歷代紀元彙考：五卷／（清）萬斯同編 ；（清）
萬經補. -- 刻本. -- 知不足齋,清. -- 1 冊

表格,黑口左右雙邊雙魚尾

書名葉題：紀元彙考 知不足齋重雕

有清康熙五十四年（1715）萬經序

登錄號 0000487／索書號 8020-009-001-013：1 冊,
黃紙本,藍色布質書衣；鈐印：寧士珍藏；有水漬

登錄號 1-04885／索書號 8018-167-006-008：1 冊,
白紙本；邊角破損,有水漬,書衣散失

0216

紀元彙攷：四卷／（清）趙駿烈編. -- 刻本. --
無錫華希閎,清乾隆二十八年（1763）. -- 1 冊（1
函）

9 行大小字不等白口左右雙邊單白魚尾

　登錄號 1-03058/索書號 8018-142-004-015：1 冊
（1 函），黃紙本；邊角破損，裝訂斷綫

0217

　　華麟錄：八卷 / （清）黃觀只纂. -- 抄本. -- 清.
-- 2 冊（1 函）

　8 行 16 字小字雙行同

　書名據目錄題

　　登錄號 0000879/索書號 8020-014-003-006：2 冊
（1 函），黃紙本；書衣破損，有水漬

〔史部 編年類 斷代〕

0218

　　兩漢紀：六十卷 / （宋）王銍輯. -- 刻本. -- 明
嘉靖間. -- 20 冊（4 函）

　11 行 20 字白口左右雙邊單白魚尾

　書名據後序題

　子目：

　　1. 前漢紀：三十卷 /（漢）荀悅撰（冊 1-10）

　　2. 後漢紀：三十卷 /（晉）袁宏撰（冊 11-20）

　　登錄號 1-08156/索書號 8009-086-006-001：20 冊
（4 函），白紙本；有斷版、字跡殘缺處；紙張老化四
周變黃，有水漬

0219

　　明紀全載：十六卷 / （清）朱青巖擬編. -- 刻本.
-- 古虞朱青巖，清康熙三十五年（1696）. -- 6 冊

　11 行 25 字小字雙行同白口左右雙邊單魚尾

　書名葉題：古虞朱青巖擬編 明紀會纂 蕀正新鎸 本
衙藏板

　　登錄號 1010973/索書號 8011-009-004-006：6 冊，
黃紙本；鈐印：五世業師，尤汝霖印；蟲蛀等損壞，
有水漬，書衣散失

0220

　　**大清太祖承天廣運聖德神功肇紀立極仁孝睿武端毅
欽安弘文定業高皇帝實錄** / （清）佚名撰. -- 抄本，
朱絲欄. -- 清. -- 2 冊

8 行 21 字白口四周雙邊單魚尾

清太祖努尔哈赤（1559-1626）

"玄"、"弘"等字避諱，"寧"字不避諱

　登錄號 善 067/索書號 7018-sb-064：2 冊，黃紙本；
總卷數不詳，存 4 卷：卷 1-2、6-7；蟲蛀損壞，有水
漬，破損，版心開口

0221

　　東華錄：十卷 / （清）蔣良騏撰. -- 抄本，朱絲
欄. -- 清. -- 16 冊

　9 行 20 字白口四周雙邊單魚尾

　有清乾隆三十年（1765）蔣良騏跋

　　登錄號 0000431/索書號 8020-008-002-010：16
冊，黃紙本；邊角磨損，裝訂裂散

0222

　　仁宗睿皇帝大事檔：奏銷三卷，堂諭一卷，雜項一
卷 / （清）內務府製. -- 抄本. -- 清. -- 5 冊（1
函）

　書名據書簽題

　清仁宗睿皇帝（嘉慶朝）顒琰（1760-1820 年）

　　登錄號 0001038/索書號 8020-016-004-010：5 冊
（1 函），黃紙本，紙捻裝訂；紙張老化四周變黃

〔史部 紀事本末類 通代〕

0223

　　繹史：一百六十卷，世系圖一卷，年表一卷 / （清）
馬驌撰. -- 刻本. -- 清康熙間. -- 24 冊（6 函）

　11 行 24 字小字雙行 36 字白口左右雙邊無魚尾

　有清康熙九年（1670）序

　　登錄號 1-10741/索書號 8005-002-007-001：24 冊
（6 函），黃紙本；紙張老化四周變黃，有水漬，裝訂
斷綫

　　登錄號 1-03040/索書號 8018-145-003-001：24 冊
（6 函），黃紙本；鈐印：吳興周氏亦足齋藏；首、末
冊破損，書衣污漬

0224

　　通鑑紀事本末：二百三十九卷 / （宋）袁樞編；

（明）張溥論正. -- 刻本. -- 太倉張氏，清康熙二
十四年（1685）. -- 48 冊（6 函）

　　9 行 20 字白口左右雙邊單魚尾

　　版本年等據張永錫例言

　　登錄號 1-11078/索書號 8005-015-007-001：48 冊
（6 函），黃紙本；鈐印：昆陵張氏藏書，慰慈一字述
庭；有朱筆圈點；紙張老化變脆變黃，裝訂斷綫

0225

　　宋史紀事本末：十卷 / （明）馮琦原編 ；（明）
陳邦瞻纂輯 ；（明）徐申，（明）劉曰梧校正 . -- 刻
本. -- 明萬曆間. -- 14 冊

　　11 行 22 字白口四周雙邊單魚尾

　　書名葉題：通鑑紀事本末宋編 鬱岡山房藏版

　　目錄版心題：通鑑紀事本末

　　有明萬曆三十三年（1605）劉曰梧序

　　登錄號 1-07243/索書號 8018-128-003-014：14 冊
（合 3 函，冊 1-14），與《元史紀事本末》合刻，黃紙
本；書簽鈐印：書業堂自在江浙蘇閩揀選古今書籍發
兌印；紙張老化變脆四周變黃，邊角破損，裝訂斷綫

0226

　　元史紀事本末：四卷 / （明）陳邦瞻編 ；（明）
臧懋循補 ；（明）劉曰梧校 . -- 刻本. -- 明萬曆間.
-- 4 冊

　　11 行 22 字白口四周雙邊單魚尾

　　書名葉及目錄題：通鑑紀事本末元編 鬱岡山房藏版

　　目錄版心題：通鑑紀事本末

　　有明萬曆三十三年（1605）陳邦瞻序

　　登錄號 1-07243/索書號 8018-128-003-014：4 冊
（合 3 函，冊 15-18），與《宋史紀事本末》合刻，黃
紙本；書簽鈐印：書業堂自在江浙蘇閩揀選古今書籍
發兌印；紙張老化變脆四周變黃，邊角破損，裝訂斷
綫

0227

　　平臺紀畧：一卷 / （清）藍鼎元撰 ；（清）王者
輔評. -- 刻本. -- 清雍正十年（1732）. -- 2 冊. --
（鹿洲全集/（清）藍鼎元撰）

　　9 行 19 字白口左右雙邊單魚尾，無直欄

　　版心下記刻工：馮會、麥嵩、馮士、裕中、羅文

　　登錄號 1-00997/索書號 8018-171-004-019：2 冊，

白紙本；書衣磨損

0228

　　皇朝武功紀盛：四卷 / （清）趙翼撰. -- 刻本. --
陽湖趙翼湛貽堂，清乾隆五十七年（1792）. -- 1 冊.
-- （甌北全集/（清）趙翼撰）

　　11 行 21 字白口左右雙邊單魚尾

　　書名葉題：皇朝武功紀盛 湛貽堂藏板

　　登錄號 1010952/索書號 8011-009-002-035：1 冊，
黃紙本；紙張老化變黃，邊角磨損，裝訂裂散

0229

　　三藩紀事本末：四卷 / （清）楊陸榮編. -- 刻本.
-- 清康熙五十六年（1717）. -- 1 冊

　　9 行 20 字白口左右雙邊單魚尾

　　書名葉題：康熙丁酉春鐫 三藩紀事本末 本衙藏板

　　登錄號 1010799/索書號 8011-008-003-021：1 冊，
黃紙本；紙張老化變黃變脆，有水漬，版心開口，書
衣破損，裝訂斷綫

0230

　　平定兩金川方略卷首 / （清）阿桂等撰. -- 寫本，
朱格. -- 清. -- 1 冊

　　12 行 25 字小字雙行同白口四周雙邊無魚尾

　　前有：平定兩金川紀略，記清乾隆二十至四十四年
（1755-1779）事

　　登錄號 1011528/索書號 8011-014-005-050：1 冊，
白紙本，毛裝；水洇褪色，書衣破損

〔史部 雜史類〕

0231

　　歷代小史：一百六種，一百六卷 / （明）李栻輯.
-- 刻本. -- 趙氏，明萬曆十二年（1584）. -- 6 冊

　　11 行 26 字白口四周雙邊單魚尾

　　出版年等據書前《刻歷代小史序》

　　子目：

　　　01.路史：一卷/（宋）羅泌撰（冊 1）

　　　02.王子年拾遺記：一卷/（晉）王嘉撰；（南朝梁）
　　　　蕭綺錄（冊 1）

03. 世說新語：一卷／（南朝宋）劉義慶撰（冊 1）

04. 大業雜記：一卷／（唐）杜寶撰（冊 1）

05. 煬帝海山記：一卷／（唐）韓偓撰（冊 1）

06. 煬帝開河記：一卷／（唐）韓偓撰（冊 1）

07. 煬帝迷樓記：一卷／（唐）韓偓撰（冊 1）

08. 隋遺錄：一卷／（唐）顏師古撰（冊 1）

09. 隋唐嘉話：一卷／（唐）劉餗撰（冊 1）

10. 唐語林：一卷／（宋）王讜撰（冊 1）

11. 翰林志：一卷／（唐）李肇撰（冊 2）

12. 松窗雜錄：一卷／（唐）李濬撰（冊 2）

13. 次柳氏舊聞：一卷／（唐）李德裕撰（冊 2）

14. 朝野僉載：一卷／（唐）張鷟撰（冊 2）

15. 卓異記：一卷／（唐）李翱撰（冊 2）

16. 開天傳信記：一卷／（唐）鄭棨撰（冊 2）

17. 開元天寶遺事：一卷／（五代）王仁裕撰（冊 2）

18. 江行雜錄：一卷／（宋）廖瑩中撰（冊 2）

19. 中朝故事：一卷／（五代）尉遲偓撰（冊 2）

20. 龍城錄：一卷／（唐）柳宗元撰（冊 2）

21. 避暑漫抄：一卷／（宋）陸游撰（冊 2）

22. 幽閒鼓吹：一卷／（唐）張固撰（冊 2）

23. 北夢瑣言：一卷／（宋）孫光憲撰（冊 2）

24. 杜楊雜編：一卷／（唐）蘇鶚撰（冊 2）

25. 集異記：一卷／（唐）薛用弱撰（冊 2）

26. 鄴侯外傳：一卷／（唐）李繁撰（冊 2）

27. 三楚新錄：一卷／（宋）周羽翀撰（冊 2，著者原誤作"周羽冲"）

28. 江南別錄：一卷／（宋）陳彭年撰（冊 2）

29. 默記：一卷／（宋）王銍撰（冊 2）

30. 蜀檮杌：一卷／（宋）張唐英撰（冊 2）

31. 燕翼貽謀錄：一卷／（宋）王栐撰（冊 2）

32. 孫公談圃：一卷／（宋）孫升述；（宋）劉延世錄（冊 2）

33. 鐵圍山叢談：一卷／（宋）蔡絛撰（冊 3）

34. 高齋漫錄：一卷／（宋）曾慥撰（冊 3）

35. 談淵：一卷／（宋）王陶撰（冊 3）

36. 春明退朝錄：一卷／（宋）宋敏求撰（冊 3）

37. 玉堂雜記：一卷／（宋）周必大撰（冊 3）

38. 錢氏私誌：一卷／（宋）錢惟演撰（冊 3）

39. 桐陰舊話：一卷／（宋）韓元吉撰（冊 3）

40. 揮麈錄：一卷／（宋）楊萬里撰（冊 3）

41. 王氏揮麈錄：一卷／（宋）王明清撰（冊 3，缺第 1-39 葉）

42. 晉公談錄：一卷／（宋）丁謂撰（冊 3）

43. 王文正筆錄：一卷／（宋）王曾撰（冊 3）

44. 貴耳集：一卷／（宋）張端義撰（冊 3）

45. 古杭雜記：一卷／（元）李有撰（冊 3）

46. 國老談苑：一卷／（宋）王君玉撰（冊 3）

47. 清夜錄：一卷／（宋）俞文豹撰（冊 3）

48. 宣政雜錄：一卷／（宋）江萬里撰（冊 3）

49. 艮嶽記：一卷／（宋）張淏撰（冊 3）

50. 閒燕常談：一卷／（宋）董弅撰（冊 3）

51. 退齋筆錄：一卷／（宋）侯延慶撰（冊 3）

52. 避戎嘉話：一卷／（宋）石茂良撰（冊 3）

53. 朝野僉言：一卷／（宋）佚名撰（冊 3）

54. 朝野遺記：一卷／（宋）佚名撰（冊 3）

55. 白獺髓：一卷／（宋）張仲文撰（冊 3）

56. 齊東埜[野]語：一卷／（宋）周密撰（冊 3）

57. 桯史：一卷／（宋）岳珂撰（冊 4）

58. 遼志：一卷／（宋）葉隆禮撰（冊 4）

59. 金志：一卷／（宋）宇文懋昭撰（冊 4）

60. 松漠紀聞：一卷／（宋）洪皓撰（冊 4）

61. 北轅錄：一卷／（宋）周煇撰（冊 4）

62. 蒙韃備錄：一卷／（宋）孟珙撰（冊 4）

63. 北邊備對：一卷／（宋）程大昌撰（冊 4）

64. 西使記：一卷／（元）劉郁撰（冊 4）

65. 自警篇：一卷／（宋）趙善璙撰（冊 4）

66. 厚德錄：一卷／（宋）李元綱撰（冊 4）

67. 韓忠獻遺事：一卷／（宋）強至撰（冊 4）

68. 王文正遺事：一卷／（宋）王素撰（冊 4）

69. 南村輟耕錄：一卷／（明）陶宗儀撰（冊 5）

70. 遂昌山樵雜錄：一卷／（元）鄭元祐撰（冊 5）

71. 東園友聞：一卷／（元）佚名撰（冊 5）

72. 廣客談：一卷／（元）佚名撰（冊 5）

73. 稗史集傳：一卷／（元）徐顯撰（冊 5）

74. 齊勝野聞：一卷／（明）徐禎卿撰（冊 5）

75. 野記：一卷／（明）祝允明撰（冊 5）

76. 平夏錄：一卷／（明）黃標撰（冊 5）

77. 清溪暇筆：一卷／（明）姚福撰（冊 5）

78. 瑯琊漫抄：一卷／（明）文林撰（冊 5）

79. 病逸漫記：一卷／（明）陸釴撰（冊 5）

80. 震澤紀聞：一卷／（明）王鏊撰（冊 5）

81. 皇明紀畧：一卷／（明）皇甫錄撰（冊 5）

82. 北征錄：一卷／（明）金幼孜撰（冊 5）

83. 北征記：一卷／（明）楊榮撰（冊 5）

84.西征石城記：一卷/（明）馬文升撰（冊5）

85.興復哈密記：一卷/（明）馬文升撰（冊6）

86.復辟錄：一卷/（明）楊瑄撰（冊6）

87.可齋雜記：一卷/（明）彭時撰（冊6）

88.否泰錄：一卷/（明）劉定之撰（冊6）

89.謇齋瑣綴錄：一卷/（明）尹直撰（冊6）

90.復齋日記：一卷/（明）許浩撰（冊6）

91.繼世紀聞：一卷/（明）陳洪謨撰（冊6）

92.江海殲渠記：一卷/（明）祝允明撰（冊6）

94.靖難功臣錄：一卷/（明）朱當㴖撰（冊6）

95.備遺錄：一卷/（明）張芹撰（冊6）

96.星槎勝覽：一卷/（明）費信撰（冊6）

97.真臘風土記：一卷/（元）周達觀撰（冊6）

98.炎徼紀聞：一卷/（明）田汝成撰（冊6）

99.滇載記：一卷/（明）楊慎撰（冊6）

　　登錄號 0000580/索書號 8020-009-005-004：6 冊
（19 冊合訂），黃紙本；缺 7 種 7 卷：卷 3-4、34-35、
72、94-95；存卷蟲蛀等殘缺、損壞嚴重，有水漬

0232

　　路史：四十七卷 / （宋）羅泌纂；（宋）羅苹註；
（明）喬可傳校. -- 刻本. -- 廣陵喬可傳，明萬曆
三十九年（1611）. -- 12 冊（2 函）

　　10 行 20 字小字雙行同白口四周單邊單魚尾

　　前紀九卷、後紀十三卷、國名紀八卷（卷末附國姓
衍慶、大衍數、大衍説）、發揮六卷、餘論十卷

　　登錄號 0001094/索書號 8020-017-002-006：12 冊
（2 函），黃紙本；蟲蛀殘缺，有水漬；有修補

0233

　　燕史：三十四卷 / （明）郭造卿撰. -- 抄本，綠
格. -- 清. -- 30 冊（4 函）

　　10 行 20 字白口左右雙邊單魚尾

　　書名、卷次據目錄題

　　版心下記：味古書屋

　　據所鈐鑒藏印推定抄年當早于清咸豐二年

　　登錄號 0000148/索書號 8020-003-004-007：30 冊
（4 函），白紙本；鈐印：東漢傳經之家、文正曾孫文
清從孫文恭冢子、劉喜海印、燕庭藏書[劉喜海]，吳
興劉氏嘉業堂藏[劉承幹]，己生[高錫蕃]；缺葉、破
損，似經火燹；有修補

0234

　　南詔野史：二卷 / （明）楊慎編；（清）胡蔚訂
正. -- 刻本. -- 清乾隆五十四年（1789）. -- 2 冊

　　9 行 21 字小字雙行同白口四周雙邊雙魚尾

　　牌記題：乾隆己酉開雕 思益山房藏板

　　登錄號 1-11193/索書號 8005-005-006-001：2 冊，
白紙本，巾箱本；版心開口，有水漬

0235

　　逸周書：十卷，校正補遺一卷 / （晉）孔晁注；
（清）盧文弨校. -- 刻本. -- 仁和盧氏抱經堂，清
乾隆五十一年（1786）. -- 2 冊 . -- （抱經堂叢書：
十八種，二百七十五卷/（清）盧文弨輯）

　　10 行 20 字小字雙行同白口左右雙邊單魚尾

　　版心下記：抱經堂校定本

　　登錄號 0000397/索書號 8020-007-005-006：2 冊，
黃紙本；有佚名批校

　　登錄號 1010481/索書號 8011-005-003-008：2 冊，
黃紙本；卷末抄補一葉

0236

　　戰國策：三十三卷 / （漢）高誘注. -- 刻本. --
清嘉慶間. -- 16 冊（2 函）. -- （士禮居黃氏叢書/
（清）黃丕烈輯）

　　11 行 20 字小字雙行同白口左右雙邊單魚尾

　　目錄題：新雕重校戰國策

　　版心記刻工

　　據宋剡川姚氏本影刻

　　登錄號 1010456/索書號 8011-005-001-001：16 冊
（2 函），黃紙本；蟲蛀損壞，書衣磨損

0237

　　戰國策釋地：二卷 / （清）張琦撰. -- 抄本，綠
絲欄. -- 清. -- 1 冊

　　10 行 21 字白口四周雙邊

　　有清嘉慶二十年（1815）序

　　登錄號 0000833/索書號 8020-014-001-001：1 冊，
黃紙本；鈐印：檗山草堂[姚柬之]，白山讀過；蟲蛀
損壞嚴重

0238

　　吳越春秋：六卷 / （漢）趙曄撰；（清）汪士漢

考. -- 刻本. -- 清康熙間. -- 1 冊
10 行 20 字小字雙行同白口左右雙邊單魚尾
序題：吳越春秋考
有清康熙七年（1668）新安汪士漢序
登錄號 善 040/索書號 7018-sb-037：1 冊，黃紙本；
字跡模糊；卷 2 有缺葉，紙張老化變脆變黃

0239
十六國春秋 ：一百卷 / （北魏）崔鴻撰. -- 刻本.
-- 仁和汪日桂欣託山房，清乾隆四十六年（1781）. --
12 冊（1 函）
9 行 18 字白口左右雙邊單魚尾
書名葉題：汪氏正本 十六国春秋 欣託山房重刊
書名據目錄、書名葉及版心題
卷前有：崔鴻本傳/（北齊）魏收撰
登錄號 1-11121/索書號 8005-027-005-002：12 冊
（1 函），黃紙本；蟲蛀修補

0240
十國春秋 ：一百十六卷 / （清）吳任臣撰 ；（清）
周昂輯拾遺備考. -- 刻本. -- 昭文周昂，清乾隆五
十八年（1793）. -- 18 冊
10 行 21 字小字雙行同白口左右雙邊單魚尾
卷十五為拾遺，卷十六為備考
登錄號 1-02209/索書號 8018-180-002-002：26 冊
（4 函），黃紙本；書名葉殘缺

0241
玉泉子 ：一卷 / （唐）佚名撰. -- 刻本. -- 明.
-- 1 冊（1 函）
9 行 20 字白口四周單邊單魚尾
登錄號 善 078/索書號 7018-sb-075：1 冊（1 函），
黃紙本，金鑲玉裝訂；有佚名朱筆標點、眉批；紙張
老化四周變黃，首葉係抄配，有水漬、油漬

0242
增訂吳越備史 ：六卷，附刻雜考一卷 / （宋）范
垌，（宋）林禹撰 ；（清）錢時鈺增訂. -- 刻本. -- 山
陰錢氏，清乾隆六十年（1795）. -- 4 冊：圖
9 行 20 字白口四周雙邊單魚尾
附：　五代史吳越世家疑辯：一卷 / （明）馬蓋臣撰，
（清）錢敬業重訂

登錄號 1-07091/索書號 8009-119-004-002：4 冊，
黃紙本；蟲蛀損壞，書衣散失，裝訂裂散

0243
隆平集 ：二十卷 / （宋）曾鞏撰 ；（清）彭期訂.
-- 刻本. -- 南豐彭氏七業堂，清康熙四十年（1701）.
-- 6 冊（1 函）
9 行 20 字白口左右雙邊單魚尾
版本年等據彭期序
書名葉題：七業堂校刊 宋曾文定公隆平集 南豐劉
氏藏板
登錄號 0000589/索書號 8020-009-005-013：6 冊
（合訂 2 冊，1 函），黃紙本；蟲蛀損壞

0244
隆平集 ：二十卷 / （宋）曾鞏撰 ；（清）彭期訂.
-- 刻本. -- 南豐彭氏七業堂，清康熙四十年（1701）.
-- 6 冊（1 函）
9 行 20 字白口左右雙邊單魚尾
書名葉題：康熙辛巳七業堂鐫 曾文定公隆平集 茹
古齋藏板
目錄題：宋曾文定公隆平集
登錄號 1-11846/索書號 8005-021-005-004：6 冊
（1 函），黃紙本
登錄號 1-03608/索書號 8018-144-006-004：10 冊
（1 函），黃紙本；蟲蛀損壞，書衣散失

0245
默記 ：二卷 / （宋）王銍撰. -- 抄本. -- 明至
清初. -- 2 冊（1 函）
9 行 21 字
登錄號 1-03552/索書號 8018-137-004-006：2 冊
（1 函），黃紙本；鈐印：何焯之印[何焯]，焦氏藏書、
半九書塾[焦循]；有水漬，書衣磨損

0246
玉照新志 ：五卷 / （宋）王明清撰. -- 抄本. --
清. -- 2 冊（1 函）
8 行 18 字
登錄號 1-02785/索書號 8018-137-004-007：2 冊
（1 函），白紙本；鈐印：小綠天藏書、孫毓修印；有
朱筆校字、標點

0247

炎興背盟錄：一卷 /（宋）章穎纂. -- 抄本，烏絲欄. -- 清. -- 1 冊

10 行 21 字白口四周雙邊單魚尾

登錄號 0000400/索書號 8020-007-005-009：1 冊，黃紙本；鈐印：錢江何氏夢華館藏[何元錫]，黃裳藏本；扉葉過錄錢大昕日記一則，有朱墨筆校改；蟲蛀修補

0248

蒙韃備錄：一卷 /（宋）孟珙撰. -- 刻本. -- 雲間陸楫儼山書院，明嘉靖二十三年（1544）. -- 1 冊. -- （古今説海/（明）陸楫輯）

8 行 16 字白口左右雙邊雙順白魚尾

登錄號 善 048/索書號 7018-sb-045：1 冊，與《北邊備對》、《西使記》、《北轅錄》合刻，白紙本；鈐印：茂公，高勳，弘業，益津張氏珍藏之印；缺 1-5 葉（右半葉）；有黃斑、水漬，書衣邊角蟲蛀破損

0249

建文書法儗：前編一卷，正編二卷，附編二卷 /（明）朱鷺撰. -- 抄本. -- 清. -- 4 冊（1 函）

7 行 19 字小字雙行同

據明萬曆間刻本抄

登錄號 1-02893/索書號 8018-141-002-003：4 冊（1 函），黃紙本；鈐印：真州吳氏有福讀書堂藏書[吳引孫]

0250

鄭端簡公徵吾錄：二卷 /（明）鄭曉撰. -- 刻本. -- 明嘉靖四十五年（1566）. -- 2 冊（1 函）

10 行 19 字白口左右雙邊單白魚尾

版心題：徵吾錄

目錄後記：海鹽夏儒刻

出版年據序

登錄號 0000136/索書號 8020-003-003-007：2 冊（1 函），白紙本；鈐印：黃叔琪印，倦植，崑圃黃氏收藏圖書、北平黃氏萬卷樓圖書[黃叔琳]，樾山堂藏書印，樂邑聶氏家藏；紙張老化有黃斑，邊角磨損，版心開口，有水漬，書衣破損

0251

建文遜國記：一卷 /（明）鄭曉撰. -- 刻本. -- 海鹽鄭履淳，明隆慶元年（1567）. -- 1 冊. -- （鄭端簡公全集/（明）鄭曉撰）

10 行 19 字白口左右雙邊單白魚尾

卷末題：皇明遜國記

登錄號 0000908/索書號 8020-014-005-013：1 冊，白紙本；卷末缺葉，邊角磨損，書衣損壞

0252

倭情考略：一卷 /（明）郭光復纂 ；（明）郭師古校正. -- 抄本. -- 清. -- 1 冊

9 行 20 字小字雙行同

登錄號 0000414/索書號 8020-008-001-006：1 冊，黃紙本

0253

國史唯疑：十二卷 /（明）黃景昉撰. -- 抄本. -- 民國間. -- 6 冊（1 函）

9 行 23 字

登錄號 0000891/索書號 8020-014-004-012：6 冊（1 函），黃紙本；鈐印：竹柏山房；書衣題識云：此書據舊抄本迻錄，二十年取北平圖書館藏四明徐時棟煙嶼樓抄本細校一過，二十一年過滬上取友人吳氏綠雲樓抄本再校，二十四年借五石齋鄧氏藏抄本三校并迻錄孟森跋，此書向無刻本，抄本流傳訛誤太多，經此三校本庶幾善本

0254

密邑全城記：一卷 /（明）何平撰 · 崇禎壬午癸未傳：一卷 /（明）閻選撰 · 虎口餘生：一卷 /（清）邊大綬撰. -- 抄本. -- 清. -- 1 冊

12 行字不等

書簽題：高密縣全城記

書衣記：壬戌年桐月念後二日子振抄存

有明崇禎十六年（1643）何平（時任高密縣令）序記事至清康熙五十九年（1720）

登錄號 0001015/索書號 8020-016-003-007：1 冊，黃紙本；書衣破損

0255

蜀碧：四卷 /（清）彭遵泗編. -- 刻本. -- 清

乾隆二十八年（1763）. -- 2 冊：圖

8 行 20 字白口四周雙邊單魚尾，無直欄

書名葉題：乾隆癸未年鐫 同懷兄彭端淑樂齋肇洙仲尹鑒定男萃支延慶校 蜀碧 集載張獻忠入蜀始末 石室藏板

記明末張獻忠入蜀始末，起明崇禎元年（1628），迄清康熙二年（1663）

登錄號 1-03509/索書號 8018-131-001-041：2 冊，白紙本；破損，有水漬，版心開口，裝訂斷綫，書衣散失

0256

交山平寇詳文：一卷 / （清）趙吉士撰；（清）邵以發評. -- 刻本. -- 清康熙間. -- 1 冊. -- （萬青閣全集/（清）趙吉士撰）

11 行 20 字小字雙行同白口四周雙邊單魚尾，無直欄

登錄號 1010720/索書號 8011-007-006-014：1 冊（合 1 函，冊 1），與《交山平寇書牘》、《交山平寇本末》合刻，黃紙本；鈐印：開田張氏聞三藏書；首葉鈐印殘缺；紙張老化四周變黃，破損，書衣水漬

0257

交山平寇書牘：一卷 / （清）趙吉士撰；（清）邵以發評. -- 刻本. -- 清康熙間. -- 1 冊. -- （萬青閣全集/（清）趙吉士撰）

11 行 20 字小字雙行同白口四周雙邊單魚尾，無直欄

登錄號 1010720/索書號 8011-007-006-014：1 冊（合 1 函，冊 2），與《交山平寇詳文》、《交山平寇本末》合刻，黃紙本；紙張老化四周變黃，破損，書衣水漬

0258

交山平寇本末：三卷，附交山平寇詩一卷 / （清）夏駰撰. -- 刻本. -- 清康熙間. -- 2 冊. -- （萬青閣全集/（清）趙吉士撰）

11 行 20 字小字雙行同白口四周雙邊單魚尾，無直欄

登錄號 1010720/索書號 8011-007-006-014：2 冊（合 1 函，冊 3-4），與《交山平寇詳文》、《交山平寇書牘》合刻，黃紙本；紙張老化四周變黃，破損，書衣水漬

0259

明季南略：十六卷 / （清）計六奇輯. -- 抄本. -- 清. -- 7 冊

8 行 20 字

著者署"九峯居士"，即（清）計六奇號

記南明史事，起明崇禎十七年（1644），迄清康熙十年（1671），分年紀事，兼采列傳、本末體

登錄號 0000893/索書號 8020-014-004-014：7 冊，黃紙本；鈐印：眠琴舫藏書，三山陳氏居敬堂圖書[陳若霖]；有朱筆校字；蟲蛀損壞

0260

明季北畧：二十四卷 / （清）計六奇輯. -- 抄本. -- 清. -- 9 冊

8 行 20 字

登錄號 1012495、0001160/索書號 8020-020-001-006：9 冊，黃紙本；鈐印：眠琴舫藏書，三山陳氏居敬堂圖書[陳若霖]；蟲蛀損壞，書衣破損；有修補

0261

明璫彰癉錄：不分卷 / （明）顧爾邁撰. -- 抄本. -- 清. -- 3 冊

8 行 18 字

登錄號 0000731/索書號 8020-011-004-010：3 冊，白紙本，金鑲玉裝訂；鈐印：聽雨軒書畫印，綠梧仙館；紙張老化有黃斑，書衣破損

0262

荊駝逸史：五十種 / （清）陳湖逸士輯. -- 活字本，木活字. -- 古槐山房，清道光間. -- 24 冊（4 函）

9 行 19 字小字雙行同白口四周單邊單魚尾

書名葉題：重校荊駝佚史五十種 古槐山房集印本

書名據目錄及版心題

子目：

01.三朝野紀：七卷/（明）李遜之輯（冊 1-5）

02.啓禎兩朝剝復錄：三卷/（明）吳應箕纂（冊 6-7）

03.聖安本紀：六卷/（清）顧炎武撰（冊 8-9）

04.所知錄：三卷/（清）錢澄之撰（冊 10）

05.行朝錄：六卷/（清）黃宗羲撰（冊 11-12）

06.懿安事畧：一卷/（清）賀宿撰（冊 13）

07.熹朝忠節死臣列傳：一卷/（明）吳應箕纂

（冊 13）

08. 恩卹諸公志畧：二卷／（明）孫慎行撰（冊 13）

09. 東林本末：三卷／（明）吳應箕撰（冊 13）

10. 念陽徐公定蜀記：一卷／（明）文震孟撰
　　（冊 13）

11. 平蜀記事：一卷／（清）錢謙益［虞山逸民］撰
　　（冊 14）

12. 攻渝記事：一卷／（明）徐如珂撰（冊 14）

13. 全吳紀畧：一卷／（明）楊廷樞撰（冊 14）

14. 袁督師斬毛文龍始末：一卷／（清）李清撰
　　（冊 14）

15. 孫高陽前後督師畧跋：一卷，附車營八百叩二
　　卷／（明）蔡鼎撰；（明）孫承宗撰附（冊 14）

16. 孫愷陽先生殉城論：一卷／（明）蔡鼎撰
　　（冊 15）

17. 荊溪盧司馬殉忠錄：一卷／（明）許德士撰
　　（冊 15）

18. 汴圍濕襟錄：二卷／（明）白愚撰（冊 15）

19. 孑遺錄：一卷／（清）戴名世撰（冊 16）

20. 崇禎癸未榆林城守紀畧：一卷／（清）戴名世
　　撰（冊 16）

21. 崇禎甲申保定城守紀畧：一卷／（清）戴名世
　　撰（冊 16）

22. 甲申忠佞紀事：一卷／（明）錢邦芑撰（冊 16）

23. 甲申紀變錄：一卷／（明）錢邦芑撰（冊 16）

24. 遇變紀畧：一卷／（明）徐應芬撰（冊 17）

25. 滄洲紀事：一卷／（清）程正揆撰（冊 17）

26. 偽官據城記：一卷／（清）王度撰（冊 17）

27. 歷年城守記：一卷／（清）王度撰（冊 17）

28. 北使紀畧：一卷／（明）陳洪範撰（冊 17）

29. 宏光朝偽東宮偽后及黨禍紀畧：一卷／（清）
　　戴名世撰（冊 17）

30. 宏光乙酉揚州城守紀畧：一卷／（清）戴名世
　　撰（冊 17）

31. 揚州十日記：一卷／（清）王秀楚撰（冊 18）

32. 東塘日劄：二卷／（清）朱子素撰（冊 18）

33. 江陰城守紀：二卷／（清）韓菼撰（冊 18）

34. 江陰守城記：一卷／（清）許重熙撰（冊 19）

35. 平吳事畧：一卷／（清）南園嘯客撰（冊 19）

36. 甲行日注：八卷／（明）葉紹袁撰（冊 19-20）

37. 倣指南錄：一卷／（明）康范生撰（冊 21）

38. 閩游月記：二卷／（明）華廷獻撰（冊 21）

39. 劉公旦先生死義記：一卷／（明）吳下逸民撰
　　（冊 21）

40. 航海遺聞：一卷／（明）汪光復撰（冊 21）

41. 風倒梧桐記：二卷／（明）何是非撰（冊 22）

42. 江變紀畧：二卷／（清）徐世溥撰（冊 22）

43. 兩粵夢遊記：二卷／（明）馬光撰（冊 23）

44. 粵中偶記：一卷／（明）華復蠡撰（冊 23）

45. 庚寅十一月初五日始安事畧：一卷／（清）瞿
　　元錫撰（冊 23）

46. 入長沙記：一卷／（清）丁大任撰（冊 23）

47. 錢氏家變錄：一卷／（清）錢孫愛輯（冊 24）

48. 平定耿逆記：一卷／（清）李之芳撰（冊 24）

49. 四王合傳：一卷／（清）佚名撰（冊 24）

50. 明亡述畧：二卷／（清）鎮綠山人撰（冊 24）

　登錄號 1-06043／索書號 8020-007-004-008：24 冊
（4 函），白紙本，鈐印：大文堂自在江浙蘇閩揀選古
今書籍發兌印；紙張老化有黃斑，書衣磨損，有水漬，
裝訂裂散

0263

荊駝逸史 ／（清）陳湖逸士輯. -- 活字本，木活
字. -- 清. -- 32 冊（4 函）

8 行 17 字白口四周雙邊單魚尾

書名葉題：荊駝佚史

書名據目錄及版心題

子目：

01. 三朝野紀：七卷／（明）李遜之輯（冊 1-5）

02. 東林事畧：三卷／（明）吳應箕撰（冊 5）

03. 啟禎兩朝剝復錄：三卷／（明）吳應箕纂
　　（冊 6-7）

04. 熹朝忠節死臣列傳：一卷／（明）吳應箕纂
　　（冊 8）

05. 甲申忠佞紀事：一卷／（明）錢邦芑記（冊 8）

06. 甲申紀變實錄：一卷／（明）錢邦芑輯錄（冊 8）

07. 甲申紀事：一卷／（清）程正揆記（冊 8）

08. 北使紀畧：一卷／（明）陳洪範撰（冊 8）

09. 汴圍濕襟錄：一卷／（明）白愚撰（冊 9）

10. 所知錄：三卷／（清）錢澄之記（冊 10-11）

11. 聖安本紀：六卷／（清）顧炎武著（冊 12-17）

12. 江陰城守紀：二卷／（清）韓菼編（冊 18）
　　附：江陰城守記：一卷／（清）許重熙撰
　　（冊 18）

13. 荊溪盧司馬殉忠實錄：一卷／（明）許德士著
　　（冊19）

14. 袁督師計斬毛文龍始末：一卷／（清）李清撰
　　（冊20）

15. 入長沙記：一卷／（清）丁大任撰（冊20）

16. 粵中偶紀：一卷／（明）華復蠡撰（冊20）

17. 航澥遺聞：一卷／（明）汪光復撰（冊20）

18. 平蜀紀事：一卷／（清）虞山逸民撰（冊20）

19. 李仲達被逮紀畧：一卷／（明）蔡士順撰
　　（冊20）

20. 念陽徐公定蜀記：一卷／（明）文震孟撰
　　（冊20）

21. 攻渝紀事：一卷／（明）徐如珂撰（冊20）

22. 遇變紀畧：一卷／（明）徐應芬述（冊21）

23. 四王合傳：一卷／（清）佚名著（冊21）

24. 江變紀畧：二卷／（清）徐世溥撰（冊22）

25. 東塘日劄：二卷／（清）朱子素述（冊22）

26. 滄洲紀事：一卷／（清）程正揆記（冊23）

27. 傲指南錄：一卷／（明）康范生著（冊23）

28. 甲行日注：八卷／（明）葉紹袁纂（冊24-26）

29. 恩恤諸公志畧：二卷／（明）孫慎行撰（冊27）

30. 孫高陽前後督師畧跋：一卷／（明）蔡鼎撰
　　（冊27）

31. 東陽兵變：一卷／（明）佚名撰（冊27）

32. 閩游月記：二卷／（明）華廷獻撰（冊27）

33. 風倒梧桐記：二卷／（明）何是非集（冊28）

34. 揚州十日記：一卷／（清）王秀楚撰（冊28）

35. 庚寅十一月初五日始安事畧：一卷／（清）瞿
　　元錫撰（冊29）

36. 平回記畧：一卷／（清）佚名撰（冊29）

37. 平吳事畧：一卷／（清）南園嘯客輯（冊29）

38. 人變述畧：一卷／（明）黃煜撰（冊29）

39. 全吳紀畧：一卷／（明）楊廷樞撰（冊29）

40. 歷年城守記：一卷／（清）王度撰（冊29）

41. 明亡述畧：二卷／（清）鎖綠山人撰（冊30）

42. 劉公旦先生死義記：一卷／（明）吳下逸民撰
　　（冊30）

43. 偽官據城記：一卷／（清）王度撰（冊30）

44. 懿安事畧：一卷／（清）賀宿撰（冊30）

45. 江陵紀事：一卷／（明）佚名撰（冊30）

46. 孫愷陽先生殉城論：一卷／（明）蔡鼎撰
　　（冊30）

47. 永歷紀事：一卷／（明）丁大任撰（冊30）

48. 平臺紀畧：一卷／（清）藍鼎元撰（冊31）

49. 平定耿逆記：一卷／（清）李之芳撰（冊31）

50. 錢氏家變錄：一卷／（清）錢孫愛輯（冊32）

51. 兩粵夢遊記：一卷／（明）馬光撰（冊32）

　　登錄號 0000874／索書號 8020-014-003-001：32 冊
（4 函），白紙本；書衣散失、破損、磨損，裝訂裂散

0264

明季稗史彙編 ／（清）留雲居士輯. -- 刻本. -- 清.
-- 2 冊

9 行 19 字黑口左右雙邊單魚尾

書名代擬

子目：

　　1. 幸存錄：二卷／（明）夏允彝撰（冊1）

　　2. 續幸存錄：一卷／（明）夏完淳撰（冊2）

　　3. 求野錄：一卷／（明）鄧凱撰（冊2，鄧凱號客
　　　溪樵隱）

　　4. 也是錄：一卷／（明）鄧凱撰（冊2，鄧凱又號
　　　自非逸史）

　　登錄號 0000499／索書號 8020-009-002-003：2 冊
（合訂 1 冊），黃紙本；鈐印：天壤王郎；書末粘貼 1941
年翦伯贊跋語九紙；存 4 種；有火燹殘缺葉

0265

寧海將軍固山貝子恢复溫郡并台處等郡事實：一卷
／（清）周聲炯記. -- 抄本. -- 清末. -- 1 冊

6 行 16 字

扉葉題：平定耿逆事略

據清咸豐三年（1853）昆山書院刻本抄

　　登錄號 0000575／索書號 8020-009-004-036：1 冊，
黃紙本；有水漬，邊角磨損

0266

聖祖北征行在述略：三卷，北征述略釋地三卷／
（清）王口撰. -- 抄本，藍絲欄. -- 清. -- 1 冊

9 行 21 字小字單行同白口四周雙邊單魚尾

版心下記：松竹齋

有清道光二十九年（1849）序

記清康熙三十五至三十六年（1696-1697）聖祖北征
事

　　登錄號 善061／索書號 7018-sb-058：1 冊，黃紙本；

有佚名朱筆校字

〔史部 史抄類〕

0267

通鑑總類：二十卷 / （宋）沈樞輯. -- 刻本. -- 元至正間. -- 1 冊（1 函）

11 行 23 字綫黑口左右雙邊單魚尾

版心上記字數，下記刻工：趙、潘、何、陳、元、世

登錄號 善 031/索書號 7018-sb-028：1 冊（1 函），黃紙本，金鑲玉裝訂，鈐印：五福五代堂古稀天子寶、八徵耄念之寶、太上皇帝之寶、乾隆御覽之寶、天祿繼鑑、天祿琳琅；書前羅復堪抄錄《天祿琳琅書目》後編卷四第二十五頁提要；有斷版；存 1 卷：卷 11，有缺葉，紙張老化變黃

0268

通鑑總類：二十卷 / （宋）沈樞輯. -- 刻本. -- 元至正間. -- 1 冊

11 行 23 字綫黑口左右雙邊單魚尾

版心上記字數，下記刻工

登錄號 善 030/索書號 7018-sb-027：1 冊（合 1 函），與《資治通鑑》（散葉）合函，白紙本（紙色發暗），蝴蝶裝；有斷版；殘存 1 卷：卷 10 之文章門至卷末

0269

十七史詳節 / （宋）呂祖謙輯. -- 刻本. -- 劉弘毅慎獨齋，明正德十三年（1518）. -- 100 冊：圖

13 行 26 字小字雙行同綫黑口四周雙邊雙魚尾

書名代擬

子目：

1. 東萊先生史記詳節：二十卷，卷首一卷/（漢）司馬遷撰；（南朝宋）裴駰集解；（唐）司馬貞索隱；（唐）張守節正義（冊 1-7，缺 3 卷：卷 15-17）

2. 東萊先生西漢書詳節：三十卷（冊 8-27，存 26 卷：卷 1-17、19-27，卷 10 缺首葉，缺目錄）

3. 東萊先生東漢書詳節：三十卷，卷首一卷/（南朝宋）范曄撰；（唐）李賢注（冊 28-37，存 25 卷：卷 1-10、16-30）

4. 東萊先生三國志詳節：二十卷，卷首一卷（冊 38-45）

5. 東萊先生晉書詳節：三十卷（冊 46-50，存 16 卷：卷 17-30）

6. 東萊先生南史詳節：二十五卷，卷首一卷（冊 51-59，缺 6 卷：卷 2-3、10-13）

7. 東萊先生北史詳節：二十八卷，卷首一卷（冊 60-70，缺 3 卷：卷 18-20）

8. 東萊先生隋書詳節：二十卷，卷首一卷（冊 71-76）

9. 東萊先生唐書詳節：六十卷，卷首一卷（冊 77-100）

登錄號 0001130、0001131、0001136、0001137、0001138、0001139、0001142、0001143、0001144/索書號 8020-019-002-001：100 冊，黃紙本；存 9 種，蟲蛀、鼠嚙、水漬等損壞、殘缺

0270

潄東山房批校廬陵曾氏十八史畧：八卷 / （元）曾先之編；（明）張鹵批校. -- 刻本. -- 儀豐張鹵，明萬曆八年（1580）. -- 8 冊（2 函）

上下兩欄 9 行，上欄小字雙行 2 字、下欄 18 字小字雙行同，白口左右雙邊單魚尾

書籤題：批校十八史略

版心題：史畧

登錄號 0000912/索書號 8020-014-005-019：8 冊（2 函），黃紙本；紙張老化四周變黃

0271

廿一史約編：八卷，卷首一卷 / （清）鄭元慶撰. -- 刻本. -- 清康熙三十五年（1696）. -- 8 冊：圖

9 行 21 字小字雙行同半葉白口四周單邊無魚尾

書名葉題：陳瞿石先生 吳興鄭芷畦述 廿一史約編 聚瀛堂藏板

登錄號 1-03353/索書號 8018-129-001-004：8 冊，黃紙本；蟲蛀損壞，有水漬、污漬，書衣散失

0272

廿二史文鈔 / （清）納蘭常安選評. -- 刻本. -- 清乾隆間. -- 40 冊（4 函）

10 行 21 字黑口左右雙邊雙魚尾

書名葉題：納蘭常履坦選評　廿二史文鈔　受宜堂藏板

目錄題：二十二史文鈔

書名據書名葉及版心題

前有：建都備考、年號備考、清乾隆十二年（1747）著者序

子目：

01. 史記文鈔：六卷（冊 1-2）

02. 前漢書文鈔：七卷（冊 3-5）

03. 後漢書文鈔：十卷（冊 6-8）

04. 三國志魏書文鈔：四卷（冊 9-10，卷 4 誤訂於《蜀書》後）

05. 三國志蜀書文鈔：四卷（冊 10）

06. 三國志吳書文鈔：三卷（冊 10）

07. 晉書文鈔：七卷（冊 11-13）

08. 宋書文鈔：四卷（冊 14-15）

09. 南齊書文鈔：七卷（冊 16，存 3 卷：卷 1-3）

10. 梁書文鈔：四卷（冊 17）

11. 陳書文鈔：三卷（冊 18）

12. 魏書文鈔：五卷（冊 19-20）

13. 北齊書文鈔：三卷（冊 20）

14. 周書文鈔：二卷（冊 21）

15. 隋書文鈔：四卷（冊 21-22）

16. 南史文鈔：三卷（冊 22）

17. 北史文鈔：二卷（冊 22）

18. 唐書文鈔：六卷（冊 23-25）

19. 五代史文鈔：四卷（冊 26）

20. 宋史文鈔：八卷（冊 27-30）

21. 遼史文鈔：一卷（冊 31）

22. 金史文鈔：三卷（冊 31）

23. 元史文鈔：三卷（冊 32）

24. 明史文鈔：十卷（冊 33-40）

登錄號 1-03354/索書號 8018-138-003-002：40 冊（4 函），黃紙本；《南齊書文鈔》存 3 卷：卷 1-3；輕度蟲蛀損壞，邊角鼠嚙，有水漬，書衣磨損

0273

漢雋：十卷 /（宋）林鉞輯 ；（明）呂元調校. -- 刻本. -- 明萬曆間. -- 5 冊（1 函）

8 行大小字單雙行不等白口左右雙邊單白魚尾

登錄號 1-05759/索書號 8009-113-001-006：5 冊（1

函），黃紙本；鈐印：抱曾鑒賞，織簾家學，海寧沈之醇章，扉葉有墨筆題記，蟲蛀損壞，有水漬；書衣更換

0274

諸儒校正西漢詳節：三十卷 /（宋）呂祖謙輯. -- 刻本. -- 元. -- 1 冊

14 行 24 字小字雙行同綫黑口左右雙邊雙魚尾

書耳處鐫刻卷次等

書眉鐫評

登錄號 善 036/索書號 7018-sb-033：1 冊，黃紙本，金鑲玉裝訂；鈐印：五福五代堂寶、八徵耄念之寶、太上皇帝之寶、乾隆御覽之寶、天祿繼鑑［清乾隆內府］，平陽藏書，敬翼堂印；存 2 卷：卷 24-25；有水漬、黃漬，書衣磨損

0275

漢書蒙拾：三卷 /（清）杭世駿撰. -- 刻本. -- 仁和杭賓仁，清乾隆五十七年（1792）. -- 1 冊. -- （杭大宗七種叢書/（清）杭世駿撰）

10 行 20 字小字雙行同白口四周單邊單魚尾

登錄號 1011106/索書號 8011-010-007-009：1 冊（合 1 函：冊 1），與《後漢書蒙拾》合印，黃紙本；紙張老化四周變黃

0276

諸儒校正東漢詳節：三十卷 /（宋）呂祖謙輯. -- 刻本. -- 元. -- 1 冊（1 函）

14 行 24 字小字雙行同綫黑口左右雙邊雙魚尾

書耳處鐫刻卷次等（無框）

書眉鐫評

登錄號 善 035/索書號 7018-sb-032：1 冊（1 函），黃紙本，巾箱本；鈐印：五福五代堂寶、八徵耄念之寶、太上皇帝之寶、乾隆御覽之寶、天祿繼鑑、天祿琳琅［清乾隆內府］，碧葉館藏、惜華讀書［傅惜華］，芸子［傅芸子］；佚名題識一紙：《諸儒校正東漢詳節》，宋刊巾箱本，世稱《東萊先生評十七史詳節》，宋建陽書坊刊本，曾經清內府藏而散出者，首尾鈐清宮五璽印；存 4 卷：卷 27-30；書葉殘缺；有修補

0277

後漢書蒙拾：三卷 /（清）杭世駿撰. -- 刻本. --

仁和杭賓仁，清乾隆五十七年（1792）. -- 1 冊. -- （杭大宗七種叢書/（清）杭世駿撰）

　　10 行 20 字小字雙行同白口四周單邊單魚尾

　　登錄號 1011106/索書號 8011-010-007-009：1 冊（合 1 函：冊 2），與《漢書蒙拾》合印，黃紙本；紙張老化四周變黃

0278

　　東萊先生南史詳節：二十五卷，卷首一卷 / （宋）呂祖謙輯. -- 刻本. -- 劉弘毅慎獨齋，明正德十三年（1518）. -- 6 冊：圖. -- （十七史詳節/（宋）呂祖謙輯）

　　13 行 26 字小字雙行同綫黑口四周雙邊雙順鱼尾

　　版心題：南史詳節

　　登錄號 1-03465/索書號 8018-140-005-004：6 冊，黃紙本；紙張老化紙色變暗有斑點

0279

　　東萊先生隋書詳節：二十卷，卷首一卷 / （宋）呂祖謙輯. -- 刻本. -- 劉弘毅慎獨齋，明正德十三年（1518）. -- 6 冊：圖. -- （十七史詳節/（宋）呂祖謙輯）

　　13 行 26 字小字雙行同綫黑口四周雙邊雙順鱼尾

　　版心題：隋書詳節

　　登錄號 1-03464/索書號 8018-140-003-011：6 冊，黃紙本

0280

　　史學提要箋釋：五卷 / （宋）黃繼善撰；（清）楊錫祐釋. -- 刻本. -- 清康熙五十五年（1716）. -- 5 冊（1 函）

　　上下兩欄 8 行，上欄小字雙行 2 字、下欄 24 字小字雙行同，白口左右雙邊單魚尾，無直欄

　　書名葉題：康熙丙申仲夏鑴 宋黃成性先生撰武林楊天常註 史學提要箋釋 積慶堂藏板

　　登錄號 1-11481/索書號 8005-003-004-004：5 冊（1 函），白紙本；鈐印：林汲山房藏書[周永年]；紙張老化變黃，破損，版心開口，裝訂斷綫，有水漬

0281

　　東萊先生音註唐鑒：二十四卷 / （宋）范祖禹撰；（宋）呂祖謙註. -- 刻本. -- 清. -- 4 冊（1 函）

　　9 行 18 字小字雙行同黑口四周雙邊雙順魚尾

　　版心及序題：唐鑒

　　卷首有：唐紀元圖

　　登錄號 1-03469/索書號 8018-143-004-011：4 冊（1 函），黃紙本；破損

〔史部 史評類〕

0282

　　昧庵宋史評論：不分卷 / （明）佚名撰. -- 抄本. -- 明末. -- 3 冊（1 函）

　　9 行 20 或 21 字不等，無欄格

　　避 "常" 字為 "甞"

　　登錄號 善 039/索書號 7018-sb-036：3 冊（1 函），黃紙本；鈐印：彝尊、竹垞[朱彝尊]，王愷之印；有佚名藍筆批校；蟲蛀損壞，版心開口，書衣破損

0283

　　短長：二卷 / （明）王世貞撰. -- 刻本. -- 明. -- 1 冊（1 函）

　　8 行 18 字白口四周單邊

　　版心下記字數、刻工：蕭山徐宇、蔡相、蔡朝、陶仲（明嘉靖間無錫人）、來忠、徐成、孫宗

　　登錄號 善 043/索書號 7018-sb-040：1 冊（1 函），黃紙本，金鑲玉裝訂；缺葉，有殘缺字；有修補

0284

　　歷朝捷錄百家評林：八卷，帝王世次一卷 / （明）顧充撰；（明）劉應秋集評. -- 刻本. -- 建安余紹崖自新齋，明萬曆十六年（1588）. -- 2 冊（1 函）

　　上下兩欄 9 行，上欄小字雙行 6 字、下欄 20 字小字雙行同，白口四周單邊雙魚尾

　　卷末牌記：萬曆戊子年季春月余氏自新齋紹崖梓

　　登錄號 0000880/索書號 8020-014-004-001：2 冊（1 函），白紙本；鈐印：小池氏圖書；紙張老化有黃斑，有水漬

0285

　　讀史漫錄：十四卷 / （明）于慎行著；（明）郭應寵編. -- 刻本. -- 東阿轂山于緯，明萬曆三十七

至四十一年（1609-1613）. -- 6 冊（1 函）

　9 行 18 字白口四周單邊單魚尾

　序題：于文定公讀史漫錄

　記事至明萬曆四十二年（1614）

　登錄號 1-10004/索書號 8018-172-001-008：6 冊（1 函），黃紙本；有清光緒九年（1883）郭氏墨筆題識；字跡有漫漶處；卷末殘缺，破損，版心開口，有油漬，書衣散失

0286

　諸史品節：四十卷 /（明）陳深，（明）陸翀之撰. -- 刻本. -- 明萬曆二十一年（1593）. -- 20 冊（2 函）

　上下兩欄 9 行，上欄小字雙行 4 字、下欄 20 字，白口四周單邊單白魚尾

　登錄號 1-06841/索書號 8009-122-006-002：20 冊（2 函），黃紙本；紙張老化變脆變黃，破損，版心開口，裝訂斷綫

0287

　澂景堂史測：十四卷 /（清）施鴻撰 ；（清）施綸注. -- 刻本. -- 邵武施氏，清康熙八年（1669）. -- 4 冊（1 函）

　9 行 18 字小字雙行同白口四周單邊單魚尾

　登錄號 1-07253/索書號 8009-123-005-010：4 冊（1 函），黃紙本；鈐印：文弨借觀，北平黃氏萬卷樓圖書［黃叔琳］

0288

　史通通釋：二十卷，附錄一卷 /（清）浦起龍釋 ；（清）蔡焯等參釋. -- 刻本. -- 梁溪浦氏求放心齋，清乾隆十七年（1752）. -- 10 冊（2 函）

　9 行 22 字小字雙行同白口左右雙邊無魚尾

　登錄號 1-03419/索書號 8018-143-004-013：10 冊（2 函），黃紙本；紙張老化四周變黃，附錄係抄配

0289

　雲川閣集［讀史論略］：一卷 /（清）杜詔撰. -- 寫本. -- 清雍正間. -- 1 冊（1 函）

　11 行 21 字，無欄格

　有清雍正八年（1730）杜詔序

　"曆"、"寧"等字未避諱

登錄號 善 054/索書號 7018-sb-051：1 冊（1 函），黃紙本，金鑲玉裝訂；紙張老化變脆變黃，有水漬、油漬；有修補

0290

　評鑑闡要：十二卷 /（清）劉統勳，（清）劉綸，（清）于敏中編. -- 刻本. -- 清乾隆三十九年（1774）. -- 6 冊（1 函）

　9 行 17 字白口四周雙邊單魚尾

　登錄號 1010626/索書號 8011-006-005-014：6 冊（1 函），白紙本；鈐印：基福堂馮氏珍藏，馮喜賡印，俞堂；蟲蛀損壞

0291

　史統：二十卷 /（明）余大朋撰. -- 刻本. -- 鱣堂，清乾隆間. -- 8 冊（1 函）

　上下兩欄 10 行，上欄小字雙行 4 字、下欄 20 字，白口四周單邊單魚尾

　書名葉題：乾隆乙卯重鐫 竹山史統 鱣堂梓行

　登錄號 1-04218/索書號 8018-147-003-002：8 冊（1 函），黃紙本；有斷版；邊角磨損，裝訂斷綫

0292

　讀史論略：一卷 /（清）杜詔撰 ；（清）王孫芸，（清）莫健箋 ；（清）袁守傳校. -- 刻本. -- 清乾隆間. -- 1 冊（1 函）

　8 行 16 字小字雙行同白口四周單邊單魚尾，無直欄

　書名葉題：讀史論略 御風閣藏板

　有清乾隆三十二年（1767）序

　登錄號 1-02746/索書號 8018-143-005-002：1 冊（1 函），白紙本，金鑲玉裝訂；鈐印：仲采，曾成文安邢氏；有周嘉猷（清乾隆間進士）朱墨筆眉批並鈐印；紙張老化變黃變脆，破損，有污漬

0293

　讀史搜奇：不分卷 /（清）廖炳撰. -- 稿本. -- 侯官廖炳，清乾隆八年（1743）. -- 2 冊（1 函）

　10 行 24 字

　登錄號 0000654/索書號 8020-010-004-012：2 冊（1 函），黃紙本；鈐印：廖炳之印［廖炳］，南溪［屬南溪］，積德堂；卷末有民國十五年漾晴簃主屬南溪題記；蟲蛀損壞，有水漬

0294

　潘氏總論 ： 一卷. -- 抄本. -- 清. -- 1 冊

　8 行 21 字

　　登錄號 1-04680/索書號 8018-167-001-047：1 冊，黃紙本；有水漬

〔史部 詔令奏議類 奏議〕

0295

　東漢書疏 ： 九卷 / （明）徐紳輯. -- 刻本. -- 明嘉靖間. -- 3 冊

　10 行 20 字小字雙行同白口四周單邊單白魚尾

　秦漢書疏之一

　　登錄號 0000479/索書號 8020-009-001-005：3 冊，白紙本；存 3 卷：卷 1-3；破損、首尾殘缺，有水漬、污漬，書衣損壞、散失

0296

　范文正公政府奏議 ： 二卷 / （宋）范仲淹撰. -- 刻本. -- 吳縣范氏歲寒堂，清康熙間. -- 2 冊

　11 行 21 字白口左右雙邊單魚尾

　版心下記：歲寒堂

　　登錄號 1-03306/索書號 8018-131-002-013：2 冊，黃紙本；有抄補，蟲蛀損壞，書衣污漬

0297

　孝肅奏議 ： 十卷 / （宋）包拯撰. -- 刻本. -- 明嘉靖三十四年（1555）. -- 4 冊（1 函）

　10 行 22 字黑口四周單邊單魚尾

　卷前有：孝肅包公傳

　有明嘉靖三十四年刻書序、跋

　　登錄號 0000139/索書號 8020-003-003-010：4 冊（1 函），白紙本；目錄不全，存 8 卷；有斷版，字跡模糊；有水漬

0298

　宋李忠定公奏議選 ： 十五卷 / （宋）李綱撰 ；（明）左光先選 ；（明）李春熙輯 ；（清）李嗣玄評定. -- 刻本，重修. -- 明崇禎間刻，清初重修. -- 1 冊

　10 行 20 字小字雙行同白口四周單邊單白魚尾

　版心題：宋李忠定公奏議

　“玄”字避諱缺末筆

　　登錄號 善 081/索書號 7018-sb-078：1 冊，黃紙本；鈐印：山陰趙氏壽莊家藏；存 4 卷：卷 11-15，書葉殘缺，卷 15 第 24 葉為抄配，字跡模糊；蟲蛀損壞，有水漬、墨漬；有修補

0299

　中興備覽 ： 三卷 / （宋）張浚撰. -- 刻本. -- 海昌蔣光煦別下齋，清道光間. -- 1 冊 . -- （別下齋叢書/（清）蔣光煦輯）

　11 行 21 字黑口左右雙邊

　　登錄號 0000675/索書號 8020-010-005-015：1 冊，與《經籍跋文》、《初月樓論書隨筆》合印，黃紙本；鈐印：半巖廬[邵懿辰]，邵章私印、倬盦校錄之印、古杭邵章倬盦藏書記、邵章、伯裝[邵章]，俊丞；有清道光十七年（1837）芷湘朱筆校記

0300

　清順治九年上傳兵部摺 / （清）兵部傳. -- 寫本. -- 清順治九年（1652）. 1 件

　書名代擬

　　登錄號 0000598/索書號 8020-009-005-022：1 件，未裝訂；鈐官印；蟲蛀損壞

0301

　李文襄公奏議 ： 二卷，別錄六卷，奏疏十卷，卷首一卷 / （清）李之芳撰 ；（清）李鍾麟編. -- 刻本. -- 清康熙間. -- 10 冊（1 函）

　10 行 22 字白口四周雙邊無魚尾，無直欄

　李之芳（1622-1694），字鄴園，山東武定人，清順治四年（1647）進士，謚文襄

　李文襄公年譜：一卷/（清）程光晅編

　記事至清康熙四十一年（1702）

　　登錄號 1-04745/索書號 8018-159-003-002：10 冊（1 函），白紙本；紙張老化四周變黃，裝訂斷綫

0302

　嚴曾榘奏稿 / （清）嚴曾榘撰. -- 寫本. -- 清康熙二十六年（1687）. -- 1 件

　書名代擬

嚴曾榘，時任巡視長蘆等處鹽課監察御史

登錄號 0000599/索書號 8020-009-005-023：1 件，未裝訂；鈐官印

0303

楊琳奏稿 / （清）楊琳撰. -- 寫本. -- 清康熙五十五年（1715）. -- 1 件

書名代擬

楊琳，時任巡撫廣東等處地方提督軍務兼理糧餉兵部右侍郎兼都察院右副督御史

登錄號 0000597/索書號 8020-009-005-021：1 件，未裝訂；鈐官印；有水漬

0304

憲德奏稿 / （清）憲德撰. -- 寫本. -- 清雍正六年（1728）. -- 1 冊

書名代擬

憲德，時任巡撫四川等處地方提督軍務都察院右僉都御史

登錄號 0000605/索書號 8020-009-005-029：1 冊，白紙本，黃色織錦書衣；鈐官印；有水漬，書衣磨損

0305

胡高望奏稿 ：一卷 / （清）胡高望撰. -- 抄本. -- 清. -- 1 冊

6 行 18 字

書名代擬

胡高望（1730-1798），字希呂，號昆圃，又號豫堂，仁和人，清乾隆二十六年（1761）進士，謚文恪

清乾隆五十四年（1789）至嘉慶元年（1796）奏稿

登錄號 1010235/索書號 8011-003-003-017：1 冊，黃紙本

0306

怡雲館奏稿 ：不分卷 / （清）裕泰，（清）吳其濬撰. -- 稿本，朱格. -- 清. -- 12 冊

6 行 20 字白口四周單邊單魚尾

書名據書籤題

裕泰（?-1851），滿洲正紅旗人，清朝大臣

吳其濬（1779-1846），字瀹齋，號雩婁農，河南固始人，清嘉慶間進士

清道光二十至二十三年（1840-1843）奏稿

登錄號 0000475/索書號 8020-009-001-001：12 冊，黃紙本；有水漬、污漬，書衣紙張老化變脆

0307

陳慶鏞奏摺 ：一卷 / （清）陳慶鏞撰. -- 抄本，朱格. -- 清. -- 1 冊

5 行 25 字白口四周雙邊

書名代擬

箋紙版心上方記：青藜書屋

陳慶鏞（1795-1858），字乾翔、笙叔，號頌南，福建泉州人，清道光十二年（1832）進士

登錄號 善083/索書號 7018-sb-080：1 冊，黃紙本；紙張老化變色，有污漬

0308

鄧華熙奏摺 / （清）鄧華熙撰. -- 寫本. -- 清光緒間. -- 8 件

書名代擬

鄧華熙（1826-1916），字小赤、又作小石，順德龍山鄉人，清咸豐元年（1851）中舉，謚和簡

登錄號 0001164/索書號 8020-020-001-010：8 件，黃紙本；鈐印：鄧氏珍藏，景山館藏，鄧又同藏書畫[鄧又同]；蟲蛀損壞

0309

鹿傳霖奏摺 / （清）鹿傳霖撰. -- 寫本. -- 清光緒間. -- 3 件

書名代擬

登錄號 0001164/索書號 8020-020-001-010：3 件，黃紙本

0310

鹿傳霖函奏底稿 ：一卷 / （清）鹿傳霖撰. -- 稿本，原件粘貼. -- 清末. -- 1 冊

書名據書衣題

內有清光緒二十四年（1898）紀事

登錄號 0000509/索書號 8020-009-002-013：1 冊

0311

張文襄公電稿補遺 ：不分卷 · 張文襄公電奏補遺 ：一卷 / （清）張之洞撰. -- 稿本，朱絲欄. -- 清光緒間. -- 5 冊

第 1 冊，光緒十年閏五月至六月

第 2 冊，光緒十年七月

第 3 冊，光緒十年八月至十月

第 4 冊，光緒十年十一月至十二月、二十三年四月至九月

第 5 冊，電奏光緒十年六月至十二月

登錄號 1010149/索書號 8011-002-006-002：5 冊，黃紙本，鐵釘簡裝；有朱筆校字；邊角磨損

0312

陝甘地區奏摺：-- 稿本. -- 清同治光緒間. -- 52 件

書名代擬

登錄號 0001164-1/索書號 8020-020-001-011：52 件；鈐印：安定縣印，陝甘總督兼管甘肅巡撫關防，甘肅平涼府山關防，寶雞縣印，欽差大臣營務處記名道馮之關防，鞏昌府印，陝西漢中鎮總兵官之印，靈臺縣儒學記；有左宗棠手批；殘缺、破損

0313

滿文奏摺：二種. -- 寫本. -- 清. -- 2 件

書名代擬

鎮守福州等處將軍折、京口副都統滿文奏折

登錄號 0001165/索書號 8020-020-002-001：2 件，另有廓爾喀字母 1 幅、西番字母 1 幅

〔史部 詔令奏議類 其他〕

0314

順治御筆票簽題奏：不分卷 / （清）世祖福臨書. -- 稿本，原件粘貼. -- 清順治間. -- 1 冊

書名據護封題

登錄號 0001026/索書號 8020-016-003-018：1 冊（9 開），折裝；鈐都察院官印

〔史部 傳記類 總傳〕

0315

帝鑑圖説：不分卷 / （明）張居正等輯. -- 刻本.

-- 清. -- 4 冊（1 函）：圖

9 行 19 字白口四周雙邊單魚尾

書名葉題：江陵張太嶽著 帝鑑圖説 純忠堂藏

書名據書名葉及序題

登錄號 1-02666/索書號 8018-145-002-002：4 冊（1 函），白紙本；輕微蟲蛀，書衣紙張老化、破碎、散失，裝訂裂散

0316

學統：五十三卷 / （清）熊賜履編. -- 刻本. -- 孝昌熊氏，清康熙二十四年（1685）. -- 16 冊

9 行 20 字白口左右雙邊單魚尾

藍印書名葉題：澴川熊先生著 學統 學辨學餘嗣出下學堂藏版

版本年據著者自序

登錄號 1-06610/索書號 8009-107-005-003：16 冊，黃紙本；末冊蟲蛀損壞，書衣紙張老化變脆，裝訂斷綫

0317

學統：五十六卷 / （清）熊賜履編. -- 刻本，增修. -- 清康熙二十四年（1685）孝昌熊氏刻，清增修. -- 16 冊（2 函）

9 行 20 字白口左右雙邊單魚尾

書名葉題：學統 退補齋藏板

登錄號 1-03627/索書號 8018-145-002-003：16 冊（2 函），白紙本；鈐印：劉堯庭氏；紙張老化四周變黃，邊角鼠嚙等損壞，書衣磨損，版心開口

0318

古今將畧：四卷 / （明）馮時寧輯. -- 刻本. -- 明末. -- 4 冊（1 函）

8 行 18 字小字雙行同白口左右雙邊

登錄號 0000714/索書號 8020-011-003-009：4 冊（1 函），黃紙本；鈐印：孫祖武；有佚名墨筆批註；蟲蛀損壞，有殘缺葉；有修補

0319

新鐫旁批詳註總斷廣名將譜：二十卷 / （明）陳元素原本 ；（明）黃道周註斷. -- 刻本. -- 明崇禎間. -- 5 冊

9 行 20 字白口四周單邊

版心題：廣名將譜

行間鑴小字批

登錄號 善 077/索書號 7018-sb-074：5 冊，黃紙本；
存 10 卷：卷 3-6、9-12、19-20；有斷版，字跡模糊；
紙張老化變色，書葉缺損，有油漬、水漬

0320

續高士傳：五卷 / （清）高兆撰. -- 刻本. -- 遺
安草堂，清康熙六十年（1721）. -- 2 冊（1 函）

8 行 19 字白口左右雙邊

登錄號 0000753/索書號 8020-011-005-003：2 冊
（1 函），黃紙本；有蕭云從題識並鈐印：无悶，另鈐
印：遺安草堂藏書印，簡盦珍弄，玉池清水權靈根，
心好沈博絕麗之文；有趙玉森校記、眉批；有蟲蛀殘
缺字、污漬；有修補

0321

續高士傳：五卷 / （清）高兆撰. -- 刻本. -- 清
光緒二十年（1894）. -- 1 冊. -- （觀自得齋叢書/
（清）徐士愷輯）

10 行 21 字黑口左右雙邊單魚尾

牌記題：光緒癸巳夏月觀自得齋校刊

登錄號 1-03000/索書號 8018-129-004-015：1 冊，
白紙本；無錫趙玉森評閱並補抄卷首序；紙張老化有
黃斑，書衣破損

0322

列女傳：十六卷 / （漢）劉向撰 ；（明）王氏增
輯 ；（明）仇英繪. -- 刻本. -- 汪氏，明萬曆間. --
4 冊（1 函）：圖

10 行 21 字白口四周單邊單魚尾

各卷首葉版心下記：仇英實甫繪圖

登錄號 0000446/索書號 8020-008-004-004：4 冊
（1 函），白紙本；有李問渠題識並鈐印：問渠劫餘餘
興、問翁；存 9 卷：卷 8-16；紙張老化有黃斑，書葉
缺損

0323

千古奇聞：八卷 / （清）李漁鑒定 ；（清）李淑
昭，（清）李淑慧較. -- 刻本. -- 湖上李漁，清康熙
十八年（1679）. -- 5 冊（1 函）

9 行 20 字白口四周單邊單魚尾

書名葉題：新鎸古今列女全傳千古奇聞

登錄號 1-00544/索書號 8006-214-002-004：5 冊
（1 函），黃紙本；鈐印：真州吳氏有福讀書堂藏書［吳
引孫］；存 4 卷：卷 1-4；有水漬

0324

女鏡：八卷 / （明）夏樹芳輯. -- 刻本. -- 明
萬曆間. -- 6 冊

7 行 16 字白口四周單邊單魚尾

版心下記刻工：楊同春、怡、陳、陸、戴、陳、仕、
中、張、楊、于、宋、古、王、何

有明萬曆三十八年（1610）序

登錄號 善 080/索書號 7018-sb-077：6 冊，白紙本；
鈐印：張，素鳳曾記，范安塤字友于，存齋圖書；缺 2
卷：卷 5、8，目錄所列人名下均被剜補；有水漬、墨
漬，書衣磨損

0325

閨範：四卷 / （明）呂坤註 ；（明）程夢陽等校.
-- 刻本，重印. -- 明萬曆間新安吳允清刻，清康熙
間重印. -- 12 冊（2 函）

8 行 18 字白口四周單邊單白魚尾

書名葉題：寧陵呂叔簡先生輯 閨範 泊如齋藏板

記事至清康熙四十七年（1708）

登錄號 1-04367/索書號 8018-146-001-003：12 冊
（2 函），白紙本；鈐印：梅華草堂；紙張老化有黃斑，
邊角鼠嚙，書衣磨損

0326

歷代名賢列女氏姓譜：一百五十七卷 / （清）蕭
智漢纂輯. -- 刻本. -- 湘鄉蕭智漢聽濤山房，清乾
隆五十七年（1792）. -- 80 冊（10 函）

13 行 22 字白口四周雙邊單魚尾，無直欄

書名葉題：乾隆壬子重鎸 歷代名賢列女氏姓譜 聽
濤山房藏板

序至清嘉慶二年（1797）

登錄號 1-03581/索書號 8018-135-001-001：80 冊
（10 函），黃紙本；紙張老化變黃變脆，邊角鼠嚙等殘
缺，裝訂斷綫

0327

新刊名臣碑傳琬琰之集：上集二十七卷，中集五十

五卷，下集二十五卷 / （宋）杜大珪輯. -- 刻本，重
修. -- 宋刻，元重修. -- 4 冊（1 函）

　　15 行 25 字白口左右雙邊雙魚尾

　　登錄號 0000098/索書號 8020-002-005-001：4 冊
（1 函），黃紙本；扉葉粘貼癸丑拙翁題記一紙；有斷
版、字跡模糊處；存 14 卷：上集卷 14-27，有抄補；
紙張老化變黃，破損，有污漬

0328

朱子纂輯宋名臣言行錄全集 / （宋）朱熹纂；（宋）
李幼武續纂；（明）張采評閱；（明）馬嘉植參正. --
刻本. -- 古吳聚錦堂，明崇禎間. -- 16 冊（2 函）

　　10 行 20 字白口左右雙邊單魚尾，無直欄

　　套簽墨筆題：宋名臣言行錄

　　版心題：名臣言行錄

　　前集十卷，後集十四卷，續集八卷，別集二十六卷，
外集十七卷

　　登錄號 1011553/索書號 8011-014-006-025：16 冊
（2 函），黃紙本；有斷版、版面殘缺處；紙張老化變
黃變脆，邊角破損，版心開口

0329

國朝名臣事略 ：十五卷 / （元）蘇天爵輯. -- 抄
本，朱絲欄. -- 清. -- 6 冊（1 函）

　　9 行 21 字白口四周雙邊

　　登錄號 0000149/索書號 8020-003-004-008：6 冊
（1 函），黃紙本；鈐印：豐順丁氏得思齋藏，小綠天
藏書、孫毓修印，絜園主人，瞿氏鑒藏金石記，恬裕
齋藏；卷末有邵朖仙朱筆批校及清道光五年（1825）
識語；有殘缺字；蟲蛀修補

0330

藩獻記 ：四卷 / （明）朱謀㙔撰. -- 刻本. -- 明
萬曆間. -- 1 冊（1 函）

　　10 行 18 字白口四周單邊單魚尾

　　有明萬曆二十三年（1595）著者序

　　有明代諸王譜系

　　登錄號 0000315/索書號 8020-006-004-020：1 冊（1
函），白紙本；存 3 卷：卷 1-3；有水漬；有修補

0331

藏書 ：六十八卷，續藏書二十七卷 / （明）李載

贄輯撰；（明）陳仁錫評正. -- 刻本. -- 明萬曆間.
-- 24 冊（4 函）

　　10 行 22 字白口四周單邊單魚尾

　　含：藏書世紀、藏書列傳，前有總論一篇

　　登錄號 0000141/索書號 8020-003-003-012：24 冊
（4 函），黃紙本；鈐印：樂天珍藏金石書畫印，酷嗜
詩書不計貧，六十壽忍，唐元震印，鄰哉，王晉榮印；
小亭過錄眉批及粘貼浮簽；紙張老化變脆變黃，邊角
破損、有殘缺字，有水漬，裝訂開裂；有修補

0332

備遺錄 ：一卷 / （明）張芹撰. -- 刻本. -- 趙
氏，明萬曆十二年（1584）. -- 1 冊. --（歷代小史：
一百六種，一百六卷/（明）李栻輯）

　　登錄號 0000580/索書號 8020-009-005-004：1 冊
（冊 6）；蟲蛀損壞

0333

復社姓氏 ：前卷一卷，後卷一卷，補錄一卷 /（明）
吳應箕輯；（清）吳銘道輯補錄. -- 抄本，烏絲欄. --
清. -- 1 冊（1 函）

　　11 行 25 字白口四周單邊

　　登錄號 0000656/索書號 8020-010-004-014：1 冊
（1 函），黃紙本；鈐印：汝玠長壽印信、志青、馮汝
玠印、寶商君殘戟室[馮汝玠]，江仲子印；有民國十
六、二十三年馮汝玠題記；有水漬

0334

碧血錄 / 題（明）燕客輯. -- 抄本. -- 清. -- 1
冊

　　8 行 24 字

　　記明熹宗朝楊漣、左光斗、魏大中、袁化中、周朝
瑞、顧大章等六君子事

　　子目：

　　　1.天人合徵紀實：一卷/題（明）燕客撰

　　　2.繆西谿先生就逮詩：一卷/（明）繆昌期撰

　　　3.天變雜記：一卷

　　　4.人變述略：一卷

　　登錄號 0000618/索書號 8020-010-002-011：1 冊，
黃紙本；鈐印：南州書樓所藏，南州書樓藏書 徐湯殷
整理 編列字 66 號 1952 年 1 月 5 日、徐湯殷，南州後
人

0335

史外：三十二卷 / （清）汪有典纂. -- 刻本. --
淡艷亭，清乾隆十四年（1749）. -- 8 冊（1 函）

9 行 22 字白口左右雙邊無魚尾

書名葉題：前明忠義別傳 太史王介山先生鑒定 史
外 明事類纂嗣出，並鈐印：乾隆己巳秋新鎸淡艷亭藏
版 翻刻必究

登錄號 1012494／索書號 8011-019-007-001：8 冊
（1 函），黃紙本；紙張老化變脆四周變黃，有水漬，
邊角磨損，書衣污漬

0336

前明忠義別傳：三十二卷 / （清）汪有典纂. -- 活
字本，木活字. -- 鎮洋邵廷烈等，清道光二十五年
（1845）. -- 6 冊（1 函）

9 行 22 字白口左右雙邊單魚尾

登錄號 0000138／索書號 8020-003-003-009：6 冊
（1 函），黃紙本；鈐印：泰和蕭敷政蒲邨氏珍藏，王
煥業印，子文一字小帝，雪帆；有殘缺葉，書衣磨損，
有修補

0337

全明忠義別傳：三十二卷，卷首一卷 / （清）汪
有典纂述；（清）汪良箕校訂；（清）於斯盛，（清）
於濤重校. -- 刻本. -- 葺雲山館，清同治六年
（1867）. -- 8 冊（1 函）

9 行 22 字白口四周雙邊單魚尾，無直欄

本書原名：史外

牌記題：同治六年葺雲山館開雕

卷末版權葉記：板存川東重慶府巴邑廉里四甲觀福
堂於氏宅 有願印送者自備煙紙不取板資 但不借出
刻印並訂人譚笙和

登錄號 1-03639／索書號 8018-129-003-025：8 冊
（1 函），黃紙本

0338

國史列傳：十二卷 / （清）國史館編. -- 抄本，朱
絲欄. -- 清. -- 12 冊（2 函）

9 行 22 字白口四周雙邊單魚尾

書名據總目錄及版心題

子目：

1. 國史貳臣傳：九卷（冊 1-9）

2. 國史逆臣傳：三卷（冊 10-12）

登錄號 1-03512／索書號 8018-140-002-003：12 冊
（2 函），黃紙本；蟲蛀損壞

0339

國史逆臣傳：不分卷 / （清）國史館編. -- 抄本.
-- 清. -- 4 冊（1 函）

7 行 18 字

登錄號 1-03511／索書號 8018-140-002-001：4 冊
（1 函），黃紙本；紙張老化變黃變脆，邊角破損，版
心開口

0340

聖賢遺像：不分卷 / （清）佚名編繪. -- 刻本. --
清康熙間. -- 2 冊（1 函）：圖

10 行 20 字小字雙行同白口四周雙邊單魚尾

書名據版心題

版心記：大雅堂

清康熙十九年（1680）馮啟祥撰募鎸聖賢遺像啟、
助刻姓氏總目

登錄號 善 104／索書號 7018-sb-101：2 冊（1
函），白紙本；鈐印：獨山莫友芝字子偲號邸亭
眲叟影山草堂圖書之印［莫友芝］，莫繩孫印，積
學齋徐乃昌藏書，于氏圖書；套簽題：莫邸亭藏
本；書葉缺損，有水漬、污漬，書衣破損；蟲蛀
修補

0341

紀善錄：一卷 / （明）杜瓊撰. -- 刻本. -- 明.
-- 1 冊

10 行 18 字白口左右雙邊單魚尾

版心記刻工：唐、趙

登錄號 善 057／索書號 7018-sb-054：1 冊，黃紙本；
鈐印：阮亭，弢齋藏書記［徐世昌］；第 15 葉殘缺，破
損，有污漬、水漬

0342

二十四孝圖像：一卷 / （清）佚名繪. -- 刻本. --
清. -- 1 冊：圖

白口四周雙邊單魚尾

書名據版心題

登錄號 善 124／索書號 7018-sb-121：1 冊，黃紙本，

金鑲玉裝訂；有水漬、油漬

0343

中州人物考：八卷 / （清）孫奇逢輯. -- 抄本. --
清. -- 7 冊（1 函）

10 行 20 字，無欄格

有清順治十四年（1657）輯者自序、張璟跋

有清順治十五年（1658）劉昌序

有清康熙十七年（1678）孫淦跋

登錄號 善 070/索書號 7018-sb-067：7 冊（1 函），
黃紙本；紙張老化四周變黃，版心開口，有水漬、污
漬

0344

湖州詩人傳：不分卷 / （清）佚名輯. -- 稿本. --
清. -- 1 冊

10 行 24 字

書名代擬

登錄號 0000563/索書號 8020-009-004-026：1 冊，
黃紙本，藍色布質書衣；鈐印：吳興劉氏嘉業堂藏［劉
承幹］；有朱墨筆刪補

0345

皇明詩人小傳. -- 抄本. -- 明. -- 12 冊（2 函）

12 行 30 字

登錄號 0000144/索書號 8020-003-004-003：12 冊
（2 函），黃紙本，金鑲玉裝訂；鈐印：金振豹私符、
金振豹印，飲和，洪厓子；存 4 集 40 卷：乙集卷 6-8、
丙集卷 1-16、丁集卷 1-16、閏集卷 1-5；蟲蛀缺損，
有修補

0346

墨池紀事：二卷 / （清）程廷棟撰；（清）程煒，
（清）程焞輯註. -- 寫本，朱絲欄. -- 清. -- 2 冊

8 行 20 字白口四周雙邊單魚尾

有清乾隆三十七年（1772）序

登錄號 0000506/索書號 8020-009-002-010：2 冊，
白紙本；鈐印：汪季子文柏柯庭氏印、休寧汪季青家
藏書籍印［汪文柏］；有油漬，書衣磨損

0347

歷代畫家姓氏爵里考：不分卷 / （清）王國正編.

-- 稿本. -- 廣陵王國正，清乾隆間. -- 5 冊（1 函）

行大小字不等

有清乾隆元年（1736）王國正序並鈐印：王國正印、
書巢

登錄號 0000063/索書號 8020-001-003-004：5 冊
（1 函），黃紙本，淡藍色織錦書衣；鈐印：張氏蕙玉［張
珩］；有清乾隆十一年（1746）李鱓題識並鈐印：睿鑑、
鱓印、宗楊

第 5 冊蟲蛀損壞，有水漬、污漬，裝訂斷綫；有修
補

0348

歷代畫家姓氏考：六卷，附一卷. -- 抄本. -- 忻
州楊履晉欲自得齋，清光緒間. -- 6 冊（1 函）

9 行 19 字

登錄號 0000301/索書號 8020-006-004-012：6 冊
（1 函），黃紙本；鈐印：欲自得齋，張氏蕙玉［張珩］；
有朱筆眉批；裝訂綫脫落

0349

玉臺畫史：五卷，別錄一卷 / （清）湯漱玉輯. --
刻本. -- 錢塘汪氏振綺堂，清道光十一年（1831）. --
1 冊

11 行 19 字白口左右雙邊單魚尾

牌記題：道光辛卯秋七月錢唐汪氏振綺堂開雕

登錄號 0000046/索書號 8020-001-002-009：1 冊，
白紙本；蟲蛀損壞，有水漬

登錄號 0000047/索書號 8020-001-002-010：1 冊，
白紙本；鈐印：張氏蕙玉［張珩］；蟲蛀損壞，書衣破
損

0350

畫家紀略藁：不分卷 / （清）趙宗建編. -- 稿本，
烏絲欄. -- 常熟趙宗建，清末. -- 8 冊

10 行字不等白口四周雙邊單魚尾，末冊無欄綫

書名據書衣題

登錄號 0000049/索書號 8020-001-002-012：8 冊，
黃紙本，毛裝；鈐印：曾在趙次侯處、趙宗建印、次
侯［趙宗建］，張氏蕙玉［張珩］；書葉有剪貼粘補，蟲
蛀損壞，書衣破損，有水漬、油漬

0351

　仙源像傳：四卷 / （元）趙孟頫等纂集；（明）任禀秀校正. -- 抄本，烏絲欄. -- 明. -- 2 冊（1函）：圖

　8 行 24 字白口四周雙邊單魚尾

　書名據書簽題

　有明萬曆四十一年（1613）任禀秀序

　子目：

　　1. 玄元十子祖源像傳：一卷（冊 1）

　　2. 金蓮正宗五祖七真敕誥錄：一卷/（元）劉志玄纂集（冊 1）

　　3. 金蓮北宗五祖七真仙源像傳：一卷/（元）劉志玄纂集（冊 1-2）

　　4. 南宗五祖仙源像傳：一卷/（明）楊清源參校（冊 2）

　登錄號 0000073/索書號 8020-001-003-014：2 冊（1 函），黃紙本，金鑲玉裝訂；鈐印：許良植印，動中求靜；字跡殘缺，有污損；重裝修補

0352

　居士傳：五十六卷，附二林居唱和詩一卷 /（清）彭紹升撰. -- 刻本. -- 王廷言，清乾隆四十年（1775）. -- 6 冊（1 函）

　10 行 20 字綫黑口左右雙邊

　書名據目錄及版心等題

　出版年等據卷末王廷言跋

　登錄號 0000355/索書號 8020-007-002-004：6 冊（1 函），黃紙本；鈐印：武昌柯逢時收藏圖記；紙張老化變色，有水漬

〔史部　傳記類　別傳〕

0353

　聖蹟圖：不分卷. -- 刻暨寫本. -- 清. -- 4 冊（1函）：圖

　各圖附手寫文字說明

　“弘”字避諱缺末筆

　（春秋）孔丘（前 551-前 479）

　登錄號 0000514/索書號 8020-009-002-018：4 冊（1 函），白紙本，經折裝

0354

　孔子聖跡圖：不分卷 /（明）容光繪；（明）鍾化民撰文. -- 寫暨墨繪本 . -- 明萬曆間. -- 1 冊：圖

　登錄號 0001007/索書號 8020-016-002-018：1 冊（39 開），黃紙本，折裝；鈐山西提刑按察使司官印，另鈐印：薙華齋；磨損，裂散

0355

　大成通志：十八卷，卷首二卷 /（清）楊慶輯撰；（清）羅森訂正；（清）劉斗鑒定. -- 刻本. -- 清康熙八年（1669）. -- 20 冊（2 函）：圖

　9 行 24 字白口四周雙邊

　書名葉題：康熙己酉歲捐俸刊 大成通志

　各冊首葉朱印標目

　版心下記：理齋

　（春秋）孔丘（前 551-前 479）

　登錄號 0000467/索書號 8020-008-005-006：20 冊（2 函），白紙本；有斷版、字跡模糊處；書衣破損，裝訂裂散

0356

　關帝志：四卷 /（清）張鎮編輯；（清）喬壽愷參訂；（清）介玉濤校閱. -- 刻本. -- 清乾隆二十一年（1756）. -- 4 冊（1 函）：圖

　9 行 19 字白口左右雙邊單魚尾

　（蜀）关羽（160-220），三國蜀大將，字雲長，河東解縣（今山西臨猗西南）人

　登錄號 1011212/索書號 8011-012-002-012：4 冊（1 函），黃紙本，包背裝；磨損

0357

　王文正遺事：一卷 /（宋）王素撰. -- 刻本，重印. -- 明萬曆十二年（1584）趙氏刻，明重印. -- 1冊

　11 行 26 字白口四周雙邊單魚尾

　《歷代小史》卷七十一之單行本

　卷端將“卷七十一”改作“厚德錄”

　登錄號 善 046/索書號 7018-sb-043：1 冊，與《韓忠獻遺事》合印，黃紙本；鈐印：晉江曾魯珍藏書籍印，秋官侍郎之章，鄭、景陽，陳氏守吾珍藏金石書畫之章[陳守吾]；紙張老化變色，蠹蛀損壞，版心開

口，有墨漬、水漬、污漬，書衣破損；有修補

0358

忠獻韓魏王遺事：一卷 ／ （宋）強至編. -- 刻本.
-- 安陽張士隆，明正德九年（1514）. -- 1 冊：圖

11 行 18 字白口左右雙邊

附：書忠獻魏王章表後／（宋）程珌撰

（宋）韓琦（1008-1075），字稚圭，相州安陽人，
宋仁宗天聖五年（1027）進士，官至樞密使、拜同中
書門下平章事，封魏國公，謚忠獻

登錄號 0000562／索書號 8020-009-004-025：1 冊，
白紙本；鈐印：積學齋徐乃昌藏書[徐乃昌]；紙張老
化有黃斑，有水漬，書衣破損

0359

韓忠獻遺事：一卷 ／ （宋）強至編. -- 刻本，重
印. -- 明萬曆十二年（1584）趙氏刻，明重印. -- 1
冊

11 行 26 字白口四周雙邊單魚尾

《歷代小史》卷七十之單行本

卷端將"卷七十"改做"厚德錄"

版心記刻工：陳碧

登錄號 善 046／索書號 7018-sb-043：1 冊，與《王
文正遺事》合印，黃紙本；紙張老化變色，蟲蛀，版
心開口，墨漬、水漬、污漬，書衣破損；有修補

0360

宋陳少陽先生盡忠錄：八卷 ／ （明）陳沂輯. -- 刻
本. -- 明正德十年（1515）. -- 2 冊：圖

12 行 20 字小字雙行同白口左右雙邊雙順白魚尾

版心題：盡忠錄

出版年據目錄後及卷末

（宋）陳東（1086-1127），字少陽，鎮江丹陽人

登錄號 善 116、善 179／索書號 7018-sb-113：2 冊，
黃紙本；鈐印：吳壽穀印，松岩氏，客傲，樂是移，
芝厂藏書；紙張老化變脆變黃，有殘缺字；蟲蛀修補

0361

鄂國金佗粹編：二十八卷，續編三十卷 ／ （宋）
岳珂輯. -- 刻本，重修. -- 明嘉靖二十一年（1542）
刻，明嘉靖三十七年（1558）莆田黃日敬重修. -- 11
冊

9 行 17 字黑口左右雙邊雙魚尾

記岳飛（1103-1142）事蹟

登錄號 0000409／索書號 8020-008-001-001：11
冊，白紙本；字跡漫漶；缺 5 卷：續編卷 21-25，邊角
鼠嚙，有水漬，書葉殘缺

0362

宋鄂王岳忠武誌：二卷 ／ （清）葛崶撰. -- 抄本.
-- 清. -- 4 冊：圖

9 行 22 字

序題：忠武岳鄂王誌

書名據目錄題

岳飛，封鄂王

登錄號 0000458／索書號 8020-008-004-016：4 冊，
黃紙本；有佚名校記三紙；蟲蛀損壞

0363

皇明文清公薛先生行實錄：五卷 ／ （明）周德恭
纂輯. -- 刻本. -- 明萬曆十六年（1588）. -- 1 冊：
圖

10 行 18 字白口四周雙邊單魚尾

書名據目錄題

（明）薛瑄（1389-1464），謚文清

登錄號 0001077／索書號 8020-016-005-017：1 冊，
黃紙本；裝訂裂散

0364

明故徵仕郎南京户科給事中贈光祿寺少卿私謚文貞
戴公神道碑：一卷 ／ （明）余無且撰，（明）朱多炡
書丹. -- 刻本. -- 明. -- 1 冊

9 行 17 字白口四周雙邊單白魚尾

版心下記：徽國闕里梓

戴銑（1464-1507），字寶之，婺源人，明弘治九年
（1496）進士

登錄號 0000857／索書號 8020-014-002-006：1 冊，
黃紙本；鈐印：黃裳小雁、黃裳青囊文苑、來燕榭珍
藏記、黃裳、黃裳瀏覽所及、木雁齋、草草亭藏[黃裳]，
強恕窩珍藏，緋園滯客；扉葉有黃裳朱墨筆題識並鈐
印；有修補

0365

衍慶錄：十卷 ／ （清）愛必達纂. -- 刻本. -- 清

乾隆間. -- 2 冊（1 函）

　11 行 22 字白口四周雙邊單魚尾

　書籤題：弘毅公衍慶錄

　有清乾隆十一年（1746）序

　"弘"字避諱缺末筆

　（明）額宜都（1562-1621），姓鈕祜祿氏，諡弘毅

　登錄號 0000374/索書號 8020-007-003-008：2 冊

（1 函），黃紙本；紙張老化四周變黃，邊角破損，有

水漬

0366

　小影圖贊：一卷 /（清）尤侗輯. -- 刻本. -- 清

康熙間. -- 1 冊：圖. --（西堂全集/〈清〉尤侗撰）

　13 行 23 字白口左右雙邊雙順魚尾

　書名據版心題

　登錄號 1-04136/索書號 8018-148-002-007：1 冊，

與《尤悔菴太史年譜圖咏》合印，黃紙本；蟲蛀損壞，

書衣破損，裝訂斷綫；有修補

0367

　潘雪石生平圖傳：不分卷 /（清）［潘應賓］撰繪.

-- 彩繪暨寫本. -- 清康熙間. -- 1 冊：圖

　潘應賓（1653-?），號雪石，清康熙十八年（1679）

進士

　左文右圖；以"誕生圖"始，"祀先圖"終

　登錄號 0001300/索書號 8020-022-001-002：1 冊

（存 23 開），黃紙本，經折裝；有火燹、水洇痕跡

0368

　張秀岩事略：一卷 /（清）［丁運樞］等編. -- 抄

本，朱絲欄. -- 清末. -- 1 冊

　6 行 18 字白口四周雙邊單魚尾

　版心題：襄理軍務紀畧

　書名據書衣題

　（清）張錦文（1795-?），字秀岩，直隸富紳，清

咸豐三至四年太平軍將領林鳳祥率部由山西入直隸，

張錦文曾參與清軍戰事

　登錄號 0000307/索書號 8020-006-004-007：1 冊，

黃紙本；破損

0369

　白香山年譜：一卷 · **白香山年譜舊本**：一卷 /

（清）汪立名編. -- 刻本. -- 古歙汪氏一隅草堂，清

康熙四十二年（1703）. -- 1 冊（1 函）

　12 行 21 字小字雙行 31 字白口左右雙邊單魚尾

　版心上記字數，下鐫：一隅草堂

　卷首有：白香山詩長慶集

　內有宋犖、朱彝尊、汪立名序并凡例、舊唐書本傳、

白氏文集自記

　（唐）白居易（772-846），號香山居士

　登錄號 善 073/索書號 7018-sb-070：1 冊（1 函），

白紙本，灰色絲質書衣；鈐印：葆采；紙張老化四周

變黃，有黃斑

0370

　溫公年譜：六卷 /（明）馬巒編輯. -- 刻本. --

夏縣司馬露，明萬曆四十六年（1618）. -- 2 冊（1

函）

　9 行 20 字小字雙行同白口四周單邊單魚尾

　序題：司馬溫公年譜

　（宋）司馬光（1019-1086），字君實，號迂夫，晚

號迂叟，陝州夏縣涑水鄉人，世稱涑水先生，封溫國

公，諡文正

　登錄號 0000359/索書號 8020-007-002-008：2 冊

（1 函），黃紙本；鈐印：宋筠、蘭揮［宋筠］；裝訂斷

綫

0371

　重刻山谷先生年譜：十五卷 /（宋）黃𥅆編. -- 刻

本. -- 滇中李友梅，明. -- 3 冊

　11 行 20 字白口四周單邊無魚尾

　版心題：山谷年譜

　（宋）黃庭堅（1045-1105），號山谷道人，諡文節

　登錄號 1-10548/索書號 8005-005-002-012：3 冊，

黃紙本；墨色深淺不一，字跡有模糊處

0372

　宋儒龜山楊先生年譜：一卷 /（清）毛念恃編. --

刻本. -- 滏陽張坦，清乾隆十年（1745）. -- 1 冊. --

（延平四先生年譜/（清）毛念恃編）

　9 行 20 字小字雙行同白口四周雙邊單魚尾

　版心題：龜山先生年譜

　版本年據滏陽張坦重刻序

　書眉鐫批語

（宋）楊時（1053-1135），字中立，南劍州將樂人，
又稱龜山先生

登錄號　善 074/索書號　7018-sb-071：1 冊，白紙本；
蟲蛀損壞，有水漬，書衣散失，裝訂開裂

0373

大慧普覺禪師年譜：一卷 /（宋）釋祖咏編；（宋）
釋宗演改訂. -- 刻本. -- 明萬曆間. -- 1 冊

11 行 20 字上黑口左右雙邊單白魚尾

卷末牌記題：嘉興包樨芳施銀拾兩刻年譜壹卷

（宋）釋宗杲（1089-1163），賜大慧，謚普覺

登錄號 1-11166/索書號 8005-002-003-008：1 冊，
黃紙本

0374

朱子年譜：四卷，考異四卷 /（清）王懋竑編. --
刻本. -- 寶應王氏白田草堂，清乾隆間. -- 3 冊

8 行 20 字小字雙行同白口左右雙邊單魚尾

書名葉題：寶應王予中先生纂訂 朱子年譜 白田草
堂藏板

有清乾隆十七年（1752）序

（宋）朱熹（1130-1200）

登錄號 1-03005/索書號 8018-130-005-009：3 冊，
黃紙本；書衣磨損，裝訂斷綫

0375

薛文清公年譜：一卷 /（明）楊鶴，（明）楊嗣昌
編. -- 刻本. -- 河津薛氏，清康熙五十二年（1713）.
-- 1 冊

10 行 20 字白口四周雙邊單魚尾，無直欄

（明）薛瑄（1389-1464），字德溫，謚文清

登錄號 1-03350/索書號 8018-129-006-008：1 冊，
黃紙本；首尾書葉殘缺，有水漬

0376

顧亭林先生年譜：一卷 /（清）張穆編. -- 刻本.
-- 清道光二十四年（1844）. -- 1 冊：圖

9 行 21 字小字雙行同黑口四周單邊單魚尾

書名葉題：亭林年譜

牌記題：道光廿四年刻道州何紹基署

（清）顧炎武（1613-1682），號亭林

登錄號 1-03129/索書號 8018-140-001-009：1 冊

（合 1 函），與《道光乙未恩科直省同年錄》合函，黃
紙本

0377

尤悔菴太史年譜圖咏：一卷 /（清）尤侗編. -- 刻
本. -- 清康熙間. -- 1 冊：圖. --（西堂全集/（清）
尤侗撰）

左圖右文，13 行 23 字白口左右雙邊雙順魚尾

版心題：年譜圖詩

書名據卷末跋題

有清康熙三十三年（1694）序

（清）尤侗（1618-1704），號艮齋，又稱西堂老人

登錄號 1-04136/索書號 8018-148-002-007：1 冊，
與《小影圖贊》合印，黃紙本；蟲蛀損壞，書衣破損，
裝訂斷綫；有修補

0378

阿文成公年譜：三十四卷 /（清）那彥成編；（清）
王昶勘定 ；（清）盧蔭溥增修. -- 刻本. -- 清嘉慶
十八年（1814）. -- 32 冊（4 函）

10 行 22 字白口四周雙邊單魚尾

（清）阿桂（1717-1797），姓章佳氏，字廣庭，號
雲巖，謚文成

登錄號 1-03591/索書號 8018-136-006-001：32 冊
（4 函），白紙本；書葉有殘缺，裝訂斷綫

〔史部 傳記類 日記〕

0379

讀書日記：六卷，補編二卷 /（清）劉源淥撰 ；
（清）陸師刪訂 ；（清）李濂，（清）孫自務輯錄補編.
-- 刻本. -- 安邱劉氏，清雍正五年（1727）. -- 4
冊（1 函）

10 行 21 字小字雙行同黑口左右雙邊雙魚尾

書名葉題：劉直齋先生讀書日記

日記起清順治十七年迄康熙三十七年（1660-1698）

有清雍正十一年（1733）序

劉源淥（1618-1700），字昆石，號直齋先生，安邱
人

登錄號 0000688/索書號 8020-011-001-004：4 冊

（1函），白紙本；紙張老化有黃斑，有水漬

〔史部　傳記類　家傳〕

0380

闕里文獻考：一百卷，卷首一卷，卷末一卷 /（清）孔繼汾撰. -- 刻本. -- 曲阜孔昭煥，清乾隆二十七年（1762）. -- 8冊（1函）

13行26字黑口左右雙邊雙順魚尾

版本年等據孔昭煥刻書序、進書折子

登錄號 1-04385/索書號 8018-149-005-007：16冊（2函），黃紙本；紙張老化四周變黃，邊角磨損，有污漬，裝訂斷綫

登錄號 1-09773/索書號 8009-087-002-004：8冊（1函），黃紙本；無孔昭煥刻書序、進書折子，蟲蛀損壞

登錄號 1-04386/索書號 8018-150-006-006：8冊（1函），黃紙本；鈐印：孔氏家藏；紙張老化四周變黃，輕微蟲蛀，書衣破損，裝訂斷綫

0381

闕里纂要：四卷 /（清）孔衍楣編. -- 刻本. -- 清. -- 2冊：圖

9行20字白口四周雙邊單魚尾

書名葉題：才子必要書 鄒魯勝績備覽 孔聖闕里纂要

卷末記：書林環峯堂重梓

有清康熙三十三年（1694）著者序

登錄號 1-04915/索書號 8018-166-001-001：2冊，黃紙本；書名葉鈐印：板存中湘十六捴正街王文德堂書坊；有斷版，輕微蟲蛀，裝訂斷綫

登錄號 1-07686/索書號 8018-127-001-015：2冊（1函），黃紙本；有斷版，書衣破損、有污漬

0382

清芬錄：二十卷，首六卷 /（清）錢泰吉輯. -- 抄本. -- 武林：易湖汪眆武林試院，清宣統元年（1909）. -- 4冊（1函）

11行22字

序及總目題：清芬世守錄

登錄號 0000066/索書號 8020-001-003-007：4冊（1函），黃紙本；鈐印：嘉興錢晉甫藏書畫印；有水漬、污漬

0383

甯河廉琴舫侍郎書自著家傳墨蹟 /（清）廉兆綸撰. -- 稿本，綠絲欄，原件粘貼. -- 寧河廉兆綸葆醇閣，清. -- 1冊

8行21字四周單邊單魚尾

版心上方鐫：葆醇閣製

登錄號 0001025/索書號 8020-016-003-017：1冊（11開），黃紙本，經折裝；卷末有廉兆綸之子廉佺題記並鈐印；有水漬

0384

滋德堂臘祭事宜等：不分卷 /（清）徐氏滋德堂輯. -- 稿本. -- 徐氏滋德堂，清. -- 2冊

記事至清咸豐間

內有清乾隆間買賣契約等

登錄號 0000818/索書號 8020-013-004-004：2冊，黃紙本；有殘破、污損

〔史部　傳記類　宗譜〕

0385

八旗滿洲氏族通譜：八十卷，目錄二卷 /（清）呂熾等纂修. -- 刻本. -- 清乾隆九年（1744）. -- 24冊（4函）

10行20字小字雙行同白口四周雙邊單魚尾

套籤題：殿本八旗滿洲氏族通譜

序題：御製八旗滿洲氏族通譜

登錄號 1-06631/索書號 8009-109-006-001：24冊（4函），黃紙本；紙張老化變脆變黃；有修補

0386

邢氏族譜：不分卷 /（明）邢彤庭纂. -- 稿本. -- 益都邢氏，明末. -- 1冊

8行18字

有明崇禎十一年（1638）邢彤庭序

益都邢氏

登錄號 0001457/索書號 8020-021-006-012：1 冊，
黃紙本；鈐印：邢彤庭印、擢伯邢氏、一品尚書〔邢玠〕；
邊角破損，有水漬、污漬

0387

　　水澄劉氏家譜：不分卷，續編不分卷 ／（明）劉
宗周纂修；（清）劉明孝等續編. -- 抄本，烏絲欄. --
清. -- 7 冊

　　9 行 20 字白口四周雙邊單魚尾

　　明崇禎六年（1633）纂修

　　續編至清乾隆十六年（1751）

　　山陰劉氏

　　登錄號 0000415/索書號 8020-008-001-007：7 冊，
黃紙本；有水漬，裝訂裂散

0388

　　海陽鄭氏家乘：不分卷 ／（清）鄭士淳纂. -- 寫
本，朱墨. -- 清康熙間 . -- 1 冊：圖

　　白口四周雙邊

　　卷末有清康熙十二年（1673）鄭士淳跋

　　安徽歙縣鄭氏

　　登錄號 0000931/索書號 8020-015-002-010：1 冊，
白紙本，毛裝；鈐印：鄭士淳印、曹氏鳴遠；破損，
有水漬

0389

　　雷氏支譜：不分卷 ／（清）雷克修纂. -- 刻本. --
雷克修，清道光七年（1827）. -- 1 冊

　　行字不一白口四周雙邊單魚尾

　　書名據書簽及版心題

　　版心下記：龍劍堂

　　登錄號 0001161/索書號 8020-009-003-016：1 冊，
白紙本；紙張老化有黃斑

0390

　　雷氏族譜 ／（清）雷聲劍等修. -- 抄本. -- 清. --
10 冊（1 函）：圖

　　序題：北山雷氏重修譜

　　書名據書簽題

　　此為雷氏北山支族譜，記事至同治七年，分三部分：
1.雷氏大成宗族總譜（卷一至四）2.雷氏重修遷居金
陵復遷居北京世系圖、世錄（卷一至二）3.支族譜（卷

一至四）

　　登錄號 0001161.1/索書號 8020-009-003-017：10
冊（1 函），白紙本，開本大小不一；邊角破損，有污
漬

〔史部　傳記類　姓氏〕

0391

　　姓解：三卷 ／（宋）邵思纂. -- 刻本. -- 遵義
黎庶昌日本東京使署，清光緒十年（1884）. -- 1 冊
（1 函）

　　10 行 13 字小字雙行字不等白口四周單邊

　　書名葉題：影北宋本姓解 古逸叢書之十六 單行本

　　登錄號 0000454/索書號 8020-008-004-012：1 冊
（1 函），白紙本；鈐印：星吾校字監槧督印記

0392

　　古今萬姓統譜：一百四十卷，目錄一卷 ／（明）
凌迪知編；（明）凌述知校. -- 刻本. -- 明萬曆七
年（1579）. -- 54 冊（6 函）

　　9 行 20 字小字雙行同白口四周單邊單魚尾

　　版心題：萬姓統譜

　　版本年據凌迪知自序

　　版心下記刻工、字數

　　以韻為綱，以姓為目，每姓下先注郡望及五音，並
考姓氏所出，後依時代先後，分列各姓下人物，記述
人物的生平事蹟，計收姓氏三千七百

　　登錄號 0000162/索書號 8020-004-001-002：54 冊
（6 函），白紙本；有模糊字，邊角鼠嚙、水漬損壞，
有污漬

0393

　　新纂氏族箋釋：八卷 ／（清）熊峻運撰；（清）
王思訓，（清）李鍾僑鑒定；（清）楊皇義編. -- 刻
本. -- 新建熊氏，清雍正間. -- 4 冊

　　9 行 26 字小字雙行同白口四周單邊單魚尾，無直欄

　　版心題：氏族箋釋

　　有清雍正五年（1727）序

　　登錄號 1-02528/索書號 8018-178-005-007：4 冊，
黃紙本，巾箱本；有斷版

〔史部　傳記類　雜錄〕

0394

新鋟評林旁訓薛湯二先生家藏酉陽摭古人物奇編：十八卷，卷首一卷 / （明）薛應旂纂輯；（明）湯賓尹評閱；（明）朱熀註釋. -- 刻本. -- 建邑鄭以初，明［萬曆間］. -- 5冊

上下兩欄9行，上欄小字雙行4字、下欄22字小字雙行同，白口四周單邊

目錄等題：酉陽摭古奇編

版心題：酉陽摭古人物奇編

版心下記：南京板

卷首有明萬曆四十四年（1616）《四書人物考序》

登錄號 0000892/索書號 8020-014-004-013：5冊，黃紙本；鈐印：重威將軍，重園珍藏，馬氏玲瓏山館珍藏書畫之章，養雲山館；蟲蛀殘缺；有修補

〔史部　傳記類　貢舉〕

0395

皇明會試錄：建文二年庚辰登科錄. -- 抄本. -- 明. -- 1冊（1函）

登錄號 0000742/索書號 8020-011-004-021：1冊（1函），黃紙本；鈐印：張氏蕙玉［張珩］，東山頭陀，樸山審定；存1卷：卷上；紙張老化四周變黃，邊角鼠嚙

0396

國朝歷科館選錄：一卷 / （清）沈廷芳輯. -- 刻本. -- 清乾隆十一年（1746）. -- 1冊

8行字不等白口四周雙邊單魚尾

版心題：館選錄

登錄號 0000737/索書號 8020-011-004-016：1冊，黃紙本；邊角殘缺，書衣破損

0397

嘉慶叁年戊午科浙江鄉試錄：一卷. -- 刻本. -- 清嘉慶間. -- 1冊

9行18字黑口四周雙邊雙魚尾

版心題：鄉試錄

登錄號 0000735/索書號 8020-011-004-014：1冊，黃紙本；鈐印：嘉慶戊午浙江解元；卷首序書葉殘缺

0398

太學進士題名碑錄：不分卷 / （清）李周望纂；（清）錢維城等續纂. -- 刻本. -- 清雍正乾隆間. -- 8冊（1函）

10行大小字不等黑口左右雙邊雙魚尾

書名據序題

本書陸續刊刻而成

首冠朱印清雍正二年（1724）上諭

記事至乾隆十一年（1724）

登錄號 1012602/索書號 8011-021-002-015：8冊（1函）；鈐印：張氏蕙玉［張珩］，曾歸徐氏彊邨

〔史部　時令類〕

0399

新刻歲時廣記：四卷，圖說一卷 / （宋）陳元靚編；（明）胡文煥校. -- 刻本. -- 錢塘胡氏文會堂，明萬曆天啓間. -- 4冊：圖. -- （格致叢書 /（明）胡文煥輯）

10行20字白口左右雙邊雙白魚尾

版心題：歲時廣記

登錄號 1-02941/索書號 8018-129-001-005：4冊，黃紙本；有水漬，版心開口，書衣磨損

0400

時令整散合編：四十二卷 / （清）張均輯. -- 刻本. -- 清. -- 12冊

9行21字小字雙行同白口左右雙邊單魚尾

登錄號 1-03561/索書號 8018-130-001-003：12冊，白紙本，巾箱本；蟲蛀損壞，有水漬，裝訂斷綫

〔史部　地理類　總志〕

0401

元和郡縣圖志：四十卷 / （唐）李吉甫纂修；（清）盧文弨校. -- 抄本. -- 清. -- 10冊（1函）

8 行 25 字

抄於清嘉慶十一年（1806）之前

　登錄號 0000623/索書號 8020-010-002-009：10 冊（1 函），黃紙本；鈐印：錢坫私印、篆秋居士［錢坫］，孫星衍借觀印［孫星衍］；有汪照題識並鈐印：少山；有朱筆批校；存 34 卷：卷 1-18、21-22、25-34、37-40；蟲蛀損壞，有污漬，裝訂裂散

0402

九域志：十卷 / （宋）王存等刪定 ；（清）馮集梧校訂. -- 刻本，重校印. -- 清乾隆四十九年（1784）桐鄉馮集梧德聚堂刻，清乾隆五十三年（1789）重校印. -- 2 冊（1 函）

11 行 21 字小字雙行同白口左右雙邊單魚尾

書名葉題：元豐九域志　德聚堂藏板

　登錄號 1-03213/索書號 8018-142-005-001：2 冊（1 函），黃紙本；鈐印：馬、彤軒、長白馬桐軒藏書畫記，城西草堂、柳泉、柳泉書畫［徐時棟］，弗學不知其義，求放心齋；目錄末有清同治間徐時棟識語並鈐印

0403

天下一統志［天順］：九十卷 / （明）李賢，（明）彭时，（明）呂原等修 ；（明）萬安，（明）李泰等纂. -- 刻本，重修. -- 明萬壽堂刻，清重修. -- 20 冊（4 函）：圖

10 行 22 字小字雙行同白口四周單邊單魚尾

各卷端及版心均剜改作：一統志

書前御製序改：天下一統志

書名葉題：天下一統志　文林閣梓行

書名據目錄題

本書即：大明一統志

版心下記：萬壽堂刊

　登錄號 0000152/索書號 8020-003-005-001：20 冊（4 函），黃紙本；鈐印：武蕭世裔，奚川錢氏圖書，錢肆三藏、肆三、錢慧業；有斷版、字跡漫漶處，缺葉，蟲蛀損壞

　登錄號 0000823/索書號 8020-013-005-002：40 冊（4 函），黃紙本；有斷版、字跡模糊處，無書名葉，卷首序殘，多處缺葉

0404

大明一統名勝志：二百八卷 / （明）曹學佺著. -- 刻本. -- 明. -- 16 冊

10 行 19 字白口左右雙邊單白魚尾

　登錄號 0000852/索書號 8020-014-002-001：16 冊，黃紙本；存 76 卷：北直隸 12 卷全，南直隸卷 1-14，山西 8 卷全，陝西卷 6-13，河南 12 卷全，山東遼東 9 卷全，江西 13 卷全；紙張老化變脆、變黃，邊角鼠嚙，有污漬，書衣破損，裝訂裂散

　登錄號 0001086/索書號 8020-017-001-001：59 冊，黃紙本；存 151 卷：北直隸卷 8-12，南直隸 4-6、10-15、18-20，山西 8 卷全，陝西 13 卷全，河南 1-6，浙江卷 8-11，福建卷 1-10，湖廣卷 1-5、7-17，四川卷 1-8、14-35，廣東 10 卷全，廣西 10 卷全，雲南卷 1-24，貴州卷 1-3；蟲蛀損壞，缺葉，書衣散失

　登錄號 0001095/索書號 8020-017-003-001：67 冊，黃紙本；存 105 卷：北直隸卷 1-2、4-5、7-12，南直隸 20 卷全，河南卷 1-5，山東遼東 9 卷全，江西 13 卷全，浙 11 卷全，福建卷 1-9，四川卷 1-8，雲南卷 5-24；有缺葉，紙張老化變脆、變黃，蟲蛀，破損嚴重，有水漬，裝訂裂散

　登錄號 1-10697/索書號 8005-006-006-001：20 冊，黃紙本；存 36 卷：河南卷 7-12，山東遼東 9 卷全，江西 13 卷全，浙江卷 1-7，貴州卷 4

0405

廣輿記：二十四卷 / （明）陸應陽輯. -- 刻本. -- 明萬曆間. -- 24 冊（2 函）

10 行 19 字小字雙行同白口左右雙邊單魚尾

（明）陸應陽（1542-1627）

　登錄號 1-10129/索書號 8007-052-007-006：24 冊（2 函），黃紙本；鈐印：婺源胡氏家藏書畫之印，汪氏藏書；書葉殘缺；有修補，書衣更換

0406

地圖綜要：三卷 / （明）朱國達，（明）吳學儼等輯. -- 刻本. --［明弘光元年］(1645). -- 8 冊（1 函）：圖

行字不等白口四周單邊

書名葉題：臨川李釜源先生鑒定　地圖綜要　朗潤堂藏板

吳學儼、朱紹本、朱國達、朱國幹四人合輯，李茹春（釜源）鑒定

全書分總卷（總圖）、內卷（兩京十三省分圖）、外卷（江、海防圖，九邊及四夷圖、説）

登錄號 0000183／索書號 8020-005-001-006：8 冊（1 函），黃紙本；有斷版，書名葉等為抄補；紙張老化變脆，書葉殘缺，書衣磨損；有修補

登錄號 1-06076／索書號 8009-102-003-022：6 冊（1 函），黃紙本；有斷版；書葉殘缺；有修補

0407

歷代宅京記 ：二十卷 ／ （清）顧炎武撰. -- 寫本. -- 清. -- 4 冊（1 函）

10 行 24 字小字雙行同

登錄號 1-03588／索書號 8018-135-006-007：4 冊（1 函），黃紙本；鈐印：吳氏圖章；紙張老化四周變黃

0408

皇輿表 ：十六卷 ／ （清）喇沙里等修；（清）揆敍等增修. -- 刻本. -- 內府，清康熙四十三年（1704）. -- 24 冊（1 函）

表格，白口四周單邊單魚尾

登錄號 1-10757／索書號 8005-009-005-004：24 冊（1 函），黃紙本；紙張老化變黃變脆，蟲蛀損壞，有水漬

〔史部　地理類　方志〕

0409

衛藏圖識 ：五卷 ／ （清）馬揭，（清）盛繩祖纂修. -- 刻本. -- 清乾隆五十七年（1792）. -- 6 冊

8 行 20 字黑口左右雙邊無魚尾

圖考二卷、識畧二卷、蠻語一卷

登錄號 0000262、1-01089／索書號 8020-006-002-012：6 冊，白紙本，金鑲玉裝訂，巾箱本，白色絲質書衣；蟲蛀殘缺，有污漬；蟲蛀修補

0410

彰明縣鄉土地理 ：一卷 ／ 范前華，蔡雲錦編繪. -- 抄本. -- 清光緒三十二年（1906）. -- 1 冊 ：圖 + 彩色新測彰明縣明細輿圖 1 幅

11 行 25 字紫口左右雙邊單魚尾

書名據書名葉題

四川綿陽地區

登錄號 0000679／索書號 8020-010-005-019：1 冊，白紙本；裝訂裂散

〔史部　地理類　雜志〕

0411

帝京景物畧 ：八卷 ／ （明）劉侗，（明）于奕正修. -- 刻本. -- 明崇禎間. -- 8 冊（1 函）

8 行 19 字白口四周單邊

有明崇禎八年（1635）方逢年、劉侗序

本書記載明代北京風景名勝、風俗民情

登錄號 0000155／索書號 8020-003-005-004：8 冊（1 函），黃紙本；鈐印：徐緘之印、伯調鑑藏、伯調圖書、臣緘、山陰徐緘、漆園道人、徐緘；目錄及卷 2 缺葉，全書總目與卷一目錄裝訂順序顛倒；紙張老化變脆四周變黃，蟲蛀損壞，邊角破損

0412

帝京景物畧 ：八卷 ／ （明）劉侗，（明）于奕正修. -- 刻本. -- 清初. -- 16 冊（2 函）

8 行 19 字白口四周單邊

登錄號 0000911／索書號 8020-014-005-016：16 冊（2 函），黃紙本；鈐印：保三圖書翰墨之印；卷末有抄補，蟲蛀損壞；殘缺修補

0413

帝京景物畧 ：八卷 ／ （明）劉侗，（明）于奕正修. -- 刻本. -- 清初. -- 5 冊

8 行 19 字白口四周單邊

登錄號 1-03729／索書號 8018-148-004-014：5 冊，黃紙本；鈐印：鄭氏注韓居珍藏記；書末墨筆題："康熙壬午（1702）八月廿二日鈺策閱竟 丁酉（1717）二月廿三日再閱迄"；缺 3 卷：卷 4-5、7；蟲蛀殘缺，有水漬；有修補

0414

帝京景物畧 ：八卷 ／ （明）劉侗，（明）于奕正修；

（明）方逢年定. -- 刻本. -- 清. -- 8 冊

11 行 21 字白口左右雙邊單魚尾

卷首有明崇禎八年（1635）方逢年、劉侗序

登錄號 1-06808/索書號 8009-118-003-040：8 冊，黃紙本；有殘缺葉，書衣破損，裝訂斷綫；有修補

0415

日下舊聞 ：四十二卷，補遺四十二卷 /（清）朱彝尊會粹 ；（清）朱昆田補遺. -- 刻本. -- 清康熙間. -- 16 冊（2 函）

12 行 21 字白口四周單邊單魚尾

有清康熙二十七年（1688）序

各卷後附補遺

登錄號 0000816/索書號 8020-013-004-002：16 冊（2 函），黃紙本；版有殘缺，缺書名葉、序、目錄等，有抄補；紙張老化變脆四周變黃，書衣破損，裝訂裂散

登錄號 1-03496/索書號 8018-145-003-003：18 冊（2 函），黃紙本；有斷版，序有抄補、重葉；書衣散失

登錄號 1-11756/索書號 8005-017-002-001：18 冊（2 函），黃紙本；有斷版，缺書名葉；蟲蛀損壞，書衣破損

登錄號 1-11760/索書號 8005-030-002-004：24 冊（2 函），黃紙本；紙張老化嚴重，書葉破碎，裝訂裂散

0416

欽定日下舊聞考 ：一百六十卷，譯語總目一卷 /（清）朱彝尊原輯 ；（清）于敏中等修 ；（清）竇光鼐等纂. -- 寫本，朱絲欄. -- 內府，清. -- 2 冊

9 行 21 字白口四周雙邊單魚尾

登錄號 0000142/索書號 8020-003-004-001：2 冊，白紙本；存 9 卷：卷 51-54、83-87；鼠嚙殘損，有水漬、污漬，書衣散失

0417

長河志籍考 ：十卷 /（清）田雯編. -- 刻本. -- 德州田氏，清康熙間. -- 1 冊（1 函）：圖. --（德州田氏叢書/（清）田雯等撰）

12 行 24 字黑口左右雙邊單魚尾

有清康熙三十七年（1698）序

古長河即德州

登錄號 1-06543/索書號 8009-095-003-017：1 冊（1 函），黃紙本；破損，有水漬；有修補

0418

古香齋鑒賞袖珍春明夢餘錄 ：七十卷 /（清）孫承澤撰. -- 刻本. -- 清. -- 24 冊

9 行 22 字白口四周雙邊單魚尾，無直欄

版心題：古香齋春明夢餘錄

登錄號 1011007/索書號 8011-009-006-006：24 冊，白紙本，巾箱本；鈐印：伯延珍藏、伯延一字厚山號十樵行一；紙張老化四周變黃，邊角磨損

0419

六朝事蹟編類 ：二卷 /（宋）張敦頤撰 ；（明）吳琯校. -- 刻本. -- 新安吳琯，明. -- 4 冊. --（古今逸史/（明）吳琯輯）

10 行 20 字小字雙行同白口左右雙邊單魚尾

登錄號 0000863/索書號 8020-014-002-012：4 冊，黃紙本；鈐印：振綺堂兵燹後收藏書[汪遠孫]，豐華堂書庫寶藏印[楊復]，南通張氏所藏，中書房，澄魚良藏閱書；邊角及書衣破損，有抄補

0420

六朝事蹟編類 ：二卷 /（宋）張敦頤撰 ；（明）吳琯校. -- 抄本. -- 清. -- 4 冊

10 行 20 字

登錄號 0000862/索書號 8020-014-002-011：4 冊，黃紙本；鈐印：古潭州袁臥雪廬收藏[袁芳瑛]

0421

邠封聞見錄 ：不分卷 /（清）孫景烈撰. -- 抄本. -- 清. -- 2 冊

9 行 25 字

記里居陝西武功縣之見聞

書成於清乾隆三十五年（1770）

登錄號 1-03057/索書號 8018-131-001-008：2 冊，黃紙本，毛裝；邊角破損，書衣污漬，裝訂裂散

0422

中吳紀聞 ：六卷 /（宋）龔明之撰 ；（明）毛晉訂. -- 刻本. -- 虞山毛氏汲古閣，明末. -- 2 冊

9 行 18 字粗黑口左右雙邊三魚尾

登錄號 0000901/索書號 8020-014-005-007：2 冊，黃紙本，原綾裝裂散改紙捻裝訂；字迹模糊，卷末跋缺葉，有抄配；蟲蛀損壞，有污漬

0423

金陵古今圖考：一卷 /（明）陳沂撰. -- 抄本，烏絲欄. -- 清. -- 1 冊：圖

9 行 21 字白口四周單邊單魚尾

據明天啓刻本抄

登錄號 1-02588/索書號 8018-178-005-017：1 冊，白紙本；紙張老化有黃斑

0424

金陵瑣事：四卷，續二卷，二續二卷 /（明）周暉撰. -- 刻本. -- 明萬曆三十八年（1610）. -- 8 冊（2 函）

8 行 16 字白口四周單邊單魚尾

有明萬曆三十八年（1610）著者序

登錄號 0000096/索書號 8020-002-004-003：8 冊（2 函），黃紙本；鈐印：八千卷樓、八千卷樓珍藏善本、善本書室、嘉惠堂藏閱書[丁丙]，光緒辛巳所得，三益居士；卷四末、二續卷下目錄及卷末缺葉；書葉破損；蟲蛀修補

0425

揚州畫舫錄：十八卷，題詞一卷 /（清）李斗撰. -- 刻本. -- 清乾隆六十年（1795）. -- 6 冊（1 函）：圖. --（永報堂集：三十三卷/〈清〉李斗撰）

10 行 24 字白口左右雙邊單魚尾

書名葉題：乾隆乙卯年鐫 揚州畫舫錄 自然盦藏板 並鈐印：此書坊間翻刻謬誤甚多現奉甘邑追繳買者須認書中三十二景全圖方為原板

版心題：畫舫錄

登錄號 1010391/索書號 8011-004-004-001：6 冊（1 函），黃紙本；鈐印：麟見亭讀一過、嬋嬛妙境[完顏麟慶]；紙張老化變黃變脆，蟲蛀損壞，書衣破損

登錄號 1011347/索書號 8011-013-007-006：4 冊，黃紙本；鈐印：張氏蔥玉[張珩]；缺書名葉，蟲蛀損壞，有污漬

登錄號 1-01521/索書號 8018-170-006-005：4 冊，白紙本；蟲蛀損壞，書衣散失

0426

荊溪外紀：十五卷 /（明）沈敕編輯 ；（明）李文校正. -- 刻本. -- 明嘉靖二十四年（1545）. -- 8 冊（2 函）

10 行 22 字綾黑口左右雙邊雙魚尾

登錄號 1-03290/索書號 8018-139-005-004：8 冊（2 函），白紙本，金鑲玉裝訂；有斷版；前序缺葉，有水漬；蟲蛀修補

0427

廣陵覽古：七卷 /（清）顧鑾撰. -- 刻本. -- 江都顧氏研經室，清嘉慶十三年（1808）. -- 2 冊（1 函）

9 行 24 字粗黑口左右雙邊雙魚尾

書名葉題：廣陵覽古 嘉慶十三年開雕 顧氏研經室藏板

述江都、甘泉、寶應、儀征等地人文故實、地方掌故

登錄號 1010503/索書號 8011-005-004-012：2 冊（1 函），黃紙本；鈐印：壽薇堂，樂盦劉氏藏書，劉槼之印，範吾；輕微蟲蛀修補

0428

武林舊事：六卷 /（宋）周密輯. -- 刻本. -- 閩中陳柯，明嘉靖三十九年（1560）. -- 2 冊

10 行 20 字白口四周單邊單魚尾

著者署"四水潛夫"，即周密

登錄號 0000858/索書號 8020-014-002-007：2 冊，黃紙本；鈐印：振綺堂兵燹後收藏書[汪遠孫]，汪子中藏；蟲蛀殘損，裝訂裂散

0429

閩小紀：二卷 /（清）周亮工撰. -- 抄本，朱絲欄. -- 清. -- 1 冊

8 行 21 字白口四周雙邊

登錄號 0000734/索書號 8020-011-004-013：1 冊，黃紙本；鈐印：孫慧翼印、艷秋閣物[孫慧翼]，石雪藏書[徐宗浩]，傅增湘、藏園[傅增湘]

0430

臺灣外記：三十卷 /（清）江日昇撰. -- 活字本.

-- 求無不獲齋，清康熙五十二年（1713）. -- 10 冊
（2 函）

　10 行 23 字小字雙行同白口四周雙邊雙魚尾

　書名葉題：癸巳仲夏 臺灣外記 求無不獲齋刊

　版心下記：求無不獲齋

　登錄號 1-03229／索書號 8018-144-005-003：10 冊
（2 函），黄紙本；金鑲玉裝訂；紙張老化變黄變脆，
邊角缺損；有修補，重新裝訂

0431

　五山志林 ：八卷 ／ （清）羅天尺纂. -- 刻本. --
清乾隆二十六年（1761）. -- 4 冊（1 函）

　9 行 18 字白口左右雙邊單魚尾

　書名葉題：乾隆辛巳冬鎸 五山志林 石湖藏板

　登錄號 1-02798／索書號 8018-140-001-002：4 冊
（1 函），白紙本；書葉殘缺

0432

　敦煌褉鈔 ：二卷，隨筆二卷 ／ （清）常鈞纂. -- 刻
本. -- 葉河常鈞清潤齋，清乾隆七年（1742）. -- 4
冊（1 函）

　8 行 20 字白口四周雙邊單魚尾

　登錄號 1-02756／索書號 8018-141-004-009：4 冊
（1 函），白紙本；鈐印：樂亭史氏藏書印；輕微蟲蛀，
書衣磨損

0433

　敦煌褉鈔 ：二卷 ／ （清）常鈞撰. -- 抄本. -- 清.
-- 1 冊

　10 行 19、20 字不等，無欄格

　登錄號 善 063／索書號 7018-sb-060：1 冊，黄紙本；
鈐印：賜姓石氏，古鑑齋、培基、李培基印、涵礎［李
培基］；有李培基朱筆校字、標點；存 1 卷：卷上；有
黄漬，版心開口

0434

　西藏記述 ：一卷 ／ （清）張海撰. -- 刻本. -- 清
乾隆間. -- 1 冊（1 函）

　10 行 24 字白口左右雙邊單魚尾

　書名據版心等題

　有清乾隆十四年（1749）序、跋

　登錄號 0001098／索書號 8020-017-004-002：1 冊

（1 函），白紙本；邊角鼠嚙損壞，有水漬

〔史部 地理類 邊防〕

0435

　籌海圖編 ：十三卷 ／ （明）胡宗憲撰. -- 刻本. --
新安胡維極，明天啓四年（1624）. -- 8 冊（1 函）：
圖

　12 行 22 字小字雙行同白口四周單邊單白魚尾

　卷端記：明少保新安胡宗憲輯議 曾孫庠生胡維極重
校 舉人胡鳴岡 胡階慶同刪

　明代沿海軍事海防圖籍，内有輿地全圖、沿海山沙
圖及王官使倭事略、倭國入貢事略等，各省沿海山沙
圖上方為海，下方為陸，詳細繪出各府、州、縣、衛、
所、巡檢司、營、堡、烽堠、驛站等位置及島嶼

　登錄號 0000805／索書號 8020-013-002-005：8 冊
（1 函），白紙本；蟲蛀損壞，有污漬

　登錄號 1-03709／索書號 8020-012-001-004：12 冊
（2 函），白紙本；有水漬

　登錄號 0000820／索書號 8020-013-004-006：10 冊
（1 函），白紙本；蟲蛀損壞，邊角破損，有水漬

〔史部 地理類 山水志〕

0436

　新鎸海内奇觀 ：十卷 ／ （明）楊爾曾撰. -- 刻本.
-- 錢塘楊爾曾夷白堂，明萬曆三十七年（1609）. --
4 冊（1 函）：圖

　10 行 24 字白口四周單邊單魚尾

　版心題：海内奇觀

　版本年據楊爾曾敘

　卷首有：大明一統圖賦

　登錄號 0000160／索書號 8020-003-005-009：4 冊
（1 函），白紙本；鈐印：九鼎之圖，夷白堂、夷白堂
印；有字跡模糊處；書衣蟲蛀破損，有水漬

0437

　百城煙水 ：九卷 ／ （清）徐崧，（清）張大純輯. --
刻本. -- 長洲張大純影翠軒，清康熙二十九年（1690）.

-- 12 冊（1 函）

10 行 20 字小字雙行同黑口四周雙邊雙魚尾

書名葉題：吳江徐矑庵長洲張文一同輯　百城煙水影翠軒藏板

地方文獻專集，記蘇州府及其所屬各州縣之山川形勝、寺觀名刹、園林宅第、名勝古跡等，各條目下輯錄自唐宋以來至明末清初詩人懷古之作

登錄號 0000135／索書號 8020-003-003-006：12 冊（1 函），黃紙本；鈐印：海昌陳琰、拾遺補闕，陳立炎，古書流通處；首末冊書衣破損

0438

湖山便覽：十二卷／（清）翟灝，（清）翟瀚輯. -- 刻本. -- 清乾隆三十年（1765）. -- 10 冊：圖

9 行 22 字小字雙行同黑口左右雙邊無魚尾

書名葉題：乾隆乙酉開雕　湖山便覽　翻刻必究

登錄號 1010656／索書號 8011-006-007-010：10 冊，白紙本（紙色暗），巾箱本；邊角磨損，書衣散失

0439

名山勝槩記：四十六卷，圖一卷／（明）[何鏜]輯；（明）[慎蒙]續輯；（清）[張縉彥等]補輯. -- 刻本，增修. -- [明崇禎間]刻，[清增修]. -- 48 冊（4 函）：圖

9 行 20 字白口左右雙邊單白魚尾

序題：名山記

書名據目錄題

登錄號 0000157／索書號 8020-003-005-006：48 冊（4 函），黃紙本；鈐印：知不足齋主人之章[鮑廷博]；紙張老化變脆四周變黃，有缺葉及殘損字；有修補

0440

天下名山勝景圖：不分卷. -- 石印本. -- 清末. -- 4 冊（2 函）：圖

書名據扉葉題

登錄號 1-02829／索書號 8018-140-006-002：4 冊（2 函），未裝訂，木質護封；偶見手寫文字説明

0441

顔山雜記：四卷／（清）孫廷銓纂. -- 刻本. -- 清康熙間. -- 4 冊（1 函）

8 行 18 字白口四周單邊單魚尾

顔山，在山東省益都縣

登錄號 1-02723／索書號 8018-135-006-012：4 冊（1 函），黃紙本，金鑲玉裝訂；鈐印：吳錫麒印，沈德潛印，張照之印，穀人，李培基印、古鑑齋、涵礎藏書[李培基]，介石山房，桐城吳氏珍藏書畫印

0442

岱史：十八卷／（明）查志隆輯；（清）張縉彥刪補. -- 刻本. -- 登封傅應星，清順治十一年（1654）. -- 7 冊（1 函）：圖

9 行 20 字小字雙行同白口四周單邊無魚尾

版本年等據重刻序

登錄號 1-05522／索書號 8009-116-001-010：7 冊（1 函），白紙本；有斷版、字跡漫漶處；版心開口，書衣磨損，裝訂斷綫

0443

恒山志：五卷，圖一卷／（清）桂敬順纂. -- 刻本. -- 渾源州署，清乾隆二十八年（1763）. -- 5 冊（1 函）：圖

9 行 20 字小字雙行同白口左右雙邊單魚尾

書名葉題：乾隆癸未重鐫　恒山志　州署藏板

分乾、元、亨、利、貞五集

乾集首為朱印，版心題：御製

登錄號 0000401／索書號 8020-007-005-010：5 冊（1 函），黃紙本；邊角鼠嚙

0444

欽定清涼山志：二十二卷，圖一卷／（清）董誥等纂. -- 刻本. -- 清乾隆間. -- 6 冊（1 函）：圖

9 行 20 字白口四周雙邊單魚尾

卷首有清乾隆五十年（1785）上諭

清涼山，即五臺山

登錄號 1011178／索書號 8011-011-006-005：6 冊（1 函），黃紙本；紙張老化變黃，邊角磨損，裝訂裂散

0445

茅山志：十四卷，序一卷，道秩考一卷／（清）笪蟾光編. -- 刻本. -- 清. -- 8 冊：圖

9 行 21 字白口四周雙邊單魚尾

有清康熙八年（1669）編者自序

茅山在江蘇南部，為道教上清派之本山，號稱第八華陽洞天

登錄號 0000577/索書號 8020-009-005-001：8 冊，黃紙本；書衣破損

0446

攝山志：八卷，卷首一卷 ／（清）陳毅纂；（清）汪志伊刪補. -- 刻本. -- 蘇州府署，清乾隆五十五年（1790）. -- 4 冊（1 函）：圖

10 行 22 字白口左右雙邊單魚尾

書名葉題：乾隆庚戌年 攝山志 蘇州府署雕板

登錄號 1011083/索書號 8011-010-005-016：4 冊（1 函），白紙本；邊角水漬損壞

0447

虎阜志：十卷，卷首一卷，圖一卷 ／（清）陸肇域編輯；（清）任兆麟纂正. -- 刻本. -- 清乾隆五十七年（1792）. -- 10 冊（1 函）：圖

10 行 20 字小字雙行同黑口四周雙邊雙魚尾

書名葉題：乾隆壬子春鐫 嘉定錢竹汀先生鑒閱 虎阜志 長洲陸肇域 震澤任兆麟編纂 西溪別墅藏板

虎阜即虎丘，在蘇州境內

登錄號 0000264/索書號 8020-006-002-014：10 冊（1 函），黃紙本；蟲蛀字跡殘缺；有修補

0448

黃山志定本：七卷，卷首一卷 ／（清）閔麟嗣纂. -- 刻本. -- 清康熙十八年（1679）. -- 8 冊：圖

9 行 21 字小字雙行同白口四周雙邊

目錄末記：江寧業彭齡繕寫 周長年繡梓 旌德湯能臣 上元柏青芝鐫圖

登錄號 1-11384/索書號 8020-004-005-005：7 冊（1 函），黃紙本

0449

黃山志定本：七卷，卷首一卷 ／（清）閔麟嗣纂. -- 刻本，重修. -- 清康熙十八年（1679）刻，清乾隆三十二年（1767）重修. -- 8 冊：圖

9 行 21 字小字雙行同白口四周雙邊

書名葉題：黃山志定本 積翠樓藏版

登錄號 0000398/索書號 8020-007-005-007：8 冊，黃紙本，卷 1、卷首為白紙本；有抄補；蟲蛀修補

0450

黃山志：二卷 ／（清）張佩芳輯；（清）許崍繪圖. -- 刻本. -- 清乾隆三十六年（1771）. -- 1 冊：圖

9 行 24 字小字雙行同白口左右雙邊單魚尾

登錄號 1011426/索書號 8011-014-003-018：1 冊，黃紙本；首尾缺葉，破損

0451

黃山導：四種 ／（清）汪璂撰. -- 刻本. -- 休寧汪氏一漚草堂，清乾隆二十七年（1762）. -- 8 冊（1 函）：圖

8 行 16 字白口左右雙邊單魚尾，無直欄

書名葉題：天機理趣 休寧汪彩五輯 黃山導 一鷗草堂刊

書名據書名葉題

子目：

1. 黃山導幻影集：三卷，卷首一卷（冊 1-2）
2. 黃山導珠璧集：三卷，卷首一卷（冊 3-4）
3. 黃山導鶯嘯集：三卷（冊 5）
4. 黃山導默音集：三卷（冊 6-8）

登錄號 0000406/索書號 8020-007-005-015：8 冊（1 函），白紙本，金鑲玉裝訂，巾箱本，藍色絲質書衣；鈐印：臣汪璂敬書、汪璂永保[汪璂]，識字耕夫，彩五；有水漬

0452

徑山志：十四卷，卷首一卷 ／（明）宋奎光輯；（明）李燁然刪定. -- 刻本. -- 李燁然，明天啓四年（1624）. -- 5 冊：圖

9 行 21 字白口四周單邊單白魚尾

卷末記：傳衣庵僧海耀助刻

登錄號 0000504/索書號 8020-009-002-008：5 冊，黃紙本；鈐印：柯逢時印、馮氏辨齋藏書、慈谿衃餘樓藏[馮祖憲]；卷 3-4 為他本配補；紙張老化變黃，邊角蟲蛀；有修補

0453

廬山紀事：十二卷 ／（明）桑喬撰. -- 刻本. -- 暨陽蔣國祥，清康熙五十九年（1720）. -- 4 冊：圖

11 行 21 字小字雙行同黑口左右雙邊單魚尾

有蔣國祥重刻序

登錄號 0000344/索書號 8020-007-001-009：4 冊，黃紙本；紙張老化四周變黃，邊角及書衣破損

0454

説嵩：三十二卷，例目一卷 / （清）景日昣撰. -- 刻本. -- 清康熙六十年（1721）. -- 10 冊（1 函）

11 行 25 字白口四周雙邊單魚尾

書名葉題：嵩厓景冬易 説嵩 嶽生堂

中岳嵩山，在河南省

登錄號 1-03787/索書號 8018-149-005-013：10 冊（1 函），白紙本；鈐印：礪堂藏書；紙張老化變黃變脆，蟲蛀損壞，裝訂斷綫

登錄號 1010701/索書號 8011-007-004-010：8 冊（1 函），黃紙本；鈐印：惕盦行篋珍藏書畫印；紙張老化變黃，蟲蛀損壞

0455

大嶽太和山紀畧：八卷 / （清）王槩總纂修；（清）姚世倌，（清）李之蘭分修. -- 刻本. -- 下荊南道署，清乾隆九年（1744）. -- 8 冊（1 函）：圖

9 行 20 字白口四周單邊單魚尾

書名葉題：乾隆九年纂 大嶽太和山紀畧 下荊南道署藏板

山在湖北均縣南，舊稱武當山，明永樂中尊曰大嶽太和山

登錄號 0000465/索書號 8020-008-005-004：8 冊（1 函），白紙本；邊角破損，裝訂裂散

登錄號 1-11147/索書號 8005-018-002-010：8 冊（1 函），黃紙本；邊角鼠嚙損坏

登錄號 1-05915/索書號 8009-115-001-007：8 冊（1 函），黃紙本；書衣破損

0456

武當福地總真集：三卷 / （元）劉道明集. -- 抄本. -- 明. -- 1 冊

9 行 17 字

劉道明，元武當山道士，荊門人，號洞陽子

登錄號 0000394/索書號 8020-007-005-003：1 冊，與《武當紀勝集》合抄，黃紙本；鈐印：菫齋圖書、獨山莫棠、獨山莫氏銅井文房之印、莫棠楚生父印[莫棠]、碧葉館藏、惜華讀書[傅惜華]、芸子[傅芸子]、

積學齋徐乃昌藏書[徐乃昌]；扉葉有莫棠題記；破損

0457

武當紀勝集：一卷 / （元）羅霆震撰. -- 抄本. -- 明. -- 1 冊

9 行 17 字

登錄號 0000394/索書號 8020-007-005-003：1 冊，與《武當福地總真集》合抄，黃紙本；破損

0458

南嶽志：八卷 / （清）高自位編；（清）曠敏本纂. -- 刻本. -- 清乾隆十八年（1753）. -- 6 冊（1 函）：圖

10 行 21 字白口四周雙邊單魚尾

書名葉題：乾隆癸酉歲重修 南嶽志 開雲樓藏板

登錄號 0000404/索書號 8020-007-005-013：6 冊（1 函），黃紙本；有斷版、字跡模糊處；破損

登錄號 1-05941/索書號 8009-115-001-002：6 冊（1 函），白紙本；有斷版

登錄號 1011243/索書號 8011-012-005-003：6 冊（1 函），黃紙本；有斷版，破損

0459

武夷志：忠集一卷，信集一卷 / （明）徐表然纂輯；（清）程俊三抄選. -- 抄本. -- 星江程俊三，清. -- 1 冊

9 行 24 字

登錄號 0000547/索書號 8020-009-004-010：1 冊，黃紙本；鈐印：黃元標印，闇然；卷末有佚名題識；蟲蛀損壞

0460

雪峰志：十卷 / （明）徐熥纂輯 ；（清）賴亨侯等重訂. -- 刻本. -- 清乾隆十九年（1754）. -- 3 冊

9 行 20 字小字雙行同白口四周雙邊單魚尾

雪峰山，在福建侯官縣

登錄號 1-00974/索書號 8018-170-005-032：3 冊，黃紙本

0461

羅浮山志會編：二十二卷，卷首一卷 / （清）宋

廣業纂輯 ；（清）鄭際泰參訂. -- 刻本. -- 長洲宋
志益, 清康熙五十五年（1716）. -- 10 冊（2 函）：
圖

9 行 20 字小字雙行同白口左右雙邊單魚尾

書籤題：羅浮山志

登錄號 1-03551/索書號 8018-138-006-003：10 冊
（2 函），白紙本

0462

水經：四十卷 / （漢）桑欽撰 ；（北魏）酈道元
注 ；（明）吳琯校. -- 刻本. -- 新安吳琯, 明萬曆
十三年（1585）. -- 14 冊（2 函）. -- （合刻山海
經水經：五十八卷/〈明〉吳琯編）

10 行 20 字白口左右雙邊單魚尾

卷首有：合刻山海經水經序

登錄號 0000176/索書號 8020-004-005-003：14 冊
（2 函），白紙本；鈐印：曾釗之印、面城樓藏書印［曾
釗］，順德溫氏涑綠樓幼珊所藏、溫澍樑珍賞、澍樑手
校、順德溫氏家藏、溫澍樑珍藏、善本、漱綠樓藏書
印、溫澍樑印、嶺南溫氏珍藏、漱綠校本、韻瀅生、
澍樑、涑綠主人、溫澍樑珍藏書畫記、溫涑綠樓所藏、
幼珊珍賞［溫澍樑］，順德溫君勒所藏金石書畫之印［溫
君勒］，葉啟芳印、葉啟芳藏、天涯芳草［葉啟芳］，棟
臣；輕微蟲蛀損壞，首冊書衣破損，有水漬

0463

水經：四十卷 / （漢）桑欽撰 ；（北魏）酈道元
注 ；（明）吳琯校. -- 刻本, 重修. -- 明萬曆十三
年（1585）新安吳琯刻, 清重修. -- 18 冊

10 行 20 字小字雙行同白口左右雙邊

登錄號 0000430/索書號 8020-008-002-009：18 冊,
黃紙本, 金鑲玉裝訂；鈐印：玉茗生, 弢庵, 輔元讀
書；明天啓四年（1624）湯顯祖校閱, 卷末有清康熙
五十七年（1718）何焯跋語；有斷版、字跡模糊處,
缺 4 卷：卷 19-22, 卷首序殘缺, 無《合刻山海經水經
序》；破損

0464

水經：四十卷 / （漢）桑欽撰 ；（北魏）酈道元
注. -- 刻本. -- 歙縣項絪群玉書堂, 清康熙五十三
至五十四年（1714-1715）. -- 10 冊（1 函）

11 行 20 字小字雙行同白口四周單邊單魚尾

書名葉題：依宋本校定 水經注 項氏群玉書堂

卷末記：歙縣項絪校刊

出版年據項絪跋

據宋本校定

卷首有：酈氏本傳（《北史》）

登錄號 0000369/索書號 8020-007-003-03：10 冊
（1 函），黃紙本；鈐印：巽園、彥渠之印、菱湖姚氏
珍藏［姚彥渠］, 與堂, 荊華館；邊角磨損

0465

水經：四十卷 / （漢）桑欽撰 ；（北魏）酈道元
注 ；（明）朱謀㙔箋. -- 刻本. -- 天都黃晟槐蔭草
堂, 清乾隆十八年（1753）. -- 10 冊

11 行 21 字白口四周單邊單魚尾

書名葉題：天都黃曉峯校刊 水經注 槐蔭草堂藏版

書末題：重校刊於槐蔭草堂

本書即《水經注箋》

有清乾隆十八年（1753）黃晟（曉峯）跋

登錄號 0000271/索書號 8020-006-002-023：10 冊,
黃紙本；有張履恒批校、識語（清光緒十年）並錄酈
道元自序；有蟲蛀殘缺字, 有水漬

0466

水經注：四十卷 / （漢）桑欽撰 ；（北魏）酈道
元注 ；（清）戴震校訂. -- 刻本. -- 清乾隆間. -- 16
冊

10 行 21 字白口左右雙邊無魚尾

記事至清乾隆三十八年（1773）

登錄號 1-01944/索書號 8018-179-001-007：16 冊,
黃紙本；鈐印：南城李氏宜秋館藏［李之鼎］；紙張老
化, 有污漬, 邊角偶有殘缺

0467

水經注箋：四十卷 / （漢）桑欽撰 ；（北魏）酈
道元注 ；（明）李長庚訂 ；（明）朱謀㙔箋. -- 刻本.
-- 西楚李長庚, 明萬曆四十三年（1615）. -- 8 冊（1
函）

10 行 20 字小字雙行同白口左右雙邊單魚尾

登錄號 0000988/索書號 8020-016-001-006：8 冊
（1 函），黃紙本；有朱墨筆批校；邊角磨損, 有水漬,
書衣破損

登錄號 0001035、1-00527/索書號 8020-016-004-

007：8 冊，黄紙本；破損，書衣散失

0468

　水經注釋：四十卷，卷首一卷，附錄二卷，水經注箋刊誤十二卷 / （漢）桑欽撰；（北魏）酈道元注；（清）趙一清釋並刊誤. -- 刻本. -- 仁和趙氏小山堂，清乾隆五十九年（1794）. -- 20 冊（4 函）

　　10 行 22 字小字單雙行同，白口左右雙邊單魚尾

　　書名葉題：乾隆甲寅年 水經注釋 小山堂雕

　　版心下記：東潛趙氏定本

　　登錄號 1-05324、1-02883/索書號 8009-116-003-003：20 冊（4 函），白紙本；鈐印：許珩之印、君耆，與儀征許楚生同姓名；紙張老化有黄斑，有水漬

　　登錄號 1-12093 /索書號 8005-022-003-001：30 冊（3 函），黄紙本

0469

　水經注：三十五卷 / （漢）桑欽撰；（北魏）酈道元注；（清）戴震校. -- 刻本. -- 清. -- 12 冊

　　10 行 21 字白口左右雙邊

　　卷數據戴震序

　　登錄號 0000332/索書號 8020-006-005-012：12 冊，黄紙本；破損

0470

　行水金鑑：一百七十五卷，首圖一卷 / （清）傅澤洪纂. -- 刻本. -- 間山傅澤洪淮揚官署，清雍正三年（1725）. -- 36 冊（4 函）：圖

　　11 行 21 字小字雙行同黑口左右雙邊單魚尾

　　登錄號 0000962、1-00105/索書號 8020-015-004-007：36 冊（4 函），黄紙本；有破損葉，裝訂裂散，有污漬、水漬

　　登錄號 1-10603/索書號 8005-019-001-002：36 冊（4 函），黄紙本；鈐印:盱台王氏十四間書樓藏書印[王錫元]；缺書名葉，邊角破損，裝訂裂散，有污漬

0471

　京省水道考：六卷 / （清）汪日暐撰. -- 刻本. -- 燃藜軒，清乾隆四十八年（1783）. -- 5 冊

　　9 行 25 字白口左右雙邊單魚尾，無直欄

　　書名葉題：乾隆四十八年仲夏新鐫 大觀察新建杜履橋太史桂林許濟堂兩先生鑒定 京省各水道就正小草

燃藜軒藏板

　　登錄號 1011374/索書號 8011-014-001-019：5 冊，黄紙本；存 5 卷：卷 1-5；蟲蛀損壞，書葉破損，書衣散失

0472

　黄河長江流域防務廳設置圖. -- 彩繪本. -- 清. -- 1 冊：圖

　　書名代擬

　　登錄號 0000677/索書號 8020-010-005-017：1 冊（47 開），白紙本，經折裝；鈐印：忍冬居士；紙張老化、破損，護封散失

0473

　西湖遊覽志餘：二十六卷 / （明）田汝成輯撰. -- 刻本，重修. -- 明萬曆四十七年（1619）會稽商維濬刻，清重修. -- 10 冊（2 函）

　　10 行 21 字白口四周單邊單白魚尾

　　版心題：西湖志餘

　　登錄號 0000462/索書號 8020-008-005-001：10 冊（2 函），黄紙本；鈐印：雲間陶氏藏書之印、陶乘六藏書印；字迹漫漶，有補版，卷 12 係抄補；有水漬，書衣破損；有修補

0474

　西湖志：四十八卷 / （清）李衛，（清）程元章修；（清）傅王露纂. -- 刻本. -- 清雍正十二年（1734）. -- 20 冊（1 函）：圖

　　9 行 21 字小字雙行同綫黑口四周雙邊單魚尾

　　書名葉題：雍正九年新纂 西湖志

　　有清雍正十三年（1735）序

　　出版年據後序

　　登錄號 0000608/索書號 8020-010-001-003：20 冊（1 函），黄紙本；有修版痕跡，蟲蛀損壞

　　登錄號 300182700/索書號 8004-051-06-008：20 冊（3 函），黄紙本；邊角蟲蛀等損壞，書衣破損，有水漬

　　登錄號 1-05262/索書號 8009-090-002-005：24 冊（4 函），黄紙本；紙張老化損壞，裝訂開裂

0475

　西湖志纂：十五卷，卷首一卷，後一卷 / （清）

沈德潛，（清）傅王露輯 ；（清）梁詩正等纂. -- 刻本，增修. -- 清乾隆二十年（1755）刻，清乾隆二十七年（1762）增修. -- 8 冊（1 函）：圖

9 行 21 字白口四周雙邊單白魚尾

書名葉題：乾隆乙亥刊刻進呈 御覽西湖志纂 乾隆壬午增輯 賜經堂藏板

登錄號 0000435/索書號 8020-008-003-004：8 冊（1 函），黃紙本；蟲蛀損壞，邊角磨損，書衣破損

0476

居濟一得 ：八卷 / （清）張伯行撰 ；（清）張師載，（清）張師栻編. -- 刻本. -- 清. -- 4 冊

9 行 20 字白口四周雙邊單魚尾

書名葉題：儀封張清恪公著 居濟一得 本衙藏板

張伯行任濟寧道時所著

有清康熙四十七年（1619）序

內文涉及山東段運河的地理地貌、水利設施建設、補給水源、管理及治理等

登錄號 0000498/索書號 8020-009-002-002：4 冊，白紙本；破損，有污漬

〔史部 地理類 專志〕

0477

南巡盛典名勝全圖 ：不分卷 / （清）高晉等纂輯. -- 刻本，重印. -- 清乾隆三十六年（1771）刻，清重印. -- 8 冊：圖

白口四周雙邊單魚尾

《南巡盛典》（一百二十卷）之節選抽印本

有朱印御製序

登錄號 1012605/索書號 8011-021-003-003：8 冊，白紙本，黃色織錦書衣

0478

越中名勝賦 ：二卷 / （清）李壽朋撰. -- 刻本. -- 清乾隆間. -- 2 冊

10 行 20 字小字雙行同白口左右雙邊單魚尾

有清乾隆二十七年（1762）沈德潛序

登錄號 1010908/索書號 8011-009-001-012：2 冊，黃紙本，金鑲玉裝訂；有朱筆圈點，目錄後朱筆題記

"是書版毀已久葉成孤本"；缺《東齋蔓墨賦》；蟲蛀損壞，破損

0479

宋東京考 ：二十卷 / （清）周城輯. -- 刻本. -- 清乾隆二十七年（1762）. -- 4 冊（1 函）

10 行 21 字小字雙行同白口四周雙邊單魚尾

書名葉題：乾隆壬午重鐫 江西省第五次進呈 宋東京考六有堂藏板

登錄號 1-10874/索書號 8005-022-002-004：4 冊（1 函），黃紙本；鈐印：熊氏珍藏，桐城熊兼言氏家藏鑒賞、孝兼言、兼言手緘，江右奉新帥氏探花小郎藏于綠滿窗、探花小郎家藏、帥氏綠滿窗校藏圖籍印、平邊帥氏子孫同好庶其永用、帥石生鑒定、石生收藏、江右帥氏探花小郎藏于綠滿窗圖記[帥之憲]，惟愛圖書兼古器；書衣磨損

0480

陋巷志 ：八卷 / （明）顏胤祚輯 ；（明）呂兆祥修訂. -- 刻本，重修. -- 明萬曆二十九年（1601）刻，明清重修. -- 4 冊（1 函）：圖

本書是以春秋時魯人顏回所居"陋巷"命名的專門志書，始修於明正德二年（1507），嘉靖二十九年（1550）、萬曆二十九年（1601）兩次增訂刊行，後多次重刊，除對宗子世表作了續錄，增補了少量名人頌贊及墓誌銘外，悉如舊本

登錄號 0000923/索書號 8020-015-002-002：4 冊（1 函），白紙本；有斷版、字跡漫漶處，邊角輕微鼠囓，有水漬

登錄號 300166400/索書號 8020-015-002-021：4 冊（1 函），白紙本；字跡漫漶，有斷版，紙張老化四周變黃，有水漬

0481

雍錄 ：十卷 / （宋）程大昌著. -- 刻本. -- 汝南李經，明嘉靖十一年（1532）. -- 4 冊（1 函）：圖

10 行 21 字白口四周單邊

卷末有李經後序

登錄號 0000147/索書號 8020-003-004-006：4 冊（1 函），白紙本；有斷版、字跡模糊處；蟲蛀等損壞，有水漬

0482

　　石柱記 ：五卷 / （唐）顏真卿撰 ；（清）鄭元慶
箋釋 ；（清）朱彝尊補. -- 刻本. -- 歸安鄭氏魚計
亭, 清康熙四十一年（1702）. -- 2 冊

　　11 行 21 字小字雙行 30 字白口左右雙邊單魚尾

　　書名葉題：清雪鄭芷畦箋釋 顏魯公石柱記 魚計亭
雕版

　　各卷末記：石柱記箋釋

　　目錄不分卷, 卷數據正文, 卷五為朱彝尊補

　　登錄號 1-02850/索書號 8018-132-001-009：2 冊,
白紙本；蟲蛀損壞, 有水漬

0483

　　江城名蹟記 ：二卷末一卷 / （清）陳弘緒撰. -- 刻
本. -- 南昌陳氏, 清乾隆二十三年（1758）. -- 3
冊

　　10 行 21 字白口四周單邊單魚尾

　　書名葉題：乾隆戊寅年鐫 西昌陳士業先生著 江城
名蹟記 京山堂藏板

　　記事至乾隆二十五年（1760）

　　"弘" 字避諱省右半邊

　　卷末有： 古今名詩補：一卷 / （清）陳新德輯

　　登錄號 1-03114/索書號 8018-132-002-014：3 冊,
黃紙本；書前所列係《寒夜錄》之目錄；蟲蛀損壞,
邊角破損, 有污漬, 書衣散失

0484

　　金鰲退食筆記 ：二卷 / （清）高士奇撰. -- 刻本.
-- 平湖高士奇朗潤堂, 清康熙間. -- 2 冊（1 函）

　　10 行 20 字小字雙行同白口四周單邊單魚尾

　　書名葉題：竹窗高士奇著 金鰲退食筆記 朗潤堂藏
板

　　有清康熙二十三年（1684）序

　　登錄號 1-03642/索書號 8018-144-003-003：2 冊
（1 函）, 黃紙本；邊角略有缺損, 有水漬；有修補

　　登錄號 1010603/索書號 8011-006-004-004：2 冊
（1 函）, 黃紙本；缺書名葉

0485

　　新刊周文武成康及周公太公陵墓跡 ：一卷 / （清）
祁彥訂. -- 刻本. -- 清順治間. -- 1 冊 ：圖

　　白口四周雙邊單魚尾

咸陽地區周文、武、成、康王並周公太公陵墓

　　記事至清順治八年（1651）

　　登錄號 1-03616/索書號 8018-132-001-006：1 冊,
黃紙本；有斷版, 字跡不清；邊角破損

0486

　　昌瑞山萬年統志 ：十六卷, 卷首一卷 / （清）布
蘭泰等纂修. -- 寫本, 朱絲欄. -- 內府, 清光緒宣
統間. -- 16 冊（2 函） ：圖

　　8 行 20 字白口半葉四周單邊

　　記載清東陵之事

　　登錄號 0000946/索書號 8020-015-003-004：16 冊
（2 函）, 白紙本, 明黃色絲織雲錦書衣、函套

0487

　　臥龍崗志 ：二卷 / （清）羅景輯. -- 刻本. -- 襄
平羅景, 清康熙五十一年（1712）. -- 1 冊

　　8 行 20 字白口左右雙邊單魚尾

　　登錄號 1-03601/索書號 8018-132-006-008：1 冊,
黃紙本；鈐印：涊濱書院藏書查過並無殘缺；紙張老
化, 破損, 有水漬、油漬, 裝訂斷綫

0488

　　平山堂圖志 ：十卷, 卷首一卷 / （清）趙之壁纂.
-- 刻本. -- 清乾隆間. -- 6 冊（1 函） ：圖

　　10 行 21 字小字雙行同白口左右雙邊單魚尾

　　南朝宋孝武帝於江蘇江都蜀岡創建寺院, 先後稱大
明寺、棲靈寺, 宋慶曆八年（1048）歐陽修治守揚州,
於寺院西南角建堂宇, 即平山堂, 清乾隆三十年（1765）
賜名法淨寺, 後通稱平山堂

　　登錄號 0000434/索書號 8020-008-003-003：6 冊
（1 函）, 白紙本；鈐印：山陰張允中補蘿盦所藏；套
簽題：寧夏趙之壁纂平山堂志 張允中長物, 並鈐印：
允中所得金石書畫；紙張老化有黃斑, 裝訂裂散

　　登錄號 0000468/索書號 8020-008-005-007：4 冊,
黃紙本；磨損, 有水漬

　　登錄號 1011373/索書號 8011-014-001-018：4 冊,
黃紙本；有抄補, 破損, 有水漬

0489

　　平山堂小志 ：十二卷 / （清）程夢星纂. -- 刻本.
-- 江都汪氏, 清乾隆十六年（1751）. -- 4 冊（1 函）

10 行 21 字白口四周單邊單魚尾

　登錄號 1-02817/索書號 8018-137-001-004：4 冊
（1 函），黃紙本

0490

行宮座落圖説 · 揚州名勝圖説 · 江南名勝圖説
/（清）佚名編繪. -- 刻本. -- 清乾隆間. -- 4 冊：
圖

　白口四周單邊

　江南名勝圖，原名：南巡臨幸勝跡圖

　登錄號 0000438/索書號 8020-008-003-007：4 冊，
白紙本，經折裝；冊 1《行宮座落圖説》、冊 2《揚州
名勝圖説》、冊 3-4《江南名勝圖説》；破損

　登錄號 0000583/索書號 8020-009-005-007：5 冊，
白紙本，經折裝；冊1《行宮座落圖説》、冊2-3《揚州
名勝圖説》、冊4-5《江南名勝圖説》；老化、蟲蛀破損
嚴重，護封散失；2012年修復

0491

洛陽伽藍記：五卷 /（北魏）楊衒之撰 ；（明）
吳琯校 . -- 刻本. -- 新安吳琯，明. -- 2 冊. --
（增定古今逸史：二百二十三卷/（明）吳琯輯）

　10 行 20 字白口左右雙邊單魚尾

　本書又稱《伽藍記》，成書于東魏孝靜帝（534-550）
時，記錄北魏洛陽城佛寺緣起變遷、建制規模及有關
名人軼事、奇談異聞等

　登錄號 0000482/索書號 8020-009-001-008：2 冊，
黃紙本；鈐印：東海郡于氏圖書印；蟲蛀損壞；有修
補

0492

洛陽伽藍記：五卷 /（北魏）楊衒之撰. -- 刻本.
-- 虞山毛氏，明崇禎間. -- 2 冊（1 函）：圖 . --
（津逮祕書：十五集/〈明〉毛晉輯；第十集）

　8 行 18 字白口半葉四周單邊

　版心下記：綠君亭

　登錄號 0000372/索書號 8020-007-003-006：2 冊
（1 函），黃紙本，金鑲玉裝訂；卷首缺葉，紙張老化
變色；有修補

0493

鼎湖山慶雲寺志：八卷 /（清）丁易總修 ；（清）

釋成鷲纂. -- 刻本. -- 清康熙間. -- 4 冊：圖

　9 行 19 字白口左右雙邊單白魚尾

　有清康熙五十六年（1717）序

　廣東肇慶鼎湖山慶雲寺，又稱蓮花庵

　登錄號 0000484/索書號 8020-009-001-010：4 冊，
白紙本；鈐印：古鄞張之銘藏書、四明張氏古懼室藏
書記、張之銘珍藏〔張之銘〕；字跡清晰度差；邊角水
洇損壞

　登錄號 1011118/索書號 8011-011-001-004：4 冊，
白紙本；字跡清晰度差；書衣磨損

0494

逍遙山萬壽宮志：二十卷，卷首一卷 /（清）丁
步上，（清）敦懋隆等輯. -- 刻本. -- 清乾隆五年
（1740）. -- 8 冊（1 函）：圖

　9 行 21 字小字雙行同白口左右雙邊單魚尾

　登錄號 1011040/索書號 8011-010-002-016：8 冊
（1 函），黃紙本；蟲蛀損壞，首尾殘缺，書衣散失

0495

無量寺志：八卷 /（清）官志涵輯. -- 刻本. --
清. -- 2 冊

　9 行 20 字白口四周雙邊單魚尾

　有清乾隆五十一年（1786）序

　登錄號 1-03675/索書號 8018-132-006-005：2 冊，
白紙本；蟲蛀殘缺，有水漬

0496

龍角山記：一卷. -- 抄本. -- 清. -- 1 冊

　9 行 20 字

　編者不詳，約成書于金代，輯錄唐、宋、金三代有
關龍角山慶唐觀之碑記、詔令和祈禱文，龍角山原名
羊角山，在山西浮山縣南

　附：西川青羊宮碑銘/（唐）樂朋龜撰

　登錄號 0000333/索書號 8020-006-005-013：1 冊，
黃紙本；鈐印：四明盧氏抱經樓藏書印〔盧址〕；蟲蛀
損壞，有水漬，書衣破損

0497

湯陰精忠廟志：十卷 /（明）張應登等輯 ；（清）
楊世達續輯. -- 刻本. -- 清. -- 8 冊（2 函）：圖

　12 行 28 字小字雙行同白口左右雙邊單魚尾

河南湯陰岳飛廟，又稱宋岳忠武王廟

記事至清乾隆十五年（1750）

登錄號 0000426/索書號 8020-008-002-005：8 冊（2 函），白紙本；凡例及參訂姓氏誤訂于卷 10 前；卷首序缺葉，有殘葉、水漬；有修補

登錄號 1011293/索書號 8011-013-003-013：6 冊 （1 函），白紙本；有斷版、字跡漫漶處，蟲蛀等破損

0498

嵩嶽廟史 ：十卷 / （清）景日昣纂. -- 刻本. -- 清康熙三十五年（1696）. -- 4 冊（1 函）：圖

8 行 20 字粗黑口四周雙邊單魚尾

書名葉題：嵩厓景日昣纂 嵩嶽廟史 太壹園藏板

登錄號 1-10572/索書號 8005-030-002-002：4 冊（1 函），黃紙本；邊角鼠嚙損壞，裝訂裂散

0499

清聖祠志 ：六卷 / （清）張聯元輯. -- 刻本. -- 清康熙六十一年（1722）. -- 2 冊（1 函）：圖

10 行 21 字白口左右雙邊單魚尾

登錄號 1012374/索書號 8011-019-002-001：2 冊（1 函），黃紙本；鈐印：漢卿；首尾缺葉，偶見字跡漫漶

0500

東林書院志 ：二十二卷 / （清）高廷珍等增輯. -- 刻本. -- 清雍正十一年（1733）. -- 16 冊（1 函）：圖

12 行 25 字白口左右雙邊單魚尾

書名葉題：雍正癸丑新刊 東林書院志 梁溪麗澤堂藏板

序題：東林志

登錄號 1010691/索書號 8011-007-003-014：16 冊（1 函），黃紙本；序缺首葉；有修補

0501

寶晉書院志 ：八卷，卷首一卷 / （清）貴中孚裁訂 ；（清）魯琢，（清）楊志淑纂. -- 刻本. -- 寶晉書院，清乾隆三十年（1765）. -- 2 冊：圖

10 行 20 字白口左右雙邊單魚尾

書名葉題：乾隆乙酉春鐫 寶晉書院志 研山閣藏板

登錄號 1010820/索書號 8011-008-004-002：2 冊，白紙本；鈐印：虛舟；蟲蛀損壞，破損

〔史部 地理類 游記〕

0502

攬轡錄 ：一卷 / （宋）范成大撰. -- 寫本. -- 清. -- 1 冊

10 行 19 字

登錄號 0000545/索書號 8020-009-004-008：1 冊，白紙本；鈐印：夢華仙館藏書、夢華仙館，伯完珍祕；紙張老化有黃斑

0503

北轅錄 ：一卷 / （宋）周煇撰. -- 刻本. -- 雲間陸楫儼山書院，明嘉靖二十三年（1544）. -- 1 冊. -- （古今說海/〈明〉陸楫輯）

8 行 16 字白口左右雙邊雙順白魚尾

版心下記：儼山書院

登錄號 善 048/索書號 7018-sb-045：1 冊，與《蒙韃備錄》、《北邊備對》、《西使記》合刻，白紙本；鈐印：茂公，高勳，弘業，益津張氏珍藏之印；缺葉 10-13，有黃斑、水漬，書衣邊角蟲蛀破損

0504

西使記 ：一卷 / （元）劉郁撰. -- 刻本. -- 雲間陸楫儼山書院，明嘉靖二十三年（1544）. -- 1 冊. -- （古今說海/〈明〉陸楫輯）

8 行 16 字白口左右雙邊雙順白魚尾

版心下記：儼山書院

登錄號 善 048/索書號 7018-sb-045：1 冊，與《蒙韃備錄》、《北邊備對》、《北轅錄》合刻，白紙本；有黃斑、水漬，書衣邊角蟲蛀破損

0505

古今游名山記 ：十七卷，總錄三卷 / （明）何鏜輯 ；（明）吳炳校. -- 刻本，重修. -- 明嘉靖四十四年（1565）括蒼何鏜刻，明萬曆間重修. -- 13 冊（2 函）

14 行 27 字白口左右雙邊或四周單邊單白或黑魚尾

有明萬曆五年（1577）後跋

版心下記刻工：熊成七、蘇州嚴春、熊智、熊一清、余爵、姜俸、鄒國賓

登錄號 1-11250／索書號 8005-002-006-003：13 冊（2 函），黃紙本；鈐印：東魯觀察使者、孫氏伯淵［孫星衍］，古潭州袁臥雪廬收藏［袁芳瑛］，楊康年，樸夫章；有斷版，邊角鼠嚙損壞，裝訂斷綫

0506

王太初先生五岳遊草：十二卷 ／ （明）王士性撰；（清）馮甦輯. -- 刻本. -- 章安馮氏知還堂，清康熙三十年（1691）. -- 4 冊：圖

9 行 18 字白口四周單邊單魚尾，無直欄

書名葉題：康熙辛未年梓 天台馮再來先生重訂 王太初先生五岳游草 本府知還堂藏板

版心題：五岳游草

序至清康熙三十一年（1692）

登錄號 1-02790／索書號 8018-132-004-009：4 冊，黃紙本；鈐印：藏拙山房，恒昇號，關財瑞；蟲蛀損壞

0507

西行紀程 ：一卷. -- 抄本. -- 清. -- 1 冊

7 行 22 字

記事至清雍正十三年（1735），行程自四川成都、雙流、新津至西藏

登錄號 0000500／索書號 8020-009-002-004：1 冊，黃紙本；裝訂裂散

0508

扈從西巡日錄：一卷 ／ （清）高士奇撰. -- 刻本. -- 清康熙間. -- 1 冊

11 行 20 字小字雙行 30 字黑口四周單邊雙魚尾

記事至清康熙二十二年（1683）

登錄號 1-01624／索書號 8018-171-006-024：1 冊，黃紙本；鈐印：豐蓉堂書庫寶藏印；版心開口，書衣散失

0509

南遊記 ：一卷 ／ （清）孫家淦撰. -- 刻本，朱墨套印. -- 菊溪百齡守意龕，清嘉慶十年（1805）. -- 1 冊

8 行 20 字白口四周雙邊無魚尾

版心記：守意龕藏板

出版年等據百齡序

登錄號 善 042／索書號 7018-sb-039：1 冊，白紙本；鈐印：之頌、之頌收藏金石書畫圖籍之印；破損，有水漬，書衣磨損、蟲蛀

登錄號 1-03236／索書號 8018-132-001-007：1 冊，白紙本；鈐印：林葉亭生，選學齋藏書印［崇彝］；紙張老化四周變黃

〔史部 地理類 外紀〕

0510

海國聞見錄 ：二卷 ／ （清）陳倫炯撰. -- 刻本. -- 清乾隆九年（1744）. -- 2 冊（1 函） ：圖

9 行 24 字白口四周雙邊單魚尾

書名據目錄及版心題

登錄號 0000644／索書號 8020-010-004-002：2 冊（1 函），白紙本；鈐印：叢玉山房珍藏，恕臣寓目，姚氏翰臣藏書畫印；邊角磨損，書衣紙張老化變脆

0511

坤輿圖說 ：二卷 ／ （比利時）南懷仁（Verbiest, F.）撰. -- 刻本. -- 清初. -- 1 冊：圖

9 或 10 行 20 字白口左右雙邊單魚尾

登錄號 0000507／索書號 8020-009-002-011：1 冊，黃紙本；存 1 卷：卷下，首末有抄補；破損，有污漬，書衣散失

0512

朝鮮史略 ：一卷 ／ （朝鮮）佚名撰. -- 抄本. -- 清. -- 1 冊

12 行大小字單雙行不等

書名代擬

登錄號 0000998／索書號 8020-016-002-009：1 冊，黃紙本；鈐印：小綠天藏書、孫毓修印；有佚名朱筆校

0513

琉球國志略 ：十六卷，卷首一卷 ／ （清）周煌撰. -- 刻本. -- 漱潤堂，清乾隆二十四年（1759）. -- 6

冊（1函）：圖

9行21字小字雙行同白口四周雙邊單魚尾

書名葉題：乾隆己卯年刊 琉球國志略 漱潤堂藏板

登錄號 0000440/索書號 8020-008-003-009：6 冊（1函），黃紙本；與《海東集》（白紙本）合訂；紙張老化、破損，有水漬

登錄號 0000776/索書號 8020-012-003-002：6 冊（1函），黃紙本；書衣磨損，有污漬

0514

中山傳信錄：六卷，贈送詩文一卷 / （清）徐葆光纂. -- 刻本. -- 長洲徐氏二友齋，清康熙六十年（1721）. -- 2 冊（1函）：圖

9行21字小字雙行同黑口左右雙邊單魚尾

書名葉題：康熙庚子七月十一日熱河進呈冊封琉球圖本副墨 中山傳信錄康熙六十年辛丑刊 二友齋藏板

登錄號 0000151/索書號 8020-003-004-010：2 冊（1函），白紙本；蟲蛀損壞，書衣散失

登錄號 0000383/索書號 8020-007-003-017：6 冊（1函），黃紙本；缺後序，無書名葉，蟲蛀損壞，邊角鼠嚙；有修補

〔史部 地理類 輿圖〕

0515

歷代輿地沿革險要圖：不分卷 / （清）楊守敬，（清）饒敦秩撰. -- 刻本，朱墨藍三色. -- 東湖饒敦秩，清光緒五年（1879）. -- 2 冊（1函）：圖

登錄號 1-03587/索書號 8018-139-006-005：2 冊（1函），白紙本

0516

各省輿圖：一卷 / （清）劉堃編繪. -- 繪本. -- 清. -- 1 冊（1函）：圖

書名代擬

有清嘉慶十年（1805）劉堃序

登錄號 善 050/索書號 7018-sb-047：1 冊（1函），白紙本，經折裝

0517

正定府藁城縣輿圖 / （清）佚名編繪. -- 彩繪本.

-- 清. -- 1 件：圖

書名據書簽題

登錄號 1015314/索書號 8013-031-006-005：1 件；鈐藁城縣印（印文不清）；有紅色浮簽

0518

無極縣各河道村莊輿圖 / （清）佚名編繪. -- 彩繪本. -- 清. -- 1 件：圖

書名據書簽題

登錄號 1015315/索書號 8013-031-006-006：1 件；有紅色浮簽

0519

大城縣境內河道村莊全圖 / （清）佚名編繪. -- 彩繪本. -- 清. -- 1 件：圖

登錄號 1015313/索書號 8013-031-006-004：1 件；鈐印：大城縣印；有紅色浮簽

0520

江南全省輿圖：一卷 / （清）江南省撫院編繪. -- 彩繪本. -- 清初. -- 1 冊：圖

書名代擬

登錄號 0000450/索書號 8020-008-004-008：1 冊，白紙本，經折裝；邊角磨損

0521

臺灣輿圖：不分卷 / （清）夏獻綸纂修. -- 刻本. -- 清光緒五至六年（1879-1880）. -- 2 冊（1函）：圖 + 全臺前後山輿圖 1 幀

黑口左右雙邊或四周單邊單魚尾

書簽題：臺灣地輿圖說

書名葉題：光緒庚辰蒲夏開刷 全臺輿圖 版存福建臺灣道庫

牌記題：歲在光緒己卯秋仲初吉開雕

登錄號 0000447/索書號 8020-008-004-005：2 冊（1函），白紙本；有污漬

0522

沿海疆域圖 / （清）郭釗繪. -- 寫暨彩繪本. -- 郭釗，清. -- 1 軸：圖

書名代擬

內有天下總圖、臺灣圖、臺灣後圖、彭湖圖並文字說明

登錄號 0000964/索書號 8020-015-005-001：1 軸，卷軸裝

0523

中俄交界全圖：一卷. -- 石印本. -- 清光緒間. -- 2 件（折叠）：圖

清光緒七年（1881）蓮池居士撰寫文字說明

該圖反映中俄交界自清康熙二十八年（1689）至同治九年（1870）變動情況

登錄號 1-02382/索書號 8018-177-004-010：2 件（折叠）；紙張老化有黃斑

0524

長門山圖說. -- 彩繪本. -- 清. -- 1 件

登錄號 0001164-8/索書號 8020-020-001-018：1 件；蟲蛀等嚴重殘缺、破損

0525

金陵省城古蹟全圖. -- 石印本. -- 清. -- 1 件

登錄號 0001164-9/索書號 8020-020-001-019：1 件，白紙；折痕處破損

〔史部　職官類　官制〕

0526

欽定歷代職官表：七十二卷 / （清）紀昀等纂. -- 抄本，綠絲欄. -- 德清傅雲龍，清光緒間. -- 36 冊（4 函）

10 行 20 字小字雙行同白口左右雙邊無魚尾

內有表格

卷首有上諭、御製詩

記事至清乾隆四十八年（1783）

登錄號 1-02803/索書號 8018-138-002-004：36 冊（4 函），黃紙本；有清光緒十七年（1891）傅雲龍校記並鈐印：雲龍印信長壽

0527

宋宰輔編年錄：二十卷 / （宋）徐自明撰. -- 抄

本. -- 南海孔氏嶽雪樓，清末. -- 17 冊（2 函）

8 行 21 字

登錄號 0000143/索書號 8020-003-004-002：17 冊（2 函），黃紙本；鈐印：順德黎騷暘九據梧尋夢室所藏經籍書畫之印記、據梧尋夢室、黎騷私印、暘九平生珍賞、據梧尋夢室藏、黎騷暘九父、暘九、順德黎暘九收藏書畫印、暘九藏書畫記、順德黎氏據梧尋夢室所藏、順德人、順德黎騷暘九[黎暘九]，息雷軒，家在龍山鳳水；書衣磨損

0528

詞林典故：八卷 / （清）張廷玉等纂. -- 刻本. -- 武英殿，清乾隆間. -- 8 冊（1 函）

7 行 18 字小字雙行同白口四周雙邊單魚尾

清乾隆十二年（1747）張廷玉等進表，十三年（1748）御製序

登錄號 1-02751/索書號 8018-136-001-004：8 冊（1 函），黃紙本；紙張老化四周變黃

〔史部　職官類　官箴〕

0529

歷代官箴：三卷，卷首一卷 / （清）洪梧，（清）貴徵輯. -- 寫本，朱絲欄. -- 清嘉慶間. -- 2 冊（1 函）

10 行 21 字白口四周雙邊雙魚尾

卷首空白葉記：梅花書院肄業揚州府學廩生汪占鼇 江都縣學增生徐雲升 儀徵縣學增生羅鏞恭錄

有清嘉慶十九年（1814）序

登錄號 0000680/索書號 8020-010-005-020：2 冊（1 函），白紙本；鈐印：劉喜海、燕庭[劉喜海]，十魚齋，素文長壽；紙張老化四周變黃，有水漬

〔史部　政書類　通制〕

0530

通典：二百卷 / （唐）杜佑纂. -- 刻本. -- 明嘉靖間. -- 50 冊（10 函）

10 行 23 字白口四周雙邊雙魚尾

内分：食貨、選舉、職官、禮、樂、兵、刑、州郡、邊防九典

　版心下記刻工

　登錄號 0000163/索書號 8020-004-002-001：50 冊（10 函），白紙本；蟲蛀損壞，有缺、損書葉，有水漬、污漬，書衣水涸損壞

0531

　文獻通考：三百四十八卷 / （元）馬端臨纂. -- 刻暨抄本. -- 元刻暨明抄本. -- 97 冊（19 函）

　13 行 26 字小字雙行同綫黑口左右雙邊（抄本四周雙邊）雙魚尾

　登錄號 0001128/索書號 8020-019-001-001：97 冊（19 函），黃紙本；鈐印：公私合營來熏閣書店收訖；本書存抄本 222 卷、刻本 68 卷，缺 89 卷：卷 1-23、28-33、47-53、67、91-97、106-108、111、143-148、222-228、230、239-242、264-268、278-283、313-318、330-335；存卷有缺葉，偶見裝訂葉碼交叉、重複，刻本有斷版、字跡漫漶處

0532

　文獻通考纂：二十二卷 / （元）馬端臨撰 ；（清）郎星等定 ；（清）金嘉秋等較 . -- 刻本. -- 心遠堂，清康熙間. -- 12 冊

　9 行 22 字白口四周雙邊無魚尾

　目錄題：正文獻通考纂

　版心下記：心遠堂

　有清康熙三年（1664）序

　登錄號 1-02698/索書號 8018-130-003-001：12 冊，黃紙本；鈐印：秉負式字翼齋，胡士權，潤郡湛露堂書記；蟲蛀損壞，書葉殘缺，裝訂斷綫

0533

　經籍志鈔：七十六卷 / （元）馬端臨撰. -- 抄本，烏絲欄. -- 清. -- 4 冊

　11 行 23 字黑口左右雙邊雙魚尾

　登錄號 0000786/索書號 8020-012-004-010：4 冊，黃紙本；卷端未標卷數，蟲蛀損壞，裝訂裂散

0534

　東漢會要：四十卷 / （宋）徐天麟撰. -- 刻本. -- 南城胡氏端谿精舍，清道光二年（1822）. -- 16 冊（2 函）

　9 行 21 字白口四周雙邊單魚尾

　登錄號 1-07525/索書號 8018-128-005-007：16 冊（2 函），白紙本，金鑲玉裝訂；鈐印：雲龍印信長壽、懋元父[傅雲龍]，吳興姚氏邃雅堂鑑藏書畫圖籍之印、姚氏藏書[姚晏]；有傅雲龍題識：光緒初傅子雲龍購自海王邨書肆（鈐印：雲龍印信長壽）並朱筆錄道光二年阮元、胡森序；目錄末缺葉（卷 40 以後），紙張老化變黃

0535

　東漢會要：四十卷 / （宋）徐天麟撰. -- 刻本. -- 嶺南學海堂，清光緒五年（1879） ：富文齋. -- 8 冊（1 函）

　10 行 20 字小字雙行同白口左右雙邊單魚尾

　牌記題：光緒己卯八月嶺南學海堂刊

　目錄末題：粵東省城西湖街富文齋承刊印售，並鈐印：魯東文雅齋發兌

　登錄號 1-06308/索書號 8009-090-005-003：8 冊（1 函），白紙本；鈐印：浚儀馮十貳、名余曰汝桓乎、字余曰果卿、祥符馮汝桓果卿氏藏書畫印[馮汝桓]，中國營造學社圖籍；有水漬

0536

　教民榜文：一卷. -- 抄本. -- 清. -- 1 冊

　9 行 15 字

　《皇明制書》之卷九

　據明萬曆七年（1579）張鹵刻本抄

　登錄號 1-02365/索書號 8018-177-005-003：1 冊，白紙本；鈐印：松鶴雄印；有水漬

0537

　欽定大清會典：一百卷 / （清）允陶等纂. -- 刻本. -- 武英殿，清乾隆二十九年（1764）. -- 16 冊（2 函）：圖

　10 行 20 字白口四周雙邊單魚尾

　清乾隆二十九年奉敕纂，初修于康熙三十三年，續修于雍正五年，凡三經釐定

　登錄號 0000617/索書號 8020-010-002-006：16 冊（2 函），白紙本；鈐印：紫江朱氏存素堂所藏圖書[朱啟鈐]；字跡略有模糊，書葉殘缺，紙張老化有黃斑，蟲蛀損壞；有修補

0538

欽定大清會典則例：一百八十卷 / （清）來保（清）張廷玉等纂. -- 刻本. -- 清乾隆間. -- 64 冊（8 函）

10 行 20 字白口四周雙邊單魚尾

清乾隆十二年（1747）纂修

登錄號 0000775/索書號 8020-012-003-001：64 冊（8 函），白紙本；鈐印：紫江朱氏存素堂所藏圖書[朱啟鈐]；有斷版、字迹模糊處，卷 80 缺 1-4 葉，卷七十三卷端誤題卷七十；蟲蛀損壞，有污漬；有修補

0539

六部新定考成現行則例：六卷，目錄六卷，附督捕一卷，新例續增六卷 / （清）佚名輯. -- 抄本. -- 清. -- 11 冊

書名代擬

清康熙間吏部、戶部、禮部、兵部、刑部、工部則例

登錄號 0001199/索書號 8020-020-004-011：11 冊，黃紙本；破損，有水漬

0540

欽定工部則例：九十八卷 / （清）福長安等修 ；（清）多隆阿等纂. -- 刻本. -- 清嘉慶三年（1798）. -- 12 冊（1 函）

9 行 20 字小字雙行同白口四周雙邊單魚尾

登錄號 0001264/索書號 8020-021-003-005：12 冊（1 函），白紙本；紙張老化四周變黃

0541

欽定工部則例：一百四十二卷 / （清）曹振鏞等纂. -- 刻本. -- 清嘉慶二十年（1815）. -- 20 冊（2 函）

9 行 20 字小字雙行同白口四周雙邊單魚尾

版本年據卷前奏疏

登錄號 0001255/索書號 8020-021-001-006：20 冊（2 函），黃紙本；鈐印：中國營造學社圖籍；裝訂裂散

0542

欽定工部則例：一百四十二卷，續增則例一百三十六卷 / （清）曹振鏞等纂. -- 刻本，增刻. -- 清嘉慶二十年（1815）刻，清嘉慶二十四年（1819）增刻 .

-- 48 冊（6 函）

9 行 20 字小字雙行同白口四周雙邊單魚尾

附： 欽定工部保固則例：四卷/（清）保亮等總纂，（清）寶善等纂

登錄號 0001277/索書號 8020-021-005-005：48 冊（6 函），黃紙本；紙張老化四周變黃，裝訂裂散

0543

欽定工部續增則例 ：一百三十六卷 / （清）保亮等纂. -- 刻本. -- 清嘉慶二十四年（1819）. -- 28 冊（4 函）

9 行 20 字小字雙行同白口四周雙邊單魚尾

附： 欽定工部保固則例：四卷/（清）保亮等總纂，（清）寶善等纂

登錄號 0001256/索書號 8020-021-002-001：28 冊（4 函），黃紙本；總目錄有缺葉，裝訂裂散

登錄號 1015340/索書號 8013-032-005-001：28 冊（4 函），黃紙本；無《欽定工部保固則例》，裝訂裂散

登錄號 1015255/索書號 8013-031-001-003：13 冊（2 函），白紙本；存 66 卷：卷 1-26、97-136；有水漬

0544

欽定工部軍器則例：六十卷 / （清）劉權之等修 ；（清）宋道勳等纂. -- 刻本. -- 清嘉慶十七年（1812）. -- 40 冊（4 函）

9 行 20 字白口四周雙邊單魚尾

書名據版心題

登錄號 0001287/索書號 8020-021-007-003：40 冊（4 函），白紙本；鈐印：中國營造學社圖籍；字跡模糊，紙張老化四周變黃，蟲蛀損壞

0545

欽定工部保固則例 ：四卷 / （清）保亮等總纂 ；（清）寶善等纂. -- 刻本. -- 清嘉慶二十四年（1819）. -- 1 冊（1 函）

9 行 20 字小字雙行同白口四周雙邊單魚尾

版本年據卷前奏疏

登錄號 0001251/索書號 8020-021-001-002：1 冊（1 函），黃紙本；鈐印：中國營造學社圖籍；紙張老化變脆四周變黃，邊角破損，裝訂裂散

0546

　欽定宮中現行則例：四卷. -- 刻本. -- 清末. --
4 冊（1 函）

　8 行 20 字白口四周雙邊單魚尾

　記事至清同治九年（1870）

　登錄號 0001274/索書號 8020-021-005-002：4 冊
（1 函），白紙本；鈐印：中國營造學社圖籍；紙張老
化有黃斑，邊角蟲蛀損壞，裝訂裂散

0547

　欽定總管內務府現行則例 / （清）內務府編. -- 寫
本，朱絲欄. -- 清道光間 . -- 2 冊

　8 行 21 字白口四周雙邊單魚尾

　記事至清道光二十五年（1850）

　登錄號 0000259/索書號 8020-006-002-005：2
冊，白紙本；鈐滿漢文官印：內管領理事之關防；
藍色布質書衣，紙張老化有黃斑，書葉破損，裝訂
綫脫落

〔史部　政書類　典禮〕

0548

　大金集禮：四十卷 / （金）張瑋等撰. -- 抄本. --
清. -- 6 冊（1 函）

　10 行 21 字

　序題清雍正元年（1723）

　登錄號 0000140/索書號 8020-003-003-011：6 冊
（1 函），黃紙本；鈐印：孫毓修印、小綠天藏書；書
衣有民國八年重裝墨筆題記；缺 2 卷：卷 26、33；有
水漬；有修補

0549

　皇明三禮述：二卷 / （明）鄭曉撰. -- 刻本. --
明嘉靖隆慶間. -- 1 冊. -- （鄭端簡公全集·吾學編；
卷六十三）

　10 行 19 字白口左右雙邊單魚尾

　版心題：三禮述

　版心下記刻工

　登錄號 0001014/索書號 8020-016-003-006：1 冊，
黃紙本；紙張老化變脆，首尾殘缺、破損，書衣散失，

裝訂裂散

0550

　大清通禮 ：五十四卷 / （清）來保等修 ；（清）
李玉鳴等纂 ；（清）穆克登額等續修 ； （清）恒泰
等續纂. -- 刻本. -- 江蘇書局，清光緒九年（1883）.
-- 12 冊（2 函）

　13 行 21 字小字單行同，白口左右雙邊單魚尾

　牌記題：光緒九年四月江蘇書局刊版

　登錄號 0000638/索書號 8020-010-003-016：12 冊
（2 函），黃紙本；有清宣統元年（1909）胡玉縉朱墨
筆批校、題識（含散葉、浮簽）；紙張老化四周變黃，
邊角磨損，有污漬

0551

　慶典成案. -- 刻本. -- 清. -- 5 冊（1 函）

　9 行 23 字白口四周雙邊單魚尾

　書名據套簽題

　記清乾隆間慶典

　子目：

　　1.內務府慶典成案：三卷

　　2.工部慶典成案：一卷

　　3.禮部慶典成案：一卷

　登錄號 1-02670/索書號 8018-142-004-004：5 冊
（1 函），白紙本；紙張老化四周變黃，邊角輕微蟲蛀

0552

　壇廟祀典：三卷 / （清）方觀承撰. -- 刻本. --
清乾隆間 . -- 3 冊（1 函） ： 圖

　9 行 20 字小字雙行同白口四周雙邊單魚尾

　有清乾隆二十三年（1758）序

　登錄號 1-07292/索書號 8018-128-002-010：3 冊
（1 函），黃紙本；紙張老化變黃變脆，蟲蛀損壞，邊
角鼠嚙，有水漬，裝訂斷綫

0553

　欽定滿洲祭神祭天典禮［殘本］：卷六 / （清）允
祿等纂. -- 寫本. -- 清. -- 1 冊 ： 圖

　白口四周朱色雙邊單魚尾

　書名據套簽及版心題

　套簽記：內閣大庫寫本殘存

　清乾隆十二年（1747）莊親王允祿等奉敕纂修

登錄號 0000327/索書號 8020-006-005-006：1 冊，黃紙本；鈐印：紫江朱氏存素堂所藏圖書、紫江朱氏、存素堂藏、朱啟鈐珍賞印[朱啟鈐]；朱啟鈐題記一紙云：此本自內閣大庫佚出，民國十九年購得重裝；有修補

0554

幸魯盛典：四十卷 / （清）孔毓圻，（清）金居敬等纂. -- 刻本. -- 曲阜孔毓圻，清康熙五十年（1711）. -- 10 冊（1 函）

10 行 21 字白口四周雙邊單魚尾

登錄號 0000280/索書號 8020-006-003-005：10 冊（1 函），黃紙本；紙張老化四周變黃，有水漬

0555

四譯館考：十卷 / （清）江蘩撰. -- 刻本. -- 清康熙間. -- 1 冊（1 函）

9 行 20 字小字雙行同白口四周雙邊單魚尾

有清康熙三十四年（1695）序

卷九、十分別為《回回館課集字詩》、《緬甸館課集字詩》

登錄號 善 049/索書號 7018-sb-046：1 冊（1 函），黃紙本；有水漬，版心開口

0556

皇太后七旬萬壽慶典奏案[乾隆二十六年]：一卷 / （清）內務府編. -- 活字本. -- 清乾隆間. -- 1 冊（1 函）

9 行 23 字白口四周雙邊單魚尾，無直欄

孝聖憲皇太后，鈕祜祿氏（1692-1777）

登錄號 1010723/索書號 8011-007-007-003：1 冊（1 函），黃紙本；鈐印：中國營造學社圖籍；有水漬；書衣修補

0557

大婚禮節：一卷 / （清）禮部製. -- 刻本. -- 清光緒十四至十五年（1888-1889）. -- 1 冊（1 函）

9 行 22 字白口四周雙邊單魚尾

登錄號 0000497/索書號 8020-009-002-001：1 冊（1 函），黃紙本；鈐印：紫江朱氏存素堂所藏圖書[朱啟鈐]；書衣破損

〔史部 政書類 邦計〕

0558

荒政瑣言：一卷 / （清）萬維翰撰. -- 刻本. -- 清乾隆十七年（1752）. -- 1 冊

10 行 21 字小字雙行同白口半葉四周單邊無魚尾，無直欄

書名葉題：乾隆癸未年重鐫 荒政瑣言 芸暉堂藏板

登錄號 1-02294/索書號 8018-178-005-008：1 冊，黃紙本；蟲蛀損壞，破損，版心開口，書衣散失，裝訂斷綫

0559

畿輔義倉圖：不分卷，規條一卷 / （清）方觀承纂. -- 刻本. -- 清乾隆十八年（1753）. -- 6 冊（1 函）：圖

白口四周單邊

凡例題：義倉圖

以地圖形式記直隸順天、保定、正定三府所轄義倉設立情況，每圖附文字說明，部分圖版刊刻時任縣令姓名

登錄號 1-06681/索書號 8009-102-001-006：6 冊（1 函），白紙本；裝訂裂散

登錄號 0000428/索書號 8020-008-002-007：6 冊（1 函），白紙本；內有畢家琛信件一紙；有斷版、字跡漫漶處，書衣破損

0560

錢穀備要：十卷 / （清）王又槐輯 ；（清）王又梧，（清）羅允綏訂. -- 刻本. -- 武林王氏，清乾隆五十八年（1793）. -- 8 冊（1 函）

8 行 20 字小字雙行同白口左右雙邊單魚尾

書名葉題：乾隆五十八年新鐫 午橋王又槐輯 錢穀備要 本衙藏板翻刻必究

登錄號 1-06703/索書號 8009-110-002-002：8 冊（1 函），白紙本，巾箱本；書衣破損、散失，裝訂斷綫

0561

兩廣鹺政行銷引地圖說：不分卷，附緝私廠卡圖說 / （清）兩廣鹽運司輯. -- 寫暨彩繪本. -- 清光緒

初年. -- 1 冊 : 圖

圖説 12 行 26 字白口四周單邊

書名據護封題

記事至清光緒二年（1876）

登錄號 0000704/索書號 8020-011-002-015：1 冊
（24 開），折裝；有霉斑，裂散

0562

息字魚鱗圖冊 : 不分卷 / （清）敦禮堂編. -- 抄
本. -- 敦禮堂，清. -- 1 冊 : 圖

書名據書衣題

江蘇無錫南延鄉

登錄號 0000695/索書號 8020-011-002-006：1 冊，
黃紙本；邊角殘缺、破損

〔史部　政書類　軍政〕

0563

科場射法指南車 : 一卷 / （清）劉奇編 ; （清）
周亮輔增註. -- 刻本. -- 清同治十一年（1872）. --
1 冊 : 圖

7 行 18 字白口左右雙邊單魚尾

書名葉題：同治壬申年重刊 鑾江劉奇作周氏述編金
溪周亮輔猷菴增註 孫武子射法指南車 聯中三元 本
衙藏板

版心題：射法指南車

登錄號 1-02998/索書號 8018-131-004-007：1 冊，
白紙本

0564

北邊備對 : 一卷 / （宋）程大昌撰. -- 刻本. --
雲間陸楫儼山書院，明嘉靖二十三年（1544）. -- 1
冊. -- （古今説海/〈明〉陸楫輯）

8 行 16 字白口左右雙邊雙順白魚尾

版心下記：儼山書院

登錄號 善 048/索書號 7018-sb-045：1 冊，與《蒙
韃備錄》、《西使記》、《北轅錄》合刻，白紙本；鈐印：
茂公，高勳，弘業，益津張氏珍藏之印；有黃斑、水
漬，書衣邊角蟲蛀破損

0565

海防圖論 : 一卷，補輯二卷 / （明）胡宗憲撰 ;
（明）萬世德，（明）殷都補輯. -- 刻本，朱墨套印.
-- 吳興閔氏，明天啓元年（1621）. -- 1 冊 : 圖. --
（兵垣四編/（明）閔聲，〈明〉閔暎張輯）

8 行 18 字白口四周單邊

補輯： 遼東軍餉論：一卷/（明）萬世德撰，日本
考略：一卷/（明）殷都輯

登錄號 0000635/索書號 8020-010-003-010：1 冊，
白紙本；邊角殘缺，有污漬；有修補

0566

海防圖論 : 一卷，補輯二卷 / （明）胡宗憲撰 ;
（明）萬世德，（明）殷都補輯. -- 抄本，朱墨. -- 明
末. -- 1 冊 : 圖

8 行 18 字白口四周單邊

據明天啓元年吳興閔氏刻《兵垣四編》本抄

補輯： 遼東軍餉論：一卷/（明）萬世德撰，日本
考略：一卷/（明）殷都輯

登錄號 0000637/索書號 8020-010-003-011：1 冊，
白紙本；邊角殘缺，有水漬

0567

九邊圖論 : 一卷 / （明）許論撰. -- 抄本，朱墨.
-- 明末. -- 1 冊 : 圖

8 行 18 字白口四周單邊

據明天啓元年吳興閔氏刻《兵垣四編》本抄

登錄號 0000636/索書號 8020-010-003-012：1 冊，
白紙本；邊角殘缺，裝訂裂散

0568

嶺西水陸兵紀 : 二卷 / （明）盛萬年撰. -- 刻本.
-- 清雍正九年（1731）. -- 1 冊 : 圖

10 行 20 字白口左右雙邊單魚尾

書名葉題：嶺西水陸兵紀 寶綸堂藏板

有清雍正九年（1731）後序

登錄號 1-10562/索書號 8005-005-002-011：1 冊，
黃紙本，紙捻裝訂、外加封皮；蟲蛀、水漬損壞

0569

治平勝筭全書 : 二十八卷 / （清）年羹堯輯. -- 抄
本. -- 清. -- 12 冊（2 函）: 圖

8 行 20 字白口四周藍色雙邊單魚尾

有清雍正二年（1724）年龔堯序

登録號 0000832/索書號 8020-013-005-011：12 冊
（2 函），黃紙本，金鑲玉裝訂；鈐印：趙培元、惕齋
藏書之印，大覺居士，敦年

0570

伊塔卡倫事畧 ：一卷 / （清）伊勒圖，（清）保寧
等撰. -- 抄本. -- 清. -- 1 冊

7 行大小字不等

記清乾隆間事

登録號 1010650/索書號 8011-006-007-004：1 冊，
與《烏魯木齊所屬事畧》、《回疆各城事畧》合抄，黃
紙本；邊角破損

0571

烏魯木齊所屬事畧 ：一卷 / （清）伊勒圖，（清）
保寧等撰. -- 抄本. -- 清. -- 1 冊

7 行大小字不等

記清乾隆間事

登録號 1010650/索書號 8011-006-007-004：1 冊，
與《伊塔卡倫事畧》、《回疆各城事畧》合抄，黃紙本；
邊角破損

0572

回疆各城事畧 ：一卷 / （清）伊勒圖，（清）保寧
等撰. -- 抄本. -- 清. -- 1 冊

7 行大小字不等

記清乾隆間事

登録號 1010650/索書號 8011-006-007-004：1 冊，
與《伊塔卡倫事畧》、《烏魯木齊所屬事畧》合抄，黃
紙本；邊角破損

0573

鐵模圖説 ：一卷 · 演礮圖説 ：一卷 / （清）龔
振麟撰 ；（清）[李萱]繪. -- 刻本. -- 清道光二十
三年（1843）. -- 1 冊（1 函）：圖

9 行 20 字白口四周雙邊單魚尾

登録號 0000199/索書號 8020-005-003-013：1 冊（1
函），黃紙本；鈐印：映雪齋，中國營造學社圖籍；扉
葉有民國二十二年、二十三年朱啟鈐題寫書名並鈐
印：桂辛

0574

正威礮圖編 ：不分卷 / （清）孫鳳鳴輯. -- 刻本.
-- 清嘉慶六年（1801）. -- 2 冊：圖

10 行 23 字白口左右雙邊單魚尾

書名葉題：嘉慶辛酉四月刊 正威礮圖編 本衙藏板

登録號 1-03803/索書號 8018-148-003-025：2 冊，
黃紙本，金鑲玉裝訂；鈐印：曾留吳興周氏言言齋、
吳興周樾然藏書記；有水漬

0575

李文忠公洋槍軍陣圖 ：一卷 / （清）佚名編繪. --
彩繪本. -- 清末. -- 1 冊（29 開）：圖

書名據書簽題

登録號 1011582/索書號 8011-015-001-002：1 冊
（29 開），經折裝；張仲良題簽並鈐印：仲良；破損

0576

洋漢兵陣全圖 ：一卷 / （清）佚名編繪. -- 彩繪
本. -- 清. -- 1 冊：圖

書名代擬

書簽題：洋漢全圖

登録號 0000967/索書號 8020-015-005-004：1 冊，
白紙本，經折裝；殘存 30 開，水沤等損壞

0577

山東登州鎮標水師前營成山汛兵丁鳬水圖 ：五陣 /
（清）佚名編繪. -- 刻暨彩繪本. -- 清. -- 1 冊：圖

書名據書簽題

清道光三十年（1850）山東巡撫陳慶楷奏請裁革成
山汛守備署，將成山汛改為登州水師前營（亦稱成山
水師營）

登録號 0000511/索書號 8020-009-002-015：1 冊，
白紙本，經折裝

0578

觀德譜 ：不分卷 / （清）哈明德撰. -- 彩繪暨寫
本. -- 清同治三年（1864）. -- 1 冊（1 函）：圖

8 行 18 字

扉葉記：歲在甲子重錄於河間協右營署內

登録號 0000896/索書號 8020-014-005-002：1 冊
（1 函）；白紙本，金鑲玉裝訂，藍色絲質書衣；有水
漬

0579

阿爾泰山圖説：一卷 / （清）長庚撰. — 寫本，朱格. — 清末. — 1 冊

6 行 20 字四周雙邊單魚尾

書名據扉葉題

登錄號 0000543-9/索書號 8020-009-004-046：1 冊，黃紙本

〔史部　政書類　邦交〕

0580

譯出緬甸國謝恩表文：清乾隆五十六年 / （緬甸）孟隕撰；（清）禮部譯. — 寫本. — 清乾隆五十七年（1792）. — 1 件

登錄號 1015347/索書號 8011-001-006-011：1 件；有殘缺、污漬

0581

夷務權輿記：二卷 / （清）李鳳翎撰. — 稿本. — 嶺南李鳳翎，清咸豐間. — 1 冊

6 行 20 字小字雙行字不等，無欄格

記清道光十九年（1839）至咸豐十年（1860）赴粵襄辦夷務事

登錄號 善 055/索書號 7018-sb-052：1 冊，黃紙本；鈐印：鳳翎之章、鳳翎之印、別號少珊、曾經滄海、為知己用、臣心如水、我行我法；破損，有污漬，裝訂斷綫

〔史部　政書類　考工〕

0582

魯班經匠家鏡：三卷 / （明）午榮，（明）章嚴撰. — 刻本. — 明萬曆間. — 1 冊（合 1 函）：圖

9 行 20 字白口四周單邊單魚尾

版心題：魯班经

卷一末題：新鑴京板工師雕斵正式魯班經匠家鏡

登錄號 0000168/索書號 8020-004-002-006：1 冊

（合 1 函），與《秘訣仙機》、《新刻法師選擇紀》合刻，黃紙本，金鑲玉裝訂；缺葉、殘損，有污漬

0583

工部工程做法：七十四卷，卷首一卷 / （清）允禮等纂. — 刻本. — 清雍正十二年（1734）. — 6 冊：圖

上下兩欄 22 行各 20 字黑口左右雙邊

登錄號 0001291/索書號 8020-021-008-002：6 冊，黃紙本，包背裝，超大開本，中國營造學社重新剪貼

0584

工程做法則例：七十四卷 / （清）允禮等纂. — 刻本，重修. — 清雍正間刻，清重修. — 16 冊（4 函）：圖

9 行 20 字白口四周雙邊單魚尾

版心題：工程做法

書名據書簽題

卷前有清雍正十二年（1734）奏疏

登錄號 0001257/索書號 8020-021-002-002：16 冊（4 函），白紙本；斷版及字跡漫漶嚴重，卷前奏疏處有一墨釘；缺葉，破損，有水漬、霉漬，裝訂裂散

0585

工程做法則例：七十四卷 / （清）允禮等纂. — 刻本，重修. — 清雍正間刻，清重修. — 17 冊：圖

9 行 20 字白口四周雙邊單魚尾

版心題：工程做法

書名據書簽題

卷前有清雍正十二年（1734）奏疏

登錄號 0001273/索書號 8020-021-005-001：17 冊，白紙本；斷版，字跡漫漶，卷前奏疏處有一墨釘；破損，裝訂裂散

0586

工程做法則例：七十四卷 / （清）允禮等纂. — 刻本，重修. — 清雍正間，清重修. — 27 冊（2 函）：圖

9 行 20 字白口四周雙邊單魚尾

版心題：工程做法

書名據書簽題

卷前有清雍正十二年（1734）奏疏

登錄號 0001283/索書號 8020-021-006-006：27 冊
（2 函），白紙本；附：《工部簡明做法冊》、《城垣做法
冊式》；斷版，字跡漫漶，卷前奏疏處無墨釘；紙張老
化四周變黃，邊角損壞，有水漬

0587

　　工程做法則例：七十四卷 ／（清）允禮等纂. -- 刻
本. -- 清. -- 20 冊（2 函）

9 行 20 字白口四周雙邊單魚尾

版心題：工程做法

書名據書簽題

清雍正十二年（1734）頒行

登錄號 0000611/索書號 8020-010-001-006：20 冊
（2 函），黃紙本；鈐印：建築師任鶴如圖章；有抄補，
蟲蛀、鼠嚙損壞；有修補

登錄號 1-10401/索書號 8005-018-003-011：10 冊
（1 函），黃纸本；存 32 卷：卷 1-32，鼠嚙等損壞，
書衣散失

0588

　　內庭工程做法：八卷. -- 刻本. -- 清. -- 8 冊

9 行 20 字白口四周雙邊單魚尾

書簽題：工程做法則例

版心題：工程做法

書名據目錄題

登錄號 0001173/索書號 8020-020-003-004：8 冊，
白紙本；破損，有水漬，裝訂裂散

登錄號 0001279/索書號 8020-021-006-002：4 冊
（1 函），白紙本；行間有墨筆增補；紙張老化變脆四
周變黃，破損，裝訂裂散

登錄號 0001276/索書號 8020-021-005-004：4 冊
（1 函），白紙本；鈐印：中國營造學社圖籍；斷版，
字跡漫漶；紙張老化四周變黃，破損，裝訂裂散

0589

　　建筑工程做法 ／（清）佚名輯. -- 抄本. -- 清. --
2 冊（1 函）

7 行 26 字

書名據套簽題

登錄號 0001211/索書號 8020-020-004-021：2 冊（1
函），黃紙本，金鑲玉裝訂，巾箱本；鈐印：中國營造
學社；破損，有污漬

0590

　　石作做法：一卷 ／（清）佚名輯. -- 抄本. -- 清.
-- 1 冊（1 函）

9 行 19 字

書名據書衣題

登錄號 0001176/索書號 8020-020-003-007：1 冊
（1 函），白紙本；紙張老化四周變黃，破損

0591

　　九卿議定物料價值：四卷，又四卷 ／（清）邁柱
等纂. -- 刻本. -- 清. -- 4 冊（1 函）

9 行 20 字小字雙行同白口四周雙邊單魚尾

書簽題：工部物料價值則例（“則”原誤作
“側”）

版心題：物料價值

清乾隆元年（1736）擬訂

各卷分上下

登錄號 0001275/索書號 8020-021-005-003：4 冊
（1 函），白紙本；鈐印：中國營造學社圖籍；字跡漫
漶；邊角破損

登錄號 0001281/索書號 8020-021-006-004：5 冊
（1 函），白紙本；增：城垣做法冊式一卷；鈐印：中
國營造學社圖籍；有抄補；紙張老化四周變黃

0592

　　九卿議定物料價值：四卷 ／（清）邁柱等纂. -- 刻
本. -- 清. -- 8 冊（1 函）

9 行 20 字小字雙行同白口四周雙邊單魚尾

版心題：物料價值

清乾隆元年（1736）擬訂

各卷分上下

登錄號 0001278/索書號 8020-021-006-001：8 冊
（1 函），黃紙本；水漬

0593

　　九卿議定物料價值：四卷，又四卷 ／（清）邁柱
等纂. -- 刻本. -- 清. -- 8 冊（1 函）

9 行 20 字小字雙行同白口四周雙邊單魚尾

版心題：物料價值

清乾隆元年（1736）擬訂

各卷分上下

登錄號 0001289/索書號 8020-021-007-005：8 冊

（1 函），黄紙本；鈐印：中國營造學社圖籍；有字跡漫漶處，破損，裝訂裂散

0594

欽定物料價值則例[山東省]：十二卷 / （清）陳宏謀等修 ；（清）快亮等纂. -- 刻本. -- 清乾隆三十三年（1768）. -- 12 冊（2 函）

9 行 20 字小字雙行同白口四周雙邊單魚尾

版心題：物料價值則例

書名據書籤題

版本年據卷前奏疏

登錄號 0001259/索書號 8020-021-002-004：12 冊（2 函），白紙本；字跡漫漶，有水漬，裝訂裂散

登錄號 0001288/索書號 8020-021-007-004：12 冊（2 函），白紙本；鈐印：中國營造學社圖籍；裝訂裂散

0595

欽定物料價值則例[山西省]：十六卷 / （清）陳宏謀等修 ；（清）快亮等纂. -- 刻本. -- 清乾隆三十三年（1768）. -- 16 冊（1 函）

9 行 20 字小字雙行同白口四周雙邊單魚尾

版心題：物料價值則例

書名據書籤題

版本年據卷前奏疏

登錄號 0001252/索書號 8020-021-001-003：16 冊（1 函），白紙本；鈐印：中國營造學社圖籍；有斷版、字跡漫漶處，紙張老化四周變黃，破損，裝訂裂散，有水漬

登錄號 0001253/索書號 8020-021-001-004：16 冊（1 函），白紙本；鈐印：中國營造學社圖籍；有斷版；紙張老化四周變黃，卷首有重頁，破損，裝訂裂散

登錄號 0001263/索書號 8020-021-003-004：16 冊（1 函），白紙本；有斷版；紙張老化四周變黃，裝訂裂散

0596

欽定物料價值則例[廣東省]：十六卷 / （清）陳宏謀等修 ；（清）快亮等纂. -- 刻本. -- 清乾隆三十三年（1768）. -- 15 冊（2 函）

9 行 20 字小字雙行同白口四周雙邊單魚尾

版心題：物料價值則例

書名代擬

版本年據卷前奏疏

登錄號 0001183/索書號 8020-020-003-014：15 冊（2 函），黃紙本；鈐印：中國營造學社圖籍；有斷版；紙張老化四周變黃，邊角磨損

0597

欽定南河料物價值現行事例 ：三卷 / （清）戴均元等纂. -- 刻本. -- 清嘉慶十二年（1807）. -- 2 冊（1 函）

9 行 20 字白口四周雙邊單魚尾

書名葉題：嘉慶丁卯刊定 欽定南河現行事例

登錄號 0001280/索書號 8020-021-006-003：2 冊（1 函），白紙本；鈐印：中國營造學社圖籍；紙張老化四周變黃，有水漬，書衣邊角破損，裝訂裂散

0598

物料價值. -- 抄本. -- 清. -- 1 冊

書名據套籤題

皇城牆、圓明園八旗營房院界牆等物料價值

附：工價例、輕重例、各項做法、工部保固則例

登錄號 1-03961/索書號 8018-157-002-002：1 冊，白紙本，折裝，巾箱本；鈐印：中國營造學社圖籍

0599

圓明園內庭內工諸作現行則例 ：不分卷 / （清）佚名纂. -- 寫本. -- 清乾隆間. -- 22 冊（4 函）

9 行 26 字

書名據書籤題

登錄號 0001250/索書號 8020-021-001-001：22 冊（4 函），白紙本，包背裝；鈐圓明園滿漢文官印，另鈐收藏印：中國營造學社圖籍；應 34 冊（6 函），缺 12 冊（第 5-6 函）；有水漬，裝訂裂散

0600

清墓室則例 ：一卷 / （清）清內務府製. -- 繪暨寫本. -- 清. -- 1 冊 ：圖

書名代擬

滿、漢文對照，記事至清乾隆三十年（1765）

登錄號 0000528/索書號 8020-009-003-005：1 冊，白紙本，毛裝；紙張老化變質，破損，有水漬、污漬

0601

乘輿儀仗做法：二卷 ／（清）工部編． -- 刻本． -- 清〔乾隆十四年（1749）〕． -- 2 冊（1 函）

9 行 20 字白口四周雙邊單魚尾

登錄號 0001265／索書號 8020-021-003-006：2 冊（1 函），黃紙本；鈐印：中國營造學社圖籍；字跡模糊漫漶，有抄配

0602

儀鑾殿福昌殿後照樓海晏堂仿俄館洋式樓裝修立樣 ／（清）佚名纂． -- 稿本，精製繪圖． -- 內府，清光緒間． -- 7 冊（1 函）＋儀鑾殿圖樣 2 冊、裝修説明 1 紙

書名代擬

中南海儀鑾殿，清光緒間建成，後被火焚毀，重建名為佛照樓，袁世凱執政時更名懷仁堂

子目：

1. 儀鑾殿內簷裝修立樣
2. 儀鑾殿東西配殿內簷裝修立樣
3. 福昌殿內簷裝修立樣
4. 福昌殿東西配殿內簷裝修立樣
5. 後照樓上下層內簷裝修立樣
6. 海晏堂上下層內簷裝修立樣
7. 仿俄館洋式樓上下層內簷裝修立樣

登錄號 0001290／索書號 8020-021-008-001：7 冊（1 函），白紙本

0603

營建津梁：不分卷． -- 抄本． -- ［算房］，清． -- 8 冊（1 函）

書名據書脊題

登錄號 0001471／索書號 8020-009-003-018：8 冊（1 函），金鑲玉裝訂，巾箱本；鈐印：中國營造學社圖籍

0604

南舡記：四卷 ／（明）沈啓撰． -- 抄本． -- 清． -- 2 冊：圖

10 行大小字不等

登錄號 0001148／索書號 8020-019-005-002：2 冊，黃紙本；鈐印：松年、鶴儕、喬松年印〔喬松年〕；卷 1 缺 1-51 葉，有水漬

〔史部　政書類　科舉〕

0605

詞科掌錄：十七卷，姓氏爵里一卷，詞科餘話七卷 ／（清）杭世駿編輯． -- 刻本． -- 清乾隆間． -- 8 冊（1 函）

11 行 21 字黑口左右雙邊單魚尾

有清雍正十三年（1735）上諭

記事至清乾隆二年（1737）

登錄號 1-05126／索書號 8009-116-003-007：8 冊（1 函），白紙本

0606

道光乙未恩科直省同年錄：一卷． -- 刻本． -- 清道光十五年（1835）． -- 1 冊

行字不一白口四周雙邊單魚尾

書名葉題：道光乙未恩科直省同年錄　板藏文奎齋

版心題：乙未科鄉試同年全錄

書名據書名葉題

登錄號 1-03201／索書號 8018-140-001-009：1 冊，與《顧亭林先生年譜》合函，白紙本；鈐印：虹玉樓，山東下游北岸第四營之鈐記；有"承防北岸第四營委員范　北營第四營營長張謹封"字樣；紙張老化有黃斑，有水漬

〔史部　政書類　公牘/檔冊〕

0607

清咸豐同治間公牘檔冊雜稿 ／（清）西安副都統行營輯． -- 寫本． -- 清咸豐同治間． -- 6 冊

書名代擬

子目：

1. 咸豐六年奏稿：一卷（冊 1）
2. 咸豐八年來文簿：一卷（冊 2）
3. 咸豐八年發箋押號簿：一卷（冊 3）
4. 同治二年奏稿：八月起至年底：一卷（冊 4）
5. 同治二年十月行文簿：一卷（冊 5）
6. 兵房來文號簿：一卷（冊 6）

登錄號 0001060／索書號 8020-016-005-028：6 冊；紙張、開本大小及裝幀等不一；書衣散失，破損，裝

訂裂散，有水漬、污漬

0608

滬寧鐵路第一段購地公事書札原件. -- 寫暨刻本.
-- 清光緒間. -- 16 件

書名代擬

滬寧鐵路第一段購地書札（光緒三十至三十一年）
十三件

申送遷徙寶邑軌道墳墓棺具清冊並批復原件三件
（附清單二紙）

登錄號 0001164-3/索書號 8020-020-001-013：16
件，黃紙本；鈐印：滬寧鐵路購地分局鈐記

0609

安徽省防練各軍第二十八案支應局收支各款冊：一
卷 / （清）松荃呈. -- 寫本，朱格. -- 清光緒三十
二年（1906）. -- 1 冊

行字不等白口四周雙邊

書名據書衣題

松荃，清末戶部江南司主事

登錄號 0000576/索書號 8020-009-004-037：1 冊，
白紙本；邊角磨損

0610

通報曹盛元縊死一案稿［丙號］：一卷 / （清）上
虞縣刑房承辦. -- 抄本. -- 上虞縣，清乾隆十六年
（1751）. -- 1 冊

書名據書衣題

登錄號 0000587/索書號 8020-009-005-011：1 冊，
黃紙本，毛裝；鈐印：上虞縣印，登丙號訖；蠹蛀損
壞

0611

清光緒朝法令告示等. -- 刻、鉛印暨墨筆填寫本.
-- 清光緒十九至二十二年（1893-1896）. -- 5 件（散
葉）

書名代擬

子目：

1.光緒二十一年錦縣徵糧貨稅告示：一幅（刻本）

2.光緒二十一年錦縣徵收地丁錢糧告示：一幅
（刻本）

3.光緒二十二年錦縣給發路照：一件（墨筆填寫）

4.光緒十九年七月十一日京報：二張（鉛印）

登錄號 0000330/索書號 8020-006-005-010：5
件（散葉，1 函）；鈐印：錦縣之印；破損，有
殘缺

0612

漕運總督札文. -- 寫暨刻本. -- 清光緒二十四至
二十五年（1898-1899）. -- 3 件

書名代擬

頭品頂戴兵部侍郎漕運總督部堂兼管河務鹽務松
札，監印官候補布庫大使馮登瀛

登錄號 0001164-7/索書號 8020-020-001-017：3
件，黃紙本；鈐印：漕運總督關防

0613

札文並護照：光緒二十六年. -- 寫暨刻本. -- 清
光緒二十六年（1900）. -- 5 件

書名代擬

太子少保頭品頂戴兵部尚書兩江總督部堂碩勇巴圖
魯劉 與江安督糧道吳重熹札並頒發護照

登錄號 0001164-6/索書號 8020-020-001-016：5
件；鈐印：江南江西總督關防；破損

0614

分巡天津等處兵備道札文：光緒二十九年十二月十
三日 / （清）直隸天津河間兵備道發. -- 寫本. -- 清
光緒二十九年（1903）. -- 1 件

查究冒稱官報局翻印文明書局之書事宜，候補知縣
張令廣建

登錄號 0000594/索書號 8020-009-005-018：1 件；
封套鈐蓋官印

0615

明清民間契約 / 鄭振鐸藏. -- 寫本. -- 明成化二
十二年（1486）至清康熙十二年（1673）. -- 4 件

書名代擬

明成化二十二年（1486）吳士烈、嘉靖二十一年
（1542）汪景榮、崇禎十四年（1641）吳儀澧、清康
熙十二年（1673）吳茂紫等買賣房屋土地闔書、合同、
契約各一幀

登錄號 0001120/索書號 8020-018-005-007：4 件

0616

明崇禎六年南洋韓洽婚娶喜慶禮單. -- 寫本, 原件
粘貼. -- 明崇禎六年（1633）. -- 1 冊
　　書名代擬
　　末附典借單據二紙
　　登錄號 0001301/索書號 8020-022-001-003：1 冊,
黃紙本, 經折裝; 蟲蛀損壞

0617

傅洪烈等賀表 / （清）傅洪烈等撰. -- 寫本. --
清乾隆十三年（1748）. -- 1 冊
　　書名代擬
　　登錄號 0000601/索書號 8020-009-005-025：1 冊,
經折裝, 黃綾護封; 鈐印: 湖廣郎陽副將關防

0618

傅洪烈等賀表 / （清）傅洪烈等撰. -- 寫本. -- 清
乾隆十三年（1748）. -- 1 件
　　書名代擬
　　登錄號 0000602/索書號 8020-009-005-026：1 件,
未裝訂; 鈐印: 湖廣郎陽副將關防

0619

寶瑱賀表 / （清）寶瑱撰. -- 寫本. -- 清乾隆三
十七年（1772）. -- 1 冊
　　書名代擬
　　寶瑱, 時任鎮守山東登州等處地方總兵官, 革職留
任
　　登錄號 0000600/索書號 8020-009-005-024：1 冊,
黃紙本, 經折裝, 黃綾封底; 鈐印: 山東登州總兵官
關防

0620

朝鮮國王李昑賀壽表：一卷 / （朝鮮）李昑撰. --
寫本. -- 清乾隆三十八年（1773）. -- 1 件
　　書名代擬
　　登錄號 0000604/索書號 8020-009-005-028：1
件, 黃紙本, 黃色錦緞護封; 鈐印: 朝鮮國王之印;
有水漬

0621

咸豐年戶部執照［直字叁百貳拾陸號］/ （清）戶部

製 · **咸豐年監照**［直字貳百肆拾玖號］/ （清）國子
監製. -- 刻本. -- 清咸豐間. -- 2 件
　　書名代擬
　　御史何其仁奏請籌餉事宜
　　登錄號 0001164-2/索書號 8020-020-001-012：2
件; 鈐官印

0622

煙戶門牌 / （清）桐廬縣衙製. -- 刻暨填寫本. --
清同治十二年（1873）. -- 1 件
　　登錄號 0000595/索書號 8020-009-005-019：1 件;
鈐印: 桐廬縣印; 破損

0623

地糧交租執照 / 佚名輯. -- 刻暨填寫本, 原件粘貼.
-- 清光緒七年至民國五年（1881-1916）. -- 1 冊
　　書名代擬
　　登錄號 0000603/索書號 8020-009-005-027：1 冊
（24 幀）

0624

清代銀錢票：一百二十張. -- 刻暨填寫本, 原件
粘貼、散件. -- 清. -- 4 冊
　　書名代擬
　　內有同泰錢店、鎰豐銀號等各色各式銀錢票, 另有
咸豐四年、六年、柒年大清寶鈔五張
　　登錄號 0000856/索書號 8020-014-002-005：4 冊,
開本不一; 略有污損

0625

清宮各路宮殿門對楹聯檔冊：不分卷 / （清）內
務府營造司輯. -- 抄本. -- 清. -- 2 冊
　　書名代擬
　　登錄號 0000934/索書號 8020-015-002-013：2 冊,
毛裝; 有污漬

0626

河北省驛遞馬匹統計冊：二卷. -- 抄本. -- 清. --
1 冊
　　書名代擬
　　登錄號 0000729/索書號 8020-011-004-008：1 冊,
黃紙本, 毛裝; 蟲蛀損壞, 首尾破損

0627

咸豐七年恭辦文昌帝君升入中祀添製樂器等項清冊

[海字式拾號] / （清）內務府編. -- 抄本. -- 清咸
豐七年（1857）. -- 2 冊（1 函）

書名代擬

子目：

1. 文昌帝君升入中祀添製樂器架木桌套滌子流蘇
　　等項清冊

2. 文昌帝君升入中祀添製樂器等項核給工料錢糧
　　數目總冊

登錄號 0000844/索書號 8020-014-001-012：2 冊
（1 函），黃紙本，毛裝；殘缺破損，書衣散失

0628

同治間閩省陣亡虯丁檔案 / （清）福建省會善後
總局輯. -- 抄本. -- 清同治 8 年（1869）. --
1 冊

書名代擬

登錄號 0000542/索書號 8020-009-004-005：1 冊，
白紙本；鈐福建承宣布政使司官印（印文模糊）；邊角
破損

0629

江蘇外海水師船廠為留防太湖水師報銷各營修整船
隻工料等項銀兩冊[南字七十二號]：不分卷 /
（清）江蘇外海水師船廠造呈. -- 抄本. -- 江蘇
外海水師船廠，清光緒十五年（1889）. -- 1 冊（1
函）

12 行 24 字

書名代擬

登錄號 0001065/索書號 8020-016-005-008：1 冊
（1 函），白紙本；各葉鈐水師船廠官印；邊角磨損，
有水漬

0630

照金塔式樣成造法瑯塔一座銷算底冊[寧壽宮第一
號、三十九號磨字八十號]：一卷. -- 抄本. -- 清.
-- 1 冊（1 函）

9 行字不等

書名據書衣題

登錄號 1015334/索書號 8013-032-002-002：1 冊

（1 函），黃紙本，毛裝；有水漬

0631

鞏華城修造工程殘卷. -- 寫本. -- 明嘉靖三十五
年（1556）. -- 1 冊

書名代擬

明代皇帝北征及謁陵巡狩駐蹕之所，在北京昌平沙
河鎮，明永樂十九年（1421）建行宮，正統元年（1436）
毀于水，嘉靖十七年（1538）動工重建，十九年（1540）
完竣，御賜名"鞏華城"

登錄號 0001194/索書號 8020-020-004-006：1 冊，
白紙本，經折裝；鈐印：漢嚴卯齋，敝帚千金，曾經
滄海；殘缺，破損，有水漬

0632

定陵等工實銷做法冊：八卷 / （清）佚名纂. -- 寫
本，朱絲欄. -- 內府，清. -- 8 冊（1 函）

10 行 24 字白口左右雙邊單魚尾

書簽題：工程做法；書名據套簽題

登錄號 0001266/索書號 8020-021-003-007：8 冊
（1 函），白紙本，藍色絲質書衣；鈐印：中國營造學
社圖籍；裝訂綫脫落

0633

景陵隆恩殿東西配殿琉璃花門海墁等工程做法工料
錢糧表：不分卷 / （清）內務府造辦處製. -- 寫本，
朱絲欄. -- 清. -- 5 冊（1 函）

上下三欄 12 行字不等白口半葉四周單邊

書名據套簽題

清聖祖玄燁陵寢，始建于清康熙十五年（1676）

子目：

1. 景陵隆恩殿全座尺寸做法表

2. 景陵隆恩殿一座各項工料錢粮數目表

3. 景陵琉璃花門三座尺寸做法各項工料錢粮數目
　　表

4. 景陵東西配殿二座尺寸做法各項工料錢粮數目
　　表

5. 景陵宮門院內海墁尺寸做法各項工料錢粮數目
　　表

登錄號 0001271/索書號 8020-021-004-005：5 冊
（1 函），白紙本；有黃斑

0634

西陵各陵隆恩門內要工情形做法錢糧表：一卷 /
（清）內務府造辦處製. -- 寫本，朱絲欄. -- 清. --
1 冊（1 函）

上下三欄 12 行字不等白口半葉四周單邊

書名據書簽及套簽題

登錄號 0001270/索書號 8020-021-004-004：1 冊
（1 函），白紙本；鈐印：中國營造學社圖籍；裝訂綫
外側書脊輕微蟲蛀損壞，書衣有霉斑

0635

龍泉峪萬年吉地地宮工程各項做法細則 / （清）佚
名纂. -- 抄本. -- 清. -- 19 冊（1 函）

書名據套簽題

易縣清西陵龍泉峪，清道光帝陵寢

子目：

01. 地宮各項工程估價
02. 地宮等項工程初次約估銀兩通總
03. 隧道券南面隧道一座做法細冊
04. 羅圈牆外更道做法細冊
05. 隧道上月臺一座做法細冊
06. 臺石五供前疊落泊岸一道欄板二十二堂做法
　　細冊
07. 石牌樓兩邊角門二座油飾做法細冊
08. 疊落泊岸上面闊牆二道做法細冊
09. 疊落泊岸上進深牆二道做法細冊
10. 疊落泊岸上面闊進深牆外更道二段做法細冊
11. 後羅圈牆一道做法細冊
12. 地宮瓦作做法細冊
13. 大月臺上寶頂一座做法細冊
14. 牌樓兩邊看牆二道門口二座做法細冊
15. 臺石五供一座做法細冊
16. 羅圈牆院內海墁散水做法細冊
17. 地宮搭彩做法細冊
18. 地宮石作做法細冊
19. 地宮土作做法細冊

登錄號 0001184/索書號 8020-020-003-015：19 冊
（1 函），黃紙本，毛裝；鈐印：內閣典籍廳之官防，
中國營造學社圖籍；蟲蛀損壞，邊角鼠嚙

0636

菩陀峪萬年吉地寶城等工約估清冊[三十四號]：目

錄一卷 / （清）內務府輯. -- 抄本. -- 清光緒間. --
33 冊

書名據書簽題

記光緒二十一年（1895）清西陵菩陀峪萬年吉地之
方城、明樓、寶城、隆恩殿、東西配殿、東西燎爐等
拆除重建事

子目：

01. 寶城一座擬拆修約估
02. 寶城上寶頂擬築打抹飾挑頭石溝嘴擬換安約估
03. 方城一座擬拆修約估
04. 明樓一座四面各顯三間擬拆修約估
05. 琉璃花門三座擬修補整齊約估
06. 大殿一座五間擬拆修約估
07. 大殿內寶龕擬修補見新金券外石海墁擬拆墁
　　並五供石須彌座擬焊補見新南庫房三間內裏
　　地面擬挑墁約估
08. 大殿前月臺一座擬修理整齊並各院地面俱擬
　　挑墁約估
09. 宮門一座五間擬揭瓦約估
10. 碑亭一座四面各顯三間擬揭瓦檐頭修理角脊
　　找補仙人走獸約估
11. 琉璃花門紅牆擬抹飾找補瓦帽釘宮門紅牆擬
　　找補瓦帽釘修理臺幫等工約估
12. 寶城下散水擬補墁並平墊院當約估
13. 罩棚看守房二座每座二間更房二座每座一間
　　約估
14. 方城一座油飾管扇門扇木踏跺約估
15. 明樓一座油畫糊飾約估
16. 琉璃花門三座油飾約估
17. 大殿一座漆飾油畫糊飾約估
18. 宮門一座油畫糊飾約估
19. 碑亭一座油畫約估
20. 南北庫房二座油畫約估
21. 方城兩邊隨牆門二座油飾約估
22. 罩棚山尖油畫約估
23. 看守房更房油飾約估
24. 成搭圈廠棚座約估
25. 寶城等工各座各作短運並拉運車脚銀兩約估
26. 方城等工各座漆飾油畫裱糊物料銀兩約估
27. 方城等工各座打造銅活物料銀兩約估
28. 方城等工各座鋪焊錫背物料銀兩約估
29. 寶城等工各座打造熟鐵鑄造生鐵物料銀兩約

估

　30.方城等工各座黃銅鍍金物料銀兩約估

　31.方城等工各座□銀槽活物料銀兩約估

　32.寶城等工各座銀兩通總約估

登錄號 0001107／索書號 8020-018-001-002：33 冊，黃紙本，紙捻裝訂；缺第 11、12 號，邊角鼠嚙，破損

0637

菩陀峪萬年吉地工程做法. -- 抄本. -- 清末. -- 8 冊（1 函）

行字不等

書名代擬

又稱普祥峪定东陵，即慈禧太后陵寢，清同治十二年（1873）動工，光緒五年（1879）完成

子目：

　1.目錄

　2.菩陀峪萬年吉地重檐一座五間改用黃花梨木各項活計等工約估（壹號）

　3.菩陀峪萬年吉地重檐大殿一座改擬漆飾彩畫工料銀兩約估（貳號）

　4.菩陀峪萬年吉地重檐大殿一座打造銅活鍍金並鐵料（叄號）

　5.菩陀峪萬年吉地重檐大殿一座改用木植等工各作短運並拉運車脚銀兩約估（肆號）

　6.菩陀峪萬年吉地大殿並神廚庫工程銀兩通總（伍號）

　7.菩陀峪萬年吉地重檐大殿一座改用木植等工劃除原估工料銀兩約估（伍號）

　8.菩陀峪萬年吉地重檐大殿一座改用黃花梨木等工銀兩通總約估（陸號）

登錄號 1012375／索書號 8011-019-002-002：8 冊（1 函），黃紙本，各冊鈐官印：宗人府印（印文模糊）；書簽字跡不清，有水漬，邊角及書衣破損

0638

菩陀峪萬年吉地工程做法. -- 抄本. -- 清末. -- 8 冊（1 函）

行字不等

書名代擬

子目：

　1.會勘各座工程做法清冊目錄

　2.菩陀峪萬年吉地明樓並牆垣等工需用琉璃數目清冊（會勘）

　3.菩陀峪萬年吉地大殿內寶龕擬修補見新金券外石海墁擬拆墁並五供石須彌座擬焊補見新南庫房三間內裏地面擬挑墁工程做法清冊（會勘貳號）

　4.會勘叄號

　5.[會勘肆號]

　6.[會勘伍號]

　7.隨修理方寶城拆修有礙面闊紅牆二道隨紅牆下泊岸二道工程做法清冊（會勘陸號）

　8.[會勘×號]

登錄號 1012376／索書號 8011-019-002-003：8 冊（1 函），黃紙本，毛裝；各冊鈐官印：宗人府印；有水漬，書衣破損

0639

菩陀峪萬年吉地工程冊 ：不分卷 / -- 寫本，藍絲欄 -- 清末. -- 1 冊

登錄號 0001472／索書號 8020-009-003-019：1 冊，白紙本，藍布書衣；末葉缺損，書衣破損，裝訂斷綫，水洇、污漬嚴重

0640

菩陀峪定東陵神路營房工程案卷 ：不分卷 /（清）毓芬等纂. -- 寫本，朱絲欄. -- 清宣統元年（1909）. -- 6 冊

10 行 23 字白口四周雙邊單魚尾

書名據套簽題

子目：

　1.諭旨奏疏

　2.堂諭

　3.廠商呈結

　4.行文

　5.收文

　6.收發錢粮收支經費

登錄號 0001186／索書號 8020-020-003-020：6 冊，黃紙本，藍色絲質書衣；鈐印：中國營造學社圖籍

0641

清惠陵園寢殿閣器物銅活圖樣冊 ：不分卷. -- 繪圖本. -- 清末. -- 4 冊（1 函）：圖

書名代擬

清穆宗同治皇帝陵寢，在景陵東南雙山峪，光緒元
年（1875）八月動工，光緒四年（1878）九月竣工
　　登錄號　0001309／索書號　8020-022-002-004：4 冊
（1 函），黃紙本；有折痕、磨損

0642

祈穀壇皇乾殿添製裝飾工程做法清冊 ／（清）內務
府造辦處編. -- 稿本. -- 內務府造辦處，清咸豐二
年（1852）. -- 6 冊（1 函）
　　9 行字不等
　　書名代擬
　　子目：
　　　1. 添設牌龕寶座屏峯踏跺並原舊供龕座等項
　　　2. 添設請神亭供案桌張牲匣馬牙案並原舊供奉供
　　　　案等項
　　　3. 添設祭器櫃箱籩豆亭閣座燈托座木靈芝等項
　　　4. 添設木罩擡盒桶隻魷燈廟兒燈大鍋石座並原舊
　　　　供奉石座等項
　　　5. 添設龕衣案套絨繩並原舊供奉龕衣案套等項
　　　6. 龕案祭器等項做法並核給錢糧數目總冊
　　登錄號　0000687／索書號　8020-011-001 003：6 冊
（1 函），黃紙本，毛裝；邊角磨損，書衣破損

0643

**太常寺咨恭辦關帝廟升入中祀添製裝修工程做法清
冊**［咸豐六年六月十九日　董字拾貳號］ ／（清）太常
寺輯. -- 抄本. -- 太常寺，清咸豐六年（1856）. --
4 冊（1 函）
　　書名代擬
　　子目：
　　　1. 添製花香案座燈籩豆案接孔等桌隨衣清冊
　　　2. 添製提爐祝版袱拜褥抬盒並槓各項燈疏幕銅三
　　　　供爵墊清冊
　　　3. 添製香盒錫提果桶插燈座燈神牌袍桌案衣牲桶
　　　　大旂龕衣清冊
　　　4. 添製各項祭器核給物料錢糧數目總冊一冊
　　登錄號　0000588／索書號　8020-009-005-012：4 冊
（1 函），黃紙本；邊角磨損

0644

同治四年太廟添置龕座等項物料清冊［龍字肆拾貳
號］ ／（清）內務府編. -- 抄本. -- 清同治間. -- 6

冊（1 函）
　　書名代擬
　　子目：
　　　1. 恭辦太廟添製龕座踏跺寶床足踏等項清冊
　　　2. 恭辦太廟添飾龕座踏跺寶床足踏等項清冊
　　　3. 恭辦太廟寶座寶椅足踏桌案等項清冊
　　　4. 恭辦太廟牲匣箱隻祝版亭槅扇燈爐几衣盆架托
　　　　座雨傘等項清冊
　　　5. 恭辦太廟□□□□□抬盒木槓絨繩燈架石座
　　　　銅錫壺等項清冊
　　　6. 恭辦太廟龕座寶座寶椅各項祭器等項錢糧物料
　　　　數目清冊
　　登錄號　0001091／索書號　8020-017-002-003：6 冊
（1 函），黃紙本，毛裝；鼠嚙等殘損

0645

玉泉山龍神祠裝飾做法清冊［同治七年　帝字玖拾壹
號］ ／（清）內務府編. -- 抄本. -- 清同治七年（1868）.
-- 4 冊（1 函）
　　書名代擬
　　子目：
　　　1. 龍神祠添製龕衣大案隨衣鐏袱子盖袱包袱接孔
　　　　祝饌桌隨衣造籩豆桌座燈燈爐几清冊
　　　2. 龍神祠添製祭器箱二抬牲匣祝版籩豆盒抬湯桶
　　　　木槓漂牲菓桶退牲桶案打牲木案饌盤香盒清冊
　　　3. 龍神祠添製籩豆馬牙案籩豆竹罩祝版架燈把燈
　　　　爵墊靈芝拜氈絨繩簽盤錫勺提模子盥洗盒祭器
　　　　櫃清冊
　　　4. 龍神祠添製各項祭器核給料工錢糧數目清冊
　　登錄號　0000839／索書號　8020-014-001-007：4 冊
（1 函），黃紙本，毛裝；書衣磨損，有水漬

0646

恭辦玉牒館咨取黃紅大櫃隨套核給料工清冊［光緒
三年十二月初五日　乃字一百十七号］：一卷. -- 抄
本. -- 清光緒三年（1877）. -- 1 冊
　　書名據書衣題
　　登錄號　0000615／索書號　8020-010-002-004：1 冊，
黃紙本，毛裝；破損

0647

恭辦玉牒行箱油單包袱鑰鎖縧子絨繩夾板核給料工

清冊［光緒二十四年十一月初六日］：一卷. -- 抄本.

-- 清光緒二十四年（1898）. -- 1 冊

　　書名據書衣題

　　登錄號 0000616／索書號 8020-010-002-005：1 冊,

黃紙本, 毛裝

0648

光緒七年孝貞顯皇后升祔太廟添製寶座祭品等項做

法清冊［安字六十六号］／（清）內務府編. -- 抄本.

-- 清光緒七年（1881）. -- 4 冊（1 函）

　　書名代擬

　　子目：

　　1. 添製寶座寶椅足踏靠案清冊

　　2. 添製衣架盆架托座爵墊木座雨傘造籩豆案盆匣

　　　清冊

　　3. 添製迎手靠背坐墊椅披枕被套墊蓋袱拜褥桌衣

　　　清冊

　　4. 添製寶座寶椅祭器並各項軟片等項核給物料錢

　　　銀清冊

　　登錄號 0000845／索書號 8020-014-001-013：4 冊

（1 函）, 黃紙本, 毛裝

0649

恭辦醇賢親王廟添製龕座祭器樂器等項核給錢糧物

料數目做法清冊［光緒十八年］：不分卷. -- 抄本. --

清光緒十八年（1892）. -- 10 冊

　　書名代擬

　　子目：

　　01. 恭辦醇賢親王廟添製龕座踏跺寶床屏峯梓龕

　　　神牌等項清冊

　　02. 恭辦醇賢親王廟漆飾龕座踏跺寶床屏峯梓龕

　　　等項清冊

　　03. 恭辦醇賢親王廟添製寶座屏峯寶椅足踏桌案

　　　梓龕等項清冊

　　04. 恭辦醇賢親王廟添製冊寶服履箱格扇海燈盆

　　　架祝版架牲匣托座香盒祝版亭燈爐几衣架插

　　　燈龍燈座燈雨傘等項清冊

　　05. 恭辦醇賢親王廟添製冰匣牲桶菓桶鹿兔案控

　　　牲案豎櫃抬盒抬牲匣提燈廟兒燈退牲桶抬湯

　　　桶把桶退牲案角燈令子燈慶成燈燈架石座木

　　　槓絨繩清冊

　　06. 恭辦醇賢親王廟添製祭器箱籩豆匣香帛灰桶

繩槓朝燈馬牙案祝版燈罩牲棚架木清冊

　　07. 恭辦醇賢親王廟添製籩豆櫃樂器箱繩槓袍服

　　　箱暖閣插燈板櫈等項清冊

　　08. 恭辦醇賢親王廟添製樂器架木旒蘇絨繩窨窨

　　　棚座等項清冊

　　09. 恭辦醇賢親王廟添製龕座寶座寶椅祭器樂器

　　　等項料工清冊

　　10. 恭辦醇賢親王廟添製龕座寶座寶椅祭器樂器

　　　等項錢糧物料清冊

　　登錄號 0000613／索書號 8020-010-002-002：10 冊,

黃紙本, 毛裝；內有浮簽, 邊角磨損

0650

光緒十九年九月顯忠祠添製祭祀物品清冊 ／（清）

內務府編. -- 抄本. -- 清光緒間 . -- 4 冊（1 函）

　　書名代擬

　　子目：

　　1. 恭辦顯忠祠添製神牌神龕龕簾龕墊大案隨衣帛

　　　匣清冊

　　2. 恭辦顯忠祠添製祝版亭祝版接孔桌俱隨衣蓋袱

　　　罇絡祝版袱座燈隨簽盤燈爐燈瓶几清冊

　　3. 恭辦顯忠祠添製祭器箱抬湯桶牲匣俱隨繩槓二

　　　牲匣宰牲案果盤漂果盤腿牲桶祝版架挑水桶香

　　　盒木靈芝錫簽盤把燈把桶清冊

　　4. 恭辦顯忠祠添製龕案祭器等項核給料工錢糧數

　　　目清冊

　　登錄號 0001092／索書號 8020-017-002-004：4 冊

（1 函）, 黃紙本, 毛裝；邊角鼠嚙

0651

恭辦醇賢親王祠添製裝修工程清冊［光緒二十一

年］：不分卷 ／（清）內務府造辦處製訂. -- 稿本.

-- 清光緒二十一年（1895）. -- 4 冊（1 函）

　　書名代擬

　　子目：

　　1. 醇賢親王祠添製神牌龕座寶床屏峯足踏踏跺等

　　　項清冊（冊 1）

　　2. 醇賢親王祠漆飾神牌龕座寶床屏峯足踏踏跺等

　　　項清冊（冊 2）

　　3. 醇賢親王祠添製燈爐几供案插燈座塔香盒木靈

　　　芝幔帳案衣拜褥等項清冊（冊 3）

　　4. 醇賢親王祠添製龕案等項核給物料工價錢糧總

册（册4）

　　登錄號 0000456/索書號 8020-008-004-014：4 册
（1函），黃紙本，紙捻裝訂

0652

醇賢親王廟添製裝修工程等項尺寸做法清册：不分
卷. -- 寫本. -- 清光緒間. -- 2 册
　　書名代擬
　　子目：
　　　　1.醇賢親王祠添製神牌毘盧帽神龕寶床足踏等項
　　　　　尺寸做法册
　　　　2.醇賢親王祠添製幔帳供案案衣靈芝燈爐几座燈
　　　　　插燈簽盤錫香盒拜褥等項尺寸做法册
　　登錄號 0000614/索書號 8020-010-002-003：2 册，
黃紙本，毛裝；鈐工部官印

0653

蹕路等處工程檔案[清光緒二十七年]：不分卷. --
寫本，朱絲欄. -- 清光緒二十七年（1901）. -- 6
册（1函）
　　10 行 24 字白口四周單邊單魚尾
　　書名據書籤題
　　記奏請修葺京城蹕路等處工程事
　　子目：
　　　　1.綸音奏稿
　　　　2.咨文
　　　　3.清單
　　登錄號 0001188/索書號 8020-020-003-019：6 册
（1函），黃紙本；鈐印：中國營造學社圖籍

0654

修建衙署添建考院奏銷清册 / （清）學部會計司具
奏. -- 抄本. -- 學部會計司，清宣統二年（1910）.
-- 6 册（1函）
　　書名據套籤題
　　子目：
　　　　01.修建衙署義盛木廠結帳詳細清册
　　　　02.修建衙署祥盛木廠結帳詳細清册
　　　　03.修建衙署廣利木廠結帳詳細清册
　　　　04.修建衙署廣恒木廠結帳詳細清册
　　　　05.修建衙署另項工程結算詳細清册
　　　　06.修建考院廣恒木廠結帳詳細清册

　　　　07.修建考院三義和木廠結帳詳細清册
　　　　08.修建考院廣聚木廠結帳詳細清册
　　　　09.修建考院祥盛木廠結帳詳細清册
　　　　10.修建考院義盛木廠結帳詳細清册
　　　　11.修建考院興順木廠結帳詳細清册
　　　　12.修建考院續添各工程詳細清册
　　　　13.修建馬號工程結帳總清册
　　　　14.修建馬號工程木廠結帳詳細清册
　　　　15.修建衙署買磚瓦詳細清册
　　　　16.修建衙署買灰斤詳細清册
　　　　17.修建衙署雜用運脚詳細清册
　　　　18.修建考院購料雜用詳細清册
　　　　19.修建馬號買料總清册
　　　　20.修建馬號買料詳細清册
　　　　21.修建衙署考院馬號三處工程並買料雜用總清
　　　　　册
　　　　22.磚瓦灰買價收價比較清册
　　登錄號 0000474/索書號 8020-008-005-013：6 册
（1函），黃紙本；鈐學部會計司官印

0655

內務府大臣公所南房一座三間工料清册[內八号] /
（清）佚名纂. -- 抄本. -- [清]. -- 1 册
　　9 行字不等
　　書名代擬
　　登錄號 0001241/索書號 8020-020-005-035：1 册，
黃紙本，毛裝；破損

0656

領侍衛內大臣公所南房一座三間工料清册[領一号]
/ （清）佚名纂. -- 抄本. -- [清]. -- 1 册
　　9 行字不等
　　書名代擬
　　登錄號 0001242/索書號 8020-020-005-036：1 册，
黃紙本，毛裝；邊角鼠嚙

0657

**領侍衛內大臣公所南房兩山耳房二座各一間工料清
册**[領二号] / （清）佚名纂. -- 抄本. -- [清]. --
1 册
　　9 行字不等
　　書名代擬

登錄號 0001243/索書號 8020-020-005-037：1 冊，
黃紙本，毛裝；邊角鼠嚙

0658

領侍衛內大臣公所東西廂房二座每座三間約估工料
清冊［領三號］/（清）佚名纂. -- 抄本. --［清］. --
1 冊
9 行字不等
書名代擬
登錄號 0001244/索書號 8020-020-005-038：1 冊，
黃紙本，毛裝；破損

0659

領侍衛內大臣公所北房一座五間清冊［領四號］/
（清）佚名纂. -- 抄本. --［清］. -- 1 冊
9 行字不等
書名據書衣題
登錄號 0001245/索書號 8020-020-005-004：1 冊，
黃紙本，毛裝；邊角輕微鼠嚙

0660

領侍衛內大臣看守房馬棚五間工料清冊［領五號］/
（清）佚名纂. -- 抄本. --［清］. -- 1 冊
9 行字不等
書名代擬
登錄號 0001246/索書號 8020-020-005-005：1 冊，
黃紙本，毛裝

0661

領侍衛內大臣公所後院東西平台二座各一間清冊
［領六號］/（清）佚名纂. -- 抄本. --［清］. -- 1
冊
9 行字不等
書名據書衣題
登錄號 0001247/索書號 8020-020-005-006：1 冊，
黃紙本，毛裝

0662

領侍衛內大臣公所各處院牆甬路海墁等工清冊［領
七號］/（清）佚名纂. -- 抄本. --［清］. -- 1 冊
9 行字不等
書名據書衣題

登錄號 0001248/索書號 8020-020-005-007：1 冊，
黃紙本，毛裝

0663

神機營東面北房二座西屋三間工料清冊［一號］/
（清）佚名纂. -- 抄本. --［清］. -- 1 冊
9 行字不等
書名代擬
登錄號 0001233/索書號 8020-020-005-027：1 冊，
黃紙本，毛裝；首尾破損

0664

神機營查班大臣公所東院南平台一座三間工料清冊
［二號］/（清）佚名纂. -- 抄本. --［清］. -- 1
冊
9 行字不等
書名代擬
登錄號 0001234/索書號 8020-020-005-028：1 冊，
黃紙本，毛裝；邊角破損

0665

神機營西院北房一座二間工料清冊［三號］/（清）
佚名纂. -- 抄本. --［清］. -- 1 冊
9 行字不等
書名代擬
登錄號 0001235/索書號 8020-020-005-029：1 冊，
黃紙本，毛裝

0666

神機營大門一間工料清冊［四號］/（清）佚名纂. --
抄本. --［清］. -- 1 冊
9 行字不等
書名代擬
登錄號 0001236/索書號 8020-020-005-030：1 冊，
黃紙本，毛裝

0667

神機營西院馬棚一座二間工料清冊［五號］/（清）
佚名纂. -- 抄本. --［清］. -- 1 冊
9 行字不等
書名代擬
登錄號 0001237/索書號 8020-020-005-031：1 冊，

黃紙本，毛裝；末葉破損

0668

神機營公所北房西山中廁一間工料清冊［六号］／
（清）佚名纂. -- 抄本. -- [清]. -- 1 冊

　9 行字不等

　書名代擬

　登錄號 0001238/索書號 8020-020-005-032：1 冊，
黃紙本，毛裝

0669

神機營屏門影壁院牆等工料清冊［七号］／（清）佚
名纂. -- 抄本. -- [清]. -- 1 冊

　9 行字不等

　書名代擬

　登錄號 0001239/索書號 8020-020-005-033：1 冊，
黃紙本，毛裝

0670

神機營北房後檐等工料清冊［八号］／（清）佚名纂.
-- 抄本. -- [清]. -- 1 冊

　9 行字不等

　書名代擬

　登錄號 0001240/索書號 8020-020-005-034：1 冊，
黃紙本，毛裝

0671

神廚庫大門一座做法底冊［光緒十七年五月 拾肆號］
／（清）佚名纂. -- 稿本. -- 清光緒十七年（1891）.
-- 1 冊

　9 行字不等

　書名據書衣題

　登錄號 0001225/索書號 8020-020-005-019：1 冊，
黃紙本，毛裝

0672

神廚庫做法細冊／（清)佚名纂. -- 抄本. -- [清].
-- 1 冊

　9 行字不等

　書名代擬

　登錄號 0001228/索書號 8020-020-005-022：1 冊，
黃紙本，毛裝；末葉破損

0673

羅蓧雲工程雜記：不分卷，附雜錄 ／ （清）羅復
霖纂. -- 稿本. -- 羅復霖，清光緒二十年（1894）.
-- 2 冊（1 函）：圖

　11 行字不等

　書名據書衣及套簽題

　登錄號 0001268/索書號 8020-021-004-002：2 冊
（1 函），黃紙本，金鑲玉裝訂（民國二十年裝）；鈐印：
蓧雲、羅復霖印，豫章郡，中國營造學社圖籍；有水
漬、污漬

〔史部　政書類　其他〕

0674

愧郯錄：十五卷 ／ （宋）岳珂撰 ；（明）岳元聲，
（明）岳和聲，（明）岳駿聲訂. -- 刻本. -- 湯陰岳
元聲、岳和聲、岳駿聲，明. -- 4 冊（1 函）

　10 行 20 字白口左右雙邊單白魚尾

　登錄號 0000748/索書號 8020-011-004-027：4 冊
（1 函），黃紙本；有污漬、水漬

〔史部　目錄類　彙編〕

0675

經籍會通：四卷 ／ （明）胡應麟撰. -- 刻本. --
新安吳勉學，明萬曆三十四年（1606）. -- 1 冊. --
（少室山房筆叢／（明）胡應麟撰）

　10 行 20 字綾黑口左右雙邊單白魚尾，偶見黑
魚尾

　登錄號 0000328/索書號 8020-006-005-008：1 冊，
黃紙本；鈐印：墨禪堂印，馬士宏印、士宏印，均石，
彭孟公鑑藏印，心遠齋；目錄為抄配卷末缺葉；蠹蛀
損壞，書衣破損

〔史部　目錄類　公藏〕

0676

唐內閣書目：不分卷. -- 抄本. -- 清. -- 2 冊（1

函）

13 行 24 字小字雙行同

登錄號 1-02671/索書號 8018-134-001-005：2 冊
（1 函），黃紙本，金鑲玉裝訂；鈐印：四明盧氏抱經
樓藏書印［盧址］

〔史部　目錄類　家藏〕

0677

直齋書錄解題：二十二卷 / （宋）陳振孫撰. -- 活
字本，木活字. -- 武英殿，清乾隆間. -- 20 冊（2
函）. -- （武英殿聚珍版書·史部）

9 行 21 字白口四周雙邊單魚尾

版心下記校對者

登錄號 1-03230/索書號 8018-141-002-002：20 冊
（2 函），黃紙本，藍色絲質書衣；紙張老化四周變黃

0678

百川書志：二十卷 / （明）高儒撰. -- 抄本. --
清. -- 4 冊

10 行字不等

登錄號 0000904/索書號 8020-014-005-009：4 冊，
黃紙本；鈐印：埽塵齋積書記、禮培私印、湘鄉王氏
秘籍孤本［王禮培］；有王禮培校記；有水漬

0679

豐氏萬卷樓藏目：四卷 / （明）豐坊撰 ；（清）
陳焯校錄. -- 抄本，烏絲欄. -- 清. -- 4 冊（1 函）

10 行字不等黑口四周雙邊單魚尾

登錄號 0000346/索書號 8020-007-001-011：4 冊
（1 函），黃紙本；鈐印：沈韻齋藏書記，趙彥偁經眼
記，張氏蕙玉；有殘缺葉；有修補

0680

讀書敏求記：四卷 / （清）錢曾藏並編. -- 刻本.
-- 吳興趙孟升松雪齋，清雍正四年（1726）. -- 4
冊（1 函）

9 行 20 字黑口四周單邊單魚尾

目錄版心下記：松雪齋

登錄號 1-02740/索書號 8018-141-004-011：4 冊

（1 函），黃紙本

0681

讀書敏求記：四卷 / （清）錢曾藏並編. -- 刻本，
重印. -- 清雍正四年（1726）吳興趙孟升松雪齋刻，清
雍正六年（1728）濮川濮梁延古堂重印. -- 4 冊（1
函）

9 行 20 字黑口四周單邊單魚尾

登錄號 1-10030/索書號 8005-004-003-002：4 冊
（1 函），黃紙本；鈐印：瑤德堂藏書，胡震之印，雨
田氏

0682

絳雲樓書目：二卷 / （清）錢謙益藏. -- 抄本. --
清. -- 4 冊（1 函）

行字不等

登錄號 0000828/索書號 8020-013-005-007：4 冊
（1 函），白紙本；鈐印：趙氏迪齋，鴻吉之印，拙嬾
主，慈蔭堂圖書印；邊角水漬損壞

0683

亦有生齋書跋：一卷 / （清）趙懷玉撰 · **養一
齋書跋**：一卷 / （清）李兆洛撰. -- 抄本，烏絲欄.
-- 梁溪孫毓修小綠天，清末. -- 1 冊

10 行 22 或 23 字黑口左右雙邊單魚尾

登錄號 0000864/索書號 8020-014-002-013：1 冊，
黃紙本

0684

經籍跋文：一卷 / （清）陳鱣撰. -- 刻本. -- 海
昌蔣光煦別下齋，清道光間. -- 1 冊. -- （別下齋
叢書 / （清）蔣光煦輯）

11 行 21 字黑口左右雙邊

版心下記：別下齋校本

有清道光十七年（1837）跋

登錄號 0000673/索書號 8020-010-005-015：1 冊，
與《初月樓論書隨筆》、《中興備覽》合印，黃紙本；
鈐印：邵章私印、倬盦校錄之印等；有邵章朱筆批校

0685

注韓屋藏書目：四卷，卷首一卷 / （清）鄭杰編. --
抄本. -- 侯官鄭杰，清乾隆六十年（1795）. -- 4 冊

9 行字不等白口左右雙邊單魚尾

版心記：讀書堂課業

登錄號 0000938/索書號 8020-015-002-017：4 冊，黃紙本；鈐印：鄭氏注韓居珍藏記[鄭傑]、紅雨山房、沈氏祖年藏書；蟲蛀損壞，書葉殘缺，有水漬

0686

小琅嬛館藏書目：不分卷 / （清）陳壽祺編. -- 稿本，原件粘貼. -- 清. -- 6 冊

登錄號 0000939/索書號 8020-015-002-018：6 冊，黃紙本，金鑲玉裝訂；鈐印：沈氏祖牟藏書、崇齋所藏；有民國二十七年（1938）沈祖牟題記；有殘缺葉

〔史部 目錄類 其他〕

0687

經義考：二百九十八卷，目錄二卷 / （清）朱彝尊錄 ；（清）李濤校. -- 刻本. -- 德州盧見曾，清乾隆二十一年（1756）. -- 54 冊（6 函）

12 行 23 字白口四周單邊單魚尾

書名葉題：朱竹垞太史編 經義考 曝書亭藏板

登錄號 1-03905/索書號 8018-147-005-001：54 冊（6 函），黃紙本

0688

藏書記要：一卷 / （清）孫從添撰. -- 抄本，朱格. -- 錢塘丁氏當歸草堂，清. -- 1 冊

9 行 21 字朱口左右雙邊單魚尾

登錄號 0000767/索書號 8020-012-002-004：1 冊，黃紙本；鈐印：錢塘丁氏藏書[丁丙]、貴陽趙氏壽華軒藏、曾歸味滄、味滄寶愛[趙味滄]；書衣破損，裝訂裂散

0689

浙江採集遺書總錄：十一集 / （清）沈初等纂. -- 刻本. -- 清乾隆三十九年（1774）. -- 8 冊（1 函）

10 行 20 字黑口四周單邊單魚尾

本書以集編卷，閏集嗣刻

登錄號 1-07185/索書號 8009-121-004-003：8 冊（1 函），黃紙本

0690

版刻集珍. -- 刻本. -- 宋元明. -- 1 冊（1 函）

書名代擬

集宋、元、明版刻殘葉十二葉

登錄號 善 130/索書號 7018-sb-125：1 冊（1 函），黃紙本，金鑲玉裝訂；字跡漫漶，殘缺，有油漬

0691

宋元明刻藝集存. -- 刻本，散葉裝裱. -- 宋元明. -- 1 冊（1 函）＋ 散葉 1 紙

書名據書簽題

集宋、元、明版刻零葉二十三葉

登錄號 善 131/索書號 7018-sb-126：1 冊（1 函），經折裝；字跡模糊，書葉殘缺

0692

明版書散頁留真：一卷 / 文學山房輯. -- 刻本，原版散葉粘貼. -- 明. -- 1 冊

書名代擬

登錄號 0001073/索書號 8020-016-005-013：1 冊（31 開），折裝

0693

文學山房明刻集錦[初編]：四卷 / 江靜瀾編. -- 刻本，散葉重輯. -- 明文學山房刻，1953 重輯. -- 4 冊

登錄號 0000799/索書號 8020-013-001-005：4 冊，金鑲玉裝訂，紙色不一

0694

文學山房明刻集錦：四卷 / 江靜瀾編. -- 刻本，散葉重輯. -- 明文學山房刻，1953 重輯. -- 4 冊

登錄號 0000798/索書號 8020-013-001-004：4 冊，金鑲玉裝訂，紙色不一

〔史部 金石類 總類〕

0695

金石錄：三十卷 / （宋）趙明誠撰. -- 刻本. --

德州盧見曾雅雨堂，清乾隆二十七年（1762）．-- 4
冊

　　10 行 21 字小字雙行同白口四周單邊單魚尾

　　版心下記：雅雨堂

　　登錄號 1-04925/索書號 8018-166-004-005：4 冊，
黃紙本；有水漬

0696

　　金石錄：三十卷 / （宋）趙明誠撰．-- 抄本．--
長沙黃本驥，清道光十五年（1835）．-- 6 冊

　　行大小字不等

　　登錄號 0000894/索書號 8020-014-004-015：6 冊，
黃紙本；鈐印：南通馮氏景岫樓藏書[馮雄]，瞿氏補
書堂所藏；破損，裝訂裂散，書衣散失

0697

　　金石錄：三十卷 / （宋）趙明誠撰．-- 抄本．--
清．-- 6 冊

　　10 行大小字單雙行不等

　　登錄號 0000903/索書號 8020-014-005-018：6 冊，
黃紙本；鈐印：欽氏定靜安室珍藏之印、元和欽氏定
靜安室考藏金石書畫之章，蓮溪鑑藏書畫，小綠天藏
書、孫毓修印

0698

　　隸釋：二十七卷 / （宋）洪适撰．-- 刻本．-- 錢
塘汪日秀樓松書屋，清乾隆四十二年（1777）．-- 6
冊（1 函）

　　9 行 20 字白口四周單邊單魚尾

　　登錄號 1-04180/索書號 8018-146-005-003：6 冊
（1 函），白紙本；鈐印：樓松書屋汪氏校本[汪日秀]，
蓮堂藏書；裝訂斷線

　　登錄號 1-04790/索書號 8018-166-005-008：8 冊，
白紙本；鈐印：石雪藏書、萬竹廬藏[徐宗浩]；無書
名葉

0699

　　隸續：二十一卷 / （宋）洪适撰．-- 刻本．-- 錢
唐汪日秀樓松書屋，清乾隆四十三年（1778）．-- 4
冊

　　10 行 20 字白口四周單邊單魚尾

　　登錄號 1-00273/索書號 8018-192-003-006：4 冊，

白紙本；鈐印：常茂徠印、秋厓[常茂徠]；紙張老化
四周變黃，版心開口，書衣破損

0700

　　天下金石志：不分卷，附錄一卷 / （明）于奕正
編．-- 抄本．-- 江陰王廷選，清乾隆三十一年
（1766）．-- 2 冊

　　內有：北直隸、南直隸、河南、山東、山西、浙江、
江西、湖廣、福建、陝西、四川、廣東、廣西、雲南、
貴州之地金石志

　　登錄號 1-02826/索書號 8018-132-002-015：2 冊，
黃紙本；輕微蟲蛀損壞，書衣有污漬、破損

0701

　　天下金石志：不分卷，附錄一卷 / （明）于奕正
編；（清）李蔭棠修訂．-- 刻本．-- 清．-- 4 冊（1
函）

　　8 行字不等白口四周單邊無魚尾

　　內有：北直隸、南直隸、河南、浙江、江西、山東、
山西、陝西、湖廣、福建、四川、雲南、貴州等地之
金石志

　　登錄號 1-02824/索書號 8018-135-006-008：4 冊
（1 函），黃紙本；鈐印：潘士奎印，星美；書衣邊角
磨損

0702

　　金石文字記：六卷 / （清）顧炎武撰．-- 刻本，寫
刻．-- 清初．-- 6 冊

　　11 行 20 字白口左右雙邊單魚尾

　　登錄號 1-03657/索書號 8018-132-001-001：6
冊，黃紙本；鈐印：毛綏福印、毛綏福，景思，
毛福之印，景斯，潘飛聲印、潘飛聲、潘氏蘭
史[潘飛聲]，小毛公，毛晉書印、毛晉私印、
字子九[毛晉]，桐院，錫園；有清光緒十三年
（1887）潘飛聲墨筆題識並鈐朱印；蟲蛀損壞；
有修補

0703

　　金石文字記：六卷 / （清）顧炎武撰．-- 刻本，寫
刻．-- 清．-- 6 冊

　　11 行 20 字白口左右雙邊單魚尾

　　登錄號 1-03644/索書號 8018-131-005-013：6 冊，

黃紙本；鈐印：勉行堂劉氏藏書之印，黃節、蕪室；紙張老化變黃變脆，邊角破損，裝訂斷綫

0704

兩漢金石記 ：二十二卷 / （清）翁方綱撰. -- 刻本. -- 大興翁方綱南昌使院，清乾隆五十四年（1789）. -- 4 冊（1 函）. -- （蘇齋叢書／（清）翁方綱撰）

10 行 20 字小字雙行同白口左右雙邊單魚尾

書名葉題：兩漢金石記 乾隆五十四年己酉秋八月錄于南昌使院凡廿二卷北平翁方綱

登錄號 善 126／索書號 7018-sb-123：4 冊（1 函），黃紙本；鈐印：扶溝柳氏珍藏金石書畫之印[柳堂]；輕微破損

登錄號 1-02809／索書號 8018-131-004-003：6 冊（1 函），黃紙本；紙張老化變黃變脆，破損；有修補

登錄號 1-02810／索書號 8018-142-003-009：6 冊（1 函），黃紙本；鈐印：蘭嵩藏書，白恩佑印；前有《翁氏蘇齋叢書》目錄（各子目下朱印價格）；字跡清晰度差，紙張老化變黃變脆，無書名葉

0705

金石續錄 ：四卷 / （清）劉青藜撰. -- 刻本. -- 清康熙四十九年（1710）. -- 2 冊

9 行 19 字黑口左右雙邊單魚尾

書名葉題：襄城太史劉太乙先生著同懷弟嘯雲編閱金石續錄 傳經堂藏板

登錄號 1-03649／索書號 8018-132-006-017：2 冊，黃紙本；有斷版；破損，有水漬，裝訂斷綫

0706

觀妙齋藏金石文攷略 ：十六卷 / （清）李光暎篆. -- 刻本，寫刻. -- 嘉興李光暎，雍正七年（1729）. -- 6 冊（1 函）

9 行字不等白口四周單邊單魚尾

書末記：嘉禾鍾仁山刻

登錄號 1-04183／索書號 8018-146-004-005：6 冊（1 函），白紙本；鈐印：觀妙齋藏，同茂；紙張老化有黃斑，有水漬

登錄號 1-07431／索書號 8009-123-006-004：12 冊（2 函），黃紙本，藍色灑金書衣；鈐印：小綠天藏書、孫毓修印；無書名葉；蟲蛀修補

登錄號 1-03381／索書號 8018-131-005-012：4 冊，

黃紙本；卷首序及目錄有抄補，書衣破損，無書名葉

0707

重定金石契 ：不分卷，卷首一卷，續錄一卷 / （清）張燕昌撰. -- 刻本. -- 清. -- 4 冊：圖

10 行 16 字白口四周單邊單魚尾，無直欄

書名葉題：乾隆戊戌夏日 金石契 大興翁方綱題

書籤及版心題：金石契

記事至清嘉慶七年（1802）

以宮、商、角、徵、羽分冊，羽冊末有附錄

卷首朱印聖製詩歌

登錄號 1-02582／索書號 8018-190-006-022：4 冊，白紙本；鈐印：宜園喬氏鑑藏書畫金石印記；輕微蟲蛀損壞，邊角破損，污漬，裝訂斷綫

0708

京畿金石考 ：二卷 / （清）孫星衍撰. -- 活字本. -- 蘭陵孫氏問字堂，清乾隆末. -- 2 冊（1 函）

10 行 24 字白口左右雙邊單魚尾

有清乾隆五十七年（1792）序

登錄號 1-02717／索書號 8018-136-004-004：2 冊（1 函），黃紙本；鈐印：空山珍藏書畫，悅菴珍賞，蘇齋墨緣、覃谿[翁方綱]；有水漬

0709

偃師金石遺文記 ：二卷 / （清）武億纂著 ；（清）韓甲辰採緝. -- 刻本. -- 偃師武氏小石山房，清乾隆五十三年（1788）. -- 2 冊（1 函）

10 行 21 字小字雙行同黑口左右雙邊單魚尾

書名葉題：乾隆五十三年歲戊申冬十月朔 偃師金石遺文記 小石山房藏版

版心題：金石錄

登錄號 1-01084／索書號 8018-172-001-006：2 冊（1 函），白紙本；鈐印：梁谿秦氏攜書樓收藏書畫印[秦祖永]，秦振聲，俞吾生；蟲蛀損壞

0710

金石圖 ：不分卷 / （清）牛運震集説 ；（清）褚峻摹圖. -- 刻暨拓本. -- 清乾隆八至十年（1743-1745）. -- 4 冊

刻本10 行 20 字白口半葉四周單邊

登錄號 0001450／索書號 8020-020-002-007：4 冊，

白紙本；紙張老化有黃斑，有缺損葉；有修補

0711

金石薊：不分卷 / （清）馮承輝摹. -- 刻本. -- 雲間馮承輝，清嘉慶二十三年（1818）. -- 2 冊（1 函）：圖

行字不等白口左右雙邊單魚尾

書名葉題：雲間馮少眉影摹金石拓本 上版栞者金陵鎦貢九 時嘉慶戊寅春日印行

登錄號 1-03647/索書號 8018-134-001-003：2 冊（1 函），白紙本；鈐印：何寶善印、楚侯[何寶善]，東閣，平輿，馬鳴侍者，辛亥，寐叟圖書記，無垢，供養百千億那由他佛；有水漬

0712

金石苑：不分卷 / （清）劉喜海輯. -- 刻本. -- 東武劉氏來鳳堂，清道光二十八年（1848）. -- 12 冊（2 函）：圖

行字不一白口半葉四周單邊

登錄號 0000886/索書號 8020-014-004-007：12 冊（2 函），黃紙本；鈐印：山陽朱氏紫荊花館祕笈、鼎榮墨緣[朱鼎榮]，阿朱，無竟先生獨志堂物[張其鍠]，子芬[吳式芬]；紙張老化四周變黃，書衣破損，裝訂裂散

登錄號 0000924/索書號 8020-015-002-003：6 冊（1 函），白紙本；內容不全，裝訂裂散

0713

陳簠齋先生手稿：十七种 / （清）陳介祺撰. -- 稿本. -- 清. -- 15 件

書名據目錄題

附：陳簠齋先生手稿目錄、整理陳簠齋先生手稿工作報告（共 1 件）

子目：

01. 毛公厝鼎釋文
02. 周聘敦釋文
03. 南宮鼎釋文
04. 器佚馭方鼎釋文
05. 邰鐘釋文
06. 齊佚鉼釋文
07. 區鋘釋文
08. 秦器考釋
09. 漢器考記
10. 秦前文字之語
11. 封泥考略
12. 傳古小启
13. 毛公鼎釋零稿
14. 金文考釋雜稿
15. 尺牘
16. 秦權量銅詔版釋文詩記輯抄
17. 漢器考釋輯抄

登錄號 0000930/索書號 8020-015-002-009：15 件；陳育丞等捐贈，1964 年 4 月 11 日登記

〔史部 金石類 金類〕

0714

亦政堂重修考古圖：十卷 / （宋）呂大臨撰；（清）黃晟鑒定. -- 刻本. -- 天都黃晟槐蔭草堂，清乾隆十八年（1753）. -- 5 冊：圖

8 行 17 字小字雙行字不等白口四周單邊單白魚尾

書名葉題：乾隆壬申年秋月 天都黃曉峰鑒定 考古圖 亦政堂藏板

版心題：考古圖

登錄號 1-04099/索書號 8018-146-006-004：5 冊（合 1 函：冊 1-5），與《亦政堂重考古玉圖》合刻，白紙本；鈐印：敦化堂藏書；紙張老化變黃變脆，邊角損壞

0715

泊如齋重修宣和博古圖錄：三十卷 / （宋）王黼等撰；（明）丁雲鵬（南羽），（明）吳左千繪圖；（明）劉季然書錄. -- 刻本. -- 新安吳氏泊如齋，明萬曆十六年（1588）. -- 30 冊（6 函）：圖

8 行 17 字白口四周單邊單白魚尾

書名葉題：泊如齋藏板 丁南羽 吳左千繪圖 博古圖 劉季然書錄

版心題：博古圖錄

本書著錄宋代皇宮宣和殿所藏古銅器三百八十九件，其中雜器四十件，銅鏡一百一十三件，總分二十類，每件器物均摹繪圖形、款識、容量、重量，並附以考記

登錄號 0000612／索書號 8020-010-002-001：30 冊
（6 函），黃紙本；金鑲玉裝訂；鈐印：邵氏研經堂書
畫之印、邵氏研經堂印、邵宗繪印，子言，子孫保之，
家有珍藏萬卷書，其萬年子孫永寶；紙張老化變脆變
黃，破損

0716

泊如齋重修宣和博古圖錄：三十卷 ／ （宋）王黼
等撰 ；（明）丁雲鵬（南羽），（明）吳左千繪圖 ；（明）
劉季然書錄． -- 刻本，重印． -- 明萬曆十六年
（1588）新安吳氏泊如齋刻，明重印． -- 24 冊（4 函）：
圖

8 行 17 字白口四周單邊單白魚尾

書名葉題：木立堂藏板 丁南羽 吳左千繪圖 博古圖
劉季然書錄

版心題：博古圖錄

登錄號 0000274／索書號 8020-006-002-029：24 冊
（4 函），黃紙本，金鑲玉裝訂；鈐印：妍業堂書畫印；
紙張老化變脆變黃，破損

登錄號 1-04060／索書號 8018-158-005-001：10 冊
（1 函），黃紙本；紙張老化，破損

登錄號 1-02185／索書號 8018-189-002-002：16
冊，黃紙本；破損

0717

亦政堂重修宣和博古圖錄：三十卷 ／ （宋）王黼
等撰 ；（清）黃晟鑒定． -- 刻本． -- 天都黃氏槐蔭
草堂，清乾隆十八年（1753）． -- 30 冊（5 函）：圖

8 行字不等白口四周單邊單白魚尾

書名葉題：博古圖 乾隆壬申年秋月 天都黃曉峰鑒
定 亦政堂藏板

版心題：博古圖錄

卷末牌記：乾隆庚午年之秋天都黃晟曉峰氏校勘于
槐蔭艸堂

有清乾隆十八年重刻序

登錄號 1-04137／索書號 8018-152-006-001：30 冊
（5 函），黃紙本；鈐印：敦化堂藏書；紙張老化變黃
變脆，蟲蛀損壞，邊角鼠嚙，版心開口

登錄號 1-00902／索書號 8018-172-002-004：11 冊，
黃紙本；紙張老化嚴重變黃破碎，殘存 22 卷：卷 1-10、
19-30，版心開口

0718

歷代鐘鼎彝器款識法帖：二十卷 ／ （宋）薛尚功
撰． -- 刻本，朱印． -- 萬岳山人，明萬曆十六年
（1588）． -- 4 冊（1 函）：圖

行大小字不等白口左右雙邊

卷一卷端“鐘”誤作“鍾”

登錄號 0000195／索書號 8020-005-003-009：4 冊
（1 函），黃紙本；鈐印：紹仁印信、侯紹仁印；紙張
老化變脆變黃，破損，有水漬

0719

歷代鐘鼎彝器款識：二十卷 ／ （宋）薛尚功撰． --
寫本． -- 清． -- 4 冊：圖

行大小字不等

登錄號 0000778／索書號 8020-012-004-002：4 冊，
白紙本；鈐印：姚培謙印、平山氏、鱸香居士欣賞、
華亭姚氏家藏[姚培謙]；邊角鼠嚙，有水漬，書衣破
損

0720

新刻古器具名：二卷 ／ （明）胡文煥輯． -- 刻本．
-- 錢塘胡文煥，[明萬曆二十一年]（1593）． -- 1
冊：圖

9 行 18 字白口左右雙邊雙白魚尾

版心題：古器具名

書名據目錄題

登錄號 0000834／索書號 8020-014-001-002：1 冊，
黃紙本；鈐印：毛晉，散庵，越府圖書之章；蟲蛀殘
缺、損壞，有缺葉，書衣破損

0721

新刻古器具名：二卷，總說一卷 ／ （明）胡文煥
輯． -- 刻本，重印． -- [明萬曆二十一年]（1593）
錢塘胡文煥刻，清光緒二十一年（1895）重訂． -- 3
冊（1 函）：圖

9 行 18 字白口四周雙邊雙白魚尾，《總說》10 行 20
字

版心題：古器具名

書名據目錄題

手寫書名葉、牌記，題：光緒乙未中夏重訂

登錄號 0000940／索書號 8020-015-002-019：3 冊
（1 函），黃紙本；紙張老化、邊角破損，有水漬

0722

新刻古器具名：二卷 ／（明）胡文煥輯. -- 刻本,
[重修]. -- [明萬曆二十一年]（1593）錢塘胡文煥刻,
[清重修]. -- 1 冊：圖

9 行 18 字白口左右雙邊雙白魚尾

版心題：古器具名

書名據目錄題

登錄號 0000835／索書號 8020-014-001-003：2 冊,
黃紙本；書葉內襯《劍南詩抄》；破損, 有缺葉, 書衣
散失

0723

鐘鼎字源：五卷, 附錄一卷 ／（清）汪立名集. --
刻本. -- 錢塘汪立名一隅草堂, 清康熙五十五年
（1716）. -- 4 冊（1 函）

6 行 10 字小字雙行 20 字白口左右雙邊單魚尾

書名葉題：汪氏集刊 鍾鼎字源 一隅草堂藏

登錄號 1-04406／索書號 8018-156-002-007：4 冊
（1 函）, 白紙本；紙張老化有黃斑

0724

西清古鑑：四十卷, 附錢錄十六卷 ／（清）梁詩
正,（清）蔣溥等纂. -- 刻本, 銅版. -- 日本：邁
宋書館, 清光緒十四年（1888）. -- 24 冊（4 函）：
圖

10 行 18 字白口四周雙邊雙魚尾

書籤題：銅版西清古鑑

書名葉題：欽定西清古鑑

牌記題：光緒十四年邁宋書館在日本銅鑄

登錄號 0001328／索書號 8020-022-004-001：24 冊
（4 函）, 白紙本；書衣破損

登錄號 1-01918／索書號 8018-185-006-007：24 冊
（4 函）, 白紙本；首尾破損

0725

積古齋鐘鼎彝器款識：十卷, 商周銅器說一卷, 兵
器說一卷 ／（清）阮元編錄 ；（清）朱爲弼編. -- 刻
本. -- 常熟抱芳閣, 清光緒八年（1882）. -- 4 冊（1
函）：圖

12 行 24 字白口四周單邊單魚尾

牌記題：光緒壬午孟春常熟抱芳閣刊

登錄號 0000427／索書號 8020-008-002-006：4 冊

（1 函）, 白紙本；鈐印：胡義贊印、石查以清俸買來
書籍[胡義贊], 杭邵章伯褧收藏書籍記、邵章、舊史
官[邵章]；有邵章朱筆題識、眉批；有污漬, 書衣破
損

0726

藤花亭鏡譜：八卷 ／（清）梁廷柟撰. -- 抄本, 烏
絲欄. -- 清. -- 2 冊

9 行 21 字下黑口左右雙邊單魚尾

登錄號 1-07385／索書號 8009-119-003-037：2 冊,
黃紙本, 巾箱本；鈐印：梁汝洪、紫雲青華硯齋藏書[梁
汝洪]；有朱筆校字

0727

攀古廎彝器款識：二卷 ／（清）潘祖蔭輯. -- 刻
本, 初印. -- 京師：吳縣潘祖蔭滂喜齋, 清同治十
一年（1872）. -- 2 冊（1 函）：圖

10 行 24 字小字雙行同白口四周單邊單魚尾

牌記題：同治十一年京師滂喜齋刻

登錄號 0000648／索書號 8020-010-004-006：2 冊
（1 函）, 白紙本, 綠色布質書衣；鈐印：金石錄十卷
人家、榮夢軒、吳潘祖蔭章、伯寅藏書、八求精舍、
佞宋齋、龍自然室、小脈望館、如顯、翰林供奉、説
心室、伯寅經眼、潘祖蔭、鄭盦、潘祖蔭藏書記、潘
祖蔭印、伯寅、尊古齋、鄭盦金石文字、鄭盦珍賞、
尊古齋藏書記[潘祖蔭]、江夏黃濬[黃濬]；有清同治
十一年（1872）潘祖蔭題記並鈐連珠印：祖蔭, 有甲
戌（1934）馮汝玠題識並鈐印：馮汝玠印；紙張老化
四周變黃

0728

諸家藏器目：不分卷 ／（清）王懿榮輯. -- 稿本,
朱絲欄. -- 福山王懿榮, 清末. -- 2 冊（1 函）

9 行字不等白口四周雙邊單魚尾

套籤題：王文敏公手編各家藏器目原稿

版心下記：松竹齋

登錄號 0000840／索書號 8020-014-001-008：2 冊
（1 函）, 黃紙本；民國二十七年馮汝玠題籤、題識並
鈐印

〔史部　金石類　石類〕

0729

　　寶刻類編：八卷 ／ （宋）佚名撰. -- 刻本. -- 東武劉喜海十七樹梅華山館，清道光十八年（1838）. -- 2 冊（1 函）

　　8 行 17 字小字雙行同黑口四周單邊單魚尾

　　書名葉題：欽定四庫全書本 寶刻類編 嘉蔭簃藏板

　　牌記題：道光十有八年歲次著雍閹茂五月東武劉氏校栞于臨汀郡署十七樹梅華山館

　　　登錄號 0000256/索書號 8020-006-002-016：2 冊（1 函），黃紙本；鈐印：丹徒吳氏碬帖齋所藏、吳定、吳靜庵[吳定]

0730

　　輿地碑記目：四卷 ／ （宋）王象之撰. -- 抄本. -- 清乾隆間. -- 4 冊（1 函）

　　　登錄號 0001021/索書號 8020-016-003-013：4 冊（1 函），黃紙本；鈐印：南通馮氏景岫樓藏書[馮雄]，大梁常氏怡古堂珍藏[常茂徠]，常維潮印，丙辰進士，浙門珍賞；有清同治十年（1871）常維潮校記；紙張老化變脆四周變黃，蟲蛀損壞，裝訂裂散

0731

　　金薤琳琅：二十卷，補遺一卷 ／ （明）都穆撰；（清）宋振譽補遺. -- 刻本. -- 汪荻洲，清乾隆四十三年（1778）. -- 4 冊（1 函）

　　9 行 18 字白口四周單邊單魚尾

　　　登錄號 1-04397/索書號 8018-146-005-002：4 冊（1 函），白紙本；紙張老化四周變黃，書葉缺損，有水漬；有修補

0732

　　碑藪[古今碑刻]：一卷 ／ （明）陳鑑集；（清）倪濤補集. -- 稿本，謄清. -- 清. -- 1 冊

　　12 行字不等

　　　登錄號 1010900/索書號 8011-009-001-004：1 冊，黃紙本；邊角鼠嚙

0733

　　水經注所載碑目：一卷 ／ （明）楊慎撰並輯. -- 抄本. -- 清. -- 1 冊

　　9 行 19 字黑口四周雙邊雙魚尾

　　自明刻本抄出

　　　登錄號 0000270/索書號 8020-006-002-022：1 冊，白紙本；鈐印：秦氏睡足軒鑑藏金石書畫印、曾在秦嬰闇處[秦更年]；書衣題：清光緒二年（1872）魏稼孫（錫曾）評校，李元福等校記；蟲蛀損壞，裝訂裂散

0734

　　補寰宇訪碑錄：五卷，失編一卷 ／ （清）趙之謙纂集；（清）沈樹鏞覆勘. -- 刻本. -- 會稽趙之謙，清同治三年（1864）. -- 2 冊

　　9 行 21 字黑口左右雙邊單魚尾

　　書名葉題：補寰宇訪碑錄 同治三年甲子孟陬之月胡樹題耑

　　　登錄號 0000254/索書號 8020-006-002-017：2 冊，黃紙本；有清光緒十四年（1888）朱九丹墨筆校補；邊角破損，有污漬、水漬

0735

　　葉氏菉竹堂碑目：六卷 ／ （明）葉盛藏並編. -- 寫本，朱格. -- 清. -- 1 冊

　　9 行 21 字白口四周單邊單魚尾

　　書衣馮汝玠題：許印林批 吳子苾校 寫本菉竹堂碑目

　　　登錄號 0000253/索書號 8020-006-002-019：1 冊，黃紙本；鈐印：環璽齋、馮汝玠印、環璽齋主人五十以後得[馮汝玠]；有許瀚（1797-1866）、吳式芬朱墨筆批校，扉葉有民國二十八年（1939）馮汝玠題記並鈐印；書葉略有破損

0736

　　話雨樓碑帖目錄：四卷 ／ （清）王楠藏；（清）王鯤編. -- 刻本. -- 清道光十五年（1835）. -- 2 冊

　　9 行 24 字小字雙行同白口左右雙邊單魚尾

　　　登錄號 0000255/索書號 8020-006-002-018：2 冊，黃紙本；鈐印：環璽齋、馮汝玠印；扉葉有民國二十八年（1939）馮汝玠題記；蟲蛀損壞，有水漬

　　　登錄號 1-05078/索書號 8009-102-003-003：4 冊（1 函），白紙本；首冊書衣破損

0737

　碑帖目：七種 ／（清）劉喜海藏並輯. -- 稿本. -- 東武劉喜海, 清. -- 4 冊（1 函）

　　8 行 21 字

　　書名代擬

　　子目：

　　　1.古刻叢鈔：一卷／（明）陶宗儀編（冊 1）

　　　2.古林金石表：一卷／（清）曹溶編（冊 2）

　　　3.寒山堂金石林時地考：二卷／（明）趙均撰（冊 3）

　　　4.寒山金石林部目：一卷／（明）趙均編（冊 3，附：何莊淳化帖記聞）

　　　5.水經注碑目：一卷／（明）楊慎編（冊 4）

　　　6.法帖神品目：一卷／（明）楊慎編（冊 4）

　　　7.石塔碑刻記：一卷（冊 4）

　　登錄號 0000898／索書號 8020-014-005-003：4 冊（1 函），黃紙本；鈐印：嘉蔭簃藏書印、文正曾孫、劉喜海印、燕庭、味經書屋、東吳鎦氏味經書屋藏書印［劉喜海］；水漬損壞

0738

　天下碑刻目錄攷：不分卷. -- 抄本. -- 清. -- 2 冊（1 函）

　　8 行字不等

　　登錄號 1-02828／索書號 8018-138-004-003：2 冊（1 函），黃紙本；金鑲玉裝訂；鈐印：宗室盛昱私印

0739

　關中金石記：八卷 ／（清）畢沅撰. -- 刻本. -- 鎮洋畢氏, 清乾隆四十六年（1781）. -- 6 冊（1 函）. -- （經訓堂叢書／〈清〉畢沅輯）

　　12 行 24 字黑口四周單邊雙魚尾

　　登錄號 1-06617／索書號 8009-103-005-005：6 冊（1 函），白紙本，藍色絲質書衣；鈐印：新安山帶樓印，山南私印，吳生，無竟先生獨志堂物［張其錩］，次園家藏、次園書畫印，儉德齋作，勤伯藏書；紙張老化變黃，邊角鼠嚙，裝訂斷綫

0740

　雍州金石記：十卷, 記餘一卷 ／（清）朱楓撰. -- 刻本. -- 清乾隆間. -- 2 冊（1 函）

　　10 行 19 字白口左右雙邊單魚尾

　　有清乾隆三十八年（1773）序

　　登錄號 0000686／索書號 8020-011-001-002：2 冊（1 函），白紙本；紙張老化有黃斑

0741

　粵東金石略：九卷, 卷首一卷, 附二卷 ／（清）翁方綱撰. -- 刻本. -- 石州草堂, 清乾隆三十六年（1771）. -- 2 冊（1 函）

　　10 行 22 字小字雙行 33 字白口左右雙邊單魚尾

　　登錄號 1-03034／索書號 8018-132-002-021：4 冊, 白紙本；鈐印：惜陰堂藏書記［趙尊岳］, 俞吾生, 吳興周氏亦足齋藏［周越然］；蟲蛀損壞, 裝訂斷綫

0742

　石墨鐫華：八卷 ／（明）趙崡撰. -- 刻本. -- 盩屋趙崡, 明萬曆四十六年（1618）. -- 2 冊（1 函）

　　8 行 18 字白口四周單邊

　　卷七、八為附錄

　　登錄號 0000053／索書號 8020-001-002-016：2 冊（1 函），白紙本；鈐印：曾在秦嬰闇處、秦更年印、秦曼青、石藥簃藏書印、秦氏睡足軒鑑藏金石書畫印［秦更年］, 襄芬館主, 萬卷樓；有斷版、模糊字

0743

　竹雲題跋：四卷 ／（清）王澍著；（清）錢人龍訂. -- 刻本, 重修. -- 清乾隆三十二年（1767）苕溪錢人龍經香居刻, 清乾隆三十六年（1774）秀州楊建閻川易鶴軒重修. -- 2 冊

　　8 行 18 字白口左右雙邊單魚尾

　　卷末記：吳郡王景桓鐫字

　　登錄號 0000388／索書號 8020-007-004-004：2 冊（合 1 函），與《虛舟題跋》合印，白紙本；函套內側有清光緒間青容題記；紙張老化有黃斑，邊角破損

　　登錄號 1-07790／索書號 8009-120-004-025：4 冊（合 1 函），與《虛舟題跋》合印，黃紙本；書名葉記：苕上畫雲閣藏版；紙張老化變黃，書衣散失，裝訂裂散

0744

　竹雲題跋：四卷 ／（清）王澍著；（清）錢人龍校訂. -- 刻本. -- 清. -- 4 冊（1 函）

8行18字白口左右雙邊單魚尾

書名葉題：王虛舟先生竹雲題跋　經香居藏板

登錄號 0000358/索書號 8020-007-002-007：4 冊
（1 函），黃紙本

0745

虛舟題跋：十卷，補原三卷 / （清）王澍著；（清）
陳焯，（清）楊建校訂. -- 刻本. -- 秀州楊建聞川易
鶴軒，清乾隆三十六年（1771）. -- 3 冊

8行18字白口左右雙邊單魚尾，無直欄

書名葉題：王箬林先生著　虛舟題跋　聞川易鶴軒藏
版

登錄號 0000387/索書號 8020-007-004-004：3 冊
（合 1 函），與《竹雲題跋》合印，白紙本；紙張老化
有黃斑，邊角破損

登錄號 1-07790/索書號 8009-120-004-025：4 冊
（1 函），黃紙本；紙張老化變黃，書衣散失，裝訂裂
散

0746

虛舟竹雲題跋合鈔：不分卷，雜錄一卷 / （清）
王澍撰；（清）陳焯，（清）楊建校訂. -- 抄本，朱
絲欄. -- 文秀齋，清末. -- 1 冊

上下兩欄12行，字不等，白口四周雙邊

書名據書衣題

著者據首葉題

登錄號 0000909/索書號 8020-014-005-014：1 冊，
黃紙本；沔陽陸和九收藏本，鈐印：陸和九信印、陸
禾九新記[陸和九]；書衣破損，有污漬

0747

石墨考異：二卷 / （清）嚴蔚撰. -- 稿本. -- 吳
下嚴蔚，清乾隆五十三年（1788）. -- 1 冊（1 函）

10行字不等

登錄號 0000717/索書號 8020-011-003-012：1 冊
（1 函），白紙本，金鑲玉裝訂；鈐印：二酉齋，馮汝
玠印、志青；有馮汝玠朱墨筆題記

0748

徐鉉臨秦嶧石頌：一卷 / （宋）徐鉉臨；（清）
孔昭孔雙鉤. -- 刻本. -- 常熟楊詠春，清同治六年
（1867）. -- 1 冊

2行2字四周單邊白口

套籤題：秦嶧石頌

書名代擬

登錄號 碑帖 028/索書號 7018-sb-249：1 冊，白紙
本，經折裝；紙張老化有黃斑，有水漬

0749

武梁祠像 / （清）黃易摹. -- 刻本. -- 錢塘黃易，
清乾隆五十六年（1791）. -- 1 冊（1 函）：圖

套籤題：漢武梁祠畫像

書籤題：唐拓武梁祠畫像

書名據扉葉簽題

登錄號 0000950/索書號 8020-015-003-009：1 冊
（1 函），黃紙本；鈐印：翁方綱，燕庭收藏[劉喜海]，
繼芳暫守，星鳳堂收藏圖籍秘本[楊繼振]；有清朱善
旂題識，清同治八年（1869）楊繼振識語二紙；紙張
老化有黃斑，有水漬；有修補

0750

天發神讖碑考：一卷 / （清）周在浚輯. -- 抄本.
-- 孫岱三潞齋，清. -- 1 冊

10行20字

附：天發神讖碑賦：一卷/（清）王概撰

登錄號 0000732/索書號 8020-011-004-011：1 冊，
黃紙本，黃色織錦書衣；鈐印：紫緣長壽

0751

唐昭陵墨蹟攷略：五卷 / （清）林侗撰. -- 抄本.
-- 李東琪，清乾隆二十一年（1756）. -- 1 冊（1 函）

10行24字小字雙行同

登錄號 0000780/索書號 8020-012-004-004：1 冊
（1 函），黃紙本；鈐印：鐵橋李子東琪有金石之癖、
鐵橋秘玩、每見奇書手自鈔、鐵橋[李東琪]，醫無閭
山人，任古堂李氏珍藏，怪石山房藏，任城李氏來紫
堂珍藏；有水漬

0752

金石三例 / （清）盧見曾輯. -- 刻本. -- 德州盧
見曾雅雨堂，清乾隆二十年（1755）. -- 4 冊（1 函）

10行22字小字雙行33字白口左右雙邊單魚尾

書名據書簽及序題

子目：

1. 金石例：十卷／（元）潘昂霄撰（冊 1-2）

2. 墓銘舉例：四卷／（明）王行撰（冊 3-4）

3. 金石要例：一卷／（清）黃宗羲撰（冊 4）

登錄號 1-03659／索書號 8018-139-005-002：4 冊（1 函），黃紙本；序有抄補，裝訂斷綫

0753

墓銘舉例：四卷，補闕一卷／（明）王行撰. -- 抄本，烏絲欄. -- 清初. -- 1 冊（1 函）

9 行 17 字黑口左右雙邊

登錄號 0000884／索書號 8020-014-004-005：1 冊（1 函），黃紙本；鈐印：繡谷、繡谷薰習、鵝籠生[吳焯]，淮南小隊，西泠吳氏；扉葉有清康熙五十七年（1718）吳焯題識；邊角鼠嚙等損壞，書衣散失，裝訂裂散，有水漬、污漬

〔史部　金石類　玉類〕

0754

亦政堂重修考古玉圖：二卷／（元）朱德潤撰；（清）黃晟鑒定. -- 刻本. -- 天都黃晟槐蔭草堂，清乾隆十八年（1753）. -- 1 冊：圖

8 行 17 字小字雙行不等白口四周單邊單白魚尾

書名葉題：乾隆壬申年秋月　古玉圖　亦政堂藏板

版心題：古玉圖

登錄號 1-04099／索書號 8018-146-006-004：1 冊（合 1 函：冊 6），與《亦政堂重修考古圖》合刻，白紙本；紙張老化變黃變脆，邊角損壞

〔史部　金石類　陶類〕

0755

秦漢瓦當文字：一卷，續一卷／（清）程敦撰. -- 刻暨拓本，續刻. -- 清乾隆五十二年（1787）橫渠書院刻暨拓，清乾隆五十九年（1794）續刻. -- 3 冊（1 函）：圖

11 行 25 字黑口四周單邊無魚尾

書名葉題：秦漢瓦當文字一卷　乾隆丁未三月刊於橫渠書院

分上、下二子卷，圖為拓印

登錄號 1-04824／索書號 8018-159-003-003：3 冊（1 函），白紙本；鈐印：又純長壽，張采田印；有水漬

登錄號 1-06292／索書號 8009-090-003-011：3 冊（1 函），白紙本；蟲蛀損壞，裝訂開裂

0756

陶説：六卷／（清）朱琰撰. -- 刻本. -- 長塘鮑廷博知不足齋，清乾隆三十九年（1774）. -- 2 冊（1 函）

9 行 21 字綫黑口左右雙邊單魚尾

登錄號 1010386／索書號 8011-004-003-024：2 冊（1 函），黃紙本；鈐印：耕心齋、賞心樂事、聚五珍藏、侯奎之印，農部分曹；套簽題：光緒庚寅夏至後定陽侯氏聚五秘藏於耕心齋；輕微污漬，版心開口

〔史部　金石類　錢幣〕

0757

泉志：十五卷／（宋）洪遵撰；（明）徐象梅校並圖篆. -- 刻本. -- 明萬曆間. -- 2 冊：圖. -- （祕冊彙函／（明）沈士龍，（明）胡震亨輯）

9 行 18 字白口左右雙邊單白魚尾

有明萬曆三十一年（1603）徐象梅跋

登錄號 0000248／索書號 8020-006-002-002：2 冊，白紙本；鈐印：西田書屋，玉田，武功郡蘇氏珍藏之章，萬金家書，張鴻藻，硯賓氏、硯賓珍藏，評某閣所藏印；有抄配，邊角磨損，有污漬，書衣破損

0758

泉史：十六卷／（清）盛大士撰. -- 刻本. -- 清道光十四年（1834）. -- 8 冊（1 函）：圖

12 行 23 字黑口四周單邊單魚尾

登錄號 0000252／索書號 8020-006-002-011：8 冊（1 函），白紙本；鈐印：徐乃昌讀、積學齋徐乃昌藏書[徐乃昌]，山陽丁晏藏書[丁晏]；後序書葉殘缺；有修補

0759

　　古泉叢話：三卷，又一卷 /（清）戴熙撰 ;（清）胡義贊校. -- 抄本, 朱絲欄. -- 光山胡義贊, 清同治六年（1867）. -- 1 冊

　　9 行字不等白口四周雙邊單魚尾

　　登錄號 0000868/索書號 8020-014-002-017：1 冊, 黃紙本, 金鑲玉裝訂, 藍色絲質書衣 ; 鈐印：胡義贊、義贊私印、石樵、贊、石查[胡義贊], 戴熙、習苦、醇士[戴熙], 春山借觀書畫印, 清卿（吳大澂）; 末有清吳大澂、鮑康（清同治十二年）跋, 民國九年鄭希亮及張美翊題記

〔史部 金石類 璽印〕

0760

　　古今印則：二卷 /（明）程遠摹選 ;（明）項夢原校正. -- 鈐印暨刻本. -- 清. -- 2 冊（1 函）

　　白口四周單邊單白魚尾

　　序題：印則

　　版心下記：何文煥（清乾隆間人）刻

　　官印、私印各一冊（卷）

　　登錄號 1-04111/索書號 8018-152-001-011：2 冊（1 函）, 白紙本 ; 鈐印：程福昆印 ; 有殘缺葉、蟲蛀損壞 ; 有修補

0761

　　集古印譜：六卷 /（明）王常編 ;（明）顧從德校. -- 鈐印暨刻本, 朱印. -- 武陵顧氏芸閣, 明萬曆三年（1575）. -- 5 冊

　　綫朱口四周單邊（序為墨印）

　　版心下記：顧氏芸閣

　　版本年等據顧從德刻書引

　　精選古玉印一百五十余方, 銅印一千六百餘方, 明隆慶六年（1572）成書

　　登錄號 0000303/索書號 8020-006-004-011：5 冊, 白紙本 ; 鈐印：純齋過眼 ; 存 5 卷 : 卷 1-5 ; 蟲蛀損壞, 有水漬, 書衣破損

0762

　　集古印譜：六卷 /（明）王常編 ;（明）顧從德校. -- 鈐印暨刻本. -- 武陵顧氏芸閣, 明萬曆三年（1575）. -- 6 冊（1 函）

　　綫黑口四周單邊

　　版心下記：顧氏芸閣

　　版本年等據顧從德刻書引

　　登錄號 0000217/索書號 8020-005-004-016：6 冊（1 函）, 白紙本 ; 鈐印：何汝敏藏書印 ; 有污漬、水漬

0763

　　集古印譜：六卷 /（明）王常編 ;（明）顧從德校. -- 摹寫本, 朱墨. -- [清]. -- 6 冊（1 函）

　　白口四周單邊

　　據明萬曆三年（1575）武陵顧氏芸閣鈐印暨刻本摹寫, 當在清以前

　　登錄號 0000293/索書號 8020-006-003-014：6 冊（1 函）, 白紙本 ; 鈐印：培芝 ; 紙張老化有黃斑

0764

　　集古印譜：五卷, 印證附說一卷 /（明）甘暘編並附說. -- 鈐印暨刻本, 朱墨. -- 秣陵甘暘, 明萬曆二十四年（1596）. -- 5 冊（1 函）

　　8 行 20 字白口四周雙邊

　　書簽題：甘氏集古印譜

　　序題：集古印正

　　首二葉朱印秦傳國璽印

　　登錄號 0000236/索書號 8020-005-005-012：5 冊（1 函）, 白紙本 ; 各冊書衣墨筆題寫目次 ; 紙張老化變脆變黃, 書葉破損, 裝訂裂散

0765

　　攷古正文印藪：五卷, 印譜舊序一卷 /（明）張學禮,（明）胡文煥輯. -- 鈐印暨刻本. -- 明萬曆二十年（1592）. -- 10 冊

　　白口半葉四周單邊

　　書名據張學禮序（第二冊首）

　　登錄號 0000214/索書號 8020-005-004-015：10 冊, 白紙本 ; 鈐印：馮雄印信、南通馮氏景岫樓藏書[馮雄]、費莫氏鑒賞圖書、偉人珍藏、費莫氏家藏、鐵偉人珍賞、鐵偉人鑒賞圖書、獨於書籍患得患失鐵偉人識、平生所好盡在其中, 汲齋高霞堂之書 ; 蟲蛀損壞, 有水漬

0766

集古印譜 / （清）巢農藏並輯. -- 鈐印本. -- 巢農, 清雍正二年（1724）. -- 2 冊（1 函）

　白口四周雙邊單魚尾

　書名據版心題

　著者據序

　書前有清康熙三十三年（1694）宋犖序, 題《集古印篆記》, 疑係巢氏偽托

　　登錄號 0000116/索書號 8020-003-001-006：2 冊（1 函）, 白紙本；鈐印：曾在濮又栩處, 馬菊邨曾觀, 燕銘、燕銘收藏印譜[齊燕銘], 扉葉有齊燕銘識語, 末葉有清咸豐二年（1852）墨筆記事；紙張老化有黃斑, 版心開口, 有水漬, 書衣邊角磨損

0767

秦漢銅章撮集：四卷 / （清）潘正煒藏並輯. -- 鈐印暨刻本. -- 清道光十二年（1832）. -- 4 冊

　白口左右雙邊

　版心下記：汲古齋珍藏

　　登錄號 0000591/索書號 8020-009-005-015：4 冊, 白紙本；鈐印：順德蘇伯揚珍藏金石書畫印, 展驥印信, 潘飛聲審定金石書畫醉心上品, 新寧黃景棠藏[黃景棠], 冶仿道人；有清光緒十八年（1892）蘇展驥墨筆題識；蟲蛀損壞, 有水漬

0768

西京職官印錄：二卷, 附錄印箋說七則 / （清）徐堅集. -- 鈐印暨刻本. -- 吳郡徐氏裒新館, 清乾隆間. -- 2 冊（1 函）

　白口四周單邊單魚尾

　版心下記：裒新館

　有清乾隆十一年（1746）著者自序

　　登錄號 1-03846/索書號 8018-152-005-007：2 冊（1 函）, 白紙本, 藍色灑金書衣；鈐印：瑞英珍藏；紙張老化有黃斑, 輕微蟲蛀損壞, 有水漬

0769

訒菴集古印存：三十二卷 / （清）汪啓淑鑒藏. -- 鈐印暨刻本. -- 歙縣汪氏開萬樓, 清乾隆二十五年（1760）. -- 8 冊

　白口半葉四周藍色花邊

　　登錄號 0000291/索書號 8020-006-003-020：8 冊,

白紙本；卷末金洪銓跋並鈐印：金洪銓印、學山；存 16 卷：卷 17-32；書衣磨損, 有水漬

0770

訒菴集古印存：三十二卷 / （清）汪啓淑鑒藏；（清）汪紹增補輯. -- 鈐印暨刻本. -- 清[乾隆嘉慶間]. -- 13 冊：圖

　白口半葉四周藍色花邊

　據黃賓虹題識, 此係汪紹增獲汪啓淑舊藏補拓並增小傳而成

　　登錄號 0000124/索書號 8020-003-002-006：13 冊, 白紙本；鈐印：王啓淑印、切庵, 藏之名山、傳之其人, 魯曾煜印、秋塍, 金洪銓印、學山；民國二十一年（1932）黃賓虹墨筆題識二紙；卷 15 以後配補他本, 缺 8 卷：卷 16、19、20、23-27, 小傳有抄補, 卷末金洪銓跋係抄補；紙張老化有黃斑, 鼠嚙損壞, 有水漬、油漬, 版心開口, 書衣破損；有修補

0771

袖珍印賞：四卷 / （清）汪啓淑藏並輯. -- 鈐印暨刻本. -- 清乾隆三十六年（1771）. -- 2 冊（1 函）

　白口四周雙邊單魚尾

　刻有曹學詩、趙其昌、周鈐序並鈐印

　　登錄號 0000205/索書號 8020-005-004-004：2 冊（1 函）, 白紙本, 金鑲玉裝訂, 藍色絲質書衣；鈐印：潛庵；紙張老化有黃斑, 有水漬

0772

銅皷書堂藏印 / （清）查禮藏並鑒定；（清）查淳輯. -- 鈐印本. -- 查氏銅皷書堂, 清嘉慶四年（1799）. -- 4 冊

　白口四周單邊

　　登錄號 0000123/索書號 8020-003-002-005：4 冊, 白紙本；鈐印：粵人吳榮光印、吳氏筠清館所藏書畫、曾在吳石雲處[吳榮光], 燕銘[齊燕銘]；扉葉有齊燕銘 1965 年題識；內有草稿六紙, 殘本（據齊燕銘題識）, 序、凡例為抄補；紙張老化有黃斑, 蟲蛀、鼠嚙缺損；有修補

0773

松崖藏印：八卷 / （清）金棨藏並輯. -- 鈐印本. -- 錢塘金棨, 清嘉慶二十一年（1816）. -- 5 冊（1

函）

白口半葉四周雙邊

版本據卷首著者自識

登錄號 0000120/索書號 8020-003-002-002：5 冊（1 函），白紙本；鈐印：燕銘收藏印譜［齊燕銘］；紙張老化四周變黃，有水漬、污漬，裝訂開裂

0774

　　雙虞壺齋印存：八卷 / （清）吳式芬藏並輯. -- 鈐印本. -- 海豐吳式芬雙虞壺齋，清［嘉慶咸豐間］. -- 8 冊（1 函）

白口四周單邊

書名據書簽題

登錄號 0000133/索書號 8020-003-003-004：8 冊（1 函），白紙本；鈐印：齊燕銘藏金石文字記、齊燕銘鉢、燕銘收藏印譜［齊燕銘］，曾藏方節庵處、節庵珍玩、永嘉方約字節庵鑑賞金石書畫圖籍記［方約］，趙叔孺收藏印［趙叔孺］；有齊燕銘墨筆題寫書名葉及目次；紙張老化有黃斑

0775

　　古銅印彙：不分卷. -- 鈐印本. -- 寶琴齋，［清末］. -- 8 冊（1 函）

白口半葉四周綠色單邊

書名據書名葉、書簽及版心題

版心下記：寶琴齋

登錄號 1010115/索書號 8011-002-004-003：8 冊（1 函），白紙本；鈐印：齊燕銘鉢，石廬主人林尌臣讀印記；有水漬；蟲蛀修補

0776

　　集古印譜：三卷 / （清）瞿鏞輯. -- 鈐印本. -- 常熟瞿氏鐵琴銅劍樓，清咸丰八年（1858）. -- 8 冊（1 函）

白口四周雙邊

扉葉鈐朱印"每部定價洋拾陸元"

登錄號 0000309/索書號 8020-006-004-013：8 冊（1 函），白紙本；鈐印：燕銘收藏印譜、齊燕銘藏金石文字記［齊燕銘］

0777

　　二百蘭亭齋古印攷藏：六卷 / （清）吳雲輯並考

釋. -- 鈐印暨刻本. -- 歸安吳雲，清同治三年（1864）. -- 2 冊

11 行 22 字白口左右雙邊單魚尾

書名葉題：二百蘭亭齋古印攷藏 同治甲子四月 儀徵吳讓之署

書名據書名葉等題

卷末記：烏程沈錫堂仿宋 武林李星垣刻字

登錄號 0000122/索書號 8020-003-002-004：2 冊，白紙本；鈐印：伊立勳印、峻齋［伊立勳］，伊遠昭印、近岑［伊遠昭］，燕銘藏書、齊燕銘藏金石文字記［齊燕銘］；紙張老化有黃斑，蟲蛀損壞，版心開口，有水漬，裝訂裂散

登錄號 0000238/索書號 8020-005-005-014：3 冊（1 函），白紙本；紙張老化四周變黃，書衣略有破損

登錄號 0000234/索書號 8020-005-005-011：2 冊，白紙本；紙張老化有黃斑

0778

　　歸安丁氏印譜：二卷 / （清）丁彥臣輯. -- 鈐印本. -- 歸安丁彥臣，［清末］. -- 2 冊（1 函）

白口半葉四周雙邊

卷上收漢官、私印，卷下為丁氏私印

據馮汝玠題書成於清光緒二十五年（1899）之前

登錄號 0000233/索書號 8020-005-005-010：2 冊（1 函），白紙本；鈐印：馮汝玠印、志青；書衣有民國二十八年（1939）馮汝玠題記

0779

　　吉金齋古銅印譜：六卷，續一卷 / （清）何昆玉藏並輯. -- 鈐印本. -- 高要何昆玉，清同治八年（1869）. -- 7 冊（1 函）

白口四周單邊

書名據書名葉及版心題

登錄號 0000128/索書號 8020-003-002-010：7 冊（1 函），白紙本；鈐印：怡齋珍藏書畫之印，燕銘收藏印譜、齊燕銘藏金石文字記；紙張老化有黃斑，書衣破損，裝訂開裂

0780

　　吉金齋古銅印譜：不分卷 / （清）何昆玉藏並輯. -- 鈐印本. -- 高要何昆玉，［清末］. -- 8 冊（1 函）

白口四周單邊

書名據書名葉及版心題

此本與同治八年本序文版刻相同，邊框及字體顏色同為黑色，但無目錄、不分卷，印章內容不同

登錄號 1010102/索書號 8011-002-003-005：8 冊（1 函），白紙本；書衣破損，有水漬

0781

十鐘山房印舉 ：不分卷 / （清）陳介祺輯. -- 鈐印本. -- 濰縣陳氏十鐘山房，清［光緒間］. -- 125 冊

半葉四周單邊

書名據邊框外側題

登錄號 0001108/索書號 8020-018-003-001：125 冊，白紙本，鈐印：齊燕銘藏金石文字記；有缺冊

0782

澂秋館漢印存 / （清）陳承裘藏. -- 鈐印本. -- ［閩縣陳氏］，清光緒四年（1878）. -- 4 冊（1 函）

5 行綫綠口四周單邊單魚尾

書名據書名葉及版心題

牌記題：光緒四年孟秋成帙

登錄號 0000127/索書號 8020-003-002-009：4 冊（1 函），白紙本；鈐印：燕銘收藏印譜；輕微蟲蛀

0783

齊魯古印攈 ：四卷 / （清）高慶齡，（清）高嘉鈺藏並輯 ；（清）高鴻裁校. -- 鈐印本. -- 平壽高氏古雪書莊，清光緒七年（1881）. -- 4 冊

白口半葉四周單邊

書名葉題：光緒辛巳季春 齊魯古印攈 高氏所藏

牌記題：平壽高氏古雪書莊定本

版心題：古雪書莊定本

登錄號 0000121/索書號 8020-003-002-003：4 冊，白紙本；藍色布質書衣；鈐印：癸未，齊燕銘藏金石文字記，鴻裁之印，小金石學；有齊燕銘批語；書衣損壞

0784

續齊魯古印攈 ：十六卷 / （清）郭裕之藏並輯. -- 鈐印暨刻本. -- 濰縣郭氏，清光緒十八年（1892）. -- 16 冊（1 函）

白口半葉四周單邊

牌記題：光緒壬辰濰縣郭氏定本

書名據書名葉等題

登錄號 0000112/索書號 8020-003-001-002：16 冊（1 函），白紙本；鈐印：齊燕銘藏金石文字記、燕銘、燕銘之鈢［齊燕銘］；紙張老化有黃斑，第 1 冊書衣破損

登錄號 1-00582/索書號 8006-215-005-001：14 冊（2 函），白紙本；鈐印：齊燕銘藏金石文字記、燕銘［齊燕銘］；缺 2 冊（卷）：第 1、5 冊（卷）；紙張老化有黃斑，破損

0785

十六金符齋印存 / （清）吳大澂輯. -- 鈐印本. -- 吳縣吳大澂，清光緒十一年（1885）. -- 10 冊

白口半葉四周單邊

書名葉背面記：光緒十一年歲次乙酉夏四月吳縣吳大澂愙齋手編金印銀印玉印銅印鐵印鉛印泥印五百八十九

書名據書名葉等題

登錄號 1012135/索書號 8020-009-003-015：10 冊，白紙本；藍色絲質書衣、邊角磨損

0786

十六金符齋印存 / （清）吳大澂輯. -- 鈐印本. -- 吳縣吳大澂，清光緒十四年（1888）. -- 26 冊（4 函）

白口半葉四周單邊

書名據書名葉等題

版本年據書名葉背面題

登錄號 0000111/索書號 8020-003-001-001：26 冊（4 函），白紙本；鈐印：栩緣收藏金石書畫之印、栩緣所藏、栩緣印信［王同愈］，齊燕銘藏金石文字記、燕銘收藏印譜，第 1 冊首有民國二十四年王同愈識語四葉，另題識二紙；紙張老化四周變黃

0787

十六金符齋印存 / （清）吳大澂輯. -- 鈐印本. -- 吳縣吳大澂，清光緒間. -- 4 冊

白口半葉四周單邊

書名據版框外側題

登錄號 0000639/索書號 8020-010-003-017：4 冊，白紙本，藍色織錦書衣；首葉背面有吳大澂手記並鈐印：愙齋；紙張老化有黃斑

0788

古印偶存：不分卷 / （清）張新藏並輯. -- 鈐印暨刻本. -- 金粟盦，清光緒十六年（1890）. -- 2冊（1函）

白口四周綠色雙邊

書名據書名葉及版心題

登錄號 0000211/索書號 8020-005-004-006：2 冊（1函），白紙本，巾箱本；鈐印：石雪藏書、徐宗浩印、遂園真賞[徐宗浩]

0789

摹古印譜：五卷，印存一卷 / （清）胡之森摹並藏. -- 鈐印暨刻本. -- 江夏胡之森青琅玕館，清道光二十二年（1842）. -- 6 冊

白口左右雙邊

書名葉題：廉普太史鑒定 摹古印譜 青琅玕館藏

登錄號 1010088/索書號 8011-002-001-023：6 冊，白紙本；鈐印：廉普鑒定[廉普]、之森手鑴[胡之森]、顧翊、蘭厓[顧翊]；王成璐印、盾普[王成璐]；破損，鼠嚙損壞，版心開口，水洇

0790

瞻麓齋古印徵 / （清）龔心釗藏並輯. -- 鈐印本. -- 合肥龔心釗瞻麓齋，清光緒十九年（1893）. -- 8冊（1函）

白口半葉四周單邊

書名據書名葉及書籤等題

本書收三代鈢、古鈢、古蠟封、古朱文鈢、官印、蠻夷印、私印、子母印、空帶印、斗檢封、押等

登錄號 0000113/索書號 8020-003-001-003：8 冊（1函），白紙本；鈐印：瞻麓齋草刊記[龔心釗]、歷代印記、仲甫校印、齊燕銘藏金石文字記、燕銘收藏印譜；蟲蛀、鼠嚙損壞，書衣破損，裝訂綫脫落

0791

觀自得齋秦漢官私銅印譜：不分卷 / （清）徐士愷藏並輯. -- 鈐印本. -- 石埭徐士愷，清光緒二十四年（1898）. -- 52 冊

半葉四周綠色單邊

書名葉及書籤題：漢銅印叢

書名據版心題

鈐印年據重訂序

登錄號 0000391/索書號 8020-007-004-007：52 冊，白紙本；鈐印：燕銘收藏印譜、齊燕銘鉢、齊燕銘藏金石文字記[齊燕銘]；紙張老化有黃斑，書衣邊角破損

0792

觀自得齋秦漢官私銅印集 ：不分卷 / （清）徐士愷藏並輯. -- 鈐印本. -- 石埭徐士愷，清末. -- 8冊（1函）

白口半葉四周綠色單邊

書名據書名葉等題

登錄號 1012116/索書號 8011-017-005-011：8 冊（1函），白紙本；吳郡江學詩補署書名葉並鈐印：江學詩；紙張老化有黃斑

0793

鐵雲藏印：四集，不分卷 / （清）劉鶚藏並輯. -- 鈐印本. -- 丹徒劉氏抱殘守缺齋，清光緒末. -- 48冊（4函）

白口半葉四周單邊

書名據版心題

初集邊框右下題：抱殘守缺齋，二至四集邊框右下題：抱殘守缺齋金石，兩者字體不同、裝幀風格及開本尺寸不同，非同時鈐印

登錄號 0000119/索書號 8020-003-002-001：48 冊（4函），白紙本；鈐印：燕銘收藏印譜、齊燕銘藏金石文字記；初集內有題識（六紙），第三集扉葉有1965年齊燕銘題識；書衣破損、邊角鼠嚙損壞

0794

陶佛盦鉢印彙存 ：三十二卷 / （清）[黃濬]輯. -- 鈐印本，粘貼. -- 清. -- 32 冊（4函）

白口半葉四周單邊

書名據書籤題

登錄號 0000378/索書號 8020-007-003-012：32 冊（4函），白紙本；偶見蟲蛀

0795

印苑 ：十五卷 / [清]浣雪堂集. -- 鈐印本. -- 浣雪堂，[清]. -- 4 冊（1函）

白口半葉四周藍色花邊

浣雪堂，真實姓名不詳

　登錄號 0000216/索書號 8020-005-004-014：4 冊（1 函），白紙本；紙張老化變黄，邊角磨損，有水漬

0796

　遜盒秦漢古銅印譜：不分卷 / 吳隱藏並編；西泠印社輯. -- 石印暨鈐印本. -- 西泠印社，清光緒三十四年（1908）. -- 8 冊（1 函）

　半葉四周單邊

　書名據書名葉等題

　登錄號 1010040/索書號 8011-001-005-002：8 冊（1 函），白紙本；鈐印：寄寄山房，張可中藏書章、清寧館[張可中]；紙張老化有黄斑，裝訂斷綫

0797

　遜盒秦漢古銅印譜：不分卷 / 吳隱藏並編；西泠印社輯. -- 石印暨鈐印本. -- 西泠印社，清光緒三十四年（1908）. -- 8 冊（1 函）

　半葉四周單邊

　套簽題：辛巳夏蝸牛莽藏

　書名據書名葉等題

　登錄號 1010041/索書號 8011-001-005-003：8 冊（1 函），白紙本；鈐印：蝸牛庵，西哲；紙張老化有黄斑，裝訂斷綫

子部

〔子部 總類〕

0798

　諸子彙函：二十五卷，目錄一卷 / （明）歸有光輯；（明）文震孟參訂. -- 刻本. -- 明末. -- 24 冊

　上下兩欄 9 行，上欄小字雙行 6 字、下欄 18 字小字雙行同，白口四周單邊單魚尾，無直欄

子目：

01. 老子/（春秋）李耳撰（冊 1）

02. 莊子/（戰國）莊周撰（冊 1）

03. 列子/（戰國）列禦寇撰（冊 2）

04. 墨子/（戰國）墨翟撰（冊 2）

05. 管子：二卷/（春秋）管仲撰（冊 3-4）

06. 亢倉子/（戰國）庚桑楚撰（冊 5）

07. 晏子/（春秋）晏嬰撰（冊 5）

08. 鄧析子/（春秋）鄧析撰（冊 5）

09. 鬼谷子（冊 5）

10. 文子/（周）辛鈃撰（冊 6）

11. 公孫龍子/（戰國）公孫龍撰（冊 6）

12. 商子/（戰國）商鞅撰（冊 6）

13. 鶡冠子（冊 6）

14. 司馬子/（春秋）司馬穰苴撰（冊 7）

15. 吳子/（戰國）吳起撰（冊 7）

16. 尹文子/（周）尹文撰（冊 7）

17. 孫武子/（春秋）孫武撰（冊 7）

18. 尉繚子/（戰國）尉繚撰（冊 7）

19. 玉虛子/（戰國）屈平撰（冊 8）

20. 鹿溪子/（戰國）宋玉撰（冊 8）

21. 慎子/（戰國）慎到撰（冊 8）

22. 汙子/（戰國）汙明撰（冊 8）

23. 尸子/（戰國）尸佼撰（冊 8）

24. 囂囂子/（戰國）江乙撰（冊 8）

25. 荀子/（戰國）荀況撰（冊 9）

26. 呂子/（戰國）呂不韋撰（冊 9）

27. 韓非子：二卷/（戰國）韓非撰（冊 10-11）

28. 波弄子/（戰國）淳于髡撰（冊 12）

29. 惠子/（戰國）惠施撰（冊 12）

30. 胡非子/（戰國）胡非撰（冊 12）

31. 子家子/（戰國）孔求撰（冊 12）

32. 希子/（戰國）希寫撰（冊 12）

33. 薛子/（春秋）薛燭撰（冊 12）

34. 風胡子/（春秋）風胡撰（冊 12）

35. 三柱子/（戰國）魯仲連撰（冊 12）

36. 歲寒子/（戰國）張孟同撰（冊 12）

37. 首山子/（秦）頓弱撰（冊 12）

38. 潼山子/（秦）甘羅撰（冊 12）

39. 雲晃子/（戰國）齊貌辨撰（冊 12）

40. 隨巢子/（戰國）佚名撰（冊 12）

41. 孔叢子/（漢）孔鮒撰（冊 12）

42. 黃石子／（漢）黃石公撰（冊 13）

43. 雲陽子／（漢）陸賈撰（冊 13）

44. 金門子／（漢）賈誼撰（冊 13）

45. 淮南子：二卷／（漢）劉安撰（冊 14-15）

46. 桂巖子：二卷／（漢）董仲舒撰（冊 16-17）

47. 封龍子／（漢）韓嬰撰（冊 18）

48. 吉雲子／（漢）東方朔撰（冊 18）

49. 青黎子／（漢）劉向撰（冊 18）

50. 楊子／（漢）揚雄撰（冊 19）

51. 符子／（漢）符？撰（冊 19）

52. 金樓子／（梁）梁元帝撰（冊 19）

53. 嵲岈子／（漢）崔寔撰（冊 19）

54. 荊山子／（漢）桓譚撰（冊 20）

55. 委宛子／（漢）王充撰（冊 20）

56. 白虎通／（漢）班固撰（冊 20）

57. 風俗通／（漢）應劭撰（冊 20）

58. 慎陽子／（漢）黃憲撰（冊 20）

59. 鬠山子／（漢）仲長統撰（冊 21）

60. 回中子／（漢）王符撰（冊 21）

61. 貞山子／（漢）桓寬撰（冊 21）

62. 大隱子／（唐）司馬承禎撰（冊 21）

63. 徐子／（漢）徐幹撰（冊 21）

64. 小荀子／（漢）荀悅撰（冊 22）

65. 鏡機子／（魏）曹植撰（冊 22）

66. 抱朴子／（晉）葛洪撰（冊 22）

67. 白雲子／（晉）束皙撰（冊 22）

68. 靈源子／（晉）嵇康撰（冊 22）

69. 雲門子／（晉）劉勰撰（冊 23）

70. 干山子／（晉）陸機撰（冊 23）

71. 石苑子／（北齊）劉晝撰（冊 23）

72. 無能子／（唐）司馬承禎撰（冊 23）

73. 譚子／（五代）譚峭撰（冊 23）

74. 文中子／（隋）王通撰（冊 24）

75. 天隨子／（唐）陸龜蒙撰（冊 24）

76. 鹿門子／（唐）皮日休撰（冊 24）

77. 玄真子／（唐）張志和撰（冊 24）

78. 來子／（唐）來鵠撰（冊 24）

79. 文泉子／（唐）劉蛻撰（冊 24）

80. 協律子／（唐）李翱撰（冊 24）

　　登錄號 1011265／索書號 8011-012-007-005：24 冊，黃紙本；缺 13 種：鶡子、子牙子、關尹子、子華子、

靈璧子、次山子、東萊子、邵子、橫渠子、長春子、草廬子、道園子、郁離子，目錄係抄補，以殘充全缺目未列；邊角磨損，版心開口，有水漬

〔子部　儒家類〕

0799

孔子家語：四集，八卷／（明）孔胤植編正；（魏）王肅纂註；（明）何孟春補註；（明）孔尚達參訂. -- 刻本. -- 明. -- 4 冊

　　上下兩欄 9 行，上欄小字雙行 2 字、下欄 20 字小字雙行同，白口四周單邊單魚尾

　　版心下記：永明書院藏板

　　分元、亨、利、貞四集

　　有明正德二年（1507）何孟春序、十六年（1521）林俊題辭

　　登錄號 0000244／索書號 8020-006-001-004：4 冊，黃紙本，紙捻裝訂；有斷版；紙張老化、破損，書衣散失

0800

孔氏家語：十卷／（魏）王肅注. -- 刻本. -- 虞山毛氏汲古閣，明崇禎間. -- 2 冊：圖

　　9 行 17 字小字雙行 24 字白口左右雙邊無魚尾

　　版心題：家語

　　卷一首葉版心記：汲古閣 毛氏

　　登錄號 1010250／索書號 8011-003-003-032：2 冊，黃紙本；有佚名朱墨筆批校；蟲蛀等損壞嚴重，首尾殘缺，書衣散失

0801

孔氏家語：十卷／（魏）王肅注. -- 刻本. -- 虞山毛氏汲古閣，清乾隆二年（1737）. -- 2 冊（1 函）

　　9 行 17 字小字雙行 24 字白口左右雙邊

　　書名葉題：乾隆二年新鑴 魏散騎常侍王子雍註 孔子家語 汲古閣梓行

　　版心題：家語

　　登錄號 1010037／索書號 8011-001-004-011：2 冊（1 函），黃紙本；蟲蛀損壞，有水漬

0802

孔子集語：二卷 / （宋）薛據纂輯. -- 刻本. -- 闕里孔廣棨, 清乾隆二年（1737）. -- 2 冊

9 行 18 字小字雙行同白口左右雙邊單魚尾

登錄號 1010290/索書號 8011-003-006-006：2 冊, 黃紙本；紙張老化變黃變脆, 版心開口, 有水漬

0803

家語：十卷 / （明）[吳勉學]註 ；（明）何棠評點. -- 刻本. -- 明. -- 3 冊（1 函）

9 行 20 字小字雙行同白口左右雙邊單白魚尾

書簽題：孔子家語

書名葉題：魯孔子家語十篇 何栢齋評點

登錄號 0000243/索書號 8020-006-001-003：3 冊（1 函）, 黃紙本；有朱筆圈點；紙張老化變脆變黃、破損, 水洇損壞, 有污漬, 裝訂裂散

0804

晏子春秋：六卷 / （春秋）晏嬰撰. -- 刻本, 朱墨套印. -- 烏程凌澄初, 明. -- 4 冊（1 函）

8 行 18 字白口四周單邊

登錄號 0000329/索書號 8020-006-005-009：4 冊（1 函）, 白紙本；紙張老化有黃斑, 邊角磨損

0805

纂圖分門類題註荀子：二十卷 / （戰國）荀況撰 ；（唐）楊倞註. -- 刻本. -- 元. -- 2 冊（1 函）

13 行 21 字小字雙行同綫黑口左右雙邊雙魚尾, 有書耳

書名據卷十一卷端

卷十二至十七卷端及各卷末題：纂圖互註荀子

登錄號 善 087/索書號 7018-sb-084：2 冊（1 函）, 黃紙本, 金鑲玉裝訂, 藍色絲質書衣, 巾箱本；鈐印：方鑾耑鳴私印[方鑾], 九龍池人、歙方大治際明[方大治]；存 6 卷：卷 11-17；有污漬；有修補

0806

新書：十卷, 附錄一卷 / （漢）賈誼撰 ；（明）黃甫龍, （明）唐琳訂. -- 刻本. -- 明末. -- 1 冊

9 行 18 字白口四周單邊

附錄：賈誼傳、賈誼贊

書眉鐫評

登錄號 善 091/索書號 7018-sb-088：1 冊, 黃紙本；

鈐印：任舟；有斷版, 蟲蛀損壞, 書葉殘缺, 有水漬、污漬

0807

鹽鐵論：十卷, 考證一卷 / （漢）桓寬撰 ；（清）張敦仁考證. -- 刻本. -- 江寧 : 陽城張敦仁, 清嘉慶十二年（1807）. -- 2 冊（1 函）

10 行 20 字白口左右雙邊單魚尾

牌記題：嘉慶丁卯六月用新淦涂氏本重雕

目錄後題：江寧顧宏川刻字

卷端記：嘉慶十二年依明宏治翻宋嘉泰本刊行

登錄號 0000318/索書號 8020-006-004-023：2 冊（1 函）, 白紙本；紙張老化變黃, 蟲蛀損壞, 邊角磨損, 有水漬、污漬

0808

新序：十卷 / （漢）劉向撰 ；（明）程榮校. -- 刻本. -- 新安程氏, 明萬曆間. -- 3 冊. -- （漢魏叢書/（明）程榮輯）

9 行 20 字白口左右雙邊單白魚尾

登錄號 善 090/索書號 7018-sb-087：3 冊, 黃紙本；鈐印：太倉吳氏家藏；有佚名朱、墨筆批校；有斷版；書葉殘缺、破損, 紙張老化變脆變黃, 有污漬

0809

揚子法言：十卷 / （漢）揚雄撰 ；（晉）李軌, （唐）柳宗元, （宋）宋咸, （宋）吳祕, （宋）司馬光, （清）姚鼐注. -- 抄本. -- 清. -- 1 冊

11 行 22 字小字雙行同

登錄號 0000570/索書號 8020-009-004-032：1 冊, 與《考工記》、《老子章義》合抄, 黃紙本；鈐印：石雪藏書, 詩亭謹藏, 傅增湘、藏園；有朱藍筆圈點

0810

傅子：一卷, 附錄四十八條 / （晉）傅玄撰. -- 抄本, 烏絲欄. -- 江山劉履芬, 清同治八年（1869）. -- 1 冊

9 行 21 字白口四周雙邊單魚尾

版心鐫：海棠院書錄

據清乾隆間武英殿聚珍版書抄

登錄號 善 094/索書號 7018-sb-091：1 冊, 黃紙本, 紙捻裝訂；鈐印：劉若芳, 須上, 拾遺補闕, 履芬、

彥清繕本[劉履芬]；卷末有劉履芬題：同治己巳八月，
從秀水周大令閑處借鈔，中秋日始，廿三日竟

0811

中説：十卷 /（隋）王通撰；（明）吳中珩校. --
刻本. -- 新安吳氏，明萬曆間. -- 1 冊

9 行 18 字白口左右雙邊單魚尾

版心題：文中子

登錄號 1-00011/索書號 8018-191-004-011：1 冊，
黃紙本；紙張老化變黃變脆

0812

中説：十卷 /（隋）王通撰. -- 刻本. -- 桐陰
書屋，明. -- 4 冊（1 函）. --（六子全書 /（明）
佚名輯）

8 行 17 字小字雙行同白口四周雙邊單白魚尾

序題：文中子中説

版心題：文中子

卷一第二葉版心記：桐陰書屋校

登錄號 善 085/索書號 7018-sb-082：4 冊（1 函），
白紙本；鈐印：匏尊，溪村煙雨，秀州陸氏藏書；有水
漬、黃漬

0813

千秋金鑑錄：五卷 /（唐）張九齡撰. -- 寫本，朱
絲欄. -- 清. -- 2 冊

9 行 18 字白口四周雙邊單魚尾

登錄號 0000783/索書號 8020-012-004-007：2 冊，
白紙本，毛裝；鈐印：祁寯藻印、實甫[祁寯藻]

0814

大學衍義補：一百六十卷，卷首補前書一卷，目錄
一卷 /（明）丘濬撰. -- 刻本. -- 山西猗氏喬應甲，
明萬曆三十四年（1606）. -- 24 冊（4 函）

11 行 22 字白口四周單邊單魚尾

卷首前記：欽差巡按直隸監察御史喬應甲重刊

登錄號 1-03221/索書號 8018-136-005-001：24 冊
（4 函），黃紙本；字跡殘缺、漫漶、蟲蛀損壞，邊角
鼠嚙，裝訂斷綫

0815

黃梨洲先生明夷待訪錄：不分卷 /（清）黃宗羲

撰 ；（清）鄭性訂. -- 刻本. -- 清初. -- 2 冊（1
函）

10 行 20 字粗黑口四周單邊雙魚尾

登錄號 1-06161/索書號 8009-115-002-002：2 冊
（1 函），黃紙本

登錄號 1-06163/索書號 8009-117-006-009：1 冊，
黃紙本；紙張老化，邊角破損，版心開口

0816

明夷待訪錄：不分卷 /（清）黃宗羲撰. -- 刻本.
-- 豐城余氏寶墨齋，清光緒二十四年（1898）. -- 1
冊

12 行 22 字黑口左右雙邊單魚尾

牌記題：光緒戊戌豐城余氏寶墨齋據海山仙館叢書
本校刊，並鈐印：宝墨齋

登錄號 1-07639/索書號 8009-118-003-009：1 冊，
白紙本；鈐印：雪堂，世鼎之印；有朱筆圈點並題識；
裝訂裂散

0817

寶顏堂訂正省心錄：一卷 /（宋）林逋撰 ；（明）
陳繼儒訂正. -- 刻本. -- 明萬曆間. -- 1 冊

8 行 18 字白口四周單邊

版心題：省心錄

題名首三字及訂正者姓名被剜去

登錄號 善 121/索書號 7018-sb-118：1 冊，黃紙本；
墨色差，紙張老化變黃，破損

0818

公是弟子記：四卷 /（宋）劉敞撰. -- 活字本，木
活字. -- 武英殿，清乾隆四十三年（1778）. -- 1
冊. --（武英殿聚珍版叢書；子部）

9 行 21 字白口四周雙邊單魚尾

登錄號 1011647/索書號 8011-015-004-030：1 冊，
黃紙本；有抄補；版心修補

0819

正蒙集説：十七卷 /（清）楊方達纂. -- 刻本. --
清乾隆間. -- 2 冊（1 函）

11 行 21 字黑口左右雙邊單魚尾

卷末記：吳門陳思孝寫 男友潞 友溧校字

有清乾隆六年（1741）序

登錄號 1-06871／索書號 8018-127-001-010：2 冊
（1 函），白紙本；輕微水漬

0820

　　二程全書：六十八卷 ／（宋）程顥，（宋）程頤撰；
（宋）朱熹輯；（明）徐必達校正. -- 刻本. -- 檇
李徐必達，明萬曆三十四年（1606）. -- 14 冊（2
函）

10 行 20 字小字雙行同白口四周雙邊單魚尾

書簽題：二程子全書

子目書名部分代擬

子目：

　1.河南程氏遺書：二十五卷，附錄一卷（冊 1-4）

　2.河南程氏外書：十二卷（冊 5）

　3.河南程氏粹言：二卷／（宋）楊時訂定；（宋）
　　張栻編次（冊 6）

　4.伊川易傳：四卷／（宋）程頤撰（冊 7-10）

　5.伊川經說：八卷（冊 11-12）

　6.河南程氏文集：十二卷，遺文一卷，附錄一卷
　　（冊 13-14，目錄缺葉）

登錄號 1-03798／索書號 8018-152-001-012：14 冊
（2 函），黃紙本；有殘、缺葉，紙張老化變黃變脆，
邊角鼠嚙損壞，書衣磨損

0821

　　朱子語類：一百四十卷，序目一卷 ／（宋）朱熹
撰；（宋）黎靖德編；（明）朱吾弼重編. -- 刻本. --
婺源朱崇沐，明萬曆三十二年（1604）. -- 40 冊（4
函）

11 行 22 字白口四周單邊單白魚尾

書簽及序題：朱子語類大全

序目卷端記：十三世孫庠生朱崇沐校梓

登錄號 0000777／索書號 8020-012-004-001：40 冊
（4 函），黃紙本；有抄配，配補（黑口），紙張老化變
黃、變脆

0822

　　淵鑒齋御纂朱子全書：六十六卷 ／（宋）朱熹撰；
（清）熊賜履，（清）李光地等纂. -- 刻本. -- 內府，
清康熙五十三年（1714）. -- 25 冊（4 函）

9 行 20 字白口四周單邊單魚尾，無直欄

版心題：朱子全書

有清康熙五十二年（1713）御製序，五十三年刻竣
進呈上表

登錄號 1-03047／索書號 8018-139-005-001：25 冊
（4 函），黃紙本

0823

　　讀書錄：十一卷，續錄十二卷 ／（明）薛瑄撰. --
刻本. -- 天蓋樓，清康熙間. -- 6 冊

12 行 22 字黑口左右雙邊雙魚尾

書名葉題：薛文清公讀書錄

登錄號 1-05116／索書號 8009-107-005-006：6 冊，
黃紙本；鈐印：川東居士；蟲蛀等損壞，裝訂裂散

0824

　　薛文清公讀書錄鈔：四卷 ／（明）薛瑄撰；（清）
陸緯輯. -- 刻本. -- 青浦陸氏，清雍正三年（1725）.
-- 2 冊（2 函）

10 行 22 字白口左右雙邊單魚尾

書名葉題：青浦陸娛軒先生輯 薛文清公讀書錄鈔
尋樂山房藏板

版心題：讀書錄鈔

登錄號 1-03351／索書號 8018-145-003-002：2 冊
（2 函），黃紙本；鈐印：樹蔭堂；紙張老化四周變黃，
有水漬

0825

　　薛子庸語：十二卷 ／（明）薛應旂撰；（明）向
程釋. -- 刻本. -- 明隆慶間. -- 2 冊

8 行 17 字小字雙行同白口四周單邊單魚尾

有明隆慶己巳（1569）冬十二月朔湖廣道監察御史
門人慈溪向程序

登錄號 善 015／索書號 7018-sb-015：2 冊，黃紙本；
鈐印：容肇祖印；邊角鼠嚙、破損

0826

　　呻吟語摘：二卷 ／（明）呂坤撰. -- 刻本. -- 寧
陵呂氏，明萬曆四十四年（1616）. -- 2 冊

8 行 20 字白口四周單邊單魚尾

版本年據後序

登錄號 善 092／索書號 7018-sb-089：2 冊，黃紙本；
鈐印：寶德堂藏書；有斷版；書葉缺損，有污漬，書
衣破損，裝訂斷綫

0827

世覽：十卷／（明）黃廣纂撰；（明）張文光參閱. -- 刻本. -- 玉磬齋, 明崇禎間. -- 4 冊

9 行 20 字白口四周單邊單魚尾, 無直欄

版心下記：玉磬齋

有明崇禎七年（1634）序

登錄號 1-01421／索書號 8018-172-002-010：4 冊, 黃紙本, 鈐印：程、丁卯居士；卷一有朱筆批校；蟲蛀損壞, 破損

0828

下學堂劄記：三卷／（清）熊賜履撰. -- 刻本. -- 清康熙四十四年（1705）. -- 1 冊

9 行 20 字白口左右雙邊單魚尾

附：下學堂規、下學堂會約

登錄號 1-00986／索書號 8018-176-001-010：1 冊, 黃紙本；紙張老化變黃變脆, 蟲蛀損壞

0829

王氏家授講讀成法：一卷／（清）王居正撰；（清）吳克成等輯. -- 刻木. -- 蒲縣王氏家塾, 清嘉慶十六年（1811）. -- 1 冊

8 行 22 字白口四周雙邊單魚尾

書名葉題：嘉慶辛未年新鐫 王氏家授講讀成法 家塾藏板

卷前附：年譜紀略

卷後有：王氏家授成幼學讀書課程／（清）王享祺撰, 王氏家授讀五經課程, 論雷州府遂溪縣正誼書院

登錄號 1010514／索書號 8011-005-004-016：1 冊, 黃紙本

0830

溯流史學鈔：二十卷, 序一卷／（清）張沐撰；（清）汪渭參証；（清）侯重喜校閱. -- 刻本. -- 商丘侯重喜, 清康熙三十三年（1694）. -- 12 冊（1 函）

9 行 21 字黑口四周雙邊單魚尾, 卷二十《游梁講話》9 行 20 字白口

書名葉題：康熙甲戌歲鐫 上蔡張仲誠先生語錄 溯流史學鈔 敦臨堂藏板

登錄號 1010590／索書號 8011-006-002-012：12 冊（1 函）, 白紙本；紙張老化有黃斑

0831

御纂性理精義：十二卷／（清）李光地等纂. -- 刻本. -- 武英殿, 清康熙五十四年（1715）. -- 4 冊

8 行 18 字小字雙行 22 字白口四周雙邊單魚尾, 無直欄

版本年據李光地等上表

有清康熙五十六年（1717）御製序並鈐印：體元主人、萬幾餘暇

登錄號 善 110／索書號 7018-sb-107：4 冊, 白紙本；鈐印：欽訓堂書畫記[永璥]、守素園世寶御筆書畫臣奕詝恭記之章[奕詝]；缺 2 卷：卷 11-12；蟲蛀損壞, 有水漬、黃斑, 版心開口, 書衣破損, 裝訂斷綫

0832

唐太宗帝範：四卷／（唐）太宗李世民撰. -- 寫本, 朱絲欄. -- 清. -- 1 冊

9 行 18 字白口四周雙邊單魚尾

登錄號 0000782／索書號 8020-012-004-006：1 冊, 白紙本, 毛裝；鈐印：祁寯藻印、實甫；邊角破損

0833

欽定元王惲承華事略補圖：六卷／（元）王惲撰；（清）徐郙,（清）李文田,（清）吳樹梅,（清）陸寶忠,（清）張百熙,（清）王懿榮補. -- 刻本. -- 內府, 清光緒二十二年（1896）. -- 2 冊（1 函）：圖

左圖右文, 10 行 20 字黑口四周雙邊雙魚尾

目錄題：承華事略

版心題：欽定元承華事略補圖

書名據書籤題

本書係王惲為教育太子編撰, 全書分三十九段, 各配插圖, 講述歷代帝王賢能事蹟, 光緒皇帝特傳旨清末學者王懿榮等依《四庫全書》本重新刊刻, 並請名工補刊插圖, 遂成此本

登錄號 0000850／索書號 8020-014-001-018：2 冊（1 函）, 白紙本；輕微水漬

0834

聖祖仁皇帝庭訓格言：不分卷／（清）世宗胤禛纂. -- 刻本. -- 內府, 清雍正八年（1730）. -- 2 冊

7 行 20 字白口四周雙邊單魚尾

版心題：庭訓格言

清雍正八年四月御製序，世宗憲皇帝追述聖祖仁皇帝天語，親錄成編，凡二百四十六則，皆《實錄》聖訓所未載者

登錄號　善 068/索書號　7018-sb-065：2 冊，黃紙本；鈐印：古杭邵章偉盦藏書記、邵章私印[邵章]，澹寧書舍；紙張老化變黃，邊角殘損，有水漬

0835

小學集註 ：六卷 / （宋）朱熹撰 ；（明）陳選集注. -- 刻本. -- 八旗官學，清雍正五年（1727）. -- 1 冊

9 行 18 字小字雙行同白口四周雙邊單魚尾

書名葉題：小學集注　板藏八旗官學

登錄號　1-06759/索書號　8009-108-005-020：1 冊，黃紙本；鈐印：鑲藍旗官學；紙張老化變脆四周變黃，版心開口

0836

雙節堂庸訓 ：六卷 / （清）汪輝祖纂 . -- 刻本. -- 蕭山汪氏，清乾隆五十九年（1794）. -- 1 冊

10 行 21 字粗黑口左右雙邊單魚尾

著者署"龍莊居士"，（清）汪輝祖號

登錄號　1-05402/索書號　8009-108-005-015：1 冊，白紙本；蟲蛀損壞，有水漬

0837

自警編 ：十一卷 / （宋）趙善璙輯. -- 刻本. -- 明. -- 1 冊

9 行 17 字白口四周雙邊單魚尾

登錄號　善 106/索書號　7018-sb-103：1 冊，白紙本，紅色絲質書衣；鈐印：朱臥菴收藏印、正氣堂、三天謫吏、旌奴、臥庵、朱之赤印、煙霞逸叟[朱之赤]、五福五代堂寶、八徵耄念之寶、太上皇帝之寶、乾隆御覽之寶、天祿繼鑑、天祿琳琅；存 1 卷：卷 1；蟲蛀損壞，有水漬、污漬；有修補

〔子部　兵家類〕

0838

吳子直解 ：二卷 / （戰國）吳起撰 ；（明）劉寅

解. -- 刻本. -- 明. -- 1 冊

10 行 20 字黑口四周雙邊雙魚尾

書名葉墨筆記：宏治刻本　丁酉春日重裝

登錄號　0000779/索書號　8020-012-004-003：1 冊，白紙本；鈐印：志清、志清所遇善本暫爲護持，白門主江祝春章，怡齋所遇文獻古籍記；有殘缺葉，書衣破損；有修補

0839

紀效新書 ：十八卷，卷首一卷 / （明）戚繼光撰 ；（清）張海鵬訂. -- 刻本. -- 昭文張海鵬照曠閣，清嘉慶九年（1804）. -- 6 冊（1 函）：圖

9 行 21 字小字雙行同黑口左右雙邊無魚尾

書名葉題：明戚大將軍著　紀效新書　照曠閣藏板

版心下記：照曠閣

登錄號　1-03060/索書號　8018-144-001-006：6 冊（1 函），黃紙本，金鑲玉裝訂；鈐印：蘭亭研室，南書房翰林王懿榮海上練兵暇日所得、翰林供奉、王懿榮印[王懿榮]，易堂手校；有清道光二十一年（1841）柯培元朱筆標點、校記並鈐印：易堂手校；紙張老化，有水漬

0840

射史 ：八卷 / （明）程宗猷輯 ；（明）程夢周等校訂. -- 刻本. -- 新安程宗猷，明崇禎二年（1629）. -- 4 冊（1 函）：圖

9 行 19 字小字雙行同白口四周雙邊單魚尾

登錄號　0000167/索書號　8020-004-002-005：4 冊（1 函），黃紙本；鈐印：陽湖陶氏涉園所有書籍之記[陶湘]，島原秘藏；蟲蛀殘缺，有水漬，書衣破損；有修補

0841

少林棍法闡宗 ：三卷 · **長鎗法選** ：一卷 · **單刀法選** ：一卷/ （明）程宗猷撰. -- 抄本. -- 清. -- 4 冊 ：圖

12 行 22 字

登錄號　0000290/索書號　8020-006-003-010：4 冊，黃紙本；鈐印：計塤字應籚別號小田，吳濟時、谷宜長生安樂[吳濟時]；書衣散失，紙張老化有黃斑，蟲蛀、霉漬等破損，有污漬，書衣散失

0842

水雷圖説 ：一卷 / （清）潘仕成撰. -- 刻本. -- 廣州潘氏海珊僊館，清道光二十三年（1843）. -- 1 冊（1 函）：圖

9 行 18 字白口四周雙邊單魚尾

書名葉題：道光癸卯仲秋鎸 水雷圖説 海珊僊館珍存

書名據書名葉題

登錄號 0001307／索書號 8020-022-002-002：1 冊（1 函），白紙本，金鑲玉裝訂

登錄號 1-00526／索書號 8006-223-004-013：1 冊，白紙本；蟲蛀損壞

〔子部　法家類〕

0843

管子 ：二十四卷 / （春秋）管仲撰；（唐）房玄齡註；（唐）劉績增註；（明）朱長春通演；（明）沈鼎新，（明）朱養純參評；（明）朱養和輯訂. -- 刻本. -- 西湖沈鼎新花齋，明天啓五年（1625）. -- 5 冊（1 函）

9 行 20 字小字雙行同白口四周單邊單白魚尾

版心下記：花齋藏板

卷前有：管子傳

登錄號 0000831／索書號 8020-013-005-010：5 冊（1 函），黃紙本；書衣磨損，污漬

0844

韓非子 ：二十卷 / （戰國）韓非撰；（明）孫鑛批點；（明）沈景麟，（明）李廷謨訂正. -- 刻本. -- 山陰沈景麟，明. -- 6 冊（1 函）

9 行 20 字白口四周單邊無魚尾，無直欄

登錄號 1-07403／索書號 8009-121-004-004：6 冊（1 函），白紙本；鈐印：薌士之章，看到子孫能幾家

0845

韓非子 ：二十卷 / （戰國）韓非撰；（明）孫鑛批點. -- 抄本. -- 清. -- 8 冊

8 行 20 字，無欄格

登錄號 善 088／索書號 7018-sb-085：8 冊，黃紙本，金鑲玉，紙捻裝訂；紙張老化殘破，缺末葉

0846

韓子迂評 ：二十卷五十三篇，附錄六篇 / （戰國）韓非撰；（明）門無子評；（明）何犿校. -- 刻本. -- 吳郡門無子，明萬曆七年（1579）. -- 8 冊

上下兩欄 8 行，上欄小字雙行 4 字、下欄 18 字，白口四周雙邊雙白魚尾

版本年據序文後牌記

版心下記刻工

有明萬曆十一年（1583）序

登錄號 0000866／索書號 8020-014-002-015：8 冊，白紙本；鈐印：研雨齋，黃光又藏書；蟲蛀損壞嚴重，裝訂裂散

〔子部　其他諸子類　總論〕

0847

諸子品節 ：五十卷 / （明）陳深輯. -- 刻本，重修. -- 明萬曆間刻，明至清初重修. -- 10 冊（1 函）

上下兩欄 9 行，上欄小字雙行 4 字、下欄 20 字小字雙行同，白口四周單邊單黑或白魚尾

版心記刻工：王思、張相、沈溪、丁來、夏山、吳安

雜抄諸子，分三品：卷一至二十二為内品，卷二十三至四十五為外品，卷四十六至五十為小品

登錄號 1-02739／索書號 8018-140-001-010：10 冊（1 函），黃紙本；鈐印：桐人

0848

諸子品節 ：五十卷 / （明）陳深輯. -- 刻本，重修. -- 明刻，明至清初重修. -- 12 冊（2 函）

上下兩欄 9 行，上欄小字雙行 4 字、下欄 20 字小字雙行同，白口四周單邊單黑或白魚尾

雜抄諸子，分三品：卷一至二十二為内品，卷二十三至四十五為外品，卷四十六至五十為小品

登錄號 善 093／索書號 7018-sb-090：12 冊（2 函），黃紙本；鈐印：張元凱印，虞官氏；有斷版、字跡模糊處，紙張老化變黃變脆，破損，有污漬，書衣破損

〔子部 其他諸子類 墨家〕

0849

鬼谷子：三卷，篇目考一卷，附錄一卷，補遺一卷 / （梁）陶弘景注 ；（清）秦恩復校. -- 刻本. -- 清乾隆五十四年（1789）. -- 1 冊

11 行 21 字粗黑口四周雙邊無魚尾

著者署"陶宏景"，即"陶弘景"

登錄號 1-05574/索書號 8009-108-001-021：1 冊，黃紙本；有水漬

〔子部 其他諸子類 雜家〕

0850

呂氏春秋：二十六卷，附攷一卷 / （戰國）呂不韋撰 ；（漢）高誘注 ；（清）畢沅輯校 . -- 刻本. -- 鎮洋畢氏，清乾隆五十三年（1788）. -- 4 冊（1 函）. -- （經訓堂叢書/（清）畢沅輯）

11 行 22 字小字雙行同黑口四周單邊雙魚尾

登錄號 1-03541/索書號 8018-144-001-010：4 冊（1 函），黃紙本；書衣破損，裝訂斷綫

〔子部 農家類〕

0851

新刻師曠禽經：一卷 / （晉）張華註 ；（明）胡文煥校. -- 刻本. -- 胡氏文會堂，明萬曆三十一年（1603）. -- 1 冊. -- （格致叢書/（明）胡文煥輯）

10 行 20 字白口左右雙邊雙白魚尾

版心題：師曠禽經

登錄號 1-04895/索書號 8018-168-002-005：1 冊，與《新刻獸經》合刻，與《韓奉議鸚歌傳》、《中山狼傳》、《義山雜纂》合訂，黃紙本；鈐印：杭州王氏九峰舊廬藏書之章[王綏珊]，達、泉；紙張老化變黃變脆，破損；有修補

0852

齊民要術：十卷，雜說一卷 / （北魏）賈思勰撰. -- 刻本. -- 繡水沈士龍、海鹽胡震亨，明萬曆間. --

4 冊. -- （祕冊彙函/〈明〉沈士龍，〈明〉胡震亨輯）

9 行 18 字小字雙行同白口左右雙邊單白魚尾

登錄號 1-02654/索書號 8018-142-003-003：4 冊（1 函），黃紙本；蟲蛀殘損

登錄號 1-02655/索書號 8018-142-003-004：4 冊（1 函），黃紙本；缺沈士龍、胡震亨後序；紙張老化四周變黃

0853

農書：二十二卷 / （元）王禎撰. -- 活字本，木活字. -- 武英殿，清乾隆間. -- 4 冊（1 函）：圖. -- （武英殿聚珍版叢書）

9 行 21 字小字雙行同白口四周雙邊單魚尾

登錄號 0000804/索書號 8020-013-002-004：4 冊（1 函），黃紙本；蟲蛀損壞，裝訂裂散

0854

農圃六書：六卷 / （明）周之璵纂 ；（明）陳繼儒訂. -- 刻本. -- [清順治間]. -- 1 冊

9 行 22 字小字雙行同白口四周單邊

記事至清順治十一年（1654）

登錄號 1-03483/索書號 8018-131-003-012：1 冊，黃紙本；殘存 3 卷：卷 1-3，字跡漫漶、殘缺，蟲蛀損壞，有水漬，書衣散失

0855

新刻獸經：一卷 / （明）黃省曾撰 ；（明）胡文煥校. -- 刻本. -- 胡氏文會堂，明萬曆三十一年（1603）. -- 1 冊. -- （格致叢書/（明）胡文煥輯）

10 行 20 字白口左右雙邊雙白魚尾

版心題：獸經

登錄號 1-04895/索書號 8018-168-002-005：1 冊，與《新刻師曠禽經》合刻，與《韓奉議鸚歌傳》、《中山狼傳》、《義山雜纂》合訂，黃紙本；鈐印：達、泉；紙張老化變黃變脆，破損；有修補

〔子部 醫家類 醫經〕

0856

素問懸解：十三卷 / （清）黃元御撰. -- 刻本. --

陽湖馮承熙，清同治十一年（1872）. -- 7 冊（1 函）.
-- （黃氏遺書:三種/〈清〉黃元御撰）

　　11 行 23 字小字雙行同白口左右雙邊單魚尾

　　書名葉題：新栞素問懸解　後坿校餘偶識

　　牌記題：同治十一年壬申四月陽湖馮氏栞

　　附：校餘偶識/〈清〉馮承熙撰

　　登錄號 0000646/索書號 8020-010-004-004：7 冊
（1 函），白紙本；鈐印：熊正琦印；墨筆眉批

〔子部　醫家類　本草〕

0857

　　神農本草經疏　：三十卷 / 〈明〉繆希雍撰；〈明〉
李枝參訂. -- 刻本. -- 虞山毛氏綠君亭，明天啓五
年（1625）. -- 10 冊（2 函）

　　8 行 18 字白口半葉四周單邊

　　版心題：本草經疏

　　登錄號 0000838/索書號 8020-014-001-006：10 冊
（2 函），黃紙本；鈐印：定武楊氏素園藏書印，張本
之印，去華，葦航；蟲蛀損壞嚴重

0858

　　食物本草會纂　：十二卷，圖一卷 / 〈清〉沈李龍
纂輯. -- 刻本. -- 書業堂，清乾隆四十八年（1783）.
-- 8 冊（1 函）　：圖

　　9 行 22 字小字雙行同白口四周單邊單魚尾，無直欄

　　書名葉題：精鐫繪像　重鐫食物本草會纂　乾隆癸卯
年新鐫　金閶書業堂藏板

　　登錄號 1012586/索書號 8011-021-001-007：8 冊
（1 函），黃紙本；邊角破損，有污漬

〔子部　醫家類　診法〕

0859

　　外科樞要　：四卷 / 〈明〉薛己著. -- 刻本. -- 明
嘉靖間. -- 4 冊（1 函）. -- （家居醫錄/〈明〉薛
己撰）

　　11 行 19 字白口左右雙邊雙魚尾

　　有明嘉靖二十六年（1547）後序

　　登錄號 0000645/索書號 8020-010-004-003：4 冊
（1 函），白紙本；有斷版、字跡模糊處；書衣紙張老
化變脆，有水漬；有修補

〔子部　醫家類　方論〕

0860

　　秘傳外科方　：不分卷. -- 刻本. -- 青陽楊荣，明
成化十四年（1478）. -- 2 冊（1 函）　：圖

　　12 行 20 字黑口四周雙邊雙魚尾

　　登錄號 0001040/索書號 8020-016-004-012：2 冊
（1 函），白紙本；鈐印：芷齋圖籍；有斷版；有污漬

0861

　　仙傳上清紫庭追癆仙方. -- 刻本. -- 明. -- 2 冊
（1 函）　：圖

　　8 行 18 字小字雙行同白口四周單邊單白魚尾

　　版心題：仙傳追癆方

　　登錄號 0000944/索書號 8020-015-003-003：2 冊
（1 函），白紙本；書葉殘缺，書衣紙張老化、破損；
有修補

0862

　　推求師意　：二卷，附錄一卷 / 〈明〉戴原禮撰；
〈明〉汪機編. -- 刻本. -- 祁門陳桷，明嘉靖十三
年（1534）. -- 3 冊（1 函）　：圖

　　11 行 23 字白口四周單邊

　　版心下記刻工

　　登錄號 0001052/索書號 8020-016-004-024：3 冊
（1 函），白紙本；有斷版

0863

　　三合集：二卷 / 〈明〉張繼科撰. -- 抄本. -- 清.
-- 1 冊

　　10 行 24 字

　　登錄號 1012444/索書號 8011-019-005-019：1 冊，
黃紙本；鈐印：存中堂，中原文獻之家；蟲蛀損壞，
有水漬，書衣污損

〔子部 醫家類 針灸〕

0864

針灸大成：十卷 / （明）楊繼洲撰. -- 刻本. -- 任縣趙文炳，明萬曆二十九年（1601）. -- 10 冊（2 函）：圖

10 行 22 字小字雙行同白口四周雙邊無魚尾

登錄號 0001042/索書號 8020-016-004-014：10 冊（2 函），黃紙本；有斷版、字跡漫漶處；紙張老化變黃變脆，有水漬，版心開口，書衣破損

0865

新刊銅人鍼灸經：七卷. -- 刻本. -- 明. -- 1 冊：圖

10 行 21 字白口四周單邊無魚尾

登錄號 1-03698/索書號 8018-131-002-027：1 冊，白紙本；有斷版、字跡模糊處；目錄缺葉，有污漬，裝訂斷綫

〔子部 醫家類 養生〕

0866

老老恒言：五卷 / （清）慈山居士著. -- 刻本. -- 嘉善曹庭棟，清乾隆三十八年（1773）. -- 2 冊（1 函）

8 行 17 字黑口左右雙邊雙魚尾

闡述老年養生、保健等內容

登錄號 0000621/索書號 8020-010-002-007：2 冊（1 函），黃紙本；鈐印：黃節

〔子部 天文算法類 天文〕

0867

矩象測繪：一卷 / （清）吳錫釗編訂. -- 刻本. -- 杏雨山房，清光緒十七年（1891）. -- 1 冊（1 函）：圖

9 行 22 字黑口四周雙邊雙魚尾

套籤記：貴州官刻本

書名葉題：矩象測繪 臨川桂復署檢

牌記題：光緒十七年秋七月杏雨山房校刊算學

登錄號 0000266/索書號 8020-006-002-027：1 冊（1 函），白紙本；鈐印：中國營造學社圖籍；書衣磨損

0868

新製靈台儀象志：十六卷 / （比利時）南懷仁（Verbiest, F.）撰；（清）劉蘊德筆受；（清）孫有本，（清）徐瑚詳受. -- 刻本. -- 清. -- 24 冊（3 函）

9 行 18 字白口左右雙邊單魚尾

書名葉題：儀象志

有清康熙十三年（1674）序

登錄號 1-02730/索書號 8018-138-005-001：24 冊（3 函），黃紙本；金鑲玉裝訂；鈐印：曾藏汪閬源家[汪士鐘]，華昌際印；原缺 2 卷：卷 15-16，有抄補；蟲蛀損壞，書衣散失

〔子部 天文算法類 曆法〕

0869

大清咸豐九年歲次己未時憲書：一卷 / （清）欽天監編. -- 刻本. -- 欽天監，清咸豐八年（1858）. -- 1 冊

行字不一黑口四周雙邊雙魚尾

登錄號 0000725/索書號 8020-011-004-004：1 冊，黃紙本；鈐印：欽天監時憲書之印；首尾殘缺，破損，裝訂裂散

0870

大清同治十四年歲次乙亥時憲書：一卷 / （清）欽天監編. -- 刻本，朱墨套印. -- 欽天監，清同治十三年（1874）. -- 1 冊

表格，黑口四周雙邊雙魚尾

登錄號 0000553/索書號 8020-009-004-016：1 冊，黃紙本；卷首殘缺、破損，書衣散失

0871

大清光緒十四年歲次戊子時憲書：一卷 / （清）欽天監編. -- 刻本，朱墨套印. -- 欽天監，清光緒

十三年（1887）. -- 1 冊

表格，黑口四周雙邊雙魚尾

書簽題：大清光緒十四年時憲書

卷首朱印：萬年書鑑

登錄號 0000552/索書號 8020-009-004-015：1 冊，黃紙本；鈐印：欽天監時憲書之印；破損，有水漬、污漬，書衣散失

0872

大清光緒二十三年歲次丁酉時憲書 ：一卷 /（清）欽天監編. -- 刻本, 朱墨套印. -- 欽天監, 清光緒二十二年（1896）. -- 1 冊

表格，黑口四周雙邊雙魚尾

書簽題：大清光緒二十三年時憲書

卷首朱印：萬年書鑑

登錄號 0000493/索書號 8020-009-001-019：1 冊，白紙本，紅色書衣；鈐印：欽天監時憲書之印（印文模糊），鶴野陳氏寄梁、守默庵珍藏；邊角破損

0873

大清光緒二十四年歲次戊戌時憲書 ：一卷 /（清）欽天監編. -- 刻本, 朱墨套印. -- 欽天監, 清光緒二十三年（1897）. -- 1 冊

表格，黑口四周雙邊雙魚尾

書簽題：大清光緒二十四年時憲書

卷首朱印：萬年書鑑

登錄號 0000494/索書號 8020-009-001-020：1 冊，白紙本，紅色書衣；鈐印：欽天監時憲書之印（印文模糊）；書衣邊角磨損

0874

大清光緒二十七年歲次辛丑時憲書 ：一卷 /（清）欽天監編. -- 刻本, 朱墨套印. -- 欽天監, 清光緒二十六年（1900）. -- 1 冊

表格，黑口四周雙邊雙魚尾

書簽題：大清光緒二十七年時憲書

卷首朱印：萬年書鑑

登錄號 0000554/索書號 8020-009-004-017：1 冊，黃紙本；鈐印：欽天監時憲書之印；有朱墨筆圈點；卷末缺葉，破損，書衣散失

0875

大清光緒二十九年七政經緯躔度時憲書 ：一卷 /（清）欽天監編. -- 刻本. -- 欽天監, 清光緒二十八年（1902）. -- 1 冊

表格，黑口四周雙邊雙魚尾

書名據書簽題

登錄號 0000492/索書號 8020-009-001-018：1 冊，白紙本，黃色織錦書衣；鈐印：鶴野陳氏寄梁、守默盦珍賞；輕微蟲蛀

0876

大清光緒三十年歲次甲辰時憲書 ：一卷 /（清）欽天監編. -- 刻本, 朱墨套印. -- 欽天監, 清光緒二十九年（1903）. -- 1 冊

表格，黑口四周雙邊雙魚尾

書簽題：大清光緒三十年時憲書

登錄號 0000555/索書號 8020-009-004-018：1 冊，黃紙本，紅色書衣；鈐印：欽天監時憲書之印；卷末缺葉，破損，水涸，書衣散失，裝訂裂散

0877

大清光緒三十三年歲次丁未時憲書 ：一卷 /（清）欽天監編. -- 刻本, 朱墨套印. -- 欽天監, 清光緒三十二年（1906）. -- 1 冊

表格，黑口四周雙邊雙魚尾

書簽題：大清光緒三十三年時憲書

登錄號 0000556/索書號 8020-009-004-019：1 冊，白紙本，紅色布質書衣；鈐印：欽天監時憲書之印；水涸褪色，書衣損壞，裝訂裂散

登錄號 0000557/索書號 8020-009-004-020：1 冊，白紙本，紅色布質書衣；鈐印：欽天監時憲書之印；水涸褪色，書衣損壞，裝訂裂散

0878

大清光緒三十四年歲次戊申時憲書 ：一卷 /（清）欽天監編. -- 刻本, 朱墨套印. -- 欽天監, 清光緒三十三年（1907）. -- 1 冊

表格，黑口四周雙邊雙魚尾

書簽題：大清光緒三十四年時憲書

卷首朱印：萬年書鑑

登錄號 0000559/索書號 8020-009-004-022：1 冊，黃紙本，紅色紙質書衣；鈐印：欽天監時憲書之印；

水湮褪色，鼠嚙損壞

0879

　　大清光緒三十四年歲次戊申時憲書：一卷 / （清）欽天監編. -- 刻本，朱墨套印. -- 欽天監，清光緒三十三年（1907）. -- 1 冊

　　表格，黑口四周雙邊雙魚尾

　　書籤題：大清光緒三十四年時憲書

　　卷首朱印：萬年書鑑

　　登錄號 0000558/索書號 8020-009-004-021：1 冊，黃紙本，紅色布質書衣；破損，書衣散失，裝訂裂散

0880

　　大清光緒三十五年歲次己酉時憲書：一卷 / （清）欽天監編. -- 刻本. -- 欽天監，清光緒三十四年（1908）. -- 1 冊

　　表格，黑口四周雙邊雙魚尾

　　書籤題：大清光緒三十五年時憲書

　　實為宣統元年（1909）曆

　　登錄號 0000495/索書號 8020-009-001-021：1 冊，白紙本，紅色布質書衣；鈐印：欽天監時憲書之印

0881

　　大清宣統二年歲次庚戌時憲書：一卷 / （清）欽天監編. -- 刻本. -- 欽天監，清宣統元年（1909）. -- 1 冊

　　表格，粗黑口四周雙邊雙魚尾

　　書籤題：大清宣統二年時憲書

　　登錄號 1-07284.1/索書號 8009-118-005-022：1 冊，白紙本，紅色布質書衣；鈐印：欽天監時憲書之印

0882

　　大清宣統四年歲次壬子時憲書：一卷 / （清）欽天監編. -- 刻本. -- 欽天監，清宣統三年（1911）. -- 1 冊

　　表格，粗黑口四周雙邊雙魚尾

　　書籤題：大清宣統四年時憲書

　　實為民國元年（1912）曆

　　登錄號 1-07284.2/索書號 8009-118-005-023：1 冊，白紙本，紅色布質書衣；鈐印：欽天監時憲書之印

〔子部　天文算法類　算書〕

0883

　　周髀算經：二卷，音義一卷 / （漢）趙爽注 ；（北周）甄鸞述 ；（唐）李淳風注釋 ；（唐）李籍音義. -- 刻本. -- 虞山毛氏汲古閣，明崇禎間. -- 2 冊（1 函）：圖. -- （津逮秘書：十五集/〔明〕毛晉輯；第四集）

　　9 行 18 字小字雙行同白口左右雙邊單白魚尾

　　登錄號 1-03614/索書號 8018-136-001-008：2 冊（1 函），黃紙本；紙張老化四周變黃變脆

〔子部　術數類　相宅相墓〕

0884

　　郭氏古葬書全卷：三卷，遺篇一卷 / （晉）郭璞撰；（明）顏學文彙全. -- 刻本. -- 明萬曆四十二年（1614）. -- 1 冊（1 函）

　　9 行 18 字白口四周單邊單魚尾

　　卷一版心下記：古杭陳應元寫　費有綱刻

　　登錄號 0000632/索書號 8020-010-003-007：1 冊（1 函），黃紙本；蟲蛀缺損，有水漬

0885

　　青囊：海角經一卷，正經一卷 / （晉）郭璞撰 ；（宋）張士元記. -- 抄本，朱墨. -- 明. -- 1 冊：圖

　　10 行 24 字

　　登錄號 0000282/索書號 8020-006-003-017：1 冊，白紙本；蟲蛀等破損，書衣殘缺，有污漬

0886

　　地理玉鏡鉤玄：二卷 / （晉）郭璞撰 ；（元）無著纂 ；（明）吳承明刪. -- 刻本. -- 明萬曆間. -- 3 冊（1 函）：圖

　　12 行 25 字白口半葉四周單邊

　　目錄題：地理九星鉤玄

　　序題：玉鏡鉤玄

　　版心中部記：澹若齋

　　有明萬曆三十七年（1609）序

　　登錄號 0000897/索書號 8020-014-005-004：3 冊（1 函），黃紙本；缺卷 1 卷端，卷末跋缺葉，卷 2 卷

端有剜改，有水漬

0887

秘訣仙機：一卷 /（唐）李淳風撰. -- 刻本. -- 明萬曆間. -- 1 冊：圖

9 行 20 字白口四周單邊單魚尾

書名據版心題

本書即：靈驅解法洞明真言秘書

登錄號 0000168-1/索書號 8020-004-002-006：1 冊（合 1 函），與《魯班經匠家鏡》、《新刻法師選擇紀》合刻，黃紙本，金鑲玉裝訂；無卷端，書葉殘缺，有污漬

0888

秘傳玉曆分星大全：三十卷 · **玉髓真經後卷**：二十一卷 /（宋）張洞玄撰；（宋）劉允中注釋；（宋）蔡季通發揮. -- 抄暨刻本. -- 明. -- 20 冊（4 函）：圖

黑白口及邊框魚尾不一

書衣題：玉髓大全

《玉髓真經後卷》為刻本

登錄號 0000689/索書號 8020-011-001-005：20 冊（4 函），白紙本；鈐印：松陵莊氏珍藏圖書記，漆園後裔，恒園；刻本有斷版；有殘缺葉，蟲蛀損壞，磨損，裝訂裂散，有水漬

0889

卜居合編：二卷 /（明）胡經輯. -- 刻本. -- 錢塘胡文煥，明萬曆二十八至二十九年（1600-1601）. -- 2 冊：圖

10 行 20 字小字雙行同白口四周單邊單魚尾

書名據胡經序文及卷末補

末葉牌記題：萬曆辛丑歲仲秋月閩書林喬山堂刊行

子目：

　　1. 新刻陽宅新編：一卷/（明）周繼著（冊 1，序題：陽宅新編）

　　2. 新刻松盛舊編：一卷（冊 2，序題：松盛舊編）

登錄號 0000560/索書號 8020-009-004-023：2 冊，黃紙本；書衣散失，裝訂裂散

0890

新編秘傳堪輿類纂人天共寶：十二卷 /（明）黃慎編次. -- 刻本. -- 愜本堂，清乾隆三十七年（1772）. -- 6 冊（1 函）：圖

9 行 24 字白口四周單邊單白魚尾

書名葉題：人天共寶 乾隆壬辰重鐫

目次題：秘傳堪輿類纂人天共寶

序題：地理人天共寶

登錄號 1011233/索書號 8011-012-004-006：6 冊（1 函），黃紙本；有佚名朱筆標點；輕微蟲蛀損壞，有污漬，裝訂斷綫，書衣磨損

0891

新刻羅經解：三卷 /（明）熊汝嶽編述；（明）吳天洪批點；（明）熊世章參輯；（明）余應虬校閱. -- 刻本. -- 明萬曆間. -- 1 冊：圖

10 行 24 字小字雙行同白口四周單邊單魚尾

版心題：羅經解

明萬曆四十六年（1618）序，分上、中、下三卷

登錄號 0000263/索書號 8020-006-002-013：1 冊，黃紙本；鈐印：張一稚印；有朱、墨、藍筆批校；蟲蛀、鼠嚙，書葉缺損，有水漬

0892

永寧通書：四集 /（清）王維德纂輯；（清）殷光世參訂. -- 刻本. -- 古吳王維德鳳梧樓，清康熙五十年（1711）. -- 4 冊（1 函）：圖

9 行大小字單雙行不等白口四周雙邊單魚尾

書名葉題：林屋山人王洪緒纂輯 永寧通書 一劍卜筮正宗一劍永寧通書 鳳梧樓藏版

分天、地、人、和四集，各三卷

登錄號 1011249/索書號 8011-012-005-009：4 冊（1 函），黃紙本；鈐印：黃瑞椿印，蒼庭；字跡漫漶，蟲蛀損壞嚴重，有污漬

0893

地學問答：三卷 /（清）魏青江講授. -- 刻本. -- 甘泉存耕汪氏，清乾隆四十九年（1784）. -- 6 冊（1 函）：圖

10 行 21 字黑口左右雙邊單魚尾

書名葉題：乾隆甲辰秋鐫 荊門魏青江先生著 地學答問 邗江夢松書屋藏板

目錄葉背面記：甘泉存耕汪氏校刊

著者署"青江子"，本名"魏青江"

登錄號 1-11291/索書號 8005-003-003-003：6 冊
（1 函），黃紙本；鈐印：山陰逸叟，月川之章；蟲蛀
修補

〔子部 術數類 占卜〕

0894

焦氏易林：二卷 / （漢）焦贛撰. -- 刻本. -- 周
日校大業堂，明萬曆二十一年（1593）. -- 4 冊（1
函）

12 行 24 字白口四周單邊單魚尾

登錄號 0001030/索書號 8020-016-004-002：4 冊
（1 函），黃紙本；鈐印：麗廔珍藏、葉德輝印；有清
光緒二十一年（1895）葉德輝識語；裝訂裂散

0895

觀梅數：二卷 / （宋）邵雍撰. -- 刻本. -- ［明
至清］. -- 1 冊（1 函）

12 行 24 字白口四周雙邊單魚尾

登錄號 1-03377/索書號 8018-130-006-004：1 冊
（1 函），黃紙本；鈐印：研易樓藏書印、沈氏研易樓
所得善本書、沈仲濤讀書記［沈仲濤］，方外園書畫因
緣，樾青所藏；有朱筆圈點；書葉殘缺；有修補

0896

新刻法師選擇紀：一卷 / （明）胡文煥校正. -- 刻
本. -- 明萬曆間. -- 1 冊

9 行 20 字白口四周單邊單魚尾

版心題：擇日紀全

登錄號 0000168-2/索書號 8020-004-002-006：1
冊（合 1 函），與《秘訣仙機》、《魯班經匠家鏡》合刻，
黃紙本，金鑲玉裝訂；書葉殘缺，有污漬

0897

華國奇術：不分卷. -- 抄本. -- 清. -- 2 冊（1
函）：圖

行字不等

書名代擬

登錄號 1-03340/索書號 8018-138-006-006：2 冊
（1 函），黃紙本；鈐印：李鶴雲、李少白；邊角缺損

〔子部 術數類 陰陽五行〕

0898

經國堂新訂增補合節鰲頭通書大全：十卷 / （明）
熊宗立撰. -- 刻本. -- 潭陽熊淑明，清乾隆五十一
年（1786）. -- 10 冊（1 函）：圖

上下兩欄行字不等，白口四周單邊單魚尾，無直欄

書名葉題：新增上元甲子未來曆 潭陽熊宗立纂輯增
補斗首河洛理氣鰲頭通書大全 善成堂藏板

版心題：鰲頭通書大全

書簽鈐印：善成堂自在蘇杭浙閩檢選古今書籍發兌

登錄號 1012370/索書號 8011-018-007-017：10 冊
（1 函），黃紙本；邊角磨損，有水漬

0899

精纂曆府萬年擇吉切要全書明鑒：不分卷 / （明）
陳繼儒校正. -- 刻本. -- 明崇禎五年（1632）. -- 1
冊 ：圖

行字不等白口四周單邊單魚尾

目錄題：精纂曆府萬年擇吉切要全書

版心題：萬年明鑒

卷末題：曆府考選萬年明鑒切要全書

登錄號 0000281/索書號 8020-006-003-015：1 冊，
黃紙本，毛裝；蟲蛀損壞，卷首殘缺，邊角破損，有
污漬

0900

欽定協紀辨方書：三十六卷 / （清）允祿等纂. --
刻本. -- 武英殿，清乾隆六年（1741）. -- 16 冊（3
函）：圖

9 行 20 字小字雙行同白口四周雙邊單魚尾，無直欄

登錄號 1-03700/索書號 8018-133-006-002：16 冊
（3 函），白紙本；有斷版；有墨漬

〔子部 術數類 雜術〕

0901

夢林玄解：四集，三十四卷，卷首一卷，總目一卷
/ （晉）葛洪原本 ；（宋）邵雍纂輯 ；（明）陳士元
增刪 ；（明）何棟如重輯. -- 刻本. -- 明崇禎間. --

20 冊

10 行 22 字小字雙行同白口四周單邊單魚尾，卷首序為白魚尾

有明崇禎九年（1636）何棟如序

重輯者據序擬加

登錄號 1-02288/索書號 8018-189-005-017：20 冊，黃紙本；鈐印：四明盧氏抱經樓藏書印[盧址]

0902

新刻雷霆玄機驅魅邪精要訣 ：一卷. -- 刻本. -- 明初. -- 1 冊（1 函）：圖

行字不等白口四周單邊

登錄號 0000620/索書號 8020-010-002-013：1 冊（1 函），黃紙本，金鑲玉裝訂，黃綾書衣；書葉殘缺

〔子部 藝術類 總類〕

0903

賞奇軒四種合編. -- 刻本. -- 賞奇軒，[清初]. -- 4 冊（1 函）：圖

白口半葉四周單邊無魚尾

書名據書名葉題

子目：

1. 南陵無雙譜：一卷/（清）金古良撰繪（冊 1，書名葉題：無雙譜）
2. 竹譜：一卷（冊 2）
3. 官子譜：一卷（冊 3）
4. 東坡遺意：一卷（冊 4）

登錄號 1-04445/索書號 8018-146-001-004：4 冊（1 函），白紙本；鈐印：蓮堂；紙張老化四周變黃，有水漬，裝訂斷綫

0904

冬心先生雜著 /（清）金農撰. -- 刻本. -- 錢塘陳鴻壽種榆仙館，清乾隆嘉慶間. -- 2 冊（1 函）

10 行 20 字黑口左右雙邊雙魚尾

書名葉題：冬心先生雜著 種榆仙館校刻

書名據書名葉及目錄題

首冊末記：金陵余綸仿宋本錄寫 江氏鶴亭古梅盒藏板

子目：

1. 冬心齋研銘：一卷（冊 1）
2. 冬心先生畫竹題記：一卷（冊 1）
3. 冬心先生畫馬題記：一卷（冊 2）
4. 冬心先生自寫真題記：一卷（冊 2）
5. 冬心先生畫佛題記：一卷（冊 2）
6. 冬心先生畫梅題記：一卷（冊 2）

登錄號 0000005/索書號 8020-001-001-012：2 冊（1 函），黃紙本，金鑲玉裝訂，黃色錦緞書衣；鈐印：永清朱玖聃藏書記、九丹一字淹頌、朱樨之印[朱樨之]，张氏蕙玉[张珩]；輕微水漬

0905

潛研堂畫品攷 ：一卷 ・ **潛研堂古今硯攷**：一卷 /（清）錢大昕編輯. -- 抄本. -- 清. -- 1 冊

9 行 16 字

登錄號 0000283/索書號 8020-006-003-016：1 冊，黃紙本；書衣破損

〔子部 藝術類 書畫〕

0906

東觀餘論 ：二卷 /（宋）黃伯思撰 ；（明）項篤壽校. -- 刻本. -- 嘉禾項篤壽萬卷堂，明萬曆十二年（1584）. -- 1 冊（1 函）

9 行 18 字小字雙行字數不等白口左右雙邊單魚尾

卷首及各卷末牌記題：嘉禾項氏萬卷堂梓

登錄號 善 184/索書號 7018-sb-178：1 冊（1 函），黃紙本；鈐印：汲古閣，健菴，顧氏高齋、字貞白，陸端門，觀潛，吳門陸僎一字尌蘭之印、陸尌蘭、名余曰僎[陸僎]，介繁、潘椒坡、茉坡藏書、潘氏桐西書屋之印[潘介繁]，盛昱之印、聖清宗室盛昱伯羲之印、宗室文愨公家世藏[盛昱]，香草垞、蘅香草堂、不在朝廷又無經學，景賢鑒藏，松筠靜致，曾在趙元方家，孝行之門，啟迪，鈁，夢澤鑑賞，津門王鳳岡風篁館收藏印，三松老人之曾孫；清乾隆九年（1744）陸觀潛重訂校閱，卷末有清道光二十九年（1849）陸僎跋；有斷版、字跡模糊處；紙張老化變脆，版心開口，破損；書衣更換

0907

雲烟過眼錄 ： 一卷 / （宋）周密撰. -- 抄本，藍
絲欄. -- 明. -- 1 冊

9 行 20 字小字雙行字數不等白口四周雙邊單魚尾

卷末記：至正二十年秋八月夏頤手抄於立志齋中
據元至正二十年夏頤抄本抄

登錄號 善 108/索書號 7018-sb-105：1 冊，黃紙本；
鈐印：香雪齋書畫印；卷末抄者過錄明嘉靖丙寅（四
十五年）二月十日文彭跋、隆慶二年春仲顧從義跋；
書葉殘缺，有污漬、油漬

0908

雲煙過眼錄 ： 二卷 / （宋）周密撰. -- 抄本. --
清. -- 2 冊（1 函）

10 行 20 字

登錄號 0000033/索書號 8020-001-001-034：2 冊
（1 函），黃紙本；鈐印：周三燮、南卿父、傳家惟有
一倉書[周三燮]，張氏蕙玉[張珩]；書衣破損

0909

雲煙過眼別錄 ： 二卷 / （宋）周密撰. -- 抄本. --
清. -- 1 冊（1 函）

10 行 20 字

卷末記"修能錄"並有其題識

登錄號 0000319/索書號 8020-006-004-024：1 冊
（1 函），黃紙本；鈐印：周三燮、南卿父、傳家惟有
一倉書[周三燮]，張氏蕙玉；書衣破損

0910

元破臨安所得故宋書畫目 ： 一卷 / （元）王惲撰；
褚德彝輯錄. -- 抄本. -- 餘杭褚德彝，清光緒間. --
1 冊（1 函）

8 行 24 字小字雙行同

自舊寫本《庚子消夏記》錄出

登錄號 0000960/索書號 8020-015-004-005：1 冊
（1 函），黃紙本；鈐印：烏程蔣祖詒藏書，張珩蕙玉；
卷末有褚德儀（更名德彝，清光緒三十一年）、王世襄、
張珩題記；書衣磨損

0911

書畫傳習錄 ： 四卷，續錄一卷 / （明）王紱輯；
（清）嵇承咸續輯 · **梁𨱏書畫徵** ： 一卷 / （清）
嵇承咸輯. -- 刻本. -- 錫山嵇承咸層雲閣，清嘉慶
十九年（1814）. -- 16 冊（2 函）

10 行 20 字小字雙行同綫黑口左右雙邊單魚尾

書名葉題：書畫傳習錄　層雲閣藏板

登錄號 0000061/索書號 8020-001-003-002：16 冊
（2 函），黃紙本；鈐印：海棠書屋藏書之印；紙張老
化變黃

0912

鐵網珊瑚 ： 書品十卷，畫品六卷 / （明）朱存理
集錄. -- 刻本. -- 廣寧年希堯澄鑒堂，清雍正六年
（1728）. -- 16 冊

10 行 21 字白口左右雙邊單魚尾

書名葉題：欣賞齋原編　鐵網珊瑚　澄鑒堂藏板

登錄號 1-03687/索書號 8018-139-001-002：16 冊
（2 函），白紙本；鈐印：南昌彭氏，閬源父[汪士
鐘]，蔣湘南印；有書名葉及明萬曆二十八年（1600）
趙琦美、清雍正六年（1728）年希堯跋；紙張老化
有黃斑

登錄號 0000012/索書號 8020-001-001-013：10 冊，
黃紙本；鈐印：歸安陸樹聲叔桐父印[陸樹聲]，張氏
蕙玉[張珩]；無書名葉及跋，有殘缺、蟲蛀、水漬，
書衣破損，裝訂裂散

登錄號 0000340/索書號 8020-007-001-005：12 冊
（1 函），黃紙本；鈐印：朗泉珍藏書畫印章、懋鑑之
印、伯衡、朗泉、鑑；有書名葉及明萬曆二十八年趙
琦美、清雍正六年年希堯跋；紙張老化四周變黃，邊
角磨損，書衣破損

登錄號 0000366/索書號 8020-007-002-015：4 冊，
黃紙本；有書名葉及明萬曆二十八年趙琦美、清雍正
六年年希堯跋；蟲蛀、水漬，書衣破損

0913

孫氏書畫鈔 ： 一卷 / （明）孫鳳撰. -- 抄本. --
明. -- 1 冊（1 函）

10 行 20 字

登錄號 0000039/索書號 8020-001-002-004：1 冊
（1 函），白紙本；鈐印：小李山房[李宏信]，秦少説
父，繡衣使者，鳳樓，栖鳳，何煌，義門子孫，張氏
蕙玉[張珩]；有明萬曆庚辰（1580）二月居節題識並
鈐印；有朱筆眉批、浮簽；有水漬、污漬；有修補

0914

　　畫禪室隨筆 ：四卷 / （明）董其昌撰 ；（清）汪
汝祿編. -- 刻本. -- 天都汪汝祿，清康熙十七年
（1678）. -- 2 冊（1 函）

　　8 行 19 字白口四周單邊單魚尾

　　書名葉題：畫禪室隨筆 裕文堂藏版

　　書名據書名葉及版心題

　　版本年等據汪汝祿序

　　登錄號 0000001/索書號 8020-001-001-005：2 冊
（1 函），黃紙本；鈐印：石琴所藏；有斷版

0915

　　畫禪室隨筆 ：四卷 / （明）董其昌撰 ；（清）孫
紹敏校. -- 刻本. -- 華亭董氏戲鴻堂，清乾隆三十
三年（1768）. -- 2 冊

　　8 行 18 字白口左右雙邊雙魚尾

　　書名葉題：乾隆三十三年重鐫 董文敏公著 畫禪室
隨筆 戲鴻堂藏板

　　雲間金文達刻

　　登錄號 0000002/索書號 8020-001-001-003：2 冊，
白紙本；鈐印：張氏蔥玉[張珩]；有水漬、污漬；蟲
蛀修補

0916

　　王氏書畫苑 / （明）王世貞輯 ；（明）詹景鳳輯補
益 . -- 刻本. -- 明. -- 32 冊（4 函）

　　10 行 20 字小字雙行同白口左右雙邊單魚尾

　　書名代擬

　　書內記：金陵徐智督刊

　　子目：

　　1. 王氏書苑/（明）王世貞輯（冊 1-12）

　　　（1）法書要錄：十卷/（唐）張彥遠集（冊 1-5）

　　　（2）米海嶽書史：一卷/（宋）米芾撰（冊 6）

　　　（3）書法鉤玄：四卷/（元）蘇霖撰（冊 7-8）

　　　（4）東觀餘論：二卷，附錄一卷/（宋）黃伯
　　　　　思撰（冊 9-12）

　　2. 王氏書苑補益/（明）詹景鳳輯（冊 13-18）

　　　（1）書譜：一卷/（唐）孫過庭撰（冊 13）

　　　（2）續書譜：一卷/（宋）姜夔撰（冊 13）

　　　（3）寶章待訪錄：一卷/（宋）米芾撰（冊 13）

　　　（4）試筆：一卷/（宋）歐陽修撰（冊 13）

　　　（5）高宗皇帝御製翰墨志：一卷/（宋）宋高

　　　　　宗趙構撰（冊 13）

　　　（6）法帖譜系：二卷/（宋）曹士冕撰（冊 14）

　　　（7）學古編：一卷/（元）吾丘衍撰（冊 14）

　　　（8）字學新書摘抄：一卷/（元）劉惟志輯
　　　　　（冊 14）

　　　（9）廣川書跋：十卷/（宋）董逌撰（冊 15-18）

　　3. 王氏畫苑/（明）王世貞輯

　　　（1）古畫品錄：一卷/（南朝齐）谢赫撰
　　　　　（冊 19）

　　　（2）續畫品錄：一卷/（唐）李嗣真撰
　　　　　（冊 19）

　　　（3）後畫錄：一卷/（唐）釋彥悰撰（冊 19）

　　　（4）續畫品：一卷/（南朝陳）姚最撰（冊 19）

　　　（5）貞觀公私畫史：一卷/（唐）裴孝源撰
　　　　　（冊 19）

　　　（6）沈存中圖畫歌：一卷/（宋）沈括撰
　　　　　（冊 19）

　　　（7）筆法記[畫山水錄]：一卷/（五代）荊浩
　　　　　撰（冊 19）

　　　（8）王維山水論：一卷/（唐）王維撰（冊 19）

　　　（9）歷代名畫記：十卷/（唐）張彥遠撰
　　　　　（冊 20-22）

　　　（10）聖朝名畫評：三卷/（宋）劉道醇撰
　　　　　（冊 23,有抄補）

　　　（11）唐朝名畫錄：一卷/（唐）朱景玄撰
　　　　　（冊 24）

　　　（12）五代名畫補遺：一卷/（宋）劉道醇撰
　　　　　（冊 24,有抄補）

　　　（13）畫繼：十卷/（宋）鄧椿撰（冊 25-26）

　　　（14）益州名畫錄：三卷/（宋）黃休復撰
　　　　　（冊 27）

　　　（15）米海嶽畫史：一卷/（宋）米芾撰（冊 28）

　　4. 王氏畫苑補益/（明）詹景鳳輯（冊 29-32）

　　　（1）梁元帝山水松石格：一卷/（南朝梁）梁
　　　　　元帝撰（冊 29）

　　　（2）畫學秘訣：一卷/（唐）王維撰（冊 29）

　　　（3）豫章先生論畫山水賦：一卷/（五代）荊
　　　　　浩撰（冊 29）

　　　（4）李成山水訣：一卷/（宋）李成撰（冊 29）

　　　（5）林泉高致：一卷/（宋）郭熙撰（冊 29）

　　　（6）郭若虛畫論：一卷/（宋）郭若虛撰（冊 29）

　　　（7）紀藝：一卷/（宋）郭若虛撰（冊 29）

　　　（8）宣和論畫雜評：一卷/（宋）宋徽宗撰

（冊 29）

（9）山水純全集：一卷／（宋）韓拙撰（冊 30）

（10）畫山水訣：一卷／（宋）李澄叟撰（冊 30）

（11）畫山水歌：一卷（冊 30）

（12）李廌畫品：一卷／（宋）李廌撰（冊 30）

（13）華光梅譜：一卷／（宋）釋仲仁撰（冊 30）

（14）竹譜詳錄：一卷／（元）李衎撰（冊 30）

（15）張退公墨竹記：一卷／（？）張退公撰

（冊 30）

（16）廣川畫跋：六卷／（宋）董逌撰（冊 31–32）

登錄號 0000174／索書號 8020-004-005-001：32 冊
（4 函），黃紙本；鈐印：陽湖陶氏涉園所有之記[陶
湘]，鄭元晫印，張氏葓玉；有抄補，紙張老化變脆變
黃，書葉殘缺；有修補

0917

清河書畫舫：十一卷／（明）張丑撰. -- 寫本. --
清初. -- 4 冊（1 函）

12 行 24 字

登錄號 0000065／索書號 8020-001-003-006：4 冊
（合訂 2 冊，1 函），黃紙本；鈐印：孝劼、夢曦主人
藏佳書之印[馬佳寶康]，謙牧堂藏書記、兼牧堂書畫
記[納蘭揆敘]，張氏葓玉，厚齋；內有信札一紙，卷
六末清光緒二十七年（1901）李劼題記；紙張老化變
黃，蟲蛀損壞，破損，有水漬

0918

清河書畫舫：十二卷／（明）張丑撰. -- 刻本. --
仁和吳長元池北草堂，清乾隆二十八年（1763）. -- 12
冊（2 函）

9 行 22 字小字雙行同黑口左右雙邊無魚尾
以秦觀"鶯嘴啄花紅溜，燕尾點波綠皺"編排卷次
附：鑒古百一詩／（明）張丑輯

登錄號 1-03159／索書號 8018-141-003-008：12 冊
（2 函），巾箱本；紙張老化有黃斑

登錄號 1-11009／索書號 8007-041-005-002：12 冊
（1 函），巾箱本；"燕字卷"以他本"午字卷"配補，
紙張老化四周變黃，邊角蟲蛀

登錄號 1-02170／索書號 8018-189-001-004：12 冊，
巾箱本；鈐印：宜秋館藏書[李之鼎]，張氏葓玉[張珩]；
邊角鼠嚙，書葉殘損，有水漬，書衣散失

0919

庚子銷夏記：八卷，附閒者軒帖考一卷／（清）
孫承澤撰. -- 刻本. -- 長塘鮑氏知不足齋，清乾隆
二十六年（1761）. -- 2 冊（1 函）

10 行 20 字黑口左右雙邊雙魚尾

登錄號 1-02668／索書號 8018-136-004-010：2 冊
（1 函），白紙本；鈐印：海棠館主，梁溪柹亭；扉葉有
清末宋文翰題識並鈐印：宋氏藏本、翰；有抄補，邊
角破損，有水漬

登錄號 0000013／索書號 8020-001-001-018：4 冊
（1 函），黃紙本；鈐印：經過知難，馮孝彰印，介勤，
瑞徵翰墨，聚星樓書畫印，太谷李氏；蟲蛀、破損，
有水漬、污漬

登錄號 1-02667／索書號 8018-144-002-013：4 冊
（1 函），白紙本；鈐印：建城王氏拙廬藏書，垣叔；
水漬，書衣磨損；蟲蛀修補

0920

庚子銷夏記：八卷／（清）孫承澤撰. -- 寫本，朱
絲欄. -- 錢塘梁敬事，清咸豐三年（1853）. -- 2
冊（1 函）

9 行 23 字白口四周單邊

登錄號 0001054／索書號 8020-016-004-026：2 冊
（1 函），黃紙本；鈐印：子恭，永壽；有清光緒九年
（1883）陳曾壽題記；有水漬

0921

庚子銷夏記：八卷，附閒者軒帖考一卷／（清）
孫承澤撰. -- 抄本，藍絲欄. -- 清. -- 4 冊（1 函）

10 行 20 字小字雙行字不等藍口左右雙邊
書名葉題：北平孫遲谷著 庚子銷夏記 同聽秋聲館
藏

登錄號 善 120／索書號 7018-sb-117：4 冊（1 函），
黃紙本，金鑲玉裝訂；鈐印：金石良朋，游浣花溪度
大庾嶺經瞿塘峽泛名勝湖品惠山泉登滕王閣行嚴陵瀨
觀錢唐潮過春申江飲劍池水，長白志銳字曰伯愚藏在
癸丑我生之初[志銳]；紙張老化四周變黃，有水漬

0922

江邨銷夏錄：三卷／（清）高士奇輯. -- 刻本. --
[平湖高氏]，[清康熙間]. -- 3 冊

9 行 18 字小字雙行同黑口左右雙邊雙魚尾

書名葉題：江邨銷夏錄 朗潤堂藏

有清康熙三十二年（1693）高士奇序

登錄號 0000043／索書號 8020-001-002-006：3 冊，白紙本；鈐印：枸橡，汲古得修綆，張氏蕙玉；有斷版、字跡模糊處，邊角磨損，有水漬；有修補

0923

銷夏錄［江村原稿］：六卷 ／（清）高士奇輯. -- 刻本，寫刻. -- ［清乾隆間］. -- 6 冊

10 行 21 字白口左右雙邊無魚尾

卷末記：古歙金西山書

登錄號 1-02635／索書號 8018-189-004-026：6 冊，黃紙本；鈐印：錢儀鳳印，張氏蕙玉，靜觀，從吾所存，詩卷長留天地間，不薄今人愛古人，日邊紅杏倚雲栽，小窗雪月梅花，入吾室者惟有清風對吾飲者惟當明月；書衣磨損

0924

江邨銷夏錄：三卷 ／（清）高士奇輯. -- 刻本. -- 清. -- 6 冊（1 函）

9 行 18 字小字雙行同黑口左右雙邊雙魚尾

書名葉題：江邨銷夏錄 朗潤堂藏

有清康熙三十二年（1693）高士奇序

登錄號 0000050／索書號 8020-001-002-013：6 冊（1 函），黃紙本；鈐印：張琴之章，墨斑夢士，趙更生印，周承儀印，容浦一號小颿、小颿鑒賞；有模糊字，紙張老化變黃

0925

壬寅消夏錄：四十卷 ／（清）端方輯；繆荃孫審定. -- 稿本，綠絲欄. -- 清光緒間. -- 24 冊

12 行字數不等

舊書衣題：壬寅消夏錄藁

版心或題：聖廎古懽錄

卷數據舊書衣題

收錄著者清光緒二十八年（1902）兩江總督任上所得之書畫

登錄號 0000051／索書號 8020-001-002-014：24 冊，黃紙本，毛裝；鈐印：百一硯齋、蘇宗仁［蘇宗仁］，藝風審定、荃孫讀過［繆荃孫］；首冊錄清光緒三十三年（1907）楊守敬識語；有污漬；2005 年外加書衣修補重裝

0926

式古堂書畫彙考：書考三十卷，目錄二卷，畫考三十卷，目錄二卷 ／（清）卞永譽纂輯. -- 刻本. -- 清康熙二十一年（1682）. -- 40 冊（6 函）

10 行 22 字小字雙行同白口四周單邊

登錄號 0000085／索書號 8020-001-005-001：40 冊（6 函），黃紙本；鈐印：張氏蕙玉、張、珩、張蕙玉藏、張珩私印、韞輝齋圖書印［張珩］，沈樹鏞印、鄭齋、松江沈樹鏞鄭齋考藏印［沈樹鏞］，曾藏汪閬源家［汪士鐘］；序、凡例、目錄等有抄配；紙張老化四周變黃，輕微蟲蛀損壞，邊角磨損；有修補

0927

式古堂書畫彙考：畫考三十卷，目錄二卷 ／（清）卞永譽纂輯. -- 抄本. -- 清. -- 26 冊（4 函）

10 行 21 字

抄于清康熙二十一年（1682）至道光二十三年（1843）間

登錄號 0000086／索書號 8020-001-005-002：26 冊（4 函），黃紙本；鈐印：粵人吳榮光印、吳氏筠清館所藏書畫［吳榮光］，曾在吳石雲處，問政山人［葉志詵］，卷 15 扉葉有清葉志詵（1779-1863）題記並鈐印：問政山人；蟲蛀損壞，輕微破損，有殘缺字，有水漬、污漬；有修補

0928

式古堂書畫彙考節抄：五卷 ／（清）卞永譽纂輯. -- 抄本. -- 清. -- 2 冊（1 函）

9 行 24 字

書名代擬

《書考》、《畫法年紀》、《歷代名媛》、《畫苑神品名目》、《紀畫題辭》各一卷

登錄號 0000052／索書號 8020-001-002-015：2 冊（1 函），黃紙本；鈐印：臣宣義印，指頭生活，容庚之印，張氏蕙玉；紙張老化四周變黃

0929

大觀錄：二十卷 ／（清）吳升輯. -- 寫本. -- 清. -- 18 冊（2 函）

11 行 22 字小字雙行同白口四周單邊單魚尾

卷前錄翁方綱序題：吳氏書畫記

版心下記：怡寄齋

有清康熙五十二年（1713）序

　登錄號 0000077/索書號 8020-001-004-002：18 冊
（2 函），黃紙本；鈐印：獨山莫棠、楚生第三、莫棠
嶺外所收、銅井文房、獨山莫氏銅井文房之印、莫棠
之印［莫棠］，袁廷檮印、壽階、五硯樓、貞節堂圖書
印［袁廷檮］，張氏蕙玉、張玨私印、吳興張氏圖書之
記、張氏藏書、韞輝齋［張玨］，希逸；清光緒間莫棠
抄補、批校、題識並錄清翁方綱序，張玨題記；存 18
卷：卷 1-18；書衣紙張老化變脆，蟲蛀損壞，破損；
有修補

0930

　大觀錄：二十卷 ／（清）吳升輯. -- 寫本. -- 清.
-- 20 冊（4 函）

　11 行 21 字小字雙行同

　翁方綱為本書改名：吳氏書畫記

　此本係吳縣顧氏舊藏，稍遜于獨山莫氏藏本，兩者
各有所長

　登錄號 0000078/索書號 8020-001-004-003：20 冊
（4 函），黃紙本；鈐印：靈石楊氏墨林家藏印、楊氏
墨林家藏［楊尚文］，珊瑚閣珍藏印，張玨私印、吳興
張氏圖書之記、張氏蕙玉、張氏藏書、韞輝齋［張玨］；
有李祖年校注、眉批及民國七年校語，卷末題：庚申
（民國九年）四月校竣；紙張老化四周變黃，有污漬

0931

　佩文齋書畫譜：一百卷 ／（清）孫岳頒，（清）宋
駿業等纂輯. -- 刻本，重印. -- 清康熙間內府刻，
清靜永堂重印. -- 64 冊

　11 行 21 字白口左右雙邊單魚尾

　書名葉題：欽定佩文齋書畫譜 賜板通行 靜永堂藏
朱印清康熙四十七年（1708）御製序

　登錄號 1-03944/索書號 8018-157-002-001：64 冊
（合訂 8 冊），黃紙本；書簽處鈐印：聚錦文自在江浙
蘇閩揀選古今書籍發兌印；有斷版，清晰度較差；朱
印御製序字跡褪色，紙張老化，邊角破損

　登錄號 1-10730/索書號 8005-035-001-001：54 冊
（6 函），黃紙本；偶見修版痕跡，紙張老化四周變黃，
邊角磨損，裝訂斷綫

0932

　裝餘偶記：七卷 ／（清）佚名撰. -- 抄本. -- 清.
-- 7 冊：圖

　行字不等

　無序跋，不知完缺，未題撰者，也未見各家書目著
錄，據繆荃孫跋著者當為清康熙間人

　登錄號 0000075/索書號 8020-001-003-016：7 冊，
黃紙本；鈐印：藝風堂藏書、吳門繆氏珍賞［繆荃孫］；
卷末清宣統元年（1909）藝風（繆荃孫）跋語，有朱
筆眉批；存 7 卷：卷 1-7；有水漬；蟲蛀修補

0933

　安記法書：二卷，名畫二卷 ／（清）安岐撰. -- 抄
本. -- 清. -- 4 冊（1 函）

　10 行 21 字

　本書即：墨緣彙觀

　有清乾隆七年（1742）著者自序

　登錄號 0000074/索書號 8020-001-003-015：4 冊
（1 函），黃紙本；鈐印：上元蔡氏珍藏、友石清供、
秣陵蔡世松字聽濤一字伯喬號友石號雲海珍藏書畫圖
籍印、友石、蔡世松印［蔡世松］，志詵、葉氏藏書副
本［葉志詵］，張氏蕙玉、伴石草堂、書之以象觀笑、
濠梁觀察；書衣有清道光十年（1830）蔡世松題記；
蟲蛀損壞，邊角破損，有水漬，裝訂綫脫落

0934

　墨緣彙觀 ／（清）安岐編. -- 刻本. -- 涇陽端方，
清宣統元年（1909）. -- 4 冊

　9 行 21 字白口左右雙邊單魚尾

　書名據書名葉、版心等題

　著者署“松泉老人”，即（清）安岐號

　內有：法書二卷、名畫二卷

　登錄號 1-03503/索書號 8018-144-002-008：4 冊，
白紙本；鈐印：張氏蕙玉；有佚名墨筆批校；紙張老
化有黃斑，邊角破損

0935

　欽定秘殿珠林石渠寶笈續編：不分卷 ／（清）王
杰，（清）董誥等編. -- 寫本，朱絲欄. -- 內府，清
乾隆五十八年（1793）. -- 96 冊（24 函）

　8 行 19 字白口四周雙邊單魚尾

　書名據套簽題

一至二函（一至八冊）套籤下又題：秘殿珠林

三至二十四函（九至九十六冊）套籤下又題：石渠
寶笈

御製序題：續纂秘殿珠林石渠寶笈

版本年等據御製序

　登錄號 0000090、0000091、0000091/索書號 8020-
002-001-001：96 冊（24 函），白紙本，藍色布質書衣；
鈐印：懋勤殿寶、八徵耄念之寶、自彊不息，杭州王
氏九峰盧舊藏書之章［王體仁］，譚敬印［譚敬］，遂翔
經眼；紙張老化有黃斑，書脊等處蟲蛀

0936

欽定秘殿珠林石渠寶笈三編：不分卷 / （清）英
和，（清）吳其彥等編. -- 寫本，朱絲欄. -- 內府，清
嘉慶二十一年（1816）. -- 112 冊（28 函）

　8 行 19 字白口四周雙邊單魚尾

　書名據套籤題

　第一函套籤下又題：秘殿珠林

　第二至二十八函套籤下又題：石渠寶笈

　御製序題：秘殿珠林石渠寶笈三編

　版本年等據御製序

　登錄號 0000092、0000093/索書號 8020-002-003-
001：112 冊（28 函），白紙本；鈐印：嘉、慶，杭州
王氏九峰盧舊藏書之章、綏珊六十以後所得書畫［王體
仁］，譚敬印［譚敬］；輕度黃斑，書脊等處蟲蛀

0937

吳越所見書畫錄：六卷，書畫說鈴一卷，附書畫作
偽日奇論一卷 / （清）陸時化編. -- 刻本. -- 太倉
陸氏懷煙閣，清乾隆四十一至四十二年（1776-1777）.
-- 12 冊（2 函）

　10 行 21 字白口左右雙邊單魚尾

　書名葉題：所見書畫錄 聽松山人

　卷末記：是編于丙申六月朔隨書即托友人王鳴皋請
名手開梓酷暑嚴寒未嘗一日間斷至丁酉七夕始竣 吳
門湯士超鐫

　登錄號 0000057/索書號 8020-001-002-020：12 冊
（2 函），黃紙本；鈐印：張氏蔥玉；原版有刪改；有
水漬；有修補

0938

法墨珍圖記：十卷 / （清）潘應椿輯. -- 抄本. --

清. -- 10 冊（1 函）

　7 行 18 字小字雙行同

　書名據書衣、目錄題

　著者署"水香居士"，即潘應椿

　法墨記、珍圖記各五卷

　有清乾隆五十七年（1792）著者序

　登錄號 0000020/索書號 8020-001-001-001：10 冊
（1 函），黃紙本

0939

湘管齋寓賞編：六卷 / （清）陳焯輯. -- 刻本. --
烏程陳氏，清乾隆四十七年（1782）. -- 6 冊（1 函）

　9 行 20 字黑口左右雙邊無魚尾

　書名葉題：乾隆壬寅鐫 湘管齋寓賞編 本衙藏板

　登錄號 0000310/索書號 8020-006-004-014：6 冊
（1 函），白紙本，巾箱本；金鑲玉裝訂；鈐印：仰訓
樓收藏之印，張氏蔥玉［張珩］，渠香；蟲蛀修補

　登錄號 1010371/索書號 8011-004-003-009：6 冊，
白紙本，巾箱本；邊角破損，有水漬

0940

湘管齋寓賞續編：六卷 / （清）陳焯輯. -- 刻本.
-- 烏程陳氏，清嘉慶六年（1801）. -- 6 冊（1 函）

　9 行 20 字黑口左右雙邊無魚尾

　書名葉題：嘉慶辛酉鐫 湘管齋寓賞續編 本衙藏板

　登錄號 1010370/索書號 8011-004-003-008：6 冊
（1 函），白紙本，巾箱本；鈐印：彭齡之印，航塢山
居；蟲蛀損壞，裝訂斷綫

0941

西昀寓目編：六卷 / （清）陳墫輯. -- 稿本. --
長洲陳墫，清嘉慶二十五年（1820）. -- 6 冊（1 函）

　9 行 18 字

　登錄號 0000062/索書號 8020-001-003-003：6 冊
（1 函），黃紙本；鈐印：西昀手校、西昀祕笈、仲尊經
眼［陳墫］，張氏蔥玉［張珩］；國朝初集卷末書："嘉慶
二十五年庚辰四月仲尊手錄"，末冊書衣雨生墨筆題
記，末冊書後虞鴻籌題識；蟲蛀損壞，有水漬、污漬

0942

紅豆樹館書畫記 / （清）陶樑輯. -- 稿本，藍絲
欄. -- 清. -- 3 冊

10 行 20 字白口左右雙邊單魚尾

　登錄號 0000505/索書號 8020-009-002-009：3 冊，黃紙本，毛裝；鈐印：謝剛主讀書記、國楨私印[謝國楨]；存 2 卷：卷 7-8（書籤題卷 8、9、11），全書卷數不詳，内有散葉；邊角磨損

0943

　紅豆樹館書畫記：八卷 /（清）陶樑輯 ；（清）吳長卿校. -- 抄本，紫絲欄. -- 清. -- 6 冊（1 函）

　10 行 24 字白口四周雙邊單魚尾

　有清道光十六年（1836）陶樑自序

　登錄號 0000019/索書號 8020-001-001-009：6 冊（1 函），黃紙本；鈐印：容庚，張氏蕙玉[張珩]；卷前有民國二十五年（1936）容庚題：此書刻本頗有錯簡缺字，當以此本校正之；冊 1-6 末葉有“庚辰重阳後一日吳縣後學許廎颺”、“九月十二夜讀竟”、“廎颺謹勘”、“廿三日廎颺”、“廎颺”、“光緒庚辰九月廿六廎颺讀畢”字樣；粘貼浮簽；邊角破損，裝訂開裂

0944

　瀟灑書齋書畫述：十一卷 /（清）張家駒撰. -- 抄本，綠絲欄. -- 紅豆山房，清. -- 2 冊

　9 行 24 字

　有清道光十六年（1836）著者序

　登錄號 0000003/索書號 8020-001-001-006：2 冊，黃紙本，毛裝；鈐印：張氏蕙玉，范毓瑞印、蒦堯[范毓瑞]，雪廬；紙張老化破損、殘缺，蟲蛀損壞，有水漬

0945

　南屏行篋錄：一卷 /（清）釋達受撰. -- 抄本. -- 清. -- 1 冊（1 函）

　10 行 20 字小字雙行同

　書衣題：癸酉（1933）十二月重裝韞輝齋記

　記事至清道光十八年（1838）

　登錄號 0000316/索書號 8020-006-004-021：1 冊（1 函），黃紙本；鈐印：張氏藏書、韞輝齋圖書印[張珩]；書衣有癸丑十二月張珩題識並鈐印

0946

　聽颿樓書畫記：五卷 /（清）潘正煒撰. -- 刻本.

-- 番禺潘氏，清道光二十三年（1843）. -- 10 冊（1 函）

　9 行 21 字小字雙行同白口左右雙邊單魚尾

　登錄號 0000055/索書號 8020-001-002-017：10 冊（1 函），白紙本；鈐印：東阜居士校讀書卷[紀鳳詔]，張氏蕙玉[張珩]，曾經滄海，鳳翎之章，別號少珊[劉鼏和]，秦氏睡足軒鑑藏金石書畫印[秦更年]；裝訂裂散

0947

　聽颿樓續刻書畫記：二卷 /（清）潘正煒撰. -- 刻本. -- 番禺潘氏，清道光二十九年（1849）. -- 2 冊（1 函）

　9 行 21 字小字雙行同白口左右雙邊單魚尾

　版心題：聽颿樓書畫記

　登錄號 0000054/索書號 8020-001-002-018：2 冊（1 函），白紙本；鈐印：夢成藏書，夢園籤衍，容庚；書衣有張珩題記；蟲蛀損壞，有污漬

0948

　別下齋書畫目：不分卷 /（清）蔣光煦輯. -- 寫本，烏絲欄. -- 海寧許光冶，清道光三十至咸豐五年（1850-1855）. -- 1 冊

　11 行 21 字黑口左右雙邊

　版心下記：別下齋校本

　登錄號 0000412/索書號 8020-008-001-004：1 冊，黃紙本；鈐印：張氏蕙玉；末葉有清同治元年（1862）管庭芬朱筆跋語；紙張老化嚴重變脆，書葉糟朽、破碎，霉漬，書衣散失

0949

　書畫心賞日錄：一卷 · **養花館書畫目**：一卷 /（清）沈樹鏞撰. -- 稿本. -- 清末. -- 1 冊（1 函）

　8 行 18 字

　登錄號 0000029/索書號 8020-001-001-029：1 冊（1 函），金鑲玉裝訂；鈐印：沈樹鏞印、養花館主、養花主人[沈樹鏞]，彊齋、馮雄之印、南通馮氏景岫樓藏書[馮雄]，張氏蕙玉[張珩]；邊角水漬、污漬，書衣蟲蛀等損壞

0950

　十百齋書畫錄：二十二卷 /（清）金瑗編. -- 抄

本，烏絲欄. -- 息塵盦，清. -- 1 冊

10 行 23 字黑口四周單邊單魚尾

書名據書衣題

著者署"十百齋主人"，即金瑗

登錄號 0000997/索書號 8020-016-002-008：1 冊，黃紙本，毛裝；存 1 卷：卷 2；書衣破損

0951

愛吾廬書畫記：四卷 / （清）李恩慶編. -- 稿本，藍絲欄. -- 清. -- 3 冊（2 函）

8 行字不等白口四周單邊

登錄號 0000025/索書號 8020-001-001-026：3 冊（2 函），黃紙本，毛裝；鈐印：何寶善印，毓芝軒藏書印，張氏蕙玉［張珩］，非闇曾讀、于氏圖書［于非闇］，有何守拙題識並鈐印：淮安何氏，有于非闇題記；首冊為木質函套，開本大小不一；存 3 卷：卷 1、3-4，紙張老化四周變黃，邊角破損

0952

東坡題跋：二卷 / （宋）蘇軾撰. -- 抄本. -- 信天巢主人，清. -- 2 冊

8 行字不等

書名葉題：又賞齋定本 東坡題跋

據清乾隆五十年（1785）又賞齋刻本抄

登錄號 1-03463/索書號 8018-138-002-006：2 冊（合 1 函：冊 1-2），與《山谷題跋》合抄，黃紙本；鈐印：信天巢主人，竹吟，屏周印章，白雲深處是吾家；有清乾隆時溫一貞題識及鈐印；蟲蛀殘缺，有污漬

0953

姑溪題跋：二卷 / （宋）李之儀撰；（明）毛晉訂. -- 刻本. -- 虞山毛氏汲古閣，明崇禎間. -- 1 冊. -- （津逮秘書：十五集/（明）毛晉輯）

8 行 19 字白口左右雙邊

登錄號 1010123/索書號 8011-002-005-002：1 冊，黃紙本；蟲蛀損壞，書衣破損，裝訂斷綫

0954

廣川書跋：六卷 / （宋）董逌撰. -- 抄本. -- 姑蘇吳岫，明嘉靖三十五年（1556）. -- 3 冊

14 行 18 字

抄年等據卷末吳岫（明嘉靖間人，藏書家）跋

登錄號 0000935/索書號 8020-015-002-014：3 冊；鈐印：錫瑞之印，輯五，姑蘇吳岫家藏；紙張老化，首尾殘破，蟲蛀損壞，裝訂裂散

0955

益公題跋：十二卷 / （宋）周必大撰；（明）毛晉訂. -- 刻本. -- 虞山毛氏汲古閣，明崇禎間. -- 4 冊. -- （津逮秘書：十五集/〈明〉毛晉輯）

8 行 19 字白口左右雙邊無魚尾

登錄號 1010188/索書號 8011-003-001-024：4 冊，黃紙本；紙張老化、邊角破碎，裝訂裂散

0956

山谷題跋：二卷 / （宋）黃庭堅撰. -- 抄本. -- 信天巢主人，清. -- 2 冊

9 行字不等

書名葉題：又賞齋定本 信天巢主人抄錄

據清乾隆五十年（1785）又賞齋刻本抄

登錄號 1-02976/索書號 8018-138-002-006：2 冊（合 1 函：冊 3-4），與《東坡題跋》合抄，黃紙本；鈐印：信天巢主人，生于壬寅；書名葉殘缺，有污漬

0957

書畫跋跋：三卷，續三卷 / （明）孫鑛撰. -- 刻本. -- 清乾隆五年（1740）. -- 4 冊（1 函）

11 行 21 字白口左右雙邊單魚尾

登錄號 1-03443/索書號 8018-143-001-002：4 冊（1 函），黃紙本；鈐印：唐牒樓鑑藏印［羅復堪］，楊汶經驗

登錄號 1010161/索書號 8011-002-006-014：6 冊，黃紙本；鈐印：張氏蕙玉［張珩］；書名葉題：居業堂藏板

0958

書畫題跋記：十二卷 / （明）郁逢慶編. -- 抄本. -- 清. -- 2 冊（1 函）

9 行 20 字

登錄號 0000026/索書號 8020-001-001-025：2 冊（1 函），黃紙本；鈐印：張氏蕙玉［張珩］，梅花草堂；蟲蛀損壞，破損，裝訂裂散

0959

續書畫題跋記：十二卷 /（明）郁逢慶編. -- 抄本. -- 清. -- 3 冊（1 函）

9 行 20 字白口左右雙邊

登錄號 0000048/索書號 8020-001-002-011：3 冊（1 函），黃紙本；鈐印：臣盛楓字黻宸號丹山[盛楓]，張氏蕙玉[張珩]，梅花草堂；蟲蛀，末冊損壞嚴重，有水漬

0960

續書畫題跋記：十卷 /（明）郁逢慶編. -- 抄本. -- 清. -- 1 冊（1 函）

11 行 20 字白口左右雙邊單魚尾

登錄號 0000317/索書號 8020-006-004-022：1 冊（1 函），黃紙本；鈐印：戒聞廬、瑕翁、坦堪秘藏，張氏蕙玉[張珩]；有水漬，裝訂裂散，書衣破損

0961

汪氏珊瑚網法書題跋：二十四卷，名畫題跋二十四卷 /（明）汪砢玉輯. -- 抄本. -- 清. -- 32 冊（4 函）

登錄號 0000060/索書號 8020-001-003-001：32 冊（4 函），黃紙本；鈐印：張氏蕙玉[張珩]；有朱筆校字，《名畫題跋》內附散葉、葉邊空白處有藍筆補文；蟲蛀損壞，有水漬、污漬，裝訂裂散，第 17 冊書衣散失

0962

汪氏珊瑚網法書題跋：二十四卷，名畫題跋二十四卷，附錄一卷 /（明）汪砢玉輯. -- 抄本. -- 清. -- 9 冊

10 行 20 字

書名據目錄題

登錄號 1-03115/索書號 8018-131-003-025：9 冊，黃紙本；鈐印：德清許氏陔華堂藏書[許宗彥]，許延敬、許延敬君修印信長壽[許延敬]，歙西長塘鮑氏知不足齋藏書印、老屋三間賜書萬卷[鮑廷博]，禮培私印、埽塵齋積書記、湘鄉王氏秘籍孤本[王禮培]；《法書題跋》存 9 卷：卷 1-3、15-18、22、23，《名畫題跋》存 15 卷：卷 4-16、24、附錄；蟲蛀損壞

0963

阮晉林題跋：不分卷 /（明）阮玉鉉撰. -- 刻本. -- 明末. -- 2 冊（1 函）

9 行 17 字白口左右雙邊單魚尾

版心題：晉林題跋

登錄號 1-03590/索書號 8018-143-004-002：2 冊（1 函），黃紙本；鈐印：東原草堂圖書，容庚之印；扉葉有 1961 年容庚墨筆題識並鈐印；紙張老化邊角殘缺，卷末似缺葉，有污漬

0964

清暉堂題辭：一卷 /（清）王翬輯. -- 刻本. -- 常熟王氏，清乾隆四年（1739）. -- 1 冊

10 行 22 字白口左右雙邊單魚尾

書名據書簽題

版本年據卷末刻書跋語

版心下記：來青閣藏本

登錄號 0000030/索書號 8020-001-001-030：1 冊，黃紙本；鈐印：張氏蕙玉[張珩]；內有鉛筆散稿一紙；紙張老化四周變黃，輕微蟲蛀、破損，裝訂裂散

0965

惲南田題畫詩：不分卷 /（清）惲格撰；（清）葉鍾進輯. -- 抄本. -- 山陽項文彥，清同治十三年（1874）. -- 2 冊（1 函）

8 行 16 字

抄年據卷末

登錄號 0000089/索書號 8020-001-005-008：2 冊（1 函），黃紙本，金鑲玉裝訂；鈐印：澹然自樂，張氏蕙玉[張珩]；有項文彥題識並鈐印

0966

天瓶齋書畫題跋：二卷 /（清）張照撰. -- 刻本. -- 曲阜孔繼涑，清乾隆三十八年（1773）. -- 1 冊

9 行 18 字黑口左右雙邊無魚尾

登錄號 1-04531/索書號 8018-167-001-029：1 冊，黃紙本；裝訂斷綫

0967

冬心先生畫竹題記：一卷 /（清）金農撰. -- 刻本，寫刻. -- 清乾隆二十六年（1761）. -- 1 冊：圖

10 行 18 字白口左右雙邊單魚尾

卷末記：金陵湯鳳仿宋本字畫錄寫

有清乾隆十五年（1750）自序

登錄號 0000031/索書號 8020-001-001-031：1 冊，黃紙本；鈐印：埽塵齋積書記、禮培私印［王禮培］，秋枚寶愛［鄧寶］，尚階、印苔、子濤借觀［王尚階］，汪氏映台，櫻桃硯齋；書衣有希逸手書題記，書末有弢未墨筆識語

0968

鴻雪齋題畫小品：六卷 /（清）汪卓撰. -- 刻本. -- 清. -- 2 冊

10 行 19 字白口四周單邊單魚尾

末葉記：黃惟恭刻

登錄號 0000007/索書號 8020-001-001-004：2 冊，黃紙本；蟲蛀損壞，有殘缺葉，有水漬，裝訂開裂；蟲蛀、破損修補

0969

五名人題畫詩：不分卷 /（清）項文彥輯. -- 稿本. -- 清末. -- 4 冊（1 函）

書名據書簽題

扉葉題：五家題畫詩

輯朱竹垞、朱笛漁、查慎行、王士禛、張存誠五人題畫詩

登錄號 0000298/索書號 8020-006-004-003：4 冊（1 函），黃紙本，金鑲玉裝訂；鈐印：張氏蔥玉［張珩］；首二葉缺損；有修補

0970

唐孫過庭書譜 /（唐）孫過庭書. -- 刻本. -- 江陰曹駪，明嘉靖間. -- 1 冊（1 函）

有卷末明嘉靖二十二年（1543）曹駪跋，題：長洲梁元壽刻

登錄號 0001464/索書號 8020-021-004-010：1 冊（1 函）；有民國三十年、三十三年張伯英題識，有朱筆釋文；邊角磨損

0971

墨池編：六卷 /（宋）朱長文撰 ；（明）李時成重訂. -- 刻本. -- 義烏虞德燁等，明萬曆八年（1580）. -- 6 冊（1 函）

10 行 22 字白口四周雙邊單魚尾

登錄號 0000809/索書號 8020-013-002-009：6 冊

（1 函），黃紙本；鈐印：埽塵齋積書記、禮培私印［王禮培］，南海康有爲更生珍藏［康有爲］，古潭州袁臥雪廬收藏［袁芳瑛］；目錄末裝訂順序顛倒；破損，有水漬、污漬

0972

米元章書史：一卷 · **寶章待訪錄**：一卷 · **海岳名言**：一卷 /（宋）米芾撰. -- 刻本. -- 無錫華理，明弘治間. -- 1 冊. --（百川學海：十集/〈宋〉左圭輯）

12 行 20 字白口左右雙邊

登錄號 0000015/索書號 8020-001-001-016：1 冊，白紙本，金鑲玉裝訂；鈐印：曹氏巢南，是亦楼藏书印，竹谿別墅，樞臣章；有抄補；有污漬

0973

米海嶽書史：一卷 /（宋）米芾撰. -- 刻本. -- 明. -- 2 冊（1 函）：圖. --（王氏書畫苑/〈明〉王世貞輯）

10 行 20 字小字雙行同白口左右雙邊單魚尾

登錄號 0000304/索書號 8020-006-004-010：2 冊（1 函），黃紙本；鈐印：話雨樓；扉葉背面有佚名墨筆題識；版心上方題"王氏書苑 卷六"字樣被剜去，紙張老化變黃；有修補

0974

宣和書譜：二十卷 /（宋）佚名撰 ；（明）毛晉訂. -- 刻本. -- 虞山毛氏汲古閣，明崇禎間. -- 4 冊. --（津逮祕書：十五集/〈明〉毛晉輯）

8 行 19 字白口左右雙邊

登錄號 1010127/索書號 8011-002-005-006：4 冊，黃紙本；鈐印：曾經王韜藏過、王韜祕籍、淞北玉鮑生、弢園王氏真賞、吳郡王韜、甫里逸民［王韜］，張氏蔥玉［張珩］；卷末墨筆識：光緒甲申秋八月朔日天南遯窟王韜讀一過；書衣破損，裝訂斷綫

登錄號 1-03076/索書號 8018-131-003-007：2 冊，黃紙本；邊角鼠嚙，裝訂裂散

0975

宣和書譜：二十卷 /（宋）佚名撰 ；（明）毛晉訂. -- 刻本. -- 虞山毛氏汲古閣，明崇禎間. -- 3 冊. --（津逮祕書：十五集/〈明〉毛晉輯）

8 行 19 字白口左右雙邊

　登錄號 1-03074/索書號 8018-141-004-005：3 冊（合 1 函，冊 1-3），與《宣和畫譜》合印，黃紙本；鈐印：蓬莊珍賞、錢均伯珍藏秘書印、蓬莊、均伯過眼〔錢均伯〕，綠水珊瑚館主，靜妙山房，臣名振印；有水漬

　登錄號 1-03075/索書號 8018-142-004-002：2 冊（合 1 函，冊 1-2），與《宣和畫譜》合印，黃紙本；鈐印：張氏蕙玉〔張珩〕，小來禽館圖籍〔張伯英〕；清晰度稍差

0976

御覽書苑菁華：二十卷，卷首一卷，附恭紀 /（宋）陳思纂次. -- 刻本. -- 錢塘汪汝瑮，清乾隆四十九年（1784）. -- 10 冊

　10 行 21 字小字雙行同黑口左右雙邊無魚尾

　版心題：書苑菁華

　卷首有朱印乾隆御製詩

　登錄號 1-03444/索書號 8018-129-001-003：10 冊，白紙本；書衣破損，裝訂斷綫

0977

衍極：五卷，附衍極考釋一卷 /（元）鄭杓撰；（元）劉有定釋；（明）沈率祖校並撰考釋. -- 刻本. -- 蘇州沈率祖，明萬曆四十七年（1619）. -- 5 冊（1 函）

　8 行 16 字黑口左右雙邊

　登錄號 0000083/索書號 8020-001-004-008：5 冊（1 函），黃紙本，金鑲玉裝訂，藍色布質書衣；鈐印：曹汝峨印，曾在陳彥和處，半巢書屋，鮑建輿珍藏印，張氏蕙玉，李紹白印；卷末有清康熙四十年（1701）何焯批注並識語；紙張老化四周變黃，有水漬

0978

歷代篆體：一卷 /（元）管道升撰. -- 摹抄本. -- 清. -- 1 冊：圖

　登錄號 0000573/索書號 8020-009-004-034：1 冊，白紙本；鈐印：嘉興張氏清儀閣所藏、八磚精舍、清儀閣、張廷濟印、叔未〔張廷濟〕，張邦梁印、孟堅、仙壺室〔張邦梁〕，博古齋鈐記，綠野，殿中都尉，張粟齋，癸卯年政八十，梅會里李氏性經堂藏書，守庚老人，志澄；書葉殘缺、破損，有水漬、污漬

0979

書史會要：十卷，補遺一卷，續編一卷 /（明）陶宗儀撰；（明）朱謀亞校. -- 刻本，重修. -- 明崇禎間朱氏刻，清順治間朱統鍈重修. -- 6 冊（1 函）

　10 行 20 字黑口左右雙邊單魚尾

　書名葉題：陶宗儀先生著　書史會要　南村書屋

　登錄號 0000072/索書號 8020-001-003-013：6 冊（1 函），黃紙本；鈐印：任城敦好堂自在江浙蘇閩揀選古今書籍發兌，袁廷檮印、又愷、五硯樓藏〔袁廷檮〕，張氏蕙玉〔張珩〕；有斷版、字跡模糊處，書名葉係抄補；有水漬、污漬；有修補

0980

法書錄：一卷 · **章草法書錄**：二卷 /（明）王瓚纂輯. -- 抄本，烏絲欄. -- 清. -- 4 冊（1 函）

　8 行 18 字白口半葉四周雙邊

　版心下記：敷文閣

　據成都龍萬育變堂刻本抄

　登錄號 0000058/索書號 8020-001-002-021：4 冊（1 函），黃紙本；鈐印：張氏蕙玉〔張珩〕；書葉殘缺，有污漬；蟲蛀修補

0981

墨池璜錄：四卷 /（明）楊慎撰. -- 刻本. -- 清. -- 1 冊

　8 行 17 字白口左右雙邊單魚尾

　登錄號 0000042/索書號 8020-001-002-002：1 冊，白紙本，金鑲玉裝訂；鈐印：許聞武印、思潛室〔許聞武〕，向毓之印，張氏蕙玉〔張珩〕，裏方，河南珍藏；紙張變黃，有水漬，書衣蟲蛀破損

0982

董思白先生書法闡宗：五卷 /（明）董其昌撰；（清）吳荃纂輯. -- 抄本，烏絲欄. -- 清. -- 2 冊（1 函）

　9 行 22 字黑口左右雙邊雙魚尾

　版心下記：不自棄齋藏本

　登錄號 0000037/索書號 8020-001-001-021：2 冊（1 函），黃紙本；鈐印：李瑤審定，庶以善自名，休釋手齋，江都曹氏家驛祕笈、曹家驛印、曹聲範印，寶齋，寫書滌研史，張氏蕙玉〔張珩〕；有修補

0983

　倪氏雜記筆法 ：一卷 ／ （清）黃文煥錄. -- 刻本.
-- 聽香室，清. -- 1 冊（1 函）

　7 行 16 字白口半葉四周雙邊

　　登錄號 0000320/索書號 8020-006-004-016：1 冊
（1 函），黃紙本；紙張老化四周變黃，蟲蛀損壞，有
污漬

0984

　漢溪書法通解 ：八卷 ／ （清）戈守智纂著. -- 刻
本. -- 清乾隆五年（1740）. -- 6 冊（1 函）：圖

　9 行 21 字小字雙行同白口半葉四周單邊單白魚尾

　套籤題：宋版繪圖漢溪書法集

　卷末記：平湖縣東張松年鐫

　書名據書名葉等題

　　登錄號 0000023/索書號 8020-001-001-024：6 冊
（1 函），白紙本；鈐印：介邑文會堂自在江浙蘇閩揀
選古今書籍發兌記，齊雲閣；有戈守智序並鈐印；紙
張老化四周變黃，有水漬，書衣破損，裝訂裂散

0985

　草書備考 ：四卷 ／ （清）秦彬輯並書. -- 寫暨刻
本. -- 清乾隆二十三年（1758）. -- 4 冊（1 函）

　行字不等，無欄格

　目錄首葉自署：松陵韭溪秦彬筠亭書

　第一卷卷末自署：乾隆戊寅嘉平月書

　草書為手寫，楷書釋文及卷首目錄為刻本

　　登錄號 碑帖 027/索書號 7018-sb-248：4 冊（1 函），
白紙本，金鑲玉裝訂，藍色絲質書衣；書者自鈐印：
秦彬、筠亭、秦彬號曰筠亭，收藏印：讀書懷寶，士
各有志，局外人，秋水長天一色、以仁存心，詩卷長
留天地間，淮海二十六世孫，此處有真意，閒與仙人
掃落花、秋空一鶴，黃絹幼婦外孫齏臼，熟到極處俗
到極處，淮海世裔，松研齋圖書、松研齋，春蚓秋蛇，
聽鶯處，大草閒臨張伯英；紙張老化有黃斑，有水漬、
污漬

0986

　西齋先生遺墨 ：一卷 ／ （清）蔡鴻業書. -- 寫本.
-- 上海蔡鴻業，清乾隆二十八年（1763）. -- 1 冊

　5 行 12 字

　木質護封簽題：蔡西齋先生書梁鄉林詩

　　登錄號 0000919/索書號 8020-015-001-007：1 冊，
白紙本，經折裝，袖珍本；鈐印：鴻業，西齋；扉葉
有清乾隆四十三年錢坫題署書名並鈐印

0987

　初月樓論書隨筆 ：一卷 ／ （清）吳德旋撰. -- 刻
本. -- 海昌蔣光煦別下齋，清道光間. -- 1 冊. --
（別下齋叢書/〈清〉蔣光煦輯）

　11 行 21 字黑口左右雙邊

　書名葉題：論書隨筆

　　登錄號 0000674/索書號 8020-010-005-015：1 冊，
與《經籍跋文》、《中興備覽》合印，黃紙本

0988

　楊忠愍公墨蹟 ／ （明）楊繼盛撰並書 ； 由雲龍藏
並輯. -- 寫本，原件粘貼. -- 楊繼盛，明嘉靖間. --
1 冊

　　登錄號 0000916/索書號 8020-015-001-004：1 冊，
經折裝；鈐印：定庵[由雲龍]；首、末有民國間由雲
龍識語及過錄楊繼盛詩；蟲蛀損壞嚴重

0989

　歷代帝王法帖 ：十卷 ／ （清）史克紹輯. -- 抄本，
烏絲欄. -- 清. -- 2 冊（1 函）

　10 行 24 字白口左右雙邊單魚尾

　記事至清康熙四十四年（1705）

　　登錄號 0001063/索書號 8020-016-005-006：2 冊
（1 函），黃紙本；朱筆校改

0990

　淳化秘閣法帖考正 ：十卷，釋文二卷，附卷二卷 ／
（清）王澍著 ；（清）沈宗騫臨帖並釋文 ；（清）陳
焯較畫. -- 刻本. -- 清乾隆三十三年（1768）. -- 12
冊

　9 行 18 字白口左右雙邊

　書名葉題：乾隆戊子年鐫 王箬林先生著 淳化閣帖
攷正

　　登錄號 0001456/索書號 8020-021-006-009：12
冊，白紙本，金鑲玉裝訂；鈐印：龐毓同印、毓同
私印、毓同長壽；扉葉有墨筆題識；紙張老化有
黃斑

0991

　　淳化祕閣法帖考正：十卷，附二卷 ／ （清）王澍詳定 ；（清）汪玉球參正. -- 刻本. -- 清雍正間. -- 4 冊

　　10 行 18 字白口左右雙邊單魚尾

　　版心下記：詩鼎齋

　　卷末記：劉茂生鐫

　　有清雍正八年（1730）王澍序

　　登錄號 1-03079／索書號 8018-132-001-008：4 冊，黃紙本；破損，裝訂裂散

0992

　　淳化閣帖釋文：十卷 ／ （清）朱家標校定. -- 刻本. -- 龍潭朱家標絅錦堂，清康熙二十二年（1683）. -- 2 冊（1 函）

　　9 行 20 字小字雙行同白口四周雙邊單魚尾

　　目次題：朱清田先生校訂淳化閣帖釋文

　　登錄號 1-03078／索書號 8018-136-004-008：2 冊（1 函），黃紙本

0993

　　淳化秘閣法帖源流考：二卷 ／ （清）周行仁撰. -- 抄本. -- 清. -- 1 冊（1 函）

　　10 行 20 字小字雙行同

　　有清嘉慶十九年（1814）後序

　　登錄號 0000826／索書號 8020-013-005-005：1 冊（1 函），黃紙本；鈐印：獨山莫氏銅井文房藏書印、莫棠，文房藏書印［莫棠］、嬰闇秦氏藏書、秦更年印、秦曼青、曾在秦嬰闇處［秦更年］，帶經堂陳氏藏書印［陳徵芝］；書衣磨損；有修補

0994

　　御刻三希堂石渠寶笈法帖釋文：十六卷，卷首一卷 ／ （清）陳焯編. -- 刻本. -- 清乾隆六十年（1795）. -- 8 冊（1 函）

　　10 行 21 字白口左右雙邊單魚尾

　　書名葉題：三希堂法帖釋文

　　登錄號 1-06866／索書號 8018-126-005-004：8 冊（1 函），白紙本；卷末缺阮元跋，有污漬

0995

　　歷代名畫記：十卷 ／ （唐）張彥遠撰. -- 刻本. --

虞山毛氏汲古閣，明崇禎間. -- 4 冊（1 函）. -- （津逮秘書：十五集／〈明〉毛晉輯）

　　8 行 19 字白口左右雙邊

　　登錄號 0000299／索書號 8020-006-004-004：4 冊（1 函），黃紙本，金鑲玉裝訂；1965 年佚名墨書校記 25 紙（散葉）；有斷版、字跡模糊處；紙張老化變脆四周變黃

　　登錄號 1-03583／索書號 8018-136-005-004：4 冊，黃紙本；紙張老化四周變黃

0996

　　圖畫見聞誌：六卷 ／ （宋）郭若虛撰. -- 刻本. -- 明. -- 2 冊

　　11 行 20 字白口左右雙邊單魚尾

　　登錄號 0000496／索書號 8020-009-001-022：2 冊，白紙本，金鑲玉裝訂；鈐印：棟亭曹氏藏書［曹寅］，我不負人；邊角鼠嚙損壞嚴重，書衣散失，裝訂裂散

0997

　　聲畫集：八卷 ／ （宋）孫紹遠輯. -- 刻本. -- 揚州使院，清康熙四十五年（1706）. -- 2 冊. -- （棟亭藏書十二種／〈清〉曹寅輯）

　　11 行 21 字黑口左右雙邊雙魚尾

　　各卷末牌記題：棟亭藏本丙戌九月重刻于揚州使院

　　登錄號 0000008／索書號 8020-001-001-002：2 冊，黃紙本；鈐印：小蓮居士戈襄［戈襄］、臣戈載印、順卿［戈載］，甲子丙寅韓德均錢潤文夫婦兩度攜書避難記［韓德均］，張氏蕙玉［張珩］；下冊扉葉墨筆書“雲間韓氏讀有用書齋珍藏”；紙張老化，首尾殘缺、破損，書衣散失，裝訂裂散，有水漬

0998

　　宣和畫譜：二十卷 ／ （宋）佚名撰 ；（明）毛晉訂. -- 刻本. -- 明. -- 6 冊（1 函）

　　9 行 19 字白口四周雙邊雙白魚尾

　　登錄號 0000059／索書號 8020-001-002-022：6 冊（1 函），白紙本，金鑲玉裝訂，藍色絲質書衣；鈐印：馬秋宇家珍藏，張氏蕙玉；存 12 卷；卷 1-12；有修補

0999

　　宣和畫譜：二十卷 ／ （宋）佚名撰 ；（明）毛晉訂. -- 刻本. -- 虞山毛氏汲古閣，明崇禎間. -- 3

冊. -- （津逮祕書:十五集/〈明〉毛晉輯）

8 行 19 字白口左右雙邊

登錄號 1-03074/索書號 8018-141-004-005：3 冊（合 1 函：冊 4-6），與《宣和書譜》合印，黃紙本

登錄號 1-03075/索書號 8018-142-004-002：2 冊（合 1 函：冊 3-4），與《宣和書譜》合印，黃紙本；清晰度稍差，書名葉題：宣和書畫譜

登錄號 1010122/索書號 8011-002-005-001：4 冊，黃紙本；鈐印：張氏蔥玉；磨損

1000

山水家法：一卷 / （元）饒自然輯 ；（元）黃琮考正. -- 刻本. -- 古歙羅周旦，明崇禎間. -- 2 冊（1 函）

10 行 21 字小字雙行同白口四周雙邊單魚尾

附：古今畫鑑

登錄號 0000017/索書號 8020-001-001-020：2 冊（1 函），黃紙本，金鑲玉裝訂；有修補

1001

圖繪寶鑑：五卷，補遺一卷，續補一卷 / （元）夏文彥纂. -- 刻本. -- 元至正二十六年（1366）. -- 3 冊

11 行 20 字黑口左右雙邊雙魚尾

書簽題：元板圖繪寶鑒 士禮居黃氏散逸 芙川珍藏

登錄號 0000022/索書號 8020-001-001-023：3 冊，黃紙本；鈐印：葉盛、與中、菉竹堂[葉盛]，錢大昕觀、錢氏竹汀[錢大昕]，石菴、彝尊、錫鬯、朱彝尊印、竹垞[朱彝尊]，小娜嬛福地张氏收藏、小良嬛清閟藏書、平生減產爲收書 三十年來萬卷餘 寄語兒孫勤雒誦 莫令棄擲飽蟬魚 堯友氏識[張燮]，袁褧印、袁氏尚之[袁褧]，鄭簠，吳岫，恩澤、春海[程恩澤，墨印]，張伯元別字芙川、蓉鏡心賞、蓉鏡珍藏、蓉鏡、蓉鏡私印、清河伯子[張蓉鏡]，芙初女史張蓉鏡，芙初女士姚畹真印、芙初女史[姚畹真]，鳳巢藏書，心蓮室，佛來仙館，莘州山人，小竹林，臥雪齋，玉衡，秘殿紬書，家住七十二峰間，青松白玉，岙硯齋，寶鍥，先民有作；有程恩澤題識並鈐墨印：恩澤，有方若蘅題識並鈐印：若蘅、畹芳；有斷版、字跡殘缺及模糊處，卷末補遺及續補有抄配；有水漬

1002

圖繪寶鑑：八卷，補遺一卷 / （元）夏文彥纂 ；（清）毛大倫增補 ；（清）藍瑛，（清）謝彬重訂. -- 刻本. -- 清康熙間. -- 2 冊

9 行 20 字白口左右雙邊單魚尾

版心下記：借綠草堂

卷首有楊維禎序

"玄"字避諱缺末筆

登錄號 0000027/索書號 8020-001-001-027：2 冊，白紙本；缺補遺，有水漬、污漬，邊角磨損

1003

繪妙：一卷 / （明）茅一相撰. -- 寫本，朱絲欄. -- 清. -- 1 冊（1 函）

8 行 18 字小字雙行同白口半葉四周單邊

登錄號 0000878/索書號 8020-014-003-005：1 冊（1 函），白紙本；鈐印：楊葆益印、葆益之印、楊冠如[楊葆益]，張氏蔥玉[張珩]，西安擁畫廬；扉葉有民國六年（1917）張伯英題識

1004

王氏畫苑 / （明）王世貞輯. -- 刻本. -- 明. -- 2 冊（1 函）

11 行 20 字小字雙行同白口左右雙行單魚尾

書名代擬

子目：

01. 古畫品錄：一卷/（南朝齊）謝赫撰
02. 續畫品錄：一卷/（唐）李嗣真撰
03. 後畫錄：一卷/（唐）釋彥悰撰
04. 續畫品：一卷/（南朝陳）姚最撰
05. 貞觀公私畫史：一卷/（唐）裴孝源撰
06. 沈存中圖畫歌：一卷/（宋）沈括撰
07. 筆法記，一名，畫山水錄：一卷/（五代）荊浩撰
08. 王維山水論：一卷/（唐）王維撰
09. 聖朝名畫評：三卷/（宋）劉道醇撰
10. 唐朝名畫錄：一卷/（唐）朱景玄撰
11. 五代名畫補遺：一卷/（宋）劉道醇撰

登錄號 碑帖 357/索書號 7018-sb-173：2 冊（1 函），白紙本，金鑲玉裝訂；鈐印：彭宗因印；存 8 種：古畫品錄、續畫品錄、後畫錄、續畫品錄、貞觀公私畫史、沈存中圖畫歌、筆法記、王維山水論；紙張老化四周變黃，有水漬；蟲蛀修補

登錄號　善 123/索書號 7018-sb-120：3 冊（1 函），白紙本，藍色洒金書衣，鈐印：程潛菴書畫印，雨農，鄔澍之印，漢陽鄔氏珍藏書畫之印，臣澍之印，鄔氏雨澍；存 3 種：唐朝名畫錄、聖朝名畫評、五代名畫補遺，有黃斑、污漬

1005

繪事指蒙：一卷 / （明）鄒德中編. -- 刻本. -- 錢塘洪楩，明嘉靖間. -- 1 冊（1 函）：圖

11 行 20 字白口左右雙邊

登錄號 0000070/索書號 8020-001-003-011：1 冊（1 函），黃紙本，包背裝；鈐印：張氏蕙玉；有抄補，內有手抄散葉四紙

1006

劉雪湖梅譜：二卷 / （明）劉世儒撰 ；（明）王思任輯. -- 刻本，重修. -- 明萬曆二十三年（1595）刻，清康熙二十年（1681）墨妙山房重修. -- 4 冊（1 函）：圖

11 行 20 字小字雙行同白口四周雙邊單魚尾

版心題：雪湖梅譜

書名葉題：會稽鍾式林訂 墨妙山房藏板

登錄號 0011097/索書號 8011-010-006-014：4 冊（1 函），白紙本，鈐印：玉照樓，平等閣藏；卷末有清康熙二十年《補重刻雪湖梅譜跋》；無書名葉，字跡漫漶，版有殘缺；紙張老化變脆四周變黃，有水漬

登錄號 0000819/索書號 8020-013-004-005：4 冊（1 函），白紙本；卷末無康熙二十年《補重刻雪湖梅譜跋》；字跡漫漶，版有殘缺；紙張老化變脆四周變黃

1007

寶繪錄：二十卷 / （明）張泰階編. -- 刻本. -- 長塘鮑氏知不足齋，清乾隆嘉慶間. -- 10 冊（2 函）

9 行 20 字黑口左右雙邊無魚尾

書名葉題：東吳張爰平纂 寶繪錄 知不足齋校刻

版心下記：知不足齋正本

登錄號 1-04005/索書號 8018-146-005-009：10 冊（2 函），白紙本，巾箱本；有污漬；有修補，重新裝訂

1008

圖繪宗彝：八卷 / （明）楊爾曾輯. -- 刻本. --

明萬曆間. -- 4 冊（1 函）：圖

10 行 24 字白口半葉四周單邊

書名葉題：圖繪宗彝 文林閣藏板

有明萬曆三十五年（1607）楊爾曾序

登錄號 0000076/索書號 8020-001-004-001：4 冊（1 函），黃紙本；鈐印：洪泰字號；有斷版、字跡模糊處；輕微蟲蛀損壞，紙張老化變脆變黃，邊角破損，裝訂裂散

1009

畫史會要：五卷 / （明）朱謀垔撰. -- 刻本，重修. -- 明崇禎四年（1631）朱氏刻，清順治間朱統鉷重修. -- 5 冊（1 函）

10 行 20 字黑口左右雙邊單魚尾

書名葉題：可傳千古 朱八桂先生手輯 畫史 本衙藏板

登錄號 0000071/索書號 8020-001-003-012：5 冊（1 函），黃紙本；有斷版、字跡漫漶處；卷末缺葉，蟲蛀損壞，裝訂裂散

1010

汪氏珊瑚網名畫題跋：二十四卷 / （明）汪砢玉輯. -- 抄本. -- 清. -- 8 冊（1 函）

10 行 20 字白口四周雙邊單魚尾

書簽題：珊瑚網

登錄號 0000069/索書號 8020-001-003-010：8 冊（1 函），黃紙本，鈐印：欽訓堂書畫記［永璥］；紙張老化變黃，裝訂裂散

1011

古今畫鑑：五卷 / （明）羅周旦撰. -- 刻本. -- 古歙羅周旦，明崇禎間. -- 2 冊（1 函）

10 行 21 字小字雙行同，白口四周雙邊單魚尾

有明崇禎七年（1634）序

附：山水家法

登錄號 0000016/索書號 8020-001-001-020：2 冊（1 函），黃紙本，金鑲玉裝訂；自安徽館補抄序二紙；有修補

1012

繪事備考：八卷 / （清）王毓賢撰. -- 刻本. -- 金閶大雅、五雅堂，清康熙三十年（1691）. -- 4 冊

（1函）

8行18字白口四周雙邊單魚尾

書名葉題：三韓王星聚先生纂定 繪事備考 金閶大雅 五雅堂梓行，並鈐印：本齋藏板翻刻千里必究

登錄號 1010062／索書號 8011-001-006-007：4 冊（1函），白紙本；鈐印：宛平查氏藏書印[查禮]，張氏蕙玉[張珩]；紙張老化四周變黃，邊角蟲蛀損壞，書衣磨損，裝訂斷綫

1013

御製耕織圖 /（清）清聖祖玄燁撰文；（清）焦秉貞繪圖. -- 刻本. -- 清. -- 2冊（1函）：圖

書名據序題

有朱印清康熙三十五年（1696）御製圖序，並鈐印：康熙宸翰、稽古右文之章

登錄號 0000533／索書號 8020-009-003-011：2冊（1函），白紙本；鈐印：王長和；御製序字跡模糊、褪色，紙張老化有黃斑，有水漬、污漬

1014

續畫史：三卷 /（清）張弘牧纂. -- 稿本. -- 清康熙五十三年（1714）. -- 1冊（1函）

9行24字

登錄號 0000308／索書號 8020-006-004-006：1冊（1函），黃紙本；鈐印：張弘牧、姝臂翁，張氏蕙玉[張珩]；有水漬、污漬，書衣破損

1015

畫學心法：二卷 /（清）布顏圖纂輯. -- 刻本，寫刻. -- 清乾隆十一年（1746）. -- 4冊（1函）：圖

8行16字小字雙行同白口四周雙邊單魚尾

版心下記：松風堂

問答一卷、集古一卷

有清乾隆十一年（1746）自序

登錄號 0000038／索書號 8020-001-002-003：4冊（1函），黃紙本；鈐印：張氏蕙玉[張珩]；民國三十四年（1945）啟功[元白]題識並題寫套簽；紙張老化變黃變脆，有水漬、污漬；有修補

1016

畫石軒臥遊隨錄：四卷 /（清）朱逢泰撰. -- 刻本. -- 吳江朱氏畫石軒，清嘉慶三年（1798）. -- 1

冊

9行22字白口左右雙邊單魚尾

書名葉題：未有野人縷芝 畫石軒臥遊隨錄

版心下記：畫石軒

登錄號 0000402／索書號 8020-007-005-011：1冊，黃紙本；鈐印：張氏蕙玉[張珩]；有墨筆眉批；紙張老化變脆

1017

明人畫譜：一卷 /（明）沈鼎新等題詩. -- 繪本. -- 明. -- 1冊：圖

白口半葉四周單邊

書名代擬

登錄號 0000991／索書號 8020-016-002-002：1冊，黃紙本；蟲蝕殘損嚴重，書衣散失

1018

黃氏畫譜：八種 /（明）黃鳳池輯. -- 刻本. -- 清繪齋、集雅齋，明萬曆天啓間. -- 8冊（2函）：圖

左圖右文，行字不等白口四周單邊無魚尾

書名代擬

子目：

1. 唐解元倣古今畫譜：一卷/（明）唐寅繪（冊1，書名據書名葉題）
2. 新鐫五言唐詩畫譜：一卷（冊2，書名據書名葉題）
3. 新鐫六言唐詩畫譜：一卷（冊3，書名代擬）
4. 新鐫七言唐詩畫譜：一卷（冊4，書名據書名葉題）
5. 新鐫梅竹蘭菊四譜：一卷（冊5，有明萬曆四十八年陳繼儒序）
6. 新鐫木本花鳥譜：一卷（冊6，書名據目次題）
7. 新鐫山水人物花鳥譜：一卷（冊7，書名代擬）
8. 張白雲選名公扇譜：一卷/（明）張成龍繪（冊8，書名據書名葉題）

登錄號 1-04173／索書號 8018-152-006-003：8冊（2函），白紙本，金鑲玉裝訂；有斷版、字跡不清處；缺葉

1019

新鐫草本花詩譜：一卷，人物譜一卷 /（明）黃鳳池撰並繪. -- 刻本. -- 明天啓間. -- 2冊（1函）：

圖

白口半葉四周單邊

書名據目錄題

登錄號 0000706／索書號 8020-011-003-001：2 冊
（1 函），黃紙本；有殘缺葉，邊角鼠嚙，破損，有水
漬、污漬，書衣散失

1020

程氏竹譜 ：二卷 ／ （明）程大憲撰 ；（明）孫忽
祥，何一鳳校. -- 刻本. -- 休寧程氏滋蔭館，明萬
曆三十六年（1608）. -- 2 冊（1 函）：圖

白口四周單邊單白魚尾

登錄號 0000067／索書號 8020-001-003-008：2 冊
（1 函），黃紙本，金鑲玉裝訂，藍色絲質書衣；鈐印：
南陵徐乃昌校勘經籍記、積學齋徐乃昌藏書［徐乃
昌］，小輪廖館藏書印；有水漬、污漬；蟲蛀修補

1021

選刻扇譜 ：一卷 ／ （明）文震孟等繪. -- 刻本. --
明末. -- 1 冊：圖

書名據卷首陳繼儒序題

登錄號 0001055／索書號 8020-016-004-027：1 冊
（24 開），黃紙本，經折裝；殘存 24 開，蟲蛀損壞，
缺損，有污漬

1022

十竹齋書畫譜 ／ （明）胡正言輯並繪 ；（清）張學
䎖校. -- 刻本，彩色套印. -- 元和邱瑞麟，清光緒
五年（1879）. -- 8 冊（1 函）：圖

書名據書名葉及書衣題

版本年等據書衣邱瑞麟刻印説明

子目：

1. 十竹齋書畫譜
2. 十竹齋墨華譜
3. 十竹齋果譜
4. 十竹齋翎毛譜
5. 十竹齋竹譜
6. 十竹齋蘭譜
7. 十竹齋梅譜
8. 十竹齋石譜

登錄號 0000539／索書號 8020-009-004-003：8 冊
（1 函），白紙本，蝴蝶裝；紙張老化有黃斑

1023

梨雲館竹譜 ：一卷 ／ （明）胡正言輯. -- 刻本，彩
色套印. -- 休寧胡氏，明末. -- 1 冊：圖

登錄號 0001326／索書號 8020-022-003-010：1 冊，
白紙本，經折裝；邊角破損，有污漬，裂散

1024

芥子園畫傳［初集］：五卷 ／ （清）王概摹 ；（清）
李漁論定. -- 刻本，彩色套印，重修. -- 清康
熙十八年（1679）李漁刻，清重修. -- 5 冊（1
函）：圖

9 行 20 字白口邊框不一單魚尾

書名葉題：李笠翁先生論定 繡水王安節摹古 芥子
園畫傳 本衙藏板

有清康熙十八年（1679）李漁序

登錄號 0000088／索書號 8020-001-005-004：5 冊
（1 函），白紙本；字跡漫漶；紙張老化有黃斑，有水
漬

1025

芥子園畫傳［二集］：八卷，卷首一卷 ／ （清）王
概，（清）王蓍，（清）王臬摹. -- 刻本，彩色套印. --
金閶書業堂，清乾隆四十七年（1782）. -- 4 冊（1
函）：圖

9 行 20 字白口半葉四周單邊

書名葉題：宇內諸名家合訂 繡水王宓草 王安節 王
司直摹古 芥子園畫傳二集 金閶書業堂鎸藏

內有：蘭譜、竹譜、梅譜、菊譜

登錄號 0000088-1／索書號 8020-001-005-005：4
冊（1 函），白紙本

1026

芥子園畫傳［三集］：四卷，末一卷 ／ （清）王概，
（清）王蓍，（清）王臬摹. -- 刻本，彩色套印. -- 金
閶書業堂，清乾隆四十七年（1782）. -- 4 冊（1 函）：
圖

9 行 20 字白口四周單邊（或無邊框）

書名葉題：宇內諸名家合訂 繡水王宓草 王安節 王
司直摹古 芥子園畫傳三集 金閶書業堂鎸藏

目錄末記：乾隆壬寅仲春月金閶書業堂重鎸珍藏

本書以冊編卷：草蟲花卉譜、翎毛花卉譜各二卷，
卷末設色諸法

登錄號 0000088-2/索書號 8020-001-005-006：4 冊（1 函），白紙本，内為蝴蝶裝，外加綫裝；書名葉破損

1027

芥子園畫傳［三集］：四卷，末一卷 / （清）王概，（清）王蓍，（清）王臬摹. -- 刻本，彩色套印. -- 清. -- 3 冊 : 圖

9 行 20 字白口四周單邊（或無邊框）

登錄號 0000302/索書號 8020-006-004-001：3 冊，白紙本，經折裝；有斷版，字跡模糊，内容不全，書葉破損，護封散失

1028

芥子園畫傳［四集］：不分卷 / （清）丁臯等撰並繪. -- 刻本. -- 金陵抱青閣，清嘉慶二十三年（1818）. -- 4 冊（1 函）: 圖

10 行 21 字白口四周單邊單魚尾

版心題：芥子園

登錄號 0000088-3/索書號 8020-001-005-007：4 冊（1 函），白紙本，金鑲玉裝訂；書名葉破損，有污漬

1029

無聲詩史 : 七卷 / （清）姜紹書撰. -- 刻本. -- 清. -- 6 冊

8 行 17 字黑口左右雙邊單魚尾

書名葉題：觀妙齋重刻無聲詩史

牌記題：乍浦存石山房盛氏藏板

目錄末記：嘉興夏舜臣鐫

卷末有清康熙五十九年（1720）李光暎跋

登錄號 1-04621/索書號 8018-167-003-007：6 冊，黃紙本；鈐印：張氏蕙玉［張珩］

1030

晚笑堂竹莊畫傳 : 一卷 · **明太祖功臣圖** : 一卷 / （清）上官周編繪. -- 刻本. -- 清乾隆間. -- 4 冊（1 函）: 圖

右圖左傳，白口左右雙邊單魚尾

版心題：晚笑堂畫傳

書名據書名葉題

有清乾隆八年（1743）編者自序

登錄號 0000720/索書號 8020-011-003-015：4 冊（1 函），白紙本；鈐印：李容肅印

登錄號 0000721/索書號 8020-011-003-016：2 冊（1 函），白紙本；鈐印：臣本布衣、礪堂藏書［蔣攸銛］；字跡漫漶，紙張老化四周變黃，邊角破損

1031

晚笑堂竹莊畫傳 : 一卷 · **明太祖功臣圖** : 一卷 / （清）上官周編繪. -- 刻本. -- 清乾隆間. -- 4 冊（1 函）: 圖

右圖左傳，白口左右雙邊單魚尾

版心題：晚笑堂畫傳

書名據書名葉題

有清乾隆八年（1743）著者自序

登錄號 碑帖 011/索書號 7018-sb-247：4 冊（1 函），白紙本；鈐印：如艮成印、兼山［如艮成］；紙張老化有黃斑，版心開口，有墨漬、污漬

登錄號 善 071/索書號 7018-sb-068：1 冊，白紙本；書葉殘缺，卷首無書名葉及楊于位序，缺《明太祖功臣圖》；有水漬、污漬；有修補

1032

墨蘭譜 : 不分卷 / （清）陳旭繪. -- 刻本. -- 銅川顧氏讀畫齋，清嘉慶三年（1798）. -- 4 冊 : 圖

白口四周單邊

書名葉題：戊午春刊 墨蘭譜 讀書齋藏

書名據書名葉題

著者據首冊圖末及畫作落款題

王鳴盛序後記：胡永孝鐫

陳旭，畫作落款或題"遾"，號東橋居士

登錄號 0000045/索書號 8020-001-002-008：4 冊，白紙本；有殘缺字，邊角磨損，書衣破損，有水漬、污漬；有修補

1033

縵園煙墨箸錄 : 正編一卷，附編一卷 / （清）許兆熊集. -- 刻本. -- 吳縣許氏石契齋，清嘉慶十九至二十二年（1814-1817）. -- 1 冊 : 圖

11 行 21 字白口左右雙邊單魚尾

書名葉題：縵園煙墨箸錄 嘉慶十九季歲次甲戌冬日開雕 石契齋藏版

登錄號 0000009/索書號 8020-001-001-007：1 冊，

白紙本；鈐印：張氏蕙玉[張珩]；有清嘉慶二十四年（1819）沈欽韓朱筆批校及識語；書葉破損，首尾殘缺，書衣散失，裝訂開裂，有水漬

1034

谿山臥游錄：四卷 /（清）盛大士撰. -- 刻本. -- 清道光間. -- 2 冊（1 函）

　12 行 23 字黑口左右雙邊單魚尾

　有清道光二年（1822）著者自序

　有清道光十五年（1835）長白麟慶序

　登錄號 0000036/索書號 8020-001-001-035：2 冊（1 函），白紙本；鈐印：張氏蕙玉[張珩]

1035

畫耕偶錄：四卷 /（清）邵梅臣撰. -- 刻本. -- 清道光間. -- 4 冊（1 函）

　10 行 21 字小字雙行同白口四周雙邊單魚尾

　登錄號 1-04236/索書號 8018-152-002-008：4 冊（1 函），黃紙本；紙張老化變黃變脆

1036

李躍門百蜨圖：一卷，題詞一卷，附六友堂詩鈔一卷，畫法雜錄一卷 /（清）李國龍編繪. -- 刻本. -- 南海李氏，清. -- 2 冊（1 函）：圖

　白口半葉四周單邊單魚尾

　書名據書名葉題

　以冊編卷

　記事至清道光二十九年（1849）

　登錄號 0000011/索書號 8020-001-001-019：2 冊（1 函），白紙本；圖中色彩為手描填色；有水漬，裝訂斷綫

1037

盼雲軒畫傳：四卷·**聞窗論畫**：一卷 /（清）李若昌撰繪. -- 刻本. -- 順天李若昌，清同治三年（1864）. -- 4 冊（1 函）：圖

　白口四周雙邊

　登錄號 0000489/索書號 8020-009-001-015：4 冊（1 函），白紙本，蝴蝶裝；紙張老化四周變黃，有破損葉，邊角磨損

1038

十八尊者圖：一卷 /（清）丁善長繪. -- 刻本. -- 清光緒二十一年（1895）. -- 1 冊：圖

　書名據書簽題

　登錄號 0001116/索書號 8020-018-005-003：1 冊，白紙本，折裝；鈐印：漁樵居士、山左，丁善長畫、蓮峰法士[丁善長]；邊角磨損

1039

矖道人百種詩箋：一卷 /（清）劉錫玲繪. -- 刻本，朱印本. -- 榮寶齋，清光緒間. -- 1 冊（1 函）：圖

　白口半葉四周綠色單邊

　書名葉背面題：自聞居士百花詩箋

　書名據書名葉題

　刻於清光緒二十九年（1903）之前

　登錄號 0000652/索書號 8020-010-004-010：1 冊（1 函），白紙本；有張祖翼[磊盦]題簽；蟲蛀損壞

1040

百華詩箋譜：不分卷 /（清）張兆祥繪. -- 刻本，彩色套印. -- 文美齋，清宣統三年（1911）. -- 2 冊（1 函）

　白口四周花邊

　書名葉題：文美齋詩箋譜

　牌記葉題：宣統三年歲次辛亥五月刊成

　書名據書簽題（清光緒三十二年磊盦題）

　登錄號 0000417/索書號 8020-008-001-009：2 冊（1 函），白紙本

　登錄號 0000650/索書號 8020-010-004-008：2 冊（1 函），白紙本；鈐印：磊盦、磊闇六十以後文字之記[張祖翼]；書衣紙張老化變脆、破損

1041

鶲笑軒畫緣錄：一卷 /（清）金鳳清輯. -- 抄本. -- 清末. -- 1 冊（1 函）

　8 行 19 字

　有清咸豐七年（1857）序

　登錄號 0000004/索書號 8020-001-001-008：1 冊（1 函），黃紙本；鈐印：容庚，貴陽趙氏壽華軒藏[趙慰蒼]，張氏蕙玉[張珩]；有墨筆校改；卷末缺葉，裝訂開裂

1042

　　書畫緣書譜姓類 ：二十卷，卷首一卷，末一卷 /（清）沈辰輯. -- 刻本. -- 沈氏德遠堂，清嘉庆二年（1797）. -- 10 冊（1 函）

　　9 行 21 字白口左右雙邊單魚尾

　　版心下記：德遠堂

　　登錄號 0000407/索書號 8020-007-005-016：10 冊（1 函），白紙本，巾箱本

〔子部　藝術類　篆刻〕

1043

　　皇明印史 ：四卷 /（明）邵潛篆並輯 ；（明）陳繼儒校. -- 鈐印暨刻本. -- 明. -- 2 冊（1 函）

　　白口半葉四周單邊

　　登錄號 0000957/索書號 8020-015-004-002：2 冊（1 函），黃紙本，存 2 卷：卷 3-4；紙張老化有黃斑，蟲蛀殘缺；有修補

1044

　　程氏印譜 ：四卷 /（明）程大憲撰輯. -- 鈐印暨刻本. -- 休寧程氏滋蓀館，明萬曆三十六年（1608）. -- 1 冊

　　白口半葉四周單邊單白魚尾

　　登錄號 0000872/索書號 8020-014-002-021：1 冊，白紙本；存 1 卷：卷 4

1045

　　甘氏印集 ：四卷 /（明）甘暘篆. -- 鈐印暨刻本. -- 秣陵甘暘，明萬曆間. -- 4 冊

　　白口四周單邊

　　登錄號 0000867/索書號 8020-014-002-016：4 冊，白紙本；鈐印：甘旸之印；邊角破損，有水漬

1046

　　承清館印譜 ：初集一卷，續集一卷 /（明）張灝輯. -- 鈐印暨刻本. -- 明. -- 2 冊

　　半葉四周單邊單魚尾

　　書名代擬

　　登錄號 0000483/索書號 8020-009-001-009：2 冊，

白紙本；鼠嚙損壞，首尾殘缺，有水漬

1047

　　學山堂印譜 ：六卷 /（明）張灝鑒藏. -- 鈐印暨刻本. -- 明崇禎間. -- 7 冊

　　白口四周單邊單白魚尾

　　附：學山記一卷，序跋一卷

　　登錄號 0000486/索書號 8020-009-001-012：7 冊，白紙本；缺 1 卷：卷 3；鼠嚙、蟲蛀及水涸殘缺、損壞嚴重，書衣散失，裝訂裂散

1048

　　韞光樓印譜 ：二卷 /（清）許容摹勒 ；（清）朱彝尊等參訂. -- 刻暨钤印本. -- 燕越胡兆鳳半漚堂，清康熙二十八年（1689）. -- 2 冊

　　白口（墨筆塗黑）四周雙邊單白魚尾

　　卷末記：長洲樂天遇雲奏氏對 溧水陶可坊君泰氏刻

　　登錄號 1-01418/索書號 8018-171-004-011：2 冊，白紙本；钤印：朱彝尊印、竹垞、錫鬯[朱彝尊]，胡兆鳳印、翙羽、半漚堂[胡兆鳳]，許嗣龍印、山濤，胡介祉印、智修[胡介祉]，許容、字實夫號默公[許容]，孟晉堂，谷園，師古齋；有破損葉、污漬

1049

　　柳舫集印 ：二卷 /（清）許容篆 ；（清）封保祺摹 ；（清）阿敦保校. -- 刻暨钤印本. -- 清嘉慶間. -- 4 冊

　　白口半葉四周單邊無魚尾

　　有清嘉慶二十二年（1817）序

　　登錄號 1-01448/索書號 8018-171-004-001：4 冊，白紙本；钤印：固始張氏鏡菡榭印[張瑋]；紙張老化有黃斑，有污漬，書衣破損，裝訂斷綫

1050

　　醉愛居印賞 ：二卷 /（清）王睿章篆刻 ；（清）徐逺照考訂 ；（清）王祖眘校對. -- 鈐印暨刻本. -- 清乾隆五年（1740）. -- 4 冊

　　白口四周雙邊單魚尾

　　登錄號 1-01024/索書號 8018-169-003-006：4 冊，白紙本；钤印：究八體于變峕，王祖眘印、徽五氏[王祖眘]，逺照，卜田，黃石翁，谷易老牧；有殘缺葉，有水漬、污漬

1051

惕菴印譜 / （清）梁登庸篆刻. -- 鈐印暨刻本. --
高都梁登庸, 清乾隆間. -- 6 冊（1 函）

白口半葉四周雙邊單魚尾

書名代擬

有清乾隆二十七年（1762）著者序

子目：

　　1. 天保九如章：一卷（冊 1）

　　2. 陋室銘圖章：一卷（冊 2）

　　3. 百美詩圖章：一卷（冊 3）

　　4. 百二甲子章：一卷（冊 4）

　　5. 摹印十二體：一卷（冊 5）

　　6. 鐫書八要：一卷（冊 6）

　　登錄號 0000795/索書號 8020-013-001-001：6 冊
（1 函）, 白紙本；鈐印：尊古齋藏書記；紙張老化變
脆有黃斑, 書衣磨損, 裝訂裂散

1052

石壽山房印譜：不分卷 / （清）丁敬身,（清）黃
易篆刻 ;（清）汪蔚摹製. -- 拓本. -- 長沙汪蔚石
壽山房, 清咸豐四年（1854）. -- 1 冊

　　登錄號 0001004/索書號 8020-016-002-015：1 冊,
經折裝；徐宗浩藏並鈐印

1053

松園印譜：不分卷 / （清）賈永摹印. -- 鈐印暨
刻本. -- 福壽堂, 清乾隆四十八年（1783）. -- 2
冊

白口半葉四周雙邊

書名葉題：松園印譜 福壽堂梓刊

書名據書名葉及版心題

　　登錄號 0000198/索書號 8020-005-003-012：2 冊,
白紙本；鈐印：涇縣李鳳、字丹山、欅園過目、朱
欅園識；蟲蛀損壞, 書葉殘缺、破損, 有水漬；有
修補

1054

松雪堂印萃：四卷 / （清）郭啓翼篆. -- 鈐印暨
刻本. -- 濰縣郭氏, 清乾隆五十年（1785）. -- 4
冊（1 函）

白口半葉四周藍色雙邊

以冊編卷, 各冊有卷端

登錄號 0000194/索書號 8020-005-003-008：4 冊
（1 函）, 白紙本；紙張老化變脆四周變黃, 邊角鼠嚙,
有殘缺葉, 有污漬、水漬, 裝訂裂散

1055

松雪堂印萃：不分卷 / （清）郭啓翼篆. -- 鈐印
暨刻本. -- 濰縣郭氏, 清乾隆五十年（1785）. -- 4
冊（1 函）

半葉四周藍色雙邊

　　登錄號 0000338/索書號 8020-007-001-003：4 冊
（1 函）, 白紙本；紙張老化有黃斑, 書葉缺損, 有水
漬；有修補

1056

種榆仙館印譜：八卷 / （清）陳鴻壽篆刻 ;（清）
郭宗泰輯. -- 鈐印本. -- 郭宗泰, 清道光元年
（1821）. -- 4 冊（1 函）

白口四周雙邊

書名葉題：種榆僊館摹印

書名據版心及書簽題

版本年等據卷末跋

本書收陳鴻壽中晚年作品

以冊編卷

　　登錄號 0000210/索書號 8020-005-004-009：4 冊
（1 函）, 白紙本；書衣磨損

1057

吳賓門舍人印正：不分卷 / （清）吳俊三撰. -- 鈐
印暨刻本. -- 涇上吳俊三, 清嘉慶二十五年（1820）.
-- 2 冊（1 函）：圖

白口左右雙邊單魚尾

書名據序題

　　登錄號 0000201/索書號 8020-005-003-010：2 冊
（1 函）, 白紙本, 金鑲玉裝訂；鈐印：全茉叢氏仲子,
良弼書畫, 靜觀自得；有清人吳俊三、陳嵩慶、朱珩、
胡承珙、翟發宗、芳培之序並鈐印；有污漬

1058

集印譜：四卷 / （清）陳棽淦藏並輯. -- 鈐印暨
刻本. -- 甫里陳氏紺雪齋, 清嘉慶二十三年（1818）.
-- 4 冊

白口半葉四周單邊無魚尾

書名葉題：集印譜 嘉慶戊寅葳藏印 陳氏紺雪齋藏

版心題：紺雪齋集印譜

登錄號 1-02037/索書號 8018-180-003-004：4 冊，白紙本；鈐印：受益之印，容補；書衣破損

1059

小石山房印譜：四卷 / （清）顧湘，（清）顧浩藏並輯. -- 鈐印暨刻本. -- 海虞顧氏小石山房，清道光十一年（1831）. -- 3 冊（1 函）

綫黑口四周雙邊無魚尾

登錄號 0001156/索書號 8020-020-001-002：3 冊（1 函），白紙本

1060

小石山房印譜：三卷 / （清）顧湘，（清）顧浩藏並輯. -- 刻本. -- 海虞顧氏小石山房，清同治八年（1869）. -- 3 冊（1 函）

綫黑口四周雙邊無魚尾

牌記題：道光戊子秋日海虞顧氏雕板

版本年據趙金燦序

登錄號 1 04437/索書號 8018-149-006-005：3 冊（1 函），白紙本

1061

適園印印：不分卷 / （清）吳咨篆刻 ；（清）陳式金藏並輯. -- 鈐印本. -- 江陰陳式金，清道光三十年（1850）. -- 4 冊（1 函）

白口半葉四周單邊

書名據書名葉題

登錄號 0000229/索書號 8020-005-005-006：4 冊（1 函），白紙本；鈐印：石雪藏書、萬竹廬藏、徐氏歲寒堂藏、徐宗浩印、石雪鑑藏[徐宗浩]；首有清光緒十三年（1887）徐葆光識語，末有徐宗浩題記

1062

補邏迦室印譜：不分卷 / （清）趙之琛篆刻. -- 拓暨钤印本. -- [清道光間]. -- 10 冊

白口四周雙邊

書名據版心題

登錄號 0000206/索書號 8020-005-004-005：10 冊，白紙本；蟲蛀損壞，書衣磨損

1063

簠齋印集：一卷 / （清）陳介祺藏並輯 ；（清）許瀚，（清）吳式芬，（清）何紹基審定. -- 鈐印本. -- 濰縣陳介祺，[清道光二十七年]（1847）. -- 1 冊

白口四周單邊

版心下記：平壽陳氏所藏

登錄號 0000235/索書號 8020-005-005-015：1 冊，白紙本；紙張老化變黃，書衣破損

1064

陳簠齋印譜：不分卷 / （清）陳介祺輯. -- 鈐印本. -- 濰縣陳氏，清. -- 4 冊

半葉四周綠色單邊

書名代擬

登錄號 1010080/索書號 8011-002-001-013：4 冊，白紙本；紙張老化有黃斑，書衣破碎、散失

1065

十鐘山房印舉殘稿：不分卷 / （清）陳介祺藏. -- 鈐印本. -- 清. -- 13 冊（1 函）

書名據書衣齊燕銘題

登錄號 1010058/索書號 8011-001-006-003：13 冊（1 函），白紙本；鈐印：燕銘、齊燕銘藏金石文字記；紙張老化有黃斑，邊角輕微鼠嚙

1066

觀自得齋印集：不分卷 / （清）趙之謙篆刻 ；（清）徐士愷藏並輯 ；（清）潘祖蔭，（清）吳大澂審定. -- 鈐印暨刻本. -- 石埭徐士愷，清光緒間. -- 16 冊

白口四周單邊

書名葉題：光緒十五年石埭徐氏刊 觀自得齋印集 歸安楊峴署檢

書名據書名葉等題

各葉右下方記：石埭徐氏所藏

有清光緒二十年（1894）吳昌碩序

登錄號 0000118/索書號 8020-003-001-008：16 冊，白紙本；鈐印：尊聞受虛之室、燕銘收藏印譜、齊燕銘藏金石文字記、燕銘[齊燕銘]，且擁圖書臥白雲，田康；蟲蛀損壞，末冊書衣破損

1067

觀自得齋印集：不分卷 / （清）趙之謙篆刻 ；（清）

徐士愷藏並輯　；（清）潘祖蔭，（清）吳大澂審定. --
刻、拓暨鈐印本. -- 石埭徐士愷，清光緒間. -- 8
冊（1函）：圖

白口半葉四周單邊

書名葉題：光緒十五年石埭徐氏刊　觀自得齋印集
歸安楊峴署檢

書名據書名葉等題

有清光緒二十二年（1896）吳大澂序

登錄號　0000218/索書號　8020-005-004-019：8 冊
（1函），白紙本；紙張老化有黃斑

1068

二金蜨堂印譜：不分卷 /（清）趙之謙篆刻；西
泠印社輯. -- 拓暨鈐印本. -- 西泠印社，清光緒三
年（1877）. -- 4冊（1函）：圖

白口半葉四周單邊

書名據書名葉及書簽等題

登錄號　0000232/索書號　8020-005-005-009：4 冊
（1函），白紙本；鈐印：吉林宋季子鐵梅古歡室收藏
金石圖書，吉林宋氏古歡室主人圖書記［宋小濂］；紙
張老化有黃斑

1069

撝叔攷藏秦漢印存：二卷 /（清）趙之謙輯藏. --
鈐印本. -- 清光緒間. -- 2冊

白口半葉四周藍色單邊

書名據書名葉及邊框外題

有清光緒十五年（1889）序

登錄號　1-00318/索書號　8018-192-005-016：2 冊，
白紙本；鈐印：撝叔仿臨［趙之謙］；紙張老化有黃斑，
書衣磨損

1070

百將百美合璧印譜：不分卷 /（清）趙穆篆刻. --
鈐印本. -- 武進趙穆，清光緒二十年（1894）. -- 8
冊

白口四周單邊

書名據書名葉及版心題

版心記：武進趙仲穆（即趙穆）謹篆

登錄號　0000212/索書號　8020-005-004-010：8 冊，
白紙本；鈐印：石雪藏書、徐宗浩印、遂園真賞［徐宗
浩］；紙張老化有黃斑，有水漬

1071

半舫印存：一卷 /（清）葉墨卿，（清）丁二仲篆
刻；（清）王琛藏並輯. -- 鈐印暨刻本. -- 王琛，清
光緒二十三年（1897）. -- 1冊

白口半葉四周單邊

書名據書名葉題

卷首有王琛自序

登錄號　0000208/索書號　8020-005-004-011：1 冊，
白紙本；鈐印：王琛私印、雪廬［王琛］，宗浩私印、
徐氏家藏［徐宗浩］

1072

媚清居印閑：一卷 /（清）金允迪篆. -- 鈐印暨
刻本. -- 古吳金允迪，清. -- 1冊

白口半葉四周單邊

登錄號　0000196/索書號　8020-005-003-007：
1 冊，白紙本；鈐印：叔向，王受昌印，東陵水
鳳，鳳書；刻有金允迪識並鈐印：金允迪印、字
末向；破損，有水漬、污漬，書衣蟲蛀等損壞，
裝訂裂散

1073

二弩精舍印賞：八卷 / 趙時棡輯. -- 鈐印暨刻本.
-- 鄞縣趙時棡二弩精舍，清光緒二十二年（1896）. --
8冊（1函）

白口四周單邊

書名據書名葉及版心題

本書集明、清諸名家篆刻

以冊編卷

登錄號　0000220/索書號　8020-005-004-017：8 冊
（1函），白紙本；書衣磨損

1074

金罍山民印存：不分卷 /（清）徐三庚篆刻. -- 鈐
印本. -- 上海：有正書局，清宣統三年（1911）. --
4冊

白口半葉四周單邊

書簽題：金罍山民手刻印存

版權葉題：原拓精印金罍山民印存

書名據書名葉題

邊框外側記：有正書局

登錄號　1-07740/索書號　8009-119-005-024：4 冊，

白紙本

1075

　百壽印集：一卷 / 莊淊篆刻. -- 鈐印暨刻本. --
清. -- 1 冊

　　書名據書簽題

　　登錄號 0000546/索書號 8020-009-004-009：1 冊，
白紙本；徐宗浩藏書；紙張老化有黃斑

1076

　七家印譜：不分卷 / （清）丁丙輯. -- 拓暨鈐印
本，剪貼. -- 清末. -- 4 冊（1 函）

　　書名代擬

　　七家有：丁敬、鄭板橋、黃小松、奚鐵生、陳曼生、
蔣仁、金農

　　登錄號 0000230/索書號 8020-005-005-007：4 冊
（1 函），白紙本，經折裝；蟲蛀損壞，磨損

1077

　頤素齋印景：不分卷 / 何維樸輯. -- 鈐印本. --
清光緒間. -- 4 冊（1 函）

　　白口半葉四周藍色邊框

　　書名據邊框上方題

　　登錄號 1-04354/索書號 8018-154-005-003：4 冊
（1 函），白紙本；鈐印：黃賓虹；紙張老化四周變黃，
書衣破損，裝訂裂散

1078

　福盦藏印：不分卷 / 王褆集印 -- 拓暨鈐印本. --
武進徐宗浩歲寒堂，清光緒末. -- 12 冊（1 函）

　　白口半葉四周單邊

　　書名據邊框上方題

　　登錄號 0000223/索書號 8020-005-004-022：12 冊
（1 函），白紙本；鈐印：徐石雪收藏書畫記、徐宗浩、
石雪［徐宗浩］；目錄係墨筆抄寫

1079

　印選 / 清秘閣造. -- 鈐印本. -- 清末民國間. --
3 冊

　　白口半葉四周藍色花邊

　　書名據書簽題

　　登錄號 1-02562/索書號 8018-190-002-003：3 冊，

白紙本；鈐印：龍南許氏白雲山房主人珍賞金石書畫
圖帖之印章；書衣磨損

1080

　明清名人刻印彙存：十二卷 / 葛昌楹，胡淊輯. --
鈐 拓暨石印本. -- 宣和印社，民國三十二年（1943）.
-- 12 冊（1 函）：圖

　　半葉四周綠色單邊

　　牌記題：癸未孟冬之月宣和印社拓行

　　登錄號 0000334/索書號 8020-006-005-014：12 冊
（1 函），白紙本，藍色絲質書衣；鈐印：鄞縣趙氏二
弩精舍藏書之記［趙叔孺］；有羅振玉題識並鈐印：臣
振玉印、文學侍從，高野侯題識並鈐印：高野侯印、
紫薇舍人、書宗兩漢、光緒戊寅生、梅王閣書畫記，
癸未十二月丁輔之題識並鈐印：丁輔之、鶴廬，胡淊
手書目錄並鈐印：佐卿

〔子部　藝術類　棋譜〕

1081

　古局象棋圖：一卷 / （宋）司馬光撰. -- 刻本. --
明萬曆間. -- 1 冊：圖. -- （欣賞編/〈明〉沈津
輯）

　　白口四周單邊單魚尾

　　登錄號 0000752/索書號 8020-011-005-002：1 冊
（合 1 函），與《燕几圖》合印，白紙本；紙張老化四
周變黃，邊角破損，有水漬

1082

　棋經十三篇：一卷，附錄一卷 / （元）嚴德甫，（元）
晏天章輯. -- 刻本. -- 元至正間. -- 1 冊（1 函）

　　12 行 18 字小字雙行同白口半葉四周雙邊

　　卷首虞集序題：玄玄棋經

　　出版年據序

　　登錄號 善 129/索書號 7018-sb-124：1 冊（1 函），
黃紙本，金鑲玉裝訂；鈐印：人固未易知知人亦未易
也，劉光甫印，飛鴻爪印，退思書房，玉我；有佚名
朱、墨筆眉批、圈點；紙張老化變色，破損，舊裝天
頭處眉批被裁切不全，有墨漬；有修補

〔子部　藝術類　雜技〕

1083

弔譜 ：不分卷 / （清）王樞編. -- 抄本. -- 清.
-- 1 冊（1 函）

10 行 25 字

書名據書衣題

有清康熙三十九年（1700）王樞序

卷前附：王鳳洲（明王世貞）先生原譜

登錄號 1-02900/索書號 8018-136-004-005：1 冊
（1 函），黄紙本；鈐印：積學齋徐乃昌藏書[徐乃昌]；
紙張老化變黄

1084

益智圖 ：四卷首卷一卷 / 李辰編繪. -- 刻本. --
長沙李辰來青閣，清光緒三十二年（1906）. -- 4 冊
（1 函）：圖

白口半葉四周單邊雙白魚尾

書名據書名葉及目錄等題

版心下記：來青閣李辰本

卷末記：黄禹廷經刊

登錄號 1-06634/索書號 8009-116-003-001：4 冊
（1 函），白紙本，書名葉朱印；鈐印：李辰之印、長
松李辰，嵩齡，情景如繪，六十歲以後所作，紫江朱
氏存素堂所藏圖書[朱啟鈐]；紙張老化有黄斑，輕微
水漬

〔子部　藝術類　其他〕

1085

清寤齋心賞編 / （明）王象晉撰. -- 刻本. -- 明
崇禎間 . -- 1 冊

9 行 20 字白口四周單邊單魚尾

版心題：心賞編

有明崇禎六年（1633）序

登錄號 0000859/索書號 8020-014-002-008：1 冊，
黄紙本，毛裝；多處斷版，字迹模糊

1086

清寤齋心賞編 ：一卷 / （明）王象晉輯. -- 刻本,

重印. -- 明崇禎間刻，清重印. -- 1 冊

9 行 20 字白口四周單邊單魚尾

版心題：心賞編

登錄號 1-03165/索書號 8018-129-001-013：1 冊，
與《剪桐載筆》合印，黄紙本；蟲蛀損壞

〔子部　譜錄類　器物〕

1087

閒居主人偶錄 ：七種，七卷 / （清）閒居主人編.
-- 抄本. -- 清. -- 2 冊

書名代擬

閒居主人，真實姓名不詳

名香偶錄、茶錄、玉器偶錄、銅器偶錄、窑器偶錄、
石錄、倭漆雕刻器皿偶錄各一卷

登錄號 0000671/索書號 8020-010-005-013：2 冊，
黄紙本；蟲蛀損壞，破損，有污漬，書衣散失

1088

百研銘 ：一卷 / （清）屈復撰. -- 刻本. -- 溫
映驪，清乾隆二十九年（1764）. -- 1 冊

10 行 19 字白口左右雙邊單魚尾

附：弱水集對聯、王漁洋秋柳詩四首解、徵刻國朝
詩啟、借資修草堂啟

登錄號 1-05291/索書號 8009-107-005-008：1 冊，
黄紙本；紙張老化變脆，破損，版心開口，書衣散失，
裝訂裂散

1089

端溪研志 ：三卷，卷首一卷 / （清）吳繩年錄. --
刻本. -- 楚州王永熙，清乾隆二十六年（1761）. --
1 冊：圖

9 行 19 字小字雙行同白口左右雙邊單魚尾

書名葉題：乾隆辛巳新鑴 端溪研志 恕園堂藏板

登錄號 1-02726/索書號 8018-132-002-019：1 冊，
白紙本；鈐印：山陽段氏珍藏，毓花軒藏書印；有水
漬，破損

1090

謝氏硯考 ：四卷，卷首一卷 / （清）謝慎修撰. --

刻本，藍絲欄． -- 集古山房，清． -- 1 冊 : 圖

9 行字不等白口四周雙邊單魚尾

有清乾隆五十七年（1792）著者序

登錄號 0000568/索書號 8020-009-004-031：1 冊，黃紙本；紙張老化變脆，破損，有水漬，裝訂裂散

1091

硯譜 / （清）陳丹林藏． -- 摹繪本． -- 清． -- 1 冊（1 函）: 圖

書名代擬

登錄號 0000700/索書號 8020-011-002-011：1 冊（1 函），黃紙本；存 12 開；磨損，裝訂裂散

1092

方氏墨譜 : 六卷 / （明）方于魯撰． -- 刻本． -- 新安方氏美蔭堂，明萬曆間． -- 16 冊（2 函）: 圖

白口半葉四周單邊單白魚尾

版心下記：美蔭堂集

卷末有明泰昌元年（1620）馮珣《譜贊》

登錄號 0000080/索書號 8020-001-004-005：16 冊（2 函），白紙本；金鑲玉裝訂，鈐印：秦氏珍藏，芫生秘玩、蜀東秦氏芫生鑒賞、芫生過目、忠州秦崧年、忠州秦崧年字伯高弌字嶽來、秦嵩年印[秦嵩年]，酒龍詩虎，家械長壽，秦氏六子，塊盫；有水漬

登錄號 0000079/索書號 8020-001-004-004：8 冊（1 函），白紙本；鈐印：達哉所藏；冊 4-8 蟲蛀損壞，書衣有污漬，裝訂裂散

登錄號 0000081/索書號 8020-001-004-006：8 冊（1 函），白紙本；鈐印：達哉所藏；無泰昌元年馮珣《譜贊》，第 2、3 冊蟲蛀損壞，裝訂裂散，有水漬、污漬

登錄號 1-02659/索書號 8018-135-006-004：8 冊（1 函），白紙本；鈐印：李麟之印，李伯玉珍藏書畫記，如是盫，忠州李芋仙隨身書卷；蟲蛀損壞，有水洇、污漬

1093

曹氏墨林 : 二卷 / （清）曹素功編． -- 刻本． -- 清乾隆間． -- 3 冊（1 函）

行字不等白口四周單邊無魚尾

書名據版心題

輯一時重臣往來投贈詩文而成

有清康熙二十七年（1688）自序

卷上末有清乾隆三十四年（1769）新序

登錄號 1-03486/索書號 8018-135-006-003：3 冊（1 函），白紙本；鈐印：師山野叟，默庵長壽、曾經默盦珍藏[默庵]，濛陽夷子；朱印扣圈；葉碼不連貫，卷上缺葉；有水漬，書衣破損，裝訂裂散

登錄號 1015322/索書號 8013-031-007-004：1 冊，白紙本；存 1 卷：上卷，有水漬，邊角磨損

1094

宋淳熙敕編古玉圖譜 : 一百卷 / （宋）劉松年寫圖 ; （宋）龍大淵等纂． -- 刻本． -- 江春康山草堂，清乾隆四十四年（1779）． -- 48 冊 : 圖

8 行 17 字白口四周單邊單白魚尾

書名葉題：乾隆己亥年鐫 古玉圖譜 康山草堂藏板

登錄號 1-02256/索書號 8018-182-002-001：48 冊，白紙本；書簽鈐印：書業堂自在江浙蘇閩揀選古今書籍發兌印；末冊有破損，裝訂斷綫

登錄號 1-03101/索書號 8018-143-005-001：20 冊（4 函），白紙本；有斷版，字跡不清；有水漬

1095

燕几圖 : 一卷 / （宋）黃伯思撰． -- 刻本． -- 明萬曆間． -- 1 冊 : 圖 . -- （欣賞編/（明）沈津輯）

白口四周單邊單魚尾

登錄號 0000752/索書號 8020-011-005-002：1 冊（合 1 函），與《古局象棊圖》合印，白紙本；紙張老化四周變黃，邊角破損，有水漬

1096

大禮服圖 : 一卷 / （清）佚名編繪． -- 彩繪本． -- 清． -- 1 冊 : 圖

書名據書衣題

登錄號 0000855/索書號 8020-014-002-004：1 冊，黃紙本；蟲蛀損壞

1097

香乘 : 二十八卷 / （明）周嘉冑纂輯． -- 刻本． -- 淮海周嘉冑，明崇禎十四年（1641）． -- 8 冊

9 行 17 字白口四周單邊

本書集明代以前香療法及用香文化之大成

初纂於明萬曆四十六年（1618），止十三卷，後續輯

為二十八卷，崇禎辛巳刊成

周嘉胄自為前後二序

　　登錄號 0000275/索書號 8020-006-003-001：8 冊，白紙本；鈐印：北平謝氏藏書印；首冊配黃紙本，缺葉，鼠嚙、破損，書衣散失，裝訂裂散

1098

遠西奇器圖說錄最 ： 三卷 / （瑞士）鄧玉函（Terrenz, Jean）口授 ； （明）王徵譯繪． -- 抄本，朱墨． -- 清． -- 4 冊（1 函） ：圖

　　9 行 18 字

　　附： 新制諸器圖說：一卷/（明）王徵撰

　　登錄號 0000441/索書號 8020-008-003-010：4 冊（1 函），黃紙本

1099

西陂古物記錄冊 ： 一卷 / （清）宋犖藏． -- 稿本． -- 清雍正間． -- 1 冊（1 函）

　　書名代擬

　　記事至清雍正四年（1726）

　　登錄號 0000145/索書號 8020-003-004-004：1 冊（1 函），黃紙本，毛裝；鈐印：緯蕭草堂畫記，臣犖、西陂主人[宋犖]，張氏蒽玉[張珩]；紙張老化變脆變黃，破損

1100

骨董志 ： 十二卷 / （清）李調元輯． -- 抄本． -- 清． -- 4 冊（1 函）

　　10 行 20 字白口四周雙邊單魚尾

　　登錄號 0000466/索書號 8020-008-005-005：4 冊（1 函），黃紙本；鈐印：愛日精盧藏書[張金吾]，張氏蒽玉[張珩]

1101

當譜 ： 不分卷． -- 抄本． -- 清末． -- 1 冊

　　12 行 19 字

　　起清咸豐四年（1854），迄光緒三十四年（1908）

　　登錄號 0000502/索書號 8020-009-002-006：1 冊，黃紙本，布質書衣；紙張老化，破損，有污漬、水漬

1102

鋪幌子 / （清）周培春繪． -- 彩繪本． -- 北京：

周培春, 清末． -- 1 冊 ：圖

　　書名代擬

　　登錄號 0000276/索書號 8020-006-002-028：1 冊，外加硬紙板裝訂；各葉鈐印：周培春畫 北京順治門外達智橋內西口迤南

1103

商鋪牌匾店幌圖錄 ： 一卷 / （清）佚名繪． -- 彩繪本． -- 清末． -- 1 冊 ：圖

　　書名代擬

　　登錄號 0000936/索書號 8020-015-002-015：1 冊（對折散葉）；有水漬

〔子部 譜錄類 食譜〕

1104

茶董補 ： 二卷 / （明）陳繼儒輯． -- 刻本． -- 明． -- 1 冊

　　7 行 16 字白口四周單邊單魚尾

　　成書於明萬曆四十年（1612）前後

　　登錄號 0000403/索書號 8020-007-005-012：1 冊，黃紙本；有殘缺葉，有水漬，書衣破損、散失；有修補

〔子部 譜錄類 花草樹木/鳥獸蟲魚〕

1105

二如亭群芳譜 ： 四部 / （明）王象晉纂輯 ；（明）毛晉等較 ；（清）王士祿等詮次 ． -- 刻本． -- 沙村草堂，明天啓間． -- 24 冊（4 函）

　　8 行 18 字小字雙行同白口左右雙邊單魚尾

　　天頭地腳留有空白，天頭處偶有注音

　　書名葉題：二如亭羣芳譜 沙村草堂藏板

　　版心題：群芳譜

　　總目錄：天譜三卷、歲譜四卷、穀譜一卷、蔬譜二卷、果譜四卷、茶竹譜一卷、桑麻葛棉譜一卷、藥譜三卷、木譜二卷、花譜四卷、卉譜二卷、鶴魚譜一卷；明天啓元年（1621）跋

登錄號 1-03797/索書號 8018-146-002-014：24 冊（4 函），黃紙本；紙張老化變脆變黃，邊角破損，裝訂斷綫

1106

二如亭群芳譜：四部 /（明）王象晉纂輯；（明）毛晉等較；（清）王士祿等詮次 . -- 刻本. -- 明末清初. -- 16 冊（2 函）

8 行 18 字小字雙行同白口左右雙邊單魚尾

天頭地脚留有空白，天頭處偶有注音

版心題：群芳譜

總目錄：天譜三卷、歲譜四卷、穀譜一卷、蔬譜二卷、果譜四卷、茶竹譜一卷、桑麻葛棉譜一卷、藥譜三卷、木譜二卷、花譜四卷、卉譜二卷、鶴魚譜一卷

登錄號 1-03795/索書號 8018-146-001-007：16 冊（2 函），黃紙本；書末有抄補，紙張老化邊角破損，書衣破損，裝訂斷綫

1107

亳州牡丹史：四卷 /（明）薛鳳翔著. -- 刻本. -- 明. -- 2 冊（1 函）

9 行 18 字白口四周單邊單白魚尾

書籤題：牡丹花史

目錄及版心題：牡丹史

有明萬曆四十一年（1613）序

登錄號 0000159/索書號 8020-003-005-008：2 冊（1 函），白紙本；鈐印：劉明陽王靜宜夫婦讀書之印、寶靜盦主王靜宜所得祕笈記、研理樓劉氏藏、劉明陽、雙靜閣、靜宜王寶、研理樓劉氏倭劫餘藏、有書真高貴 無病即神仙［劉明陽、王靜宜］、進學齋藏書記；有字跡筆畫重叠、模糊處；紙張老化四周變黃，原白色絲質書衣破損，外加藍色紙質書衣重訂

1108

佩文齋廣羣芳譜：一百卷，目錄二卷 /（清）汪灝，（清）張逸少等編. -- 刻本. -- 內府，清康熙四十七年（1708）. -- 32 冊（6 函）

11 行 21 字白口左右雙邊雙魚尾

版心題：廣群芳譜

登錄號 0000764/索書號 8020-012-002-001：32 冊（6 函），黃紙本；鈐印：溥儒、寒玉堂珍藏［溥心畬］

登錄號 1-10728/索書號 8005-020-004-002：32 冊

（4 函），黃紙本；書衣破損

登錄號 1-02687/索書號 8018-134-004-001：32 冊（4 函），白紙本；有破損葉，書衣磨損

1109

采芳隨筆：二十四卷 /（清）查彬輯. -- 刻本. -- 清嘉慶十九年（1814）. -- 16 冊（2 函）

10 行 22 字小字雙行同白口左右雙邊單魚尾，無直欄

登錄號 1-02923/索書號 8018-141-002-004：16 冊（2 函），白紙本；鈐印：臣潤庠奉敕審定內府經籍金石書畫、小懷鷗舫所藏金石書籍印［陸潤庠］，長白馬氏葛民鑑藏書畫之章；紙張老化四周變黃，輕微蟲蛀損壞，裝訂斷綫

1110

北墅抱甕錄：一卷 /（清）高士奇撰. -- 抄本，烏絲欄. -- 笏盒，清. -- 1 冊

10 行 20 字白口四周單邊單魚尾

登錄號 0000871/索書號 8020-014-002-020：1 冊，黃紙本；鈐印：芸子［傅芸子］，碧葉館藏［傅惜華］，椒坡長壽［潘介繁］，端恥居，槳廬；書衣破損，裝訂裂散

1111

蠕範：八卷 /（清）李元撰. -- 刻本. -- 京山李氏，清乾隆五十六年（1791）. -- 4 冊（1 函）

9 行 21 字白口四周雙邊單魚尾，無直欄

書名葉題：乾隆辛亥鑴 蠕範 本衙藏板

登錄號 1-07527/索書號 8018-125-001-012：4 冊（1 函），白紙本；鈐印：敦修堂、管窺軒藏書印、李南澗藏書印、李氏珍藏［李文藻］，我廬無俗情，率我真；有朱筆批校，朱、黃筆圈點，末冊封底書衣有樵溪子題識；紙張老化變脆變黃，蟲蛀損壞，書衣破碎

〔子部 雜家類 雜學筆記〕

1112

淮南子：二十一卷 /（漢）高誘注. -- 刻本. -- 武進莊逵吉，清乾隆五十三年（1788）. -- 4 冊（1 函）

11 行 21 字小字雙行同黑口四周單邊單魚尾

登錄號 1-03982/索書號 8018-149-003-011：4 冊
（1 函），黃紙本；有水漬

1113

淮南鴻烈解：二十一卷 / （漢）劉安撰. -- 刻本.
-- 明. -- 2 冊

9 行 20 字小字雙行同白口四周單邊單魚尾，天頭處
小字註雙行 5 字

登錄號 1-04652/索書號 8018-166-006-002：2 冊，
黃紙本；鈐印：張元輅印、石綺圖書[張元輅]；版心
開口，書衣散失，裝訂斷綫

1114

風俗通義：十卷 / （漢）應劭撰. -- 刻本. -- 明.
-- 4 冊（1 函）

10 行 16 字白口左右雙邊單魚尾

書名據目錄題

卷一至五版心題：風俗通上，卷六至十版心題：風
俗通下

登錄號 善 132/索書號 7018-sb-127：4 冊（1 函），
黃紙本，藍色絲質書衣；鈐印：翼盦；字跡模糊，紙
張老化變色

1115

天祿閣外史：八卷 / 題（漢）黃憲撰. -- 刻本. --
清. -- 1 冊

9 行 20 字白口左右雙邊單白或黑魚尾

目錄及版心題：外史

登錄號 善 041/索書號 7018-sb-038：1 冊，黃紙本；
鈐印：汪紹元印；存 4 卷：卷 1-4，破損，版心開口，
裝訂斷綫

1116

人物志：三卷 / （魏）劉邵撰 ；（北魏）劉昞注 ；
（明）程榮校. -- 刻本. -- 新安程荣，明萬曆間. --
1 冊. -- （漢魏叢書/〈明〉程榮輯）

9 行 20 字白口左右雙邊單白魚尾

登錄號 0001049/索書號 8020-016-004-021：1 冊，
白紙本；鈐印：勤藝堂印、鄒氏所藏；有水漬

1117

封氏聞見記：十卷 / （唐）封演撰. -- 刻本. --
江都秦鑨，清乾隆五十七年（1792）. -- 1 冊

10 行 21 字白口左右雙邊單魚尾

序後記：江寧劉文奎錄

登錄號 1-01374/索書號 8018-171-004-022：1 冊，
黃紙本

1118

灌畦暇語：一卷 / （唐）佚名撰 ；（明）高承埏
較. -- 刻本. -- 明末. -- 1 冊. -- （稽古堂叢刻/
〈明〉高承埏輯）

8 行 18 字白口四周單邊單魚尾

登錄號 善 047/索書號 7018-sb-044：1 冊，白紙本；
字跡清晰度差；蟲蛀修補

1119

夢溪筆談：二十六卷，補筆談三卷，續筆談十一篇
/ （宋）沈括撰. -- 刻本. -- 嘉定馬元調，明崇禎
四年（1631）. -- 10 冊

9 行 18 字白口左右雙邊

書名葉題：重刻夢溪筆談 字畫悉照宋刻 玉露堂藏
板

登錄號 0000888/索書號 8020-014-004-009：10 冊，
黃紙本；鈐印：好古堂圖書記；蟲蛀、鼠嚙損壞嚴重，
有水漬、污漬，書衣散失

1120

東坡先生志林：五卷 / （宋）蘇軾撰 ；（明）焦
竑評. -- 刻本，朱墨套印. -- 明末. -- 4 冊（1 函）

8 行 18 字白口四周單邊，無直欄

登錄號 0000103/索書號 8020-002-005-006：4 冊
（1 函），黃紙本，金鑲玉裝訂；卷 4 缺首葉，紙張老
化變脆變黃

1121

春渚紀聞：十卷 / （宋）何薳撰 ；（明）毛晉訂.
-- 刻本. -- 虞山毛氏汲古閣，明崇禎間. -- 4 冊. --
（津逮秘書/〈明〉毛晉輯）

8 行 19 字白口左右雙邊

登錄號 0000937/索書號 8020-015-002-016：4 冊，
黃紙本；蟲蛀損壞

1122

　容齋隨筆：十六卷，續筆十六卷，三筆十六卷，四筆十六卷，五筆十卷 / （宋）洪邁撰. -- 刻本. -- 掃葉山房，清乾隆五十九年（1794）. -- 24 冊（4 函）

　9 行 18 字細黑口左右雙邊

　書名葉題：乾隆甲寅重刊 洪景盧先生著 容齋五筆 掃葉山房藏板

　登錄號 1-03091/索書號 8020-010-002-014：24 冊（4 函），黃纸本；鈐印：家在太涵山下、德宗、望之氏、南雲蔡氏、任舫鑑定金石群籍書畫；有水漬、污漬

1123

　容齋隨筆：十六卷，續筆十六卷，三筆十六卷，四筆十六卷，五筆十卷 / （宋）洪邁撰. -- 刻本，重修. -- 清乾隆五十九年（1794）掃葉山房刻，清重修. -- 14 冊（2 函）

　9 行 18 字細黑口左右雙邊

　登錄號 0001022/索書號 8020-016-003-014：14 冊（2 函），黃纸本；鈐印：安思；有斷版，無書名葉，第 1 冊天头地脚經裁切重新粘貼

1124

　子略：四卷，目錄一卷 / （宋）高似孫撰. -- 刻本. -- 明. -- 1 冊

　12 行 20 字小字雙行同白口左右雙邊無魚尾

　登錄號 善 097/索書號 7018-sb-094：1 冊，白紙本；鈐印：馬彤軒、馬彤官、求放心齋、見山樓、木齋、曉傳書齋[王利器]；有民國三十七年（1948）王利器校記；存 2 卷：卷 3-4；紙張老化有黃斑，有水漬，版心開口

1125

　梁谿漫志：十卷 / （宋）費袞撰. -- 刻本. -- 明. -- 1 冊

　10 行 19 字小字雙行同白口左右雙邊單魚尾

　書簽墨筆題：宋板梁谿漫志

　登錄號 善 045/索書號 7018-sb-042：1 冊，白紙本，藍色絲質書衣；鈐印：五福五代堂寶、八徵耄念之寶、太上皇帝之寶、乾隆御覽之寶、天禄繼鑑、天禄琳琅、吳郡趙頤光家諸子[趙宧光]、季振宜印、滄葦[季振宜]；存 3 卷：卷 1-3；有黃斑、水漬；有修補

1126

　佩韋齋輯聞：四卷 / （宋）俞德鄰撰. -- 抄本. -- 陽湖孫氏平津館，清. -- 2 冊（1 函）

　11 行 19 字

　登錄號 0000747/索書號 8020-011-004-026：2 冊（1 函），黃紙本；鈐印：竹泉珍秘圖籍、謏聞齋[顧錫麟]、孫星衍印、東魯觀察使者[孫星衍]、小綠天藏書[孫毓修]；紙張老化四周變黃，有污漬

1127

　志雅堂雜鈔：一卷 / （宋）周密撰. -- 抄本. -- 清. -- 1 冊（1 函）

　9 行 22 字

　登錄號 0000100/索書號 8020-002-005-003：1 冊（1 函），黃紙本；鈐印：古婁韓氏應陛載陽父子珍藏善本書籍印記[韓應陛]、松江讀有用書齋金山守山閣兩後人韓德均錢潤文夫婦之印[韓德均]、韓繩夫一名熙字价藩讀書印、熙韓繩夫印、价藩[韓繩夫]、張氏蒽玉[張珩]

1128

　南村輟耕錄：三十卷 / （明）陶宗儀撰. -- 刻本. -- 玉蘭草堂，明萬曆三十二年（1604）. -- 12 冊（2 函）

　10 行 21 字小字雙行同白口左右雙邊單魚尾

　書簽題：玉蘭草堂輟耕錄

　版心題：輟耕錄

　登錄號 0000165/索書號 8020-004-002-003：12 冊（2 函），白紙本；鈐印：北皮亭劉氏所藏祕笈、鹽山劉千里藏書、劉駒賢印、千里、劉伯子、駒賢長壽、劉千里、駒賢、劉駒賢[劉駒賢]、王毓任印、別字莘阿；卷 3 配抄本；有殘損葉，有水漬、污漬；有修補

1129

　輟耕錄：三十卷 / （明）陶宗儀撰. -- 刻本，重修. -- 明崇禎間虞山毛氏汲古閣刻，清初廣文堂重修. -- 8 冊

　10 行 21 字白口左右雙邊無魚尾

　書名葉題：南村陶宗儀訂 輟畊錄 廣文堂藏板

　登錄號 1-03490/索書號 8018-131-002-007：8 冊，黃紙本；鈐印：大雲山房、李南澗藏書印[李文藻]；

有朱筆圈點；斷版，紙張老化四周變黃，破損

登錄號 1-03491/索書號 8018-137-001-007：8 冊，黃紙本；斷版嚴重，紙張老化四周變黃變脆，缺書名葉，邊角破損

1130

筆疇：二卷 / （明）王達撰. -- 刻本. -- 明. -- 1 冊

8 行 18 字白口四周單邊

登錄號 善 014/索書號 7018-sb-014：1 冊，黃紙本；鈐印：曾在平原陸氏家、陸九公印；書葉殘缺；有修補

1131

慮得集：四卷，附錄二卷 / （明）華悰韡撰. -- 刻本. -- 無錫華繼祥，明萬曆四十二年（1614）. -- 1 冊

10 行 19 字白口半葉四周雙邊

書名葉題：無錫華氏慮得集 承先堂藏板

卷末記：里人施繼封書 何之清刻

登錄號 0000929/索書號 8020-015-002-008：1 冊，黃紙本；鈐印：理學文章世家；蟲蛀損壞，有殘破葉

1132

鄭子漫言：二卷 / （明）鄭善夫撰. -- 刻本. -- 明嘉靖十六年（1537）. -- 1 冊

10 行 21 字白口左右雙邊

卷首附：少谷子傳 / （明）黃縮撰

登錄號 0000739/索書號 8020-011-004-018：1 冊，白紙本；鈐印：林汲山房藏書[周永年]，孫毓修印、小綠天藏書[孫毓修]，璜川吳氏收藏圖書[吳銓]；書名葉為抄補；紙張老化四周變黃，有污漬

1133

李卓吾先生釋子須知：二卷 / （明）李贄撰. -- 刻本. -- 秣陵陳邦泰繼志齋，明萬曆四十年（1612）. -- 2 冊

9 行 18 字小字雙行同白口左右雙邊單魚尾

序及版心題：釋子須知

卷下卷端題：李卓吾先生批點釋子須知

卷首序末記：萬曆壬子冬陳邦泰錄梓于繼志齋中

登錄號 善 098/索書號 7018-sb-095：2 冊，黃紙本；

紙張老化變色；有修補

1134

五雜組：十六卷 / （明）謝肇淛著. -- 刻本. -- 明. -- 5 冊

9 行 18 字白口左右雙邊單魚尾

登錄號 0000900/索書號 8020-014-005-006：5 冊，黃紙本；鈐印：精敏堂藏書，水尾氏藏；有朱筆題記、圈點；蟲蛀損壞，有殘缺葉，水涸變形

1135

寶顏堂增訂讀書鏡：十卷 / （明）陳繼儒撰. -- 刻本. -- 明. -- 2 冊. -- （寶顏堂秘笈 /〈明〉陳繼儒輯）

9 行 19 字白口左右雙邊單白魚尾

版心題：讀書鏡

登錄號 善 195/索書號 7018-sb-189：2 冊，黃紙本；鈐印：龍山蟄廬藏書之章，古莘陳氏子子孫孫永寶用，放情丘壑，閒雲野鶴；有佚名朱筆圈點、批校，卷前佚名抄眉公雜著目錄；紙張老化變黃變脆，蟲蛀損壞，版心開口，邊角鼠嚙

登錄號 1-01216/索書號 8018-172-002-014：2 冊，黃紙本；鈐印：張潛園藏書記，張競仁印；紙張老化變黃變脆，版心開口，有水漬，書衣磨損

1136

小窗自紀：四卷 / （明）吳從先撰 ；（明）張榜選 ；（明）陳繼儒訂. -- 刻本. -- 明末. -- 9 冊

8 行 18 字白口四周雙邊單魚尾

登錄號 0000766/索書號 8020-012-002-003：9 冊（合 2 函：冊 1-9），與《小窗清紀》合刻，黃紙本；鈐印：渤海陳氏家藏；有修補

1137

問奇類林：三十五卷 / （明）郭良翰纂輯 ；（明）黃吉士等訂正. -- 刻本. -- 明萬曆間. -- 6 冊

9 行 20 字白口四周單邊

有明萬曆三十七年（1609）序

登錄號 善 044/索書號 7018-sb-041：6 冊，黃紙本；鈐印：古遂張氏，世德堂印；缺 11 卷：卷 5-15；紙張老化變脆變黃，邊角破碎，水漬損壞，裝訂斷綫

1138

菜根譚 ： 前集一卷，後集一卷 / （明）洪自誠撰. -- 刻本. -- 明. -- 2 冊

8 行 18 字白口四周單邊或雙邊單魚尾

登錄號 1-01432/索書號 8018-172-002-007：2 冊，黃紙本；鈐印：竹莊、上官周印［上官周］；有斷版，字跡不清；書葉破損，有污漬

1139

蒿菴閒話 ： 二卷 / （清）張爾岐撰. -- 刻本. -- 益都李文藻潮陽縣衙，清乾隆四十年（1775）. -- 2 冊

11 行 22 字黑口左右雙邊單魚尾，偶見雙魚尾

書名葉題：乾隆乙未鎸 蒿菴閒話 潮陽縣衙存版

登錄號 善 122/索書號 7018-sb-119：2 冊，黃紙本；有佚名墨筆批校；紙張老化變脆變黃，蟲蛀損壞，有水漬、污漬，書衣破損

1140

鈍吟老人雜錄 ： 十卷 / （清）馮班撰. -- 刻本. -- 清康熙間. -- 1 冊（1 函）

14 行 21 字小字雙行同黑口左右雙邊單魚尾

書名葉題：鈍唫雜錄

目錄及版心題：鈍吟雜錄

卷末附玉橋錄趙執信鈍吟全集序

登錄號 善 211/索書號 7018-sb-205：1 冊（1 函），黃紙本；鈐印：程守中，但求無愧我心，明月前身，春山低翠，秋水冰流，生涯數卷書，崔夢軒，歸天圻印、歸天圻，虞山沈氏希任齋劫餘［沈養孫］，曾在沈芳圃家；有玉橋、元康及佚名跋，玉橋朱、藍筆過錄何焯、木菴批語

1141

池北偶談 ： 二十六卷 / （清）王士禛撰. -- 刻本. -- 臨汀郡署，清康熙三十九至四十年（1700-1701）. -- 6 冊（1 函）

11 行 23 字黑口左右雙邊單魚尾

書名葉題：康熙庚辰夏五 池北偶談 臨汀郡署授梓

登錄號 1-04029/索書號 8018-149-003-014：6 冊（1 函），白紙本；紙張老化變黃，水涸等損壞，有墨漬，版心開口，裝訂裂散

1142

古夫于亭雜錄 ： 五卷 / （清）王士禛撰. -- 刻本，重印. -- 清康熙間刻，清重印. -- 1 冊

10 行 19 字黑口左右雙邊雙順魚尾

著者署“漁洋山人”，即（清）王士禛號

有清康熙六十年（1721）序

登錄號 1-05994/索書號 8009-117-001-009：1 冊，與《古夫于亭藳》合印，黃紙本；卷末缺葉，蟲蛀損壞，裝訂斷綫

1143

藜牀囈語 ： 六卷 / （清）程瑞祊述 ；（清）程世綏錄. -- 刻本. -- 程氏一峰閣. -- 1 冊

10 行 21 字白口左右雙邊單魚尾

版心下記：一峰閣

登錄號 1-04146/索書號 8018-148-001-024：1 冊，黃紙本；斷版，邊角破損，有污漬

1144

西圃叢辨 ： 三十二卷 / （清）田同之纂集. -- 刻本. -- 清乾隆間. -- 8 冊（1 函）. -- （德州田氏叢書/〈清〉田雯等撰）

10 行 19 字小字雙行同黑口左右雙邊單魚尾

有清乾隆十九年（1754）序

登錄號 1-02842/索書號 8018-138-004-004：8 冊（1 函），黃紙本；字跡漫漶，書衣破損

1145

居易錄 ： 三十四卷 / （清）王士禛撰. -- 刻本，重印. -- 清康熙間刻，清雍正間重印. -- 8 冊（1 函）

10 行 20 字小字雙行同黑口左右雙邊單魚尾

卷端“禛”字避諱缺末筆

登錄號 1-04912/索書號 8018-164-001-011：8 冊（1 函），黃紙本；有斷版

1146

天祿識餘 ： 十二卷 / （清）高士奇輯. -- 刻本. -- 清康熙間. -- 2 冊

11 行 19 字黑口四周單邊雙順魚尾

有清康熙二十九年（1690）序

登錄號 1-04532/索書號 8018-167-003-013：2 冊，黃紙本；鈐印：賣文錢買得，所好群書，汪，振民經

眼，黃永年珍藏書畫印，椿衿之印；邊角破損，版心開口，有水漬，書衣損壞

1147

消夏錄：二卷／（清）余文儀鑒定；（清）黃任輯. -- 刻本. -- 清乾隆四十年（1775）. -- 1 冊

12 行 25 字白口四周單邊單魚尾

登錄號 1-03205／索書號 8018-131-004-011：1 冊，黃紙本；鈐印：曾藏林沙貽處；蟲蛀殘缺，裝訂斷綫

1148

陔餘叢考：四十三卷／（清）趙翼撰. -- 刻本. -- 陽湖趙翼湛貽堂，清乾隆五十五年（1790）. -- 12 冊（1 函）. --（甌北全集／〈清〉趙翼撰）

11 行 21 字白口左右雙邊單魚尾

書名葉題：乾隆庚戌 陔餘叢考 湛貽堂藏板

登錄號 1010850／索書號 8011-008-005-010：12 冊，黃紙本；書衣磨損

登錄號 1-11903／索書號 8005-018-002-009：12 冊（1 函），黃紙本；邊角鼠嚙，裝訂裂散

1149

循陔纂聞：四卷／（清）周廣業撰. -- 抄本，烏絲欄. -- 海寧周勳常，清道光二年（1822）. -- 4 冊（1 函）

10 行 22 字白口四周單邊

登錄號 0000837／索書號 8020-014-001-005：4 冊（1 函），黃紙本；鈐印：李博仁印，種松莊；朱筆點校，卷末題"辛未秋日借校一過"並鈐印：自怡；書衣紙張老化、破損

〔子部　雜家類　雜考〕

1150

西溪叢語：二卷／（宋）姚寬撰. -- 刻本. -- 明. -- 2 冊（1 函）

9 行 20 字白口四周單邊單魚尾

登錄號 0000846／索書號 8020-014-001-014：2 冊（1 函），黃紙本；鈐印：賀良樸印[賀屢之]，石榮暲蓉城僊館藏書、陽新石榮暲藏[石榮暲]

1151

程氏演繁露續集：六卷／（宋）程大昌撰. -- 抄本. -- 清. -- 2 冊（1 函）

11 行 21 字

登錄號 0000945／索書號 8020-015-003-005：2 冊（1 函），黃紙本；鈐印：雙鑑樓藏書印[傅增湘]；卷末有民國十五年（1926）傅增湘識語；蟲蛀殘缺，有污漬，書衣破損；有修補

1152

野客叢書：三十卷，附錄野老記聞一卷／（宋）王楙撰. -- 刻本. -- 長洲王穀祥，明嘉靖四十一年（1562）. -- 8 冊（1 函）

10 行 20 字白口左右雙邊單白魚尾

目錄末記：長洲吳曜書 黃周賢等刻

附錄末記：壬戌仲冬朔月吳曜書完姚舜卿刻

附：宋王先生壙銘／（宋）郭紹彭撰

登錄號 0000941／索書號 8020-015-002-020：8 冊（1 函），白紙本；鈐印：曾在周叔弢處[周叔弢]

1153

野客叢書：三十卷，附錄野老紀聞一卷／（宋）王楙撰；（明）商維濬校. -- 刻本. -- 會稽商氏半埜堂，明萬曆間. -- 6 冊（1 函）. --（稗海／〈明〉商維濬輯）

9 行 20 字白口四周單邊單魚尾

附：宋王先生壙銘／（宋）郭紹彭撰

登錄號 1-04323／索書號 8018-152-001-002：6 冊（1 函），黃紙本

1154

古今攷：三十八卷／（宋）魏了翁撰；（元）方回續. -- 刻本. -- 上海王圻，明萬曆十二年（1584）. -- 5 冊

11 行 24 字白口四周雙邊

登錄號 0000158／索書號 8020-003-005-007：5 冊，黃紙本；蟲蛀嚴重損毀

1155

古今攷：三十八卷／（宋）魏了翁撰；（元）方回續；（明）謝三賓定. -- 刻本. -- 鄞縣謝三賓，明

崇禎間. -- 8 冊（1 函）

9 行 20 字白口四周單邊單魚尾

登錄號 0000164/索書號 8020-004-002-002：8 冊（1 函），黃紙本；鈐印：小綠天藏書、孫毓修印[孫毓修]；有蟲蛀等殘缺字，有水漬、污漬，裝訂裂散；有修補

1156

困學紀聞：二十卷 / （宋）王應麟撰 ；（清）閻若璩校勘. -- 刻本. -- 祁門馬氏叢書樓，清乾隆三年（1738）. -- 8 冊（1 函）

11 行 20 字小字雙行 29 字白口左右雙邊單魚尾

書名葉題：閻百詩先生校勘 困學紀聞 叢書樓藏板

校勘者據書名葉題

卷末有清乾隆三年（1738）馬曰璐刻書跋

登錄號 1-03547/索書號 8018-133-006-003：8 冊（1 函），黃紙本；紙張老化變黃變脆，邊角破損

1157

困學紀聞：二十卷 / （宋）王應麟撰. -- 刻本. -- 清. -- 4 冊

11 行 20 字小字雙行 29 字白口左右雙邊單魚尾

卷末有清乾隆三年（1738）馬曰璐刻書跋

登錄號 1-00338/索書號 8018-192-002-010：4 冊，黃紙本；鈐印：余孟陽章；有佚名朱筆圈點，紙張老化變黃，書衣磨損

1158

丹鉛餘錄 ：十七卷 / （明）楊慎撰. -- 刻本. -- 明嘉靖十六年（1537）. -- 4 冊（1 函）

10 行 20 字白口四周單邊無魚尾

版本年據王廷表序

登錄號 0000166/索書號 8020-004-002-004：4 冊（1 函），白紙本；鈐印：求是室藏本；有水漬

1159

丹鉛總錄 ：二十七卷 / （明）楊慎撰. -- 刻本，藍印. -- 滇南梁佐，明嘉靖三十三年（1554）. -- 10 冊

11 行 24 字白口四周雙邊單魚尾

登錄號 0000321/索書號 8020-006-005-007：10 冊，白紙本；有朱筆圈點；鼠囓、水洇等破損嚴重，首尾

殘缺，書衣散失，裝訂裂散

1160

秋林伐山 ：二十卷 / （明）楊慎撰. -- 刻本. -- 許少崖，明萬曆三年（1575）. -- 4 冊（1 函）

9 行 21 字白口四周雙邊單魚尾

登錄號 0000806/索書號 8020-013-002-006：4 冊（1 函）；有修補

1161

秋林伐山 ：二十卷 / （明）楊慎撰. -- 刻本. -- 巴郡楊芳，明萬曆三十四年（1606）. -- 2 冊

9 行 19 字白口四周雙邊

登錄號 0000811/索書號 8020-013-003-001：2 冊，白紙本；鈐印：潁中氏馮珧珍藏；蟲蛀等損壞嚴重，書葉殘缺，書衣散失，裝訂裂散

1162

通雅 ：五十二卷，卷首三卷 / （明）方以智輯著 ；（清）姚文燮校訂. -- 刻本. -- 桐城姚氏浮山此藏軒，清康熙五年（1666）. -- 12 冊（2 函）

10 行 24 字小字雙行同白口四周單邊單魚尾

書名葉題：方密之先生手輯姚經三先生校定 通雅 本衙藏板

版心下記：浮山此藏軒

有清康熙五年（1666）姚文燮序

登錄號 1-03187/索書號 8018-136-006-003：12 冊（2 函），黃紙本；有抄補，紙張老化四周變黃變脆

1163

通雅 ：五十二卷，卷首三卷 / （明）方以智輯撰 ；（清）姚文燮校訂. -- 刻本. -- 清. -- 12 冊（2 函）

10 行 24 字小字雙行同白口四周單邊單魚尾

書名葉題：方密之先生手輯姚經三先生校定 通雅 浮山此藏軒藏板

版心下記：浮山此藏軒

登錄號 1-04068/索書號 8018-155-001-004：12 冊（2 函），黃紙本；鈐印：秀水莊氏蘭味軒收藏印[莊祖基]、中國營造學社圖籍；紙張老化四周變黃變脆，邊角鼠囓，書衣破損、散失，裝訂裂散

1164

通雅 ：五十二卷，卷首三卷 ／（明）方以智輯撰；（清）姚文燮校訂. -- 刻本. -- 立教館，清. -- 20冊（2函）

10行24字小字雙行同白口四周單邊單魚尾

書名葉題：方密之先生手輯 姚經三先生校定 通雅 立教館校鑴

有清康熙五年（1666）姚文燮序

登錄號 1-04067／索書號 8018-147-004-002：20冊（2函），白紙本；裝訂斷綫

1165

初學辨體［增刪定本］：不分卷 ／（清）楊爾茂鑒定 ；（清）邵瞻兩論政 ；（清）徐與喬輯評. -- 刻本. -- 清康熙十七年（1678）. -- 8冊（1函）：圖

9行26字小字雙行同白口四周單邊無魚尾，無直欄

版心下記：增刪定本

書眉上刻評

行間刻圈點評語

登錄號 1010473／索書號 8011-005-002-011：8冊（1函），黃紙本；有朱筆圈點；字跡不清，偶有漫漶，葉碼不連貫；破損，有水漬

1166

潛邱劄記 ：六卷 ／（清）閻若璩撰. -- 刻本. -- 太原閻學林眷西堂，清乾隆九年（1744）. -- 6冊（1函）

11行20字白口左右雙邊單魚尾

書名葉題：太原閻百詩先生集 潛邱劄記 眷西堂藏板

版心下記：眷西堂

序至清乾隆十年（1745）

登錄號 1-04015／索書號 8018-152-002-009：6冊（1函），黃紙本；鈐印：松崎鶴雄；紙張老化四周變黃變脆，書衣破損

登錄號 1-00174／索書號 8018-191-003-003：6冊，黃紙本；首尾殘缺，蟲蛀損壞

1167

古今釋疑 ：十八卷 ／（清）方中履撰. -- 刻本. -- 清康熙間. -- 12冊（1函）

8行20字小字雙行同上下白口中綫黑口左右雙邊單白魚尾

書名葉題：楊竹菴先生鑒定 桐城方素本先生著 古今釋疑 汗青閣藏

有清康熙二十七年（1688）序

登錄號 1-05969／索書號 8009-110-005-006：12冊（1函），黃紙本；紙張老化四周變黃；有修補

1168

焠掌錄 ：二卷 ／（清）汪啟淑輯. -- 刻本. -- 歙縣汪氏開萬樓，清. -- 2冊（1函）

8行17字小字雙行同白口左右雙邊單魚尾

版心下記：開萬樓

登錄號 善079／索書號 7018-sb-076：2冊（1函），黃紙本，金鑲玉裝訂，紅色灑金布書衣；鈐印：得此書貴能讀 若徒藏不如儥，沙濱朱氏之田，曾在趙元方家、元方藏書［趙元方］；字跡漫漶模糊；書葉殘缺，書衣邊角磨損

1169

桂未谷劄記手稿 ：一卷 ／（清）桂馥撰. -- 稿本，原件粘貼. -- 清. -- 1冊

行字不等無欄格

書名據套簽題

登錄號 碑帖349／索書號 7018-sb-268：1冊，黃紙本，經折裝；著者鈐印：桂馥信印、冬卉、馥、未谷、瀆井復民，收藏印：憚廬、憚子舊學；有梁啟超題套簽

1170

雜考 ：一卷 ／（清）佚名撰. -- 寫本，朱格. -- 福州：青藜書屋，清. -- 1冊

6行25字小字雙行同白口四周雙邊

書名代擬

箋紙，版心上方多印有"青藜書屋"，邊框外側左下方偶見"福省安民巷口述經堂"、"福省總督口賽洛陽"字樣

登錄號 善059／索書號 7018-sb-056：1冊，黃紙本，金鑲玉裝訂；卷首缺葉，字跡殘缺；蟲蛀修補

〔子部 雜家類 雜記〕

1171

世說新語 ：六卷 / （南朝宋）劉義慶撰 ；（南朝梁）劉峻注. -- 刻本. -- 閩中鄧原岳，明萬曆三十二年（1604）. -- 6 冊（1 函）

劉峻，字孝標

10 行 20 字小字雙行同白口左右雙邊雙魚尾

有鄧原岳刻書序

登錄號 0000715/索書號 8020-011-003-010：6 冊（1 函），黃紙本；紙張老化變黃

1172

世說新語 ：八卷 / （南朝宋）劉義慶撰 ；（南朝梁）劉峻注 ；（明）張懋辰訂. -- 刻本. -- 明萬曆間. -- 2 冊（1 函）

9 行 19 字小字雙行同白口四周單邊單白魚尾

登錄號 0001057/索書號 8020-016-004-029：2 冊（1 函），黃紙本；鈐印：鮑卓雲閱書、卓雲校讀；扉葉有鮑卓雲校記；邊角磨損

1173

世說新語 ：六卷 / （南朝宋）劉義慶撰 ；（南朝梁）劉峻注. -- 刻本. -- 三畏堂，明. -- 6 冊（1 函）

9 行 18 字小字雙行同白口四周雙邊單白魚尾

書名葉題：劉須溪先生纂輯 世說新語補 三畏堂梓行

有明嘉靖十四年（1535）刻書序

登錄號 0000622/索書號 8020-010-002-008：6 冊（1 函），黃紙本；鈐印：石雪藏書［徐宗浩］；首尾有抄補（卷首抄明萬曆三十二年鄧原岳序）；蟲蛀損壞

1174

世說新語 ：三卷 / （南朝宋）劉義慶撰. -- 寫本，朱絲欄. -- 光山胡氏培蔭軒，清乾隆嘉慶間. -- 4 冊（1 函）

9 行 18 字白口左右雙邊單魚尾

登錄號 0000642/索書號 8020-010-003-015：4 冊（1 函），黃紙本；鈐印：銕龕藏書、鐵龕所讀［王永江］，書窠，壽生，胡義質印；紙張老化變黃，蟲蛀

1175

李卓吾批點世說新語補 ：二十卷，附釋名一卷 / （南朝宋）劉義慶撰 ；（南朝梁）劉峻注 ；（宋）劉辰翁批 ；（明）何良俊增補 ；（明）王世貞刪定 ；（明）王世懋批釋 ；（明）李贄批點 ；（明）張文柱校注. -- 刻本. -- 張文柱，明萬曆十四年（1586）. -- 5 冊

上下兩欄 9 行，上欄小字雙行 6 字、下欄 18 字小字雙行同，白口四周單邊

版心題：批點世說補

登錄號 0000803/索書號 8020-013-002-003：5 冊，黃紙本；鈐印：纘先弍字燿廷，臣俞世發之印；蟲蛀等損壞嚴重，書衣散失

1176

世說新語補 ：二十卷，附釋名一卷 / （南朝宋）劉義慶撰 ；（南朝梁）劉峻注 ；（宋）劉辰翁批 ；（明）何良俊增補 ；（明）王世貞刪定 ；（明）王世懋批釋 ；（明）張文柱校注 ；（明）王湛，（明）彭燧校訂. -- 刻本. -- 明萬曆間. -- 10 冊

9 行 18 字小字雙行同白口左右雙邊單白魚尾

有明萬曆十四年（1586）陳文燭序

登錄號 0000801/索書號 8020-013-002-001：10 冊，黃紙本；紙張老化變脆、破損

登錄號 0000802/索書號 8020-013-002-002：6 冊，白紙本；蟲蛀損壞嚴重，書衣散失

1177

大唐新語 ：十三卷 / （唐）劉肅撰. -- 刻本，遞修. -- 明萬曆間刻，清康熙乾隆間遞修. -- 4 冊

9 行 20 字小字雙行同白口四周單邊單魚尾

登錄號 善 114/索書號 7018-sb-111：4 冊，白紙本；末葉有慶基跋一則；有斷版、字跡模糊處，卷 2、5、8 缺葉；有水漬

1178

儒林公議 ：二卷 / （宋）［田況］撰. -- 刻本. -- 明. -- 1 冊

9 行 20 字白口四周雙邊單魚尾

登錄號 1-02939/索書號 8018-131-001-011：1 冊，黃紙本；鈐印：千卷聞書樓藏；有斷版，書衣磨損

1179

　歸潛志　：十四卷 / （元）劉祁撰. -- 活字本，木活字. -- 武英殿，清乾隆間. -- 4 冊（1 函）. --（武英殿聚珍版叢書）

　　9 行 21 字小字雙行同白口四周雙邊單魚尾

　　有清乾隆四十四年（1779）提要

　　登錄號 0000827/索書號 8020-013-005-006：4 冊（1 函），黃紙本；紙張老化四周變黃，書衣散失，裝訂裂散

1180

　柞林紀譚　：一卷 / （明）李贄譚 ；（明）袁中道紀. -- 刻本. -- 清響齋，明萬曆間. -- 1 冊. --（三先生逸書：五卷）

　　8 行 19 字白口四周單邊

　　版心下記：清響齋藏板

　　有明萬曆四十五年（1617）聞啟祥序

　　登錄號 善 099/索書號 7018-sb-096：1 冊，黃紙本，金鑲玉裝訂；有墨漬；有修補

1181

　西山日記　：二卷 / （明）丁元薦撰. -- 刻本. -- 長興丁氏先醒齋，清康熙二十八年（1689）. -- 6 冊（1 函）

　　10 行 22 字白口四周雙邊單魚尾

　　書名葉題：故鄲丁長孺先生著 西山日記 先醒齋藏板

　　登錄號 0000153/索書號 8020-003-005-002：6 冊（1 函），黃紙本；蟲蛀殘缺，書衣破損，裝訂綫脫落；有修補

1182

　四序嘉辰　：四卷 / （明）王毓芝撰. -- 抄本. -- 吹劍齋，明末. -- 4 冊

　　9 行 20 字白口四周單邊

　　書名據序題

　　登錄號 0000905/索書號 8020-014-005-010：4 冊，黃紙本，毛裝；蟲蛀殘損，缺葉，有水漬；有修補

1183

　玉劍尊聞　：十卷 / （清）梁維樞撰. -- 刻本. -- 賜麟堂，清順治間. -- 1 冊

　　8 行 20 字小字單行同白口四周單邊無單魚尾

　　有清順治十四年（1657）序

　　登錄號 1-06876/索書號 8009-120-004-003：1 冊，黃紙本，鈐印：藏園、傅增湘，石雪藏書[徐宗浩]，三百五十九日齋；存 2 卷：卷 1-2；邊角蟲蛀損壞

〔子部　雜家類　雜品〕

1184

　墨娥小錄　：十四卷. -- 抄本. -- 清. -- 1 冊

　　10 行 20 字

　　據明隆慶五年（1571）吳繼聚好堂刻本抄

　　登錄號 1012849/索書號 8011-024-004-025：1 冊，白紙本，毛裝；鈐印：張氏蕙玉[張珩]；存 6 卷：卷 1-6，書衣散失

1185

　新增格古要論　：十三卷 / （明）曹昭著 ；（明）舒敏編校 ；（明）王佐校增 ；（明）黃正位重校. -- 刻本. -- 新都黃正位淑躬堂，明萬曆間. -- 6 冊（1 函）

　　10 行 20 字白口四周單邊單魚尾

　　書名葉題：雲間曹明仲著訂 吉水王功載增輯 增訂格古要論 淑躬堂藏板

　　版心題：格古要論 吳應芝梓

　　明洪武二十一年（1388）曹昭撰成《格古要論》三卷，後王佐增補為十三卷，即《新增格古要論》

　　登錄號 0000470/索書號 8020-008-005-009：6 冊（1 函），黃紙本；書衣破損，裝訂裂散

1186

　清秘藏　：二卷 / （明）被褐先生授 ；（明）張謙德述. -- 刻本. -- 真賞齋，明末. -- 2 冊

　　9 行 20 字小字雙行同白口左右雙邊無魚尾，無直欄

　　卷末記：真賞齋鑴

　　登錄號 1-03149/索書號 8018-131-002-008：2 冊，黃紙本；蟲蛀損壞，有水漬，裝訂裂散

1187

　清閒供　：八卷 / （明）程羽文輯著. -- 刻本. -- 明. -- 2 冊

9 行 20 字白口左右雙邊單白魚尾

登錄號 1-01268/索書號 8018-172-002-013：2 冊，黃紙本；鈐印：馬興安印；邊角破損，有水漬、污漬，裝訂裂散

1188

硯山齋雜記 ：二卷 / （清）孫炯撰. -- 抄本. -- 清. -- 2 冊（1 函）

10 行 21 字

登錄號 0000757/索書號 8020-011-005-007：2 冊（1 函），黃紙本，金鑲玉裝訂；鈐印：永壽

〔子部 雜家類 雜纂〕

1189

居家必用事類全集 ：十集 / （元）佚名撰. -- 刻本. -- 明. -- 9 冊

9 行 16 字小字雙行同黑口四周雙邊雙魚尾

登錄號 1-01662/索書號 8018-172-005-027：9 冊，白紙本；鈐印：梁清遠，方源盛；缺 1 集：庚集；破損嚴重，有污漬

1190

百家類纂 ：四十卷，六家總論一卷 / （明）沈津纂輯. -- 刻本. -- 明隆慶元年（1567）. -- 35 冊

11 行 22 字白口左右雙邊單魚尾

登錄號 0000987、0001123/索書號 8020-016-001-005：35 冊，黃紙本；鈐印：乾隆御覽之寶；有斷版，開本大小不同，缺 3 卷：卷 8、23、38；鼠嚙、蟲蛀等損壞，書衣散失，裝訂裂散，有水漬

1191

古今書抄[隱覽] ：一卷 / （明）屠本畯編次 ；（明）柴懋賢校訂. -- 刻本. -- 明. -- 1 冊

9 行 20 字白口左右雙邊單魚尾

版心題：書抄

登錄號 1-02719/索書號 8018-130-004-008：1 冊，黃紙本，與《雜纂續》、《雜纂二續》合訂；鈐印：杭州王氏九峰舊廬藏書之章[王體仁]；卷端書名後墨筆增"隱覽全"三字

1192

鍥鍾伯敬先生秘集 ：十五種，十五卷 / （明）鍾惺輯 ；（明）葉舟校. -- 刻本. -- 明末. -- 4 冊（1 函）

9 行 20 字白口左右雙邊單白魚尾，無直欄

登錄號 0000104/索書號 8020-002-005-007：4 冊（1 函），黃紙本；鈐印：思敬問齋珍藏，餘姚謝氏永耀樓藏書[謝光甫]；紙張老化變脆變黃，有殘缺葉；蟲蛀修補

1193

小窗清紀 ：不分卷 / （明）吳從先撰輯 ；（明）林柉，（明）何偉然等校閱. -- 刻本. -- 明末. -- 9 冊

8 行 18 字白口四周雙邊單魚尾

登錄號 0000766/索書號 8020-012-002-003：9 冊（合 2 函：冊 10-18），與《小窗自紀》合刻，黃紙本

1194

最樂編 ：二卷，續集一卷 / （明）高道淳輯 ；（明）魏大中定 ；（清）錢以塏訂 ；（清）錢煐續輯. -- 刻本. -- 嘉善錢以塏，清康熙四十八年（1709）. -- 1 冊

10 行 21 字黑口左右雙邊單魚尾

登錄號 1-04848/索書號 8018-167-001-013：1 冊，黃紙本；卷末有清雍正十一年（1733）佚名墨筆記事；蟲蛀損壞，有污漬

1195

玉芝堂談薈 ：三十六卷 / （明）徐應秋輯. -- 刻本. -- 清康熙四十二年（1703）. -- 20 冊（4 函）

9 行 19 字白口四周單邊單魚尾

版心題：談薈

版本年據補刻序

登錄號 0000814/索書號 8020-013-003-004：20 冊（4 函），白紙本；目錄有抄補，有水漬、污漬，書衣破損

1196

古逸書 ：三十卷，首卷一卷，附語一卷 / （明）潘基慶選註. -- 刻本. -- 明萬曆間. -- 8 冊（1 函）

8 行 20 字小字雙行同白口四周單邊單魚尾

書名據總目及凡例題

有明萬曆三十九年（1611）潘基慶跋

登錄號 0000172/索書號 8020-004-003-004：8 冊
（1 函），黃紙本；鈐印：長白毓本務旃父讀書, 李卓然
印；紙張老化變脆變黃

1197

不如賤類鈔：三卷 /（明）不如子輯. -- 刻本. --
明. -- 6 冊（1 函）

9 行 20 字白口四周單邊單魚尾

版心題：賤類鈔

下卷卷端題：賤類紀言鈔

不如子，真實姓名不詳

登錄號 善 118/索書號 7018-sb-115：6 冊（1 函），
黃紙本；鈐印：齊林玉世子孫永寶用；紙張老化變
脆變黃，書葉殘缺、破損；有修補

1198

備吹錄二集：二十一卷 /（明）石室老人輯. -- 抄
本. -- 清. -- 6 冊

11 行 22 字

登錄號 0000413/索書號 8020-008-001-005：6 冊，
黃紙本；鈐印：鄞林氏黎照廬藏書印、林集虛印、心
齋[林集虛]；蟲蛀損壞，書衣破損

1199

宋稗類鈔：八卷 /（清）潘永因編輯 ；（清）潘
永圜訂定. -- 刻本. -- 清康熙間. -- 8 冊（1 函）

10 行 24 字白口四周單邊單魚尾，無直欄

有清康熙八年（1669）序

登錄號 1012590/索書號 8011-021-002-003：8 冊
（1 函），黃紙本；鈐印：宴坐養和齋書畫記，海上武
陵季子少梅氏珍藏書畫印、武陵顧氏藏本[顧少梅]，
碧葉館藏[傅惜華]；輕微水漬

1200

同書：四卷 /（清）周亮工輯. -- 刻本. -- 周
氏樓林，清順治六年（1649）. -- 4 冊（1 函）

8 行 16 字白口四周單邊

書名葉題：周櫟園先生輯 同書 樓林藏板

登錄號 0000379/索書號 8020-007-003-013：4 冊

（1 函），黃紙本；蟲蛀修補

1201

因樹屋書影：十卷 /（清）周亮工撰. -- 刻本. --
祥符周氏，清雍正三年（1725）. -- 6 冊（1 函）

9 行 18 字小字雙行同白口四周單邊白魚尾

著者署"櫟下老人"，（清）周亮工號

登錄號 1-06420/索書號 8009-116-004-005：6 冊
（1 函），黃紙本；紙張老化變黃變脆，裝訂斷綫

1202

鐵圍筆錄：二卷 /（清）佚名輯. -- 抄本. -- 清.
-- 2 冊（1 函）

書名據書衣題

有清嘉慶間紀事

登錄號 0000813/索書號 8020-013-003-003：2 冊
（1 函），黃紙本

1203

南枝臘馥：不分卷 /（清）闞天麟纂. -- 稿本. --
清末. -- 2 冊

行字不等，無欄格

書名代擬

登錄號 善 199/索書號 7018-sb-193：2 冊，黃紙本，
金鑲玉裝訂；有癸亥（1923）張伯英題識二則并鈐印：
清晏歲豐之室、張伯英印、少溥、張少溥；上冊書衣
破損、裝訂斷綫

1204

滄甫秉燭錄：一卷 /（清）徐受虁撰輯. -- 稿本,
朱絲欄. -- 清光緒三十二年（1906）. -- 1 冊

10 行字數不等綫朱口四周雙邊

書名據書衣題

書內除自撰物產錄、銘、聯、信函外，還錄有清光
緒三十年張之洞駁金幣金價及王清穆長江一帶商情、
籌辦商學堂等折片

登錄號 善 066/索書號 7018-sb-063：1 冊，黃紙本，
附散葉二紙；邊角破損，有水漬，書衣磨損

〔子部　雜家類　善書〕

1205

樂善錄：二卷 / （宋）李昌齡撰；（明）商濬校.
-- 刻本. -- 會稽商濬，明萬曆間. -- 1 冊（1 函）

9 行 20 字白口四周單邊單魚尾

登錄號 1-02979/索書號 8018-145-002-001：1 冊
（1 函）；鈐印：文安邢氏

1206

熙朝人鑒：二集八卷 / （清）丁承祜編. -- 刻本.
-- 清光緒十三年（1887）. -- 8 冊（1 函）

9 行 21 字白口四周雙邊單魚尾

書簽題：熙朝人鑑

牌記題：光緒丁亥孟春開雕仲秋告成 板現存保定府
署前文華齋 每部工料京錢壹仟貳百文 白紙另議

登錄號 1-03625/索書號 8018-140-003-009：8 冊
（1 函），黃紙本；裝訂斷綫

〔子部　小說家類〕

1207

山海經：十八卷 / （晉）郭璞傳. -- 刻本. -- 歙
縣項絪群玉書堂，清康熙五十四年（1715）. -- 2 冊

11 行 21 字小字雙行同白口四周單邊單魚尾

書名葉題：依宋本校定 山海經 項氏群玉書堂

目錄及卷末記：歙縣項絪校刊

登錄號 1-02971/索書號 8018-131-001-039：2 冊，
黃紙本；鈐印：樂是簃、芝庵、芝庵藏書、繼卿、田
季貞讀，看雲翁，欲知千載上 正賴古人書

1208

新刻博物志：十卷，續十卷 / （晉）張華撰；（晉）
李石續 ；（明）胡文煥校. -- 刻本. -- 錢塘胡氏文
會堂，明萬曆天啓間. -- 2 冊. --（格致叢書/〈明〉
胡文煥輯）

10 行 20 字白口左右雙邊雙白魚尾

版心及目錄題：博物志

登錄號 1-03296/索書號 8018-131-002-009：2 冊，
黃紙本；鈐印：李、李文田、仲約[李文田]；《續博物

志》扉葉有清光緒乙未（1895）李文田題識並鈐印：
自書自勘不辭勞；紙張老化四周變黃，書末書葉殘缺，
裝訂斷綫

1209

西京雜記：六卷 / 題（晉）葛洪集；（明）唐琳
點校. -- 刻本. -- 新都唐琳，[明末]. -- 2 冊（1
函）

9 行 20 字白口左右雙邊

著者一題（漢）劉歆

登錄號 0000606/索書號 8020-010-001-001：2 冊
（1 函），黃紙本；鈐印：瑞熙讀過、瑞熙北游所得、
李氏藏書畫印；有修補

1210

王子年拾遺記：十卷 / （晉）王嘉撰 . -- 刻本.
-- 明萬曆間. -- 1 冊

9 行 20 字白口四周單邊單魚尾

版心題：拾遺記

登錄號 1-04577/索書號 8018-166-004-003：1 冊，
黃紙本；鈐印：雪苑宋氏蘭揮藏書記[宋筠]

1211

酉陽雜俎：二十卷，續集十卷 / （唐）段成式撰；
（明）毛晉訂. -- 刻本. -- 虞山毛氏汲古閣，明崇
禎間. -- 4 冊（1 函）. --（津逮秘書：十五集/〈明〉
毛晉輯）

9 行 19 字白口左右雙邊

登錄號 1-02843/索書號 8018-141-004-015：4 冊
（1 函），黃紙本；鈐印：惜華讀書、碧葉館藏[傅惜華]；
紙張老化變黃，水洇；書衣更換

1212

河東先生龍城錄：二卷 / （唐）柳宗元撰. -- 刻
本. -- 濟美堂，明. -- 1 冊

9 行 17 字小字雙行同白口四周雙邊雙魚尾

版心下記：濟美堂

登錄號 0000860/索書號 8020-014-002-009：1 冊；
鈐印：小綠天經藏、孫毓修印、小綠天藏書[孫毓修]，
清虛居士

1213

雲谿友議 ：三卷 / （唐）范攄撰. -- 刻本. -- 明
嘉靖萬曆間. -- 2 冊

10 行 19 字小字雙行同白口左右雙邊單魚尾

版心下記刻工：章甫言、章右之、章扦

登錄號 善 134/索書號 7018-sb-129：2 冊，黃紙本；
蟲蛀嚴重，有黃斑

1214

義山雜纂 ：一卷 / （唐）李商隱撰. -- 刻本. --
明. -- 1 冊

9 行 20 字白口左右雙邊單白魚尾

登錄號 1-04895/索書號 8018-168-002-005：1 冊，
與《韓奉議鸚歌傳》、《中山狼傳》合刻，與《新刻師
曠禽經》、《新刻獸經》合訂，黃紙本；鈐印：達、泉；
紙張老化變黃變脆，破損；有修補

1215

劇談錄 ：二卷 / （唐）康駢撰. -- 刻本. -- 明
嘉靖萬曆間. -- 1 冊

10 行 19 字小字雙行同白口左右雙邊單魚尾

首葉版心下記：章甫言刊（章甫言，明嘉靖萬曆間
刻工）

登錄號 善 133/索書號 7018-sb-128：1 冊，黃紙本；
鈐印：慶遠；存 1 卷：卷下，蟲蛀損壞，有黃斑

1216

三水小牘 ：二卷 / （唐）皇甫枚撰. -- 刻本. --
餘姚盧氏抱經堂，清乾隆五十七年（1792）. -- 1 冊.
-- （抱經堂叢書/（清）盧文弨輯）

10 行 21 字小字雙行同白口左右雙邊單魚尾

序末記：金陵劉文奎鋟字

登錄號 1-02778/索書號 8018-130-001-021：1 冊，
黃紙本；書衣磨損

1217

雜纂續 ：一卷 / （宋）王君玉纂 ；（明）陸行校.
-- 刻本. -- 明. -- 1 冊

9 行 20 字白口左右雙邊單白魚尾

登錄號 1-02719/索書號 8018-130-004-008：1 冊，
與《雜纂二續》合刻，與《古今書抄·隱覽》合訂，
黃紙本；鈐印：杭州王氏九峰舊廬藏書之章［王體仁］

1218

雜纂二續 ：一卷 / （宋）蘇軾纂 ；（明）陸興校
閱. -- 刻本. -- 明. -- 1 冊

9 行 20 字白口左右雙邊單白魚尾

（宋）蘇軾，字子瞻

登錄號 1-02719/索書號 8018-130-004-008：1 冊，
與《雜纂續》合刻，與《古今書抄·隱覽》合訂，黃
紙本

1219

韓奉議鸚歌傳 ：一卷 / （宋）何遠撰. -- 刻本. --
明. -- 1 冊

9 行 20 字白口左右雙邊單白魚尾

版心題：鸚歌傳

登錄號 1-04895/索書號 8018-168-002-005：1 冊，
與《中山狼傳》、《義山雜纂》合刻，與《新刻師曠禽
經》、《新刻獸經》合訂，黃紙本；紙張老化變黃變脆

1220

中山狼傳 ：一卷 / （宋）謝良撰 ；（明）程羽文
校. -- 刻本. -- 明. -- 1 冊

9 行 20 字白口左右雙邊單白魚尾

登錄號 1-04895/索書號 8018-168-002-005：1 冊，
與《韓奉議鸚歌傳》、《義山雜纂》合刻，與《新刻師
曠禽經》、《新刻獸經》合訂，黃紙本；紙張老化變黃
變脆，破損；有修補

1221

涉異志 ：一卷 / （明）閔文振撰. -- 刻本. -- 明.
-- 1 冊. -- （類編古今名賢彙語）

10 行 23 字白口四周單邊

版心下記刻工：陳友、劉福成、葉世榮、葉文輝

登錄號 0001050/索書號 8020-016-004-022：1 冊，
與《庚巳編》合印，白紙本；書衣破損，裝訂裂散，
有水漬、污漬

1222

庚己編 ：一卷 / （明）陸粲撰. -- 刻本. -- 明.
-- 1 冊. -- （類編古今名賢彙語）

10 行 23 字白口四周單邊

版心下記刻工：陳友、劉福成、葉世榮、葉文輝

登錄號 0001050/索書號 8020-016-004-022：1 冊，

與《涉異志》合印，白紙本；書衣破損，裝訂裂散，
有水漬、污漬

1223

何氏語林：三十卷／（明）何良俊撰並註. -- 刻
本. -- 華亭何氏清森閣，明嘉靖二十九年（1550）. --
6 冊

10 行 20 字小字雙行同白口左右雙邊雙魚尾

版心下記刻工：朱、后、顧、沈、何、六宗華、楊
仁、国、陸、朱、章意、姚、承、春、張、華、義、
儀、瑞、丞、恩、厚

登錄號 善 095／索書號 7018-sb-092：6 冊，白紙本；
鈐印：劉增家藏子子孫孫其永寶用；缺 10 卷：卷 1-7、
25-27；缺字，紙張老化變脆四周變黃；有修補

1224

山中一夕話：七卷／（明）李贄編. -- 刻本. --
明刻. -- 3 冊

8 行 18 字小字雙行同白口四周雙邊或單邊單魚尾，
偶見左右雙邊

書版各卷題名及部分著者被剜掉

卷四卷端記：笑笑先生增訂 哈哈道士校閱

登錄號 善 187／索書號 7018-sb-181：3 冊，黃紙本，
金鑲玉裝訂；有斷版，缺 1 卷：卷 7，多處缺葉；紙張
老化變黃變脆，有油漬、墨漬；有修補

1225

癖顛小史：一卷／（明）華淑撰；（明）袁宏道
評. -- 刻本，朱墨套印. -- ［吳興閔氏］，［明末］. --
1 冊（1 函）. -- （枕函小史：四卷／〈明〉閔于忱輯）

7 行 17 字白口四周單邊無魚尾，無直欄

序題：癖史

（明）華淑，號聞道人

（明）袁宏道，號石公

登錄號 1-06797／索書號 8018-127-004-004：1 冊
（1 函），白紙本；鈐印：柳蓉春經眼印、博古齋收藏
善本書籍［柳蓉春］，獨山莫繩孫省教子讀過［莫繩
孫］；卷末缺葉，有水漬，版心開口

1226

再續語小篇：一卷／（明）胡繼先參訂. -- 刻本.
-- 檇李孫弘辛，明天啓間. -- 1 冊

8 行 18 字白口四周單邊無魚尾

有明天啓三年（1623）序

登錄號 1-02832／索書號 8018-131-003-028：1 冊，
白紙本；蟲蛀損壞，首尾殘缺，裝訂裂散，書衣散失

1227

馬氏日抄：一卷／（明）馬愈撰. -- 刻本. -- 明
萬曆十八年（1590）. -- 1 冊. -- （煙霞小説：十三
種，二十三卷）

10 行 18 字白口左右雙邊單魚尾

版心下記刻工：陸、唐

登錄號 善 119／索書號 7018-sb-116：1 冊，黃紙本；
鈐印：阮亭，弢齋藏書記［徐世昌］；有水漬、污漬；
有修補

1228

客舍偶聞：一卷／（清）彭孫貽撰. -- 抄本. --
清. -- 1 冊

10 行 20 字小字雙行同，無欄格

記事至清乾隆三十八年（1773）

登錄號 善 198／索書號 7018-sb-192：1 冊，黃紙本；
鈐印：崦西草堂，椒坡長物、潘氏桐西書屋之印［潘介
繁］，藝風堂藏書［繆荃孫］

1229

汪氏説鈴：一卷／（清）汪琬撰並註. -- 刻本. --
清雍正十二年（1734）. -- 1 冊

10 行 19 字白口四周單邊無魚尾，無直欄

書名葉題：鈍翁説鈴 辛浦校刊

刻年據卷末華育渠跋

有清順治十六年（1659）著者自序

登錄號 善 212／索書號 7018-sb-206：1 冊，黃紙本；
鈐印：吳潘介繁椒坡印記、潘茉坡圖書印［潘介繁］，
潘志萬印、碩庭珍藏、碩庭過眼［潘志萬］，己卯潘大，
還硯堂印，康祚印，萬安，軍曲侯印，管領七十二峰，
中年聽雨，召盦，韓崇曾観，履卿所得，家在仁孝道
義之間；末葉召道人題記，有朱墨藍綠筆圈點；有水
漬

1230

筠廊偶筆：二卷／（清）宋犖撰. -- 刻本. -- 清
康熙間. -- 1 冊

10 行 19 字白口四周單邊雙順魚尾

　登錄號 1-07784/索書號 8009-119-005-017：1 冊，白紙本；蟲蛀等損壞，書衣散失

1231

巾經纂：五帙，二十卷 / （清）宋宗元撰. -- 刻本. -- 綱師園，清乾隆十六年（1751）. -- 5 冊（1 函）

　10 行 21 字白口四周雙邊單魚尾

　目錄題：巾經纂全集

　書名葉題：元和宋愨庭著 巾經纂 綱師園藏板

　版心下記：綱師園

　序末記刻工：湯士超

　登錄號 1-04376/索書號 8018-150-004-006：5 冊（1 函），黃紙本；紙張老化四周變黃，邊角破損

1232

過庭記餘：三卷 / （清）陶樾撰. -- 抄本. -- 清. -- 1 冊（1 函）

　9 行 21 字小字雙行同白口四周雙邊單魚尾

　著者署"陶越"，即陶樾

　"玄"字避諱，"弘"、"曆"等字不避諱

　登錄號 善 113/索書號 7018-sb-110：1 冊（1 函），黃紙本；鈐印：管庭芬印、海昌管庭芬讀、培蘭、芷湘書畫[管庭芬]，本仁，麟趾，研耘，曹華齋，曾經山陰張致和補蘿盦藏、山陰張允中補蘿盦所藏、張允中[張允中]；有佚名朱、墨筆批校；蟲蛀損壞，破損，版心開口，有水漬、油漬

1233

柳南隨筆：六卷 / （清）王應奎撰. -- 刻本. -- 虞山顧士榮，清乾隆五年（1740）. -- 2 冊（1 函）

　10 行 19 字黑口四周單邊單魚尾

　書名葉題：虞山王東溆著 柳南隨筆 親仁堂藏板

　登錄號 1-04197/索書號 8018-152-005-010：2 冊（1 函），黃紙本；卷末缺葉，版心開口，書衣磨損

1234

柳南隨筆：六卷，續筆四卷 / （清）王應奎撰. -- 刻本. -- 清乾隆間. -- 6 冊（1 函）

　9 行 21 字綫黑口左右雙邊單魚尾

　《隨筆》有清乾隆五年（1740）顧士榮序

《續筆》記事至乾隆二十八年（1763）

　登錄號 1-04196/索書號 8018-152-004-011：6 冊（1 函），白紙本，金鑲玉裝訂，巾箱本；鈐印：張致和補蘿盦記[張允中]；紙張老化四周變黃

1235

巢林筆談：六卷 / （清）龔煒撰. -- 刻本. -- 清乾隆三十年（1765）. -- 2 冊（1 函）

　10 行 19 字白口左右雙邊單魚尾

　書名葉題：乾隆乙酉新鎸 巢林筆談 蓼懷閣藏板

　登錄號 1-03920/索書號 8018-152-005-011：2 冊（1 函），黃紙本；鈐印：貝墉既勤曾讀[貝墉]，徐至晉；有水漬

1236

虞初新志：二十卷 / （清）張潮輯. -- 刻本. -- 清康熙間. -- 6 冊（1 函）

　9 行 20 字白口四周單邊單魚尾

　有清康熙三十九年（1700）跋

　登錄號 1-03901/索書號 8018-149-003-012：6 冊（1 函），黃紙本；鈐印：仲魚過眼；扉葉有民國二十九年（1940）張維城朱墨筆題識並鈐印：東藩珍藏、張氏家印

〔子部 類書類〕

1237

藝文類聚：一百卷 / （唐）歐陽詢輯. -- 活字本，銅活字. -- 無錫華堅蘭雪堂，明正德十年（1515）. -- 1 冊

　7 行 13 字白口左右雙邊單魚尾

　版心記：蘭雪堂

　登錄號 善 125/索書號 7018-sb-122：1 冊，黃紙本，蝴蝶裝，褐色絲質書衣；存 2 卷：卷 41-42；紙張老化，書葉殘缺，有黃斑；蟲蛀修補

　登錄號 0001168/索書號 8020-020-002-004：1 冊，黃紙本；鈐印：长乐鄭振鐸西諦藏書、長樂鄭氏藏書之印[鄭振鐸]；存 1 卷：卷 56，破損

1238

藝文類聚：一百卷 / （唐）歐陽詢輯. -- 刻本. --

天水胡纘宗、長洲陸采，明嘉靖六至七年（1527-1528）.
-- 12 冊（2 函）

14 行 28 字白口左右雙邊單魚尾

版本年據卷末陸采跋

　登錄號 0000759/索書號 8020-011-005-009：12 冊
（2 函），白紙本；鈐印：陳氏芸閣，約齋珍賞，太原
喬松年收藏圖書、喬松年印、鶴儕、松年、鶴儕讀過［喬
松年］，顯月齋主，星石山房，御史中丞少司馬章；有
斷版，有水漬，書衣破損、散失

1239

藝文類聚 ：一百卷 / （唐）歐陽詢輯 ；（明）王
元貞校. -- 刻本. -- 秣陵王元貞， 明萬曆十五年
（1587）. -- 32 冊（4 函）

10 行 20 字白口四周單邊或左右雙邊單魚尾

　登錄號 1010015/索書號 8011-001-003-001：32 冊
（4 函），黃紙本；有斷版、殘缺字；邊角鼠嚙，版心
開口，有水漬，裝訂斷綫

1240

古香齋鑒賞袖珍初學記 ：三十卷 / （唐）徐堅等
撰. -- 刻本. -- 清. -- 12 冊（1 函）

9 行 18 字小字雙行同白口四周雙邊單魚尾

書簽及版心題：古香齋初學記

　登錄號 1-04757/索書號 8018-160-005-001：12 冊
（1 函），黃紙本，袖珍本，藍色絲質書衣，扉葉記：
同治癸酉冬真州張兆蘭重裝訂於燕都之自有真樂齋；
鈐印：畹九珍賞、畹九、張兆蘭印［張兆蘭］，皇、首
孫，賜如意齋，赤、城；紙張老化四周變黃

1241

龍筋鳳髓判注 ：四卷 / （唐）張鷟撰 ；（明）劉
允鵬注. -- 抄本，烏絲欄. -- 清. -- 1 冊

10 行 20 字小字雙行同白口四周單邊單魚尾

版心下記：定州王氏藏本

據明萬曆五年（1577）魏大平魏大用刻本抄

　登錄號 1-04476/索書號 8018-168-004-006：1 冊，
黃紙本；書衣破損、散失

1242

唐宋白孔六帖 ：一百卷，目錄二卷 / （唐）白居
易輯 ；（宋）孔傳續輯. -- 刻本. -- 明. -- 50 冊（6
函）

10 行 18 字小字雙行同白口左右雙邊單白魚尾

版心題：白孔六帖

　登錄號 0000161/索書號 8020-004-001-001：50 冊
（6 函），白紙本；版有缺字，有殘缺葉，邊角破損，
有水漬；有修補

　登錄號 1-08550/索書號 8007-070-006-002：50 冊
（6 函），黃紙本；印刷質量差；紙張老化變脆，書衣
磨損，裝訂裂散

1243

修文殿覽 ：［三百六十卷］/ （五代）祖頲等編纂.
-- 抄本. -- 明. -- 2 冊（1 函）

10 行 24 字

首冊書衣題：修文殿御覽目錄 明鈔殘本 戊申秋矩
菴記

北齊詔令祖頲等編纂，為古今類書之首，後幾近湮
滅，僅留殘卷、殘文

　登錄號 0000185/索書號 8020-005-001-008：2 冊
（1 函），黃紙本，金鑲玉裝訂；鈐印：梁氏家藏，寶
綸堂印，獸觀，汝玠長壽印信，志青，寶商君殘戟室［馮
汝玠］；有馮汝玠題識二則並鈐印：梧桐鄉人馮志青五
十四以後所作、馮汝玠印、環鉢齋；殘存 2 卷：卷 18-19
並總目錄（不全）

1244

新編古今事文類聚 ：前集六十卷，後集五十卷，
續集二十八卷，別集三十二卷，新集三十六卷，外
集十五卷 / （宋）祝穆編集 ；（元）富大用續輯 ；
（明）鄒可張訂. -- 刻本. -- 南海鄒可張，明. --
40 冊

14 行 28 字黑口四周單邊雙魚尾

　登錄號 0001008、1-01773、1-01774、1-01775、
1-01776/索書號 8020-010-003-018：40 冊，黃紙本；
有殘缺葉，破損，書衣散失

1245

新刻文翰指南 ：二十卷 / （宋）任廣編 ；（明）
胡文煥校. -- 刻本. -- 錢塘胡文煥文會堂，明萬曆
二十四年（1596）. -- 8 冊

10 行 20 字小字雙行同白口左右雙邊雙白魚尾

版心題：文翰指南

登錄號 0000836/索書號 8020-014-001-004：8 冊，黃紙本；鈐印：宣城李氏瞿硎石室圖書印記、宛陵李之郇藏書印[李之郇]，尹元鼎印；書衣破損

1246

新增説文韻府羣玉：二十卷 / （元）陰時夫編 ；（元）陰中夫註 ；（明）王元貞校. -- 刻本. -- 明萬曆間. -- 20 冊（2 函）

11 行 22 字小字雙行同白口四周單邊單魚尾

書名葉題：新鐫韻府羣玉原本 英秀堂藏板

版心題：韻府羣玉

登錄號 1-04499/索書號 8018-160-005-008：20 冊（2 函），黃紙本；巾箱本；有斷版、字跡有模糊處；紙張老化四周變黃，裝訂裂散

1247

千家姓：一卷 / （明）吳伯宗撰 ；（明）王繼羲書. -- 刻本. -- 明. -- 2 冊

4 行大小字不等白口半葉四周單邊雙魚尾

書名葉題：皇明千家姓

卷首有明洪武十四年（1381）《進千家姓表》

登錄號 0001083/索書號 8020-016-005-023：2 冊，黃紙本，金鑲玉裝訂；鈐印：山陰錢氏藏書；蠹蛀損壞，書葉缺損；有修補

1248

永樂大典：二萬二千八百七十七卷 / （明）解縉等輯. -- 影印本，朱墨. -- 江安傅增湘，民國十五年（1926）. -- 1 冊

影印自明寫本

登錄號 0001314/索書號 8020-022-002-009：1 冊，白紙本，包背裝；存 2 卷：卷 7393-7394

登錄號 0001313/索書號 8020-022-002-008：1 冊，白紙本，包背裝；鈐印：經腴眼福[魏經腴]；有傅增湘題識；存 2 卷：卷 2610-2611

登錄號 0001316/索書號 8020-022-002-011：1 冊（1 函），白紙本；鈐印：據梧尋夢室[黎騷]；存 2 卷：卷 2610-2611；末葉有黎騷墨筆題識並鈐印：暢九好鉨；有水漬

1249

新編博物策會：十七卷 / （明）戴璟撰. -- 刻本.

-- 李複初、高鳳鳴，明嘉靖十七年（1538）. -- 4 冊（1 函）

12 行 21 字白口四周單邊單魚尾

登錄號 0000171/索書號 8020-004-003-003：4 冊（1 函），白紙本；鈐印：東莞莫氏五十萬卷樓[莫伯驥]，真州吳氏有福讀書堂藏書[吳引孫]，何氏抱素樓藏書記、順德何氏抱素樓收藏、抱素樓，少明、范氏子受[范大沖]；有斷版，邊角鼠嚙損壞，書衣破損

1250

天中記：六十卷 / （明）陳耀文纂 ；（明）屠隆校. -- 刻本. -- 明萬曆間. -- 30 冊（4 函）

11 行 21 字白口左右雙邊單魚尾

有明萬曆二十三年（1595）序

登錄號 1-02819/索書號 8018-145-006-002：30 冊（4 函），黃紙本；紙張老化變黃，書葉殘缺，裝訂裂散

1251

事類表：十五卷 / （明）陳一相撰 ；（明）馬坤精選 ；（明）錢嶧批點 ；（明）陳雲鰲輯. -- 刻本. -- 項守禮，明嘉靖三十四年（1555）. -- 1 冊

8 行 18 字白口左右雙邊單魚尾

登錄號 0001081/索書號 8020-016-005-021：1 冊，黃紙本；有墨漬

1252

新刻古今事物考：八卷 / （明）王三聘輯 ；（明）胡文煥校. -- 刻本. -- 錢唐胡氏文會堂，明萬曆間. -- 2 冊. -- （格致叢書/（明）胡文煥輯）

10 行 20 字白口左右雙邊雙白魚尾

登錄號 1-02261/索書號 8018-178-002-022：2 冊，黃紙本；有水漬，書衣破損；有修補

1253

新刊唐荊川先生稗編：一百二十卷，目錄三卷 / （明）唐順之編. -- 刻本. -- 東海茅氏文霞閣，明萬曆九年（1581）. -- 40 冊（4 函）

10 行 20 字白口四周雙邊單白魚尾

版心題：荊川稗編

登錄號 1-11268/索書號 8005-036-007-001：20 冊（2 函），黃紙本；鈐印：黃葉邨莊[吳之振]，驚石齋、

錢泰吉印[錢泰吉]；書葉殘缺，邊角蟲蛀損壞，有污漬；修補，更換書衣

1254

古今經世文衡 ：二十八卷 / （明）袁黃撰輯. -- 刻本. -- 龔堯惠三吳書坊，明萬曆間. -- 16 冊（2 函）

12 行 26 字白口四周單邊

卷一卷端題：新刻經世文衡

登錄號 0000690/索書號 8020-011-002-001：16 冊（2 函）；有修補

1255

卓氏藻林 ：八卷 / （明）卓明卿編 ；（明）王世懋校. -- 刻本. -- 明萬曆八年（1580）. -- 8 冊（1 函）

10 行大小字不等白口四周單邊

登錄號 0000640/索書號 8020-010-003-013：8 冊（1 函），黃紙本；鈐印：葉名灃潤臣甫、鳳棲里人[葉名灃]，孫秉禾印，香國書生仲子；卷首序有抄補，邊角磨損，有水漬

1256

山堂肆考 ：五集，二百四十卷 / （明）彭大翼纂 ；（明）張幼學編輯 ；（明）焦竑等較 ；（明）張映漢重較. -- 刻本，重訂. -- 明萬曆間. -- 60 冊（10 函）

11 行 22 字白口四周單邊單魚尾

有明萬曆二十三年（1595）序

登錄號 0000761/索書號 8020-012-001-001：60 冊（10 函），黃紙本；紙張老化變脆四周變黃，破損，有殘缺葉，邊角鼠嚙，版心開口，裝訂裂散

1257

山堂肆考 ：五集，二百四十卷 / （明）彭大翼纂 ；（明）張幼學編輯 ；（明）焦竑等較 ；（明）張映漢重較. -- 刻本，重修. -- 明萬曆間刻，[清重修]. -- 80 冊（8 函）

11 行 22 字白口四周單邊單魚尾

書名葉題：彭雲舉先生纂著 類書山堂肆考 竹筠軒藏板

登錄號 0001111/索書號 8020-018-004-002：80 冊（8 函），白紙本；書衣破損、散失，裝訂裂散

1258

劉氏類山 ：十卷 / （明）劉胤昌編纂. -- 刻本. -- 桐城劉氏，明萬曆三十九年（1611）. -- 8 冊（1 函）

8 行 16 字小字雙行同白口四周單邊單魚尾

版本年據重刻引

登錄號 0000154/索書號 8020-003-005-003：8 冊（1 函），白紙本；鈐印：明善堂覽書畫印記[胤祥、弘曉]；目錄為抄補，紙張老化有黃斑，蟲蛀損壞，有水漬，書衣磨損，裝訂綫脫落；有修補

1259

增補萬寶全書 ：二十卷 / （明）陳繼儒纂輯 ；（清）毛煥文增補. -- 刻本. -- 清：永順堂. -- 4 冊（1 函） ：圖

上下兩欄，行大小字不等，白口四周單邊無魚尾

書名葉題：陳眉公先生纂輯 增補繪圖萬寶全書 永順堂梓

有清乾隆四年（1739）序

登錄號 1-07395/索書號 8018-127-001-013：4 冊（1 函），黃紙本；首冊書簽處鈐印：榮慶圖書；有污漬

1260

增補萬寶全書 ：二十卷 / （明）陳繼儒纂輯 ；（清）毛煥文增補. -- 刻本. -- 埽葉山房，清光緒十二年（1886）. -- 6 冊（1 函） ：圖

上下兩欄行大小字不等白口四周單邊無魚尾

書簽題：增註萬寶全書

書名葉題：光緒丙戌新刊 陳眉公先生纂輯 繪圖萬寶全書 埽葉山房藏版

登錄號 1-06120/索書號 8009-115-001-009：6 冊（1 函），黃紙本；書簽鈐印：盛京文興合記自在江蘇揀選古今古籍發行，王宗義，晉臣書畫；內有手抄《大清一統地輿紀》二紙；邊角磨損，裝訂斷綫

1261

唐類函 ：二百卷，目錄二卷 / （明）俞安期彙纂. -- 刻本. -- 東吳俞安期，明萬曆三十一年（1603）. -- 40 冊

10 行 20 字小字雙行同綫黑口四周單邊單魚尾

版本年據刻書序

登錄號 1-04462/索書號 8018-168-001-005：40 冊，黃紙本；蟲蛀損壞，書葉殘缺破損

1262

唐類函：二百卷，目錄二卷 / （明）俞安期彙纂. -- 刻本，重修. -- 明萬曆三十一年（1603）東吳俞安期刻，清文盛堂重修. -- 80 冊（8 函）

10 行 20 字小字雙行同上白口下綫黑口四周單邊單魚尾

書名葉題：俞羨長先生彙纂 唐類函 文盛堂藏版

登錄號 1-07899/索書號 8009-087-005-002：80 冊（8 函），黃紙本；修版痕跡明顯；蟲蛀損壞，有污漬，書衣破損；有修補

1263

劉氏鴻書：一百八卷 / （明）劉仲達纂輯. -- 刻本. -- 明萬曆間. -- 40 冊（4 函）：圖

10 行 21 字白口四周單邊單黑或白魚尾

有明萬曆三十九年（1611）序

登錄號 0000815/索書號 8020-013-004-001：40 冊（4 函），黃紙本；紙張老化四周變黃，有殘缺葉，書衣磨損

1264

三才圖會：一百六卷 / （明）王圻纂集；（明）王思義校正. -- 刻本. -- 明萬曆間. -- 100 冊（10 函）：圖

9 行 22 字白口四周單邊

有明萬曆三十五年（1607）序

登錄號 0000812/索書號 8020-013-003-002：100 冊（10 函），黃紙本；鈐印：無竟先生獨志堂物［張其鍠］，中國營造學社圖籍

1265

駢志：二十卷 / （明）陳禹謨輯. -- 刻本. -- 明萬曆間. -- 10 冊（1 函）

11 行 22 字白口四周雙邊單魚尾

取古事之相類者比而錄之，對偶標題，各注其所出，不立門目，但以甲至癸十干為序，大致以類相從

有明萬曆三十四年（1606）著者序

登錄號 0000876/索書號 8020-014-003-003：10 冊（1 函），黃紙本；蟲蛀損壞

1266

帳秘編：二十五卷 / （明）彭鯤化編. -- 刻本. -- 汝南彭鯤颺，明崇禎四年（1631）. -- 24 冊（4 函）

9 行 18 字白口四周單邊

登錄號 0000169/索書號 8020-004-003-001：24 冊（4 函），黃紙本；首末缺葉，紙張老化變色，殘損；有修補

1267

潛確居類書：一百二十卷，類書隄旨一卷，徵閱書目一卷 / （明）陳仁錫纂. -- 刻本. -- 明崇禎間. -- 24 冊

10 行 20 字小字雙行同白口四周單邊單魚尾

登錄號 0000983/索書號 8020-016-001-001：24 冊，黃紙本；有斷版；紙張老化變脆四周變黃，蟲蛀損壞，有水漬

登錄號 1-10904/索書號 8005-020-001-001：80 冊（10 函），黃紙本；有斷版；蟲蛀損壞，有抄補

1268

八編類纂：二百八十五卷 / （明）陳仁錫纂. -- 刻本. -- 明天啓間. -- 92 冊（6 函）：圖

10 行 20 字白口四周單邊單魚尾

書名葉題：陳太史八編類纂

目錄題：經世八編類纂

序題：八編經世類纂

書前有：六經圖：六卷/（宋）楊甲撰；（明）毛邦翰補

登錄號 1-12026/索書號 8005-032-001-001：92 冊（6 函），黃紙本；紙張老化變脆，蟲蛀等損壞

1269

羣書典彙：十四卷 / （明）黃道周評輯. -- 刻本. -- 敦古齋，明崇禎間. -- 6 冊（2 函）

9 行 24 字小字雙行同白口四周單邊

書名葉題：經子史名文合纂 黃石齋先生評輯 羣書典彙 敦古齋梓行

版心下記：敦古齋

登錄號 0000405/索書號 8020-007-005-014：6 冊（2 函），黃紙本；蟲蛀等殘缺；有修補

1270

博物典彙：二十卷 /（明）黃道周纂. -- 刻本. --明崇禎間. -- 6 冊（1 函）：圖

9 行 19 字白口左右雙邊

有明崇禎八年（1635）蔣德璟序

登錄號 0001125/索書號 8020-018-005-012：6 冊（1 函），黃紙本；字跡模糊；有污漬，紙張老化四周變黃，序缺葉

1271

廣博物志：五十卷 /（明）董斯張纂 ;（明）楊鶴訂. -- 刻本. -- 高暉堂，清乾隆二十六年（1761）. -- 32 冊（4 函）

9 行 18 字小字雙行同白口四周單邊單魚尾

書名葉題：乾隆辛巳冬鐫 吳興董遐周先生著 廣博物志 高暉堂藏板

版心下記：高暉堂

登錄號 0000796/索書號 8020-013-001-002：32 冊（4 函），黃紙本；鈐印：書業堂藏書，世賛堂；有斷版、字跡模糊處；紙張老化，邊角破損，裝訂裂散

登錄號 1-10135/索書號 8005 007 002 002：32 冊，黃紙本，破損

登錄號 1-10134/索書號 8005-019-005-001：24 冊（2 函），黃紙本；邊角鼠嚙，有水漬

1272

格致鏡原：一百卷 /（清）陳元龍撰. -- 刻本. --清雍正間. -- 24 冊（4 函）

11 行 21 字黑口左右雙邊雙魚尾

登錄號 1012517/索書號 8011-020-002-006：24 冊（4 函），黃紙本；陸續刻版，有斷版，清晰度差；書衣磨損，裝訂斷綫

登錄號 1-03394/索書號 8018-138-004-007：24 冊（3 函），黃紙本；鈐印：祝同豐號督造本廠；蟲蛀損壞，書衣磨損

1273

事物異名錄：四十卷 /（清）厲荃輯 ;（清）關槐增纂. -- 刻本. -- 清乾隆五十三年（1788）. -- 12 冊（1 函）

11 行 21 字小字雙行同白口左右雙邊單魚尾

書名葉題：乾隆戊申年鐫 事物異名錄 本衙藏板

登錄號 1-03428/索書號 8018-144-006-003：6 冊（2 函），黃紙本；序缺葉，卷 40 蟲蛀、水洇損壞嚴重

登錄號 1-03429/索書號 8018-140-004-001：12 冊（1 函），黃紙本；鈐印：濼陽張氏子孫永寶；序缺葉，卷 40 蟲蛀、水洇損壞嚴重

登錄號 1010651/索書號 8011-006-007-005：10 冊，白紙本（紙色發黃）；鈐印：燕庭藏書[劉喜海]，臧氏家藏；卷 25-37 為他本配補；蟲蛀損壞，書衣破損，裝訂斷綫

1274

蘭雪堂古事苑定本：十二卷 /（清）鄧志謨編 ;（清）余應虬校 ;（清）戴璁等訂. -- 刻本. -- 清康熙間. -- 6 冊

9 行 21 字白口左右雙邊單魚尾，無直欄

書名葉題：學士楊芝田先生鑒定 類林古事苑新鈔 青藜閣藏板

序題：古事苑

版心題：古事苑 蘭雪堂

登錄號 1-03317/索書號 8018-143-004-012：6 冊，黃紙本；紙張老化，有抄補

1275

振綺類纂：四卷 /（清）翁天游，（清）宗觀選. --刻本. -- 清康熙間. -- 2 冊

10 行 21 字小字雙行同白口左右雙邊單魚尾

登錄號 1-03475/索書號 8018-131-001-033：2 冊，黃紙本；鈐印：俊明、孝章[金俊明]；紙張老化變脆，裝訂裂散，書衣散失

1276

藝林彙考：五篇，四十卷 /（清）沈自南輯. -- 刻本，重修. -- 清康熙間刻，清乾隆十六年（1751）重修. -- 10 冊（1 函）

10 行 20 字小字雙行同白口左右雙邊單白魚尾

登錄號 1-03346/索書號 8018-138-005-003：10 冊（1 函），黃紙本；蟲蛀殘缺；有修補

1277

淵鑒類函：四百五十卷，目錄四卷 /（清）張英，（清）王士禎等纂. -- 刻本. -- 內府，清康熙四十九年（1710）. -- 140 冊（20 函）

10 行 21 字小字雙行同黑口四周雙邊雙順魚尾

書名葉題：御定淵鑑類函奉旨刷印頒行　板藏清吟堂

登錄號 1-10916/索書號 8007-052-004-001：140
冊（20 函），黃紙本；有水漬，書衣磨損，裝訂斷綫

1278

　讀書紀數略 ：五十四卷 / （清）宮夢仁纂. -- 刻
本. -- 靜海宮夢仁，清康熙四十六年（1707）. -- 12
冊

　11 行 21 字小字雙行同下黑口四周雙邊單魚尾

　書名葉題：欽奉旨刊刻　讀書紀數略

　登錄號 1-10033/索書號 8005-005-006-026：12 冊，
白紙本；書衣破損

1279

　佩文韻府 ：一百六卷 / （清）張玉書等纂. -- 刻
本. -- 內府，清康熙五十年（1711）. -- 200 冊（20
函）

　12 行 25 字白口四周雙邊單魚尾

　登錄號 1-05594/索書號 8009-109-003-001：200
冊（20 函），黃紙本，巾箱本；裝訂斷綫

1280

　分類字錦 ：六十四卷 / （清）張廷玉等編. -- 刻
本. -- 武英殿，清康熙六十一年（1722）. -- 64 冊
（8 函）

　8 行大小字單雙行不等白口四周雙邊單魚尾

　序題：御製分類字錦

　登錄號 1-09831/索書號 8007-066-002-001：64 冊
（8 函），黃紙本，鈐印：大雷經鋤堂藏書[倪模]；書
衣紙張老化破損，有水漬、污漬，裝訂斷綫

1281

　類林新咏 ：三十六卷 / （清）姚之駰撰. -- 刻本.
-- 清康熙四十六年（1707）. -- 12 冊（1 函）

　10 行 20 字小字雙行同白口左右雙邊單魚尾

　書名葉題：進呈原本 康熙四十六年 類林新咏 錢唐
姚之駰魯思氏譔注

　前有清康熙四十六年（1707）姚之駰奏稿

　登錄號 1-03717/索書號 8018-133-005-002：12 冊
（1 函），黃紙本，鈐印：御覽；蠹蛀損壞，邊角鼠嚙，
書葉缺損，有水漬、污漬，裝訂斷綫

1282

　類林新咏 ：三十六卷 / （清）姚之駰撰. -- 刻本.
-- 清康熙間. -- 16 冊（2 函）

　10 行 20 字小字雙行同白口左右雙邊單魚尾

　書名葉題：進呈原本 錢唐姚之駰注 類林新咏 文暎
書屋藏板

　前有清康熙四十六年（1707）姚之駰奏稿

　登錄號 1010398/索書號 8011-004-004-008：16 冊
（2 函），黃紙本；有斷版；紙張老化變黃易碎，邊角
破損

1283

　文集摘句詩韻類選 ：不分卷 / （清）孔繼涵輯. --
稿本，烏絲欄. -- 清. -- 1 冊

　10 行字不等白口四周雙邊單魚尾

　書名代擬

　著者原署“孔氏微波榭”，微波榭係孔繼涵藏書樓

　登錄號 0000738/索書號 8020-011-004-017：1 冊，
黃紙本；鈐印：翁同龢印

1284

　問奇典註 ：六卷 / （清）唐英增釋. -- 刻本. --
瀋陽唐英古柏堂，清乾隆十一年（1746）. -- 6 冊（1
函）

　5 行大小字單雙三行不等白口四周雙邊單魚尾

　書名葉題：蝸寄居士輯釋 問奇典註 古柏堂藏板

　版心下記：古柏堂

　序至清乾隆十二年（1747）

　登錄號 1-03630/索書號 8018-143-005-003：6 冊
（1 函），白紙本；字跡偶有殘缺，紙張老化變黃，有
水漬

1285

　類函文鈔 ：八卷 / （清）祁韻士輯. -- 抄本. --
清嘉慶間. -- 9 冊（1 函）

　10 行 25 字

　有清嘉慶十八年（1813）祁韻士序

　登錄號 1-03716/索書號 8018-142-003-002：9 冊
（1 函），黃紙本；邊角磨損，有水漬

1286

　聯經 ：四卷 / （清）李學禮撰. -- 刻本. -- 清

乾隆五十五年（1790）. -- 4 冊（1 函）

　　10 行 20 字小字雙行同白口四周雙邊單魚尾

　　登錄號 0000961/索書號 8020-015-004-006：4 冊
（1 函），白紙本；紙張老化四周變黃

〔子部　釋家類〕

1287

敦煌石室寫經遺粟[之一, 殘片]. -- 寫本. -- 東晉
至唐. -- 2 卷

　　書名據題簽

　　登錄號 0662/索書號 8020-010-005-005/寫經編號
xj001-0662.01 至 xj009-0662.19：2 卷（殘片 20 件）；
2009 年殘片散葉重裝成合卷

1288

敦煌石室寫經遺粟[之二, 殘片]. -- 寫本. -- 南北
朝至唐. -- 4 冊

　　書名據書簽題

　　登錄號 0660/索書號 8020-010-005-003/寫經編號
xj022-0660.03 至 xj148-0660.129：4 冊（殘片 127
件）

1289

吐魯番殘經冊[殘片]. -- 寫本. -- 南北朝至唐. --
1 冊

　　書名據書衣題

　　登錄號 00323/索書號 8020-006-005-002/寫經編
號 xj149-0323.01 至 xj206-0323.58：1 冊（殘片 58
件），毛裝

1290

道行般若經等[殘片]. -- 寫本. -- 東晉至唐-- 4
冊

　　書名代擬

　　登錄號 碑帖 179/索書號 7018-sh1-171/寫經編號
xj207-碑帖 179.1 至 xj213-碑帖 179.7：4 冊（殘片 7
件），折裝

1291

大方等大集經[卷第十九、二十]　·　**大方廣佛華嚴**

經[卷第三十九、四十]. -- 寫本，烏絲欄. -- 南北
朝. -- 2 冊

　　殘卷

　　登錄號 碑帖 085/索書號 7018-sh1-157/寫經編號
xj228-碑帖 085.2：2 冊（殘片 2 件），折裝；《大方等
大集經》首殘尾全，款署“南朝梁大通二年”（528），
本幅末尾鈐印：木齋真賞、德化李氏凡將閣珍藏[李盛
鐸]

1292

大般涅槃經疏等[殘片]. -- 寫本. -- 南北朝至唐.
-- 1 冊

　　登錄號 碑帖 111/索書號 7018-sh1-163/寫經編號
xj229-碑帖 111.1 至 xj237-碑帖 111.9：1 冊（殘片 9
件）；鈐印：黃山方懿枚藏晉魏隋唐殘墨、子才、方館
之印、子才心賞、曾在古歙方家

1293

妙法蓮華經[卷第七] -- 寫本，烏絲欄. -- 唐顯慶
二年（657）. -- 1 卷

　　首殘尾全，16 紙相接

　　尾題後有墨書發願义，卷尾有燕尾

　　登錄號 書畫 140/索書號 7018-sh1-124/寫經編號
xj226-書畫 140：1 卷；有修補；鈐印：敦煌石室祕笈、
廖嘉館印、木齋審定[李盛鐸]

1294

妙法蓮華經[卷第三 化城喻品第七]. -- 寫本，烏
絲欄. -- 唐顯慶五年（660）. -- 1 卷

　　首斷尾全，6 紙相接

　　有陳闇題簽：唐顯慶款妙法蓮華經精品

　　登錄號 0660/索書號 8020-010-005-003/寫經編號
xj020-0660.01：1 卷；卷末有污漬；引首許承堯隸書
“鳴沙秘寶”，並鈐印：疑盦、許大；又許承堯題跋
一則並鈐“許承堯印”；前隔水有陳季侃題；2009 年
原卷裝隔水前的天頭和包首更換

1295

妙法蓮華經[卷第二 信解品第四]. -- 寫本，烏絲
欄. -- 唐. -- 1 卷

　　殘卷

　　登錄號 0660/索書號 8020-010-005-003/寫經編

xj021-0660.02：1 卷；有朱筆斷句；2009 年原單葉裝
為手卷

1296

少數民族文字冊［殘片］. -- 寫本、刻本. -- 十至
十三世紀. -- 1 冊

書名代擬

冊中有回鶻文、西夏文、滿文內容，多為佛經殘
片，另有兩葉 10-11 世紀寫本《十姓回鶻王及其疆
域記錄》

登錄號 0661／索書號 8020-010-005-004／寫經編
號 xj214-0661.01 至 xj224-0661.11：1 冊（殘片
11 件）

1297

阿毗達磨品類足論［卷第十二　辯千問品第七之三］.
-- 寫本［楷書］，烏絲欄. -- 日本平安時期. -- 1 冊

首尾皆斷

登錄號 0593／索書號 8020-009-005-017／寫經編號
xj241-0593：1 冊；蟲蛀損壞嚴重；前副葉題 "敦煌唐
人寫經"，後副葉有戊午年（1918）"堅道人" 跋

1298

大般若波羅蜜多經［卷第一百八十五　初分難信解品
第三十四之四］. -- 寫本［楷書］，烏絲欄. -- 日本平
安時期. -- 1 冊

首尾皆斷

登錄號 0515／索書號 8020-009-002-019／寫經編號
xj239-0515：1 冊；經折裝，卍字布緞作包首，本幅鈐
印：楊星吾日本訪書之記；蟲蛀損壞嚴重

1299

妙法蓮華經［卷第五　安樂行品第十四，殘片］. -- 寫
本［楷書］，金絲欄. -- 日本天平年間. -- 1 冊

登錄號 0295／索書號 8020-006-003-006／寫經編號
xj240-0295：1 冊；書衣籤題：日本光明皇后真蹟　衡
山藏　錢德培署；前副葉題識二則，一為：天平帝后寶
翰合璧　明治庚寅（1890 年）仲秋　日本東京鴻齋英謹
題；二為民國八年（1919）任可澄長題；後副葉分別
有庚寅（1890 年）向榮舟、民國二年矗正端、民國四
年龍建章、民國七年王伯群、民國丁卯（1927）周詢
等五則題跋

1300

摩訶般若波羅密多心經：一卷 ／（唐）釋玄奘譯；
釋圓瀞書. -- 寫本，泥金楷書. -- 明宣德二年
（1427）. -- 1 冊（1 函）：圖

半開 5 行 15 字上下雙邊，無界欄

書簽題：心經　金剛經

卷末題：金剛般若波羅蜜經

卷末附：補缺圓滿真言

登錄號 0000292／索書號 8020-006-003-009／寫經
編號 xj238-0292：1 冊（1 函），磁青紙，經折裝，書
衣為金絲籠雲錦面；經文為釋圓瀞書，經文之前有泥
金圖繪，末有清康熙十一年（1672）太監塞而泰泥金
楷書題跋；該冊有折裂，蟲蛀損壞嚴重

1301

一切如來心秘全身舍利寶篋印陁羅尼經 ／（唐）釋
不空譯. -- 刻本. -- 吳越國王錢俶，宋開寶八年
（975）. -- 1 卷

簽題：雷峯塔藏經

登錄號 0000534／索書號 8020-009-003-012：1 卷，
黃紙本，卷軸裝；殘卷且破損嚴重

1302

妙法蓮華經弘傳序：一卷 ／（唐）釋道宣述. -- 刻
本. -- 京城：釋如玘，明洪武十七年（1384）. -- 1
冊：圖

半開 5 行 17 字上下雙邊

登錄號 0000516／索書號 8020-009-002-020：1 冊，
白紙本，折裝；邊角破損，有水漬

1303

大方廣佛華嚴經：八十卷 ／（唐）釋實叉難陀譯.
-- 刻本. -- 明. -- 1 冊

半開 8 行 23 字上下單邊

登錄號 0000521／索書號 8020-009-002-025：1 冊，
黃紙本，折裝；存 1 卷：卷 3

1304

善思童子經：二卷 ／（隋）釋闍那崛多譯. --
刻本. -- 大普寧寺，元至元十九年（1282）. --
2 冊

半開 6 行 17 字上下單邊

本經收入大正藏第十四冊，千字文編號：駒一、駒二

登錄號 0000520/索書號 8020-009-002-024：2 冊，黃紙本，折裝

1305

佛説大阿彌陀經：二卷 ／（宋）王日休校正. -- 刻本. -- 明洪武十七年（1384）. -- 2 冊：圖

半開 5 行 18 字上下雙邊

登錄號 0000517/索書號 8020-009-002-021：2 冊，白紙本，折裝；卷末缺葉、水洇損壞

1306

金剛經發願文. -- 刻本. -- 明. -- 1 冊：圖

書名代擬

登錄號 0000508/索書號 8020-009-002-012：1 冊（散葉 12 片），黃紙本；殘缺、破損

1307

造像量度經：一卷，續補一卷 ／（清）工布查布譯解. -- 刻木，初印. -- 清乾隆十三年（1748）. -- 2 冊（1 函）：圖

8 行 18 字小字雙行同白口四周雙邊單魚尾

書名據序及套簽題

序題：佛説造像量度經、佛像量度經

登錄號 1-03145/索書號 8018-140-004-004：2 冊（1 函），黃紙本，金鑲玉裝訂（民國二十六年重裝）

1308

宗鏡錄：一百卷 ／（宋）釋延壽撰. -- 刻本. -- 武英殿，清雍正十二年（1734）. -- 20 冊（4 函）：圖

10 行 20 字白口四周單邊單魚尾，無直欄

卷首有清雍正十二年（1734）御製序及上諭

卷末有清雍正十三年跋

登錄號 1010065、1-04667/索書號 8011-001-006-010：20 冊（4 函），黃紙本；鈐印：圓明主人、雍正宸翰[胤禛]、熊正琦印；佚名朱筆標點；紙張老化四周變黃，邊角磨損

1309

御錄宗鏡大綱：二十卷 ／（宋）釋延壽集 ；（清）

世宗胤禛節錄. -- 寫本. -- 鄞縣全祖望，清乾隆間. -- 4 冊（1 函）

10 行 20 字，無欄格

卷末署：鄞縣全祖望敬書，並鈐"全祖望印"

登錄號 善105/索書號 7018-sb-102：4 冊（1 函），黃紙本，藍色絲質書衣；鈐印：乾隆御覽之寶；有油漬，書衣破損

1310

紹興重雕大藏音：三卷 ／（宋）釋處觀集. -- 抄本. -- 清. -- 1 冊

10 行大小字不等

版心題：大藏音

登錄號 1011382/索書號 8011-014-002-002：1 冊，黃紙本；鈐印：徐氏吉安室珍藏書畫，東海

1311

高峯語錄：二卷 ／（元）釋原妙撰. -- 刻本. -- 金陵陳奉山經房，明. -- 1 冊

10 行 18 字下黑口半葉四周雙邊

書名據版心題

卷末牌記題：高峯語錄寓金陵聚寶門裏陳奉山經房印請流通諸經

登錄號 0000667/索書號 8020-010-005-009：1 冊，黃紙本；存 1 卷：卷上，有抄補；紙張老化，破損、殘缺，有污漬，裝訂裂散

1312

續原教論：二卷 ／（明）沈士榮撰. -- 刻本. -- 明初. -- 1 冊（1 函）

10 行 20 字細黑口四周雙邊單魚尾

書衣佚名題名簽：錯説諸經解（篇名）

登錄號 善096/索書號 7018-sb-093：1 冊（1 函），黃紙本，蝴蝶裝，藍色絲質書衣；鈐印：小袖和尚等；存 14 葉半；破損，有污漬；有修補

1313

象教皮編：六卷 ／（明）環中迁叟輯. -- 刻本. -- 明萬曆間. -- 6 冊（1 函）

9 行 18 字小字雙行同白口四周雙邊單魚尾

版心下記刻工

有明萬曆十六年（1588）序

登錄號 1-05610/索書號 8009-114-001-002：6 冊
（1 函），黃紙本；有水漬，書衣磨損

1314

水月齋指月錄：三十二卷 / （明）瞿汝稷集. -- 刻
本. -- 吳郡嚴澂、嚴澤等，明萬曆二十九年（1601）.
-- 18 冊（4 函）

11 行 21 字小字雙行同白口四周單邊單魚尾

版心題：指月錄

版本年、出版者據序題

卷末鐫：板存金陵普德寺禪室

登錄號 0000758/索書號 8020-011-005-008：18 冊
（4 函），黃紙本；紙張老化變脆、破損，有殘缺葉，
書衣磨損

1315

釋鑑稽古略續集：三卷 / （明）釋幻輪編. -- 刻
本. -- 嚴爾珪，明崇禎十一年（1638）. -- 1 冊

9 行 28 字小字雙行同白口四周單邊單魚尾

序題：續集稽古畧

本書以編年體記載元至明末高僧事蹟及朝廷對佛教
的一些做法

登錄號 0000439/索書號 8020-008-003-008：1 冊，
黃紙本；蟲蛀損壞，有抄補，污漬

1316

大慈恩寺三藏法師傳：十卷 / （唐）釋惠立本釋；
（唐）釋彥悰箋. -- 刻本. -- 吳氏西爽堂，明萬曆
間. -- 1 冊

10 行 20 字小字雙行同白口左右雙邊單白魚尾

版心及書簽題：慈恩傳

卷五末記：吳氏西爽堂校刊

惠立，一作慧立

登錄號 善 102/索書號 7018-sb-099：1 冊，白紙本；
鈐印：向達；存 2 卷：卷 5-6；書衣老化變脆破碎，裝
訂斷綫

1317

泗州大聖明覺普照國師傳：一卷 / （宋）蔣之奇
撰. -- 刻本. -- 南樂李元嗣，明萬曆十九年（1591）.
-- 1 冊

8 行 18 字小字雙行同白口四周雙邊單魚尾

目錄題：泗州僧伽大聖傳並歷代靈異事蹟

版心題：明覺傳

序末記：將仕郎泗州吏目大名南樂東廓李元嗣捐俸
付梓

附：僧伽/（唐）李白撰，和吳御史臨淮感事/（宋）
王安石撰，僧伽塔/（宋）蘇軾撰

普照國師，法號僧伽，西域人

登錄號 1-05824/索書號 8009-106-005-026：1 冊，
白紙本，紙捻裝訂；首尾殘缺，蟲蛀損壞，書衣散失

1318

神僧傳：九卷 / （明）成祖朱棣撰. -- 刻本. --
嘉興府楞嚴寺，明崇禎七年（1634）. -- 4 冊（1 函）

10 行 20 字黑口半葉四周雙邊

卷末牌記題：嘉興府楞嚴寺經坊餘資刻此神僧傳卷
第九 計一萬一百七十六 該銀四兩五錢七分八釐 荊
溪釋實見對 崇禎甲戌仲夏般若堂識

登錄號 0000339/索書號 8020-007-001-004：4 冊
（1 函），黃紙本；鈐印：金剛乘弟子優婆塞迦不遮李
家煌佛日樓供養經典，佛日廔；紙張老化，邊角鼠嚙，
書衣損壞

1319

釋迦如來應化事蹟：四卷 / （清）永珊編繪. -- 刻
本. -- 裕豐，清乾隆五十八年至嘉慶十三年
（1793-1808）. -- 4 冊：圖

左圖右文，白口半葉四周單邊

書名據書簽題

清乾隆五十八年（1793）和碩豫親王裕豐以明刊本
摹刻上版，歷時十五年完成

書中展示了釋迦牟尼佛延生、出家、修行、成道、
說法、成佛的事蹟

前附：釋迦如來成道記/（唐）王勃撰

登錄號 0001302/索書號 8020-022-001-004：4 冊
（1 函），白紙本；紙張老化變黃，邊角破損，裝訂裂
散

1320

釋迦如來應化事蹟：四卷 / （清）永珊編繪. -- 刻
本，重印. -- 清乾隆五十八年至嘉慶十三年
（1793-1808）裕豐刻，清同治八年（1869）京都張瑞
亭重印. -- 4 冊：圖

左圖右文，白口半葉四周單邊

書名據書簽題

登錄號 0000526/索書號 8020-009-003-006：4 冊，白紙本，折裝，布質提花紙板護封，第二冊底板散失，有水漬

〔子部 道家類〕

1321

道藏目錄詳註：四卷 / （明）白雲霽撰. -- 抄本. -- 煮石山人，清嘉慶十七年（1812）. -- 2 冊（1 函）

10 行 20 字小字雙行同

有清道光五年（1825）重校

登錄號 0000768/索書號 8020-012-002-005：2 冊（1 函），黃紙本；鈐印：金門羽士煮石山人、金門羽士、樊嗣鎮印、煮石山人［樊鎮］，鮑邱來鶴山房 韓慎先藏書印、慎先、韓德壽印、慎先祕笈之印、韓德壽、夏山樓［韓慎先］；套簽題：鮑邱來鶴山房煮石山人珍藏；紙張老化變黃變脆，邊角破損

1322

道言內外秘訣全書：內三卷，外三卷 / （明）彭好古輯. -- 刻本. -- 新安黃之寀，明崇禎間. -- 12 冊（1 函）：圖

9 行 18 字小字雙行同白口左右雙邊單魚尾

書名葉題：呂純陽祖師世傳 道言內外秘訣全書 文錦堂藏板

書名據書名葉題

子目：

　01. 陰符經：一卷（冊 1）

　02. 道德經：一卷（冊 1）

　03. 清淨經：一卷（冊 1）

　04. 定觀經：一卷（冊 1）

　05. 太上洞玄靈寶無量度人上品妙經：一卷/（元）陳觀吾解註（冊 1-2）

　06. 消災護命妙經：一卷（冊 2）

　07. 赤文洞古經：一卷（冊 2）

　08. 大通經：一卷（冊 2）

　09. 五廚經：一卷/（唐）尹愔注（冊 2）

　10. 日用經：一卷（冊 2）

　11. 玉樞經髓（冊 2）

　12. 心印經：一卷（冊 2）

　13. 胎息經：一卷（冊 2）

　14. 鍾呂二仙傳道集：一卷/（漢）鍾離權撰；（唐）呂巖集；（唐）施肩吾傳（冊 3）

　15. 靈寶畢法：三卷/（漢）鍾離權撰；（唐）呂巖傳（冊 4）

　16. 入藥鏡：一卷/（唐）崔希範撰；（明）彭好古等註（冊 5）

　17. 玉清金笥青華秘文金寶內煉法：一卷（冊 5）

　18. 金丹四百字：一卷/（宋）張伯端撰（冊 5）

　19. 指玄篇：一卷/（宋）白玉蟾撰（冊 6）

　20. 群仙歌：一卷/（漢）鍾離權，（唐）呂巖等撰（冊 6）

　21. 詞類：一卷/（唐）呂純陽撰（冊 6）

　22. 詩類：一卷/（宋）白玉蟾撰（冊 6）

　23. 金碧古文龍虎上經：一卷（冊 7）

　24. 浮黎鼻祖金華秘訣：一卷/（?）廣成子撰；（漢）葛玄註（冊 7）

　25. 明鏡匣：一卷（冊 7）

　26. 金穀歌：一卷（冊 7）

　27. 火蓮經：一卷/（漢）劉安撰（冊 7）

　28. 古文參同契：一卷/（漢）魏伯陽撰（冊 7-8）

　29. 銅符鐵券：一卷/（晉）許遜撰（冊 9）

　30. 石函記：一卷/（晉）許遜撰（冊 10）

　31. 悟真篇：一卷/（宋）張伯端撰（冊 11-12）

　32. 還金術：一卷/（?）陶埴撰（冊 12）

　33. 地元真訣：一卷/（宋）白玉蟾撰（冊 12）

　34. 答論神丹書：一卷/（?）卓有見撰（冊 12）

登錄號 1010033/索書號 8011-001-004-007：12 冊（1 函），黃紙本；版有殘缺、漫漶處，紙張老化四周變黃，輕微蟲蛀損壞，有殘缺葉，版心開口，裝訂斷綫；外增書衣重裝

1323

黃帝陰符經：一卷 / （明）呂坤註. -- 刻本. -- 明萬曆間. -- 1 冊

8 行 18 字小字雙行同白口左右雙邊單魚尾

版心題：陰符經

有明萬曆三十七年（1609）呂坤題辭

登錄號 善 100/索書號 7018-sb-097：1 冊，黃紙本，金鑲玉裝訂；有斷版；有水漬、污漬

1324

老子翼：三卷 /（明）焦竑輯 ；（明）王元貞校.
-- 刻本. -- 王元貞，明萬曆十六年（1588）. -- 6
冊（1 函）

10 行 20 字小字雙行同白口左右雙邊單魚尾

卷三為考異、附錄

登錄號 0000762/索書號 8020-012-001-002：6 冊
（1 函），黃紙本；鈐印：何適，白石；卷 3 首葉眉批
上部被裁切，有水漬

1325

老子章義：二卷 /（清）姚鼐章義. -- 抄本. --
清. -- 1 冊

12 行 22 字小字雙行不等

登錄號 0000569/索書號 8020-009-004-032：1 冊，
與《考工記》、《揚子法言》合抄，黃紙本

1326

南華經箋註：八卷 /（明）釋性通註. -- 刻本.
-- 雲林懷德堂，清乾隆十四年（1749）. -- 4 冊（1
函）

9 行 20 字小字雙行同白口四周單邊單魚尾

書名葉題：乾隆己巳新鋟 西安方孟旋先生校訂 南
華經箋註 雲林懷德堂梓行

書名據書名葉題

登錄號 1-03243/索書號 8018-141-004-012：4 冊
（1 函），黃紙本；卷末缺葉

1327

文子：二卷 /（周）辛鈃撰 ；（明）彭好古輯 ；
（明）吳勉學校. -- 刻本. -- 新安吳氏，明萬曆間.
-- 1 冊 --（二十子全書：二十種/〈明〉吳勉學輯並
校）

9 行 18 字白口左右雙邊單白魚尾

登錄號 1-01794/索書號 8018-181-002-001：1 冊，
黃紙本；紙張老化變黃變脆，邊角破損

1328

古蒙莊子：四卷 /（戰國）莊周撰 ；（明）王繼
賢訂 ；（明）吳宗儀校釋. -- 刻本. -- 明. -- 8 冊
（1 函）：圖

8 行 18 字小字雙行同白口四周單邊無魚尾

各篇末為音釋

書末記：徐行句讀 鄒貞卿訂錄

登錄號 善 086/索書號 7018-sb-083：8 冊（1 函），
白紙本，金鑲玉裝訂；鈐印：瀊水王氏珍藏，方外閒
人，觀濠居士[楊沂孫]，犖觀卓群書，開卷獨得，弄
月吟風，吳王之璽，松水芙蓉筆硯情，半醉軒，蜻醉
蜂癡一簇香，馮詩遣興，蔥石眼福、世珩審定[劉世
珩]，餘生辛苦得來，張元夫，桑園珍藏，張道彭，王
懋宣[王懷慶]；有佚名過錄各家朱筆眉批、批校並錢
陸燦（清初人）跋；有斷版、字跡模糊處，卷首序等
缺葉，卷七第四十六葉（誤題四十七）係抄配，有補
字；有水漬、墨漬，書衣四邊磨損

1329

袁中郎廣莊：一卷 /（明）袁宏道撰 ；（明）郁
嘉慶校. -- 刻本. -- 明. -- 1 冊. --（刻袁中郎先
生十集/〈明〉袁宏道撰）

9 行 20 字白口左右雙邊單魚尾

目錄及版心題：廣莊

登錄號 善 192/索書號 7018-sb-186：1 冊，與《袁
中郎桃源詠》合印，黃紙本；紙張老化變黃變脆，序
缺葉，破損，裝訂綖脫落

1330

莊子：五卷，逸篇一卷 /（清）姚鼐章義 ；（清）
陳用光校錄 ；（宋）王應麟輯逸篇. -- 抄本. -- 新
城陳用光，清. -- 2 冊（1 函）

10 行 24 字

（宋）王應麟，字伯厚

書成於清道光十五年（1835）以前

登錄號 1-07381/索書號 8009-122-001-004：2 冊
（1 函），黃紙本；鈐印：徐宗浩、石雪藏書、徐宗浩
印、石雪齋祕笈印、徐氏歲寒堂藏、石雪、遂園珍祕[徐
宗浩]，存精寓賞，傅增湘、藏園[傅增湘]

1331

沖虛至德真經：八卷 /（戰國）列禦寇撰 ；（晉）
張湛注. -- 刻本. -- 宋. -- 1 冊（1 函）

14 行 25-26 字小字雙行 30-31 字，白口左右雙邊單
魚尾

本書即列子

版心記刻工：丁松年、馬祖、乙成、五五、楊、貴、

蔡、洪、詹世榮、陳彬、日新、毛祖、哥榮祖、系、李昇等

　　登錄號 善084/索書號 7018-sb-081：1冊（1函），黃紙本，金鑲玉裝訂；鈐印：汲古主人、子晉[毛晉]，項墨林鑑賞章[項元汴]，賜本，明善堂珍藏書畫印記[胤祥、弘曉]，閬源父、士鐘[汪士鐘]，慎獨齋珍藏書畫印，澹軒，蔣湘南印，馮景私印，八千卷樓所藏[丁丙]；有斷版，字跡略見模糊、殘缺，有墨釘；紙張老化有黃斑；有修補

1332

列子冲虛真經：八卷 / （戰國）列禦寇撰 ；（明）吳勉學校. -- 刻本. -- 明萬曆間. -- 2冊（1函）. -- （二十子/〈明〉吳勉學輯）

　　9行18字白口左右雙邊單魚尾

　　目錄末記：新安俞允順督刊

　　登錄號 1-02879/索書號 8018-141-004-013：2冊（1函），黃紙本；紙張老化變黃，邊角鼠嚙，有水漬

1333

參同契經文分節解：三卷 / 題（漢）魏伯陽撰 ；（元）陳致虛解. -- 刻本，重修. -- 明嘉靖二十五年（1546）江東姚汝循大名府刻，明重修. -- 1冊

　　10行20字白口四周單邊單黑或白魚尾

　　版心下記：前集（卷三第十四葉誤作：後集）

　　登錄號 善016 善017/索書號 7018-sb-016：1冊（合1函：冊1），與《參同契箋註分節解》、《參同契三相類》合刻，黃紙本，金鑲玉裝訂；有佚名朱墨筆校；書葉殘缺，有水漬、污漬、油漬

1334

參同契箋註分節解：三卷 / （漢）徐景休撰 ；（元）陳致虛解. -- 刻本，重修. -- 明嘉靖二十五年（1546）江東姚汝循大名府刻，明重修. -- 1冊

　　10行20字白口四周單邊單黑或白魚尾

　　版心下記：後集

　　登錄號 善016 善017/索書號 7018-sb-016：1冊（合1函：冊2），與《參同契經文分節解》、《參同契三相類》合刻，黃紙本，金鑲玉裝訂；有佚名朱墨筆校；書葉殘缺，有水漬、污漬、油漬

1335

參同契三相類：二卷 / （漢）淳于叔通撰 ；（元）陳致虛解. -- 刻本，重修. -- 明嘉靖二十五年（1546）江東姚汝循大名府刻，明重修. -- 1冊

　　10行20字白口四周單邊單黑或白魚尾

　　版心下記：後集

　　登錄號 善016 善017/索書號 7018-sb-016：1冊（合1函：冊2），與《參同契經文分節解》、《參同契箋註分節解》合刻，黃紙本，金鑲玉裝訂；有佚名朱墨筆校；書葉殘缺，有水漬、污漬、油漬

1336

鍾呂二先生修真傳道集：三卷 / （漢）鍾離權述 ；（唐）呂嵒集 ；（唐）施肩吾傳. -- 刻本. -- 明. -- 2冊（1函）

　　11行20字黑口四周雙邊雙魚尾

　　登錄號 0000841/索書號 8020-014-001-009：2冊（1函），黃紙本，鈐印：滿庭李福蔭印；鋼筆眉批並抄補目錄；卷端著者"肩"誤作"眉"；紙張老化四周變黃，有水漬、污漬

1337

元始天尊説三官消災滅罪懺：三卷. -- 刻本. -- 明. -- 1冊（1函）：圖

　　6行17字白口上下雙邊

　　書籤題：三官滅罪法懺

　　附：《真武靈應護世消災滅罪懺寶》、《元始天尊説文昌消災滅罪賜福永壽寶懺》、《太上瑤臺益算寶籍延年寶懺》、《太上玄司滅罪紫府消災法懺》、《元始天尊説東嶽解冤謝罪法懺》、《太上洞真三界伏魔神功滅罪法懺》、《太上説洪恩靈濟真君護國滅罪法懺》各一卷，附《金闕真君聖誥》一卷

　　登錄號 0001067/索書號 8020-016-005-027：1冊（1函），白紙本，折裝；原版有缺字

1338

太上慈悲道塲滅罪水懺法：三卷. -- 刻本. -- 明. -- 1冊：圖

　　6行17字白口上下雙邊

　　書籤題：慈悲滅罪水懺

　　附：《真武靈應護世消災滅罪寶懺》、《元始天尊説東嶽解冤謝罪法懺》、《太上元始天尊説北陰酆都滅罪寶

懺》各一卷

登錄號 0001068/索書號 8020-016-005-024：1 冊，白紙本，折裝；《太上元始天尊説北陰酆都滅罪寶懺》缺後半卷，有水漬

登錄號 0001069/索書號 8020-016-005-025：1 冊，白紙本，折裝；缺卷首圖

登錄號 0001070/索書號 8020-016-005-026：1 冊，白紙本，折裝；末葉記造經捐助人；缺卷首圖

1339

太上感應篇圖説：八卷 / （清）許纘曾輯. -- 刻本，重修. -- 清順治十四年（1657）刻，清乾隆四年（1739）三韓李培仁重修. -- 8 冊（1 函）：圖

10 行 20 字白口四周單邊單魚尾

以冊編卷

卷首有內三院翻譯滿文

登錄號 1-03224/索書號 8018-141-002-001：8 冊（1 函），黃紙本；紙張老化四周變黃，書衣破損

1340

接命還丹：不分卷. -- 抄本. -- 清. -- 1 冊

10 行 23 字

書名據序題

登錄號 1-03431/索書號 8018-131-002-021：1 冊，黃紙本；有朱筆標點、校字、眉批；有水漬

1341

張平叔悟真篇集註：五卷 / （宋）張伯端撰. -- 精抄本. -- 清. -- 1 冊（1 函）：圖

11 行 20 字小字雙行同

版心及書簽題：悟真篇

登錄號 0001062/索書號 8020-016-005-005：1 冊（1 函），白紙本；書衣磨損

1342

呂祖志：八卷 / （明）張啓明編. -- 刻本. -- 郭倫，明萬曆二十年（1592）. -- 6 冊（1 函）：圖

9 行 16 字白口四周雙邊單魚尾

登錄號 0000156/索書號 8020-003-005-005：6 冊（1 函），白紙本；鈐印：蕭庭所藏；卷 3 缺 1-3 葉；殘損，有水漬、污漬；有修補

集部

〔集部　楚辭類〕

1343

離騷：一卷 / （戰國）屈原撰 ；（清）張德純節解. -- 抄本，烏絲欄. -- 山陰張煌曾，清乾隆四十五年（1780）. -- 1 冊（1 函）

8 行 18 字白口四周單邊

末署：康熙甲午仲秋 古郲張德純節解 乾隆庚子孟冬 鑑湖張煌曾簡抄

登錄號 碑帖 057/索書號 7018-sb-251：1 冊（1 函），黃紙本，毛裝；鈐印：池東書庫王氏珍藏、宿遷王氏收藏[王其毅]；笠城居士題識並鈐印：張煌曾印、立誠、山陰人、煌、曾、與木石居、笠城、竹香居、持躬似玉

1344

反離騷：一卷 / （漢）揚雄撰. -- 刻本. -- 汝南袁氏，明嘉靖十四年（1535）. -- 6 冊（1 函）

10 行 18 字小字雙行同白口左右雙邊雙魚尾

附：楚辭後語

登錄號 善 139/索書號 7018-sb-134：6 冊（1 函），白紙本，金鑲玉裝訂，藍色絲質書衣；鈐印：此書曾藏長沙龍毓瑩字伯堅媚夜書樓[龍毓瑩]；紙張老化四周變黃

1345

楚辭：十七卷，附錄一卷 / （戰國）屈原撰 ；（漢）劉向編 ；（漢）王逸章句 ；（明）馮紹祖校. -- 刻本. -- 武林馮紹祖觀妙齋，明萬曆十四年（1586）. -- 8 冊（1 函）

9 行 18 字小字雙行同白口左右雙邊

目錄題：楚辭章句

版心鐫：杭州郁文瑞書

版心記刻工：王、子信、信子、信武、信巳、希、文、信中、英元、英中、邦、英奇、臣巳、文巳

登錄號 善 137/索書號 7018-sb-132：8 冊（1 函），白紙本，金鑲玉裝訂；鈐印：七世書香，天津中丞後裔張鳴陽珍藏印、張鳴陽雝鳴氏、張鳴陽印、鳴陽之印、張氏雝鳴、張、鳴陽、雝鳴［張鳴陽］，紉秋蘭以爲佩，痛飲讀離騷，張元夫，桑園珍藏；有清同治十一年（1872）鐵珊題識并鈐印，有張鳴陽朱筆批校；有污漬；有修補

1346

楚辭：十七卷 / （戰國）屈原撰 ；（漢）劉向集 ；（漢）王逸章句 ；（宋）洪興祖補註. -- 刻本. -- 吳郡寶翰樓，清初. -- 4 冊

9 行 15 字小字雙行 20 字白口左右雙邊雙魚尾

書名葉題：楚辭箋註 汲古閣校 吳郡寶翰樓

卷末題：汲古閣後人毛表字奏叔依古本是正

登錄號 1012731/索書號 8011-023-001-010：4 冊（合訂 2 冊），黃紙本

1347

楚辭集註：八卷，後語二卷，辯證六卷 / （宋）朱熹撰. -- 刻本. -- 汝南袁氏，明嘉靖十四年（1535）. -- 6 冊（1 函）

10 行 18 字小字雙行同白口左右雙邊雙魚尾

《楚辭後語》卷六末記：嘉靖乙未汝南袁氏校刊

附： 反離騷：一卷/（漢）揚雄

登錄號 善 139/索書號 7018-sb-134：6 冊（1 函），白紙本，金鑲玉裝訂，藍色絲質書衣；鈐印：此書曾藏長沙龍毓瑩字伯堅媚夜書樓［龍毓瑩］；有斷版，多處缺葉；紙張老化四周變黃，有水漬

1348

楚辭：五卷 / （戰國）屈原撰 ；（清）屈復集註 ；（清）屈啟賢編. -- 抄本. -- 錫山秦氏，清乾隆間. -- 4 冊（1 函）

9 行 20 字小字雙行同，無欄格

抄於清乾隆二十年（1755）前

登錄號 善 138/索書號 7018-sb-133：4 冊（1 函），白紙本；鈐印：公調、公調別字慎齋，樂琴書以消憂，世仁堂書畫，鑑湖鄭廷梅印，安蕭袁廷彥藏書畫印、袁氏際雲珍賞［袁廷彥］；扉葉有清乾隆四十六年（1781）鄭公調跋；紙張老化變黃，邊角破損，有水漬、油漬

1349

楚辭燈：四卷 / （清）林雲銘論述. -- 刻本. -- 晉安林氏抱奎樓，清康熙三十六年（1697）. -- 2 冊（1 函）

8 行 20 字小字雙行同白口左右雙邊單魚尾，無直欄

附：楚懷襄二王在位事蹟考、屈原列傳

登錄號 1-04169/索書號 8018-150-001-003：2 冊（1 函），黃紙本；紙張老化變黃變脆

1350

屈辭洗髓：五卷，簡明音釋一卷 / （清）徐煥龍撰. -- 刻本. -- 清康熙三十七年（1698）. -- 2 冊

9 行 21 字小字雙行同黑口左右雙邊單魚尾，天頭處刻小字註雙行 4 字

登錄號 1-04913/索書號 8018-166-001-006：2 冊，黃紙本；蟲蛀損壞，書衣散失

〔集部 漢魏六朝別集類〕

1351

嵇中散集：十卷 / （魏）嵇康撰 ；（明）程榮校. -- 刻本. -- 新安程榮，明嘉靖萬曆間. -- 3 冊

9 行 20 字白口左右雙邊單黑或白魚尾

登錄號 善 142/索書號 7018-sb-137：3 冊，黃紙本；鈐印：沈令聞，謝伏琛；缺 3 卷：卷 8-10，紙張老化變脆變黃，破損

1352

箋註陶淵明集：十卷 / （晉）陶潛撰 ；（宋）湯漢等箋註. -- 刻本. -- 元. -- 1 冊

9 行 16 字小字雙行同細黑口左右雙邊雙魚尾

登錄號 善 167/索書號 7018-sb-161：1 冊，黃紙本，金鑲玉裝訂；鈐印：龍龕精舍、雙鑑樓收藏宋本、藏園、藏園居士、沅叔審定、江安傅氏藏園鑑定書籍之記［傅增湘］；有斷版、字跡模糊處；存 1 卷：卷 3；書葉殘缺；蟲蛀修補

1353

李卓吾批選陶淵明集：二卷 / （晉）陶潛撰 ；（明）

李贄評. -- 刻本. -- 明. -- 1 冊

9 行 19 字白口四周單邊單白魚尾

版心題：陶淵明集

登錄號 1-04744/索書號 8018-166-005-020：1 冊，黃紙本；紙張老化變黃變脆，破損，書葉殘缺，有水漬

1354

庾子山集：十六卷，總釋一卷，庾子山年譜一卷 /（北周）庾信撰；（清）倪璠註釋並編年譜. -- 刻本，重印. -- 清康熙間刻，清乾隆間金閶書業堂重印. -- 6 冊（1 函）

10 行 20 字小字雙行同白口左右雙邊單魚尾

書名葉題：錢唐倪魯玉增釋 庾開府全集箋注 金閶書業堂藏

登錄號 1-02688/索書號 8018-138-006-002：6 冊（1 函），黃紙本；有斷版、字跡漫漶處，補抄殘缺字

〔集部　唐五代別集類〕

1355

新刻唐駱先生文集註釋評林：六卷 /（唐）駱賓王撰；（明）陸弘祚，（明）虞九章訂釋，（明）童昌祚訂釋. -- 刻本. -- 閩建書林余仙源，明萬曆間. -- 1 冊

上下兩欄 11 行，上欄小字雙行 5 字、下欄 22 字小字雙行同，白口四周雙邊單魚尾

目錄末題：唐義烏駱先生集

版心題：駱先生文集

卷三卷端題：新鋟先生駱公文集註釋評林

卷四卷端題：新刻駱先生文集註釋評林

卷五至六卷端題：新鋟駱先生文集註釋評林

書名據卷一、二卷端題

登錄號 善 152/索書號 7018-sb-147：1 冊，黃紙本；有佚名朱筆圈點；字跡模糊，卷 3 第 7、14、15 葉為抄配；缺葉，破損，紙張老化變黃，有墨漬、污漬；書葉襯紙修補

1356

王勃集：二卷 /（唐）王勃撰. -- 刻本. -- 明

嘉靖間. -- 1 冊

10 行 18 字白口左右雙邊單白魚尾

登錄號 0001048/索書號 8020-016-004-020：1 冊，黃紙本；書葉殘缺，有污漬；有修補

1357

李翰林集：三十卷，附錄一則 /（唐）李白撰. -- 刻本. -- 明. -- 1 冊（1 函）

10 行 20 字小字雙行同白口四周單邊無魚尾

書簽題：唐李翰林文集

登錄號 善 148/索書號 7018-sb-143：1 冊（1 函），白紙本；鈐印：太史氏，太阿，南通馮氏景岫樓藏書、馮雄[馮雄]；扉葉有容氏跋一則；存 10 卷：卷 21-30，字跡模糊，有抄補，又民國二十三年（1934）江蘇省立國學圖書館另紙抄配卷 24 第 6 葉、卷 28 第 5 葉、卷 34 第 15 葉；有水漬

1358

李太白文集：三十卷 /（唐）李白撰；（宋）宋敏求編類；（宋）曾鞏考次. -- 刻本. -- 吳門繆曰芑雙泉草堂，清康熙五十六年（1717）. -- 8 冊（1 函）

11 行 20 字白口左右雙邊單魚尾

書名葉題：李太白全集 吳門繆武子重刊宋本 雙泉草堂藏板

序題：李翰林集

編者據序

登錄號 1-03256/索書號 8018-144-002-006：8 冊（1 函），白紙本；紙張老化有黃斑

1359

李太白文集：三十卷 /（唐）李白撰；（宋）宋敏求編類；（宋）曾鞏考次. -- 刻本，重印. -- 清康熙五十六年（1717）吳門繆曰芑雙泉草堂刻，清重印. -- 4 冊（1 函）

11 行 20 字白口左右雙邊單魚尾

書名葉題：李太白集

目錄題：李太白全集

序題：李翰林集

各卷末記：吳門繆曰芑武子甫重刊宋本

編者據序

登錄號 0000347/索書號 8020-007-001-012：4 冊

（1函），白紙本；鈐印：鄭騫；有斷版

1360

李太白文集：三十六卷 ／（唐）李白撰 ；（清）王琦輯註．-- 刻本．-- 清乾隆二十五年（1760）．-- 14 冊（2 函）

10 行 20 字小字雙行同白口左右雙邊單魚尾

書名葉題：李太白文集輯註

卷三十五為年譜

登錄號 1-05962／索書號 8009-114-002-013：14 冊（2 函），黃紙本；鈐印：寶笏樓；邊角蟲蛀

1361

王摩詰集：六卷 ／（唐）王維撰 . -- 活字本，銅活字．-- 明．-- 5 冊（1 函）

9 行 17 字綫黑口左右雙邊單魚尾

登錄號 善 155／索書號 7018-sb-150：5 冊（1 函），黃紙本，金鑲玉裝訂，藍色絲質書衣；紙張老化變黃，有缺字、墨漬；有修補

1362

高常侍集：八卷 ／（唐）高適撰. -- 活字本，銅活字．-- 明．-- 4 冊（1 函）

9 行 17 字綫黑口左右雙邊單魚尾

登錄號 善 149／索書號 7018-sb-144：4 冊（1 函），黃紙本，金鑲玉裝訂，藍色絲質書衣；鈐印：司馬氏；字跡模糊；紙張老化變黃，有墨漬；有修補

1363

杜工部集：二十卷，卷首一卷 ／（唐）杜甫撰 ；（明）王世貞，（明）王慎中，（清）王士禛，（清）邵長蘅，（清）宋犖評．-- 刻本，六色套印．-- 芸葉盦，清道光十四年（1834）．-- 16 冊（2 函）

8 行 20 字黑口左右雙邊雙魚尾

書名葉題：道光甲午季冬 杜工部集 五家評本 芸葉盦藏板

登錄號 0000873／索書號 8020-014-002-022：16 冊（2 函），白紙本；紙張老化有黃斑

1364

集千家註批點杜工部詩集：二十卷 ／（唐）杜甫撰 ；（宋）王洙，（宋）蔡夢弼等註 ；（宋）黃鶴補註 ；

（宋）劉辰翁評點．-- 刻本，遞修．-- 明初刻，明遞修．-- 1 冊

12 或 13 行 22 或 23 字小字雙行同黑口四周雙邊（間有左右雙邊）雙順魚尾

登錄號 善 144／索書號 7018-sb-139：1 冊，黃紙本；鈐印：欽訓堂書畫記［永璂］，鄭親王印；有佚名朱筆批校；有斷版、字跡模糊處；存 7 卷：卷 11-17，卷 11 第 5 葉係抄配；紙張老化變色，蟲蛀損壞，有墨漬

1365

集千家註杜工部詩集：二十卷，文集二卷 ／（唐）杜甫撰 ；（宋）王洙，（宋）蔡夢弼等註 ；（宋）黃鶴補註．-- 刻本．-- 玉几山人，明嘉靖十五年（1536）．-- 12 冊（2 函）

8 行 17 字小字雙行同白口四周雙边雙白魚尾

卷端題：大明嘉靖丙申玉几山人校刻

登錄號 0000101／索書號 8020-002-005-004：12 冊（2 函），白紙本；鈐印：古茸南浦徐氏藏書印；邊角偶見鼠嚙，書葉破損，有水漬、霉漬、污漬

1366

集千家註杜工部詩集：二十卷 ／（唐）杜甫撰 ；（宋）王洙，（宋）蔡夢弼等註 ；（宋）黃鶴補註 ；（明）黃陞校．-- 刻本．-- 嶺南黃氏，明萬曆間．-- 1 冊

8 行 17 字小字雙行同白口左右雙邊單白魚尾

寫手：周應達、成福、楊安邦

刻工：李守官、沈有光、胥守連、賢、孫光裕、陳棟、顧應祥、胥尚孝、顧芳、張周、沈思雲、趙應瑞、趙瑞、瑞、李智、胥艾、袁計志、蘇堯、胥尚中、栢、宣、簡、胥化、枝

登錄號 善 145／索書號 7018-sb-140：1 冊，白紙本，金鑲玉裝訂；佚名朱墨筆批校；字跡模糊；存 2 卷：卷 15-16，書葉殘缺，天頭眉批經裁切缺字

1367

集千家註杜工部詩集：二十卷，文集二卷 ／（唐）杜甫撰 ；（宋）王洙，（宋）蔡夢弼等註 ；（宋）黃鶴補註．-- 刻本．-- 明．-- 12 冊

8 行 17 字小字雙行同白口左右雙邊雙白魚尾

登錄號 0000853／索書號 8020-014-002-002：12 冊，白紙本；鈐印：馮潮、之卿，秋江氏，鄞林氏藜照廬藏書印［林集虛］；有斷版；有殘缺葉，蟲蛀、鼠嚙損

壞，有水漬；有修補

1368
　杜詩論文：五十六卷，凡例一卷，目錄一卷 ／（唐）杜甫撰 ；（清）吳見思注 ；（清）潘眉評 ；（清）吳興祚定． -- 刻本． -- 吳郡寶翰樓，清康熙十一年（1672）． -- 12 冊（1 函）

　9 行 22 字小字單行同白口左右雙邊
　書名葉題：杜詩論文 吳郡寶翰樓
　常州岱淵堂校定本
　全書收杜詩一千四百餘首，各詩之下詳加注文，品評得失
　登錄號 0000584／索書號 8020-009-005-008：12 冊（1 函），黃紙本；鈐印：沈氏山樓藏書記
　登錄號 1-06170／索書號 8009-114-004-008：6 冊（1 函），黃紙本；鈐印：寶翰樓藏書，海虞許氏所藏；邊角磨損

1369
　趙虞兩先生選註杜律 ／（唐）杜甫撰 ；（元）虞集，（明）趙汸註 ；（清）查弘道，（清）金集補註． -- 刻本． -- 清乾隆間． -- 1 冊

　10 行 22 字小字雙行 33 字綫黑口四周單邊單魚尾
　書名據書簽題
　"弘"字避諱缺末筆
　子目：
　　1.趙子常選杜律五言註：三卷／（明）趙汸註
　　2.虞伯生選杜律七言註：三卷／（元）虞集註
　　登錄號 0000902／索書號 8020-014-005-008：1 冊，黃紙本；鈐印：常熟歸氏種瑤草室藏、種瑤草室、歸曾禪讀書記，歸邨長壽，沈石友、石友、沈瑾[沈石友]，亮載長壽，金駝老屋碧山堂，秦崖；朱筆批校；蟲蛀損壞，書葉缺損，有水漬

1370
　杜律啟蒙：十二卷，年譜一卷 ／（唐）杜甫撰 ；（清）邊連寶集註． -- 刻本． -- 清乾隆四十二年（1777）． -- 4 冊（1 函）

　9 行 19 字小字雙行同白口左右雙邊單魚尾
　書名葉題：杜律啟蒙 乾隆丁酉初刻
　登錄號 1-06167／索書號 8009-096-006-003：4 冊（1 函），白紙本；紙張老化四周變黃，破損，有水漬，

書衣散失，裝訂開裂

1371
　杜詩鏡銓：二十卷，附錄一卷 ／（唐）杜甫撰 ；（清）楊倫編並注． -- 刻本． -- 陽湖楊倫九柏山房，清乾隆五十七年（1792）． -- 8 冊（1 函）：圖

　9 行 20 字小字雙行 30 字，另有行間小字不等，白口四周單邊單魚尾，無直欄
　書名葉題：畢秋帆王蘭泉兩先生鑒定 杜詩鏡銓 九柏山房藏版
　前有：墓誌、本傳，杜工部年譜／（清）楊倫編
　登錄號 1012588／索書號 8011-021-002-001：8 冊（1 函），白紙本；紙張老化四周變黃，邊角鼠嚙

1372
　讀杜心解：六卷，卷首二卷 ／（清）浦起龍撰． -- 刻本． -- 錫山浦氏寧我齋，清雍正二至三年（1724-1725）． -- 8 冊

　10 行 22 字小字雙行 33 字白口左右雙邊單魚尾
　卷首末記：姪芳體蘭潔校刊
　登錄號 1-05115／索書號 8009-106-006-001：8 冊，黃紙本；有鍾惺朱筆、沈德潛藍筆批校；首尾殘缺，破損，書衣散失

1373
　唐陸宣公集：二十二卷 ／（唐）陸贄撰 ；（明）葉逢春等訂． -- 刻本． -- 姚江葉逢春，明萬曆九年（1581）． -- 4 冊（1 函）

　9 行 17 字白口四周雙邊單魚尾
　書簽題：唐陸宣公奏議
　版心題：陸宣公奏議
　登錄號 0000137／索書號 8020-003-003-008：4 冊（1 函），白紙本；鈐印：鄱陽惲氏，筱初讀過；有字跡模糊處；目錄卷 18 以下缺，卷 2、6 有抄配；紙張老化有黃斑；原書衣破損，外加新書衣

1374
　唐陸宣公集：二十二卷 ／（唐）陸贄撰 ；（清）王汝驤，（清）張泰基校． -- 刻本． -- 清乾隆五年（1740）． -- 4 冊

　10 行 20 字白口四周單邊單魚尾
　書名葉題：乾隆五年春刊 陸宣公集 雲林懷德堂梓

行

登錄號 1-00914/索書號 8018-170-005-005：4 冊，黃紙本；紙張老化變黃變脆，卷首朱印御製序褪色

1375

韓文 ：四十卷，外集十卷，遺集一卷，集傳一卷 / （唐）韓愈撰；（唐）李漢編；（明）莫如士校. -- 刻本. -- 南平游居敬，明嘉靖十六年（1537）. -- 10 冊（1 函）. -- （韓柳文/〈明〉游居敬輯）

11 行 22 字白口左右雙邊雙白魚尾

登錄號 0000188/索書號 8020-005-002-003：10 冊（1 函），白紙本；鈐印：巴陵方氏碧琳瑯館珍藏古刻善本之印、巴陵方氏功惠柳橋甫印、碧琳琅館珍藏、巴陵方氏寶藏[方功惠]；有清同治甲戌（1874）、光緒丁亥（1887）方功惠題識二則並鈐印：書奴、柳橋祕玩；有水漬，書衣蟲蛀

1376

昌黎先生集 ：四十卷，外集一卷，遺文一卷，朱子校昌黎先生集傳 / （唐）韓愈撰；（唐）李漢編. -- 刻本，重修. -- 明萬曆間東吳徐氏東雅堂刻，明崇禎十一年（1638）重修. -- 12 冊（2 函）

9 行 17 字小字雙行同黑口四周雙邊雙魚尾

版心下記：東雅堂

重修年據卷末跋

登錄號 0000384/索書號 8020-007-004-001：12 冊（2 函），黃紙本；鈐印：西山後裔；紙張老化變脆，有殘葉，書衣散失

1377

新刊五百家註音辯昌黎先生文集 ：四十卷，韓集所收評論詁訓音釋諸儒名氏一卷 / （唐）韓愈撰. -- 刻本. -- 清乾隆四十九年（1784）. -- 10 冊

10 行 18 字小字雙行 23 字白口左右雙邊雙魚尾

書名葉題：遵依宋本 五百家註音辯韓昌黎先生全集

序題：重刊韓文五百家註

版本年據觀樓氏序

登錄號 0000676/索書號 8020-010-005-016：10 冊，黃紙本；鈐印：張仁黼印、簡盦珍弄[張仁黼]，石雪藏書[徐宗浩]，傅增湘、藏園[傅增湘]；卷前有手寫選讀韓詩目錄；有污漬

1378

昌黎先生詩集注 ：十一卷，年譜一卷 / （唐）韓愈撰；（清）顧嗣立刪補. -- 刻本. -- 長洲顧氏秀野草堂，清康熙三十八年（1699）. -- 2 冊（1 函）

11 行 20 字注小字雙行 30 字白口左右雙邊單魚尾

書名葉題：昌黎先生詩集注 秀野草堂藏版

版心下記刻工

登錄號 0000399/索書號 8020-007-005-008：4 冊，黃紙本；鈐印：石雪藏书[徐宗浩]，戈渡之印[戈渡]等；紙張老化變黃

登錄號 0000411/索書號 8020-008-001-003：2 冊（1 函），黃紙本；鈐印：張仁黼印、內廷侍直[張仁黼]；無書名葉，有水漬

1379

昌黎先生詩增注証訛 ：十一卷 / （唐）韓愈撰；（清）顧嗣立刪補；（清）黃鉞增注. -- 刻本. -- 四明鮑氏二客軒，清咸豐七年（1857）. -- 4 冊（1 函）

11 行 20 字小字雙行 30 字白口左右雙邊單魚尾

書名葉題：韓詩增註証訛

版心題：昌黎詩增註証訛

牌記題：咸豐七年歲次丁巳版藏四明鮑氏

版心下記：二客軒

前有：昌黎先生年譜、舊唐書 昌黎本傳

登錄號 善 159/索書號 7018-sb-154：4 冊（1 函），白紙本；鈐印：進學齋藏書記；佚名朱、黃、藍、綠、紫筆過錄各家評注及王大椿臨虞惇批校並跋；紙張老化四周變黃，書葉輕微破損，有水漬，裝訂裂散

1380

韓詩 ：一卷 / （唐）韓愈撰. -- 抄本，藍絲欄. -- 清. -- 1 冊

10 行 21 字白口四周雙邊單魚尾

登錄號 善 141/索書號 7018-sb-136：1 冊，黃紙本，金鑲玉裝訂；鈐印：本色道人，品鎬，遲庵；有佚名朱筆眉批、圈點；紙張老化變脆變黃，邊角缺損，有污漬；有修補

1381

白香山詩集 ：四十卷 / （唐）白居易撰；（清）汪立名編. -- 刻本. -- 古歙汪立名一隅草堂，清康熙四十二年（1703）. -- 4 冊（2 函）

12 行 21 字小字雙行 32 字白口左右雙邊單魚尾

書名葉題：古歙汪西亭編訂 白香山詩集 一隅草堂藏板，並鈐印：芸生堂發兌

內有：長慶集二十卷，後集十七卷，別集一卷，補遺二卷

卷前附：白香山年譜、白香山年譜舊本

登錄號 1-03014/索書號 8018-138-006-004：4 冊（2 函），黃紙本，紙捻裝訂，外加護封；徐宗浩藏並朱筆圈點；紙張老化變黃變脆；更換書衣

1382

柳河東集：四十五卷，外集五卷，遺文一卷，附錄一卷 /（唐）柳宗元撰；（明）蔣之翹輯注 . -- 刻本. -- 檇李蔣之翹三徑草堂，明崇禎間. -- 16 冊（4 函）

9 行 17 字小字雙行同白口左右雙邊無魚尾

版心下記：三徑藏書

登錄號 1-03391/索書號 8018-138-006-008：16 冊（4 函），黃紙本；鈐印：書業德記發兌，百城樓，質中，陳沂配印，秋水池塘，希夷後人；紙張老化四周變黃

1383

唐大家柳柳州文抄：十二卷 /（唐）柳宗元撰；（明）茅坤批評. -- 刻本. -- 歸安茅一桂，明萬曆七年（1579）. -- 2 冊. --（八大家文鈔/〈明〉茅坤輯）

9 行 19 字白口左右雙邊單白魚尾

登錄號 善 143/索書號 7018-sb-138：2 冊，白紙本，金鑲玉裝訂；鈐印：馬氏家藏圖書；邊角輕微蟲蛀損壞，黃斑，有水漬

1384

李文：十八卷 /（唐）李翱撰. -- 刻本. -- 鄠都黃景夔，明嘉靖二年（1523）. -- 6 冊（1 函）

10 行 19 字黑口四周雙邊單魚尾

卷末有著者傳

登錄號 0000300/索書號 8020-006-004-005：6 冊（1 函），白紙本，金鑲玉裝訂；鈐印：錢孫保印[錢孫保]，田耕堂藏，泰峯[郁松年]，無竟先生所寶[張其鍠]，有餘富廬，書農，彭城，上鄘，上黨馮生，上鄘馮氏私印；有斷版、字跡模糊處

1385

李文公集：十八卷，補遺一卷，附錄一卷 /（唐）李翱撰. -- 刻本. -- 南海馮焌光讀有用書齋，清光緒元年（1875）. -- 4 冊. --（三唐人集/（清）馮焌光輯）

9 行 19 字白口左右雙邊單魚尾

登錄號 1-03254/索書號 8018-131-001-043：4 冊，黃紙本；鈐印：慎宜軒、舒桐鄉民[姚永概]；有佚名朱筆校字；書衣邊角破損，裝訂斷綫

1386

唐賈浪仙長江集：十卷 /（唐）賈島撰. -- 刻本. -- 明. -- 1 冊

10 行 20 字白口左右雙邊單白魚尾

登錄號 善 154/索書號 7018-sb-149：1 冊，白紙本；鈐印：九霞逸史珍玩，野夫，長洲龔氏群玉山房藏書印，學部圖書之印；有佚名朱筆圈點、批校；卷 10 第 5 葉後缺，版心開口；書衣重新更換（未裝訂）

1387

賈浪仙長江集：十卷，附錄一卷 /（唐）賈島撰. -- 刻本. -- 洞庭席氏琴川書屋，清康熙間. -- 1 冊. --（唐诗百名家全集/〈清〉席啓寓輯）

10 行 18 字小字雙行同白口左右雙邊單魚尾

登錄號 善 153/索書號 7018-sb-148：1 冊，黃紙本，金鑲玉裝訂；鈐印：華陽高氏蒼茫齋攷藏金石書籍記、蒼茫齋高氏藏書記、高世異圖書印，尚同讀書[高世異]，長白敷槎氏堇齋昌齡圖書印，堇齋圖書[敷槎昌齡]，袁克文，陳氏彥廉，四明樓[門龠]，用嘉，百花潭，如今是雲散雪消花殘月闕

1388

李長吉歌詩：四卷，外詩一卷 /（唐）李賀撰；（宋）劉辰翁評. -- 刻本，朱墨套印. -- 吳興凌濛初，明末. -- 1 冊

8 行 19 字白口左右雙邊無魚尾

登錄號 善 150/索書號 7018-sb-145：1 冊，白紙本，淺藍色織錦書衣；鈐印：徐氏平粹軒珍藏圖籍，陽羨徐氏正誼堂藏書之章，仁釗秘笈，徐仁釗印，徐仁釗[徐仁釗]，適盦藏書，握素披黃，橫雲閣主，勉父，許之喬藏；存 2 卷：卷 1-2，序首缺葉；黃斑，有水漬

1389

李長吉歌詩：四卷，卷首一卷，外集一卷 / （唐）李賀撰 ；（清）王琦彙解. -- 刻本. -- 錢塘王琦寶笏樓，清乾隆二十五年（1760）. -- 2 冊（1 函）

10 行 20 字小字雙行同白口左右雙邊單魚尾

書名葉題：王琢崖彙解 李長吉歌詩 寶笏樓藏板

登錄號 1-03258/索書號 8018-140-001-004：2 冊（1 函），黃紙本；佚名過錄黃丕烈等題跋；紙張老化四周變黃，書衣磨損

1390

昌谷集：四卷 / （唐）李賀撰 ；（明）曾益釋. -- 刻本. -- 明. -- 2 冊

9 行 20 字小字雙行同白口四周單邊單白魚尾

序題：李賀詩編

登錄號 1-03542/索書號 8018-131-001-040：2 冊，黃紙本；紙張老化四周變黃，裝訂裂散

1391

盧仝詩集：二卷，集外詩一卷 / （唐）盧仝撰. -- 刻本. -- 明嘉靖十九年（1540）. -- 1 冊. -- （唐百家詩/（明）朱警輯）

10 行 18 字白口左右雙邊單魚尾

登錄號 1-02933/索書號 8018-129-006-009：1 冊，白紙本；有斷版、字跡模糊處，紙張老化四周變黃，蟲蛀損壞，有水漬，裝訂斷綫

1392

李義山詩集：三卷 / （唐）李商隱撰 ；（清）朱鶴齡箋註. -- 刻本. -- 懷德堂，清乾隆十五年（1750）. -- 3 冊

10 行 21 字小字雙行同白口左右雙邊單魚尾

書名葉題：李義山詩集箋註 乾隆十五年新鐫 懷德堂梓行

登錄號 善 147/索書號 7018-sb-142：3 冊，黃紙本；鈐印：寶珣私印，味經書屋，瀋陽馬氏，馬佳世杰印信、正黃旗漢軍副都統、馬佳世杰私印、世杰敬藏[馬佳]；有馬世杰筆鈔并鈐印：紫藤華館、馬、世杰長壽、竹銘，有寶珣跋，升寅（馬佳氏）批並錄何焯批語；有斷版、字跡模糊處；紙張老化變黃變脆，書葉殘缺，邊角鼠嚙，有水漬、墨漬

1393

溫飛卿詩集：九卷 / （唐）溫庭筠撰 ；（清）曾益原注 ；（清）顧予咸補注 ；（清）顧嗣立校並續注. -- 刻本. -- 長洲顧氏秀野草堂. -- 2 冊（1 函）

11 行 20 字小字雙行 30 字白口左右雙邊單魚尾

書名葉題：溫飛卿詩集箋注

登錄號 1-03175/索書號 8018-142-006-004：2 冊（1 函），白紙本；紙張老化有黃斑

1394

唐皮日休文藪：十卷 / （唐）皮日休撰. -- 刻本. -- 明正德間. -- 2 冊（1 函）

11 行 20 字小字雙行同白口左右雙邊單魚尾

登錄號 善 156/索書號 7018-sb-151：2 冊（1 函），黃紙本；鈐印：與古居，臣紹籛印，寶書樓，韻士，飲水讀書貧亦樂，芸閣，嘯歌軒，掌書仙，翼夫手勘之本、燕緒、欐亭、槿燕緒字翼夫、家在蘇州望信橋[查燕緒]；有翼盦跋二則並鈐印；邊角輕微鼠嚙，有墨漬；有修補

1395

唐皮日休文藪：十卷 / （唐）皮日休撰. -- 抄本. -- 清. -- 6 冊

11 行 20 字

登錄號 0001078/索書號 8020-016-005-018：6 冊，黃紙本；鈐印：貴池鎦氏聚卿收藏書籍之印[劉世珩]，陳文田硯鄉氏藏本[陳文田]，天尺樓；有民國十二年（1923）劉之泗校記

1396

唐李推官披沙集：六卷 / （唐）李咸用撰. -- 刻本. -- 明嘉靖十九年（1540）. -- 2 冊. -- （唐百家詩/（明）朱警輯）

10 行 18 字白口左右雙邊單魚尾

登錄號 1-02673/索書號 8018-129-006-010：2 冊，白紙本；有斷版、字跡模糊處；紙張老化四周變黃，蟲蛀損壞，書衣散失，裝訂斷綫

1397

唐黃御史集：八卷，附錄一卷 / （唐）黃滔撰 ；（宋）黃公度等輯. -- 刻本. -- 莆田黃氏，明崇禎

十一年（1638）. -- 8 冊

8 行 18 字白口左右雙邊無魚尾

版心題：黃御史集

登錄號 善 158/索書號 7018-sb-153：8 冊，黃紙本；
鈐印：鄭杰之印、鄭氏注韓居珍藏記、應舉、注韓居、
人杰、一名人杰字昌英、侯官鄭氏藏書［鄭杰］，晉安
何氏珍存；書末有清乾隆乙酉年（1765）鄭杰跋；蟲
蛀損壞、殘缺嚴重，有抄配，有墨漬；有修補

〔集部　宋別集類〕

1398

河南穆公集 ：三卷，附穆參軍遺事一卷 / （宋）
穆修撰. -- 抄本. -- 清. -- 2 冊（1 函）

10 行 18 字小字雙行同，無欄格

卷末題：錢遵王家藏照宋抄本

登錄號 善 169/索書號 7018-sb-163：2 冊（1 函），
黃紙本；鈐印：聖清宗室盛昱伯羲之印、宗室盛昱之
印［盛昱］，劉盼遂印［劉盼遂］；紙張老化四周變黃，
第一冊書衣輕微破損

1399

范文正公集 ：二十卷 / （宋）范仲淹撰. -- 刻本.
-- 范氏歲寒堂，元天曆間. -- 1 冊

12 行 20 字小字雙行同白口左右雙邊單魚尾

版心下記刻工：章益、周、陳子仁、趙

登錄號 善 165/索書號 7018-sb-159：1 冊，黃紙本，
金鑲玉裝訂；鈐印：晉府書畫之印；殘存：卷 4 第 1-15
葉、卷 6 第 2-4、7 葉；有修補

1400

范文正公集 ：二十四卷，附錄一卷，年譜一卷，補
遺一卷 / （宋）范仲淹撰 ；（明）康丕揚校. -- 刻
本. -- 康丕揚，［明萬曆三十七年］（1609）. -- 10
冊（1 函）：圖

9 行 19 字白口四周單邊單魚尾

書籤題：宋文正范先生文集

版心題：文正公集

年譜：一卷 /（明）康丕楊編；（明）毛九苞訂

登錄號 1-03308/索書號 8018-144-003-006：10 冊

（1 函），黃紙本；有斷版；紙張老化變黃變脆，磨損，
有水漬

1401

安陸集 ：一卷 / （宋）張先撰. -- 刻本. -- 安
邑葛鳴陽，清乾隆四十五至四十六年（1780-1781）. --
1 冊

9 行 16 字白口四周單邊

登錄號 0000371/索書號 8020-007-003-005：1 冊
（合 3 冊：冊 3），與《復古編》、《曾樂軒稿》合刻，
白紙本；破損，書衣散失，裝訂裂散，有水漬；有修
補

登錄號 1-03973/索書號 8018-156-002-008：1 冊
（合 1 函：冊 3），與《復古編》、《曾樂軒稿》合刻，
白紙本；鈐印：郭氏珍藏書畫之印；紙張老化有黃斑，
邊角磨損

1402

廬陵宋丞相信國公文忠烈先生全集 ：十六卷 /
（宋）文天祥撰 ；（清）文有煥，（清）文從偉等編. --
刻本，增修. -- 清雍正三年（1725）廬陵文氏刻，清
乾隆間五桂堂增修. -- 12 冊：圖

10 行 20 字小字雙行同白口四周雙邊單魚尾

書名葉題：雍正三年新鐫 廬陵文丞相文山先生全集
五桂堂藏版

有清乾隆二年（1737）《御製宋文信國公文》

有清乾隆五十二年（1787）《督學部院翁親賷京部遺
像附詩記》

卷十五為紀年錄及附錄，卷十六附錄《文天祥傳》

登錄號 善 185/索書號 7018-sb-179：12 冊，黃紙
本；有斷版、字跡漫漶處，有破損缺字，書衣散失、
破損，裝訂斷綫

1403

重刊文山先生別集 ：二卷，附文山先生遺墨一卷 /
（宋）文天祥撰. -- 刻本. -- 廬陵文承蔭，明正德
間. -- 1 冊（1 函）：圖

11 行 23 字黑口四周雙邊單或雙魚尾

版心題：文山別集

書名據卷二卷端題

卷二卷端下記：八世孫承蔭拜首重刊

記事至明正德十三年（1518）

登錄號 0000106／索書號 8020-002-005-009：1 冊
（1 函），黃紙本；字跡漫漶，葉碼不連貫；有殘缺葉，
污損；蟲蛀修補

1404

剪綃集：二卷 ／（宋）李龏撰. -- 刻本. -- 海
虞毛氏汲古閣，明天啓崇禎間. -- 1 冊. --（詩詞雜
俎／〈明〉毛晉輯）

8 行 19 字小字雙行同白口左右雙邊

登錄號 善 180／索書號 7018-sb-174：1 冊，與《眾
妙集》合印，黃紙本；有斷版；書葉殘缺，有水漬；
有修補

1405

趙清獻公集：十卷，目錄二卷 ／（宋）趙抃撰. --
刻本. -- 汪旦，明嘉靖四十一年（1562）. -- 4 冊（1
函）

9 行 20 字白口四周單邊單白魚尾

登錄號 1-03410／索書號 8018-142-003-001：4 冊
（1 函），黃紙本；書衣磨損

1406

元豐類稿：五十卷，卷首一卷，目錄一卷 ／（宋）
曾鞏撰 ；（宋）陳師道編. -- 刻本，重印. -- 清乾
隆二十八年（1763）刻，清重印. -- 12 冊（1 函）

10 行 20 字白口左右雙邊單魚尾

書名葉題：元豐彙稿 乾隆癸未年重鐫 查溪藏板

登錄號 1011271／索書號 8011-013-002-002：12 冊
（1 函），白紙本；有斷版，字跡清晰度差

1407

曾文昭公集：四卷 ／（宋）曾肇撰. -- 刻本. --
南豐曾氏，清康熙六十一年（1722）. -- 2 冊（1 函）

9 行 20 字白口左右雙邊單魚尾

登錄號 1-03681／索書號 8018-138-002-002：2 冊
（1 函），黃紙本；有水漬

1408

伊川擊壤集：二十卷 ／（宋）邵雍撰. -- 刻本. --
明. -- 8 冊（1 函）

10 行 20 字小字雙行同黑口半葉四周雙邊

書名葉題：擊壤集 文靖書院藏板

登錄號 善 178／索書號 7018-sb-172：8 冊（1 函），
黃紙本；鈐印：劉雲峰印；有抄配；紙張老化四周變
黃，有污漬、水漬，書衣磨損；有修補

1409

臨川集：一百卷 ／（宋）王安石撰. -- 刻本，遞
修. -- 宋刻，元明遞修. -- 1 冊

12 行 20 字白口或黑口左右雙邊單或雙魚尾

書名據版心題

登錄號 善 166／索書號 7018-sb-160：1 冊，黃紙本，
金鑲玉裝訂；有斷版，字跡漫漶嚴重；殘存：卷 90（4
葉）、卷 91（5 葉）；紙張老化，有油漬

1410

蘇文忠公文集 ／（宋）蘇軾撰. -- 刻本. -- 宋. --
1 冊

9 行 15 字白口左右雙邊單魚尾

書名據版心題

版心下記刻工：張宣

登錄號 善 160／索書號 7018-sb-155：1 冊，黃紙本，
金鑲玉裝訂；鈐印：古業州魏氏收藏金石書畫記；有
斷版、字跡模糊處；殘存卷 36 之 24 33 葉；有水漬

1411

蘇長公小品：二卷 ／（宋）蘇軾撰 ；（明）王納
諫評選. -- 刻本. -- 章氏心遠軒，明萬曆三十九年
（1611）. -- 1 冊

9 行 21 字白口四周單邊無魚尾，無直欄

書眉鐫評

牌記（首篇序後）題：萬曆辛亥八月既望雕于章氏
之心遠軒

正文首葉版心下記：梓人劉國興 劉子才

登錄號 善 163／索書號 7018-sb-157：1 冊，黃紙本；
鈐印：山陽段氏珍藏，馬駿之印；有佚名墨筆批；字
跡模糊；蟲蛀損壞，版心開口，書衣磨損

登錄號 1-06115／索書號 8009-106-006-044：1 冊，
黃紙本；鈐印：南邨，天涯老，吳勛私印，谷桓；蟲
蛀損壞，破損，裝訂裂散

1412

重刻黃文節山谷先生文集：三十卷 ／（宋）黃庭
堅撰. -- 刻本. -- 明萬曆間. -- 6 冊（1 函）

10 行 20 字白口四周單邊單魚尾

書名葉題：方子及校訂 宋太史黃山谷先生全集 古吳積秀堂梓

序題：山谷先生全集

版心題：山谷文集

卷端記：明光啓堂荊岑王鳳翔梓

登錄號 1-03358/索書號 8018-141-002-006：6 冊（1 函），黃紙本；有斷版；蟲蛀殘缺

1413

宋黃文節公文集：正集三十二卷，首卷四卷，外集二十四卷，別集十九卷 / （宋）黃庭堅撰. -- 刻本. -- 緝香堂，清乾隆間. -- 24 冊（4 函）

9 行 20 字小字雙行同白口左右雙邊單魚尾

書名葉題：宋黃山谷先生全集 江右寧州緝香堂藏版

版心題：山谷全書

書末記：新建劉得宜 進賢龔廷光鐫

附：黃青社先生伐檀集：二卷/（宋）黃庶撰，首卷內有本傳、年譜

登錄號 1012623/索書號 8011-021-004-006：24 冊（4 函），白紙本；鈐印：隴西友蘭氏審定書畫，李氏珍藏；紙張老化變黃變脆，書衣破損、有水漬

1414

韋齋集：十二卷 / （宋）朱松撰. -- 刻本. -- 明. -- 1 冊

10 行 20 字白口左右雙邊單魚尾

登錄號 善 168/索書號 7018-sb-162：1 冊，與《玉瀾集》合印，白紙本，包背裝；有斷版、字跡模糊處；存 6 卷：卷 7-12，缺葉；有水漬、污漬；有修補

1415

玉瀾集：一卷 / （宋）朱槔撰. -- 刻本. -- 明. -- 1 冊

10 行 20 字白口左右雙邊單魚尾

登錄號 善 168/索書號 7018-sb-162：1 冊，與《韋齋集》合印，白紙本，包背裝；有斷版、字跡模糊處；書葉殘缺；有修補

1416

曾樂軒稿：一卷 / （宋）張維撰. -- 刻本. -- 安邑葛鳴陽，清乾隆四十五至四十六年(1780-1781). --

1 冊

9 行 16 字白口四周單邊

登錄號 0000371/索書號 8020-007-003-005：1 冊（合 3 冊：冊 3），與《復古編》、《安陸集》合刻，白紙本；破損，書衣散失，裝訂裂散，有水漬；有修補

登錄號 1-03973/索書號 8018-156-002-008：3 冊（合 1 函：冊 3），白紙本；鈐印：郭氏珍藏書畫之印；紙張老化有黃斑，邊角磨損

1417

會稽三賦：四卷 / （宋）王十朋撰 ；（明）南逢吉註 ；（明）尹壇補註 ；（明）陶望齡評. -- 刻本，朱墨套印. -- 吳興凌氏，明天啓間. -- 1 冊（1 函）：圖

8 行 18 字小字雙行同白口四周單邊無魚尾，無直欄

卷前有王十朋傳略、圖説

登錄號 1-03683/索書號 8018-142-006-009：1 冊（1 函），白紙本；鈐印：叔度，文明之印[盛文明]，汝標私印[凌汝標]，建霞父；邊角鼠嚙，有水漬

1418

會稽三賦：四卷 / （宋）王十朋撰 ；（明）南逢吉註 ；（明）尹壇補註 ；（明）胡大臣訂. -- 刻本. -- 明. -- 2 冊：圖

8 行 18 字白口四周單邊單魚尾

三賦為：會稽風俗賦、民事堂賦、蓬萊閣賦

卷前有王十朋傳略、圖説

登錄號 1-01707/索書號 8018-172-001-010：2 冊，與《會稽山賦》合訂，黃紙本；卷首序字跡不清；書衣磨損

1419

澹軒集：八卷 / （宋）李呂撰. -- 抄本. -- 清. -- 1 冊

9 行 21 字

抄自《永樂大典》

登錄號 0000736/索書號 8020-011-004-015：1 冊，黃紙本；書衣邊角破損，有水漬

1420

朱子文集大全類編：一百十卷，卷首一卷 / （宋）朱熹撰 ；（清）朱玉訂補. -- 刻本. -- 清. -- 48

冊（6 函）：圖

12 行 24 字小字雙行同黑口四周單邊單魚尾

書名葉題：紫陽書堂鈔本 朱子文集大全類編 考亭書院藏版 翻刻千里必究

書名據書名葉題

原本正集八十八卷、續集五卷、別集七卷，合為百卷，今類為八冊合一百一十卷

記事至清乾隆四十三年（1778）

子目：

1. 年譜事實：三卷（冊 1-4，卷 2 內有《朱文公年譜》一卷/〈宋〉朱方子編）

2. 朱文公詩賦全集：十卷（冊 5-7，書名葉題：詩賦詞調）

3. 朱文公封事奏劄：二卷（冊 8，書名葉題：封事奏劄）

4. 朱文公政蹟經筵表疏：十一卷（冊 9-13，書名葉題：政蹟經筵）

5. 朱文公書劄：十四卷（冊 14-18）

6. 朱文公問答全集：三十五卷（冊 19-34，書名葉題：問答論辯）

7. 朱文公雜著：十五卷（冊 35-40，書名葉題：雜著全集）

8. 朱文公序記碑銘：二十一卷（冊 41-48，卷 21 內有《伊川先生年譜》）

登錄號 1-07068/索書號 8018-128-004-002：48 冊（6 函），黃紙本；鈐印：良常馮氏汲古齋藏書，靜觀校正；蟲蛀缺損，有污漬，書衣破損，裝訂斷綫

1421

晦菴文集：一百卷 / （宋）朱熹撰. -- 刻本. -- 南宋. -- 1 冊

10 行 19 字白口左右雙行單魚尾

書名據版心題

版心下記刻工：翁定、孫椿、張允、陳晃、宋通、王渙、張富、范元等

內有《答周叔謹》、《答王季和》、《答傅子淵》等篇

登錄號 善 175/索書號 7018-sb-169：1 冊，黃紙本，蝴蝶裝；有斷版、字跡漫漶處，存 1 卷：卷 54（自第 20 葉始）；書葉殘缺，紙張老化四周變黃，有水漬、墨漬

1422

晦庵先生朱文公文別集：十卷 / （宋）朱熹撰. -- 刻本. --宋. -- 1 冊

10 行 18 字白口左右雙邊雙魚尾

版心上記字數，下記刻工：振、以、成、宝、君、秀、宋、云、呂、仲

有宋咸淳元年（1265）黃鏞序

登錄號 善 174/索書號 7018-sb-168：1 冊，黃紙本，蝴蝶裝；有斷版；存 1 卷：卷 1、部分目錄及序文 1 葉，有抄補；書葉殘缺；有修補

1423

晦庵先生朱文公續集：十一卷 / （宋）朱熹撰. --刻本，重修. -- 明刻，明重修. -- 2 冊

12 行 22 字白口四周單邊無魚尾

序題：文公續集

版心題：朱子大全

版心下記刻工：陳信、黃祥、陸壽進、曾春、吳春、江元真、張尾郎、劉榮、吳長春、蔡元生、施永興、劉堅、葉旋、江元通、陸榮、周鑑、葉文輝、黃永進、陸青、余富、張隆

版心或記：兵道呂刊 兵道呂續補

登錄號 善 176/索書號 7018-sb-170：2 冊，黃紙本；鈐印：真州吳氏有福讀書堂藏書；有佚名朱筆校；有斷版、字跡模糊處，缺葉、缺字；紙張老化四周變黃變脆，書衣破損，裝訂斷綫；有修補

1424

新刻瓊琯白先生集：十四卷 / （宋）白玉蟾撰. --刻本. -- 建陽書坊安正堂劉雙松，明萬曆二十二年（1594）. -- 8 冊（1 函）：圖

9 行 18 字白口四周單邊單魚尾

序題：瓊琯白真人文集

版心題：白真人集

套籤記：太歲甲子十月初三日慧惠重裝

卷末記：安正堂劉雙松梓

登錄號 0000830/索書號 8020-013-005-009：8 冊（1 函），黃紙本；鈐印：伊遠昭藏[伊遠昭]，汀州伊立勛峻齋甫收藏印[伊立勛]；有殘缺葉，紙張老化四周變黃，有水漬；有修補

1425

羅鄂州小集：六卷 /（宋）羅願撰 ；（清）程哲
輯 · 羅郢州遺文：一卷 /（宋）羅頌撰. -- 刻本.
-- 歙縣程哲七略書堂，清康熙五十二年（1713）. --
4 冊（1 函）

11 行 21 字白口左右雙邊單魚尾

卷首有《鄂州太守存齋先生羅公傳》

《羅郢州遺文》前有《郢州太守墓誌》

登錄號 1-03550/索書號 8020-015-004-004：2 冊，
黃紙本；鈐印：吳翌凤家藏文苑［吳翌凤］，藝経堂藏
善本

登錄號 0001053/索書號 8020-016-004-025：4 冊
（1 函），黃紙本；鈐印：詩文齋六經，七略書堂；序
文後有墨筆校補；紙張老化四周變黃，書衣破損

1426

東萊呂太史文集：十五卷 /（宋）呂祖謙撰. -- 刻
本，遞修. -- 宋刻，元明遞修. -- 1 冊

10 行 20 字白口左右雙邊單、雙或三魚尾

版心題：東萊集

卷末記：淳熙壬寅（1182）新安朱熹

版心鐫刻工：張彥忠、周才

登錄號 善 170/索書號 7018-sb-164：1 冊，白紙本，
蝴蝶裝；个別字跡漫漶；存 1 卷：卷 15；有墨漬

1427

東萊呂太史別集：十六卷 /（宋）呂祖謙撰. -- 刻
本. -- 宋. -- 1 冊

10 行 20 字小字雙行字不等白口左右雙行雙魚尾

版心上記字數，下記刻工：李思賢、周文、張仲辰、
呂拱、韓公甫、史永、宋琚

卷十五：讀書雜記四，卷十六：師友問答

登錄號 善 171/索書號 7018-sb-165：1 冊，白紙本，
金鑲玉裝訂；存 2 卷：卷 15-16，有抄配，有水漬、墨漬

1428

水心文集：二十九卷 /（宋）葉適撰. -- 刻本. --
明. -- 16 冊（2 函）

9 行 19 字白口四周單邊

有明景泰二年（1451）重刊序

登錄號 0000810/索書號 8020-013-002-010：16 冊
（2 函），黃紙本；邊角鼠囓，有殘缺葉，書衣磨損；

有修補

1429

白石詩集：一卷，詞集一卷，附諸家評論一卷 /
（宋）姜夔撰. -- 刻本. -- 歙縣洪正治，清雍正五
年（1727）. -- 1 冊

10 行 19 字小字雙行同白口左右雙邊單魚尾

登錄號 1-03015/索書號 8018-131-001-042：1 冊，
黃紙本；邊角破損

1430

石屏續集：四卷 /（宋）戴復古撰. -- 抄本. --
清. -- 1 冊（1 函）

10 行 18 字

登錄號 0000097/索書號 8020-002-004-006：1 冊
（1 函），黃紙本；鈐印：吳興劉氏嘉業堂藏書記［劉承
幹］，西圃蔣氏手校鈔本［蔣繼軾］，四明盧氏抱經樓藏
書印［盧址］，御賜抗心希古；有蟲蛀殘缺字，有水漬、
污漬；有修補

1431

裨幄集：一卷 /（宋）趙萬年撰. -- 抄本. -- 貴
筑黃國瑾，清光緒十五年（1889）. -- 1 冊（1 函）

8 行 18 字無欄格

登錄號 善 173/索書號 7018-sb-167：1 冊（1 函），
黃紙本；鈐印：校理秘文，南金館，文淵閣校理印；
有清光緒十五年（1889）黃國瑾題識並鈐印：國瑾之
印、黃再同

〔集部　金別集類〕

1432

遺山先生文集：四十卷，附錄一卷 /（金）元好
問撰 ；（清）華希閔重校訂. -- 刻本. -- 無錫華希
閔，清康熙四十六年（1707）. -- 8 冊（1 函）

11 行 20 字小字雙行字不等黑口左右雙邊雙魚尾

書名葉題：元遺山先生文集　劍光閣

版心題：遺山集

登錄號 1-03172/索書號 8018-145-001-005：8 冊
（1 函），黃紙本；紙張老化四周變黃，裝訂斷綫

〔集部　元別集類〕

1433

牧庵集 ：三十六卷，附錄年譜一卷 ／ （元）姚燧撰 ；（元）劉致編年譜. -- 活字本，木活字. -- 武英殿，清乾隆間. -- 8 冊（1 函）. -- （武英殿聚珍版叢書）

9 行 21 字白口四周雙邊單魚尾

有清乾隆三十九年（1774）提要

登錄號 1-05652/索書號 8009-116-006-010：8 冊（1 函），黃紙本；鈐印：種墨山房；紙張老化四周變黃，書衣散失，裝訂斷綫

1434

剡源詩集 ：一卷 ／ （元）戴表元撰. -- 抄本. -- 明至清初. -- 1 冊（1 函）

12 行 24 字

登錄號 0000313/索書號 8020-006-004-018：1 冊（1 函），黃紙本；鈐印：虞山錢曾遵王藏書[錢曾]，林汲山房藏書[周永年]，王獻唐、鳳生審定、獻唐劫後所得[王獻唐]，愛日樓，吳鄂長壽；有 1948 年王獻唐題識並鈐印；紙張老化四周變黃，有水漬，書衣磨損

1435

趙文敏公松雪齋全集 ：十卷，外集一卷，續集一卷 ／ （元）趙孟頫撰 ；（清）曹培廉校. -- 刻本. -- 海上曹培廉城書室，清康熙五十二年（1713）. -- 4 冊（1 函）

10 行 19 字白口左右雙邊單魚尾

書名葉題：海上曹敬三重訂 趙文敏公松雪齋全集 城書室藏板

登錄號 1-03409/索書號 8018-145-001-004：4 冊（1 函），黃紙本；鈐印：徐氏歲寒堂藏[徐宗浩]，脩盦，扉葉有徐宗浩 1950 年題記並鈐印：徐宗浩、遂園初稿

1436

新刊趙松雪文集 ：四卷，外集一卷 ／ （元）趙孟頫撰 ；（明）沈仲津錄正. -- 刻本. -- 龍泉唐廷仁、南溪童勝龍，明萬曆間. -- 8 冊（1 函）

12 行 24 字白口四周單邊雙魚尾

目錄題：松雪齋集

版心題：趙松雪文集

卷首有：行狀、諡文

登錄號 0001066/索書號 8020-016-005-009：8 冊（1 函），黃紙本，金鑲玉裝訂；鈐印：慈谿李氏藏書；序及目錄有抄補；有水漬，書衣磨損

1437

松雪齋文集 ：十卷，外集一卷 ／ （元）趙孟頫撰. -- 抄本，烏絲欄. -- 清. -- 4 冊（1 函）

9 行 21 字黑口四周雙邊單魚尾

卷首有：行狀、諡文

登錄號 0000633/索書號 8020-010-003-008：4 冊（1 函），黃紙本；鈐印：上天公子張；書衣磨損

1438

默庵安先生文集 ：五卷 ／ （元）安熙撰. -- 抄本. -- 清. -- 1 冊

10 行 20 字小字雙行同，無欄格

登錄號 善 177/索書號 7018-sb-171：1 冊，黃紙本；鈐印：曾經藝風勘讀、荃孫、雲輪閣、藝風審定[繆荃孫]；有繆荃孫朱筆校並題：光緒辛丑假曝書亭鈔本校一過；紙張老化四周變黃，書衣輕微破損

1439

翰林珠玉 ：六卷 ／ （元）虞集撰. -- 抄本. -- 清. -- 3 冊（1 函）

11 行 23 字，無欄格

登錄號 善 241/索書號 7018-sb-234：3 冊（1 函），白紙本，藍色布質書衣；鈐印：翰林院印；有佚名朱筆批校；缺 2 卷：卷 2-3；黃斑，有水漬

1440

嘯噎集 ：一卷 ／ （元）宋无撰. -- 刻本. -- 虞山毛氏汲古閣，明末清初. -- 1 冊

8 行 19 字白口左右雙邊無魚尾

版心下記：汲古閣

登錄號 1-03576/索書號 8018-131-002-017：1 冊，黃紙本；鈐印：盰眙王錫元蘭生收藏經籍金石文字印[王錫元]，漢鹿齋藏書印[祝壽慈]；書葉殘缺；蟲蛀修補

1441

　句曲外史集：一卷，貞居詞一卷 ／（元）張雨撰 ；（清）吳允嘉輯. -- 抄本. -- 錢塘陳氏，清. -- 1 冊（1 函）

　9 行 20 字

　附：諸家跋語、師友集敘、諸家酬贈、諸家贈言

　登錄號 0000181／索書號 8020-005-001-004：1 冊（1 函），黃紙本；鈐印：壽彭曾觀，家在清風明月之間，近聖人之居，博君一粲，錫生；內有鄭基成未定草一紙，卷末陳氏朱筆題識；紙張老化有黃斑，邊角破損，裝訂裂散

1442

　梅道人遺墨：一卷 ／（元）吳鎮撰 ；（清）葛元煦校. -- 刻本. -- 滬上：仁和葛氏嘯園，清光緒二年（1876）. -- 1 冊. --（嘯園叢書 ／〈清〉葛元煦輯）

　9 行 19 字小字雙行同黑口四周雙邊單魚尾

　登錄號 0000028／索書號 8020-001-001-010：1 冊，白紙本；鈐印：張氏蔥玉、蔥玉[張珩]，張澤珩印、張、澤珩；天頭處有葛元喆墨筆補詩，卷末有葛元喆墨筆題記

1443

　楊鐵崖文集：五卷，史義拾遺二卷 ／（元）楊維禎撰. -- 刻本. -- 明. -- 3 冊

　9 行 20 字白口左右雙邊單白魚尾

　登錄號 1-03382／索書號 8018-129-006-003：3 冊，黃紙本；鈐印：靈巖，楊穀本印；蟲蛀等損壞

1444

　吳淵穎先生集：十二卷 ／（元）吳萊撰 ；（清）王邦采，（清）王繩曾箋. -- 刻本. -- 林養堂，清康熙六十年（1721）. -- 5 冊（1 函）

　9 行 18 字小字雙行同綫黑口四周單邊單魚尾

　書名葉題：吳淵穎集 林養堂藏板

　目錄後記：錫山張廷俊文英書 許昌祚彙成鐫

　登錄號 善 190／索書號 7018-sb-184：5 冊（1 函），黃紙本；鈐印：采芳州兮杜若，平生一片心，曾在潛樓，蓮涇，青霞留賞，詠春堂印，曾為徐紫珊所藏、上海徐渭仁收藏印[徐渭仁]，瘦篁過眼

　登錄號 0000756／索書號 8020-011-005-006：10 冊

（2 函），白紙本；鈐印：弢齋藏書記[徐世昌]，坐春風齋珍藏；目錄末被裁切半葉

1445

　清閟閣全集：十二卷 ／（元）倪瓚撰 ；（清）曹培廉校. -- 刻本. -- 海上曹培廉城書室，清康熙五十二年（1713）. -- 4 冊（1 函）

　11 行 21 字白口四周單邊單魚尾

　書籤題：倪高士清閟閣全集

　版心下記：城書室

　前有：倪氏世系圖

　登錄號 1-03150／索書號 8018-141-004-016：4 冊（1 函），黃紙本；鈐印：盧子樞；紙張老化四周變黃

〔集部　明別集類〕

1446

　危太樸雲林集：二卷，補遺一卷，續補一卷 ／（明）危素撰. -- 抄本. -- 長塘鮑氏，清嘉慶十年（1805）. -- 1 冊

　10 行 19 字

　書衣題：危雲林集

　版心題：雲林集

　影抄皕宋樓藏抄本

　登錄號 0000907／索書號 8020-014-005-012：1 冊，黃紙本；鈐印：吳興劉氏嘉業堂藏書記[劉承幹]，沈兆熊印、烏程沈氏補讀書齋藏書[沈垚]，韻齋長壽；有朱筆校字，邊角破損

1447

　說學齋藁：不分卷 ／（明）危素撰. -- 抄本. -- 清. -- 2 冊（1 函）

　10 行 21 字

　抄寫於清乾隆三十七年（1772）之後

　登錄號 0000842／索書號 8020-014-001-010：2 冊（1 函），黃紙本；鈐印：傅增湘、藏園[傅增湘]；徐宗浩藏並題簽；內有散稿二紙；書衣紙張老化變脆

1448

　潛溪集：八卷，附錄一卷 ／（明）宋濂著. -- 刻

本. -- 洛陽温秀, 明嘉靖十五年（1536）. -- 8 冊（1函）

　　10 行 20 字白口四周單邊

　　卷末嘉靖十五年序後記：知景州洛邑温秀校刊

　　卷前有：宋氏世譜記

　　　登錄號 0000108/索書號 8020-002-005-011：8 冊（1 函），白紙本；有斷版、字跡漫漶處；序缺葉，破損，有水漬

1449

太師誠意伯劉文成公集：二十卷 / （明）劉基撰；（清）彭始摶鑒定. -- 刻本, 重修. -- 清康熙四十六年（1707）青田劉孤嶼刻, 清乾隆十一年（1746）重修. -- 10 冊（2 函）：圖

　　10 行 23 字白口左右雙邊單魚尾

　　書名葉題：南陽彭直上先生鑒定 公諱基字伯溫栝蒼青田人 太師劉文成公集 恬芝南田果育堂藏板

　　版心題：誠意伯文集

　　　登錄號 1-03225/索書號 8018-138-005-002：10 冊（2 函），黃紙本；紙張老化變黃變脆，蟲蛀損壞，邊角破損

1450

青邱高季迪先生凫藻集：五卷 / （明）高啓撰；（清）金檀輯. -- 刻本. -- 桐鄉金檀文瑞樓, 清雍正六年（1728）. -- 2 冊

　　11 行 22 字白口左右雙邊單魚尾

　　書名葉題：高青邱凫藻集 文瑞樓藏板

　　版心題：凫藻集

　　版本年等據金檀序

　　　登錄號 善 189/索書號 7018-sb-183：2 冊, 白紙本；鈐印：秦敏樹印、散叟、小睡足寮中長物［秦敏樹］, 品齋；版心開口, 有水漬, 邊角磨損, 書衣破損

1451

東里文集：二十五卷 / （明）楊士奇撰. -- 刻本, 遞修. -- 明正統十一年（1446）刻, 明清遞修. -- 8 冊（1 函）

　　9 行 18 字白口左右雙邊單魚尾

　　書名葉題：大明正統十一年鐫 東里文集 學後隆堂藏板

有明萬曆四十六年（1618）錄正統五年黃淮序

　　卷末有清康熙十七年（1618）八世孫楊學瑚跋, 並鈐印：十一世孫泰煥補刊

　　版心下記補刻工

　　　登錄號 1-03470/索書號 8018-138-006-005：8 冊（1 函）, 黃紙本；蟲蛀損壞, 有水漬, 書衣破損

1452

黎陽王襄敏公集：四卷, 目錄一卷, 太傅王襄敏公年譜一卷 / （明）王越撰；（明）赫瀛選；（明）王鳳竹等校；（明）曹樓輯；（明）但貴元編；（明）王紹雍,（明）王正蒙編年譜. -- 刻本. -- 赫瀛, 王鳳竹等, 明萬曆十三年（1585）. -- 10 冊（2 函）：圖

　　10 行 20 字白口四周雙邊單魚尾

　　附：太傅王襄敏公年譜/（明）王紹雍、王正蒙編

　　另附傳記、碑文、墓誌

　　　登錄號 0000095/索書號 8020-002-004-002：10 冊（2 函）, 黃紙本；有斷版、字跡模糊處；紙張老化變黃, 蟲蛀損壞, 破損, 裝訂綫脫落；有修補

1453

張東海全集：四卷 / （明）張弼撰. -- 刻本, 重印. -- 清康熙間刻, 清重印. -- 2 冊

　　8 行 20 字白口左右雙邊單魚尾

　　書名葉題：諸名家評定 張東海全集 嘉會堂藏板

　　版心題：張東海集

　　書名據書名葉題

　　有清康熙三十六年（1697）序

　　　登錄號 1-05316/索書號 8009-093-004-006：2 冊, 黃紙本；版有殘缺；存詩集 4 卷：卷 1-4

1454

石田先生詩鈔：八卷, 文鈔一卷, 事略一卷 / （明）沈周撰；（清）錢謙益輯事略. -- 刻本. -- 清. -- 2 冊

　　10 行 22 字白口四周單邊無魚尾

　　書簽墨筆題：沈石田詩鈔

　　版心題：耕石齋石田詩鈔、耕石齋石田文鈔

　　本書連續編卷：卷九文鈔, 卷十事略

　　　登錄號 1-05244/索書號 8009-117-001-008：2 冊, 黃紙本；有朱筆圈點；蟲蛀缺損, 首尾缺葉, 水洇

1455

　白沙子全集 ： 九卷，附錄一卷 ／ （明）陳獻章撰.
-- 刻本. -- 晉熙黃之正等，清順治十二年（1655）.
-- 10 冊 ： 圖

　9 行 18 字白口四周單邊單魚尾

　登錄號 1-07071／索書號 8009-120-003-017：10 冊，
黃紙本；破損，缺葉，書衣散失，裝訂裂散

1456

　震澤先生集 ： 三十六卷 ／ （明）王鏊撰. -- 刻本.
-- 明嘉靖間. -- 10 冊（2 函）

　11 行 20 字小字雙行同白口左右雙邊單魚尾

　有明嘉靖十五年（1536）霍韜序

　登錄號 0000190／索書號 8020-005-003-002：
10 冊（2 函），白紙本，藍色絲質書衣；鈐印：周
國瑞印、國瑞所得善本、羅田周氏藏書[周國瑞]，
章氏珍藏書畫、清玩草堂，張氏蕙玉[張珩]；存
30 卷：卷 1-30，紙張老化有黃斑，有水漬，書脊
處鼠嚙

1457

　容春堂前集 ： 二十卷 ／ （明）邵寶撰. -- 刻本. --
秦榛，明正德九年（1514）. -- 8 冊（1 函）

　10 行 20 字白口左右雙邊單魚尾

　書簽題：邵文莊公容春堂集

　出版年據序

　卷端下記：外孫秦榛重校刊

　登錄號 0000105／索書號 8020-002-005-008：8 冊
（1 函），白紙本；鈐印：小李山房[李宏信]，孫毓修
印、小綠天藏書、小綠天經藏[孫毓修]，子孫永保；
序缺葉；有水漬，書衣邊角破損

1458

　何文定公文集 ： 十一卷 ／ （明）何瑭撰. -- 刻本,
重修. -- 明萬曆四年（1576）刻，明重修. -- 4 冊

　10 行 21 字白口左右雙邊無魚尾

　書簽題：何栢齋文集

　序題：重刻何文定公全集

　卷二至五卷端題：栢齋先生文集

　目錄後記：萬曆四年夏五月五日重刻

　登錄號 善 194／索書號 7018-sb-188：4 冊，黃紙本；
鈐印：朱樨之印、玖聃[朱樨之]；有斷版、字跡漫漶

處；紙張老化變黃變脆，邊角鼠嚙，破損，版心開口，
裝訂綫脫落

1459

　康對山先生集 ： 四十六卷，目錄一卷 ／ （明）康
海撰. -- 刻本. -- 潘允哲，明萬曆十年（1582）. --
16 冊（4 函）

　10 行 20 字白口左右雙邊單魚尾

　版心題：對山集

　版本年據後序

　登錄號 0000182／索書號 8020-005-001-005：16 冊
（4 函），白紙本；鈐印：無竟先生獨志堂物[張其鍠]；
有斷版、字跡漫漶處；有水漬，書衣破損

1460

　何大復先生集 ： 三十八卷，目錄一卷 ／ （明）何
景明撰. -- 刻本. -- 明. -- 16 冊（4 函）

　10 行 20 字白口四周單邊單魚尾

　版心題：大復集

　有明嘉靖三十七年（1558）序

　卷末有何景明傳記、墓碑等

　登錄號 0000179／索書號 8020-005-001-002：16 冊
（4 函），白紙本，金鑲玉裝訂；鈐印：曾非歈鑒藏金
石書畫圖籍之章、南豐曾氏收藏[曾非歈]；紙張老化
有黃斑，有水漬，書衣破碎

1461

　荊川文集 ： 十八卷 ／ （明）唐順之撰 ；（清）唐
執玉校 ；（清）唐孝本，（清）唐少游編. -- 刻本. --
武進唐氏，清康熙五十一年（1712）. -- 8 冊（1 函）

　10 行 21 字黑口左右雙邊單魚尾

　書名葉題：荊川文集 二南堂藏板

　前有著者本傳、墓誌銘

　登錄號 1-07363／索書號 8018-127-001-014：8 冊
（1 函），黃紙本；蠹蛀損壞，有污漬

1462

　楊忠愍公全集 ： 四卷 ／ （明）楊繼盛撰 ；（清）
毛大可鑒定 ；（清）章鈺訂. -- 刻本. -- 蕭山章鈺
敬一齋，清康熙三十八年（1699）. -- 2 冊

　9 行 20 字白口四周雙邊單魚尾

　書名葉題：太史毛大可先生鑒定 蕭山章梅谿先生重

訂 楊椒山先生全集 南山堂藏板

版心題：楊忠愍公集

版心下記：敬一齋

登錄號 1-02300/索書號 8018-183-002-002：2 冊，黃紙本；有斷版、字跡不清處，有殘缺葉；有抄補，裝訂斷綫

1463

震川先生集：三十卷，補編一卷，別集十卷，附錄一卷 / （明）歸有光撰 ；（明）歸莊校 ；（清）錢謙益選 ；（清）歸玠編. -- 刻本. -- 清康熙十四年（1675）. -- 8 冊（2 函）

10 行 20 字小字雙行同白口左右雙邊無魚尾

書名葉題：歸震川先生全集

“玄”字避諱缺末筆

登錄號 1-02860/索書號 8018-136-001-006：8 冊（2 函），黃紙本；鈐印：世美堂圖書，明有大家；紙張老化變黃變脆，偶見殘缺字

1464

徐文長逸稿：二十四卷，徐文長自著畸譜一卷 / （明）徐渭撰 ；（明）張汝霖，（明）王思任評選 ；（明）張維城校輯. -- 刻本. -- 張維城，明天啓三年（1623）. -- 5 冊（1 函）：圖

9 行 20 字小字雙行同白口四周單邊單白魚尾

登錄號 1-03071/索書號 8018-144-005-006：5 冊（1 函），黃紙本；邊角破損

1465

東白草堂集：四卷 / （明）顧存仁撰. -- 刻本. -- 明. -- 2 冊（1 函）

8 行 18 字白口左右雙邊單魚尾

記事至明萬曆三年（1575）

附：明大中大夫太僕寺卿顧公傳

登錄號 0001051/索書號 8020-016-004-023：2 冊（1 函），白紙本；存 2 卷：卷 1-2

1466

新刻張太岳先生文集：四十七卷 / （明）張居正撰. -- 刻本. -- 繡谷唐國達，明萬曆間. -- 16 冊（2 函）

10 行 20 字白口四周單邊單魚尾

書簽題：江陵張文忠公全集

書名葉題：江陵張文忠公文集

序題：張太岳集

書名據目錄題

有明萬曆四十年（1612）序

卷一至六詩集，卷七至四十六文集（文十四卷、書牘十五卷、奏對十一卷），卷四十七張文忠公行實

登錄號 1-02874/索書號 8018-140-005-007：16 冊（2 函），白紙本；有斷版；邊角鼠嚙，有水漬，裝訂斷綫

1467

太函集：一百二十卷，目錄六卷 / （明）汪道昆撰. -- 刻本. -- 明萬曆間. -- 48 冊（8 函）

10 行 20 字白口左右雙邊單魚尾

末記：金陵徐智督刊

有明萬曆十九年（1591）序

登錄號 0000186/索書號 8020-005-002-001：48 冊（8 函），黃紙本；鈐印：碧葉館藏、惜華讀書[傅惜華]；紙張老化變色，書葉殘缺，有抄配；有修補

1468

副墨：八卷 / （明）汪道昆撰. -- 刻本. -- 明[嘉靖間]. -- 5 冊（1 函）

9 行 18 字黑口四周單邊單白魚尾

登錄號 0000102/索書號 8020-002-005-005：5 冊（1 函），白紙本；鈐印：養雲山館，從吾好齋[張享德]，甄夏長壽；扉葉有乙亥（1935）許承堯題記，另粘貼 1956 年佚名題記；有水漬，書衣破損

1469

湯慈明詩集：二十八卷 / （明）湯有光著. -- 刻本. -- 明天啓二年（1622）. -- 6 冊（1 函）

9 行 18 字白口四周單邊單魚尾

登錄號 0000178/索書號 8020-005-001-001：6 冊（1 函），黃紙本；鈐印：衡陽常氏潭印閣藏書之圖記；殘缺、破損，有污漬，裝訂裂散

1470

瑞陽阿集：十卷 / （明）江東之撰 ；（清）江洪等校. -- 刻本. -- 歙縣江氏，清乾隆八年（1743）. -- 4 冊（1 函）：圖

10 行 21 字小字雙行同白口四周雙邊單魚尾

卷前有著者傳記、墓誌銘

登錄號 1-02878/索書號 8018-135-003-002：4 冊（1 函），白紙本；邊角鼠嚙，有水漬

1471

　玉茗堂全集 ：四十六卷 / （明）湯顯祖撰. -- 刻本. -- 清康熙三十三年（1694）. -- 1 冊（1 函）

　7 行 18 字白口四周單邊無魚尾

　登錄號 善 248/索書號 7018-sb-241：1 冊（1 函），黃紙本，紙捻裝訂；紙張老化變黃變脆，破損，裝訂裂散

1472

　玉茗堂全集 ：文集十六卷，賦六卷，尺牘六卷，詩十八卷 / （明）湯顯祖撰. -- 刻本，重印. -- 清康熙三十三年（1694）刻，清重印. -- 20 冊（2 函）

　7 行 18 字白口四周單邊無魚尾

　書名葉題：姑蘇原本 臨川湯若士先生著 玉茗堂全集 書林竹林堂梓行

　登錄號 1-02789/索書號 8018-144-006-001：20 冊（2 函），黃紙本；賦集卷一卷端書名"玉茗堂"三字為空白；有斷版；書衣磨損，有墨漬

1473

　董宗伯容臺集 / （明）董其昌撰；（明）董庭輯. -- 刻本. -- 華庭董庭，明崇禎三年（1630）. -- 16 冊

　8 行 19 字白口左右雙邊無魚尾 詩集 8 行 18 字白口四周單邊單白魚尾

　版心題：容臺集

　書名據書名葉題

　版心下記刻工

　內有文集九卷、詩集五卷、別集四卷

　登錄號 1-04662/索書號 8018-166-004-002：16 冊，黃紙本；鈐印：梅邨珍藏，漢瓦軒，鳴野山房［沈復粲］；文集卷 8-9 系抄補，詩集缺卷 5；蟲蛀損壞；更換書衣

1474

　白石樵真稿［尺牘］：四卷 / （明）陳繼儒撰；（明）章台鼎訂. -- 刻本. -- 華亭章台鼎，明崇禎九年（1636）. -- 4 冊（1 函）. -- （眉公十種藏書）

　9 行 21 字白口左右雙邊單魚尾

登錄號 0001029/索書號 8020-016-004-001：4 冊（1 函），黃紙本；紙張老化四周變黃

1475

　剪桐載筆 ：一卷 / （明）王象晉撰. -- 刻本，重印. -- 明末海虞毛鳳苞刻，清重印. -- 1 冊

　8 行 19 字白口左右雙邊無魚尾

　卷末記：海虞門人毛鳳苞（毛晉）訂梓

　登錄號 1-03673/索書號 8018-129-001-013：1 冊，與《清寤齋心賞編》合印，黃紙本；鈐印：晴皋鶴鳴、梁鶴鳴印、順德梁鶴鳴字棫章一字晴皋珍藏書畫印［梁鶴鳴］，順德梁生，梁振聲印，鳴岐；蟲蛀損壞

1476

　松圓浪淘集 ：十八卷，目錄三卷 · 松圓偈庵集 ：二卷 / （明）程嘉燧撰；（清）謝三賓輯. -- 刻本. -- 清康熙間. -- 3 冊（1 函）. -- （嘉定四先生集/〈清〉謝三賓輯）

　10 行 18 字黑口左右雙邊

　有清康熙二十九年（1690）謝三賓序

　登錄號 0000350/索書號 8020-007-001-015：3 冊（1 函），黃紙本；鈐印：北郭先生；蟲蛀損壞，有殘缺葉；有修補

1477

　袁中郎桃源詠 ：一卷 / （明）袁宏道撰；（明）郁嘉慶校. -- 刻本. -- 明. -- 1 冊. -- （刻袁中郎先生十集/〈明〉袁宏道撰）

　9 行 20 字白口左右雙邊單魚尾

　目錄、版心及序題：桃源詠

　有明萬曆三十三年（1605）跋

　登錄號 善 192/索書號 7018-sb-186：1 冊，與《袁中郎廣莊》合印，黃紙本；紙張老化變黃變脆，破損，裝訂綫脫落

1478

　明堂邑許茸齋先生字冊 ：一卷 / （明）張春撰；（明）許維新書. -- 稿本，原件粘貼. -- 明. -- 1 冊

　書名據書簽題

　登錄號 0000512/索書號 8020-009-002-016：1 冊，經折裝；鈐印：孔氏谷園藏古［孔繼涑］，諸城李方赤

所藏[李璋煜]，佩珩過眼[劉瑞琛]；有丁亥劉瑞琛題
識多則並鈐印：劉瑞琛印、佩珩祕玩、蕉蔓亭主珍藏、
劉瑞琛；有許維新題識並鈐印：許維新印

1479

鰲峰集：二十四卷 / （明）徐熥撰. -- 抄本，藍絲
欄. -- 明末清初. -- 8冊（1函）

　　10行18字白口四周單邊單魚尾

　　有明天啓元年（1621）著者自序

　　登錄號　善186/索書號　7018-sb-180：8冊（1函），
黃紙本；鈐印：冶南何氏瑞室圖書[何述善]；有缺字，
有污漬；有修補

1480

檀園集：十二卷 / （明）李流芳著 ；（清）陸廷
燦重訂. -- 刻本. -- 嘉定陸元輔，清康熙二十八年
（1689）. -- 6冊（1函）. --（嘉定四先生集/〈明〉
謝三賓輯）

　　9行18字小字雙行同綫黑口左右雙邊

　　書名葉題：李長蘅先生檀園集

　　出版年等據陸元輔後序

　　登錄號　0000380/索書號　8020-007-003-014：6冊
（1函），黃紙本；有1940年王世襄題識並鈐印：暢安，
有徐宗浩賦詩題記並鈐印：徐宗浩印、石雪

　　登錄號　0000381/索書號　8020-007-003-015：6冊
（1函），黃紙本；鈐印：律然，素風；缺書名葉，卷
首序缺葉，缺陸元輔後序；有水漬

1481

凌忠清公詩集：四卷 / （明）凌義渠撰. -- 刻本.
-- 清. -- 1冊

　　9行18字白口左右雙邊單魚尾

　　登錄號　0000572/索書號　8020-009-004-033：1冊，
黃紙本；卷端著者第2行有剜補，卷4第16至21葉
抄補；蟲蛀損壞

1482

大笑集：不分卷 / （明）林胤昌撰. -- 刻本. --
明. -- 1冊：圖

　　8行18字白口四周單邊單魚尾，無直欄

　　登錄號　1-03222/索書號　8018-131-001-035：1冊，
白紙本；蟲蛀殘缺、損壞嚴重，書衣散失

1483

偶然草：二卷 / （明）管應律撰. -- 抄本. -- 清.
-- 2冊（1函）

　　9行20字，無欄格

　　卷前有明萬曆四十七年（1619）吳玠序、曾暉小引

　　登錄號　善188/索書號　7018-sb-182：2冊（1函），
黃紙本；卷末有俞國琦跋；有鉛筆塗改，有水漬

1484

吳忠節公遺集：二帙，四卷 / （明）吳麟徵撰. --
刻本. -- 清初. -- 4冊

　　9行19字白口左右雙邊無魚尾

　　有南明弘光元年（1645）序

　　登錄號　1-03939/索書號　8018-146-001-002：4冊
（合1函：冊1-4），與《先忠節公年譜》合印，黃紙
本；書衣磨損，裝訂斷綫

1485

七錄齋集：六卷，論略一卷 / （明）張溥撰. -- 刻
本. -- 明末. -- 3冊（1函）

　　9行20字白口四周單邊單魚尾

　　書名據版心等題

　　登錄號　0000382/索書號　8020-007-003-016：3
冊 （1函），黃紙本；鈐印：負笈硯齋藏書[藍鈺]，
扉葉佚名題記；紙張老化，有殘缺、破損葉，邊角
損壞

1486

陳忠裕公全集：三十卷，卷首一卷，末一卷 / （明）
陳子龍撰 ；（清）王昶輯. -- 刻本. -- 鞞山草堂，清
嘉慶八年（1803）. -- 10冊 ：圖

　　10行21字白口左右雙邊單魚尾

　　書名葉題：陳忠裕公全集 嘉慶八年鞞山草堂鋟板

　　附：陳忠裕公全集年譜：三卷

　　登錄號　1-01636/索書號　8018-170-005-006：10冊，
黃紙本；鈐印：小萬卷樓，蓮塘方其道所藏經籍記[方
其道]；1956年鄭炳純鋼筆題記一紙；書衣磨損，裝訂
斷綫

1487

張蒼水詩文集：不分卷 / （明）張煌言撰. -- 抄
本. -- 清. -- 2冊（1函）

10 行（偶見 9 行）20 或 21 字小字雙行同，所配刻本 10 行 21 字左右雙邊單魚尾

書名據傅增湘題簽

版心下記：近竹居

登錄號　善 191/索書號 7018-sb-185：2 冊（1 函），黃紙本；鈐印：雙鑑樓珍藏印、江安傅沅叔考藏善本、江安傅增湘沅叔珍藏[傅增湘]，江安傅忠謨晉生珍藏、佩德齋珍藏印[傅忠謨]，甫東周氏玉雪軒書畫之印，耽書是宿緣，修到琅嬛原是福；有清道光八年嚴可均題識并鈐印：嚴可均；有辛巳傅增湘題識并鈐印：傅、沅叔；下冊配清近竹居刻全祖望撰《張公神道碑》（蟲蛀）；版心開口，有墨漬，書衣破損

1488

明天啓辛酉科順天鄉試硃卷 ： 一卷 ／ （明）鹿化麟撰. -- 刻本. -- 明天啓元年至清. -- 1 冊

8 行 18 字白口四周單邊單魚尾

書名據邵章墨筆書簽題

版心題：順天硃卷

登錄號 0000631/索書號 8020-010-003-006：1 冊，黃紙本；鈐印：倬盦[邵章]，武原朱彭壽印、筱汀經眼[朱彭壽]；裝訂綫脫落

〔集部　清別集類〕

1489

施愚山先生學餘詩集 ： 五十卷 ／ （清）施閏章撰. -- 刻本. -- 曹氏棟亭，清康熙四十七年（1708）. -- 8 冊

11 行 21 字小字雙行同白口四周雙邊單魚尾

書名葉題：施愚山先生詩集 棟亭藏本

登錄號 1010202/索書號 8011-003-002-014：8 冊，白紙本；鈐印：廷彥臣藏書，雙溪王氏，大壺山館珍藏；有污漬

登錄號 1-03780/索書號 8018-152-001-010：6 冊（1 函），黃紙本；缺書名葉，書衣散失，裝訂裂散

1490

林茂之詩選 ： 二卷 ／ （清）林古度撰 ；（清）王士禛選. -- 刻本. -- 程哲殷譽慶，清康熙四十九年

（1710）. -- 8 冊

10 行 19 字黑口左右雙邊雙順魚尾

登錄號 1-04663/索書號 8018-167-001-001：8 冊，黃紙本；鈐印：臥雪山房珍藏；書末墨筆題：乾隆庚辰三月購自廣陵園明橋坊中蕉亭識並鈐印；裝訂斷綫

1491

投筆集 ： 二卷 ／ （清）錢謙益撰. -- 抄本. -- 清乾隆十九年（1754）. -- 1 冊

8 行 18 字

登錄號 0000723/索書號 8020-011-004-002：1 冊，白紙本；抄者朱筆眉批

1492

梅村集 ： 四十卷 ／ （清）吳偉業撰 ；（清）許旭，（清）顧湄訂. -- 刻本. -- 太倉吳氏，清康熙間. -- 8 冊（2 函）

9 行 19 字綫黑口左右雙邊單魚尾

有清康熙八年（1669）序

卷一至二十詩集，卷二十一至四十文集

登錄號 0000763/索書號 8020-012-001-003：8 冊（2 函），黃紙本；有斷版、字跡模糊處

1493

賴古堂集 ： 二十四卷，附錄一卷 ／ （清）周亮工撰. -- 刻本. -- 清乾隆二十一年（1756）. -- 6 冊（1 函）

11 行 19 字黑口四周單邊雙魚尾

書名葉題：賴古堂詩文全集 乾隆丙子年重鐫 懷德堂藏版

目錄末題：金陵范翰伯精刻

登錄號 1-03493/索書號 8018-140-001-012：6 冊（1 函），黃紙本；鈐印：賴古堂、賴古堂藏書；缺 1 卷：附錄 1 卷，裝訂斷綫

1494

兼濟堂文集選 ： 二十卷 ／ （清）魏裔介撰 ；（清）魏荔桐編輯. -- 刻本. -- 龍江書院，清. -- 6 冊（1 函）

9 行 20 字白口左右雙邊單魚尾

版心下記：龍江書院鐫

"貞"字避諱缺末筆

卷十七至十九為詩集選

卷二十：魏貞庵先生年譜／（清）魏荔彤編

　　登錄號 1010393／索書號 8011-004-004-003：6 冊
（1 函），黃紙本；有斷版，字跡模糊，有抄補；紙張
老化四周變黃

　　登錄號 1-01704／索書號 8018-176-001-025：10 冊，
白紙本；有斷版，字跡模糊，存 10 卷：卷 1-10；紙張
老化四周變黃，蟲蛀、鼠嚙等破損，有水漬，書衣散
失

1495

壯悔堂文選 ：一卷 ／（清）侯方域撰. -- 抄本，朱
格. -- 畹薌，清. -- 1 冊

　9 行 22 字白口四周雙邊單魚尾

　書名據書籤題

　　登錄號 0000728／索書號 8020-011-004-007：1 冊，
黃紙本；鈐印：石雪藏書[徐宗浩]，傅增湘、藏園[傅
增湘]

1496

託素齋詩集 ：四卷，文集六卷 ／（清）黎士弘撰.
-- 刻本，增刻. -- 長汀黎氏，清康熙間，清雍正二
年（1724）增刻. -- 10 冊（1 函）

　9 行 21 字黑口左右雙邊單魚尾

　附： 行述：一卷／（清）劉元慧撰

　　登錄號 0000774／索書號 8020-012-002-011：10 冊
（1 函），白紙本；鈐印：慈谿畊餘樓藏、馮氏辨齋藏
書[馮祖憲]；有水漬

1497

古夫于亭藁 ：二卷 ／（清）王士禛撰. -- 刻本，[重
印]. -- 清康熙四十六年（1707）大名成文昭京師慈
仁寺刻，[清重印]. -- 1 冊

　10 行 19 字黑口左右雙邊單魚尾

　卷末題：康熙丁亥夏五月門人侯官林佶輯錄 大名成
文昭校刊於京師之慈仁寺

　卷端“禛”字避諱缺末筆

　　登錄號 1-05994／索書號 8009-117-001-009：1 冊，
與《古夫于亭雜錄》合印，黃紙本；卷首缺葉，蟲蛀
損壞，裝訂斷綫

1498

蠶尾集 ：十卷，續集二卷，後集二卷 ／（清）王
士禛撰. -- 刻本. -- 清康熙間. -- 6 冊

　10 行 19 字黑口（續集白口）左右雙邊單魚尾

　“禛”字避諱缺末筆，

　記事至清康熙四十三年（1704）

　　登錄號 1012357／索書號 8011-018-007-004：6 冊，
黃紙本；有斷版；紙張老化變黃

1499

漁洋山人精華錄箋注 ：十二卷，附錄一卷，補一卷
／（清）王士禛撰 ；（清）金榮箋注；（清）徐淮纂
輯. -- 刻本. -- [中吳金氏鳳翽堂]，[清康熙間]. --
6 冊（1 函） ： 圖

　11 行 20 字小字雙行 30 字白口左右雙邊單魚尾

　附錄首葉下鐫：鳳翽堂

　前有： 漁洋山人年譜 ：一卷／（清）金榮編

　另附墓誌銘、神道碑

　記事至清康熙五十一年（1712）

　　登錄號 1-04064／索書號 8018-153-001-002：6 冊
（1 函），黃紙本；蟲蛀損壞，裝訂裂散

1500

漁洋山人精華錄訓纂 ：十卷，目錄二卷 ／ （清）
王士禛撰 ；（清）惠棟訓纂 . -- 刻本. -- 東吳惠棟
紅豆齋，清乾隆間. -- 12 冊（2 函）

　10 行 21 字小字雙行同白口四周雙邊單魚尾

　版心題：精華錄訓纂

　版心下記：紅豆齋

　卷首： 漁洋山人自撰年譜：二卷／（清）王士禛編；
（清）惠棟註補

　　登錄號 1-03179／索書號 8018-133-002-003：12 冊
（2 函），黃紙本；鈐印：墨夢齋印，馮喜賡讀，八甎
書屋[郭協寅]；朱筆標點；有水漬，末葉殘

1501

偶更堂文集 ：二卷，詩稿二卷 ／（清）徐作肅著.
-- 刻本. -- 清[康熙間]. -- 2 冊（1 函）

　10 行 19 字小字雙行同黑口四周單邊雙魚尾

　書名葉題：徐恭士先生偶更堂文集 傳盛社藏板

　　登錄號 0000348／索書號 8020-007-001-013：2 冊
（1 函），白紙本；有斷版，字跡模糊

1502

蕉林詩集：不分卷 / （清）梁清標著. -- 刻本. -- 真定梁氏秋碧堂，清康熙十七年（1678）. -- 8 冊（1 函）

9 行 19 字白口左右雙邊單魚尾

書名葉題：真定梁蒼嚴先生著 蕉林詩集 秋碧堂藏板

版本年等據卷末跋

登錄號 0000385/索書號 8020-007-004-002：8 冊（1 函），白紙本；徐宗浩藏書並題署套簽；字跡殘缺，紙張老化有黃斑、書衣破碎；蟲蛀修補

1503

蕉林二集：不分卷 / （清）梁清標撰. -- 刻本. -- [清康熙間]. -- 4 冊（1 函）

9 行 19 字小字雙行同白口左右雙邊單魚尾

登錄號 1-03329/索書號 8018-140-003-005：4 冊（1 函），白紙本；鈐印：澹雅齋[姚毓蘭]，水竹邨人藏書記[徐世昌]，燕佑；蟲蛀損壞，邊角鼠嚙

1504

寶氣亭詩：一卷 / （清）高岑撰. -- 刻本. -- 清乾隆間. -- 1 冊

12 行 23 字白口四周雙邊雙魚尾

有清乾隆七年（1742）序

登錄號 0000567/索書號 8020-009-004-030：1 冊，黃紙本；著者鈐印：高岑、峴亭、莞齋；徐宗浩歲寒堂藏；書衣破損

1505

堯峰文鈔：五十卷 / （清）汪琬撰 ；（清）林佶編. -- 刻本，寫刻. -- 侯官林佶，清康熙三十二年（1693）. -- 8 冊（1 函）

13 行 25 字黑口左右雙邊單魚尾

書名葉題：宋大中丞鑒 堯峰文鈔

卷末記：吳郡程際生刻

詩十卷，文四十卷

登錄號 0000657-1/索書號 8020-010-004-015：8 冊（1 函），黃紙本；鈐印：劉鴻謨印，濛說，茗谷，碧筠軒；紙張老化四周變黃

登錄號 0000657-2/索書號 8020-010-004-016：8 冊（1 函），黃紙本；字跡模糊，有抄補；紙張老化變

脆四周變黃

1506

松裔文稿：不分卷 / （清）完顏留保撰. -- 抄本. -- 清. -- 3 冊（1 函）

9 行 22 至 24 字不等，無欄格

裔孫完顏衡永題套簽：六世叔祖留松裔公文稿

題名代擬

登錄號 善 216/索書號 7018-sb-210：3 冊（1 函），黃紙本，金鑲玉裝訂；鈐印：衡永尊藏之印[完顏衡永]；有完顏麟慶、完顏衡永跋，有佚名朱墨筆批校、圈點；蟲蛀缺字；有修補

1507

陳檢討集：二十卷 / （清）陳維崧撰 ；（清）程師恭註. -- 刻本. -- 清[康熙三十二年]（1693）. -- 6 冊（1 函）

10 行 22 字小字雙行同黑口左右雙邊單魚尾

書名葉題：懷寧程叔才注 陳檢討四六 有養堂藏板

登錄號 0001124/索書號 8020-018-005-011：6 冊（1 函），黃紙本；有污漬

1508

湯子遺書：十卷，年譜一卷，附錄一卷 / （清）湯斌撰. -- 刻本. -- 清康熙四十二年（1703）. -- 12 冊（2 函）：圖

10 行 19 字黑口左右雙邊雙魚尾

書名葉題：湯子遺書 愛日堂藏板

卷一版心下記：古吳范稼菴寫 金閶劉藻文刻

附：潛菴先生年譜：一卷/（清）王廷燦編

登錄號 0000352/索書號 8020-007-002-001：12 冊（2 函），黃紙本；蟲蛀損壞，紙張老化四周變黃

1509

挹奎樓選稿：十二卷 / （清）林雲銘撰 ；（清）仇兆鼇選 ；（清）陳一夔訂. -- 刻本. -- 書林聚升堂，清康熙六十年（1721）. -- 6 冊

9 行 22 字白口左右雙邊單魚尾

書名葉題：甬江仇滄柱先生評 林西仲先生挹奎樓文集 康熙六十年夏月新鐫 書林聚升堂梓[有印章及堂徽]

登錄號 1-11600、1011274/索書號 8005-007-003-

007：6 冊（合訂 3 冊），黃紙本；紙張老化變黃，邊角破損

1510

湛園未定蘽：六卷 ／（清）姜宸英撰. -- 刻本. -- [二老閣]，[清康熙間]. -- 4 冊（1 函）

10 行 20 字綫黑口左右雙邊單魚尾

登錄號 1-04030／索書號 8018-156-005-005：4 冊（1 函），黃紙本；書衣磨損，裝訂斷綫

1511

姜西溟未刻文稿：不分卷 ／（清）姜宸英撰. -- 稿本，烏絲欄. -- 清. -- 2 冊（1 函）

10 行 23 字白口左右雙邊單魚尾

書名代擬

版心下記：古趣亭藏板

登錄號 0001000／索書號 8020-016-002-011：2 冊（1 函），白紙本；鈐印：瘀鶴銘館珍藏；清范家相墨筆評校，卷末光緒六年（1880）李慈銘識語並鈐印；邊角蟲蛀損壞，有殘缺字、水漬；有修補

1512

曝書亭集：八十卷，附錄一卷 ／（清）朱彝尊撰. -- 刻本. -- 秀水朱氏，清康熙間. -- 16 冊（2 函）：圖

12 行 23 字白口左右雙邊單魚尾

有清康熙四十七年（1708）序

附：　笛漁小稾：十卷／（清）朱昆田撰

登錄號 1-02497／索書號 8018-190-005-003：16 冊（2 函），黃紙本；邊角磨損；蟲蛀修補

1513

屈翁山詩集：八卷，詞一卷 ／（清）屈大均撰；（清）徐肇元選；（清）周源長，（清）徐起元校正. -- 刻本. -- 研露齋，清康熙間. -- 4 冊（1 函）

10 行 21 字白口四周單邊雙順魚尾

書名葉題：鴛水徐掄三選 屈翁山詩集 研露齋藏板

登錄號 1-03592／索書號 8018-137-004-001：4 冊（1 函），黃紙本；鈐印：丹徒趙氏三願堂兩世所得書記[趙彥偁]，彬士過眼；有墨漬

登錄號 1-03624／索書號 8018-132-004-010：4 冊（1 函），黃紙本；卷首缺葉，紙張嚴重老化，邊角破碎，裝訂裂散

1514

墨井詩鈔：二卷，三巴集一卷，畫跋一卷 ／（清）吳歷撰. -- 刻本. -- 嘉定陸道淮飛霞閣，清康熙五十八年（1719）. -- 1 冊

8 行 19 字白口左右雙邊單魚尾

登錄號 0000040／索書號 8020-001-002-001：1 冊，黃紙本；鈐印：徐康，子晉、子晉汲古[毛晉]，敬輿，靜補齋藏[李芝綬]，張氏蔥玉[張珩]；有民國四年（1915）徐康題識；邊緣處字跡不清，書衣破損

1515

韋菴詠物詩：一卷 ／（清）邵長蘅撰. -- 刻本. -- 清康熙間. -- 1 冊

10 行 19 字小字雙行同白口四周單邊雙魚尾

有清康熙三十八年（1699）序

登錄號 1-03265／索書號 8018-131-005-009：1 冊，黃紙本；鈐印：嘯石，紹石；紙張老化四周變黃

1516

邵子湘文集 ／（清）邵長蘅撰. -- 刻本. -- 清康熙間. -- 6 冊

10 行 21 字黑口左右雙邊單魚尾

書名代擬

記事至清康熙三十六年（1697）

子目：

　1.青門旅稾：六卷

　2.青門賸稾：八卷

　3.青門簏稾：十六卷

登錄號 1-04816／索書號 8018-168-006-011：6 冊，黃紙本；鼠嚙、蟲蛀損壞，有殘缺葉，裝訂斷綫

1517

午亭文編：五十卷 ／（清）陳廷敬撰；（清）林佶輯錄. -- 刻本，寫刻. -- 侯官林佶，清康熙四十七年（1708）. -- 16 冊（2 函）

11 行 21 字黑口左右雙邊單魚尾

登錄號 0000170／索書號 8020-004-003-002：16 冊（2 函），黃紙本；林佶後序末葉殘缺

1518

蓮洋集：十二卷，補遺一卷，附錄一卷 ／（清）

吳雯撰 ；（清）王士禎［漁洋山人］評定 ；（清）劉組
曾,（清）王藻校訂. -- 刻本. -- 清乾隆十七年（1752）.
-- 6 冊（1 函）

　9 行 19 字白口左右雙邊單魚尾

　書名葉題：漁洋山人評定 蓮洋集 夢崔草堂藏板

　　登錄號 0000422/索書號 8020-008-002-001：6
冊 （1 函），黃紙本；鈐印：華陽鄭氏百瞻樓珍藏
圖籍、鄭闇、偉清亭讀書種子、鄭盦長生安樂［鄭
言］，萬竹廬藏、石雪藏書［徐宗浩］；紙張老化四
周變黃

　　登錄號 0000716/索書號 8020-011-003-011：6 冊
（1 函），黃紙本；蟲蛀損壞，有水漬，書衣磨損，裝
訂裂散

1519

　倚晴閣詩鈔 ：七卷 / （清）魏坤撰. -- 刻本. --
武塘魏坤, 清康熙三十四年（1695）. -- 1 冊

　10 行 21 字黑口四周雙邊雙魚尾

　分五言古詩、七言古詩、五言律詩、七言律詩、五
言絕句、六言絕句、七言絕句七部分

　　登錄號 1-02995/索書號 8018-131-003-018：1 冊,
黃紙本；鈐印：石雪齋［徐宗浩］；紙張老化四周變黃,
輕微蟲蛀

1520

　敬業堂詩集 ：五十卷 / （清）查慎行撰. -- 刻本.
-- 清康熙間. -- 14 冊

　11 行 21 字白口左右雙邊單魚尾

　　登錄號 0000895/索書號 8020-014-005-001：14 冊,
黃紙本；有朱、黃、墨筆評閱；邊角破損；有修補

1521

　正誼堂文集 ：十二卷 / （清）張伯行撰 ；（清）
張師栻,（清）張師載正字. -- 刻本. -- 清乾隆間. --
6 冊（1 函）

　9 行 20 字白口四周雙邊單魚尾

　有清乾隆三年（1738）序

　　登錄號 1012638/索書號 8011-021-006-004：6 冊
（1 函），黃紙本；有水漬，書衣磨損

1522

　笛漁小槀 ：十卷 / （清）朱昆田撰. -- 刻本. --

秀水朱氏, 清康熙間. -- 4 冊（1 函）

　12 行 23 字白口左右雙邊單魚尾

　　登錄號 0000943/索書號 8020-015-003-002：4 冊
（1 函），白紙本，藍色絲質書衣；鈐印：自怡齋主人；
首末冊水洇損壞

1523

　御製詩集 ：十卷, 第二集十卷, 第三集八卷 / （清）
聖祖玄燁撰 ；（清）高士奇編. -- 刻本. -- 商丘宋
犖, 清康熙四十二年（1703）. -- 8 冊（1 函）

　6 行 16 字白口四周雙邊單魚尾

　　登錄號 0000641/索書號 8020-010-003-014：8 冊
（1 函），黃紙本；紙張老化四周變黃，邊角破損，有
水漬，裝訂裂散

1524

　御製避暑山莊詩 ：二卷 / （清）聖祖玄燁撰 ；（清）
揆敘等注. -- 刻本, 朱墨套印. -- 清康熙五十一年
（1712）. -- 2 冊（1 函） ：圖

　6 行 16 字小字雙行 21 字白口四周雙邊單魚尾

　第二冊滿文本首葉圖下題：內務府司庫加一級臣沈
喻恭畫鴻臚寺序班加二級臣朱圭梅裕鳳全恭鐫

　有清康熙五十一年（1712）序

　　登錄號 0000754/索書號 8020-011-005-004：2 冊
（1 函），黃紙本；紙張老化四周變黃；有修補

1525

　御製避暑山莊詩 ：二卷 / （清）聖祖玄燁撰 ；（清）
高宗弘曆和 ；（清）揆敘等注. -- 刻本, 朱墨套印. --
內府, 清乾隆六年（1741）. -- 4 冊（1 函） ：圖

　6 行 16 字小字雙行 21 字白口四周雙邊單魚尾

　序、跋題：御製避暑山莊三十六景詩

　　登錄號 1-05606/索書號 8009-104-003-005：4 冊
（1 函），黃紙本；紙張老化變黃變脆

1526

　御製文集 ：四十卷, 總目五卷 / （清）聖祖玄燁
撰 ；（清）張玉書等編錄. -- 刻本. -- 內府, 清康
熙五十年（1711）. -- 24 冊（4 函）

　6 行 16 字白口四周雙邊單魚尾

　　登錄號 1-05605/索書號 8009-103-005-001：24
冊（4 函），白紙本；紙張老化有黃斑，有水漬，邊

角磨損

1527

　性影集：八卷 /（清）王時憲撰. -- 刻本,寫刻. -- 清康熙五十年（1711）. -- 2 冊（1 函）

　11 行 21 字綫黑口左右雙邊單魚尾

　卷末題：柘源受業方柱膌寫

　"絃" 字避諱缺末筆

　　登錄號 1-07829/索書號 8018-127-001-003：2 冊（1 函），黃紙本；鈐印：心禪居士,愛日軒圖章,別有洞天；紙張老化四周變黃

1528

　恕堂詩 /（清）宮鴻歷撰. -- 刻本. -- 清[康熙間]. -- 1 冊

　10 行 21 字黑口左右雙邊雙魚尾

　有清康熙四十四年（1705）序

　子目：

　　1. 散懷集：二卷

　　2. 舊雨集：二卷

　　3. 感秋集：三卷

　　登錄號 0000581/索書號 8020-009-005-005：1 冊，黃紙本；蟲蛀損壞

1529

　懷清堂集：二十卷,卷首一卷 /（清）湯右曾撰. -- 刻本. -- 仁和湯氏,清乾隆間. -- 4 冊（1 函）

　10 行 21 字小字雙行同白口左右雙邊單魚尾

　書名葉題：仁和湯西厓著 懷清堂集 本府藏板

　卷首印：御製和文光果詩

　卷末有清乾隆十五年（1750）跋

　　登錄號 0000373/索書號 8020-007-003-007：4 冊（1 函），黃紙本；鈐印：傅增湘、藏園[傅增湘]；有水漬

1530

　恕谷文集：不分卷 /（清）李塨撰. -- 抄本. -- 清. -- 3 冊

　8 行 20 字,無欄格

　書名代擬

　　登錄號 善 069/索書號 7018-sb-066：3 冊,黃紙本,藍色絲質書衣；有佚名朱墨筆批校；缺葉,紙張老化

四周變黃,有污漬

1531

　使滇集：三卷 /（清）史申義撰. -- 刻本. -- 清康熙間. -- 1 冊

　10 行 19 字小字雙行字不等黑口左右雙邊單魚尾

　有清康熙四十三年（1704）序

　　登錄號 1-08535/索書號 8009-085-003-010：1 冊,黃紙本

1532

　緯蕭草堂詩：不分卷 /（清）宋至撰. -- 刻本. -- 清康熙間. -- 2 冊（1 函）

　10 行 19 字小字雙行同白口四周單邊雙順魚尾

　有清康熙二十七年（1688）序

　　登錄號 1-02999/索書號 8018-143-001-005：2 冊（1 函），黃紙本

1533

　旅甌暇墨：一卷 /（清）沈焕宗撰. -- 抄本. -- 清. -- 1 冊

　8 行 20 字

　有清康熙三十二年（1693）序

　　登錄號 0001006/索書號 8020-016-002-017：1 冊,黃紙本,金鑲玉裝訂；鈐印：吳興劉氏嘉業堂藏[劉承幹]；有殘缺字,有水漬；有修補

1534

　白田草堂存稿：二十四卷 /（清）王懋竑撰. -- 刻本. -- 清乾隆間. -- 6 冊（1 函）

　12 行 22 字小字雙行同白口左右雙邊單魚尾

　附：崇祀鄉賢祠錄、行狀

　記事至清乾隆二十六年（1761）

　　登錄號 1-10769/索書號 8005-017-005-005：6 冊（1 函），黃紙本；版有殘缺字,書衣紙張老化變脆

1535

　藥園詩藁：二卷 /（清）吳焯撰. -- 刻本. -- 清[康熙間]. -- 1 冊

　10 行 21 字黑口左右雙邊單魚尾

　書衣墨筆題：康熙版初印寫印

　記事至清康熙五十年（1711）

登錄號 1-03365/索書號 8018-130-002-023：1 冊，
黃紙本；蟲蛀損壞，書衣破損，裝訂斷綫

1536

世宗憲皇帝御製文集：三十卷，總目四卷 /（清）
世宗胤禛撰. -- 刻本. -- 京師：內府，清乾隆間.
-- 6 冊（1 函）

6 行 16 字白口四周雙邊單魚尾

登錄號 0000744/索書號 8020-011-004-023：6 冊
（1 函），黃紙本；存 14 卷：卷 1-14；紙張老化四周
變脆變黃，破損

1537

四焉齋文集：八卷，詩集六卷 /（清）曹一士撰；
（清）曹錫黼編訂. -- 刻本. -- 海上曹氏，清乾隆
間. -- 4 冊（1 函）：圖

10 行 21 字小字雙行字不等綫黑口左右雙邊單魚尾

附：梯仙閣餘課：一卷/（清）陸鳳池撰

登錄號 1010469/索書號 8011-005-002-007：4 冊
（1 函），黃紙本；紙張老化變黃變脆，書葉殘缺

1538

筠谷詩鈔：六卷，別集一卷 /（清）鄭江撰. -- 刻
本. -- 錢塘鄭氏書帶草堂，清. -- 1 冊

10 行 19 字黑口左右雙邊雙魚尾

書名葉題：筠谷詩鈔 書帶草堂藏板

有張熷（清乾隆間人）序

登錄號 0000268/索書號 8020-006-002-020：1 冊，
黃紙本

1539

香樹齋詩集：十八卷，文集二十八卷，詩續集三十
六卷，文集續鈔五卷 /（清）錢陳羣撰. -- 刻本. --
嘉興錢氏，清乾隆間. -- 22 冊（2 函）

10 行 19 字白口左右雙邊單魚尾

有清乾隆十六年（1751）序

登錄號 1011143、1011240/索書號 8011-002-007-
001：22 冊（2 函），黃紙本；紙張老化變黃變脆

1540

冬心先生集：四卷 /（清）金農撰. -- 刻本，寫
刻. -- 錢塘金農廣陵般若庵，清雍正十一年（1733）.

-- 2 冊（1 函）：圖

10 行 18 字白口左右雙邊單魚尾

卷末題：雍正癸丑開雕于廣陵般若庵 吳郡鄧弘文仿
宋本字畫錄寫

登錄號 0000682/索書號 8020-010-005-022：2 冊
（1 函），白紙本；鈐印：東陽外史[汪東陽]，栩園老
人[王同愈]，俞氏藏本，臣綸主；蟲蛀損壞，書衣損
壞，裝訂裂散

1541

瘦瓢山人蛟湖詩鈔：四卷 /（清）黃慎撰. -- 刻
本. -- 海昌陳鼎，清乾隆二十八年（1763）. -- 2
冊（1 函）

9 行 18 字白口左右雙邊雙魚尾

版心題：蛟湖詩鈔

登錄號 1-02650/索書號 8018-136-002-001：2 冊
（1 函），白紙本；鈐印：家承賜書，鳴野山房[沈復粲]；
版心開口，書衣散失

1542

青立軒詩稿：八卷 /（清）宋華金撰. -- 稿本. --
商丘宋華金，清[雍正乾隆間]. -- 8 冊（1 函）

9 行 22 字

登錄號 0000335/索書號 8020-006-005-015：8 冊
（1 函），黃紙本，金鑲玉裝訂；卷末有清乾隆五年
（1740）曹汝羪跋語並鈐印；套簽題：葳寒堂鑒藏，
商丘宋西陂著元稿本；書衣紙張老化變脆

1543

松泉詩集：二十六卷，文集二十卷 /（清）汪由
敦撰；（清）汪承霈編. -- 刻本. -- 清乾隆間. -- 12
冊（2 函）：圖

11 行 21 字白口左右雙邊單魚尾

詩集起清康熙四十七年（1708）迄乾隆二十二年
（1757），有乾隆二十三年（1758）序

卷首：汪由敦傳/（清）錢維城撰

登錄號 0000364、1010463/索書號 8020-007-002-
013：12 冊（2 函），黃紙本；紙張老化四周變黃、書
衣破碎，有水漬

1544

迂齋學古編：四卷 /（清）法坤宏撰. -- 刻本. --

膠州法氏海上廬，清乾隆三十九年（1774）．-- 2 冊
（1 函）

　　10 行 19 字白口左右雙邊單魚尾

　　書名葉題：學古編 海上廬藏板

　　登錄號 1-09994/索書號 8018-136-001-009：2 冊
（1 函），黃紙本；鈐印：法士鍔印；紙張老化四周變
黃，輕微油漬

1545

夕陽書屋詩初編 ：四卷 / （清）程盛修撰．-- 刻
本．-- 海陽程盛修夕陽書屋，清乾隆三十八年（1773）．
-- 2 冊（1 函）

　　10 行 19 字白口左右雙邊單魚尾

　　卷首有朱印清乾隆四年（1739）上諭

　　登錄號 1-03042/索書號 8018-144-001-012：2 冊
（1 函），黃紙本；邊角破損

1546

宦遊草 ：一卷 / （清）趙駿烈撰．-- 刻本．-- 清
乾隆間．-- 2 冊

　　10 行 19 字小字雙行 31 字白口左右雙邊單魚尾

　　記事至清乾隆十三年（1748）

　　登錄號 1-04209/索書號 8018-153-001-001：2 冊
（合 1 函：冊 1-2），與《燕游草》合刻，黃紙本；書
葉有破損，污漬

1547

燕游草 ：一卷 / （清）趙駿烈撰．-- 刻本．-- 清
乾隆間．-- 2 冊

　　10 行 19 字小字雙行 31 字白口左右雙邊單魚尾

　　記事至清乾隆十三年（1748）

　　登錄號 1-04209/索書號 8018-153-001-001：2 冊
（合 1 函：冊 3-4），與《宦遊草》合刻，黃紙本；書
葉有破損，污漬

1548

補瓢存稿 ：六卷 / （清）韓騏撰 ；（清）韓學田
等編次．-- 刻本．-- 南蔭書屋，清乾隆二十三年
（1758）．-- 2 冊（1 函）

　　8 行 18 字白口左右雙邊雙魚尾

　　登錄號 0000749/索書號 8020-011-004-028：2 冊
（1 函），黃紙本；鈐印：十萬琳琅閣珍藏[徐乃昌]，

蕊初過眼，靜齋李氏藏書，大理之裔秋官之屬；裝訂
裂散，有水漬

1549

芝庭詩槀 ：十卷 / （清）彭啟豐撰．-- 刻本．--
清乾隆間．-- 2 冊

　　10 行 19 字小字雙行同白口左右雙邊單魚尾

　　記事至清乾隆十九年（1754）

　　登錄號 1-03326/索書號 8018-129-001-014：2 冊，
黃紙本；卷末缺葉，蟲蛀損壞，邊角破損

1550

御製詩二集 ：九十卷，目錄十卷 / （清）高宗弘
曆撰 ；（清）蔣溥等輯．-- 刻本．-- 常熟蔣溥等，清
乾隆間．-- 32 冊（4 函）

　　9 行 17 字白口四周雙邊單魚尾

　　收錄清乾隆十三至二十四年（1748 至 1759）高宗御
製詩八千餘首，卷首有蔣溥奏文

　　登錄號 0000693/索書號 8020-011-002-004：32 冊
（4 函），黃紙本；紙張老化變脆變黃，缺葉，裝訂裂
散

1551

御製詩三集 ：六十卷，目錄十卷 / （清）高宗弘
曆撰 ；（清）于敏中等編．-- 刻本．-- 內府，清乾
隆間．-- 24 冊（4 函）

　　9 行 17 字白口四周雙邊單魚尾

　　收錄清乾隆二十五年至三十六年（1760-1771）高宗
御製詩一萬一千六百餘首

　　登錄號 1-10723/索書號 8005-029-007-001：24 冊
（4 函），白紙本；紙張老化變黃變脆，有水漬，書衣
破損，裝訂裂散

1552

御製詩四集 ：一百卷，目錄十二卷 / （清）高宗
弘曆撰 ；（清）梁國治等編．-- 刻本．-- 內府，清
乾隆間．-- 62 冊（8 函）

　　9 行 17 字白口四周雙邊單魚尾

　　收錄清乾隆三十七至四十八年（1772-1783）高宗御
製詩九千七百餘首

　　登錄號 1-10719/索書號 8005-008-007-001：62 冊
（8 函），白紙本；紙張老化有黃斑，書衣磨損

1553

御製盛京賦：一卷 / （清）高宗弘曆撰；（清）鄂爾泰等輯注. -- 刻本，朱墨套印. -- 清乾隆間. -- 1 冊

7 行 18 字小字雙行同白口四周雙邊單魚尾

卷末題：巡撫臣陳大受敬鐫

有清乾隆八年（1743）紀事

登錄號 1-03478/索書號 8018-131-002-038：1 冊，白紙本；紙張老化四周變黃，輕微蟲蛀損壞，有水漬，書衣破損，裝訂斷綫

1554

御製擬白居易新樂府：不分卷 / （清）高宗弘曆御製. -- 刻本，寫刻. -- 清乾隆間. -- 4 冊

5 行 10 字小字雙行同白口四周綠色龍紋花邊無魚尾

書名據書簽題

徐立綱進呈

記事至清乾隆三十六年（1771）

登錄號 1-03492/索書號 8018-141-003-011：4 冊，白紙本；鈐印：綏福堂藏書印；紙張老化變黃，有水漬，書衣磨損，裝訂斷綫

1555

東巡金石錄：八卷 / （清）高宗弘曆撰；（清）崔應階，（清）梁瑤鴻編. -- 刻本. -- [清乾隆間]. -- 2 冊（1 函）

9 行 17 字小字雙行同白口四周雙邊單魚尾

輯清乾隆十三至三十年（1748-1765）高宗巡幸山東沿途所題詩文

登錄號 1012594/索書號 8011-021-002-007：2 冊（1 函），白紙本；紙張老化四周變黃，有水漬，邊角磨損

登錄號 1-11556/索書號 8005-004-006-002：2 冊（1 函），黃紙本；無書名葉，裝訂裂散

登錄號 1012611/索書號 8011-021-003-009：2 冊（1 函），黃紙本；紙張老化變黃，無書名葉，有水漬

1556

海東集：二卷 / （清）周煌撰. -- 刻本. -- 清乾隆二十七年（1762）. -- 1 冊

9 行 21 字小字雙行同白口四周雙邊單魚尾

書名葉題：乾隆壬午年刊 海東集 漱潤堂藏板

登錄號 0000440/索書號 8020-008-003-009：1 冊（合 1 函：冊 1），白紙本；與《琉球國志略》合訂；破損，有水漬

1557

廣會稽風俗賦：一卷 / （清）陶元藻撰；（清）翁元圻註. -- 刻本. -- 清乾隆間. -- 1 冊

9 行 20 字白口左右雙邊單魚尾

書名葉題：乾隆丁未冬鐫 會稽陶鳧亭著 廣會稽風俗賦 怡雲閣藏板

有清乾隆五十二年（1787）序

登錄號 1-01709/索書號 8018-172-001-013：1 冊，黃紙本，金鑲玉裝訂；鈐印：張競仁印；偶見斷版及字跡不清

1558

甌北詩鈔 / （清）趙翼撰. -- 刻本. -- 陽湖趙翼湛貽堂，清乾隆五十六年（1791）. -- 6 冊. --（甌北全集/（清）趙翼撰）

10 行 21 字小字雙行 30 字白口左右雙邊單魚尾

五言古四卷、五言律二卷、七言古四卷、七言律七卷、絕句二卷

登錄號 1010847/索書號 8011-008-005-007：6 冊，黃紙本；字跡清晰度差；版心開口，書衣破損，裝訂斷綫

1559

夢喜堂詩：六卷 / （清）夢麟撰. -- 刻本，寫刻. -- 清乾隆間. -- 4 冊（1 函）

10 行 19 字白口四周雙邊單魚尾

序文後題：吳門穆大展鐫

有清乾隆十九年（1754）序

登錄號 0000843/索書號 8020-014-001-011：4 冊（1 函），黃紙本；鈐印：萬竹廬圖書印、石雪藏書［徐宗浩］；有徐宗浩題簽並題識；有水漬

1560

嶺南詩集：八卷 / （清）李文藻撰. -- 刻本. -- 益都李氏，清乾隆間. -- 3 冊（1 函）

9 行 21 字小字雙行同白口左右雙邊單魚尾

有清乾隆四十二年（1777）紀事

子目：

　1. 恩平集：一卷

　2. 潮陽集：三卷

　3. 桂林集：四卷

登錄號 1-02967/索書號 8018-138-002-001：3 冊（1 函），黃紙本；鈐印：齊淞，西塘；附《李靜叔遺文》；紙張老化變黃，無書名葉，書衣磨損

登錄號 1-02965/索書號 8018-131-003-004：2 冊，黃紙本；紙張老化變黃，無附《李靜叔遺文》；書衣損壞、污漬

1561

後村詩集 ：七卷 / （清）王文治撰. -- 刻本. -- 清［康熙間］. -- 8 冊（1 函）

9 行 20 字小字雙行同黑口左右雙邊單魚尾

書名葉題：後村詩集 本衙藏版

書名據書名葉題

有清康熙四十六年（1707）序

登錄號 0000469/索書號 8020-008-005-008：8 冊（1 函），白紙本；鈐印：光熙所藏

1562

鷦鷯庵雜記 ：一卷 / （清）敦誠撰. -- 抄本，烏絲欄. -- 清乾隆間. -- 1 冊（1 函）

9 行 18 字白口四周雙邊單魚尾

舊書衣題：鷦鷯庵雜詩

書衣題：敦敬亭遺詩

套籤題：乾隆舊鈔敦敬亭詩

登錄號 善 215/索書號 7018-sb-209：1 冊（1 函），黃紙本；鈐印：東莞張次溪藏、張江裁印［張江裁］；書衣有張江裁題：光緒廿四年春三月得於海王村書肆；有壬寅周作人並鈐印：知堂老人，有周汝昌跋並鈐印：玉言；卷端題名"鷦鷯庵" 3 字經剜、補，紙張老化變黃變脆，破損；有修補

1563

管世銘先生遺稿：不分卷 / （清）管世銘撰. -- 抄本，朱絲欄. -- 清. -- 1 冊

8 行 25 字白口四周花邊單魚尾

書名據書籤題

登錄號 0001076/索書號 8020-016-005-016：1 冊，黃紙本；鈐印：鄧又同藏書畫［鄧又同］；蟲蛀損壞

1564

宋蒙泉詩冊 ：一卷 / （清）宋弼撰. -- 寫本. -- 德州宋弼，清乾隆十六年（1751）. -- 1 冊

5 行字不等

書名據護封題

登錄號 0000564/索書號 8020-009-004-027：1 冊，黃紙本，折裝；有辛未宋弼題識並鈐印：仲良書印、廣川、宋弼、蒙泉；邊角磨損

1565

述學 ：內篇三卷，外篇一卷，容甫先生遺詩五卷，遺詩補遺一卷 / （清）汪中撰. -- 刻本. -- 甘泉汪喜孫，清嘉慶間. -- 4 冊（1 函）：圖

13 行 30 字小字雙行同白口左右雙邊單魚尾

遺詩目錄後題：江寧顧蘭臺鐫

有清嘉慶二十年（1815）序

附黃仲則等和詩

登錄號 0001114/索書號 8020-018-005-001：4 冊（1 函），白紙本；有污漬

1566

李靜叔遺文 ：·卷 / （清）李文淵撰 ；（清）羅有高編. -- 刻本. -- 益都李氏，清乾隆間. -- 3 冊（1 函）

9 行 21 字白口左右雙邊單魚尾

附：領南詩集

書後有翁方綱、邵晉涵、錢大昕、梁鴻、周永年、羅有高、李林、汪縉、鄧汝勤等傳文、哀辭數篇

登錄號 1-03259/索書號 8018-138-002-001：3 冊（1 函），黃紙本；紙張老化變黃，書衣磨損，裝訂斷綫

1567

巢南詩鈔：不分卷 / （清）［葉酉］撰. -- 稿本. -- 清. -- 1 冊

稿成於清嘉慶十一年（1806）之前

登錄號 0000619/索書號 8020-010-002-012：1 冊，黃紙本；鈐印：東海，一麐，春騷，牧菴，儀暐讀過［周儀暐］；有周儀暐題識並鈐印，有戊辰蔣承曾題識並鈐印，卷端剜除著者姓名，蟲蛀損壞

1568

愛吾廬吟草：四卷 ／（清）王大鶴撰. -- 抄本. -- 清嘉慶間. -- 4 冊（1 函）

登錄號 0000363/索書號 8020-007-002-012：4 冊（1 函），黃紙本，金鑲玉裝訂；鈐印：石雪齋、石雪鑑藏、歲寒堂書畫印、萬竹廬圖書記［徐宗浩］；卷端朱筆題：嘉慶丁卯正月受業謝振定敬閱於潞河糧署，徐宗浩手書題記及目錄等並過錄王大鶴傳（通州志）；書衣紙張老化變脆

1569

雙水鹿喧堂詩存：一卷 ／（清）鮑倚雲撰並書. -- 寫本. -- 歙縣鮑倚雲，清乾隆間. -- 1 冊

書名據護封簽題

登錄號 0000921/索書號 8020-015-001-009：1 冊（13 開），折裝；鈐著者印章；卷末有清乾隆三十六年（1771）吳光國跋；竹質護封斷裂

1570

楳荂詩鈔：五卷，卷首一卷 ／（清）鐵保撰. -- 刻本. -- 清乾隆六十年（1795）. -- 2 冊（1 函）

10 行 20 字黑口左右雙邊單魚尾

登錄號 1-03366/索書號 8018-143-004-008：2 冊（1 函），黃紙本；鈐印：享壽家藏書畫印，高氏藏書、私淑梧門；紙張老化，邊角破損

1571

青墅詩鈔：十卷，卷首一卷 ／（清）鄭大謨撰. -- 刻本. -- 清［嘉慶間］. -- 4 冊

9 行 18 字小字雙行同白口四周雙邊單魚尾

書名葉題：青墅詩鈔 桑苧古園藏

卷前有清嘉慶五年（1800）題詞若干首

登錄號 1-04815/索書號 8018-166-003-005：4 冊（冊 1-4），與《青墅讀史雜感》合刻，黃紙本；鈐印：庚戌進士，少谷後人，毅謀之印，鄉甫珍藏；有朱筆圈點；書衣磨損

1572

定翁近詩：一卷 ／（清）錢衎石撰. -- 稿本. -- 嘉興錢衎石，清. -- 1 冊

10 行 21 字小字雙行同，無欄格

書名據書衣題

登錄號 善 222/索書號 7018-sb-215：1 冊，黃紙本；鈐印：王芑孫，士禮居藏［黃丕烈］，曹江讀過，錢衎石，嘉興張廷濟印，饑寒可遣毋輕棄此；有清己丑曹江題識並鈐印，有清道光九年（1829）季芝昌校讀；版心開口，原書衣破損

1573

倦遊閣雜著：不分卷 ／（清）包世臣撰. -- 稿本，藍絲欄. -- 清［道光間］. -- 4 冊（1 函）

6 行字數不等白口半葉四周雙邊

書名據套簽題

各冊前有佚名抄目錄

一至三冊版心題：倦遊閣筆記 乙巳，四冊版心題：倦遊閣初藁

登錄號 善 217/索書號 7018-sb-211：4 冊（1 函），黃紙本，金鑲玉裝訂；鈐印：成都李一氓；蠹蝕殘缺，有水漬、污漬；有修補

1574

會稽山賦：一卷 ／（清）胡浚撰注 ；（清）胡燦選訂. -- 刻本. -- 清乾隆五十四年（1789）. -- 1 冊

10 行 22 字白口四周雙邊單魚尾

書名葉題：乾隆己酉歲秋鐫 會稽胡竹巖撰注 會稽山賦 綠蘿書屋藏板

登錄號 1-01708/索書號 8018-172-001-010：1 冊（冊 2），與《會稽三賦》合訂 2 冊，黃紙本

1575

韞山樓詩選：四卷 ／（清）劉寶楠撰. -- 稿本，朱絲欄（間有烏絲欄、藍絲欄）. -- 清. -- 2 冊

10 行 21 字小字雙行同白口左右雙邊單魚尾

版心或題：興讓堂

登錄號 善 200/索書號 7018-sb-194：2 冊，黃紙本，金鑲玉裝訂；著者鈐印：劉寶楠印、楚楨［劉寶楠］，鑒藏印：東林後裔；有清道光間梅植題識並鈐"梅植之印"，有戴彥升題識；邊角破損，有污漬

1576

枚未詩卷 ／（清）莊繻度撰. -- 稿本. -- 陽湖莊繻度，清. -- 1 冊

登錄號 0000966/索書號 8020-015-005-003：1 冊，

黃紙本，毛裝；鈐印：緝度之印、眉朿；殘存 5 卷：迦林集卷 13-17；破損嚴重

1577

　　定盦文集：三卷 / （清）龔自珍撰. -- 抄本. -- 王子梅，清[同治二年]（1862）. -- 1 冊

　　10 行 24 字小字雙行同，無欄格

　　定盦初集之一，書成于清道光三年（1823）

　　登錄號 善 210/索書號 7018-sb-204：1 冊，黃紙本，毛裝；鈐印：江標之印、建霞、江標鑑藏、江標曾觀、江建霞經眼記、如願、靈鶼閣夫婦所藏金石書畫、建霞審定、元和江氏靈鶼閣所藏金石書畫圖籍記[江標]；扉葉粘貼俞方穀跋一紙；蟲蛀損壞，有污漬，書衣破損

1578

　　客遊吟：二卷 / （清）尹偉圖撰. -- 抄本. -- 清. -- 1 冊

　　8 行 20 字，無欄格

　　書簽題：客遊吟卷上，前有《尹湘帆先生事略》（民國初王炳堉撰書並鈐印章）

　　登錄號 善 213/索書號 7018-sb-207：1 冊，黃紙本，金鑲玉裝訂；鈐印：説不盡英雄恨、鴻本、瀟灑書齋；有清嘉慶二十三年（1818）胡宗文、嘉慶二十四年張景良、道光元年（1821）任成允、道光二年祝元燮、道光三年周象垣、咸豐四年（1854）蘇聲振等手書序跋並鈐印；存 1 卷：卷上；邊角破損，墨筆塗改，有水漬、污漬

1579

　　吳攘之詩冊：一卷 / （清）吳熙載撰. -- 稿本，散葉粘貼，綠絲欄. -- 儀徵吳熙載，清咸豐間. -- 1 冊

　　書名據書衣題

　　登錄號 0000733/索書號 8020-011-004-012：1 冊，經折裝；鈐印：吳熙載、攘之；蟲蛀損壞

1580

　　鬱華閣遺集：四卷 / （清）盛昱撰. -- 刻本，朱印. -- 楊鍾羲，清光緒二十八年（1902）. -- 1 冊

　　9 行 18 字白口左右雙邊單魚尾

　　書名葉題：韻蒔祭酒鬱華閣遺集 詩三卷 詞一卷

　　牌記題：留垞寫刻于武昌 宗室寶熙題尚（楊鍾羲，號留垞）

　　登錄號 0000284/索書號 8020-006-003-018：1 冊，白紙本；紙張老化有黃斑

1581

　　錢昌瑜殿試策卷 / （清）錢昌瑜撰並書. -- 寫本，朱絲欄. -- 清光緒十六年（1890）. -- 1 冊

　　半開 6 行 24 字上下雙邊

　　書名代擬

　　應殿試舉人，第二甲第八十五名

　　印卷官：禮部員外郎春林、禮部主事黃英采

　　登錄號 0000294/索書號 8020-006-003-008：1 冊，白紙本，經折裝；鈐禮部官印；破損

1582

　　秋雨年華之館叢脞書：不分卷 / （清）譚嗣同撰. -- 稿本. -- 清光緒間. -- 2 冊（1 函）

　　8 行 24 字小字雙行同，無欄格

　　登錄號 善 220/索書號 7018-sb-214：2 冊（1 函），黃紙本，金鑲玉裝訂；鈐印：張江裁、東莞張次溪藏、張次溪印[張江裁]；有葉恭綽（1952 年）、張江裁題識；紙張老化變黃，原書衣破損

1583

　　順天鄉試朱卷[光緒乙酉科]：一卷 / （清）廷棟撰. -- 刻本. -- 清光緒十一年（1885）. -- 1 冊

　　9 行 25 字白口四周雙邊單魚尾

　　登錄號 0000543-13/索書號 8020-009-004-043：1 冊，白紙本；邊角破損

1584

　　歷下名勝詩記：二卷 / （清）陸雲崔撰. -- 抄本，烏絲欄. -- 清. -- 2 冊（1 函）

　　上下兩欄 8 行，上欄小字雙行 10 字、下欄 18 字，白口四周雙邊單魚尾

　　目錄題：山左名勝詩記

　　登錄號 0000882/索書號 8020-014-004-003：2 冊（1 函），黃紙本，金鑲玉裝訂，藍色絲質書衣；鈐印：鐵保、梅荢[鐵保]、康父、姚氏伯印、荔岑、葉志詵印、匋齋所藏書、金吾審定、仲寅父、潘氏所藏；紙張老化變脆四周變黃，污漬

1585

研北花南吟草 ：十五卷 /（清）徐鳴珂撰. -- 抄本. -- 清. -- 6 冊

　8 行 21 字

　約抄于清嘉慶道光間

　登錄號 0000273/索書號 8020-006-002-025：6 冊，黃紙本，毛裝；蟲蛀損壞、殘缺

1586

先恭厚公手書遺跡 /（清）長庚撰並書. -- 稿本，原件粘貼. -- 清末. -- 4 冊

　書名據書衣題

　登錄號 0000543/索書號 8020-009-004-006：4 冊，彩色信箋粘貼，毛裝（末冊綫裝），開本大小不一；鈐印：臣培元印；破損

1587

思古堂文鈔 ：二卷 /（清）長庚撰. -- 稿本，朱絲欄. -- 滿洲長庚，［清末］. -- 2 冊

　9 行字不等四周雙邊單魚尾

　登錄號 0000543-1/索書號 8020-009-004-038：2 冊，黃紙本，開本大小不一；書衣散失，裝訂裂散

1588

曹溶書札 ：一卷 /（清）曹溶撰. -- 稿本，原件粘貼. -- 清初. -- 1 冊

　書名代擬

　曹溶（1613-1685）

　登錄號 0001151/索書號 8020-019-005-005：1 冊（9 開），折裝；鈐印：咏歸居士；首葉王貽牟手書曹溶小傳並鈐印

1589

衍齋存札 ：三卷 /（清）馬思贊輯. -- 抄本. -- 清. -- 3 冊（1 函）

　9 行 22 字

　朱彝尊書劄、查慎行書劄、呂葆中書劄各一卷

　登錄號 0000265/索書號 8020-006-002-026：3 冊（1 函），黃紙本，金鑲玉裝訂；鈐印：守研齋主人、張氏蕙玉、韞輝齋圖書記［張珩］；有壬申四月尚齋題識並鈐印；書衣磨損，有水漬

1590

王澍書札 ：七通 /（清）王澍撰並書. -- 稿本，原件粘貼. -- 清康熙至乾隆間. -- 1 冊

　書名代擬

　王澍（1668-1743，卒年一說 1739）

　登錄號 碑帖 063/索書號 7018-sh1-152：1 冊（9 開半），折裝；多蟲蛀損壞

1591

孔繼涑書札 ：十九通，書契一份 /（清）孔繼涑撰並書. -- 稿本，原件粘貼. -- 曲阜孔繼涑，清乾隆間. -- 1 冊

　書名代擬

　孔繼涑（1727-1791，一作 1726-1790）

　登錄號 0000925/索書號 8020-015-002-004：1 冊（23 開），折裝；邊角輕微鼠嚙，有污漬，木質護封斷裂

1592

盧文弨等書札 ：八通 /（清）盧文弨，（清）姚鼐等撰並書. -- 稿本，原件粘貼. -- 清乾隆間. -- 1 冊

　書名代擬

　有盧文弨、姚鼐、王文治、王曇、彭紹升、錢維喬、錢樾、秦瀛各一通

　登錄號 碑帖 312/索書號 7018-sh1-174：1 冊（10 開），附佚名題記盧文弨、姚鼐等小傳一紙，折裝；書衣木板護封，並有題簽"名人尺牘"

1593

翁方綱致桂馥書札 ：一通 /（清）翁方綱撰並書. -- 稿本，原件粘貼. -- 清乾隆至嘉慶間. -- 1 冊

　書名代擬

　登錄號 碑帖 008/索書號 7018-sh1-130：1 冊（4 開），與姚鼐等題畫詩合冊，折裝；書衣木板護封，並有甲戌雲龍山樵題簽"名家詩冊信札"；冊內另有姚鼐、張問陶、吳鼐、孫星衍、熊方受、唐陶山、錢杙題畫詩八頁，冊末附一鶴山人題記

1594

伊秉綬致吳修書札 ：三通 /（清）伊秉綬撰並書. -- 稿本，原件粘貼. -- 清乾隆至嘉慶間. --

1 冊

書名代擬

登錄號 碑帖 074/索書號 7018-sh1-155：1 冊（4 開），與伊秉綬所書兩詩頁合冊，折裝；書衣木板護封，冊末有林長民朱筆題記

1595

王引之書札 ：十通 / （清）王引之撰並書. -- 稿本，原件粘貼. -- 清乾隆至道光間. -- 1 冊

書名葉唐冔題簽：王伯生先生與陳恭甫書札

書名代擬

王引之（1766-1834）

登錄號 碑帖 092/索書號 7018-sh1-159：1 冊（20 開），折裝；裱邊有題記

1596

陳用光等致鮑桂星書札 ：三十四通 / （清）陳用光，（清）陳壽祺等撰並書. -- 稿本，原件粘貼. -- 清乾隆至道光間. -- 1 冊

書衣題簽：清人書札

書名葉題簽：先代師友手札 鮑康珍藏

書名代擬

有陳用光、陳壽祺、吳榮光、文寧、姚廷訓、姚同祖、吳賡枚、姚文田、曹江、董國華、吳雲、白鎔、張祥河致鮑桂星書札三十通，附那彥成、程國仁、方溥、汝笙致鮑子堅書札四通

登錄號 碑帖 053/索書號 7018-sh1-149：1 冊（34 開），折裝，裝訂開裂

1597

陳用光致祁寯藻書札 ：七通 / （清）陳用光等撰並書. -- 稿本，原件粘貼. -- 清乾隆至道光間. -- 1 冊

書衣題簽：陳石士先生致祁文端函并詩稿 附祁寯藻先生家書

書名代擬

陳用光（1768-1835）

陳用光致祁寯藻書札五通，附祁寯藻家書二通

登錄號 碑帖 094/索書號 7018-sh1-160：1 冊

1598

程恩澤書札 ：二十四通 / （清）程恩澤等撰並書.

-- 稿本，原件粘貼. -- 清嘉慶至道光間. -- 1 冊

書衣壬寅秋仲朱樫之題簽：程春海侍郎手札

書名代擬

程恩澤（1785-1837）

登錄號 碑帖 071/索書號 7018-sh1-154：1 冊（17 開），經折裝；書衣木板護封

1599

何紹基等書札 ：十三通 / （清）何紹基等撰並書. -- 稿本，原件粘貼. -- 清嘉慶至道光間. -- 1 冊

書衣題簽：清代名人手札

書名代擬

何紹基（1799-1837）

登錄號 善 127/索書號 7018-sh1-177：1 冊（14 開半），折裝；末通蘇廷玉書札殘缺

1600

陳金城往來書札 ：六十九通 / （清）陳金城等撰並書. -- 稿本，原件粘貼. -- 清嘉慶至道光間. -- 1 冊

書衣題簽：陳念庭先生往來書札

書名代擬

陳金城致他人書札三十九通，陳慶鏞、李書燦、王經綸、胡國榮、吳建勳、王紹燕、林文蔚、龔維琳、王涇經、何煥緒、蔡永豪、莊志謙、華定祁、徐永、林鴻年等致陳金城書札三十通

登錄號 善 221/索書號 7018-sh1-180：1 冊；蟲蛀損壞

1601

倭仁書札 ：二十三通 / （清）倭仁撰並書. -- 稿本，原件粘貼. -- 清嘉慶至道光間. -- 2 冊

書衣宣統元年保如題簽：先文端公書牘集冊

書名代擬

登錄號 碑帖 015/索書號 7018-sh1-134：2 冊（21 開），折裝；書衣題簽鈐印：蓮尉、蒙古保如、保如敬存、虎骹郎官[保如]

1602

趙之謙尺牘 ：一卷 / （清）趙之謙撰. -- 抄本，朱絲欄. -- 清末. -- 1 冊（1 函）

10 行字數不等白口上下雙邊雙魚尾

書名代擬

　登錄號　善 242/索書號　7018-sb-235：1 冊（1 函），黃紙本，金鑲玉裝訂；鈐印：耒和，廉石山房

1603

程恭壽等致杜庭璆書札 ：二十六通 ／ （清）程恭壽等撰並書. -- 稿本，原件粘貼. -- 清末. -- 1 冊

　書衣庚漁題簽：法書尺牘合裝

　書名代擬

　杜庭璆（1848-？）

　登錄號碑帖 050/索書號 7018-sh1-148：1 冊（15 開半），折裝，書衣破損

1604

李鴻章等致李承霖書札 ：七通 ／ （清）李鴻章等撰並書. -- 稿本，原件粘貼. -- 清末. -- 1 冊

　書衣題簽：李雨人書牘

　書名代擬

　李承霖（1808-1891）

　有李鴻章書札三通，張之萬、周輯瑞、喬松年、丁日昌各一通

　登錄號　0726/索書號　8020-011-004-005：1 冊

1605

鹿傳霖致張曾敭書札 ：十四通 ／ （清）鹿傳霖撰並書. -- 稿本，原件粘貼. -- 清末. -- 1 冊

　書名代擬

　鹿傳霖（1836-1910）

　登錄號　0000915/索書號　8020-015-001-003：1 冊，折裝

1606

集慶等致趙舒翹書札 ：二十五通 ／ （清）集慶等撰並書. -- 稿本，原件粘貼. -- 清末. -- 1 冊

　書衣題簽：展如藏札

　書名代擬

　趙舒翹（1847-1901），字展如

　有集慶、任道鎔、王廉、徐用儀、許振禕、俞樾、俞錫疇、李秉衡、奎俊、長慶、薛允升等致趙舒翹書札

　登錄號　0000932/索書號　8020-015-002-011：1 冊，毛裝；水洇變色，破損嚴重

1607

許國琮等致黃誥書札 ：四十八通 ／ （清）許國琮等撰並書. -- 稿本，原件粘貼. -- 清末. -- 1 冊

　書衣簽題：黃誥家存書札選藏

　書名代擬

　有許國琮、劉學洙、楊琨、彭懋謙、盛鼎彝、王汝梅、丁永焜、王汝淮、高冠蘭、徐受廙、劉彥陞、徐富生等致黃誥書札

　登錄號　0000510/索書號　8020-009-002-014：1 冊；鈐印：鄧氏珍藏；邊角蟲蛀損壞，書衣磨損

〔集部　總集類　叢編〕

1608

元白長慶集 ／ （明）馬元調輯. -- 刻本. -- 松江馬元調，明萬曆間. -- 14 冊（2 函）

　10 行 21 字白口左右雙邊單魚尾

　書名據書名葉題

　子目：

　　1. 元氏長慶集：六十卷，補遺六卷，附錄一卷/（唐）元稹撰（冊 1-4）

　　2. 白氏長慶集：七十一卷，目錄二卷，附錄一卷/（唐）白居易撰（冊 5-14）

　登錄號　0000787/索書號　8020-012-004-011：14 冊（2 函），黃紙本；有斷版；蟲蛀損壞，有缺損葉

　登錄號　0000958、0000959/索書號　8020-015-004-003：24 冊（4 函），黃紙本；有斷版；缺書名葉，有殘缺字，紙張老化變脆、變黃

1609

唐宋八大家文鈔 ／ （明）茅坤評選. -- 刻本. -- 金閶簧玉堂，明崇禎四年（1631）. -- 36 冊（4 函）

　9 行 20 字白口四周單邊單白魚尾

　書名葉題：茅鹿門先生評選 唐宋八大家文鈔 金閶簧玉堂梓

　凡例、論例題：八大家文鈔

　書名據書名葉題

　子目：

　　1. 唐大家韓文公文鈔：十六卷/（唐）韓愈撰（冊 1-5）

2.唐大家柳柳州文鈔：十二卷/（唐）柳宗元撰
（冊6-8）

3.宋大家歐陽文忠公文鈔：三十二卷/（宋）歐陽
修撰（冊9-16）

4.宋大家蘇文忠公文鈔：二十八卷/（宋）蘇軾撰
（冊17-24，鈐印：有廬印信、蓮舫、胡光廷鈢、
梅嶺陳氏怡怡堂曾孫、怡怡堂）

5.宋大家蘇文定公文鈔：二十卷/（宋）蘇轍撰
（冊25-29）

6.宋大家曾文定公文鈔：十卷/（宋）曾鞏撰
（冊30-32）

7.宋大家王文公文鈔：十六卷/（宋）王安石撰
（冊33-36）

登錄號 1-03736/索書號 8018-147-002-001：36 冊
（4 函），黃紙本；缺 1 種 10 卷：宋大家蘇文文鈔（十
卷）；有斷版；紙張老化變黃變脆，邊角破損，版心開
口，裝訂斷綫

1610

唐宋十大家全集錄 ：十種，卷首一卷 / （清）儲
欣輯. -- 刻本. -- 松鱗堂，清康熙四十四年（1705）.
-- 10 冊

9 行 25 字小字雙行同黑口左右雙邊雙魚尾
總目錄及序題：唐宋大家全集錄
書名葉題：宜興儲同人先生點定 唐宋十大家全集錄
松鱗堂藏版
刻年參照著者序
子目：
1.昌黎先生全集錄：八卷/（唐）韓愈撰（冊1-4）
2.東坡先生全集錄：九卷/（宋）蘇軾撰（冊5-8）
3.臨川先生全集錄：四卷/（宋）王安石撰（冊
9-10）

登錄號 1-00909/索書號 8018-176-003-005：10 冊，
黃紙本；鈐印：臣良，嘗存下人心，田良、田良之印、
子駿[田良]，黃金白璧買歌笑 一醉累月輕王侯；存 3
種，紙張老化四周變黃，版心開口，書衣破損

1611

唐宋詩鈔 ：不分卷. -- 抄本，藍絲欄. -- 清康熙
間. -- 2 冊（1 函）

9 行 20 字白口四周單邊
原書籤佚名題：抄本唐廿家詩

版心上鑴：素心堂藏書
題名代擬
子目：
01.溫庭筠詩集/（唐）溫庭筠撰（冊1）
02.雲臺編/（唐）鄭谷撰（冊1）
03.羅鄴詩集/（唐）羅鄴撰（冊1）
04.李山甫詩集/（唐）李山甫撰（冊1）
05.李義山詩集/（唐）李商隱撰（冊1）
06.杜荀鶴文集/（唐）杜荀鶴撰（冊1）
07.韓內翰香奩集/（唐）韓偓撰（冊1）
08.錢考功詩集/（唐）錢起撰（冊1）
09.唐英歌詩集/（唐）吳融撰（冊1）
10.杜詩/（唐）杜甫撰（冊1）
11.劉隨州詩集/（唐）劉長卿撰（冊1）
12.唐司空文明詩/（唐）司空曙撰（冊2）
13.姚少監詩集/（唐）姚合撰（冊2）
14.張司業詩集/（唐）張籍撰（冊2）
15.儲嗣宗詩集/（唐）儲嗣宗撰（冊2）
16.文化集/（唐）許棠撰（冊2）
17.朱慶餘詩集/（唐）朱慶餘撰（冊2）
18.林寬詩集/（唐）林寬撰（冊2）
19.元英先生詩集/（唐）方干撰（冊2）
20.劍南詩鈔/（宋）陸游撰（冊2）
21.宋詩啜醨集/（宋）張耒等撰（冊2）

登錄號 善235/索書號 7018-sb-228：2 冊（1 函），
黃紙本，金鑲玉裝訂；鈐印：別下齋藏書印[蔣光煦]，
怡怡堂；書葉破損，有水漬、污漬；更換書衣

1612

宋詩鈔初集 / （清）呂留良，（清）吳之振，（清）
吳爾堯輯. -- 刻本. -- 吳氏鑑古堂，清康熙十年
（1671）. -- 20 冊（4 函）

12 行 22 字黑口左右雙邊雙魚尾
書名據目錄題
子目：
01.小畜集鈔：一卷/（宋）王禹偁撰（冊1）
02.騎省集鈔：一卷/（宋）徐鉉撰（冊1）
03.安陽集鈔：一卷/（宋）韓琦撰（冊1）
04.滄浪集鈔：一卷/（宋）蘇舜欽撰（冊2）
05.乖崖詩鈔：一卷/（宋）張詠撰（冊2，目錄題：
乖崖集）
06.清獻詩鈔：一卷/（宋）趙抃撰（冊2，目錄題：

清獻集）

07.宛陵詩鈔：一卷／（宋）梅堯臣撰（冊 2，目錄
　　題：宛陵集）

08.武溪詩鈔：一卷／（宋）余靖撰（冊 3，目錄題：
　　武溪集）

09.歐陽文忠詩鈔：一卷／（宋）歐陽修撰（冊 3，
　　目錄題：文忠集）

10.和靖詩鈔：一卷／（宋）林逋撰（冊 3，目錄題：
　　和靖集）

11.徂徠詩鈔：一卷／（宋）石介撰（冊 3，目錄題：
　　徂徠集）

12.武仲清江集鈔：一卷／（宋）孔武仲撰（冊 3，
　　目錄題：清江集）

13.文仲清江集鈔：一卷／（宋）孔文仲撰（冊 3，
　　目錄題：清江集）

14.平仲清江集鈔：一卷／（宋）孔平仲撰（冊 4，
　　目錄題：清江集）

15.南陽集鈔：一卷／（宋）韓維撰（冊 4，“韓維”
　　目錄誤作“韓絳”）

16.臨川詩鈔：一卷／（宋）王安石撰（冊 4，目錄
　　題：臨川集）

17.東坡詩鈔：一卷／（宋）蘇軾撰（冊 5，目錄題：
　　東坡集）

18.西塘詩鈔：一卷／（宋）鄭俠撰（冊 5，目錄題：
　　西塘集）

19.廣陵詩鈔：一卷／（宋）王令撰（冊 5，目錄題：
　　廣陵集）

20.後山詩鈔：一卷／（宋）陳師道撰（冊 6，目錄
　　題：後山集）

21.丹淵集鈔：一卷／（宋）文同撰（冊 6）

22.襄陽詩鈔：一卷／（宋）米芾［黼］撰（冊 6，目
　　錄題：襄陽集）

23.山谷詩鈔：一卷／（宋）黃庭堅撰（冊 6，目錄
　　題：山谷集）

24.宛丘詩鈔：一卷／（宋）張耒撰（冊 7，目錄題：
　　宛丘集）

25.具茨集鈔：一卷／（宋）晁沖之撰（冊 7）

26.陵陽詩鈔：一卷／（宋）韓駒撰（冊 7，目錄題：
　　陵陽集）

27.雞肋集鈔：一卷／（宋）晁補之撰（冊 7）

28.道鄉詩鈔：一卷／（宋）鄒浩撰（冊 8）

29.淮海集鈔：一卷／（宋）秦觀撰（冊 8）

30.江湖長翁詩鈔：一卷／（宋）陳造撰（冊 8，目
　　錄題：江湖長翁集）

31.雲巢詩鈔：一卷／（宋）沈遼撰（冊 8）

32.西溪集鈔：一卷／（宋）沈遘撰（冊 8）

33.龜谿集鈔：一卷／（宋）沈與求撰（冊 8）

34.節孝詩鈔：一卷／（宋）徐積撰（冊 8，目錄題：
　　節孝集）

35.簡齋詩鈔：一卷／（宋）陳與義撰（冊 9，目錄
　　題：簡齋集）

36.盱江集鈔：一卷／（宋）李覯撰（冊 9）

37.雙溪詩鈔：一卷／（宋）王炎撰（冊 9，目錄題：
　　雙溪集）

38.眉山詩鈔：一卷／（宋）唐庚撰（冊 9，目錄題：
　　眉山集）

39.鴻慶集鈔：一卷／（宋）孫覿撰（冊 10）

40.蘆川歸來集鈔：一卷／（宋）張元幹撰（冊 10，
　　“張元幹”目錄誤作“張元斡”）

41.建康集鈔：一卷／（宋）葉夢得撰（冊 10）

42.橫浦詩鈔：一卷／（宋）張九成撰（冊 10，目
　　錄題：橫浦集）

43.浮溪集鈔：一卷／（宋）汪藻撰（冊 10）

44.香溪集鈔：一卷／（宋）范浚撰（冊 10）

45.屏山集鈔：一卷／（宋）劉子翬撰（冊 10）

46.韋齋詩鈔：一卷／（宋）朱松撰（冊 10，目錄
　　題：韋齋集）

47.玉瀾集鈔：一卷／（宋）朱槔撰（冊 10）

48.北山小集鈔：一卷／（宋）程俱撰（冊 11，目
　　錄題：北山集）

49.竹洲詩鈔：一卷／（宋）吳儆撰（冊 11，目錄
　　題：竹洲集）

50.益公省齋藁鈔：一卷，益公平園續藁鈔：一卷
　　／（宋）周必大撰（冊 11，目錄題：省齋集）

51.文公集鈔：一卷／（宋）朱熹撰（冊 11，版心
　　題：文公詩鈔）

52.石湖詩鈔：一卷／（宋）范成大撰（冊 11，目
　　錄題：石湖集）

53.止齋詩鈔：一卷／（宋）陳傅良撰（冊 12，目
　　錄題：止齋集）

54.劍南詩鈔：一卷／（宋）陸游撰（冊 13，目錄
　　題：劍南集）

55.誠齋江湖集鈔：一卷，荊溪集鈔一卷，西歸集
　　鈔一卷，南海集鈔一卷，朝天集鈔一卷，江西

道院集鈔一卷，朝天續集鈔一卷，江東集鈔一卷，退休集鈔一卷／（宋）楊萬里撰（冊14-15）

56. 浪語集鈔：一卷／（宋）薛季宣撰（冊16）

57. 水心詩鈔：一卷／（宋）葉適撰（冊16，目錄題：水心集）

58. 艾軒詩鈔：一卷／（宋）林光朝撰（冊16，目錄題：艾軒集）

59. 攻媿集鈔：一卷／（宋）樓鑰撰（冊16）

60. 清苑齋詩鈔：一卷／（宋）趙師秀撰（冊16，目錄題：清苑齋集）

61. 葦碧軒詩鈔：一卷／（宋）翁卷撰（冊16，目錄題：葦碧軒集）

62. 芳蘭軒詩鈔：一卷／（宋）徐照撰（冊17，目錄題：芳蘭軒集）

63. 二薇亭詩鈔：一卷／（宋）徐璣撰（冊17，目錄題：二薇亭集）

64. 知稼翁集鈔：一卷／（宋）黃公度撰（冊17）

65. 後村詩鈔：一卷／（宋）劉克莊撰（冊17，目錄題：後村集）

66. 盧溪集鈔：一卷／（宋）王庭珪撰（冊17）

67. 漫塘詩鈔：一卷／（宋）劉宰撰（冊18，目錄題：漫塘集）

68. 義豐集鈔：一卷／（宋）王阮撰（冊18）

69. 東皋詩鈔：一卷／（宋）戴敏撰（冊18，目錄題：東皋集）

70. 石屏詩鈔：一卷／（宋）戴復古撰（冊18，目錄題：石屏集）

71. 農歌集鈔：一卷／（宋）戴昺撰（冊18）

72. 秋崖小藁鈔：一卷／（宋）方岳撰（冊19，目錄題：秋崖集）

73. 清雋集鈔：一卷／（宋）鄭起［原名“鄭震”］撰（冊19）

74. 晞髮集鈔：一卷，晞髮近藁鈔一卷／（宋）謝翱撰（冊19，附：天地間集／（宋）謝翱輯）

75. 文山詩鈔：一卷／（宋）文天祥撰（冊19，目錄題：文山集）

76. 先天集鈔：一卷／（宋）許月卿撰（冊19）

77. 白石樵唱鈔：一卷／（宋）林景熙撰（冊19，目錄題：白石樵唱集）

78. 山民詩鈔：一卷／（宋）真山民撰（冊19，目錄題：山民集）

79. 水雲詩鈔：一卷／（宋）汪元量撰（冊20，目

80. 隆吉詩鈔：一卷／（宋）梁棟撰（冊20，目錄題：隆吉集）

81. 潛齋詩鈔：一卷／（宋）何夢桂撰（冊20，目錄題：潛齋集）

82. 參寥詩鈔：一卷／（宋）釋道潛撰（冊20，目錄題：參寥集）

83. 石門詩鈔：一卷／（宋）釋惠洪撰（冊20，目錄題：石門文字禪）

84. 花蕊詩鈔：一卷／（五代）費□撰（冊20，目錄題：花蕊集）

登錄號 0000956／索書號 8020-015-004-001：20 冊（4 函），黃紙本；鈐印：莫友芝圖書印［莫友芝］；首冊墨筆眉批；《鶴山集》等 16 種有目無書；輕微蟲蛀

1613

三家宮詞：三卷，二家宮詞二卷 ／ （明）毛晉輯. -- 刻本. -- 虞山毛氏綠君亭，明末. -- 1 冊

8 行 18 字小字雙行同白口半葉四周單邊

書名據目錄題

版心下記：綠君亭

三家宮詞收錄唐王建、蜀花蕊夫人、宋王珪各一百首；二家宮詞收錄宋徽宗三百首、楊太后五十首

登錄號 善 226／索書號 7018-sb-219：1 冊，黃紙本；鈐印：雷愷字民穌亦字鄰鷗、雷愷藏書［雷愷］，聲聞百里名齊八元；字跡模糊，紙張老化，書衣破損

1614

六逸詩鈔：六種 ／ （清）莊令輿，（清）徐永宣輯. -- 刻本. -- 山陰孫譓，清康熙五十六年（1717）. -- 4 冊（1 函）

11 行 21 字黑口左右雙邊單魚尾

書名據目錄題

前附：六逸詩話

各子目前有著者小傳

子目：

1. 南田詩鈔：五卷／（清）惲格撰

2. 白雲樓詩鈔：一卷／（清）楊宗發撰

3. 香草堂詩鈔：五卷／（清）胡香昊撰

4. 西林詩鈔：五卷／（清）陳鍊撰

5. 芑野詩鈔：四卷／（清）唐惲宸撰

6. 梅坪詩鈔：三卷／（清）董大倫撰

登錄號 1-01562／索書號 8018-172-001-007：4 冊
（1 函），黃紙本；有斷版

1615

江左三大家詩鈔：九卷／（清）顧有孝，（清）趙
澐輯. -- 刻本. -- 清康熙七年（1668）. -- 4 冊
11 行 21 字黑口左右雙邊黑魚尾
書名葉題：吳江顧茂倫 趙山子兩先生輯 江左三大
家詩鈔 桐葉山房藏板
書名據目錄、書名葉題
版本年據序
子目：
    1. 牧齋詩鈔：三卷／（清）錢謙益撰（冊 1-2）
    2. 芝麓詩鈔：三卷／（清）龔鼎孳撰（冊 3）
    3. 梅村詩鈔：三卷／（清）吳偉業撰（冊 4）
    登錄號 1-10881／索書號 8005-006-007-004：4 冊，
黃紙本；書衣破損，裝訂斷綫

1616

江左十五子詩選：十五卷／（清）宋犖選；（清）
邵長蘅訂. -- 刻本. -- 商丘宋犖宛委堂，清康熙四
十二年（1703）. -- 8 冊（2 函）
10 行 19 字小字雙行 25 字黑口左右雙邊單魚尾
子目：
    01. 王式丹詩選：一卷／（清）王式丹撰（冊 1）
    02. 吳廷楨詩選：一卷／（清）吳廷楨撰（冊 1）
    03. 宮鴻曆詩選：一卷／（清）宮鴻曆撰（冊 1）
    04. 徐昂發詩選：一卷／（清）徐昂發撰（冊 2）
    05. 錢名世詩選：一卷／（清）錢名世撰（冊 3）
    06. 張大受詩選：一卷／（清）張大受撰（冊 3）
    07. 管棆詩選：一卷／（清）管棆撰（冊 3）
    08. 吳士玉詩選：一卷／（清）吳士玉撰（冊 4）
    09. 顧嗣立詩選：一卷／（清）顧嗣立撰（冊 4）
    10. 李必恒詩選：一卷／（清）李必恒撰（冊 5）
    11. 蔣廷錫詩選：一卷／（清）蔣廷錫撰（冊 6）
    12. 繆沅詩選：一卷／（清）繆沅撰（冊 7）
    13. 王圖炳詩選：一卷／（清）王圖炳撰（冊 7）
    14. 徐永宣詩選：一卷／（清）徐永宣撰（冊 8）
    15. 郭元釪詩選：一卷／（清）郭元釪撰（冊 8）
    登錄號 1-03113／索書號 8018-144-002-002：8 冊
（2 函），黃紙本；鈐印：吳趨宛委堂書坊發兌、星
渚干元仲珍藏書籍、元仲珍藏、九葉傳經、子子孫孫

引無極［干元仲］，曾在李鼺堂處［李鼺堂］，盧子樞；
紙張老化，蟲蛀損壞，書衣磨損

〔集部　總集類　通代〕

1617

文選：六十卷／（南朝梁）蕭統輯 ；（唐）李善
等註. -- 刻本，遞修. -- 宋刻，元明遞修. -- 2 冊
9 行 15 字小字雙行 20 字白口左右雙邊雙魚尾（末兩
葉不同）
版心記字數、刻工姓氏（殘缺不清）
版框大小及字體風格等有差異
    登錄號 善 230／索書號 7018-sb-223：2 冊，黃紙本；
鈐印：孫壯藏書印；存 54 葉；有缺版、字跡漫漶處；
紙張老化，書葉殘缺，有水漬

1618

文選：六十卷／（南朝梁）蕭統［昭明太子］輯 ；
（唐）李善注. -- 刻本. -- 明. -- 16 冊（4 函）
12 行 25 字小字雙行 37 字白口左右雙邊單魚尾
    登錄號 0000797／索書號 8020-013-001-003：16 冊
（4 函），黃紙本，金鑲玉裝訂；有清康熙四十年（1701）
何焯朱筆眉批、校注、題識；有殘缺葉，書衣磨損

1619

六臣註文選：六十卷／（南朝梁）蕭統撰 ；（唐）
李善，（唐）呂延濟，（唐）劉良，（唐）張銑，（唐）
李周翰，（唐）呂向註. -- 刻本. -- 新安潘惟時、潘
惟德，明［嘉靖間］. -- 60 冊（6 函）
9 行 18 字小字雙行同白口左右雙邊單白魚尾
目錄處題：大明新安巖鎮潘惟時 潘惟德校刻
版心下記刻工
    登錄號 0000189／索書號 8020-005-003-001：60 冊
（6 函），白紙本；鈐印：蕉林居士、蒼巖子［梁清標］、
項嘉之印，西楚王孫［項元汴］；有斷版、字跡模糊處；
紙張老化有黃斑，邊角磨損，書衣破損

1620

六臣註文選：六十卷／（南朝梁）蕭統輯 ；（唐）
李善，（唐）呂延濟，（唐）劉良，（唐）張銑，（唐）

李周翰，（唐）呂向註. -- 刻本. -- 崔孔昕，明萬曆
二年（1574）. -- 18 冊

9 行 18 字白口四周雙邊單白魚尾

登錄號 0000989／索書號 8020-016-001-007：18 冊，
黃紙本，藍色布質書衣；鈐印：曾在吳門顧醉樵處，
祝氏芝隣珍賞之章；存 18 卷：卷 7、16-17、19-21、
26-29、31、33、41-42、49-51、55；破損，有水漬、
污漬，裝訂裂散

1621

文選 ：六十卷 ／ （南朝梁）蕭統[昭明太子]撰 ；
（唐）李善等注. -- 刻本. -- [明]. -- 2 冊（1 函）

10 行 17 字小字雙行白口四周雙邊雙花魚尾

登錄號 0001455／索書號 8020-021-006-008：2 冊
（1 函），黃紙本；殘存 2 卷：卷 19-20

1622

文選 ：十二卷，音注十二卷 ／ （南朝梁）蕭統[昭
明太子]輯. -- 刻本. -- 晉陵吳近仁，明萬曆二十三
年（1595）. -- 16 冊

10 行 20 字白口左右雙邊單魚尾

登錄號 善 229／索書號 7018-sb-222：16 冊，黃紙
本，金鑲玉裝訂；鈐印：盧弼，潘椿，莪公，竹溪，
鄂城汪奠基藏書之印、芟蕪藏書[汪奠基]；有佚名過
錄明張鳳翼纂註，佚名朱筆批校並錄各家批語，扉葉
有芟蕪題記；紙張老化變黃變脆，書葉破損，有缺字、
油漬、污漬；有修補

1623

文選刪註 ：十二卷 ／ （南朝梁）蕭統輯 ；（明）
王象乾刪訂. -- 刻本. -- 明萬曆間. -- 12 冊（1 函）

上下三欄 9 行，上欄小字雙行 9 字、中欄 16 字（行
間斷續小字註）、下欄小字雙行 3 字，白口四周雙邊雙
魚尾

卷首：進五臣集註文選表

登錄號 1-10107／索書號 8005-004-002-005：12 冊
（1 函），白紙本；佚名朱筆圈點；蟲蛀損壞

1624

文選瀹註 ：三十卷 ／ （南朝梁）蕭統[昭明太子]
輯 ；（明）孫月峯評閱 ；（明）閔赤如瀹註 ；（清）
柯維楨重訂. -- 刻本，重修. -- 明崇禎間烏程閔齊

華刻，清康熙二十年（1681）嘉善柯維楨重修. -- 10
冊（2 函）

9 行 19 字白口四周單邊無魚尾

閔赤如，本名閔齊華

孫月峯，本名孫鑛

登錄號 1-02699／索書號 8018-141-002-007：10 冊
（2 函），黃紙本；蟲蛀損壞，字跡有殘缺

1625

文選增定 ：[二十三]卷. -- 刻本. -- 建陽縣同文
書院，[明]. -- 4 冊（1 函）

10 行 22 字綫黑口四周雙邊單魚尾

卷一卷端記：建陽縣同文書院刊

版心下記刻工：葉得貴、吳賜緣、葉員、陳友清、
仝玄、陳天德、張富、王福、楊添友、江元清、劉景
福、余元善、王文、江元富、陳仁生、虞瑞郎、吳富、
吳墩、陸仲興、陸榮、陸景德、陸馬郎、陸進寶、陸
福進、張成、魏天名、熊田、魏長、進得、張長壽、
余進得、揚盡、鄭卜郎、陳賜、許成、朱字性、陳欽、
葉長友、游記安

登錄號 善 231／索書號 7018-sb-224：4 冊（1 函），
白紙本，金鑲玉裝訂；鈐印：魏叔子收藏金石書畫記[魏
禧]；有魏禧（明末清初散文家）朱墨黃綠筆批校；存
8 卷：卷 1-8，有缺葉、缺行；似經批校者重編

1626

選詩 ：七卷，訂註七卷，目錄七卷 ／ （南朝梁）
蕭統輯 ；（明）郭正域等批點 ；（明）凌濛初輯評. --
刻本，朱墨套印. -- 烏程凌濛初，明. -- 6 冊（1 函）

8 行 18 字白口四周雙邊

序題：輯諸名家合評選詩

書前有：諸名公姓氏、詩人世次爵里

登錄號 0000107／索書號 8020-002-005-010：6 冊
（1 函），白紙本；鈐印：凌蒙初印、初成[凌蒙初]，
小帯，江左王資治藏書印，張氏蕙玉[張珩]；蟲蛀損
壞，有水漬

1627

文選音義 ：八卷 ／ （清）余蕭客輯撰 ；（清）金
旦評，（清）朱燦華參定. -- 刻本. -- 清乾隆間. --
2 冊

8 行 19 字小字雙行同綫黑口四周雙邊無魚尾

書名葉題：沈歸愚先生定 吳郡余仲林輯著 文選音
義 全載何義門先生考訂舊評 靜勝堂藏板

有清乾隆二十三年（1758）序

登錄號 1-02697/索書號 8018-131-002-014：2 冊，
黃紙本；紙張老化四周變黃變脆，有水漬

1628

名家文選：一卷 / （清）佚名輯. -- 寫本，朱絲
欄. -- 清. -- 1 冊

8 行 26 字白口四周雙邊單魚尾

書名據原書衣題簽（光緒丁丑年〈1877〉夢琴外史
補題）

登錄號 善 245/索書號 7018-sb-238：1 冊，黃紙本；
鈐印：陸懋勳印[陸懋勳]；有水漬；增新書衣

1629

文章辨體：不分卷 / （明）吳訥輯. -- 抄本，烏
絲欄. -- 明. -- 12 冊（2 函）

9 行 25 字黑口左右雙邊單魚尾

登錄號 善 233/索書號 7018-sb-226：12 冊（2 函），
黃紙本；鈐印：衡湘南藏書記，完顏崇禧之印、完顏
崇禧、奉宸使者、夢山之印、就行堂藏書印[完顏崇
禧]，舒崑、夢亭舒崑、夢亭、愛新覺羅夢亭舒崑、曾
在舒夢亭家、覺羅氏[舒崑]、蘜龕、一經書屋、無才
安敢傲、石甫、侯鏖、伯玉、石夫、天許作閒人、雲
麾使者；有佚名跋；紙張變脆四周變黃，有水漬

1630

古詩選讀：不分卷 / （清）佚名輯. -- 抄本. --
清. -- 2 冊（1 函）

10 行 24 字小字雙行字不等，無欄格

登錄號 善 204/索書號 7018-sb-198：2 冊（1 函），
黃紙本；鈐印：楊氏彥卿所藏、楊杰、曾在姚代畊處、
清河郡張氏；書衣佚名題記，另有佚名眉批、朱筆圈
點；紙張老化四周變黃，版心開口，有水漬，書衣破
損、污漬

1631

御選唐宋詩醇：四十七卷，目錄二卷 / （清）高
宗弘曆選. -- 刻本，朱墨套印. -- 清乾隆二十五年
（1760）. -- 12 冊

9 行 19 字白口四周雙邊單魚尾

書名葉題：乾隆二十五年歲次庚辰（江蘇巡撫陳弘
謀）奏明重刊 御選唐宋詩醇 珊城遺安堂藏板

"弘"字避諱缺末筆

登錄號 1-01764/索書號 8018-181-002-004：12 冊，
白紙本；蟲蛀損壞，水洇褶皺，邊角及書衣破損

1632

古文精粹：二集，十卷. -- 刻本. -- 明成化十一
年（1475）. -- 8 冊（1 函）

10 行 20 字小字雙行同粗黑口四周雙邊雙魚尾

版本年據重刊序

登錄號 善 232/索書號 7018-sb-225：8 冊（1 函），
白紙本，金鑲玉裝訂，藍色絲質書衣；有斷版、字跡
漫漶模糊處；卷 5 缺第 22 葉；有水漬、油漬

1633

分門纂類唐宋時賢千家詩選：二十五卷 / （宋）
劉克莊編輯. -- 抄本，烏絲欄. -- 清. -- 2 冊（1
函）

11 行 21 字黑口左右雙邊雙順魚尾

輯者署"後村先生"，即劉克莊

影宋抄本

登錄號 善 225/索書號 7018-sb-218：2 冊（1 函），
白紙本；存後集 5 卷：卷 2、4、8-10，存卷不全；紙
張老化四周變黃，有水漬

1634

詩紀：一百五十六卷，目錄三十六卷 / （明）馮
惟訥彙編 ；（明）吳琯校訂. -- 刻本. -- [新安吳琯
等]，[明萬曆間]. -- 3 冊

9 行 19 字小字雙行同白口四周雙邊單魚尾

登錄號 1-02737/索書號 8018-129-005-018：3 冊，
黃紙本；鈐印：池北書庫、國子祭酒[王士禎]，吳贇
思印、贇思；存 30 卷：卷 1-30（古逸 10 卷、漢 10
卷、魏 9 卷、吳 1 卷）；紙張老化變脆，破損，有污漬

1635

小窗艷紀：不分卷 / （明）吳從先輯. -- 刻本. --
明萬曆間. -- 10 冊. -- （小窗四紀/（明）吳從先撰）

8 行 18 字白口四周單邊

登錄號 1-07810/索書號 8020-020-002-008：10
冊，黃紙本；鈐印：景鄭藏本[潘景鄭]，穀印，式

如，敏求

1636

御定歷代題畫詩類：一百二十卷 / （明）陳邦彥
輯. -- 刻本. -- 內府，清康熙四十六年（1707）. --
30 冊（4 函）

　　11 行 23 字黑口左右雙邊單魚尾

　　版心題：歷代題畫詩類

　　版本年等據卷首御製序

　　登錄號 0000947/索書號 8020-015-003-006：30 冊
（4 函），白紙本；鈐印：明善堂珍藏書畫印記[胤祥、
弘曉]，張氏蒽玉[張珩]

1637

佩文齋詠物詩選：四百八十六卷 / （清）陳廷敬，
（清）張玉書等編錄. -- 刻本. -- 內府，清康熙四
十五年（1706）. -- 64 冊（8 函）

　　11 行 21 字綾黑口左右雙邊雙魚尾

　　序題：御製佩文齋詠物詩選

　　有清康熙四十六年進表

　　登錄號 1-10729/索書號 8005-003-005-001：64 冊
（8 函），白紙本；紙張老化四周變黃，有污漬

1638

文章正宗：二十四卷 / （宋）真德秀輯. -- 抄本.
-- 清. -- 2 冊

　　10 行 20 或 21 字小字雙行同黑口左右雙邊雙魚尾

　　登錄號 善 228/索書號 7018-sb-221：2 冊，黃紙本，
藍色絲質書衣；存 2 卷：卷 22-23

1639

文章正宗選要：四卷 / （明）李時成輯. -- 刻本.
-- 楚安李時成，明萬曆七年（1579）. -- 4 冊（1 函）

　　10 行 20 字白口四周雙邊單魚尾

　　登錄號 0000848/索書號 8020-014-001-016：4 冊
（1 函），白紙本，書衣磨損，有水漬、污漬

1640

文苑春秋：四卷 / （明）崔銑輯. -- 刻本. -- 明
嘉靖間. -- 4 冊（1 函）

　　10 行 20 字白口左右雙邊單魚尾

　　登錄號 1-10113/索書號 8005-009-004-003：4 冊

（1 函），白紙本；鈐印：巴陵方氏碧琳瑯館古刻善本
之印、方功惠藏書印[方功惠]；有朱筆標點；有斷版；
蠹蛀損壞

1641

秦漢文鈔：十二卷 / （明）馮有翼輯 ；（明）汪
德元重訂. -- 刻本. -- 明萬曆間. -- 4 冊

　　上下兩欄 9 行，上欄小字雙行 4 字、下欄 17 字小字
雙行同，白口四周單邊單白魚尾

　　首葉版心下記：黃少川刻

　　有明萬曆十一年（1583）序

　　登錄號 1-02411/索書號 8018-178-003-013：4 冊，
黃紙本；蠹蛀損壞，有水漬

1642

廣文字會寶：不分卷 / （明）朱文治輯. -- 刻本.
-- 明萬曆三十六年（1608）. -- 12 冊（2 函）

　　行字不等白口半葉四周單邊

　　書名據目次題

　　套籤題：明版文字會寶　廣朱氏原本

　　取前代之文，善書者書之，人各一篇，裒而成集

　　有明萬曆三十六年（1608）著者自序

　　登錄號 0000821/索書號 8020-013-004-007：12 冊
（2 函），白紙本；鈐印：周浩，杭州王氏九峰舊廬藏
書之章、九峰舊廬珍藏書畫之記[王體仁]，張雲龍印；
有殘缺葉；有修補

1643

賴古堂文選：二十卷 / （清）周亮工輯. -- 刻本.
-- 金溪周亮工，清康熙六年（1667）. -- 8 冊（1 函）

　　9 行 20 字中下綾黑口四周單邊單白魚尾

　　書名葉題：周櫟園先生手定　賴古堂文選　本衙藏板
（清）周亮工，號櫟園

　　登錄號 1-03476/索書號 8018-131-004-010：8 冊
（1 函），黃紙本；紙張老化四周變黃

1644

古文淵鑒：六十四卷 / （清）徐乾學等編注. -- 刻
本，朱墨藍黃四色套印. -- 內府，清康熙二十四年
（1685）. -- 24 冊（4 函）

　　9 行 20 字小字雙行同黑口四周單邊雙順魚尾

　　序末鈐印：體元主人、稽古右文之章[康熙帝]

登錄號 0000750/索書號 8020-011-004-029：24 冊
（4 函），白紙本；鈐印：觀古堂、葉氏德輝鑒藏［葉德輝］，廉普過眼，曾在王氏家過來；有水漬

1645

重訂古文雅正：十四卷 /（清）蔡世遠原本；（清）李清植，（清）張季長參訂 ；（清）林有席參評；（清）陳守詒重校. -- 刻本. -- 清乾隆四十二年（1777）. -- 6 冊

9 行 25 字白口左右雙邊單魚尾，無直欄

書名葉題：乾隆丁酉年鐫 重訂古文雅正 芥子園藏板

登錄號 1-01356/索書號 8018-175-004-012：6 冊，黃紙本；書衣破損，裝訂裂散

1646

唐宋八家文讀本：三十卷 /（清）沈德潛評點. -- 刻本. -- 清乾隆間. -- 12 冊

10 行 20 字行間小字不等白口左右雙邊單魚尾，無直欄

書名葉題：長洲沈碩士評點 唐宋八家文讀本 小鬱林藏板

版心下記刻工

有清乾隆十五年（1750）沈德潛序

卷一至六韓愈文，卷七至九柳宗元文，卷十至十四歐陽修文，卷十五至十七蘇洵文，卷十八至二十四蘇軾文，卷二十五至二十六蘇轍文，卷二十七至二十八曾鞏文，卷二十九至三十王安石文

登錄號 1-01765/索書號 8018-183-005-005：12 冊，黃紙本；邊角鼠嚙，書衣磨損

1647

斯文精萃：不分卷 /（清）尹繼善輯. -- 刻本. -- 清乾隆二十九年（1764）. -- 12 冊（1 函）

8 行 21 字白口左右雙邊或四周單邊無魚尾

輯漢至宋代名篇佳作

登錄號 1-11274/索書號 8005-014-003-002：12 冊（1 函，合訂 6 冊），黃紙本；邊角破損，有污漬

1648

自怡軒古文選：十卷 /（清）許寶善選定 ；（清）杜綱輯. -- 刻本. -- 清乾隆五十六年（1791）. -- 10

冊

9 行 21 字小字雙行同，天頭處小字注字不等，白口左右雙邊單魚尾，無直欄

書名葉題：乾隆辛亥年鐫 雲間許寶善穆堂氏選定 自怡軒古文選 玉山杜綱草亭氏同輯 本衙藏版

序及卷末記：崑山程郁文刻

登錄號 1012364/索書號 8011-018-007-011：10 冊，黃紙本；蟲蛀損壞，有水漬，書衣磨損

1649

古文續選：一卷 /（清）佚名輯. -- 抄本. -- 清. -- 1 冊

行字不等，無欄格

書名據目錄題

登錄號 善 246/索書號 7018-sb-239：1 冊，黃紙本，金鑲玉裝訂；鈐印：趙錦魁印，耀星，紙窗竹屋；有墨筆題識並鈐印：翁同龢、未平；有佚名朱墨筆批校圈點；紙張老化變黃變脆，有水漬、污漬

1650

賦苑：八卷. -- 刻本. -- 雲間蔡紹襄，明. -- 8 冊（1 函）

10 行 20 字白口四周單邊無魚尾

版心下記刻工、寫者

歷代賦選，始於周荀況，終於隋蕭皇后

登錄號 1-03559/索書號 8018-142-002-002：8 冊（1 函），黃紙本；鈐印：宣城李氏瞿硎石室圖書印記、李之郇印、伯雨、宛陵李之郇藏書印、江城如畫樓［李之郇］，明善堂覽書畫印記、安樂堂藏書記［胤祥、弘曉］；字跡有殘缺，紙張老化顏色變暗，有水漬，書衣磨損，裝訂斷綫

1651

御定歷代賦彙：一百四十卷，目錄二卷，外集二十卷 /（清）陳元龍輯 . -- 刻本. -- 內府，清康熙四十五年（1706）. -- 60 冊（8 函）

11 行 21 字黑口左右雙邊單魚尾

版心題：歷代賦彙

登錄號 1-08624、1-08625/索書號 8009-084-004-003：60 冊（8 函），黃紙本；紙張老化變黃變脆，蟲蛀損壞，書葉破損

1652

　賦鈔箋畧：十五卷 / （清）雷琳，（清）張杏濱箋.
-- 刻本. -- 雲間雷琳、張杏濱，清乾隆三十二年
（1767）. -- 4 冊

　9 行 19 字小字雙行 31 字白口左右雙邊單魚尾

　登錄號 1012363/索書號 8011-018-007-010：4 冊，
黃紙本；破損，有水漬、污漬

1653

　翰海：十二卷 / （明）沈佳胤輯 ；（明）陳繼儒
鑒定. -- 抄本. -- 清. -- 4 冊

　10 行 28 字

　登錄號 0000480/索書號 8020-009-001-006：4 冊，
黃紙本；鈐印：黃世澤印、南侯、一字南侯、世澤圖
章[黃世澤]；存 4 卷：卷 1-4；蟲蛀損壞

1654

　文致：不分卷 / （明）劉士鏻選 ；（明）閔無頗，
（明）閔昭明增删並集評. -- 刻本，朱墨套印. -- 吳
興閔元衢，明天啓元年（1621）. -- 8 冊（1 函）

　8 行 18 字白口四周單邊無魚尾，無直欄
　書眉鐫評

　登錄號 善 193/索書號 7018-sb-187：8 冊（1 函），
白紙本；鈐印：閔元衢印、康侯[閔元衢]，沈聖岐印，
千秋，如氏藏書；紙張老化有黃斑，有殘缺字、水漬；
有修補

1655

　玉海珠淵：不分卷 / （清）佚名輯. -- 抄本. --
清. -- 2 冊（1 函）

　11 行 21 字
　書名據扉葉題

　登錄號 0001039/索書號 8020-016-004-011：2 冊
（1 函），黃紙本，金鑲玉裝訂；鈐印：海虞，聞大鶴，
徐氏所藏；有朱墨筆眉批；有水漬，書衣破損

1656

　詞致錄：十六卷 / （明）李天麟輯 ；（明）余良
樞等校. -- 刻本. -- 古燕李天麟，明萬曆十五年
（1587）. -- 12 冊（2 函）

　10 行 20 字白口四周單邊單白魚尾
　版本年據後序

多葉版心下記寫者、刻工

　登錄號 0000110/索書號 8020-002-005-013：12 冊
（2 函），白紙本；扉葉有民國三十一年（1942）張東
藩朱筆題識；有黃斑、污漬

1657

　四六法海：十二卷 / （明）王志堅編輯. -- 刻本，
重修. -- 明天啓七年（1627）刻，清乾隆二十三年
（1758）重修. -- 12 冊

　9 行 20 字白口四周單邊單白魚尾，無直欄
　書名葉題：王聞脩先生編輯 四六法海 載德堂藏板
　版本年等據序

　登錄號 1-02472/索書號 8018-178-003-009：12 冊，
黃紙本；書名葉破損

1658

　歷科廷試狀元策 ：十一卷，總考一卷 / （明）焦
竑輯 ；（明）吳道南校正 ；（清）胡任興增訂. -- 刻
本. -- 清. -- 6 冊

　12 行 25 字白口四周單邊單魚尾

　明成化十四年（1478）至清乾隆十九年（1754）歷
科廷試狀元策

　登錄號 1010411/索書號 8011-004-005-004：6 冊，
黃紙本；蟲蛀等損壞嚴重，書葉殘缺，書衣散失

1659

　赤牘清裁拾遺 ：五卷 / （明）楊慎輯. -- 刻本. --
明嘉靖三十二年（1553）. -- 1 冊（1 函）

　8 行 14 字白口半葉四周雙邊無魚尾
　版心題：赤牘清裁

　登錄號 1-03245/索書號 8018-140-002-007： 1 冊
（1 函），黃紙本；紙張老化四周變黃，邊角缺損

1660

　尺牘雋言：十二卷 / （明）陳臣忠輯 ；（明）閔
邁德校. -- 刻本，朱墨套印. -- 吳興閔氏，明末. --
2 冊

　9 行 20 字小字雙行同白口四周單邊
　書眉鐫評

　登錄號 善 196/索書號 7018-sb-190：2 冊，白紙本；
缺 2 卷：卷 4-5，有水漬

1661

　　臬蘭課業詩賦約編 ：不分卷 ／ （清）葉□□輯. --
刻本，重印. -- 清乾隆六年（1741）刻，清乾隆五十
七年（1792）昆明周樽、臨洮吳鎮重印. -- 6 冊

　　10 行 25 字小字雙行同白口四周雙邊單魚尾

　　書簽題：蘭山課業詩賦約編

　　版心題：詩賦約編

　　著者據《風騷補編》序題

　　登錄號 0000541/索書號 8020-009-004-004：6 冊
（合 2 函：冊 13-18），與《經訓約編》、《蘭山課業風
騷補編》合印，黃紙本；鈐印：實齋；有周樽朱筆眉
批、識語；書衣磨損

1662

　　蘭山課業風騷補編 ：不分卷 ／ （清）周樽輯論. --
刻本. -- 昆明周樽、臨洮吳鎮，清乾隆五十七年
（1792）. -- 2 冊

　　9 行 22 字白口四周雙邊單魚尾

　　版心題：風騷補編

　　登錄號 0000540/索書號 8020-009-004-004：2 冊
（合 2 函：冊 19-20），與《經訓約編》、《臬蘭課業詩
賦約編》合印，黃紙本；書衣磨損

〔集部　總集類　斷代〕

1663

　　國秀集 ：三卷 ／ （唐）芮挺章集. -- 刻本. -- 虞
山毛氏汲古閣，明崇禎間. -- 1 冊. -- （唐人選唐詩
八種/〈明〉毛晉輯）

　　8 行 19 字白口左右雙邊無魚尾

　　登錄號 1-04851/索書號 8018-166-001-002：1 冊，
黃紙本；紙張老化四周變黃，蟲蛀損壞，首尾書葉殘
缺

1664

　　御覽詩 ：一卷 ／ （唐）令狐楚纂. -- 刻本. -- 虞
山毛氏汲古閣，明崇禎間. -- 1 冊. -- （唐人選唐詩
八種/〈明〉毛晉輯.

　　8 行 19 字白口左右雙邊無魚尾

　　登錄號 1-04632/索書號 8018-166-001-003：1 冊，

黃紙本；紙張老化四周變黃，《極玄集》卷下第十四葉
誤訂於《姓氏總目》內，裝訂斷綫

1665

　　中興間氣集 ：二卷 ／ （唐）高仲武集. -- 刻本. --
明. -- 1 冊（1 函）

　　9 行 15 字白口四周單邊單魚尾

　　登錄號 0000883/索書號 8020-014-004-004：1 冊
（1 函），黃紙本，藍色絲質書衣

1666

　　才調集 ：十卷 ／ （五代）韋縠輯. -- 抄本，烏絲
欄. -- 遺白軒，清康熙間. -- 6 冊（1 函）

　　11 行 22 字白口左右雙邊雙魚尾

　　邊框左上角外刻印：遺白軒

　　登錄號 善 146/索書號 7018-sb-141：6 冊（1 函），
黃紙本，金鑲玉裝訂，藍色絲質書衣；鈐印：許峻聚
印、峻聚、峻聚圖書、燮堂，桐花書屋印章、桐花書
屋、松南書屋、寶君、張元夫、桑園珍藏、張道彭；
有清康熙、乾隆間許燮堂黃、藍、朱、墨、赭五色過
錄馮舒、馮班、馮武、葉石君等及佚名批校，扉葉粘
貼清康熙甲申八月新安汪文珍書城氏刊才調集所錄各
序及自識並另紙佚名跋；紙張老化變黃，有水漬、油
漬，首冊書衣破損

1667

　　眾妙集 ：一卷 ／ （宋）趙師秀輯. -- 刻本. -- 海
虞毛氏汲古閣，明天啓崇禎間. -- 1 冊. -- （詩詞雜
俎/〈明〉毛晉輯）

　　8 行 19 字小字雙行同白口左右雙邊

　　目錄題：趙天樂選唐眾妙集

　　登錄號 善 180/索書號 7018-sb-174：1 冊，與《剪
綃集》合印，黃紙本；有斷版；書葉殘缺，有水漬；
有修補

1668

　　唐三體詩説 ：二十卷 ／ （宋）周弻選 ；（元）釋
圓至説. -- 刻本. - 元末明初. -- 4 冊（1 函）

　　10 行 18 字小字雙行 23 字黑口四周雙邊雙魚尾

　　書名代擬

　　卷一至七唐絕句詩説，八至十三唐七言詩説，十四
至二十唐五言詩説，全書葉碼連續編排，明大德九年

（1305）方回序

登錄號 善234/索書號 7018-sb-227：4 冊（1 函），黃紙本，金鑲玉裝訂；字跡漫漶；存 15 卷：卷 1-15，缺第 32、71 葉、104 葉以後；紙張老化變色，有水漬、污漬；有修補

1669

唐詩類苑 ：二百卷，目錄一卷 / （明）[張之象] 編. -- 抄本，藍絲欄. -- 觀風臺，[明]. -- 200 冊（20 函）

9 行 20 字白口四周雙邊

版心下記：觀風臺錄

登錄號 0000173/索書號 8020-004-003-005：200 冊（20 函），白紙本，金鑲玉裝訂，邊角鼠囓，有水漬、污漬，末冊書衣破損，裝訂綫脫落；有修補

1670

李于鱗唐詩廣選 ：七卷 / （明）李攀龍輯 ；（明）凌瑞森，（明）凌南榮評. -- 刻本，朱墨套印. -- 烏程凌濛初，[明末]. -- 12 冊（2 函）

8 行 18 字白口四周單邊

目錄及版心題：唐詩廣選

登錄號 0000184/索書號 8020-005-001-007：12 冊（2 函），白紙本；書衣鈐印：書業成記圖書；紙張老化變脆變黃，邊角鼠囓，書衣破損，裝訂裂散

1671

晚唐詩鈔 ：二十六卷 / （清）查克弘，（清）凌紹乾選 ；（清）楊兆璘校. -- 刻本. -- 海寧查克弘栖鳳閣，清康熙四十二年（1703）. -- 4 冊

10 行 19 字小字雙行 29 字白口左右雙邊單魚尾

版心下記：十干詩塢

登錄號 1010537/索書號 8011-005-005-014：4 冊，黃紙本；鈐印：少霞，海漚，周顯緒印；有佚名朱墨筆圈點；破損，書葉殘缺，版心開口，書衣散失；有修補

1672

網師園唐詩箋 ：十八卷 / （清）宋宗元輯. -- 刻本. -- 清乾隆間. -- 6 冊

10 行 21 字小字雙行 32 字白口左右雙邊無魚尾

書名葉題：元和宋愨庭輯 網師園唐詩箋 尚絅堂藏

板

書名葉“網”字誤作“綱”

有清乾隆三十二年（1767）作者序

登錄號 1-03061/索書號 8018-130-005-003：6 冊，黃紙本；書衣磨損，裝訂裂散

1673

新鐫草字唐詩 ：一卷 / （清）樊新書. -- 刻本. -- 莆陽鄭漢，清. -- 1 冊

4 行 10 字，行間小字釋文，白口左右雙邊無魚尾

登錄號 善236/索書號 7018-sb-229：1 冊，黃紙本，金鑲玉裝訂；鈐印：人淡如菊，溪村煙雨；紙張老化變黃變脆；有修補

1674

應制體排律自得編 ：四卷 / （清）陳九松選輯. -- 刻本. -- 清康熙五十四年（1715）. -- 2 冊

9 行 19 字小字雙行同白口左右雙邊雙魚尾

書名葉題：康熙五十四年夏新鐫 蘇郡陳立遠選輯 應制體排律自得編 精選唐人五言六韻諸篇

精選唐人五言六韻諸篇

登錄號 1-07875/索書號 8009-085-003-006：2 冊，黃紙本；鈐印：學耕堂珍賞，寶翰樓藏書記；紙張老化變黃變脆，邊角破損，書葉有殘缺，版心開口

1675

松陵集 ：十卷 / （唐）皮日休，（唐）陸龜蒙撰. -- 刻本. -- 虞山毛氏汲古閣，明末. -- 2 冊（1 函）

8 行 19 字白口左右雙邊單魚尾

版心下記：汲古閣

登錄號 1-04205/索書號 8018-150-004-005：2 冊（1 函），黃紙本；鈐印：思信圖書，平遙王晉榮過眼；紙張老化，版心開口，有水漬，書衣磨損

1676

大歷詩略 ：六卷，附錄說詩五則 / （清）喬億輯. -- 刻本. -- 寶應喬億居安樂玩之堂，清乾隆三十七年（1772）. -- 2 冊

書名葉題：寶應喬劍溪選評 大歷詩略 居安樂玩之堂藏板

10 行 21 字小字雙行 30 字白口左右雙邊單魚尾

登錄號 1-01316/索書號 8018-171-005-007：2 冊，

黃紙本；個別字跡不清

1677

重校正唐文粹：一百卷，目錄一卷 / （宋）姚鉉纂 ；（明）尤桂，（明）朱整校正. -- 刻本. -- 姑蘇徐焴家塾，明嘉靖三年（1524）. -- 20 冊（4 函）

14 行 25 字白口左右雙邊單魚尾

序後及卷末題：嘉靖甲申太学生姑蘇徐焴文明刻于家塾

版心下記刻工

本書自《文苑英華》選錄唐人作品，以古體詩為主，共收文、賦一千一百零四篇，詩九百六十一首

登錄號 0000180/索書號 8020-005-001-003：20 冊（4 函），白紙本；有斷版；卷 33 有抄補；紙張老化有黃斑，有水漬、污漬；有修補

登錄號 0000963/索書號 8020-015-004-008：20 冊（4 函），黃紙本；鈐印：永清朱玖聘藏書記、朱樨之印[朱樨之]；紙張老化變脆四周變黃，邊角蟲蛀損壞，裝訂裂散

1678

御選宋詩：七十八卷，姓名爵里二卷 / （清）清聖祖定 ；（清）張豫章，（清）魏學誠等纂選. -- 刻本. -- 武英殿，清康熙四十八年（1709）. -- 40 冊（6 函）. --（御選宋金元明四朝詩/〈清〉清聖祖定）

11 行 21 字白口左右雙邊雙魚尾

登錄號 0000914/索書號 8020-015-001-002：40 冊（6 函），黃紙本；紙張老化變黃，破損

1679

二妙集：八卷，補遺一卷 / （金）段克己，（金）段成己撰. -- 抄本，烏絲欄. -- 長塘鮑氏知不足齋，清[乾隆間]. -- 2 冊（1 函）

10 行 22 字黑口左右雙邊雙魚尾

登錄號 0000175/索書號 8020-004-005-002：2 冊（1 函），黃紙本，金鑲玉裝訂；鈐印：知不足齋鮑以文藏書[鮑廷博]，詩龕書畫印、詩裏求人龕中取友我懷如何王孟韋柳[法式善]、石雪齋祕笈印、萬竹廬圖書印、萬竹廬藏、徐氏歲寒堂藏、石雪鑑藏、歲寒堂書畫印、徐宗浩印[徐宗浩]；有鮑廷博朱墨筆批校，函套有徐宗浩錄《四庫全書簡明目錄》並識語

1680

草堂雅集：十三卷 / （元）顧瑛類編. -- 抄本. -- [清]. -- 1 冊

8 行 24 字

登錄號 1-03332/索書號 8018-138-006-007：1 冊，黃紙本；鈐印：張氏蕙玉[張玠]；存 2 卷：卷 1-2，有水漬；有修補

1681

草堂雅集：十三卷 / （元）顧瑛類編. -- 抄本. -- [清]. -- 2 冊

8 行 24 字

登錄號 1-03331/索書號 8018-130-004-007：2 冊，黃紙本；有墨筆題記並朱筆校字；存 4 卷：卷 4-7，卷 4 缺葉；裝訂裂散

1682

明詩綜：一百卷 / （清）朱彝尊錄 ；（清）汪森，（清）朱端，（清）張大受等緝評. -- 刻本，重修. -- 清康熙四十四年（1705）秀水朱氏六峰閣刻，[清乾隆間]重修. -- 24 冊（4 函）

11 行 21 字小字雙行 31 字白口左右雙邊單魚尾

書名葉題：朱竹垞太史選本 明詩綜 六峰閣藏版

登錄號 1012659/索書號 8011-022-002-002：24 冊（4 函），黃紙本；鈐印：張氏蕙玉[張玠]；有斷版；有殘缺，邊角輕微鼠嚙，有水漬

1683

明詩綜：一百卷 / （清）朱彝尊錄 ；（清）汪森，（清）朱端，（清）張大受等緝評. -- 刻本，重修. -- 清康熙四十四年（1705）刻，[清乾隆間]重修. -- 36 冊（6 函）

11 行 21 字小字雙行 31 字白口左右雙邊單魚尾

前有：欽定四庫全書提要

登錄號 1012658/索書號 8011-022-002-001：36 冊（6 函），黃紙本；鈐印：石雪藏書[徐宗浩]，宴坐室藏書印，胡義質印；有斷版；有殘缺，紙張老化四周變黃，裝訂斷綫

登錄號 1-02502/索書號 8018-179-001-001：20 冊，黃紙本；鈐印：三原梁氏、梁筱素；有斷版；有殘缺，卷末缺葉，有污漬

1684

明詩別裁集：十二卷 /（清）沈德潛，（清）周準
輯. -- 刻本. -- 清乾隆四年（1739）. -- 4 冊（1
函）

　10 行 19 字小字雙行 29 字白口左右雙邊單魚尾

　　登錄號 1-03566/索書號 8018-141-004-004：4 冊
（1 函），黃紙本；偶有字跡不清，邊角缺損，有水漬

1685

除夕倡和詩：一卷 /（明）黃魯曾，（明）皇甫冲
等撰. -- 刻本. --［明］. -- 1 冊

　9 行 17 字白口左右雙邊單魚尾

　有明嘉靖二十九年（1550）除夕倡和詩

　　登錄號 1-01680/索書號 8018-170-006-002：1 冊，
黃紙本；紙捻裝訂，外加封皮；蟲蛀修補

1686

蘭嵎朱宗伯彙選當代名公鴻筆百壽類函：八卷 /
（明）徐榛，（明）吳明郊釋註 ;（清）朱宗伯輯. --
刻本. -- 繡谷王世茂，明萬曆間. -- 6 冊（1 函）

　9 行 19 字單雙邊不一單魚尾

　書簽題：官板百壽類函

　套簽及版心題：百壽類函

　有明萬曆四十四年（1616）序

　　登錄號 1015311/索書號 8013-031-006-003：6 冊
（1 函），黃紙本；鈐印：明善堂覽書畫印記、安樂堂
藏書記［胤祥、弘曉］，來青；紙張老化四周變黃，輕
微蟲蛀損壞，裝訂斷綫

1687

庚辰集：五卷 /（清）紀昀編. -- 刻本. -- 清
乾隆二十七年（1762）. -- 5 冊

　9 行 20 字小字雙行同白口四周單邊單魚尾

　清康熙庚辰科至乾隆庚辰科館閣詩並試卷行卷

　　登錄號 1011346/索書號 8011-013-007-005：5 冊，
黃紙本；有佚名朱墨筆批註；邊角破損，有水漬，版
心開口

1688

明人尺牘選：四卷 /（清）王元勳，（清）程化駬
輯. -- 刻本. -- 清. -- 4 冊

　10 行 21 字白口四周雙邊單魚尾，無直欄

有清康熙四十四年（1705）序

　　登錄號 1-04877/索書號 8018-166-001-013：4 冊，
黃紙本；書衣磨損

1689

絮吳羹詩選［甲集］：十二編 /（清）茅應奎輯 ;
（清）沈德潛鑒定 ;（清）諸錦，（清）厲鶚論次. --
刻本. -- 清. -- 2 冊

　10 行 21 字白口左右雙邊單魚尾

　書名葉題：宗伯沈歸愚先生鑒定 秀水諸草廬太史錢
塘厲樊榭徵君全撰 五湖茅湘客絮吳羹詩選 賞詩閣藏
板

　有清乾隆十七年（1752）序

　　登錄號 1-04794/索書號 8018-166-001-014：2 冊，
黃紙本；鈐印：覺孫；首尾殘缺，破損，書衣散失

1690

江南名勝圖詠：不分卷 /（清）郭衷恒輯 ;（清）
郭一元等編次. -- 刻本. -- 吳門郭氏，清乾隆三十
年（1765）. -- 6 冊（1 函）：圖

　7 行 15 字白口左右雙邊單魚尾

　書名據書名葉及目次題

　　登錄號 1-05709/索書號 8009-103-003-001：6 冊
（1 函），白紙本，袖珍本；鈐印：孤鴻和尚，納哈塔
氏；書葉破損

1691

感舊集：十六卷 /（清）王士禎選 ;（清）盧見
曾補傳. -- 刻本. -- 德州盧見曾雅雨堂，清乾隆十
七年（1752）. -- 8 冊（1 函）

　11 行 21 字小字雙行 31 字白口左右雙邊單魚尾

　書名葉題：漁洋山人感舊集

　　登錄號 1-03482/索書號 8018-145-002-006：8 冊
（1 函），黃紙本；鈐印：永清朱樨之字淹頌號九丹玖
聘一號琴客又號皋亭行四居仁和里叢碧簃所蓄經籍金
石書畫印信［朱樨之］，沈觀齋；紙張老化四周變黃，
書衣磨損，裝訂斷綫

1692

毅齋居士悼亡詩冊：一卷 /（清）毅齋居士撰 ;
（清）顧彩，（清）俞兆曾等和. -- 寫本. -- 清. --
1 冊

書名代擬

登錄號 0000922/索書號 8020-015-002-001：1 冊
（散葉 12 幀）；鈐印：毅齋，顧彩，俞兆曾；蟲蛀損
壞；有修補

1693

皇清文穎序：一卷 / （清）高宗弘曆書. -- 寫本.
-- 清乾隆十二年（1747）. -- 1 冊

6 行 9 字白口四周雙邊

登錄號 0000386/索書號 8020-007-004-003：1 冊，
白紙本，折裝，木質護封；鈐印：乾隆御筆，皇極殿
寶，嘉慶御覽之寶，避暑山莊

1694

國朝文鈔：五編 / （清）高嵣集評. -- 刻本. --
清乾隆五十一年（1786）. -- 27 冊（5 函）

9 行 25 字白口四周雙邊單魚尾，無直欄，行間天頭
小字注

書名葉題：乾隆五十一年訂 和陽高梅亭集評 國朝
文鈔 雙桐書屋

初編：小題文二百三十九篇（冊 1-6）

二編：小題文二百六十九篇（冊 7-12）

三編：大題文一百六十三篇（冊 13-16）

四編：大題文三百零四篇（冊 17-22）

五編：大題文二百二十二篇（冊 23-27）

登錄號 1-04286/索書號 8018-151-003-002：27 冊
（5 函），黃紙本；鈐印：深澤王氏洗心精舍所藏書畫[王
肇晉、王用誥]；有殘缺書葉，有污漬，版心開口，裝
訂斷綫

1695

廣東生員課卷. -- 寫本. -- 清. -- 1 包

書名代擬

內有廣州府學，南海、番禺、新會縣學及番禺縣學
海堂等課卷、考卷若干份

登錄號 0001166/索書號 8020-020-002-002：1
包；鈐印：菊坡精舍監院鈐記；蟲蛀等殘缺、破損
嚴重

〔集部　總集類　地方藝文〕

1696

滄浪小志：二卷 / （清）宋犖編. -- 刻本. -- 徐
惇孝、徐惇復白華書屋，清康熙三十七年（1698）. --
1 冊（1 函）：圖

10 行 21 字白口四周單邊雙魚尾

宋犖任江蘇巡撫時得宋蘇舜欽滄浪亭舊址，重為修
葺，因搜輯前人傳記詩文而成

登錄號 0000634/索書號 8020-010-003-009：1 冊
（1 函），黃紙本；鈐印：徐石卿印、石琴之印；有清
光緒乙巳（1905）徐石琴題識並鈐印：陶淑精舍收藏；
紙張老化變脆、變黃，破損

1697

程孟陽先生中州詩選：一卷 / （明）程嘉燧輯；
（明）姚元振校訂. -- 刻本. -- [清初]. -- 1 冊

8 行 22 字白口左右雙邊單魚尾

目錄及版心題：中州詩選

有清順治十六年（1659）跋

登錄號 1-03037/索書號 8018-132-006-007：1 冊，
黃紙本；卷末跋抄補，蟲蛀損壞，書衣磨損，裝訂斷
綫

1698

甬上耆舊詩：三十卷 / （清）胡文學輯選；（清）
李鄴嗣敘傳. -- 刻本. -- 胡氏敬義堂，清康熙十五
年（1676）. -- 12 冊

11 行 22 字白口四周單邊單魚尾，無直欄

版心下記：敬義堂

登錄號 1-03884/索書號 8018-148-001-018：12 冊，
黃紙本；蟲蛀損壞

1699

莆風清籟集：六十卷 / （清）鄭王臣輯選；（清）
杭世駿等參訂；（清）陳燮等校閱. -- 刻本. -- 清[乾
隆間]. -- 4 冊

9 行 21 字小字雙行同白口左右雙邊單魚尾

書名葉題：鄭蘭陔選本 莆風清籟集

有清乾隆三十七年（1772）序

登錄號 善 197/索書號 7018-sb-191：4 冊，黃紙本；

存 22 卷：卷 1-9、16-28，卷 1 卷端參訂人姓名被剷掉；書衣破損

1700

樂遊聯唱集：二卷 ／（清）畢沅等撰. -- 刻本. -- 鎮洋畢沅，清乾隆四十七年（1782）. -- 1 冊 . --（經訓堂叢書 ／〈清〉畢沅輯）

11 行 21 字小字單雙行同黑口左右雙邊

書名葉題：樂遊聯唱集二卷 乾隆四十七年壬寅夏五月開雕 西安節署藏板

登錄號 0000625／索書號 8020-010-003-001：1 冊，與《夏小正攷注》合印，黃紙本；鈐印：石雪藏書[徐宗浩]，傅增湘、藏園[傅增湘]

1701

中州名賢文表[內集]：三十卷 ／（明）劉大昌編. -- 刻本. -- 錢唐汪氏，清康熙四十五年（1706）. -- 12 冊（2 函）

12 行 22 字小字雙行字不等黑口左右雙邊單魚尾

版心題：中州文表

本書輯載元代河南名賢遺文，收許衡六卷、姚遂八卷、馬祖常五卷、許有壬三卷、王惲六卷、孛术魯翀二卷

登錄號 1-03413／索書號 8018-138-006-001：12 冊（2 函），黃紙本；偶見油漬

1702

滇海同人集：一卷 ／（清）胡師端，（清）彭崧毓等撰. -- 稿本，朱絲欄. -- 清[道光間]. -- 1 冊

9 行 20 字白口四周雙邊單魚尾

書名據書衣題

登錄號 0001016／索書號 8020-016-003-008：1 冊；鈐印：則、徐；蟲蛀損壞

1703

滇海同人集：不分卷 ／（清）林氏輯. -- 抄本，朱絲欄. -- 侯官林氏雲左山房，[清道光間]. -- 2 冊

9 行 20 字白口四周雙邊單魚尾

版心下記：雲左山房

書名據書衣題

有清道光二十九年（1849）紀事

登錄號 0000550／索書號 8020-009-004-013：2 冊，

毛裝；蟲蛀損壞，有水漬、污漬，邊框褪色

〔集部　總集類　家集〕

1704

三蘇先生文粹：七十卷 ／（宋）蘇洵撰，（宋）蘇軾撰，（宋）蘇轍撰. -- 刻本. -- 宋. -- 1 冊

14 行 26 字白口四周雙邊雙順魚尾

版心記字數及刻工名，刻工：昇、陳明、允等

登錄號 善 164／索書號 7018-sb-158：1 冊，黃紙本，蝴蝶裝；鈐印：歸安陸樹聲叔桐父印、歸安陸樹聲藏書之記[陸樹聲]；書末有民國十六年（1927）羅振常跋並鈐印，有佚名朱筆批；字跡模糊；存 1 卷：卷第30，缺第 8 葉，第 1 葉係抄配，第 7 葉有抄補；有污漬、墨漬；有修補

1705

高郵王氏文鈔：一卷 ／（清）王念孫，（清）王引之撰. -- 抄本. -- 會稽趙之謙，清末. -- 1 冊

9 行 20 字小字雙行同，無欄格

書名據書衣題

登錄號 善 219／索書號 7018-sb-213：1 冊，黃紙本，毛裝；鈐印：二金蜨堂藏書[趙之謙]

1706

述本堂詩集：不分卷 ／（清）方觀承輯. -- 刻本. -- 桐城方氏，清乾隆間. -- 2 冊（1 函）

10 行 19 字小字雙行 28 字白口左右雙邊單魚尾

登錄號 1-03134／索書號 8018-143-001-018：2 冊（1 函），白紙本；紙張老化有黃斑

〔集部　詩文評類〕

1707

文心雕龍：十卷 ／（梁）劉勰撰 ；（清）黃叔琳輯注. -- 刻本. -- 華亭姚培謙，清乾隆六年（1741）. -- 4 冊（1 函）

9 行 19 字小字雙行 28 字白口左右雙邊單魚尾

書名葉題：文心雕龍輯註 養素堂藏板

各卷末記：男登賢雲門　登穀春畬挍

書末佚名抄：補文心雕龍隱秀第卌篇

　登錄號　善 227/索書號 7018-sb-220：4 冊（1 函），白紙本；鈐印：士潁，稷香館；有 1928 年倫明跋、批校並朱墨筆過錄諸家跋語、批校；卷 3 第 7 葉係抄配；有黃斑

1708

全唐詩話　：八卷 /　（宋）尤袤輯　；（清）孫濤訂. -- 刻本. -- 石門孫濤，清乾隆三十九年（1774）. -- 4 冊（1 函）

　10 行 21 字小字雙行同白口左右雙邊單魚尾

　序末題：海昌夏君佐鐫字

　登錄號 1012624/索書號 8011-021-005-001：4 冊（1 函），黃紙本；紙張老化變黃，裝訂斷綫

1709

唐詩紀事　：八十一卷 /　（宋）計敏夫集　；（明）洪楩校. -- 刻本. -- 錢塘洪楩[清平山堂]，明嘉靖二十四年（1545）. -- 20 冊（2 函）

　10 行 20 字白口四周單邊無魚尾

　著者據序題

　版本年據重刻序

　登錄號 0000109/索書號 8020-002-005-012：20 冊（2 函），白紙本；有斷版；卷 25-28、68-71 補配他本，序缺葉；邊角鼠嚙，紙張老化有黃斑，版心開口，有水漬；有修補

1710

唐詩紀事　：八十一卷 /　（宋）計有功撰. -- 寫本，朱絲欄. -- [文瀾閣]，[清乾隆間]. -- 1 冊 ：圖.

　8 行 21 字白口四周雙邊單魚尾

　登錄號 0001033/索書號 8020-016-004-005：1 冊，白紙本，紙捻裝訂，外加黃色織錦封面；鈐印：古稀天子之寶；存 3 卷：卷 44-46；書葉破損

1711

苕溪漁隱叢話　：前集六十卷，後集四十卷 /　（宋）胡仔撰. -- 刻本. -- 海鹽楊佑啟耘經樓，清乾隆五至六年（1740-1741）. -- 10 冊（1 函）

　13 行 22 字黑口左右雙邊雙魚尾

　書名葉題：仿宋本重雕　耘經樓藏板

卷末有楊佑啟跋

　登錄號 0000829/索書號 8020-013-005-008：10 冊（1 函），黃紙本；鈐印：寧靜齋圖書印；書衣破損

1712

漁隱叢話[前集]：六十卷 /　（宋）胡仔纂集. -- 刻本. -- [清乾隆間]. -- 3 冊（1 函）

　13 行 22-23 字黑口左右雙邊單魚尾

　登錄號 1-03178/索書號 8018-140-003-006：3 冊（1 函），黃紙本；邊角磨損，有水漬

1713

陳眉公訂正文則　：二卷 /　（宋）陳騤撰　；（明）陳繼儒訂正　；（明）沈元熙，（明）沈德先校. -- 刻本. -- 繡水沈氏，明萬曆間. -- 2 冊（1 函）. -- （尚白齋鐫陳眉公寶顏堂秘笈/〈明〉陳繼儒輯）

　8 行 18 字小字雙行同白口四周單邊無魚尾

　版心題：文則

　登錄號　善 182/索書號 7018-sb-176：2 冊（1 函），黃紙本；鈐印：楊霈讀書記，陸康兆印，閒雲野鶴；紙張老化變脆變黃，破損，有殘缺葉，有水漬、油漬

1714

新刻文則　：一卷 /　（宋）陳騤撰　；（明）胡文煥校. -- 刻本. -- 錢塘胡文煥，明[萬曆間]. -- 1 冊（1 函）

　10 行 20 字白口左右雙邊雙白魚尾

　版心及套簽題：文則

　登錄號　善 183/索書號 7018-sb-177：1 冊（1 函），黃紙本，金鑲玉裝訂；鈐印：怡怡園；有佚名朱藍筆圈點，套簽題：庚午春日新晴籹藏；紙張老化變色，水漬、污漬嚴重；有修補

1715

弇州山人藝苑卮言：八卷 /　（明）王世貞撰. -- 刻本，寫刻. -- 莆陽鄒道元，明萬曆十九年（1591）：累仁堂. -- 8 冊（1 函）

　8 行 19 字白口四周單邊單白魚尾

　書名葉題：增補弇州山人藝苑卮言　萬曆辛卯歲累仁堂梓

　卷端題：明莆陽味玄鄒道元梓

　有明萬曆十五年（1587）黃道日序

登錄號 善 112/索書號 7018-sb-109：8 冊（1 函），
黃紙本，金鑲玉裝訂；鈐印：誥訓之家，裕經堂，富
恩頤，王先謙印，鄂城汪奠基藏書之印、汪奠基印、
艾蕪藏書[汪奠基]，王謝家印，舊燕堂；有佚名過錄
《弇州山人四部稿》序二則、彙錄王士禎評語，有朱
彝尊朱筆批校，扉葉有燕山主人跋一則；字跡有模糊
處；書葉殘缺，有黃斑；有修補

1716

王弇州藝苑卮言：一卷 / （明）王世貞撰. -- 抄
本. -- 清. -- 1 冊
9 行 25 字
登錄號 0000041/索書號 8020-001-002-005：1 冊，
黃紙本；鈐印：任山龐氏藏書、龐塏、雪崖、雪崖塏
印[龐塏]，雲手海立，遠性風踈，非日能之；首、末
有佚名題識；邊角破損，有污漬

1717

詩源撮要：不分卷 / （明）張懋賢編次 ；（明）
周履靖校正. -- 刻本. -- 明萬曆間. -- 1 冊. -- （夷
門廣牘）
9 行 18 字白口四周單邊單魚尾
登錄號 0000869/索書號 8020-014-002-018：1 冊，
黃紙本；鈐印：南通馮氏景岫樓藏書、馮雄印信、馮
雄之印、強齋[馮雄]；蟲蛀損壞嚴重，裝訂裂散

1718

新刊詩譜：三卷 / （明）徐禎卿輯. -- 刻本. --
明末. -- 1 冊
10 行 20 字白口左右雙邊單魚尾
目錄及版心題：詩譜
登錄號 0000885/索書號 8020-014-004-006：1 冊，
黃紙本，金鑲玉裝訂；蟲蛀殘缺；有修補

1719

聲調前譜：一卷，後譜一卷，續譜一卷 / （清）
趙執信撰. -- 刻本. -- 德州盧見曾雅雨堂，清乾隆
二十四年（1759）. -- 1 冊
9 行 19 字小字雙行同白口四周雙邊單魚尾，無直欄
書名葉題：趙飴山先生原本 聲調譜 後附談龍錄
版心下記：雅雨堂
附：談龍錄一卷

登錄號 1010485/索書號 8011-005-003-012：1 冊，
黃紙本，包背裝；鈐印：石雪藏書、徐氏歲寒堂藏、
石雪齋[徐宗浩]，溫廬藏書，王金鉽印；輕微蟲蛀損
壞，有水漬；有修補

1720

聲調譜：前譜一卷，後譜一卷，續譜一卷 / （清）
趙執信撰 ；（清）趙執端等輯錄. -- 刻本. -- 淄博
趙氏，清. -- 1 冊
10 行 21 字小字雙行同白口四周單邊單魚尾，無直欄
書名據目錄題
有清乾隆三年（1738）序
登錄號 1-03383/索書號 8018-140-003-002：1 冊
（合 1 函），與《談龍錄》合函，黃紙本；鈐印：王誨
生印

1721

談龍錄：一卷 / （清）趙執信撰. -- 刻本. -- 清.
-- 1 冊
9 行 19 字黑口左右雙邊單魚尾
有清康熙四十八年（1709）序
登錄號 1-03383/索書號 8018-140-003-002：1 冊
（合 1 函），與《聲調前譜》合函，黃紙本

1722

談龍錄：一卷 / （清）趙執信撰. -- 刻本. --
德州盧見曾雅雨堂，清乾隆二十四年（1759）. --
1 冊
9 行 19 字小字雙行同白口四周雙邊單魚尾，無直欄
附：聲調前譜
登錄號 1010485/索書號 8011-005-003-012：1 冊，
黃紙本

1723

宋詩紀事：一百卷 / （清）厲鶚，（清）馬曰琯輯.
-- 刻本. -- 錢唐厲鶚，清乾隆十一年（1746）. -- 32
冊（4 函）
11 行 22 字小字雙行 32 字綫黑口左右雙邊單魚尾
登錄號 1-05694/索書號 8009-104-002-003：32 冊
（4 函），黃紙本；有斷版，紙張老化變脆四周變黃，
邊角破損，裝訂斷綫

1724

　蔗塘外集　：一卷 /　（清）查為仁撰. -- 刻本. --
清乾隆間. -- 1 冊

　　10 行 21 字小字雙行同白口四周單邊單魚尾

　　序等題：蓮坡詩話

　　有清乾隆六年（1741）序

　　登錄號 1-03319/索書號 8018-131-005-008：1 冊,
黃紙本；紙張老化四周變黃變脆, 邊角破損, 有水漬

1725

　匏廬詩話　：三卷 /　（清）沈濤撰. -- 刻本. -- 清
道光二十年（1840）. -- 3 冊（1 函）

　　11 行 20 字黑口四周單邊單魚尾

　　書名葉題：道光庚子冬日刊 匏廬詩話 南樂段錫
田題

　　登錄號 善 202/索書號 7018-sb-196：3 冊（1 函）,
黃紙本

1726

　帶經堂詩話　：三十卷, 卷首一卷 /　（清）王士禎［漁
洋山人］撰 ；（清）張宗柟輯. -- 刻本. -- 清乾隆二
十七年（1762）. -- 8 冊（1 函）

　　12 行 23 字小字雙行同白口左右雙邊單魚尾

　　套籤題：帶經堂詩話全集

　　卷末題：嘉興戴廷章金陵王安政同錄 紹興李洪德摹
鐫

　　登錄號 1012713/索書號 8011-022-007-002：8 冊
（1 函）, 黃紙本；紙張老化四周變黃變脆

〔集部　小説類　筆記〕

1727

　香祖筆記　：十二卷 /　（清）王士禎撰. -- 刻本. --
清康熙間. -- 4 冊

　　10 行 19 字白口左右雙邊單魚尾

　　清康熙四十四年（1705）序

　　1-05421/索書號 8009-115-002-003：4 冊（1 函）,
黃紙本；鈐印：紹廷珍藏；紙張老化四周變黃, 書葉
殘缺；有修補

　　登錄號 1-05419/索書號 8009-106-005-004：4 冊, 黃

紙本；版心開口, 有水漬, 首冊書衣破損, 裝訂開裂

　　登錄號 1012401/索書號 8011-019-003-015：4 冊
（1 函）, 黃紙本；鈐印：湯滏, 紹南；略有修補

〔集部　小説類　短篇〕

1728

　警世通言　：四十回 /　（明）馮夢龍編. -- 刻本. --
明. -- 1 冊 ：圖

　　白口四周單邊

　　登錄號 0000906/索書號 8020-014-005-011：1 冊,
黃紙本, 金鑲玉裝訂；存插圖 30 葉；殘破, 書衣散失

1729

　醒世恒言　：四十卷 /　（明）［馮夢龍］編 . -- 刻
本. -- ［衍慶堂］, 清. -- 16 冊（2 函）

　　12 行 22 字白口四周單邊單魚尾, 無直欄

　　題：可一居士評 墨浪主人較

　　此本刪去《金海陵縱欲亡身》, 析《張廷秀逃生救父》
為上下兩卷, 湊成四十篇之數

　　登錄號 1-02897/索書號 8018-133-005-006：16 冊
（2 函）, 黃紙本；字跡不清, 紙張老化, 卷首序缺葉,
書葉邊角殘缺；襯紙重裝

1730

　續聊齋志異　：十卷 /　（清）王士禎［漁洋山人］續
評 ；（清）尹似村［浩歌子］增訂. -- 抄本, 朱絲欄. --
清. -- 20 冊（2 函）

　　9 行 21 字白口四周雙邊單魚尾

　　登錄號 0000356/索書號 8020-007-002-005：20 冊
（2 函）, 黃紙本, 藍色布質書衣；紙張老化有黃斑,
書葉發霉、破損, 邊角鼠嚙, 有污漬；有修補

〔集部　小説類　長篇〕

1731

　忠義水滸全書　：一百二十回 /　（元）施耐庵集撰 ；
（明）羅貫中纂修 ；（明）李贄評閱. -- 刻本. --［明
末］. -- 1 冊 ：圖

10 行 22 字白口四周單邊，本衙藏板

書名葉題：水滸四傳全書

凡例題：出像評點忠義水滸全書

引首題：新鐫李氏藏本忠義水滸全書

版心題：水滸全書

登錄號 0000261/索書號 8020-006-002-009：1 冊，黃紙本；存序目、圖（60 葉）、宣和遺事、第 1 回；書葉殘缺；有修補

1732

四雪草堂重訂通俗隋唐演義 ：二十卷，一百回 / （明）羅貫中撰． -- 刻本，重印． -- 清康熙間長洲褚氏四雪草堂刻，清文盛堂重印． -- 1 冊 ：圖

白口四周單邊單魚尾

書名葉題：細繪全像 四雪草堂訂正 隋唐演義 文盛堂梓行

序題：隋唐演義

版心下記：四雪草堂

登錄號 善 250/索書號 7018-sb-243：1 冊，黃紙本，金鑲玉裝訂，藍色絲質書衣；鈐印：益津張氏珍藏之印；存序及圖；印刷模糊，紙張老化變黃變脆，破損，有水漬、油漬

1733

西遊真詮 ：一百回，圖像一卷 / （清）陳士斌詮解． -- 刻本． -- 清[康熙間]． -- 20 冊（1 函） ：圖

11 行 24 字白口四周單邊單魚尾

書名葉題：悟一子批點西遊真詮

目錄題：悟一子西遊真詮

有清康熙三十五年（1696）序

登錄號 0001126/索書號 8020-018-005-013：20 冊（1 函），黃紙本；有斷版

1734

紅樓夢 ：一百二十回 / （清）曹雪芹，（清）高鶚撰． -- 刻本． -- 耘香閣，清同治三年（1864）． -- 24 冊 ：圖

11 行 24 字黑口左右雙邊無魚尾

書名葉題：繡像紅樓夢 藤花榭原板 耘香閣重梓

登錄號 善 251/索書號 7018-sb-244：24 冊，黃紙本，金鑲玉裝訂，巾箱本；鈐印：衡芷館夫婦藏書畫

印[俞平伯]，古槐書屋，盍齋珍藏；有佚名朱墨綠筆據程甲本、道光王本、程乙本校，有佚名批；第五回第 9 葉後、第五十二回第 13 葉後、第一百回第 9 葉後缺，第一百二十回第 8 葉重出，總批係抄補；紙張老化變黃變脆，版心開口；有修補

1735

紅樓夢 ：一百二十回 / （清）曹雪芹，（清）高鶚撰． -- 抄本． -- 清． -- 30 冊 ：圖

10 行 24 字，無欄格

登錄號 善 253/索書號 7018-sb-246：30 冊，黃紙本，金鑲玉裝訂；有佚名朱筆校；缺 45 回：4-8、31-40、76-85、91-110，第 25 回第 9 葉後缺；有修補

1736

妙復軒紅樓夢 ：一百二十回 / （清）曹雪芹，（清）高鶚撰 ；（清）無礙閑人評． -- 抄本． -- 清． -- 8 冊

12 行 24 字小字雙行同，無欄格

登錄號 善 252/索書號 7018-sb-245：8 冊，黃紙本，金鑲玉裝訂；朱筆標點；存 19 回：4-8、47-51、56-60、117-120；有殘、缺葉，紙張老化，有水漬、污漬；有修補

1737

新編鳳凰池續四才子書 ：四卷，十六回 / （清）天花藏主人校訂． -- 刻本． -- 清． -- 4 冊（1 函）

10 行 30 字白口四周單邊無魚尾，無直欄

書名葉題：天花藏四才子書 鳳凰池原本 懷新樓藏板

目錄等題：鳳凰池

登錄號 1-03607/索書號 8018-133-003-005：4 冊（1 函），黃紙本；鈐印：白門主江祝春章，質清所遇善本暫爲護持，怡齋所遇文獻古籍記；蟲蛀損壞；殘缺修補

〔集部 詞類 叢編〕

1738

鐫古香岑批點草堂詩餘 ：四集 / （明）沈際飛輯． -- 刻本，[重修]． -- 明崇禎間刻，[明清重修]． -- 8

冊（1 函）

上下兩欄 9 行，上欄小字雙行 5 字、下欄 19 字，白口四周單邊單白或黑魚尾

版心及序題：草堂詩餘

書名據書名葉（新集）題

子目：

1. 草堂詩餘正集：六卷／（明）顧從敬類選；（明）沈際飛評正（冊 1-3）

2. 草堂詩餘續集：二卷／（明）長湖外史類輯；（明）天羽居士評箋（冊 4）

3. 草堂詩餘別集：四卷／（明）沈際飛選評（冊 5-6）

4. 草堂詩餘新集：四卷／（明）沈際飛選評（冊 7-8）

登錄號 1010019／索書號 8011-001-003-005：8 冊（1 函），黃紙本；有斷版、字跡漫漶處；紙張老化變黃變脆，書葉殘損；蟲蛀修補

〔集部　詞類　總集〕

1739

中州樂府集：一卷／（金）元好問輯. -- 抄本. -- 清. -- 1 冊

7 行 16 字小字雙行同，無欄格

據元至大三年（1310）刻本抄

登錄號 善 237／索書號 7018-sb-230：1 冊，黃紙本，金鑲玉裝訂；有修補

1740

草堂詩餘：五卷／（明）楊慎批點；（明）閔暎璧校訂. -- 刻本，朱墨套印. -- 吳興閔暎璧，[明末]. -- 6 冊（1 函）

8 行 18 字白口四周單邊無魚尾

序題：草堂詞選

登錄號 善 224／索書號 7018-sb-217：6 冊（1 函），白紙本，金鑲玉裝訂；鈐印：鄭盦收藏印、華陽鄭氏百瞻樓珍藏圖籍[鄭言]、馬毅、馬曼青印、庸言、遲清亭讀書種子；函套空白處記民國十二年得書事；有污漬，裝訂斷綫；有修補

1741

詞壇雅玫：不分卷／（清）孔傳鐸輯. -- 刻本. --

闕里孔氏紅蕣軒，清[康熙間]. -- 2 冊（1 函）

行字不等白口半葉四周花邊無魚尾

書名據書名葉題

本書又名：紅蕣軒詞牌

登錄號 1-02750／索書號 8018-133-003-004：2 冊（1 函），白紙本，金鑲玉改裝，巾箱本；紙張老化變黃，書葉邊角殘缺，有水漬

〔集部　詞類　詞譜〕

1742

詞律：二十卷／（清）萬樹撰；（清）吳興祚鑒定. -- 刻本. -- 陽羨萬氏堆絮園，清康熙二十六年（1687）. -- 10 冊

7 行 21 字小字雙行同白口左右雙邊單魚尾

登錄號 1-05127／索書號 8009-108-002-018：10 冊，白紙本；蟲蛀損壞，有水漬、污漬，書衣破損

1743

詞譜：六卷／（清）許寶善輯. -- 刻本，朱墨套印. -- 清乾隆間. -- 2 冊（1 函）

6 行 16 字行間朱印小字不等白口四周單邊單魚尾

書名葉題：自怡軒詞譜

有清乾隆三十六年（1771）著者序

登錄號 1-03779／索書號 8018-146-005-010：2 冊（1 函），黃紙本，巾箱本；鈐印：厚田氏字蓮峰、厔田氏、怡雲山館；紙張老化變黃變脆，邊角破損

〔集部　曲類　雜劇〕

1744

元本出相北西廂記：二卷，釋義一卷／（元）王德信，（元）關漢卿撰；（明）王世貞，（明）李贄評. -- 刻本. -- 曹臣杜起鳳館，明萬曆三十八年（1610）. -- 1 冊：圖

10 行 22 字小字雙行同白口四周單邊無魚尾

書名據目錄題

目錄版心下記：起鳳館

眉上鐫評

第二十齣插圖題：黃一楷鐫

附：會真記

登錄號 善247/索書號 7018-sb-240：1 冊，白紙本；
缺 1 卷：卷上，紙張老化有黃斑，有水漬、污漬，破
損，版心開口，書衣磨損

〔集部　曲類　傳奇〕

1745

南柯記 ：二卷 / （明）湯顯祖撰 ；（明）臧懋循
訂. -- 刻本. -- 明. -- 2 冊 ：圖

9 行 19 字小字單行同，白口左右雙邊單白魚尾

有明萬曆二十八年（1600）湯顯祖（題清遠道人）
序

登錄號 0000269/索書號 8020-006-002-021：2 冊，
黃紙本；書葉破損，油污漬，裝訂裂散

1746

吳吳山三婦合評牡丹亭還魂記 ：二卷，附錄一卷，
或問一卷 / （明）湯顯祖撰 ；（清）陳同，（清）錢
宜，（清）談則評點 ；（清）吳儀一撰或問. -- 刻本.
-- 清康熙間. -- 6 冊（1 函）：圖

上下兩欄 10 行，上欄小字雙行 7 字、下欄 20 字，
黑口四周單邊單魚尾

書名葉題：吳吳山三婦合評新鐫繡像玉茗堂牡丹亭
夢園藏板

登錄號 0000765/索書號 8020-012-002-002：6 冊
（1 函），黃紙本；字跡模糊；書葉破損，有污漬

1747

玉茗堂還魂記 ：二卷 / （明）湯顯祖撰. -- 刻本. --
冰絲館，清乾隆五十年（1785）. -- 2 冊（1 函）：圖

9 行 20 字小字單行同白口四周單邊

凡例題：重刻清暉閣批點牡丹亭

卷端下記：快雨堂 冰絲館重刊

登錄號 0000692/索書號 8020-011-002-003：2 冊
（1 函），白紙本，藍色絲質書衣；紙張老化四周變黃

1748

新曲六種 / （清）夏綸撰 ；（清）徐夢元評. -- 刻

本. -- 錢唐夏綸世光堂，清乾隆十八年（1753）. --
12 冊（2 函）：圖

上下兩欄 10 行，上欄注解小字雙行 6 字、下欄 20
字小字單行同，白口四周單邊單魚尾

書名據書名葉題

子目：

　1. 無瑕璧傳奇：二卷（冊 1-2）

　2. 杏花村傳奇：二卷（冊 3-4）

　3. 瑞筠圖傳奇：二卷（冊 5-6）

　4. 廣寒梯傳奇：二卷（冊 7-8）

　5. 南陽樂傳奇：二卷（冊 9-10）

　6. 花萼吟傳奇：二卷（冊 11-12）

登錄號 1-02728/索書號 8018-136-002-008：12
冊（2 函），黃紙本；有斷版；紙張老化四周變黃

〔集部　曲類　彈詞〕

1749

廿一史彈詞註 ：十卷，明紀彈詞註一卷 / （明）
楊慎編著 ；（清）張三異增定並撰明紀彈詞註 ；（清）
張仲璜註. -- 刻本. -- 漢陽張坦麟，清雍正五年
（1727）. -- 8 冊（1 函）

11 行 21 字小字雙行同白口四周單邊單魚尾

版本年等據張坦麟跋

本書以說唱文學方式記述史事

卷十一為明紀彈詞註

登錄號 0000607/索書號 8020-010-001-002：8 冊
（1 函），黃紙本

〔集部　曲類　寶卷〕

1750

護國佑民伏魔寶卷 ：二卷. -- 刻本. -- 清. -- 2
冊 ：圖

4 行 14 字白口上下雙邊

登錄號 0000288/索書號 8020-006-003-007：2 冊，
白紙本，折裝；書末墨筆題寫：信官趙存住全妻舒氏
虔請伏魔寶卷一部永遠流通；紙張老化有黃斑，邊角
破損

〔集部　曲類　曲選〕

1751

詞林逸響：二卷／（明）許宇校點. -- 刻本. --
清華堂，明嘉靖間. -- 2 冊：圖

9 行 22 字白口四周單邊單白魚尾

凡例後題：趙邦賢（明嘉靖間刻工）刻

登錄號 0000272／索書號 8020-006-002-024：2 冊，黃
紙本，毛裝；字跡模糊；鼠嚙殘缺、破損，書衣散失

〔集部　曲類　曲譜〕

1752

新定九宮大成南北詞宮譜：八十一卷，閏一卷，總
目三卷／（清）允祿，（清）周祥鈺，（清）鄒金生等
編纂. -- 刻本，朱墨套印. -- ［武英殿］，清乾隆十
一年（1746）. -- 50 冊（5 函）

7 行，大字 16 字、中小字雙行同、小字 32 字，白口
四周雙邊單魚尾，無直欄

版心等題：九宮大成南北詞宮譜

登錄號 0000187／索書號 8020-005-002-002：50 冊
（5 函），黃紙本；鈐印：彊部所得善本；邊角鼠嚙，
有水漬

叢部

〔叢部　彙編叢書〕

1753

百川學海［十集］：辛集／（宋）左圭輯. -- 刻本.
-- 無錫華程，明弘治間. -- 6 冊（1 函）

12 行 20 字白口左右雙邊

書名代擬

子目：

01.法帖釋文：十卷／（宋）劉次莊撰（冊 1）

02.法帖刊誤：二卷／（宋）黃伯思撰（冊 2）

03.譜系雜說：二卷／（宋）曹士冕撰（冊 2）

04.試筆：一卷／（宋）歐陽修撰（冊 2）

05.書譜：一卷／（唐）孫過庭撰（冊 3）

06.續書譜：一卷／（宋）姜夔撰（冊 3）

07.米元章書史：一卷／（宋）米芾撰（冊 4）

08.書斷：四卷／（唐）張懷瓘撰（冊 5）

09.高宗皇帝御製翰墨志：一卷／（宋）趙構撰
　　（冊 6）

10.寶章待訪錄：一卷／（宋）米芾撰（冊 6）

11.海岳名言：一卷／（宋）米芾撰（冊 6）

登錄號 0000312／索書號 8020-006-004-017：6 冊（1
函），黃紙本；鈐印：寧武南氏珍藏、復盦南氏，中懌；
紙張老化變色，目錄係補抄，偶有殘葉；有修補

1754

紀錄彙編：二百十六卷／（明）沈節甫纂輯. -- 刻
本. -- 陽羨陳於廷，明萬曆四十五年（1617）. -- 36
冊（6 函）：圖

10 行 20 字白口四周單邊無魚尾

版心下記刻工

各卷末題：廣信府同知鄒潘　推官方重校正　臨江府
推官袁長馭　上饒縣學教諭余學申對讀　湖州府後學吳
士旦覆訂

子目：

001.御製皇陵碑：一卷／（明）太祖朱元璋撰
　　（冊 1）

002.御製西征記：一卷／（明）朱元璋撰（冊 1）

003.御製平西蜀文：一卷／（明）朱元璋撰（冊 1）

004.御製孝慈錄：一卷／（明）朱元璋撰（冊 1）

005.御製紀夢：一卷／（明）朱元璋撰（冊 1）

006.御製周顛僊人傳：一卷／（明）朱元璋撰
　　（冊 1）

080. 玉堂漫筆摘鈔：一卷／（明）陸深撰（冊19）

081. 金臺紀聞摘鈔：一卷／（明）陸深撰（冊19）

082. 停驂錄摘鈔：一卷／（明）陸深撰（冊19）

083. 續停驂錄摘鈔：一卷／（明）陸深撰（冊19）

084. 豫章漫抄摘錄：一卷／（明）陸深撰（冊19）

085. 科場條貫：一卷／（明）陸深撰（冊19）

086. 水東日記摘鈔：七卷／（明）葉盛撰（冊19-21）

087. 今言：四卷／（明）鄭曉撰（冊21-23）

088. 餘冬序錄摘鈔：六卷／（明）何孟春撰
　　（冊23-24）

089. 鳳洲雜編：六卷／（明）王世貞撰（冊25）

090. 醫閭漫記：一卷／（明）賀欽撰（冊25）

091. 譯語：一卷／（明）岷峨山人撰（冊26）

092. 海槎餘錄：一卷／（明）顧岕撰（冊26）

093. 君子堂日詢手鏡：一卷／（明）王濟撰（冊26）

094. 庚己編：十卷／（明）陸粲撰（冊26-27）

095. 四友齋叢說摘鈔：六卷／（明）何良俊撰
　　（冊28-29，卷五缺葉，卷六卷端誤題卷七）

096. 菽園雜記摘鈔：七卷／（明）陸容撰（冊29-30）

097. 留青日劄摘鈔：四卷／（明）田藝蘅撰（冊31）

098. 松窗寤言摘錄：一卷／（明）崔銑撰（冊32）

099. 漫記：一卷／（明）崔銑撰（冊32）

100. 近峰記略摘鈔：一卷／（明）皇甫錄撰（冊32，
　　著者題為（明）皇甫庸，應為皇甫錄）

101. 百可漫志：一卷／（明）陳鼎撰（冊32）

102. 錦衣志：一卷／（明）王世貞撰（冊32）

103. 星變志：一卷／（明）抱甕外史撰（冊32）

104. 琅琊漫鈔摘錄：一卷／（明）文林撰（冊32）

105. 病榻遺言：一卷／（明）高拱撰（冊32）

106. 縣笥瑣探摘鈔：一卷／（明）劉昌撰（冊33）

107. 蘇談：一卷／（明）楊循吉撰（冊33）

108. 病逸漫記：一卷／（明）陸釴撰（冊）

109. 前聞記：一卷／（明）祝允明撰（冊33）

110. 寓圃雜記：二卷／（明）王錡撰（冊33）

111. 蒹葭堂雜著摘抄：一卷／（明）陸楫撰（冊34）

112. 窺天外乘：一卷／（明）王世懋撰（冊）

113. 二酉委譚摘錄：一卷／（明）王世懋撰（冊34）

114. 閩部疏：一卷／（明）王世懋撰（冊34）

115. 江西輿地圖說：一卷／（明）趙秉忠撰（冊34）

116. 饒南九三府圖說：一卷／（明）王世懋撰
　　（冊34）

117. 志怪錄：一卷／（明）祝允明撰（冊35）

118. 涉異志：一卷／（明）閔文振撰（冊35）

119. 奇聞類紀摘鈔：四卷／（明）施顯卿撰
　　（冊35-36）

120. 見聞紀訓：二卷／（明）陳良謨撰（冊36）

121. 新知錄摘鈔：一卷／（明）劉仕義撰（冊36）
　　登錄號 0000246／索書號 8020-006-001-006：36 冊
　　（6 函），黃紙本；鈐印：故城賈臻，芝閣藏書；有斷
　　版；紙張老化變脆變黃、破損，邊角鼠嚙，有殘缺葉，
　　有水漬，書衣磨損

1755

快書：五十種，五十卷 ／（明）閔景賢輯；（明）
何偉然訂. -- 刻本. -- 明天啓六年（1626）. -- 24
冊（4 函）
　8 行 18 字白口四周單邊
　子目：

01. 秋濤[刪本]：一卷／（明）王聖俞撰（冊1）

02. 光明藏：一卷／（明）倪允昌撰（冊2）

03. 晉塵：一卷／（明）雙清撰（冊2）

04. 螢燈[贅言改本]：一卷／（明）無如子撰（冊3）

05. 月鏡[滄溷集摘本]：一卷／（明）佚名撰（冊3）

06. 譚輅[刪本]：一卷／（明）張鳳翼撰（冊3）

07. 白雲梯：一卷／（明）李何事撰（冊4）

08. 驚筵辨：一卷／（明）張虞侯撰（冊4）

09. 鑑古瑣譚：一卷／（明）徐以清撰（冊4）

10. 黃辭[刪本]：一卷／（明）黃俞言撰（冊5）

11. 綠雪亭雜言[刪本]：一卷／（明）敖英撰（冊5）

12. 竹窗合筆[刪本]：一卷／（明）釋袾宏撰（冊6）

13. 雅述：一卷／（明）王廷相撰（冊7）

14. 枕餘：一卷／（明）徐汝廉撰（冊7）

15. 存論：一卷／（明）天臺野人撰（冊8）

16. 環碧齋小言：一卷／（明）祝氏禄撰（冊8）

17. 玉振[刪本]：一卷／（明）昌巖撰（冊8）

18. 郎川答問：一卷／（明）余常吉撰（冊9）

19. 頂門針[摘本]：一卷／（明）徐卷石撰（冊9）

20. 德山暑譚：一卷／（明）袁宏道撰（冊10）

21. 閒情十二撫：一卷／（明）蘇士琨撰（冊10）

22. 鴛鴦譜[悅容編改]：一／（清）衛泳撰（冊10）

23. 姝聯[改本]：一卷／（宋）周守忠撰（冊11）

24. 惑溺供：一卷／（明）林□撰（冊12）

25. 雙門調：一卷／（明）鄭元夫撰（冊12）

26. 含少論略：一卷／（明）葛見堯撰（冊12）

27. 史遺：一卷／（明）丘兆麟輯（冊 13）

28. 擬易：一卷／（明）張武略撰（冊 13）

29. 石桃丙舍草：一卷／（明）蔣若椰撰（冊 13）

30. 書憲：一卷／（明）吳季子撰（冊 14）

31. 讀書通：一卷／（明）孫伯觀撰（冊 14）

32. 諸子斠淑：一卷／（明）朱君復撰（冊 15）

33. 觀老莊影響論：一卷┐／（明）釋德清撰（冊 16）

34. 測莊：一卷／（明）石人隱士撰（冊 16）

35. 草木子：一卷／（明）葉子奇撰（冊 17）

36. 交友觀：一卷／（明）吳從先撰（冊 17）

37. 七幅菴：一卷／（明）傅遠度撰（冊 17）

38. 九發：一卷／（明）支大綸撰（冊 18）

39. 錢罿：一卷／（明）支大綸撰（冊 18）

40. 客齋使令：一卷／（明）俞僧蜜撰（冊 19）

41. 雅俗辨：一卷／（明）黃孟威撰（冊 19）

42. 書史紀原：一卷／（明）夏浸之撰（冊 19）

43. 畫麈：一卷／（明）沈顥撰（冊 20）

44. 花案：一卷／（明）何仙郎撰（冊 20）

45. 十處士傳：一卷／（明）支立撰（冊 20）

46. 奕律：一卷／（明）王思任撰（冊 21）

47. 五嶽臥遊：一卷／（明）俞思冲撰（冊 21）

48. 文苑四史：一卷／（明）鍾泰華撰（冊 22）

49. 法楛：一卷／（明）閔景賢輯（冊 22）

50. 才鬼記：一卷／（唐）鄭蕡撰；（明）梅鼎祚增
　　　輯（冊 23-24）

　　登錄號 0000099／索書號 8020-002-005-002：24 冊
（4 函），黃紙本；鈐印：胡光廷鉢，蓮舫，晝戶晴生
竹外煙，墨禪，晉芳之印，韓氏珍藏，暉媚樓鑑賞印，
停雲館印；紙張老化變黃，污漬；輕微蟲蛀修補

1756

津逮秘書：十五集／（明）毛晉輯. -- 刻本. --
虞山毛氏汲古閣，明崇禎間. -- 164 冊（16 函）：圖
行字邊款不一
書名據目錄及版心題
子目：
【第一集】

01. 詩序：一卷／（宋）朱熹撰（冊 1）

02. 詩傳孔氏傳：一卷／（春秋）端木賜撰（冊 2，
　　目錄及版心題：詩傳）

03. 詩說：一卷／（漢）申培撰（冊 2）

04. 詩外傳：十卷，卷首一卷／（漢）韓嬰撰

　　（冊 3-4）

05. 毛詩草木鳥獸蟲魚疏廣要：二卷／（唐）陸璣
　　撰；（明）毛晉補（冊 5-8，目錄題：毛詩陸疏
　　廣要）

06. 詩攷：一卷／（宋）王應麟撰（冊 9）

07. 詩地理攷：六卷／（宋）王應麟撰（冊 10-11）

08. 爾雅：三卷／（宋）鄭樵註（冊 12，目錄及版
　　心題：爾雅鄭註）

【第二集】

01. 京氏易傳：三卷／（漢）京房撰；（吳）陸績註
　　（冊 13）

02. 關氏易傳：一卷／（北魏）關朗撰；（唐）趙蕤
　　注（冊 13）

03. 蘇氏易傳：九卷／（宋）蘇軾撰（冊 14-17）

04. 焦氏易林：四卷／（漢）焦贛撰（冊 18-21）

05. 周易集解：十七卷／（唐）李鼎祚撰（冊 22-29）

06. 經典釋文：一卷／（唐）陸德明撰（冊 30，版
　　心題：易釋文）

07. 周易集解略例：一卷／（魏）王弼撰；（唐）邢
　　璹註（冊 31）

08. 元包數總義：二卷／（宋）張行成撰（冊 31）

09. 元包經傳：五卷／（北周）衛元嵩撰；（唐）蘇
　　源明傳；（唐）李江注；（宋）韋漢卿音釋
　　（冊 31）

10. 周易舉正：三卷／（唐）郭京撰（冊 32）

11. 麻衣道者正易心法：一卷／（宋）陳搏[希夷先
　　生]受幷消息（冊 32，版心題：正易心法）

【第三集】

01. 通鑑地理通釋：十四卷／（宋）王應麟撰
　　（冊 33-37）

02. 通鑑問疑：一卷／（宋）劉義仲撰（冊 38）

03. 小學紺珠：十卷／（宋）王應麟撰（冊 38-42）

04. 齊民要術：十卷／（北魏）賈思勰撰（冊 43-46）

05. 急就篇：四卷／（漢）史游撰；（唐）顏師古注；
　　（宋）王應麟音釋（冊 47-48）

06. 漢制攷：四卷／（宋）王應麟撰（冊 49-50）

【第四集】

01. 佛説四十二章經：一卷／（漢）釋迦葉摩騰，（漢）
　　釋竺法蘭譯；（宋）釋守遂註（冊 51，版心題：
　　四十二章經）

02. 通占大象曆星經：二卷（冊 51，版心題：星經）

03. 忠經：一卷／（漢）馬融撰；（漢）鄭玄註

（冊 51）

04. 女孝經：一卷/（唐）鄭氏撰（冊 51）

05. 黃帝宅經：二卷/佚名注（冊，版心題：宅經）

06. 青烏先生葬經：一卷/（漢）青烏子撰；（金）
兀欽仄註（冊 51，版心題：葬經）

07. 道德指歸論：六卷/（漢）嚴遵撰（冊 52）

08. 古本葬經內篇：一卷，附葬經翼一卷，難解二
十四篇，圖一卷/（晉）郭璞撰，（明）繆希雍
撰附（冊 53）

09. 風后握奇經：一卷/（漢）公孫弘解（冊 54，
版心題：握奇經）

10. 古文參同契集解：三卷，箋註集解三卷，三相
類集解二卷/（明）蔣一彪輯（冊 54-57，版心
題：參同契）

11. 周髀算經：二卷，音義一卷/（漢）趙爽注；
（北周）甄鸞述；（唐）李淳風等注釋；（宋）
李籍音義（冊 58-59）

12. 數術記遺：一卷/（漢）徐岳撰；（北周）甄鸞
註（冊 60）

13. 胎息經：一卷/（？）幻真先生註（冊 60）

14. 黃帝授三子玄女經（冊 60，版心題：玄女經）

15. 墨經：一卷/（宋）晁貫之撰（冊 60）

16. 耒耜經：一卷/（唐）陸龜蒙撰（冊 60）

17. 五木經：一卷/（唐）李翱撰；（唐）元革註
（冊 60）

18. 丸經：二卷/（元）佚名撰（冊 60）

【第五集】

（缺）

【第六集】

01. 法書要錄：十卷/（唐）張彥遠輯（冊 61-64）

02. 東觀餘論：二卷附錄一卷/（宋）黃伯思撰
（冊 65-66）

03. 廣川書跋：十卷/（宋）董逌撰（冊 67-68）

04. 宣和書譜：二十卷/（宋）佚名撰（冊 69-70）

【第七集】

（缺）

【第八集】

01. 詩品二十四則：一卷/（唐）司空圖撰（冊 71）

02. 詩品：三卷/（梁）鍾嶸撰（冊 71）

03. 風騷旨格：一卷/（唐）釋齊己撰（冊 71）

04. 芥隱筆記：一卷/（宋）龔頤正撰（冊 71）

05. 冷齋夜話：十卷/（宋）釋惠洪撰（冊 72）

06. 西溪叢語：二卷/（宋）姚寬撰（冊 73-74）

07. 益部方物畧記：一卷/（宋）宋祁撰（冊 75）

08. 泉志：十五卷/（宋）洪遵撰（冊 75-77）

09. 玉蘂辨證：一卷/（宋）周必大撰（冊 77）

10. 捫虱新話：十五卷/（宋）陳善撰（冊 78-79）

11. 歲華紀麗：四卷/（唐）韓鄂撰（冊 80）

12. 桯史：十五卷附錄一卷/（宋）岳珂撰（冊 81-84）

【第九集】

01. 酉陽雜俎：二十卷，續集十卷/（唐）段成式
撰（冊 85-89）

02. 甘澤謠：一卷，附錄一卷/（唐）袁郊撰
（冊 90）

03. 誠齋雜記：二卷/（元）林坤撰（冊 90）

04. 本事詩：一卷/（唐）孟啓傳（冊 90）

05. 五色線：二卷/（宋）佚名撰（冊 91）

06. 却掃編：三卷/（宋）徐度撰（冊 92）

07. 劇談錄：二卷/（唐）康駢撰（冊 93）

08. 瑯嬛記：三卷/（元）伊世珍撰（冊 94）

09. 輟耕錄：三十卷/（明）陶宗儀撰（冊 95-100）

【第十集】

01. 洛陽伽藍記：五卷/（北魏）楊衒之撰
（冊 101-102）

02. 佛國記：一卷/（晉）釋法顯撰（冊 103）

03. 洛陽名園記：一卷/（宋）李廌撰（冊 103）

04. 靈寶真靈位業圖：一卷/（梁）陶弘景撰
（冊 104，目錄及版心題：真靈位業圖）

05. 東京夢華錄：十卷/（宋）孟元老撰（冊 104-105）

06. 西京雜記：六卷/（晉）葛洪撰（冊 106）

07. 大唐創業起居注：三卷/（唐）溫大雅撰
（冊 107）

08. 老學庵筆記：十卷/（宋）陸游撰（冊 108-110）

09. 漢雜事秘辛：一卷/（漢）佚名撰（冊 110）

10. 焚椒錄：一卷/（遼）王鼎撰（冊 110）

11. 淳熙玉堂雜紀：三卷/（宋）周必大撰（冊 111）

12. 唐國史補：三卷/（唐）李肇撰（冊 112）

【第十一集】

01. 搜神記：二十卷/（晉）干寶撰（冊 113-115）

02. 搜神後記：十卷/（晉）陶潛撰（冊 116）

03. 錄異記：八卷/（五代）杜光庭撰（冊 117）

04. 周氏冥通記：四卷/（梁）陶弘景撰（冊 117-118）

05. 稽神錄：六卷，拾遺一卷/（宋）徐鉉撰
（冊 119-120）

06.異苑：十卷/（宋）劉敬叔撰（冊 121-122）

【第十二集】

01.東坡題跋：六卷/（宋）蘇軾撰（冊 123-125）

02.山谷題跋：九卷/（宋）黃庭堅撰（冊 126-127）

03.无咎題跋：一卷/（宋）晁補之撰（冊 128）

04.宛丘題跋：一卷/（宋）張耒撰（冊 128）

05.淮海題跋：一卷/（宋）秦觀撰（冊 128）

06.鶴山題跋：七卷/（宋）魏了翁撰（冊 129-130）

07.放翁題跋：六卷/（宋）陸游撰（冊 131）

08.姑溪題跋：二卷/（宋）李之儀撰（冊 132）

09.石門題跋：二卷/（宋）釋德洪撰（冊 133）

10.西山題跋：三卷/（宋）真德秀撰（冊 134）

【第十三集】

01.六一題跋：十一卷/（宋）歐陽修撰（冊 135-138）

02.水心題跋：一卷/（宋）葉適撰（冊 139）

03.益公題跋：十二卷/（宋）周必大撰（冊 140-144）

04.後邨題跋：四卷/（宋）劉克莊撰（冊 145-146）

05.止齋題跋：二卷/（宋）陳傅良撰（冊 147）

06.晦庵題跋：三卷/（宋）朱熹撰（冊 148-150）

07.魏公題跋：一卷/（宋）蘇頌撰（冊 151）

08.海岳題跋：一卷/（宋）米芾撰（冊 151）

09.元豐題跋：一卷/（宋）曾鞏撰（冊 151）

10.容齋題跋：二卷/（宋）洪邁撰（冊 152）

【第十四集】

01.樂府古題要解：二卷/（唐）吳兢撰（冊 153）

02.癸辛雜識：前集一卷，後集一卷，續集二卷，
　　別集二卷/（宋）周密撰（冊 153-156）

03.紹興內府古器評：二卷/（宋）張掄撰（冊 157）

04.揮麈錄：前錄四卷，後錄十一卷，三錄三卷，
　　餘話二卷/（宋）王明清撰（冊 158-164）

【第十五集】

　（缺）

登錄號 0001145/索書號 8020-019-004-001：164
冊（16 函），黃紙本，缺 3 集：第五、七、十五集，有
抄配；輕微蟲蛀、磨損

1757

今獻彙言 /（明）高鳴鳳輯 . -- 刻本. -- 明萬
曆間. -- 3 冊

10 行 21 字白口四周單邊無魚尾

版心下記刻工

子目：

01.蘿山雜言：一卷/（明）宋濂撰（冊 1）

02.蒙泉雜言：一卷/（明）佚名撰（冊 1）

03.未齋雜言：一卷/（明）黎久撰（冊 1）

04.南山素言：一卷/（明）潘府撰（冊 1）

05.松窗寤言：一卷/（明）崔銑撰（冊 1）

06.井觀瑣言：一卷/（明）鄭瑗撰（冊 1，卷末殘
　　破）

07.清溪暇筆：一卷/（明）姚福撰（冊 2）

08.三餘贅筆：一卷/（明）都卬撰（冊 2）

09.石田雜記：一卷/（明）沈周撰（冊 2）

10.馬氏日抄：一卷/（明）馬愈撰（冊 2）

11.兩湖麈談錄：一卷（冊 2）

12.杏塢清談：一卷/（明）王誠撰（冊 2）

13.桑榆漫志：一卷/（明）陶輔撰（冊 2）

14.日本志畧：一卷/（明）鄭餘慶撰（冊 2）

15.損齋備忘錄：一卷/（明）梅純撰（冊 3）

16.謇齋瑣綴錄：一卷/（明）尹直撰（冊 3）

登錄號 1-04945/索書號 8018-165-002-013：3 冊，
白紙本，紙捻裝訂；鈐印：四明林氏大酉山房藏書之
印、林集虛印、心齋[林集虛]；存《蘿山雜言》等十
六種；破損，有水漬，裝訂裂散

1758

漢魏叢書 /（明）程榮輯. -- 刻本. -- 新安程氏，
明萬曆間. -- 48 冊（4 函）

9 行 20 字小字雙行同白口左右雙邊單白魚尾

版心下記刻工

書名據總目錄題

有明萬曆二十年（1592）序

子目：

【經籍】（冊 1-12）

01.京氏易傳：三卷/（漢）京房撰；（吳）陸績註
　　（冊 1）

02.周易略例：一卷/（魏）王弼撰；（唐）邢璹註
　　（冊 2，鈐印：桂林胡氏書巢圖書）

03.古三墳：一卷/（晉）阮咸註（冊 2）

04.詩說：一卷/（漢）申培撰（冊 2）

05.韓詩外傳：十卷/（漢）韓嬰撰（冊 3-4）

06.大戴禮記：十三卷/（漢）戴德撰；（北周）盧
　　辯註（冊 5-6，鈐印：補學齋珍藏）

07.春秋繁露：十七卷/（漢）董仲舒撰（冊 7-8）

08.白虎通德論：二卷/（漢）班固撰（冊 9-10）

09. 獨斷：二卷／（漢）蔡邕撰（冊 11）

10. 忠經：一卷／（漢）馬融撰；（漢）鄭玄註
　　（冊 11）

11. 輶軒使者絕代語釋別國方言（冊 12，鈐印：桂
　　林汪氏書巢圖書）

【史籍】（冊 13-17）

01. 元經薛氏傳：十卷／（隋）王通撰；（唐）薛收
　　傳；（宋）阮逸註（冊 13-15，鈐印：臣載縣印）

02. 逸周書：十卷／（晉）孔晁注（冊 16）

03. 穆天子傳：六卷／（晉）郭璞註（冊 17）

04. 西京雜記：六卷／題（晉）葛洪集（冊 17）

【子籍】（冊 18-48）

01. 素書：一卷／（漢）黃石公撰；（宋）張商英註
　　（冊 18）

02. 新語：二卷／（漢）陸賈撰（冊 18）

03. 孔叢子：三卷／（漢）孔鮒撰（冊 19-20，鈐印：
　　雲蓀手校）

04. 新序：十卷／（漢）劉向撰（冊 21-22）

05. 說苑：二十卷／（漢）劉向撰（冊 23-26）

06. 新書：十卷，附錄一卷／（漢）賈誼撰（冊 27-28）

07. 法言：十卷／（漢）揚雄撰（冊 29）

08. 潛夫論：十卷／（漢）王符撰（冊 30-31）

09. 申鑒：五卷／（漢）荀悅撰；（明）黃省曾注
　　（冊 32）

10. 中論：二卷／（漢）徐幹撰（冊 33）

11. 顏氏家訓：二卷／（北齊）顏之推撰（冊 34）

12. 商子：五卷／（戰國）商鞅撰（冊 35）

13. 人物志：三卷／（魏）劉邵撰；（北魏）劉
　　昞注（冊 36）

14. 風俗通義：十卷／（漢）應劭撰（冊 37）

15. 劉子新論：十卷／（北齊）劉晝撰；（唐）袁孝
　　政註（冊 38-39，鈐印：雲蓀過目）

16. 神異經：一卷／（漢）東方朔撰；（晉）張華注
　　（冊 40）

17. 別國洞冥記：四卷／（漢）郭憲撰（冊 40）

18. 述異記：二卷／（梁）任昉撰（冊 40）

19. 王子年拾遺記：十卷／（晉）王嘉撰；（梁）蕭
　　綺錄（冊 41）

20. 通占大象曆星經：二卷／（漢）甘公，（漢）石
　　申撰（冊 42）

21. 飛燕外傳：一卷（冊 42）

22. 古今刀劍錄：一卷／（梁）陶弘景纂（冊 42）

23. 論衡：三十卷／（漢）王充撰（冊 43-48）

　　登錄號 1-04697、1-11848／索書號 8018-159-001-
001：48 冊（4 函），黃紙本；鈐印：雲蓀、平陽汪氏
藏書［汪雲蓀］；有汪雲蓀朱筆題記；蠹蛀損壞，破損，
有抄補，版心開口，有水漬，裝訂斷綫；有修補

1759

增訂漢魏叢書：八十六種 ／（清）王謨輯. -- 刻
本. -- 金谿王氏，清乾隆五十六年（1791）. -- 52
冊（7 函）

　9 行 20 字白口左右雙邊單白魚尾

　書名據目錄題

　書名葉題：乾隆辛亥重鐫 漢魏叢書 本衙藏版

　子目：

【經翼】（冊 1-13）

01. 焦氏易林：四卷／（漢）焦贛撰（冊 1-2，目錄
　　及版心題：易林）

02. 易傳：三卷／（漢）京房撰（冊 3）

03. 關氏易傳：一卷／（北魏）關朗撰（冊 3，目錄
　　題：易傳）

04. 周易略例：一卷／（魏）王弼撰（冊 3，總目錄
　　題：易略例）

05. 古三墳：一卷／（晉）阮咸注（冊 3，總目錄題：
　　三墳書）

06. 汲冢周書：十卷／（晉）孔晁註（冊 4，版心題：
　　周書）

07. 詩傳孔氏傳：一卷／（衛）端木賜撰（冊 5，目
　　錄及版心題：詩傳，卷末題：子貢詩傳）

08. 詩說：一卷／（漢）申培撰（冊 5，卷末題：申
　　培詩說）

09. 韓詩外傳：十卷／（漢）韓嬰撰（冊 5-6）

10. 毛詩草木蟲魚疏：二卷／（吳）陸璣撰（冊 6，
　　總目錄題：詩草木蟲魚疏，版心題：草木蟲魚
　　疏）

11. 大戴禮記：十三卷／（漢）戴德撰（冊 7）

12. 春秋繁露：十七卷／（漢）董仲舒撰（冊 8-9）

13. 白虎通德論：四卷／（漢）班固撰（冊 10，總
　　目錄及版心題：白虎通）

14. 獨斷：一卷／（漢）蔡邕撰（冊 11）

15. 忠經：一卷／（漢）馬融撰（冊 11）

16. 孝傳：一卷／（晉）陶潛撰（冊 11）

17. 小爾雅：一卷／（漢）孔鮒撰（冊 11）

18. 方言：十三卷／（漢）揚雄紀（冊 11）

19. 博雅：十卷／（魏）張揖纂輯（冊 12）

20. 釋名：四卷／（漢）劉熙撰（冊 13）

【別史】（冊 14-24）

01. 竹書紀年：二卷／（梁）沈約註（冊 14）

02. 穆天子傳：六卷／（晉）郭璞註（冊 14）

03. 越絕書：十五卷／（漢）袁康撰（冊 15，著者
原題佚名，此據工具書補）

04. 吳越春秋：六卷／（漢）趙曄撰（冊 16）

05. 西京雜記：六卷／（漢）劉歆撰（冊 17）

06. 漢武帝内傳：一卷／（漢）班固撰（冊 17，總
目錄題：漢武内傳，版心題：武帝内傳）

07. 飛燕外傳：一卷／（漢）伶元撰（冊 17）

08. 雜事秘辛：一卷／（漢）佚名撰（冊 17）

09. 華陽國志：十四卷，附一卷／（晉）常璩撰
（冊 18-19）

10. 十六國春秋：十六卷／（北魏）崔鴻撰（冊 20）

11. 元經薛氏傳：十卷／（隋）王通撰；（宋）阮逸
註（冊 21-22，總目錄及版心題：元經）

12. 群輔錄：一卷／（晉）陶潛撰（冊 23，總目錄
等題：羣輔錄）

13. 英雄記鈔：一卷／（魏）王粲撰（冊 23，總目
錄題：英雄記）

14. 高士傳：三卷／（晉）皇甫謐撰（冊 23）

15. 蓮社高賢傳／（晉）佚名撰（冊 23）

16. 神僊傳：十卷／（晉）葛洪撰（冊 24）

【子餘】（冊 25-47）

01. 孔叢：二卷，附詰墨一卷／（漢）孔鮒撰（冊
25，總目錄題：孔叢子）

02. 新語：二卷／（漢）陸賈撰（冊 25）

03. 新書：十卷／（漢）賈誼撰（冊 26）

04. 新序：十卷／（漢）劉向撰（冊 27）

05. 説苑：二十卷／（漢）劉向撰（冊 28-30）

06. 論衡：三十卷／（漢）王充撰（冊 37-41）

07. 潛夫論：十卷／（漢）王符撰（冊 42）

08. 中論：二卷／（漢）徐幹撰（冊 43）

09. 中説：二卷／（隋）王通撰（冊 43）

10. 風俗通義：十卷／（漢）應劭撰（冊 44，總目
錄題：風俗通）

11. 人物志：三卷／（魏）劉邵撰（冊 45）

12. 新論：十卷／（北齊）劉晝撰（冊 45，卷端著
者誤題為〈梁〉劉勰）

13. 顏氏家訓：二卷／（北齊）顏之推撰（冊 46，
總目錄題：家訓）

14. 參同契：一卷／（漢）魏伯陽撰（冊 47）

15. 陰符經：一卷／（漢）張良註（冊 47）

16. 風后握奇經：一卷／（漢）公孫宏解（冊 47）

17. 素書：一卷／（漢）黃石公撰（冊 47）

18. 心書：一卷／（三國蜀）諸葛亮撰（冊 47）

【載籍】（冊 48-58）

01. 古今注：三卷／（晉）崔豹撰（冊 48）

02. 博物志：十卷／（晉）張華撰（冊 48）

03. 文心雕龍：十卷／（梁）劉勰撰（冊 49）

04. 詩品：三卷／（梁）鍾嶸撰（冊 49）

05. 書品：一卷／（梁）庾肩吾撰（冊 49）

06. 尤射：一卷／（魏）繆襲撰（冊 49）

07. 拾遺記：十卷／（晉）王嘉撰（冊 50）

08. 述異記：二卷／（梁）任昉撰（冊 51）

09. 續齊諧記：一卷／（梁）吳均撰（冊 51，版心
或題：齊諧記）

10. 搜神記：八卷／（晉）干寶撰（冊 51）

11. 搜神後記：二卷／（晉）陶潛撰（冊 51，總目
錄及版心題：續搜神記）

12. 還冤記：一卷／（北齊）顏之推撰（冊 52）

13. 神異經：一卷／（漢）東方朔撰（冊 52）

14. 海内十洲記：一卷／（漢）東方朔撰（冊 52，
總目錄及版心題：十洲記）

15. 別國洞冥記：四卷／（漢）郭憲撰（冊 52，總
目錄及版心題：洞冥記）

16. 枕中書：一卷／（晉）葛洪撰（冊 52）

17. 佛國記：一卷／（晉）釋法顯撰（冊 52）

18. 洛陽伽藍記：五卷／（北魏）楊衒之撰（冊 53）

19. 三輔黃圖：六卷／（漢）佚名撰（冊 54）

20. 水經：二卷／（漢）桑欽撰（冊 55）

21. 星經：二卷／（漢）石申撰（冊 55）

22. 荊楚歲時記：一卷／（梁）宗懔撰（冊 56，版
心題：歲時記）

23. 南方草木狀：三卷／（晉）嵇含撰（冊 56，版
心題：草木狀）

24. 竹譜：一卷／（晉）戴凱之撰（冊 56）

25. 禽經：一卷／（周）師曠撰；（晉）張華注
（冊 56）

26. 古今刀劍錄：一卷／（梁）陶宏[弘]景纂（冊
56，總目錄題：刀劍錄）

27. 鼎錄：一卷／（梁）虞荔纂（冊 56）

28. 天祿閣外史：八卷／（漢）黃憲撰（冊 57-58，總目錄及版心題：外史）

登錄號 1-03142／索書號 8018-135-002-001：52 冊（7 函），黃紙本；缺 4 種 48 卷（冊 31-36）：淮南子（21 卷）、鹽鐵論（12 卷）、法言（10 卷）、申鑒（5 卷）；有斷版，字跡清晰度差；有墨漬、污漬，蟲蛀損壞，邊角鼠嚙，書衣老化破損；書衣修補

1760

賴古堂藏書[甲集]：十種／（清）周亮工輯；（清）周在都續輯. -- 刻本. -- 大梁周在都，清康熙四十九年（1710）. -- 3 冊

9 行 20 字白口四周單邊單魚尾

子目：

1. 皺水軒詞筌／（清）賀裳撰

2. 六研齋二筆／（明）李日華撰

3. 釋冰書／（清）孫汧如撰

4. 觀宅四十吉祥相／（清）周文煒（號坦然）撰

登錄號 1-06198／索書號 8009-092-004-011：3 冊，黃紙本；存 4 種

1761

昭代叢書：甲集五十卷，乙集四十卷／（清）張潮輯. -- 刻本. -- 新安張氏，清康熙間. -- 16 冊（2 函）：圖

9 行 20 字白口四周單邊

子目：

【甲集　第一帙】（冊 1-2）

1. 更定文章九命：一卷／（清）王晫撰（冊 1）

2. 天官考異：一卷／（清）吳肅公撰（冊 1）

3. 五行問：一卷／（清）吳肅公撰（冊 1）

4. 學歷說：一卷／（清）梅文鼎撰（冊 1）

5. 改元考同：一卷／（清）吳肅公撰（冊 1）

6. 進賢說：一卷／（清）張能鱗撰（冊 2）

7. 塾講規約：一卷／（清）施璜撰（冊 2）

【甲集　第二帙】（冊 2-3）

1. 夙興語：一卷／（清）甘京撰（冊 2）

2. 家人子語：一卷／（清）毛先舒撰（冊 2）

3. 語小：一卷／（清）毛先舒撰（冊 2）

4. 心病說：一卷／（清）甘京撰（冊 2）

5. 日錄雜說：一卷／（清）魏禧撰（冊 3）

6. 觀宅四十吉祥相：一卷／（清）周文煒撰（冊 3）

7. 增訂心相百二十善：一卷／（清）沈捷撰（冊 3）

8. 竹溪雜述：一卷／（清）殷曙撰（冊 3）

9. 閒餘筆話：一卷／（清）湯傳楹撰（冊 3）

10. 暢春苑御試恭紀：一卷／（清）狄億撰（冊 3）

【甲集　第三帙】（冊 3-5）

1. 松溪子：一卷／（清）王晫撰（冊 3）

2. 讀莊子法：一卷／（清）林雲銘撰（冊 3）

3. 蒙養詩教：一卷／（清）胡胤撰（冊 4）

4. 謝皋羽年譜：一卷／（清）徐沁編（冊 4）

5. 西華仙錄：一卷／（清）王言撰（冊 4）

6. 將就園記：一卷／（清）黃周星撰（冊 4）

7. 歇問：一卷／（清）洪玉圖撰（冊 4）

8. 黃山松石譜：一卷／（清）閔麟嗣撰（冊 5）

【甲集　第四帙】（冊 5-6）

1. 外國竹枝詞：一卷／（清）尤侗撰（冊 5）

2. 西方要紀：一卷／（西洋）利類思，（葡萄牙）安文思（Magalhaens, G.），（比利時）南懷仁（Verbiest, F.）撰（冊 5）

3. 安南雜記：一卷／（清）李仙根撰（冊 5）

4. 聲韻叢說：一卷／（清）毛先舒撰（冊 6）

5. 花底拾遺：一卷／（明）黎遂球撰（冊 6）

6. 十眉謠：一卷／（清）徐士俊撰（冊 6）

【甲集　第五帙】（冊 6-7）

1. 秋星閣詩話：一卷／（清）李沂撰（冊 6）

2. 而菴詩話：一卷／（清）徐增撰（冊 6）

3. 製曲枝語：一卷／（清）黃周星撰（冊 6）

4. 書法約言：一卷／（清）宋曹撰（冊 6）

5. 戒賭文：一卷／（清）尤侗撰（冊 6）

6. 快說續紀：一卷／（清）王晫撰（冊 6）

7. 廋詞：一卷／（清）黃周星撰（冊 7）

8. 酒社芻言：一卷／（清）黃周星撰（冊 7）

9. 嬾園觸政：一卷／（清）蔡祖庚撰（冊 7）

10. 岕茶彙抄：一卷／（清）冒襄撰（冊 7）

【甲集　第六帙】（冊 7-8）

1. 硯林：一卷／（清）余懷撰（冊 7）

2. 宣爐歌註：一卷／（清）冒襄撰（冊 7）

3. 裝潢志：一卷／（清）周嘉冑撰（冊 8）

4. 牌譜：一卷／（清）鄭旭旦撰（冊 8）

5. 三友棋譜：一卷／（清）鄭晉德撰（冊 8）

6. 兵仗記：一卷／（清）王晫撰（冊 8）

7. 荔枝譜：一卷／（清）陳鼎撰（冊 8）

8.蘭言：一卷／（清）冒襄撰（冊 8）

9.龍經：一卷／（清）王暉撰（冊 8）

【乙集　第一帙】（冊 9-10）

1.毛朱詩説：一卷／（清）閻若璩撰（冊 9）

2.春秋三傳異同考：一卷／（清）吳陳琰撰（冊 9）

3.讀禮問：一卷／（清）吳肅公撰（冊 9）

4.十六國年表：一卷／（清）張愉曾撰（冊 10）

【乙集　第二帙】（冊 10-11）

1.北嶽恒山歷祀上曲陽考：一卷／（清）劉師峻撰（冊 10,目錄題：歷祀北岳考）

2.江南星野辨：一卷／（清）葉燮撰（冊 10）

3.三年服制考：一卷／（清）毛奇齡撰（冊 10）

4.師友行輩議：一卷／（清）魏禧撰（冊 10）

5.國朝諡法考：一卷／（清）王士禎撰（冊 11）

6.旗軍志：一卷／（清）金德純撰（冊 11）

7.封長白山記：一卷／（清）方象瑛撰（冊 11）

【乙集　第三帙】（冊 11-13）

1.紀琉球入太學始末：一卷／（清）王士禎撰（冊 11）

2.人瑞錄：一卷／（清）孔尚任編（冊 11）

3.迎駕紀恩錄：一卷／（清）王士禎撰（冊 12）

4.恩賜御書記：一卷／（清）董文驥撰（冊 12）

5.恭迎大駕記：一卷／（清）徐秉義撰（冊 12）

6.格言僅錄：一卷／（清）王仕雲撰（冊 12）

7.出山異數紀：一卷／（清）孔尚任撰（冊 13）

8.奏對機緣：一卷／（清）釋道忞撰（冊 13）

【乙集　第四帙】（冊 13-14）

1.塞程別紀：一卷／（清）余棠撰（冊 13）

2.西北水利議：一卷／（清）許承宣撰（冊 13）

3.廣州遊覽小志：一卷／（清）王士禎撰（冊 13）

4.隴蜀餘聞：一卷／（清）王士禎撰（冊 13）

5.東西二漢水辯：一卷／（清）王士禎撰（冊 13）

6.日錄裏言：一卷／（清）魏禧撰（冊 14）

7.偶書：一卷／（清）魏際瑞撰（冊 14）

【乙集　第五帙】（冊 14-15）

1.漫堂説詩：一卷／（清）宋犖撰（冊 14）

2.然脂集例：一卷／（清）王士祿撰（冊 14）

3.身易：一卷／（清）唐彪撰（冊 15）

4.伯子論文：一卷／（清）魏際瑞撰（冊 15）

5.日錄論文：一卷／（清）魏禧撰（冊 15）

6.韻問：一卷／（清）毛先舒撰（冊 15）

7.南曲入聲客問：一卷／（清）毛先舒撰（冊 15）

【乙集　第六帙】（冊 15-16）

1.連文釋義：一卷／（清）王言纂（冊 15）

2.畫訣：一卷／（清）孔衍栻撰（冊 16）

3.焦山古鼎考：一卷／（清）王士祿圖釋；（清）林佶增益（冊 16）

4.瘞鶴銘辯：一卷／（清）張弨撰（冊 16）

5.昭陵六駿贊辯：一卷／（清）張弨撰（冊 16）

6.漢甘泉宮瓦記：一卷／（清）林佶撰（冊 16）

7.飯有十二合説：一卷／（清）張英撰（冊 16）

登錄號 0000718/索書號 8020-011-003-013：16 冊（2 函），白紙本；蠹蛀損壞，邊角鼠嚙，有水漬，書衣破損；有修補

登錄號 1-11628/索書號 8007-041-004-010：12 冊（1 函），白紙本；存乙集 40 卷

1762

棟亭藏書十二種 ／（清）曹寅輯. -- 刻本. -- 揚州詩局，清康熙四十五年（1706）. -- 24 冊（4 函）

11 行 21 字綫黑口左右雙邊雙魚尾

子目後有牌記

書名代擬

子目：

　01.墨經：一卷／（宋）晁説之著（冊 1）

　02.法書攷：八卷／（元）盛熙明撰（冊 1-2）

　03.琴史：六卷／（宋）朱長文撰（冊 3-4）

　04.硯箋：四卷／（宋）高似孫撰（冊 5-6）

　05.梅苑：十卷／（宋）黃大輿輯（冊 7-9）

　06.新編錄鬼簿：二卷／（元）鍾嗣成編（冊 10）

　07.禁扁：五卷／（元）王士點撰（冊 11-13）

　08.聲畫集：八卷／（宋）孫紹遠輯（冊 14-17）

　09.頤堂先生糖霜譜：一卷／（宋）王灼撰（冊 18）

　10.都城紀勝：一卷／（宋）灌園耐得翁撰（冊 18）

　11.釣磯立談：一卷／（南唐）史虛白撰（冊 19）

　12.分門纂類唐宋時賢千家詩選：二十二卷／（宋）劉克莊輯（冊 20-24）

登錄號 1-04792、1-06206、1-04419、1-04425/索書號 8018-163-005-002：24 冊（4 函），黃紙本，金鑲玉裝訂；略有修補

1763

欽定四庫全書[史部]：南巡盛典,卷一百十五至一百十七. -- 抄本，朱絲欄. -- 清乾隆間. -- 1 冊

8行21字白口四周雙邊單魚尾

登錄號 1012327/索書號 8011-018-005-008：1 冊，白紙本，包背裝，鈐印：古希天子、信天主人、圓明園寶；紙張老化變黃，裝訂裂散

1764

奇晉齋叢書 /（清）陸烜訂並輯. -- 刻本. -- 平湖陸氏奇晉齋，清乾隆三十四年（1769）. -- 8 冊（1函）

8行19字白口左右雙邊無魚尾

書名據書名葉題

版心下記：奇晉齋

子目：

01.松牕雜錄：一卷/（唐）李濬撰（冊1）

02.灌畦暇語：一卷/（唐）佚名撰（冊1）

03.平巢事蹟考：一卷/（宋）佚名撰（冊2）

04.臨溪隱居詩話：一卷/（宋）魏泰撰（冊2）

05.采石瓜洲斃亮記：一卷/（宋）蹇駒撰（冊3，卷末有清乾隆三十三年跋）

06.鶴山筆錄：一卷/（宋）魏了翁撰（冊3）

07.北牕炙輠錄：二卷/（宋）施彥執撰（冊4-5）

08.文山題跋：一卷/（宋）文天祥撰（冊6）

09.雲間雜誌：三卷/（明）佚名撰（冊7-8）

10.雲南山川志：一卷/（明）楊慎撰（冊8）

登錄號 1-03283/索書號 8018-145-001-006：8 冊（1函），黃紙本，存《松牕雜錄》等 10 種；有水漬，書衣磨損，裝訂斷綫

1765

微波榭叢書 /（清）孔繼涵輯. -- 刻本. -- 曲阜孔繼涵，清乾隆間. -- 28 冊：圖

行款不一

書名代擬

版心下記：微波榭刻、紅櫚書屋

子目：

01.戴氏遺書/（清）戴震撰（冊1-8）

（1）毛鄭詩考證：四卷，卷首一卷（冊1）

（2）杲溪詩經補注：二卷（冊1）

（3）考工記圖：二卷（冊2）

（4）孟子字義疏證：三卷（冊3）

（5）聲韻攷：四卷（冊3）

（6）聲類表：九卷，卷首一卷（冊4）

（7）續天文略：二卷（冊4）

（8）水地記：一卷（冊5）

（9）原善：三卷（冊5）

（10）原象：一卷（冊5）

（11）輶軒使者絕代語釋別國方言：十三卷/（清）戴震疏證（冊6，版心題：方言疏證）

（12）東原文集：十卷（冊7-8）

02.算經十書/（清）孔繼涵輯（冊9-14）

（1）周髀算經：二卷，音義一卷/（漢）趙君卿注；（北周）甄鸞重述；（唐）李淳風等注釋；（宋）李籍音義（冊9）

（2）九章算術：九卷，音義一卷，策算一卷/（魏）劉徽注；（唐）李淳風等注釋；（清）戴震補圖並撰策算；（宋）李籍音義（冊10-11）

（3）海島算經：一卷，正譌一卷/（魏）劉徽撰；（唐）李淳風等注釋；（清）戴震正譌（冊11）

（4）孫子算經：三卷/（唐）李淳風等注釋（冊11）

（5）五曹算經：五卷/（唐）李淳風等注釋（冊11）

（6）夏侯陽算經：三卷/（？）夏侯陽撰（冊12）

（7）張邱建算經：三卷/（？）張邱建撰；（唐）李淳風等注釋；（唐）劉孝孫細草（冊12）

（8）五經算術：二卷，考證一卷/（北周）甄鸞撰；（唐）李淳風等注釋；（清）戴震考證（冊13）

（9）緝古算經：一卷/（唐）王孝通撰并注（冊13）

（10）數術記遺：一卷/（漢）徐岳撰；（北周）甄鸞註（冊13）

（11）勾股割圜記：三卷/（清）戴震撰；（清）吳思孝注（冊14）

03.春秋地名：一卷/（晉）杜預撰（冊15）

04.春秋長歷：一卷/（晉）杜預撰（冊15）

05.春秋金鎖匙：一卷/（元）趙汸撰（冊15）

06.國語補音：三卷/（宋）宋庠撰（冊16）

07.孟子：十四卷，音義二卷/（漢）趙岐注；（宋）孫奭音義（冊17-19）

08.五經文字：三卷，附五經文字疑一卷/（唐）

張參撰；（清）孔繼涵撰五經文字疑（冊 20，
有清乾隆三十三年孔繼涵跋）

09.新加九經字樣：一卷，附新加九經字樣疑一卷
／（唐）唐玄度撰；（清）孔繼涵撰新加九經字
樣疑（冊 20）

10.水經注：不分卷／（北魏）酈道元撰；（清）戴
震校訂（冊 21-28）

登錄號 1-02091／索書號 8018-190-001-001：28 冊，
白紙本；缺 5 種：雜體文稿、同度記、長行記、紅櫩
書屋詩集、斲冰詞；紙張老化四周變黃，邊角輕微鼠
嚙，裝訂斷綫

1766

經訓堂叢書 ／（清）畢沅輯. -- 刻本. -- 鎮洋畢
氏，清乾隆間. -- 24 冊（4 函）：圖

行款不一

書名據總目題

子目：

01.山海經：十八卷篇目考一卷／（晉）郭璞傳
（冊 1-2）

02.夏小正考注：一卷／（清）畢沅撰（冊 3）

03.老子道德經攷異：二卷／（清）畢沅撰（冊 3）

04.墨子：十五卷，篇目考一卷，目一卷／（戰國）
墨翟撰（冊 4-5）

05.三輔黃圖：六卷，序目一卷，補遺一卷／（漢）
佚名撰（冊 6）

06.王隱晉書地道記：一卷／（晉）王隱撰（冊 6）

07.晉太康三年地記：一卷／（晉）佚名撰（冊 7）

08.晉書地理志新補正：五卷／（清）畢沅撰（冊 7）

09.長安志：二十卷，圖三卷／（宋）宋敏求撰；
（元）李好文[河濱漁者]編類圖説（冊 8-10）

10.關中金石記：八卷／（清）畢沅撰（冊 11-12）

11.明堂大道錄：八卷／（清）惠棟撰（冊 13-14）

12.禘説：二卷／（清）惠棟撰（冊 14）

13.易漢學：八卷／（清）惠棟撰（冊 15）

14.呂氏春秋：二十六卷／（戰國）呂不韋撰；（漢）
高誘注（冊 16-18）

15.中州金石記：五卷／（清）畢沅撰（冊 19）

16.晏子春秋：七卷／（春秋）晏嬰撰（冊 20-21）

17.樂遊聯唱集：二卷／（清）畢沅等撰（冊 22）

18.培元堂詩集：四卷／（清）張藻撰（冊 22，有
清乾隆五十年序）

19.釋名疏正[正字本]：八卷／（漢）劉熙撰；（清）
畢沅疏正（冊 23）

20.釋名疏證[篆字本]：八卷，補遺一卷，續釋名
一卷／（漢）劉熙撰；（清）畢沅疏證（冊 24）

登錄號 1-03906、1-00558／索書號 8006-214-001-
001：24 冊（4 函），黃紙本；鈐印：陳文田硯鄉氏藏
本；《釋名疏證》係另補入（本書總目無）；蟲蛀等損
壞，有水漬、污漬，書衣破損，裝訂斷綫

1767

二十家子書 ／（明）謝汝韶輯. -- 刻本. -- 吉藩
崇德書院，明萬曆六年（1578）. -- 16 冊（2 函）

上下兩欄 11 行，上欄小字雙行 2 字、下欄 22 字小
字雙行同，白口四周雙邊單魚尾

版心上鐫崇德書院，下鐫刻工姓名

書名據目錄及書簽題

子目：

01.老子道德經：二卷／（春秋）李耳撰（冊 1）

02.關尹子文始真經：一卷／（周）尹喜撰（冊 2）

03.亢倉子洞靈真經：一卷／（周）庚桑楚撰（冊 2）

04.文子通玄真經：一卷／（周）辛鈃撰（冊 3）

05.尹文子：一卷／（周）尹文撰（冊 3）

06.子華子：二卷／（春秋）程本撰（冊 3）

07.鶡子：一卷／（周）鶡熊撰（冊 4）

08.公孫龍子：一卷／（戰國）公孫龍撰（宋）謝
希深註（冊 4）

09.鬼谷子：一卷／（戰國）鬼谷子撰；（梁）陶弘
景註（冊 4）

10.列子沖虛真經：二卷／（戰國）列禦寇撰（冊 5）

11.莊子南華真經：內篇一卷，外篇二卷，雜篇一
卷／（戰國）莊周撰（冊 6-8）

12.荀子：三卷／（周）荀況撰（冊 9-11）

13.揚子法言：一卷／（漢）揚雄撰（冊 12）

14.文中子中説：一卷／（隋）王通撰（冊 12）

15.抱朴子：外篇二卷／（晉）葛洪撰（冊 13-14）

16.劉子：一卷／（北齊）劉晝撰（冊 15）

17.黃石公：一卷／（漢）黃石公撰（冊 16）

18.玄真子：一卷／（唐）張志和撰（冊 16）

19.天隱子：一卷／（唐）司馬承禎撰（冊 16）

20.無能子：一卷／（唐）佚名撰（冊 16）

登錄號 0000245／索書號 8020-006-001-005：16 冊
（2 函），白紙本，紙捻裝訂，外加封皮；鈐印：書帶

草堂藏印[鄭功懋]，半巢書屋、半巢書屋主人李氏紹白珍藏[李紹白]；有斷版、字跡模糊漫漶處；蠹蛀損壞，書衣破損

1768

子彙 /（明）周子義等輯. -- 刻本. -- 明萬曆四至五年（1576-1577）. -- 5 冊

10 行 21 字小字雙行同綫黑口四周雙邊雙魚尾
書名代擬
出版年據版心上方題
版心下記刻工
子目：

　01. 鬻子：一卷/（周）鬻熊撰；（唐）逢行珪註
　　　（冊 1）
　02. 晏子春秋内篇：二卷/（周）晏嬰撰（冊 1）
　03. 文子：二卷/（周）辛鈃撰（冊 2）
　04. 關尹子：一卷/（周）尹喜撰（冊 3）
　05. 亢倉子：一卷/（周）庚桑楚撰（冊 3）
　06. 鄧析子：一卷/（周）鄧析撰（冊 4）
　07. 尹文子：一卷/（周）尹文撰（冊 4）
　08. 公孫龍子：一卷/（周）公孫龍撰（冊 4）
　09. 慎子：一卷/（周）慎到撰（冊 4）
　10. 鬼谷子：一卷，外篇一卷（冊 4）
　11. 墨子：一卷/（周）墨翟撰（冊 5）

　登錄號 0000491/索書號 8020-009-001-017：5 冊，白紙本；存 11 種，書衣磨損，裝訂裂散，有水漬

1769

兵垣四編：四卷，附編二卷，附編補輯二卷 /（明）閔聲，（明）閔暎張輯. -- 刻本，朱墨套印. -- 吳興閔氏，明天啓元年（1621）. -- 6 冊（1 函）：圖

8 行 18 字白口四周單邊
子目：

　1. 陰符經：一卷/（明）唐順之評釋（冊 1）
　2. 素書：一卷/（漢）黃石公撰；（宋）張商英注
　　　（冊 2）
　3. 孫子：一卷/（周）孫武撰；（明）王世貞評釋
　　　（冊 3）
　4. 吳子：一卷/（戰國）吳起撰；（明）王士騏評
　　　釋（冊 4）
　　附編 1. 九邊圖論：一卷/（明）許論撰（冊 5）
　　附編 2. 海防圖論：一卷/（明）胡宗憲撰（冊 6）

　　附編補輯 1. 遼東軍餉論：一卷/（明）萬世德
　　　撰（冊 6）
　　附編補輯 2. 日本考略：一卷/（明）殷都輯
　　　（冊 6）

　登錄號 0000296/索書號 8020-006-003-021：6 冊（1 函），白紙本，金鑲玉裝訂；鈐印：道州何氏收藏，拾經樓、葉啓勳、定侯所藏[葉啓勳]，葉啓發家藏書、葉啟發藏、葉啓發讀書記[葉啓發]，石林後裔，束明所藏，柴氏仲子，蘅皋；有污漬

1770

天學初函：理編十種 /（明）李之藻輯. -- 刻本. -- 明天啓間. -- 1 冊

行字邊款不一
書名據序題
子目：

　1. 西學凡：一卷/（意大利）艾儒略（Aleni, Giulios）
　　　撰
　2. 景教流行中國碑頌：一卷/（唐）釋景淨述

　登錄號 0001046/索書號 8020-016-004-018：1 冊，黃紙本；鈐印：楊維；存 2 種，蠹蛀損壞，破損，書衣散失，裝訂裂散

1771

古今説海：四部，七家，一百四十二卷，一百三十五種 /（明）陸楫輯. -- 刻本. -- 雲間陸楫儼山書院，明嘉靖二十三年（1544）. -- 20 冊（2 函）

8 行 16 字白口左右雙邊雙白魚尾
書名據目錄及序等題
版心下記：儼山書院
子目：

　【古今説海[説選部]：八集，二家，二十三卷】
　1. 古今説海[説選部 小錄家]：三卷
　（1）古今説海[説選部 小錄家]：甲集三卷
　　　①北征錄：一卷/（明）金幼孜撰（冊 1）
　　　②北征後錄：一卷/（明）金幼孜撰（冊 1）
　　　③北征記：一卷/（明）楊榮撰（冊 1）
　2. 古今説海[説選部 偏記家]：二十卷
　（1）古今説海[説選部 偏記家]：乙集二卷
　　　①平夏錄：一卷/（明）黃標撰（冊 2）
　　　②江南別錄：一卷/（宋）陳彭年撰（冊 2）
　（2）古今説海[説選部 偏記家]：丙集四卷

①三楚新録：三卷／（宋）周羽翀撰（冊3）

②溪蠻叢笑：一卷／（宋）朱輔撰（冊3）

（3）古今説海［説選部　偏記家］：丁集二卷

①遼志：一卷／（宋）葉隆禮撰（冊4）

②金志：一卷／（宋）宇文懋昭撰（冊4）

（4）古今説海［説選部　偏記家］：戊集二卷

①蒙韃備録：一卷／（宋）孟珙撰（冊5）

②北邊備對：一卷／（宋）程大昌撰（冊5）

（5）古今説海［説選部　偏記家］：己集一卷／（明）
陸楫輯

①桂海虞衡志：一卷／（宋）范成大撰（冊6）

（6）古今説海［説選部　偏記家］：庚集一卷／（明）
陸楫輯

①真臘風土記：一卷／（元）周達觀撰（冊7）

（7）古今説海［説選部　偏記家］：辛集二卷

①北户録：一卷／（唐）段公路撰（冊8）

②西使記：一卷／（元）劉郁撰（冊8）

（8）古今説海［説選部　偏記家］：壬集二卷／（明）
陸楫輯

①北轅録：一卷／（宋）周煇撰（冊9）

②滇載記：一卷　／（明）楊慎撰（冊9）

（9）古今説海［説選部　偏記家］：癸集四卷／（明）
陸楫輯

①星槎勝覽：四卷／（明）費信撰（冊10）

【古今説海［説略部］：八集，一家，三十二卷】

3.古今説海［説略部　雜記家］：三十二卷

（1）古今説海［説略部　雜記家］：甲集四卷

①默記：一卷／（宋）王銍撰（冊11）

②宣政雜録：一卷／（宋）江萬里撰（冊11）

③靖康朝野僉言：一卷／（宋）佚名撰
（冊11）

④朝野遺紀：一卷／（宋）佚名撰（冊11）

（2）古今説海［説略部　雜記家］：乙集四卷

①墨客揮犀：一卷／（宋）彭乘撰（冊12）

②續墨客揮犀：一卷／（宋）彭乘撰（冊12）

③聞見雜録：一卷／（宋）蘇舜欽撰（冊12）

④山房隨筆：一卷／（元）蔣子正撰（冊12）

（3）古今説海［説略部　雜記家］：丙集三卷

①諧史：一卷／（宋）沈俶撰（冊13）

②昨夢録：一卷／（宋）康譽之撰（冊13）

③三朝野史：一卷／（元）吳萊撰（冊13）

（4）古今説海［説略部　雜記家］：丁集二卷

①鐵圍山叢談：一卷／（宋）蔡條撰（冊14）

②孔氏雜説：一卷／（宋）孔平仲撰（冊14）

（5）古今説海［説略部　雜記家］：戊集三卷

①瀟湘録：一卷／（唐）李隱撰（冊15）

②三水小牘：一卷／（唐）皇甫枚撰（冊15）

③談藪：一卷／（宋）龐元英撰（冊15）

（6）古今説海［説略部　雜記家］：己集四卷

①清尊録：一卷／（宋）廉布撰（冊16）

②暌車志：一卷／（宋）郭彖撰（冊16）

③話腴：一卷／（宋）陳郁撰（冊16）

④朝野僉載：一卷／（唐）張鷟撰（冊16）

（7）古今説海［説略部　雜記家］：庚集四卷

①古杭雜記：一卷／（元）李有撰（冊17）

②蒙齋筆談：一卷／（宋）葉夢得撰（冊17）

③文昌雜録：一卷／（宋）龐元英撰（冊17）

④就日録：一卷／（宋）趙氏撰（冊17）

（8）古今説海［説略部　雜記家］：辛集三卷

①碧湖雜記：一卷／（宋）謝枋得撰（冊18）

②錢氏私誌：一卷／（宋）錢愐撰（冊18）

③遂昌山樵雜録：一卷／（元）鄭元祐撰
（冊18）

（9）古今説海［説略部　雜記家］：壬集三卷

①高齋漫録：一卷／（宋）曾慥撰（冊19）

②桐陰舊話：一卷／（宋）韓元吉撰（冊19）

③霏雪録：一卷／（明）劉績撰（冊19）

（10）古今説海［説略部　雜記家］：癸集二卷

①東園友聞：一卷／（元）佚名撰（冊20）

②拊掌録：一卷／（元）元懷撰（冊20）

　登録號 0000351／索書號 8020-007-001-016：20 冊
（2 函），黃紙本；鈐印：洪洞劉氏珍藏；存 55 卷：説
選部（小録家 3 卷、偏記家 20 卷）、説略部（雜記家
32 卷）；紙張老化四周變黃

1772

顧氏明朝四十家小説 ／ （明）顧元慶輯. -- 刻本.
-- 陽山顧氏家塾，明［正德嘉靖間］. -- 6 冊：圖
10 行 18 字白口左右雙邊單白魚尾

書名代擬

子目：

01.今雨瑤華：一卷／（明）岳岱撰（冊1）

02.吳郡二科志：一卷／（明）閻秀卿撰（冊1）

03.太湖新録：一卷／（明）文徵明，（明）徐禎卿

撰（冊2）

　　04.西征記：一卷／（宋）盧襄撰（冊2）

　　05.夷白齋詩話：一卷／（明）顧元慶撰（冊2）

　　06.存餘堂詩話：一卷／（明）朱承爵撰（冊3）

　　07.君子堂日詢手鏡：一卷／（明）王濟撰（冊3）

　　08.青溪暇筆：一卷／（明）姚福撰（冊4）

　　09.景仰撮書：一卷／（明）王達撰（冊4）

　　10.彭文憲公筆記：二卷／（明）彭時撰（冊5）

　　11.吳中往哲記：一卷／（明）楊循吉撰（冊5）

　　12.避戎夜話：二卷／（宋）石茂良撰（冊6）

　　13.茶譜：一卷／（明）顧元慶撰（冊6）

　　14.續編宋史辯：一卷／（明）陳樫撰（冊6）

　　登錄號 0001032／索書號 8020-016-004-004：6 冊，白紙本；鈐印：東莞莫氏福功堂藏書［莫伯驥］；有斷版；存 14 種，輕微蟲蛀損壞，裝訂裂散

1773

　　小窗四紀 ／（明）吳從先撰輯. -- 刻本. -- 明萬曆間. -- 24 冊（3 函）

　　8 行 18 字白口四周單邊

　　書名代擬

　　子目：

　　　　1.小窗別紀：四卷（冊 1-10）

　　　　2.小窗清紀：不分卷（冊 11-14）

　　　　3.小窗艷紀：不分卷（冊 15-24）

　　登錄號 0001167、1-07803／索書號 8020-020-002-003：24 冊（3 函），黃紙本；鈐印：渤海陳氏家藏,曼陶書印、黃端字景呂亦號曼匋、黃端印信、曼匋藏書、曼匋、安次黃氏、安次黃端圖書、黃端字曰景呂、黃端之印、景呂、景呂復號曼匋、黃氏景呂曾讀［黃端］,穀印,式如；缺《小窗自紀》4 卷,《小窗清紀》為他本配補

〔叢部　家集叢書〕

1774

　　德州田氏叢書 ／（清）田雯等編撰. -- 刻本. -- 德州田氏,清康熙乾隆間. -- 12 冊（2 函）：圖

　　行字不等黑口左右雙邊單魚尾

　　書名代擬

　　子目：

　　　　1.蒙齋年譜一卷,續一卷,補一卷／（清）田雯編（冊1）

　　　　2.古歡堂詩集：十五卷／（清）田雯撰（冊2-5）

　　　　3.古歡堂集：二十二卷／（清）田雯撰（冊6-10）

　　　　4.長河志籍考：十卷／（清）田雯編（冊11）

　　　　5.黔書：二卷／（清）田雯撰（冊12）

　　登錄號 1012520／索書號 8011-020-002-009：12 冊（2 函），黃紙本；存 5 種

〔叢部　自著叢書〕

1775

　　米襄陽志林 ／（宋）米芾撰；（明）范明泰編. -- 刻本. -- 秀州范氏,明萬曆三十二年（1604）. -- 4 冊（1 函）

　　9 行 18 字白口左右雙邊單白魚尾

　　子目：

　　　　1.米襄陽志林：十三卷（冊 1-3）

　　　　2.米襄陽遺集：一卷（冊 4）

　　　　3.海嶽名言：一卷（冊 4）

　　　　4.寶章待訪錄：一卷（冊 4）

　　　　5.研史：一卷（冊 4，版心題：硯史）

　　登錄號 0000146／索書號 8020-003-004-005：4 冊（1 函），黃紙本；鈐印：恬養齋印、江東羅氏所藏［羅以智］；有殘缺葉、污漬；有修補

1776

　　李君實先生雜著 ／（明）李日華撰. -- 刻本. -- 明末. -- 8 冊（1 函）

　　8 行 19 字白口四周單邊單魚尾

　　書名據書名葉題

　　有明天啓六年（1626）序

　　子目：

　　　　1.六研齋筆記：四卷（冊 1-2）

　　　　2.六研齋二筆：四卷（冊 3-4）

　　　　3.六研齋三筆：四卷（冊 5-6）

　　　　4.紫桃軒雜綴：三卷（冊 7）

　　　　5.紫桃軒又綴：三卷（冊 8）

　　登錄號 0000034／索書號 8020-001-001-033：8 冊

（1 函），黃紙本；鈐印：別下齋藏書[蔣光煦]；存 5
種：存六研齋筆記 4 卷、二筆 4 卷、三筆 4 卷，紫桃
軒襍綴 3 卷、又綴 3 卷；邊角磨損，裝訂裂散

　　登錄號 0000655/索書號 8020-010-004-013：8 冊
（1 函），黃紙本；眉批；存 3 種：六研齋筆記卷 1-2、
二筆卷 3-4、三筆 4 卷；蟲蛀損壞，有污漬；有修補

1777

鈍吟老人遺藁 / （清）馮班撰. -- 刻本. -- 海虞
毛氏汲古閣, 清初. -- 1 冊

14 行 21 字黑口左右雙邊單魚尾

子目：

　　1.馮氏小集：三卷

　　2.鈍吟集：三卷

　　3.鈍吟別集：一卷

　　4.鈍吟餘集：一卷

　　5.遊仙詩：一卷

　　6.鈍吟老人集外詩：一卷

　　7.鈍吟樂府：一卷

　　8.鈍吟老人文藁：一卷

　　登錄號 1-03693/索書號 8018-131-001-013：1 冊，
黃紙本；鈐印：半船氏，水竹居，王海颿印；扉葉王
海颿朱筆題；此係汲古閣最後之本；個別版面字跡殘
缺；蟲蛀損壞，有墨漬

1778

楊園先生全集 / （清）張履祥撰輯. -- 刻本. -- 清
康熙間. -- 14 冊（2 函）

10 行 24 字小字雙行同黑口左右雙邊雙魚尾

書名據版心等題

子目：

　　01.楊園先生文集：十八卷（冊 1-6）

　　02.楊園先生備忘：四卷，錄遺一卷（冊 7-9，雲
　　　邨定本，集義堂藏板）

　　03.初學備忘：二卷（冊 9，樹德堂藏板）

　　04.楊園先生經正錄（冊 9，附：學規一卷）

　　　（1）訓學齋規：一卷/（宋）朱熹撰（冊 9）

　　　（2）白鹿洞書院學規：一卷/（宋）朱熹撰
　　　　（冊 9，目錄題：朱子白鹿洞學規）

　　　（3）居家雜儀：一卷/（宋）司馬光撰（冊 9,
　　　　目錄題：司馬溫公居家雜儀）

　　　（4）藍田呂氏鄉約：一卷/（宋）呂大鈞撰；

　　　　（宋）朱熹訂（冊 9，目錄題：朱子增損
　　　　呂氏鄉約）

　　　附：　楊園先生齋學：一卷

　　05.楊園先生言行見聞錄：四卷（冊 10，攸芋堂藏
　　　板）

　　06.楊園先生近古錄：四卷（冊 11-12，碧涵堂藏
　　　板）

　　07.楊園先生訓子語：二卷（冊 13，蜀山草堂梓）

　　08.楊園先生訓門人語：三卷（冊 13）

　　09.補農書：二卷（冊 14，上卷沈氏農書、下卷張
　　　履祥補，樹德堂藏板）

　　10.楊園先生喪祭雜錄：一卷（冊 14，書名葉及版
　　　心題：喪葬雜錄，春暉堂藏板）

　　　附：　葬親社約：一卷/（清）唐灝儒撰

　　登錄號 0000331/索書號 8020-006-005-011：14 冊
（2 函），黃紙本；鈐印：張仁黼印，吳江凌氏藏書、
凌深字麗生一字勵生[凌深]，四明盧氏抱經樓藏書印
[盧址]；書衣磨損

1779

太史尤悔菴西堂全集 / （清）尤侗撰. -- 刻本. --
清康熙二十五年（1686）. -- 4 冊（1 函）

10 行 21 字綫黑口四周單邊單魚尾

書名葉題：康熙丙寅新鐫　太史尤悔菴西堂全集　一
刻文集一刻詩集一刻樂府一刻湘中草

書名據書名葉題

子目：

　　1.西堂文集（冊 1-3，卷首有：弘覺國師語錄）

　　　（1）西堂雜組一集：八卷（冊 1，自戊寅明崇禎
　　　　十一至丙申清順治十三年）

　　　（2）西堂雜組二集：八卷（冊 2，自丁酉清順治
　　　　十四年至辛亥清康熙十年）

　　　（3）西堂雜組三集：八卷（冊 3，自壬子清康熙
　　　　十一年至癸亥清康熙二十二年）

　　2.西堂詩集（冊 4）

　　　（1）西堂剩稾：二卷

　　　（2）西堂秋夢錄：一卷（明崇禎十五年七、八、
　　　　九月之作）

　　　（3）西堂小草：一卷（自乙酉清順治二年至壬辰
　　　　清順治九年，詩一百二十首）

　　　（4）論語詩：一卷

　　　（5）右北平集：一卷

登錄號 1011236/索書號 8011-012-004-009：4 冊
（1 函），黃紙本；鈐印：惕盦行篋珍藏書畫印，王樹
翰印，維宙，孝感秦氏家藏；存文集、詩集（不全）；
紙張老化四周變黃，輕微蟲蛀損壞，書衣磨損

1780

張仲誠遺書 / （清）張沐撰輯. -- 刻本，重印. --
上蔡張氏敦臨堂，清康熙乾隆間，清重印. -- 15 冊（1
函）

行款不一

書名代擬

子目：

1. 道一錄：五卷/（宋）朱熹定論；（清）張沐輯
　　（冊 1-2）

2. 學道六書：六卷（冊 3-4）

3. 圖書秘典：一卷（冊 5）

4. 為學次第：六卷（冊 6-7）

5. 六諭敷言通俗：五卷（冊 8）

6. 前川樓詩集：不分卷（冊 9-10）

7. 前川樓文集：二卷（冊 11-14，有缺葉）

8. 張氏家譜：一卷（冊 15）

登錄號 1010423/索書號 8011-004-006-003：15 冊
（1 函），白紙本；紙張老化有黃斑，字跡清晰度稍差

1781

禮山園全集 / （清）李來章撰. -- 刻本. -- 襄城
李氏，清康熙間. -- 27 冊（4 函）：圖

行款不一

書名葉題：襄城李禮山稿 禮山園全集 賜書堂板

書名據書名葉題

子目：

01. 聖諭圖像衍義：二卷（冊 1-2，有清康熙四十
　　三年著者序）

02. 聖諭宣講鄉保條約：一卷（冊 3，有清康熙四
　　十四年小引）

03. 聖諭宣講儀注：一卷（冊 3）

04. 聖諭衍義三字歌俗解：一卷（冊 4，有清康熙
　　四十五年序）

05. 御製訓飭士子文淺解：一卷，宣講儀注一卷，
　　宣講條約一卷（冊 4，有清康熙四十五年序）

06. 連山書院志：六卷（冊 5-6，記事至清康熙四
　　十八年）

07. 南陽書院學規：二卷，卷首一卷（冊 7-8，有
　　清康熙三十二年序）

08. 紫雲書院讀史偶譚：一卷（冊 8）

09. 連陽八排風土記：八卷（冊 9-12，有清康熙四
　　十七年序）

10. 禮山園文集：八卷（冊 13-16，有清康熙二十
　　七年序）

11. 禮山園文集後編：五卷（冊 17-20）

12. 禮山園文集續集：不分卷（冊 21-23）

13. 禮山園詩集：十卷（冊 24-27）

登錄號 0000277、0000278、0000279、1-11037/索
書號 8020-006-003-002：27 冊（4 函），白紙本；缺
《嵩少遊草》等 12 種；紙張老化有黃斑，書衣破損，
裝訂裂散

登錄號 1-11037/索書號 8007-043-007-001：3 冊，
白紙本；存 3 種：連山書院志、南陽書院學規、紫雲
書院讀史偶譚，裝訂裂散

1782

瑣言 / （清）張在辛撰. -- 刻本. -- 清乾隆十三
年（1748）. -- 2 冊（1 函）：圖

9 行 18 字白口左右雙邊單魚尾

書名據序等題

子目：

01. 篆印心法：一卷（冊 1）

02. 隸法瑣言：一卷（冊 1）

03. 寫照瑣言：一卷（冊 1）

04. 撰杖瑣言：一卷（冊 1）

05. 輯硯瑣言：一卷（冊 1）

06. 解畫瑣言：一卷（冊 1）

07. 爐餘志略：一卷（冊 1）

08. 侑觴瑣言：一卷（冊 1）

09. 畫石瑣言：一卷（冊 2）

10. 夕照回光：一卷（冊 2）

登錄號 0000305/索書號 8020-006-004-009：2 冊
（1 函），黃紙本；鈐印：張氏蕙玉[張珩]；紙張老化
有黃斑，污漬

1783

樸廬遺稿 / （清）王愻撰. -- 刻本. -- 愛日堂，清
乾隆三十二年（1767）. -- 2 冊

10 行 19 字白口四周雙邊單魚尾

書名代擬

子目：

1. 樸廬詩稿：一卷（冊1）

2. 毛孺人詩：一卷／（清）毛秀惠撰（冊1）

3. 林屋詩餘：一卷（冊1）

4. 題畫詩鈔：一卷（冊2）

5. 論畫正則：一卷（冊2）

登錄號 0000014／索書號 8020-001-001-017：2冊，黃紙本，金鑲玉裝訂；鈐印：張氏蕙玉［張珩］；輕微水漬、污漬；有修補

1784

徐位山先生六種 ／（清）徐文靖撰. -- 刻本. -- 志寧堂，清雍正元年至乾隆二十年（1723-1755）. -- 24冊（4函）：圖

9行20字小字雙行同白口左右雙邊單魚尾

書名葉題：進呈御覽 徐位山先生六種 志寧堂藏板

書名據書名葉題

子目：

1. 天下山河兩戒考：十四卷／（清）徐文靖註（冊1-4）

2. 禹貢會箋：十二卷，總目一卷，圖一卷／（清）徐文靖會箋；（清）趙弁訂（冊5-7）

3. 竹書紀年統箋：十二卷，前編一卷，雜述一卷／（梁）沈約注；（清）徐文靖統箋；（清）馬陽，（清）崔萬烜校訂（冊8-11）

4. 志寧堂稿：一卷／（清）徐文靖撰；（清）徐眘樞注（冊12，書名葉題：詩賦全集）

5. 管城碩記：三十卷／（清）徐文靖撰（冊13-22）

6. 經言拾遺：十四卷／（清）徐文靖撰；（清）毛大鵬訂（冊23-24）

登錄號 1011017／索書號 8011-009-007-006：24冊（4函），黃紙本；鈐印：任城李氏珍藏、李氏藏書，冬涵閱過，謝蒳；有蟲蛀、斷版處；民國二十二年謝蒳重裝

登錄號 1-01195／索書號 8018-169-004-001：24冊，黃紙本；鈐印：積學齋徐乃昌藏書；有破損

1785

杭大宗七種叢書 ／（清）杭世駿撰. -- 刻本. -- 仁和杭賓仁，清乾隆五十七年（1792）. -- 6冊（1函）

10行20或21字小字雙行同白口左右雙邊或四周單

邊單魚尾

書名代擬

首冊末題：乾隆壬子秋七月既望男賓仁重校刊于羊城寓中

子目：

1. 石經考異：二卷（冊1）

2. 諸史然疑：一卷（冊1）

3. 兩漢蒙拾（冊2-3）

（1）漢書蒙拾：三卷（冊2-3）

（2）後漢書蒙拾：二卷（冊3）

4. 晉書補傳贊：一卷（冊4）

5. 榕城詩話：三卷（冊4）

6. 文選課虛：四卷（冊5-6）

7. 續方言：二卷（冊6）

登錄號 1-04127／索書號 8018-153-003-011：6冊（1函），黃紙本；鈐印：李嘉績雲生代耕堂藏書世居通潞寄寓錦江［李嘉績］，武昌柯逢時收藏圖記［柯逢時］；紙張老化四周變黃

1786

板橋集 ／（清）鄭燮撰. -- 刻本，寫刻. -- 清暉書屋，清乾隆間. -- 4冊（1函）

行款不一

書名葉題：板橋集 清暉書屋刊

書名據書名葉題

《道情》末有清乾隆八年（1743）司徒文膏刻書記

本書中題“范縣作”、“濰縣刻”及《詞鈔》、《題畫》、《道情》、《家書》各一卷，均為鄭燮手書

子目：

1. 板橋詩鈔：一卷（冊1）

2. 板橋詩鈔［范縣作］：一卷（冊1）

3. 板橋詩鈔［濰縣刻］：一卷（冊2）

4. 板橋詞鈔：一卷（冊2）

5. 板橋道情：一卷（冊3）

6. 板橋題畫：一卷（冊3）

7. 板橋家書：一卷（冊4，版心或題：板橋家信）

登錄號 1-06049／索書號 8009-113-001-008：4冊（1函），黃紙本；鈐印：延陵藏書，楊霈讀書記，慰農；紙張老化變黃變脆，破損嚴重，蟲蛀損壞，有水漬，版心開口，裝訂斷綫

登錄號 1-00722／索書號 8006-219-002-011：2冊，黃紙本；鈐印：石雪藏書、萬竹廬藏［徐宗浩］，詩龕

居士存素堂圖書印［法式善］，錢塘許氏敏求齋所藏；存 3 種：板橋詞鈔、板橋題畫、板橋家書；紙張老化變黃變脆

登錄號 1-02276/索書號 8018-185-001-024：1 冊，黃紙本；鈐印：張氏蔥玉［張珩］；存 2 種：板橋詞鈔、板橋道情；字跡清晰度差，破損，裝訂裂散

1787

朱近漪所著書 / （清）朱楓撰輯. -- 刻本. -- 朱楓，清乾隆間. -- 16 冊（2 函）：圖

行字邊款不一

子目：

1. 秦漢瓦圖記：四卷，補遺一卷（冊 1-2，記事至清乾隆三十九年）
2. 雍州金石記：十卷，記餘一卷（冊 3-6，有清乾隆二十四年著者序）
3. 古金待問錄：五卷，補遺一卷（冊 7-8，有清乾隆三十四年著者序）
4. 排山小集：八卷（冊 9-12，有清乾隆三十四年序）
5. 排山續集：十二卷（冊 13-16）

登錄號 1-03460、1-03931/索書號 8018-144-003-005：16 冊（2 函），白紙本；鈐印：抱經堂藏、文弨之印、檠齋［盧文弨］，墨館齋藏書印，留耕草堂，李氏家藏，蘇門所藏，半潭秋水一房山；缺 6 卷：排山後集 6 卷；紙張老化四周變黃，有污漬

1788

野柏先生類稿 / （清）宋在詩撰. -- 抄本，朱絲欄. -- 清. -- 5 冊（1 函）

8 行 20 字白口四周單邊單魚尾

書名代擬

有清乾隆三十年（1765）序

子目：

1. 懷古堂偶存文稿：四卷（冊 1-2，書衣題：懷古堂文稿）
2. 懷古堂偶存詩稿：二卷（冊 3，書衣題：懷古堂詩稿）
3. 見聞瑣錄：三卷（冊 4）
4. 讀詩遵朱近思錄：二卷（冊 5，書衣題：讀詩近思錄）

登錄號 0000375/索書號 8020-007-003-009：5 冊

（1 函），黃紙本

1789

心齋十種 / （清）任兆麟撰輯；（清）盧文弨，（清）王鳴盛，（清）錢大昕鑒定. -- 刻本. -- 震澤任忠敏家塾，清乾隆間. -- 5 冊（1 函）

9 行 17 字小字雙行同白口左右雙邊單魚尾

書名據書名葉題

子目：

1. 夏小正：四卷/（清）任兆麟註（冊 1）
2. 石鼓文：一卷，集釋一卷/（清）任兆麟集釋（冊 1）
3. 尸子：三卷，附錄一卷/（戰國）尸佼撰；（清）惠棟輯附錄；（清）任兆麟校（冊 2）
4. 四民月令：一卷/（漢）崔實［寔］撰；（清）任兆麟編（冊 2）
5. 襄陽耆舊記：三卷/（晉）習鑿齒撰；（清）任兆麟訂（冊 3）
6. 文章始：一卷/（梁）任昉撰；（清）任蘭枝訂；（清）任兆麟重校（冊 3）
7. 壽者傳：三卷/（明）陳懋仁撰；（清）任兆麟訂（冊 4）
8. 孟子時事略：一卷/（清）任兆麟撰（冊 4）
9. 心齋集：二卷，附錄一卷（冊 5）

登錄號 1010112/索書號 8011-002-003-015：5 冊（1 函），黃紙本；缺 1 種：綱目通論；字跡清晰度較差；紙張老化變黃變脆，邊角破損；更換書衣

1790

愛吾廬手稿 / （清）李恩慶撰輯. -- 稿本，藍絲欄. -- 北平李恩慶愛吾廬，清. -- 4 冊（1 函）

8 行 20 字白口四周單邊

書名代擬

子目：

1. 愛吾廬書畫題跋（冊 1）
2. 愛吾廬書畫自跋（冊 1）
3. 愛吾廬題畫詩（冊 2）
4. 寄雲論史讀詩絕句（冊 3）
5. 愛吾廬書畫見聞錄（冊 4）

登錄號 0000311/索書號 8020-006-004-015：4 冊（1 函），黃紙本，毛裝；鈐印：非闇曾讀、于氏圖書［于非闇］，張氏蔥玉［張珩］；有于非闇題記；邊角鼠嚙

書名索引

書名	順序號	書名	順序號
通雅	1162-1164	王弇州藝苑巵言	1716
通志略	0166	王引之書札	1595
同書	1200	王子年拾遺記	1210
同治間閩省陣亡卹丁檔案	0628	網師園唐詩箋	1672
同治四年太廟添置龕座等項物料		危太樸雲林集	1446
清册[龍字肆拾貳號]	0644	微波榭叢書	1765
銅皷書堂藏印	0772	韋菴詠物詩	1515
投筆集	1491	韋齋集	1414
圖畫見聞誌	0996	緯蕭草堂詩	1532
圖繪寶鑑	1001,1002	衛藏圖識	0409
圖繪宗彝	1008	魏書	0181
吐魯番殘經册[殘片]	1289	溫公年譜	0370
推求師意	0862	溫飛卿詩集	1393
託素齋詩集	1496	文集摘句詩韻類選	1283
		文獻通考	0531
W		文獻通考纂	0532
外科樞要	0859	文心雕龍	1707
晚唐詩鈔	1671	文選	1617,1618,1621,1622
晚笑堂竹莊畫傳	1030,1031	文選刪註	1623
汪氏珊瑚網法書題跋	0961,0962	文選音義	1627
汪氏珊瑚網名畫題跋	1010	文選瀹註	1624
汪氏説鈴	1229	文選增定	1625
王勃集	1356	文學山房明刻集錦	0693,0694
王摩詰集	1361	文苑春秋	1640
王氏畫苑	1004	文章辨體	1629
王氏家授講讀成法	0829	文章正宗	1638
王氏書畫苑	0916	文章正宗選要	1639
王澍書札	1590	文致	1654
王太初先生五岳遊草	0506	文子	1327
王文正遺事	0357	問奇典註	1284

書名	順序號	書名	順序號
顏山雜記	0441	野客叢書	1152,1153
嚴曾榘奏稿	0302	葉氏菉竹堂碑目	0735
鹽鐵論	0807	一切如來心秘全身舍利寶	
弇州山人藝苑卮言	1715	篋印陁羅尼經	1301
衍極	0977	伊秉綬致吳修書札	1594
衍慶錄	0365	伊川擊壤集	1408
偃師金石遺文記	0709	伊塔卡倫事畧	0570
演礮圖説	0573	夷務權輿記	0581
晏子春秋	0804	怡雲館奏稿	0306
硯譜	1091	儀禮	0059
硯山齋雜記	1188	儀禮彙説	0060
燕几圖	1095	儀禮經傳通解	0061
燕史	0233	儀禮石經校勘記	0062
燕游草	1547	儀鑾殿福昌殿後照樓海晏堂仿俄館	
臕齋考工記解	0054	洋式樓裝修立樣	0602
鸚笑軒畫緣錄	1041	遺山先生文集	1432
洋漢兵陣全圖	0576	頤素齋印景	1077
揚州畫舫錄	0425	倚晴閣詩鈔	1519
揚州名勝圖説	0490	亦有生齋書跋	0683
揚子法言	0809	亦政堂重修考古玉圖	0754
楊琳奏稿	0303	亦政堂重修考古圖	0714
楊鐵崖文集	1443	亦政堂重修宣和博古圖錄	0717
楊園先生全集	1778	易圖明辨	0008
楊忠愍公墨蹟	0988	易緯辨終備	0020
楊忠愍公全集	1462	易緯稽覽圖	0018
養花館書畫目	0949	易緯坤靈圖	0017
養一齋書跋	0683	易緯乾坤鑿度	0014
堯峰文鈔	1505	易緯乾元序制記	0021
藥園詩藁	1535	易緯乾鑿度	0015
野柏先生類稿	1788	易緯是類謀	0019

責任者索引

說明：

一、本索引供檢索所著錄圖書的責任者包括第一責任者及其他責任者，亦即圖書的著者、輯者、編者、校者等等。

二、本索引中，責任者屬釋家或係外國人的，標識在其前〔〕里；若責任者姓名相同實非同一人的，或責任者是機構的，在其前加朝代標識在〔〕里；姓名中有需要標識的異體字亦置於〔〕里。責任者的其他附注信息如字號、稱謂等，隨置於其名稱後的（）內。

三、本索引以責任者名稱的漢語拼音音節爲序，若同音節的再按字筆畫數的升序排次。索引中的數字部分爲書目中每條款目的順序號。

責任者	順序號	責任者	順序號
陳宏謀	0594-0596	陳選	0835
陳鴻壽	1056	陳耀文	1250
陳湖逸士	0262,0263	陳一夒	1509
陳繼儒	0817,0854,0899,1043,1104,1135,	陳一相	1251
	1136,1259,1260,1474,1653,1713	陳沂	0360,0423
陳鑑	0732	陳毅	0446
陳介祺	0713,0781,1063-1065	陳用光	1330,1596,1597
陳金城	1600	陳禹謨	1265
陳九松	1674	陳元靚	0399
陳驁	1713,1714	陳元龍	1272,1651
陳倫炯	0510	陳元素	0319
陳枛淦	1058	陳雲鰲	1251
陳彭年	0134,0151	陳鱣	0684
陳慶鏞	0307	陳趙鵠	0117,0120
陳仁錫	0163,0210,0212-0214,0331,1267,1268	陳振孫	0677
陳深	0286,0847,0848	陳致虛	1333-1335
陳師道	1406	陳焯	0679,0745,0746,
陳士斌	1733		0939,0940,0990,0994
陳士元	0901	陳子龍	1486
陳式金	1061	陳子壯	0083
陳守詒	1645	陳宗夒	0166
陳壽	0175-0177	陳壿	0941
陳壽祺	0686,1596	成德	0054,0070,0071,0082,0088
陳思	0976	程大昌	0481,0564,1151
陳廷敬	0108,0146,1517,1637	程大憲	1020,1044
陳同	1746	程敦	0755
陳維崧	1507	程恩澤	1598
陳獻章	1455	程恭壽	1603
陳巒	1699	程顥	0820
陳旭	1032	程化騄	1688

責任者	順序號	責任者	順序號
程嘉燧	1476,1697		D
程俊三	0459	笪蟾光	0445
程煒	0346	戴表元	1434
程夢星	0489	戴長庚	0079
程夢陽	0325	戴璁	1274
程夢周	0840	戴復古	1430
程明哲	0056	戴璟	1249
程榮	0201,0808,1116,1351,1758	戴均元	0597
程瑞祊	1143	戴熙	0759
程盛修	1545	戴原禮	0862
程師恭	1507	戴震	0057,0466,0469
程世綏	1143	但貴元	1452
程廷棟	0346	鄧華熙	0308
程焆	0346	〔瑞士〕鄧玉函（Terrenz,Jean）	1098
程頤	0820	鄧元錫	0199
程羽文	1187,1220	鄧志謨	1274
程元章	0474	丁丙	1076
程遠	0760	丁步上	0494
程哲	1425	丁承祐	1206
程宗猷	0840,0841	丁二仲	1071
褚德彝	0910	丁皋	1028
褚峻	0710	丁敬身	1052
儲欣	1610	丁善長	1038
淳于叔通	1335	丁彦臣	0778
慈山居士	0866	丁易總	0493
崔鴻	0239	丁元薦	1181
崔崋	0011	丁雲鵬（南羽）	0715,0716
崔銑	1640	丁運樞	0368
崔應階	1555	董誥	0444,0935
		董其昌	0914,0915,0982,1473

責任者	順序號	責任者	順序號
福長安	0540	高誘	0236,0850,1112
[清]福建省會善後總局	0628	高兆	0320,0321
福臨（清世祖）	0314	高仲武	1665
傅恒	0206	高自位	0458
傅洪烈	0617,0618	戈守智	0984
傅世垚	0148,0149	葛昌楹	1080
傅王露	0474,0475	葛洪	0901,1209
傅玄	0810	葛崙	0362
傅澤洪	0470	葛元煦	1442
富大用	1244	庾信	1354
		工布查布	1307
G		[清]工部	0601
甘暘	0764,1045	宮鴻歷	1528
高岑	1504	宮夢仁	1278
高承埏	1118	龔明之	0422
高道淳	1194	龔煒	1235
高鶚	1734-1736	龔心釗	0790
高鴻裁	0783	龔振麟	0573
高嘉鈺	0783	龔自珍	1577
高晉	0477	顧藹吉	0139,0140
高鳴鳳	1757	顧彩	1692
高啓	1450	顧充	0284
高慶齡	0783	顧從德	0761-0763
高儒	0678	顧存仁	1465
高士奇	0484,0508,0922-0924,	顧棟高	0094
	1110,1146,1523	顧爾邁	0261
高適	1362	顧浩	1059,1060
高似孫	1124	顧鑾	0427
高嵣	1694	顧湄	1492
高廷珍	0500	顧嗣立	1378,1379,1393

責任者	順序號	責任者	順序號
顧湘	1059,1060	郭裕之	0784
顧炎武	0407,0702,0703	郭造卿	0233
顧野王	0134	郭釗	0522
顧瑛	1680,1681	郭正域	0055,1626
顧有孝	1615	郭忠恕	0136
顧予咸	1393	郭衷恒	1690
顧元慶	1772	郭宗泰	1056
官志涵	0495	[清]國史館	0338,0339
關涵	0039	[清]國子監	0621
關漢卿	1744		
關槐	1273	**H**	
管道升	0978	哈明德	0578
管世銘	1563	韓邦奇	0077
管應律	1483	韓道昭	0153
管仲	0843	韓非	0844-0846
歸玠	1463	韓甲辰	0709
歸有光	0798,1463	韓騏	1548
歸莊	1463	韓學田	1548
桂馥	1169	韓愈	1375-1380
桂敬順	0443	杭世駿	0110,0275,0277,
貴徵	0529		0605,1699,1785
貴中孚	0501	何超	0178
郭光復	0252	何棟如	0901
郭良翰	1137	何犿	0846
郭璞	0117,0118,0884-0886,1207	何景明	1460
郭啓翼	1054,1055	何楷	0050
郭若虚	0996	何昆玉	0779,0780
郭師古	0252	何良俊	1175,1176,1223
郭一元	1690	何孟春	0799
郭應寵	0285	何平	0254

責任者	順序號	責任者	順序號
何紹基	0129,1063,1599	胡淦	1080
何鏜	0439,0505	胡任興	1658
何棠	0803	胡三省	0202,0203
何瑭	1458	胡師端	1702
何維樸	1077	胡渭	0008,0038,0042
何偉然	1193,1755	胡蔚	0234
何邁	1121,1219	胡文焕	0399,0720-0722,0765,0851,0855,
何休	0085		0896,1208,1245,1252,1714
何一鳳	1020	胡文學	1698
何宗魯	0048	胡彦升	0076
赫瀛	1452	胡義贊	0759
恒泰	0550	胡應麟	0675
弘曆（清高宗）	1525,1550-1555,	胡瓚	0037
	1631,1693	胡正言	0141,1022,1023
洪邁	1122,1123	胡之森	0789
洪梗	1709	胡仔	1711,1712
洪适	0698,0699	胡宗憲	0435,0565,0566
洪梧	0529	胡宗緒	0037
洪興祖	1346	［清］户部	0621
洪自誠	1138	華悰韡	1131
洪遵	0757	華淑	1225
侯方域	1495	華希閔	1432
侯重喜	0830	桓寬	0807
胡安國	0065,0087	環中迂叟	1313
胡燦	1574	浣雪堂	0795
胡大臣	1418	皇甫冲	1685
胡高望	0305	皇甫枚	1216
胡繼先	1226	黄伯思	0906,1095
胡經	0889	黄琮	1000
胡浚	1574	黄道周	0319,1269,1270

責任者	順序號	責任者	順序號
黃鳳池	1018,1019		J
黃甫龍	0806	嵇承咸	0911
黃幹	0061	嵇康	1351
黃公度	1397	集慶	1606
黃觀只	0217	紀昀	0526,1687
黃廣	0827	計六奇	0259,0260
黃鶴	1364-1367	計敏夫	1709
黃吉士	1137	計有功	1710
黃繼善	0280	賈島	1386,1387
黃景昉	0253	賈思勰	0852
黃濬	0794	賈誼	0806
黃魯曾	1685	賈永	1053
黃任	1147	江東之	1470
[明]黃慎	0890	江蘩	0555
[清]黃慎	1541	江洪	1470
黃陞	1366	江靜瀾	0693,0694
黃省曾	0855	[清]江南省撫院	0520
黃晟	0714,0717,0754	江日昇	0430
黃叔琳	1707	江聲	0024
黃滔	1397	[清]江蘇外海水師船廠	0629
黃庭堅	0956,1412,1413	江永	0099-0101
黃文燮	0983	江贄	0204
黃憲	1115	姜宸英	1510,1511
黃嶅	0371	姜夔	1429
黃易	0749,1052	姜紹書	1029
黃元御	0856	蔣光煦	0948
黃鉞	1379	蔣良騏	0221
黃正位	1185	蔣溥	0724,1550
黃宗羲	0815,0816	蔣文勳	0079
惠棟	1500	蔣之奇	1317

責任者	順序號	責任者	順序號
蔣之翹	1382	孔繼汾	0118,0380
焦秉貞	1013	孔繼涵	1283,1765
焦贛	0894	孔繼涑	1591
焦竑	1120,1256,1257,1324,1658	孔尚達	0799
焦以恕	0060	孔衍梅	0381
介玉濤	0356	孔胤植	0799
金旦	1627	孔穎達	0022,0023,0044,0064,0080
金鳳清	1041	孔毓圻	0554
金集	1369	孔昭孔	0748
金嘉秋	0532	庫勒納	0035
金居敬	0554	快亮	0594-0596
金農	0904,0967,1540	曠敏本	0458
金榮	1499	揆敘	0408,1524,1525,
金檀	1450		
金械	0773	**L**	
金瑗	0950	喇沙里	0108,0408
金允迪	1072	來保	0538,0550
景日昣	0454,0498	來知德	0011
		賴亨侯	0460
K		藍鼎元	0227
闞天麟	1203	藍瑛	1002
康海	1459	郎奎金	0116
康丕揚	1400	郎星	0532
康駢	1215	雷克修	0389
柯維楨	1624	雷琳	1652
孔安國	0022,0023	雷聲劍	0390
孔晁	0235	黎靖德	0821
孔傳	1242	黎士弘	1496
孔傳鐸	1741	李翱	1384,1385
孔鮒	0120	李白	1357-1360

責任者	順序號	責任者	順序號
李百藥	0182	李清植	1645
李昌齡	1205	李日華	1776
李長庚	0467	李若昌	1037
李辰	1084	李善	1617-1621
李春熙	0298	李商隱	1214,1392
李淳風	0883,0887	李石	1208
李調元	1100	李時成	0971,1639
李斗	0425	李世民（唐太宗）	0832
李恩慶	0951,1790	李栻	0231
李鳳翎	0581	李奭棠	0701
李綱	0298	李壽朋	0478
李塨	1530	李淑慧	0323
李鼒	1404	李淑昭	0323
李光地	0013,0091,0822,0831	李嗣玄	0298
李光縉	0165	李泰	0403
李光暎	0706	李濤	0687
李軌	0809	李天麟	1656
李國龍	1036	李廷謨	0844
李漢	1375,1376	李衛	0474
李賀	1388-1390	李文	0426
李鴻章	1604	李文田	0198,0833
李吉甫	0401	李文淵	1566
李籍	0883	李文藻	1560
李來章	1781	[唐]李賢	0171,0172
李廉	0088	[明]李賢	0403
李流芳	1480	李咸用	1396
李濰	0379	李萱	0573
李呂	1419	李學禮	1286
李攀龍	1670	李延壽	0183-0185
[朝鮮]李昑	0620	李燁然	0452

責任者	順序號	責任者	順序號
李鄴嗣	1698	廖炳	0293
李幼武	0328	列禦寇	1331,1332
李漁	0323,1024	林逋	0817
李玉鳴	0550	林侗	0751
李元	1111	林古度	1490
李載贄	0331	林佶	1505,1517
李兆洛	0683	林克銓	0060
李之芳	0301	林㭪	1193
李之蘭	0455	林希逸	0054
李之儀	0953	林堯叟	0081
李之藻	1770	林胤昌	1482
李枝	0857	林有席	1645
李贄	1133,1175,1180,1224,1353,1731,1744	林禹	0242
李鍾麟	0301	林鉞	0273
李鍾僑	0393	林雲銘	0092,1349,1509
李周翰	1619,1620	凌迪知	0392
李周望	0398	凌濛初	1626
[清]禮部	0557,0580	凌南榮	1670
厲鶚	1689,1723	凌瑞森	1670
厲荃	1273	凌紹乾	1671
酈道元	0462-0469	凌紹雯	0146
廉兆綸	0383	凌述知	0392
梁登庸	1051	凌義渠	1481
梁國治	1552	凌稚隆	0164,0165
梁清標	1502,1503	令狐楚	1664
梁詩正	0475,0724	留雲居士	0264
梁廷柟	0726	劉安	1113
梁維樞	1183	劉寶楠	1575
梁燾鴻	1555	劉昞	1116
[清]兩廣鹽運司	0561	劉敞	0004,0818

責任者	順序號	責任者	順序號
劉辰翁	0170,1175,1176,1364,1388	劉勰	1707
劉大昌	1701	劉昫	0187
劉道明	0456	劉義慶	1171-1176
劉侗	0411-0414	劉寅	0838
劉斗	0355	劉胤昌	1258
劉鶚	0793	劉應秋	0284
劉基	1449	劉有定	0977
劉績	0843	劉郁	0504
劉季然	0715,0716	劉源淥	0379
劉鑑	0154	劉曰梧	0225,0226
劉峻	1171-1173,1175,1176	劉允鵬	1241
劉克莊	1633	劉允中	0888
劉塈	0516	劉蘊德	0868
劉良	1619,1620	劉昭	0172
劉綸	0290	劉致	1433
劉明孝	0387	劉仲達	1263
劉祁	1179	劉宗周	0387
劉奇	0563	劉組曾	1518
劉青藜	0705	柳宗元	0809,1212,1382,1383
劉權之	0544	龍柏	0158
劉邵	1116	龍大淵	1094
劉士鏻	1654	婁機	0138
劉世儒	1006	盧見曾	0752,1691
劉松年	1094	盧全	1391
劉肅	1177	盧文弨	0112,0235,1592,1789
劉統勳	0290	盧文焀	0401
劉熙	0122	盧蔭溥	0378
劉錫玲	1039	魯琢	0501
劉喜海	0712,0737	陸寶忠	0833
劉向	0322,0808,1345,1346	陸粲	1222

責任者	順序號	責任者	順序號
沈樞	0267,0268	釋道宣	1302
沈樹鏞	0734,0949	釋幻輪	1315
沈率祖	0977	釋惠立	1316
沈濤	1725	釋闍那崛多	1304
沈廷芳	0396	釋實叉難陀	1303
沈元熙	1713	釋性通	1326
沈仲津	1436	釋玄奘	1300
沈周	1454	釋延壽	1308,1309
沈自南	1276	釋彥悰	1316
沈宗騫	0990	釋原妙	1311
慎蒙	0439	釋圓瀞	1300
盛大士	0758,1034	釋圓至	1668
盛繩祖	0409	釋宗演	0373
盛萬年	0568	釋祖咏	0373
盛昱	1580	舒敏	1185
盛元珍	0114	[明]司禮監	0006
施鴻	0287	司馬彪	0172
施肩吾	1336	司馬光	0075,0202,0203,0809,1081
施綸	0287	司馬遷	0160-0165
施耐庵	1731	司馬貞	0160-0165
施閏章	1489	松荃	0609
石室老人	1198	宋弼	1564
時瀾	0026	宋道勳	0544
史克紹	0989	宋廣業	0461
史申義	1531	宋華金	1542
史游	0130,0131	宋駿業	0931
釋不空	1301	宋奎光	0452
釋成鷲	0493	宋濂	0150,1448
釋處觀	1310	宋犖	0156,1099,1230,1363,1616,1696
釋達受	0945	宋敏求	1358,1359

責任者	順序號	責任者	順序號
宋无	1440	孫岳頒	0931
宋咸	0120,0809	孫自務	0379
宋在詩	1788		
宋振譽	0731	**T**	
宋至	1532	［清］太常寺	0643
宋宗元	1231,1672	談則	1746
蘇軾	0009,0025,0952,1120,	譚嗣同	1582
	1218,1410,1411,1704	湯斌	1508
蘇天爵	0329	湯賓尹	0394
蘇洵	1704	湯漢	1352
蘇轍	0086,1704	湯慶蓀	0092
孫景烈	0421	湯漱玉	0349
孫承澤	0418,0919-0921	湯顯祖	1471,1472,1745-1747
孫從添	0688	湯有光	1469
孫鳳	0913	湯右曾	1529
孫鳳鳴	0574	唐琳	0806,1209
孫過庭	0970	唐少游	1461
孫忽祥	1020	唐順之	1253,1461
孫家淦	0509	唐孝本	1461
孫炯	1188	唐英	1284
孫鑛	0844,0845,0957	唐執玉	1461
孫奇逢	0343	陶弘景	0849
孫强	0134	陶樑	0942,0943
孫紹敏	0915	陶潛	1352,1353
孫紹遠	0997	陶望齡	1417
孫濤	1708	陶元藻	1557
孫廷銓	0441	陶樾	1232
孫星衍	0024,0131,0708	陶宗儀	0979,1128,1129
孫有本	0868	天花藏主人	1737
孫月峯	1624	田況	1178

責任者	順序號	責任者	順序號
田汝成	0473	汪啓［啟］淑	0769-0771,1168
田同之	1144	汪日暉	0471
田雯	0417,1774	汪汝祿	0914
鐵保	1570	汪森	1682,1683
廷棟	1583	汪紹增	0770
［清］桐廬縣衙	0622	汪士漢	0238
童昌祚	1355	汪琬	1229,1505
屠本畯	0043,1191	汪渭	0830
屠隆	0150,1250	汪蔚	1052
脫脫	0193,0194	汪由敦	1543
		汪有典	0335-0337
W		汪玉球	0991
完顏留保	1506	汪志伊	0446
萬安	0403	汪中	1565
萬經	0215	汪卓	0968
萬世德	0565,0566	王安石	1409
萬樹	1742	王鏊	1456
萬斯同	0215	王邦采	1444
萬維翰	0558	王勃	1356
汪承需	1543	王常	0761-0763
汪道昆	1467,1468	王琛	1071
汪德元	1641	王稱	0195,0196
汪灝	1108	王存	0402
汪輝祖	0836	王達	1130
汪機	0862	王大鶴	1568
汪郊	0075	王德信	1744
汪立名	0369,0723,1381	王鳳竹	1452
汪良箕	0337	王紱	0911
汪砢玉	0961,0962,1010	王黼	0715-0717
汪瑮	0451	王概（安節）	1024-1027

責任者	順序號	責任者	順序號
王槩（成木）	0455	王繩曾	1444
王國正	0347	王蓍	1025-1027
王瀚	0083	王十朋	1417,1418
王鴻緒	0052,0200	王時憲	1527
王翬	0964	王士祿	1105,1106
王繼羲	1247	王士性	0506
王繼賢	1328	王士禛（漁洋山人）	1141,1142,1145,1277,
王嘉	1210		1363,1490,1497-1500,
王杰	0935		1518,1691,1726,1727,1730
王居正	0829	王世懋	1175,1176,1255
王君玉	1217	王世貞	0283,0916,1004,1175,1176,
王鴌	0157		1363,1715,1716,1744
王鯤	0736	王禔	1078
王楸	1152,1153	王樞	1083
王懋竑	0374,1534	王澍	0743-0746,0990,0991,1590
王明清	0246	王思任	1006,1464
王鳴盛	0033,0159,1789	王思訓	0393
王謨	1759	王思義	1264
王納諫	1411	王素	0357
王楠	0736	王愫	1783
王念孫	0123,1705	王肅	0799-0801
王臬	1025-1027	王璲	0980
王圻	1264	王孫芸	0292
王琦	1360,1389	王通	0201,0811,0812
王日休	1305	王維	1361
王汝驤	1374	王維德	0892
王睿章	1050	王文治	1561
王三聘	1252	王象晉	1085,1086,
王紹雍	1452		1105,1106,1475
王慎中	1363	王象乾	1623

責任者	順序號	責任者	順序號
吳德旋	0987	吳學儼	0406
吳爾堯	1612	吳儀一	1746
吳琯	0419,0420,0462,0463,0491,1634	吳隱	0796,0797
吳繼仕	0001	吳應箕	0333
吳見思	1368	吳雲	0777
吳俊三	1057	吳允嘉	1441
吳克成	0829	吳鎮	1442
吳萊	1444	吳之振	1612
吳歷	1514	吳中珩	0811
吳麟徵	1484	吳焯	1535
吳祕	0809	吳咨	1061
吳勉學	0803,1327,1332	吳宗儀	1328
吳明郊	1686	吳左千	0715,0716
吳銘道	0333	無礙開人	1736
吳訥	1629	無着	0886
吳其濬	0306	午榮	0582
吳其彥	0936	武億	0709
吳起	0838		
吳荃	0982	**X**	
吳任臣	0240	[清]西安副都統行營	0607
吳升	0929,0930	西泠印社	0796,0797,1068
吳繩年	1089	夏綸	1748
吳式芬	0774,1063	夏樹芳	0324
吳樹梅	0833	夏文彥	1001,1002
吳天洪	0891	夏獻綸	0521
吳偉業	1492	夏騆	0258
吳雯	1518	夏之芳	0040
吳熙載	1579	閒居主人	1087
吳錫釚	0867	憲德	0304
吳興祚	1368,1742	向程	0825

責任者	順序號	責任者	順序號
項篤壽	0906	徐煥龍	1350
項懷述	0147	［唐］徐堅	1240
項夢原	0760	［清］徐堅	0768
項文彥	0969	徐景休	1334
蕭統（昭明太子）	1617-1624,1626	徐逵照	1050
蕭智漢	0326	徐立綱	0034
解縉	1248	徐夢元	1748
謝彬	1002	徐鳴珂	1585
謝枋得	0068	徐起元	1513
謝良	1220	徐乾學	0074,1644
謝汝韶	1767	徐三庚	1074
謝三賓	1155,1476	徐申	0225
謝慎修	1090	徐紳	0295
謝肇淛	1134	徐士愷	0791,0792,1066,1067
辛鈃	1327	徐氏滋德堂	0384
邢彤庭	0386	徐受麔	1204
熊賜履	0316,0317,0822,0828	徐崧	0437
熊方	0174	徐天麟	0534,0535
熊峻運	0393	徐渭	1464
熊汝嶽	0891	徐文靖	0041,1784
熊世章	0891	徐無黨	0188
熊宗立	0898	徐象梅	0757
徐葆光	0514	徐鉉	0132,0748
徐必達	0820	徐應秋	1195
徐表然	0459	徐永宣	1614
徐㷛	0460,1479	徐與喬	1165
徐郙	0833	徐肇元	1513
徐觀光	0102	徐禎卿	1718
徐瑚	0868	徐榛	1686
徐淮	1499	徐自明	0527

責任者	順序號	責任者	順序號
裕泰	0306	查為仁	1724
毓芬	0640	查志隆	0442
元好問	1432,1739	翟瀚	0438
袁宏道	1225,1329,1477	翟灝	0128,0438
袁黃	1254	詹景鳳	0916
袁守傳	0292	張百熙	0833
袁樞	0224	張榜	1136
袁中道	1180	張弼	1453
岳和聲	0674	張伯端	1341
岳駿聲	0674	張伯行	0476,1521
岳珂	0361,0674	張采	0328
岳元聲	0674	張參	0135
允禮	0583-0587	張潮	1236,1761
允祿	0553,0900,1752	張丑	0917,0918
允祹	0537	張春	1478
惲格	0965	張大純	0437
		張大受	1682,1683
Z		張德純	1343
臧懋循	0226,1745	張洞玄	0888
臧鏞堂	0126	張敦仁	0807
曾鞏	0243,0244,1358,1359,1406	張敦頤	0419,0420
曾先之	0270	張爾岐	1139
曾益	1390,1393	張海	0434
曾肇	1407	張海鵬	0839
查彬	1109	張灝	1046,1047
查淳	0772	張弘牧	1014
查弘道	1369	張華	0851,1208
查克弘	1671	張煌言	1487
查禮	0772	張季長	1645
查慎行	1520	張繼科	0863

責任者	順序號	責任者	順序號
張家駒	0944	張廷玉	0528,0538,1280
張嘉和	0150	張維	1416
張江	0107	張維城	1464
張縉彥	0439,0442	張瑋	0548
張九齡	0813	張文光	0827
張居正	0315,1466	張文柱	1175,1176
張均	0400	張銑	1619,1620
張浚	0299	張先	1401
張聯元	0499	張新	0788
張鹵	0270	張杏濱	1652
張履祥	1778	張瑄	0113
張懋辰	1172	張學畊	1022
張懋賢	1717	張學禮	0765
張沐	0007,0095,0830,1780	張彥遠	0995
張穆	0376	張燕昌	0707
張佩芳	0450	張逸少	1108
張溥	0224,1485	張英	1277
張琦	0237	張應登	0497
張啓明	1342	張映漢	1256,1257
張謙德	1186	張有	0137
張芹	0332	張幼學	1256,1257
張汝霖	1464	張雨	1441
張三異	1749	張玉書	0146,1279,1526,1637
張師栻	0476,1521	張豫章	1678
張師載	0476,1521	張在辛	1782
張士元	0885	張湛	1331
張守節	0160-0165	張兆祥	1040
張樞	0118	張照	0966
張泰基	1374	張鎮	0356
張泰階	1007	張之洞	0311

責任者	順序號	責任者	順序號
鍾離權	1336	朱長春	0843
鍾惺	0047,1192	朱長文	0971
周昂	0240	朱存理	0912
周必大	0955	朱德潤	0754
周弼	1668	朱棣（明成祖）	1318
周伯琦	0141	朱端	1682,1683
周城	0479	朱多炡	0364
周德恭	0363	朱楓	0740,1787
周廣業	1149	朱逢泰	1016
周煌	0513,1556	朱焯	0394
周暉	0424	朱樟	1415
周煇	0503	朱國達	0406
周嘉冑	1097	朱鶴齡	1392
周亮輔	0563	朱家標	0992
周亮工	0429,1200,1201,1493,1643,1760	朱昆田	0415,1522
周履靖	1717	朱鷺	0249
周密	0428,0907-0909,1127	朱謀垔	0125,0330,0465,0467
周培春	1102	朱謀亞	0979,1009
周聲炯	0265	朱青巖	0219
周祥鈺	1752	朱松	1414
周行仁	0993	朱泰禎	0085
周源長	1513	朱爲弼	0725
周在都	1760	朱文治	1642
周在浚	0750	朱吾弼	0821
周在延	0105	朱熹	0010,0045,0046,0061,
周之璵	0854		0096-0098,0207,0208,0328,
周準	1684		0820-0822,0835,1347,1420-1423
周子義	1768	朱琰	0756
周樽	1662	朱養純	0843
朱燦華	1627	朱養和	0843

責任者	順序號	責任者	順序號
朱彝[彞]尊	0031,0415,0416,0482,0687,	莊令興	1614
	1048,1512,1682,1683	莊周	1328
朱玉	1420	卓明卿	1255
朱整	1677	宗觀	1275
朱宗伯	1686	鄒德中	1005
諸錦	1689	鄒金生	1752
諸燮	0205	鄒可張	1244
祝穆	1244	祖頤	1243
祝雲書	0102	左光先	0298
莊淦	1075	左圭	1753
莊繪度	1576		